FELIX VON HORNSTEIN

WALD UND MENSCH

WALDGESCHICHTE

DES ALPENVORLANDES DEUTSCHLANDS,

ÖSTERREICHS UND DER SCHWEIZ

OTTO MAIER VERLAG RAVENSBURG

© 1951 by Otto Maier Verlag Ravensburg
Reprint 1984
Produktion: Druckerei Holzer, Weiler i. Allgäu
Buchbinderei Moser, Weingarten
ISBN 3-473-99118-X

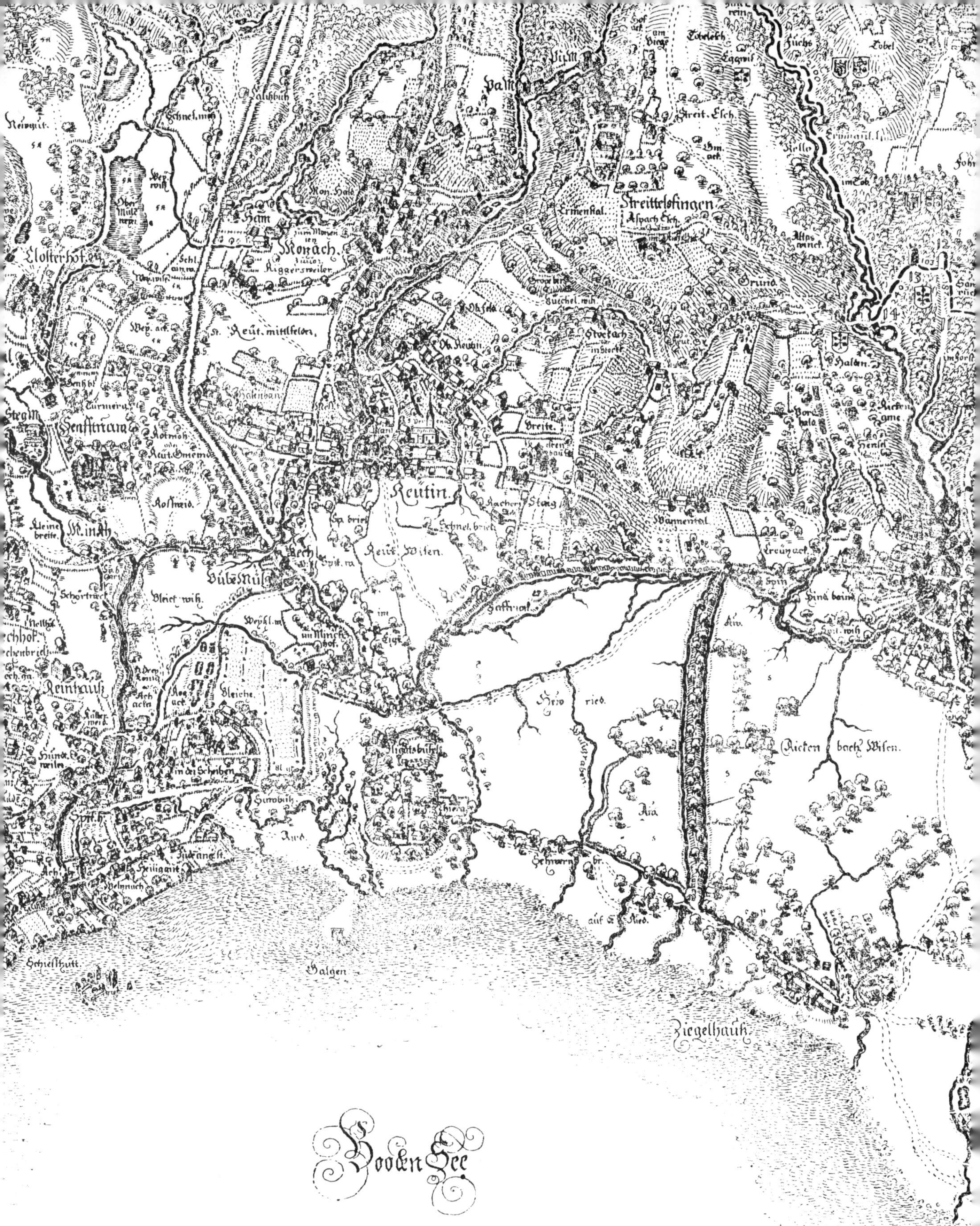

Boden See
Reutin
Streittelsfingen
Ziegelhauß
Galgen
Schiesshutt

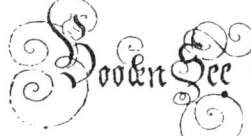

FELIX VON HORNSTEIN

WALD UND MENSCH

DEN DICHTERN

ADALBERT STIFTER UND GOTTFRIED KELLER,

DEN GEOGRAPHEN

ALBRECHT PENCK UND ROBERT GRADMANN,

ALLEN LEHRERN

WAHRHAFT NATURNAHEN WALDBAUES,

MEINEN FREUNDEN,

DEN LEUTEN VON SELDWYLA, UND ANDEREN,

ALLEN LIEBHABERN

DES ALPENVORLANDES, DER WÄLDER, TIERE

UND MENSCHEN,

ZUGEEIGNET

VORWORT

ANALYSE UND SYNTHESE
Ein Jahrhundert, das sich bloß auf die Analyse verlegt, und sich vor der Synthese gleichsam fürchtet, ist nicht auf dem rechten Wege; denn nur beide zusammen, wie Aus- und Einatmen, machen das Leben der Wissenschaft.

J. W. Goethe

Diese Arbeit erwuchs aus kleinen im Jahre 1935 begonnenen Studien. Die vorliegende Fassung ist in den letzten zwei Jahren entstanden. Einige zeitbedingte Lücken konnten nicht mehr ausgefüllt werden. Daher wird Nachsicht bei Unvollkommenheiten erbeten.

Manche Personen haben den Autor irgendwie und irgendwann bei der Arbeit im Wald oder im Archiv und zuletzt bei Beschaffung von Bildern unterstützt. Alle diese Helfer sind in freundliche Erinnerung eingeschlossen. Die schöne Ausstattung des Buches ist der Großzügigkeit eines verständnisvollen Verlegers zu verdanken.

Die Auswahl der Bilder wurde von verschiedenen Erwägungen geleitet. Einiges dient als sachlicher Beleg zum Text. Einige Bilder sollen das charakteristische Wesen der Landschaften des Alpenvorlandes zeigen.

Das Verhältnis Wald-Mensch, wie es im begrenzten Untersuchungsraum aus der Fülle des Stoffes abgeleitet und begrifflich entwickelt wurde, ist mehr oder minder von allgemeiner typischer Gültigkeit für die Waldgeschichte der Welt.

Orsenhausen in Oberschwaben,
am 4. Oktober 1950

Felix Hornstein

VORWORT

zur Neuauflage des Buches von Hornstein WALD UND MENSCH

Es ist besonders verdienstvoll, daß sich anläßlich der Tagung des Deutschen Forstvereins 1984 in Ulm der Otto Maier Verlag Ravensburg auf Anregung des Forstvereins entschlossen hat, das 1951 erschienene Buch WALD UND MENSCH von Felix Frhr. von Hornstein neu aufzulegen. Der Verfasser, geboren 1883, gestorben 1963, war als Jurist im österreichischen Staatsdienst, den er 1926 quittierte, um die Bewirtschaftung seines eigenen Waldbesitzes im Württembergischen Oberschwaben zu übernehmen.

Von Hornstein, der Träger des von der Stadt Überlingen verliehenen Bodenseeliteraturpreises 1962 war und den der Bund für Naturschutz in Oberschwaben durch Stiftung der Felix von Hornstein-Medaille ehrte, erkannte schon bald, daß Forstwirtschaft nur bei intensiver Beschäftigung mit der Waldgeschichte sinnvoll betrieben werden kann. Dem Einfluß des Menschen auf die Natur und den Wechselbeziehungen zwischen Waldentwicklung und menschlicher Gesellschaft ging er nicht nur für Großlandschaften, sondern auch für einzelne Waldgebiete und Teile derselben bis in Einzelheiten nach. Deshalb verschafft das Buch nicht nur einen Überblick, sondern bietet eine Fülle von Detailwissen. Auch heute noch sind die Ergebnisse der von Hornstein'schen Forschung höchst aktuell. Auch wenn sich unser Wissen in den vergangenen 30 Jahren erweitert hat, bleibt es das Verdienst des Verfassers Grundlagen geschaffen zu haben, auf denen weiter aufgebaut werden konnte.

Wir betreiben heute Waldbau auf standörtlicher Grundlage. Dazu hat von Hornstein sowohl waldgeschichtlich wie durch seine Mitarbeit im Arbeitskreis Oberschwäbische Fichtenreviere zusammen mit Krauss, Schlenker und Hauff die notwendige Vorarbeit geleistet, die sich weit über das in diesem Buch bearbeitete Gebiet hinaus fruchtbar auf die Standortskartierung ausgewirkt hat.

Sturmwurf, Schneebruch und Insektenkalamitäten haben unserer „Fichten-Hochleistungswirtschaft" immer wieder erhebliche Rückschläge beschert. Die gegenwärtige große Gefahr für Wald, Landschaft und Mensch durch die neuartigen Walderkrankungen, die hauptsächlich durch Luftverunreinigungen verursacht werden, zwingt uns dazu, das Verhältnis Mensch und Natur neu zu überdenken und auf eine neue Basis zu stellen. Von Hornstein hat schon vor 30 Jahren den Weg gewiesen: „So scheint das Dasein des Menschen gefährdet wie noch nie... Weder Verzweiflung noch Lethargie noch übergroße Glückserwartung ist zu empfehlen, sondern... Mut zum Leben im rechten Maß geordneter Formen, kein heroischer, sondern ein gelassener Mut zur Aktivität."

Allen, die an der Neuauflage mitgewirkt haben, gilt besonderer Dank: Dem Deutschen Forstverein und besonders Herrn Oberforstrat Groß für die Anregung und Vorbereitung und dem Otto Maier Verlag für die Durchführung der Neuauflage. Das Buch gehört nicht nur in die Hand der in diesem Gebiet tätigen Forstleute, es findet Interesse sicher auch bei allen Freunden des Waldes und der Natur überhaupt. Ich wünsche ihm eine weite Verbreitung.

Peter Stoll
Forstpräsident

INHALTSÜBERSICHT

EINLEITUNG

WALDGESCHICHTE

	Seite
Wald und Forst	1
Waldwesen und Forstwesen	2
Waldgeschichte	3
Verhältnis der Waldgeschichte zur Vegetationskunde	4
Die Pollenanalyse	5
Zum Sprachgebrauch	6

DAS ALPENVORLAND (Begriff und Übersicht) ... 7

- Das Alpenvorland der Schweiz (Mittelland) ... 9
- Das deutsche Alpenvorland ... 10
  - *Landschaft des Rheintalgletschers* ... 10
  - *Landschaft des Iller-Lechgletschers* ... 11
  - *Landschaft des Isargletschers* ... 11
  - *Landschaft des Inn-Chiemseegletschers* ... 12
  - *Landschaft des Salzachgletschers* ... 12
  - *Die bayrische Tertiärlandschaft* ... 13
- Das österreichische Alpenvorland ... 13

WALD UND MENSCH

ALEMANNISCHER SIEDLUNGSGANG UND DIE URWALDRÄUME ZWISCHEN DONAU, BODENSEE UND LECH ... 15

- Siedlungsgang ... 15
- Die vermutliche Dauer des Urwaldes, die Urwaldräume ... 19

IN DER VORALPEN- UND JUNGMORÄNENLANDSCHAFT DES RHEINTALGLETSCHERS
(DER SÜDLICHE GÜRTEL DES OBERLANDES)

DER VORALPENWALD ODER PRÄALPINE BERGWALD ... 22

- Die Adelegg ... 24
- Voralpenberge und Vorland ... 26
- Pollendiagramme ... 27

DIE ÖSTLICHE JUNGMORÄNENLANDSCHAFT DES RHEINTALGLETSCHERS ... 29

Östliche Bodenseelandschaft ... 29
- Wangen ... 30
- Lindau ... 31

	Seite
Tettnang	31
Wald des Spitals zum Heiligen Geist in Ravensburg	33
Staatsforst Wangen im Allgäu	34
Um den Gehrenberg und Höchsten	35
Um den Lauf der Rotach	36
Gegen Königseggwald und Altshausen	37
West- und Nordgrenze der Tanne (Zusammenfassung)	37
Der Altdorfer Wald	38
Geschichtsdaten des Altdorfer Waldes	39
„Der Tann- und der Buchwald"	40

WÄLDER IM MOOR- UND SEENGÜRTEL ZWISCHEN DER ÄUSSEREN UND INNEREN JUNG-ENDMORÄNE . . . 41

Der Aulendorfer Tann	41
Bodenverhältnisse	42
Das Brunnenholzried	43
Waldungen des Klosters Schussenried	43
Ostzug der äußeren bzw. inneren Jungendmoräne (Wolfegg, Waldburg)	43
Um Kißlegg	44
In der Nachbarschaft der Moorwälder	44

DER FICHTENVORSTOSS . . . 44

DAS GRENZGEBIET DER ÖSTLICHEN ALTMORÄNE ZWISCHEN DER RISS UND DER AITRACH . . . 46

Wurzacher Ried	46
Moorrandwälder und „Buch"	47
Waldungen um Zeil	47
Zusammenfassung	49

ENTWICKLUNG DER WALDBAUTYPEN UND BETRIEBSFORMEN IM SÜDLICHEN GÜRTEL OBERSCHWABENS (Allgäu und Randgebiete) . . . 49

Waldgeschichtliche Typen	49
„Forstgesetzliche Ordnung"	50
Die Württembergischen Forstordnungen vom 15. bis zum 18. Jahrhundert	50
Die Württembergische Forstgesetzgebung im 19. Jahrhundert	53
Waldbautypen und Betriebsformen im Oberschwäbischen Tannenareal	55
Untersuchung der Betriebsformen	55
Spital Ravensburg contra Landvogtei	55
Spital Ravensburg	55
Staatsforst Wangen	56
Staatsforst Tettnang	56
Hofkammerwaldungen Altshausen	57
Waldungen der Grafschaft Heiligenberg am Gehren und am Höchsten	57
Altdorfer Wald	57
Allgäuer Waldwirtschaft	58
Das Plentern im Allgäu	58
Der Allgäuer Schmalsaumschlag	59
Zur Verbreitung der Forche	60
Die Forche auf den Tettnanger Terrassen	61
Der Weg zum Wirtschaftswald	63
Das oberschwäbische Tannenareal — Die Regionalwaldtypen — (Zusammenfassung)	66

Seite

WESTLICHES ALPENVORLAND MIT DER WESTLICHEN BODENSEELANDSCHAFT (RHEINTALGLETSCHER)

Wald zwischen der Schwarzach und der Ostrach 69
   Der Wagenhart 69
Wald zwischen der Ostrach, dem Andelsbach und der Ablach 70
   Das Pfrunger Ried 70
   Wald um Mettenbuch 71
   „Der Weithart" 71
Um die Ablachlinie 72
   Wald der Grafschaft Meßkirch 73
   Der Sigmaringer Tiergarten 74
   Um Scheer 74
   Um Stadt Meßkirch 74
Wälder auf Jura im Grenzgebiet der Alb 75
   Zwischen Tuttlingen und Scheer 75
Zwischen der Ablach und dem Andelsbach 76
   Waldungen des Klosters Wald 76

JUNGMORÄNE MIT DER INNEREN BODENSEELANDSCHAFT 77

Hochfläche und Steilabfälle 77
   Orts- und Flurnamen 78
   Das Egelseer Pollendiagramm 78
   Tanne westlich des Gehren und der Deggenhauser Ach 79
   Die Buche am Steilabfall westlich der Deggenhauser Ach 79

Im westlichen Bodenseebecken 80
   Wald des Klosters Salem und der Reichsstadt Überlingen 81
   Die Forche in der westlichen Bodenseelandschaft 81
   Bodanrück und Schienenberg 82
   Forstgesetzgebung und Waldbauregeln 82

Die Waldentwicklung in der westlichen Bodenseelandschaft — Die Regionalwaldtypen — (Zusammenfassung) 83

DER NÖRDLICHE GÜRTEL DES OBERSCHWÄBISCHEN ALPENVORLANDES

Landschaftsgliederung 86
Westliche Altmoränenlandschaft 86
  Die Landschaft des Federsees 86
  Wald zwischen Federsee und Donau 88
    Der Glashart oder Dürmentinger Wald 88
  Wald zwischen Federsee und Riß 89
    Der Schienenwald 89
    Der Forstwald der Vogtei Mittelbiberach 89
  In der Biberacher Altmoränenlandschaft 90
    Wald der Stadt und des Spitals Biberach 90
    Waldungen der Herrschaft Warthausen 91
  Zusammenfassung 91

In der östlichen Altmoränenlandschaft von der Riß bis ins Quellgebiet der Rot 92
  Wald des Klosters Ochsenhausen 92
  Das Ochsenhausensche Amt Tannheim 92
  Fichtensaat im Gebiet von Ochsenhausen 93
  Zusammenfassung 93

	Seite
In der Landschaft der Schotterterrassen	94
1. Gruppe: Tannheim, Erolzheim, Kloster Gutenzell, Kloster Heggbach, Schönebürg	94
Erolzheim	94
Kloster Gutenzell	95
Kloster Heggbach und Umgebung	96
Schönebürg	97
2. Gruppe: Balzheim, Wain mit Oberbuch, Schwendi und Großschafhausen	97
Balzheim	97
Oberbuch	98
Wain	98
Schwendi und Großschafhausen	98
3. Gruppe: Orsenhausen, Dietenheim	99
Orsenhausen, „Ein Fichten-Hochholz" (1494—1950)	99
Dietenheim	100
4. Gruppe: Fichtenfreie Zone „Die Holzstöcke"	100
Rot, Burgrieden, Bihlafingen	100
Herrschaft Oberkirchbergsche Hölzer	100
Dorndorf und Illerrieden	100
5. Gruppe: Hochterrasse zwischen Ochsenhausen und Laupheim, zwischen Laupheim und Wiblingen	101
Gutenzell	101
Hürbel	101
Bußmannshausen	101
Bühl, Laupheim, Achstetten	102
Dellmensingen, Altheim, Donaustetten	102
Wiblingen	103
Donaulandschaft von Mengen bis Ulm	103
Wald des Klosters Heiligkreuztal	103
Wald am Tautschbuch	105
In der Tertiärlandschaft des Riß-Donau-Winkels	105
„In Ulm, um Ulm und um Ulm herum" (Ulmer Volksmund)	106
Die ursprünglichen Waldtypen. (Zusammenfassung)	108
VOM MITTELALTERLICHEN WALD BIS ZUR ENTWICKLUNG DER BETRIEBSFORMEN IM NÖRDLICHEN GÜRTEL DES ALPENVORLANDES	110
Der Hart	110
Der Brandwaldfeldbau	112
„Die Kunst Holzsamen zu säen"	116
Waldarten, Nutzungsarten, Betriebsformen	119
Die Öde	121
Forstordnungen im Bereich des nördlichen Gürtels	121
Auswirkungen der württembergischen Instruktion und technischen Anweisung 1818/1819 im nördlichen Oberschwaben	122
Typische Phasen der oberschwäbischen Waldentwicklung (Zusammenfassung)	123

DIE ENTWICKLUNG DES WALDES IM ALPENVORLAND DER SCHWEIZ

Die allgemeinen Grundlagen der Waldentwicklung	126
Klima	126
Entwicklung der Landeskultur	127
Wald und Siedlung	129
Wasserwege	131
Bergwerke, Eisenwerke und Glashütten	133

	Seite
Waldentwicklung im Gebiet des Rheintal-, Linth- und Reußgletschers	133
Vom Laubwald	134
Eiche, Buche, Tanne, Fichte	136
Der „Eichwald"	137
„Schachen"	137
Konstanzer Waldordnung	138
Die „Physikalische Gesellschaft" in Zürich	138
Wandel der Holzarten	138
Im Einzugsgebiet der Thur, Sitter und Töß	139
Im Einzugsgebiet der Sihl und der Linth	140
Waldentwicklung im nördlichen und nordöstlichen Mittelland (Zusammenfassung)	142
Waldentwicklung im Gebiet des eiszeitlichen Rhonegletschers (Westschweiz)	142
Zusammenfassung	146
Vom Plentern und vom Plenterprinzip	147
Versuch einer schematischen Übersicht über die ursprünglichen Waldtypen im Mittelland der Schweiz	149

Bayern

WALDENTWICKLUNG IM GEBIET DES EISZEITLICHEN ILLER-LECH-GLETSCHERS

In der Moränenlandschaft	150
Der Kemptener Wald	151
„Hoch- und Schwarzwälder" des Hochstifts Augsburg	152
Bischöfliche Holzordnungen	152
Moorrandwälder	153
Wald der Stadt und des Spitals Kaufbeuren	154
Denklinger und Sachsenrieder Forst	154
Auf den Terrassen am Oberlauf der Wertach und Gennach	155
Kettenschwanger und Gutenberger Tann; Übergang zur Schotterlandschaft	155
In der Schotterlandschaft zwischen Iller und Lech	156
a) Zwischen Iller und Mindel	156
Wald des Klosters Ottobeuren	156
Wald der Herrschaft und der Stadt Mindelheim	157
Waldungen südlich der Stadt Memmingen	157
Waldungen nördlich Memmingen	158
Boos	158
Klosterbeuren	158
Wald von Frickenhausen, Arlesried, Schönegg	158
DIE WALDENTWICKLUNG UM DIE FICHTENVORSTOSSLINIE IM 16. JAHRHUNDERT UND UM DIE TANNENGRENZE	159
Wald von Kellmünz und Illertissen	159
Die Waldentwicklung um Babenhausen	159
Entwicklung des Waldes nördlich der Fichtenvorstoßlinie (Ebershausen, Wullenhausen, Roggenburg, Wettenhausen)	162
Markgrafschaft Burgau	162
b) Zwischen Mindel und Wertach bzw. Lech	163
Wald der kurfürstlichen Grafschaft Schwabegg, um Mattsieß und Türkheim	163
Wald der Herrschaft Kirchheim	164
Wald des Spitals zum Heiligen Geist in Augsburg bei Mittel-Neufnach und bei Leuthau	165
Der Fichtenvorstoß	165
Wald des Hochstiftes Augsburg	166
Die Urkunde von Gabelbach anno 1512. Weißtanne oder Fichte?	168
Die Stadt Augsburg und ihr Holzbedarf	170

	Seite
Entwicklung der Betriebsformen	171
Moränenlandschaft (Allgäu)	171
Schotterlandschaft (nördlicher Gürtel)	172
Übergang zum Wirtschaftswald des 19. Jahrhunderts	173
Die Waldentwicklung im Raum des Iller-Lech-Gletschers (Zusammenfassung)	174
Die ursprünglichen Waldtypen	175

WALDENTWICKLUNG IN DER ALTBAYRISCHEN UND ÖSTERREICHISCHEN TERTIÄRLANDSCHAFT

Einleitung

Baumarten-anzeigende Orts-, Wald- und Flurnamen	177
Gruppen von bezeichnenden Ortsnamen	178
Die Gruppen der Ortsnamen auf „Tann"	179
Das nördliche Grenzland	179
„Böhmer Wald", „Bayrischer Wald"	179
Bayrischer Wald, Fränkische Alb	181
Die allgemeinen Grundlagen der Waldentwicklung zwischen dem Lech und der Traun	182
Im Ostteil des Tertiärlandes zwischen Isar und Inn	183
Der Neuburger Wald bei Passau	183
Der Steinhart und der Grafenwald im Einzugsgebiet der Rott	184
„Tann" und „Buch"	186
Regionalwaldtypen und Waldentwicklung in der bayrischen Tertiärlandschaft östlich der Isar (Zusammenfassung)	187
Im Westteil des Tertiärlandes zwischen Lech und Isar	188
Der Dürnbuch, Wald um das Donauknie	188
Wald um das Donaumoos	189
Wald zwischen der Paar und der Glon gegen den Lech zu	190
Regionalwaldtypen und Waldentwicklung in der bayrischen Tertiärlandschaft westlich der Isar (Zusammenfassung)	191
ÖSTERREICH	192
Im oberösterreichischen Tertiärland zwischen Inn und Traun (Nordgürtel des oberösterreichischen Alpenvorlandes)	192
Das Mühlviertel	192
Im Tertiärland	193
Der Kobernauser Wald und der Hausruck	193
„Eichwald"	195
Waldentwicklung und Regionalwaldtypen in der oberösterreichischen Tertiärlandschaft (Zusammenfassung)	196
Regionalwaldtypen des oberösterreichischen Tertiärlandes	197

WALDENTWICKLUNG IM GEBIET DES EISZEITLICHEN ISAR-, INN-, CHIEMSEE- UND SALZACH-GLETSCHERS

Isargletscher	197
Wald am Ammersee	199
Vom Dietramszeller Wald zum Hofoldinger Forst	200
Der Hofoldinger Forst und die anderen Forste auf der Niederterrasse	200
Waldentwicklung (Isargletscher)	201
Regionalwaldtypen (Isargletscher) (Zusammenfassung)	202

	Seite
Inn- und Chiemseegletscher	203
Salzachgletscher in Bayern und Österreich	204

ÖSTERREICH . . . 205
Das Ibmer Moos . . . 205
Der Weilhart . . . 205
Regionalwaldtypen (Inn-, Chiemsee-, Salzachgletscher) (Zusammenfassung) . . . 206

WALD AUF DEN SCHOTTERTERRASSEN DER TRAUN UND ENNS IM OBERÖSTERREICHISCHEN ALPENVORLAND . . . 206
Donaudurchbruch bei Linz . . . 206
Wald auf Nieder- und Hochterrasse der Traun . . . 206
Wald auf den Deckenschottern (Traun-Enns-Platte) . . . 208
Regionalwaldtypen (Zusammenfassung) . . . 210

NIEDERÖSTERREICHISCHES ALPENVORLAND . . . 210
Das Vorland . . . 210
Eichenwälder . . . 210
Der Wiener Wald . . . 212
Alpenvorland und Waldviertel . . . 214

Der Auwald des Alpenvorlandes . . . 215

DER GEBIRGSWALD DER BAYRISCHEN UND ÖSTERREICHISCHEN KALKALPEN . . . 217
Gliederung . . . 217
Waldgrenze . . . 218
Bild des Gebirgswaldes . . . 219
Bergwerks- und Forstgesetzgebung des 16. Jahrhunderts — Bayern . . . 220
Österreich — Die Bergordnung Kaiser Ferdinand I. von 1553 . . . 221
„Urwälder" . . . 222
Die Eibe . . . 223
Wiederbestockung der Kahlflächen . . . 223
Der Bauernwald . . . 225
Salz, Eisen und Holz . . . 226
Der Gebirgswald im Übergang zum 19. Jahrhundert . . . 227
Ursprünglicher Gebirgswald und Waldbautypen . . . 228

Klimaperioden und Waldentwicklung . . . 230
Klimaschwankungen und Kampfzonen . . . 231

DUALISMUS NATUR — MENSCH

Das Organismenprinzip . . . 233
Standort und Gesellschaft . . . 234
Dualismus Natur-Mensch . . . 235
„Natürlicher Wald" . . . 236
Die waldgeschichtliche Ordnung . . . 236
Die waldgeschichtliche Typenfolge . . . 237
Zum Wesen der waldgeschichtlichen Theorie (Zusammenfassung) . . . 240

Waldgeschichte der Welt . . . 241

NACHWORT . . . 243
Rohstoff „Holz" . . . 243
Geschichte . . . 244
Mensch . . . 245

RÉSUMÉ SUMMARY

Résumé 246
Summary 250

ANHANG

Anmerkungen 255
Schrifttum 266
Archive usw. 272
Verzeichnis der Bildtafeln und Kartenskizzen 273
Gesamtregister des Textes 278

Oberschwäbische Donau-Landschaft mit dem Bussen (Kartenausschnitt Ph. Reulin 1589)

TAFEL 1

Niederösterreichische Donaulandschaft (Hawliczek)

TAFEL 2

Nadelwald (S. Luz)

TAFEL 3

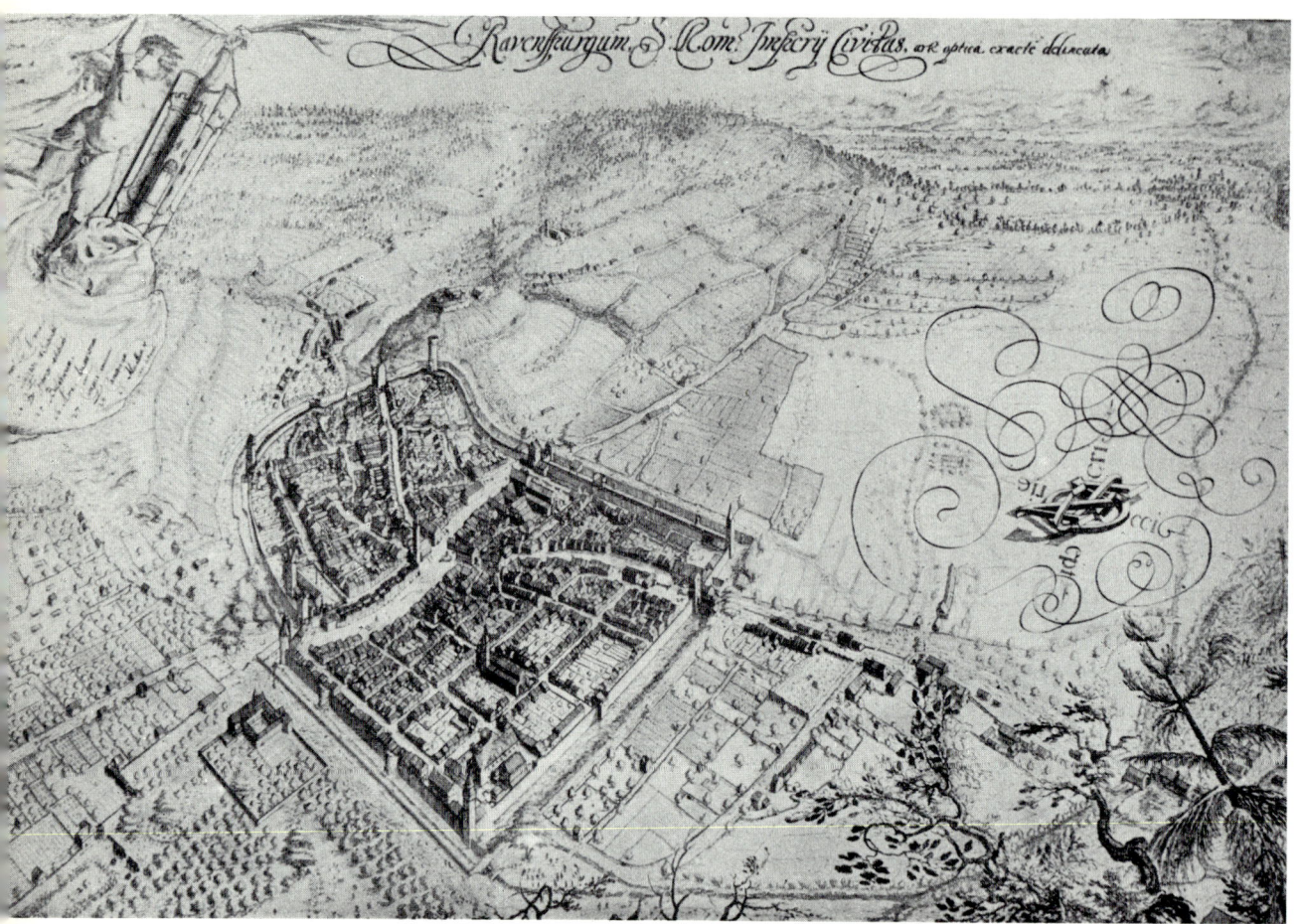

Ravensburg mit Bodenseelandschaft (Kupferstich von David und J. Mieser, Ausschnitt)

Aufgelöster Wald im württembergischen Allgäu　　　　Ausschnitte (Stich des 17. Jahrhunderts)

TAFEL 5

Plenterwald (Foto Prof. Knuchel)

Bodensee-Rheinlandschaft (J. J. Biedermann)

Westliche Bodensee-Landschaft (J. J. Biedermann)

Eichengruppe (Ausschnitt S. Geßner)

TAFEL 8

Donaulandschaft bei Riedlingen Kartenausschnitt (Ph. Reulin, 1589)

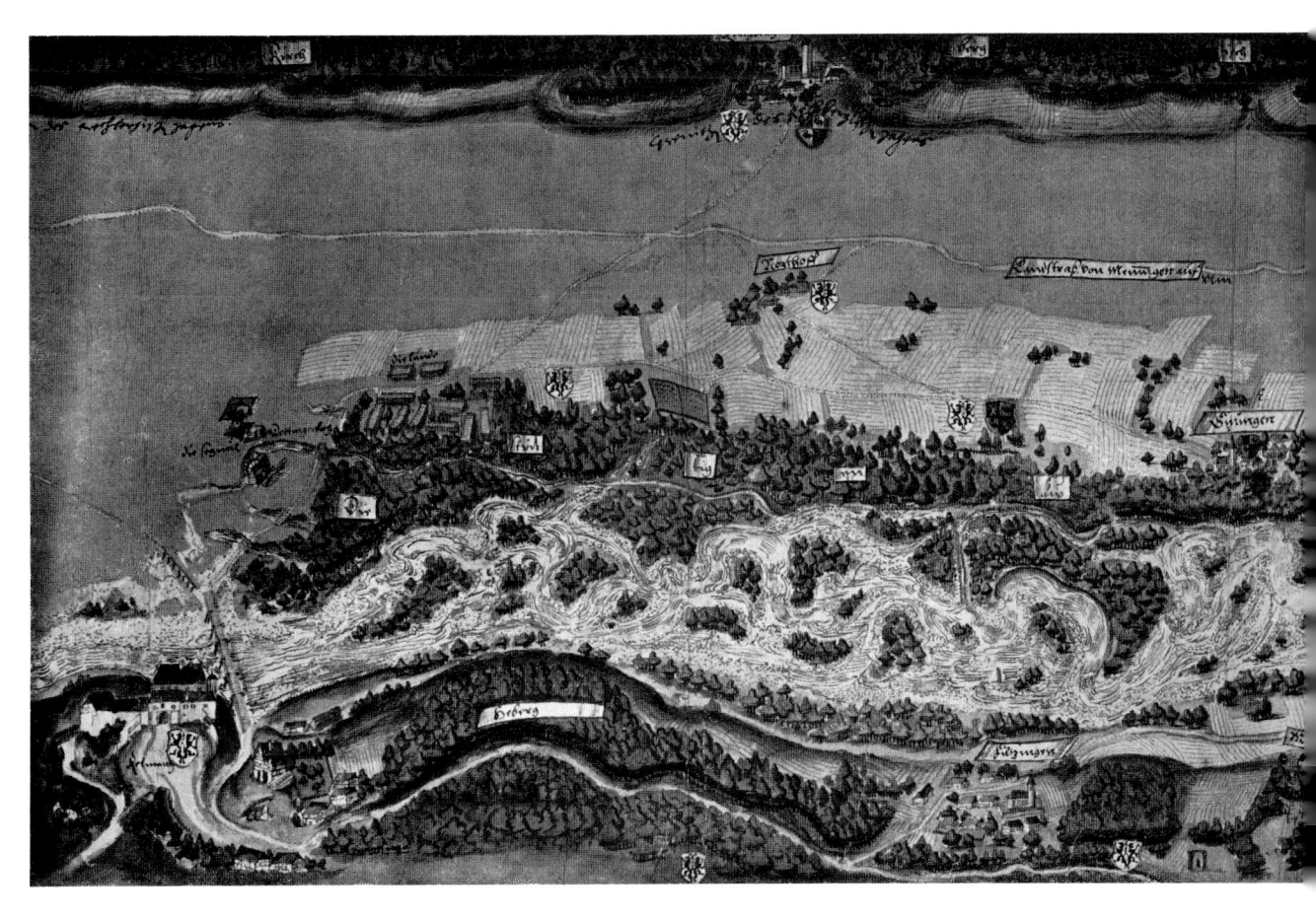

Auwald im Wildbett der Iller mit Holzlagerplätzen Ausschnitt (Ph. Reulin, 1593)

TAFEL 9

Mittelalterlicher Wald und heckenreiche Hegau-Landschaft (Meister mit der Nelke)

TAFEL 10

Schweizer Gebirgslandschaft, Talsohle, Terrassen und Hänge (J. A. Koch)

TAFEL 11

Oben: Femelschlagwald
(Foto Eidg. Forstl. Versuchsanstalt Zürich)

Buchenhochwald
(Foto Eidg. Forstl. Versuchsanstalt Zürich)

TAFEL 12

Talsohle, Vorberge und Hochgebirge um den Vierwaldstättersee (P. Birmann)

Schweizer Gebirgslandschaft, Laubwaldstufe, Wald an den Flanken, zuoberst die „Wildenen" (G. Lory d. Ä.)

TAFEL 13

Talsohle und waldreiche Vorberge um den Zuger See (P. Birmann)

Gebirgswaldtypen, Kanton Obwalden TAFEL 14 (J. H. Bleuler)

Waldverteilung im Appenzell (Foto Swiss Air)

Waldverteilung um den Vierwaldstätter See (Foto Swiss Air)

TAFEL 15

Schweizer Gebirgswald, untere Stufe (H. Rieter)

Laubwald im Schweizer Vorland, Holzbrücke über die Limmat (Chr. v. Mechel)

TAFEL 16

Hüttenwerk auf Buchenholzbasis in der Juralandschaft der oberen Donau

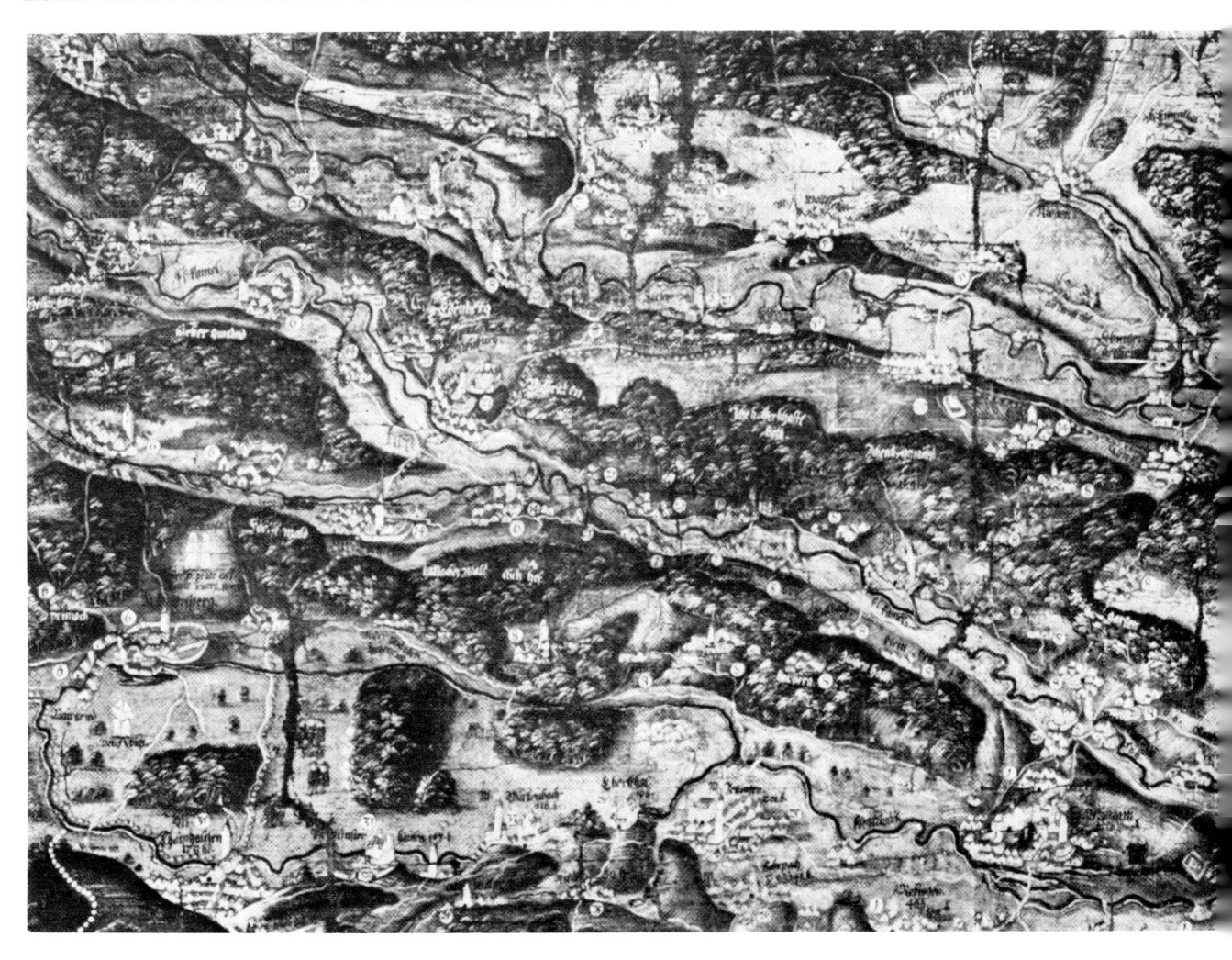

Landschaft der Markgrafschaft Burgau

Kartenausschnitt (J. A. Rauch 1613)

TAFEL 17

Wald an den Gottesackerwänden

Wildes, „plätzeweises Hauen", spärliche Laubholzreste im Mindelheimer Forst   Kartenausschnitt (Anfang 18. Jahrh.)

TAFEL 18

Donaulandschaft bei Bertolzheim oberhalb Neuburg (J. Müller)

Lageplan der Reichsstadt Augsburg mit Wertach und Lech

TAFEL 19

Schlagweiser Fichtenbestand,
Borkenkäferbekämpfung
(Foto D. Kraemer)

Alteichen im Mittelwald
(Foto Prof. Knuchel)

TAFEL 20

Voralpen-Hochmoor (Foto O. Kraemer)

Hochmoor im Bayerischen Wald mit Fichtenmoorrandwald (Foto O. Kraemer)

Pupplinger Au im Isartal (Foto K. Erdmannsdorfer)

Wald an den Flanken des Untersberges und Terrasse des Loigerfeldes (A. Heinrich)

Talsohle und Alpenrand um Salzburg (F. Loos)

TAFEL 23

Salzburgisch-oberösterreichische Voralpen um den Zellersee (H. Hueber)

Talsohle, Vorberge und Alpenrand um den Schliersee (K. Haider)

TAFEL 24

Moorlandschaft im bayerischen Vorland (J. Wenglein)

Oberbayerische Jungmoräne (K. Haider)

TAFEL 25

Bayrische Terrassen- und Moränenlandschaft mit Vorbergen und Alpenrand (W. v. Kobell)

Vorberge und Alpenrand um den Tegernsee (W. v. Kobell)

TAFEL 26

Laubgehölz in der Salzburger Landschaft (F. Olivier)
Lichter Weidewald auf einer oberösterreichischen Alpe TAFEL 27 (J. Höger)

Ahorngruppe, oberösterreichische Kalkvoralpen-Landschaft (F. G. Waldmüller)

Flyschlandschaft des Wiener Waldes gegen Vorberge und Kalkalpenrand (F. G. Waldmüller)

Östlicher Wiener Wald im Grenzgebiet des pannonisch-illyrischen Einflusses   (F. Schnorr v. Carolsfeld)

Eichenmischwald im Burgenland   (J. W. Schödlberger)    Eichen im Auwald der Donau   (F. Gauermann, Ausschnitt)

TAFEL 30

Markt Hallstadt mit Saline, Salzberg mit bewaldeten Flanken (M. S. Laimer)

Waldverteilung um das Kremstal in den oberösterreichischen Flyschvoralpen (J. Löw)

TAFEL 31

Voralpenlandschaft um die Eisenstadt Steyr, Wasserstraßen der Enns und der Steyr

Schiffszug auf der Enns (J. Eberl)

„Stufen" (H. Reinhold)

TAFEL 33

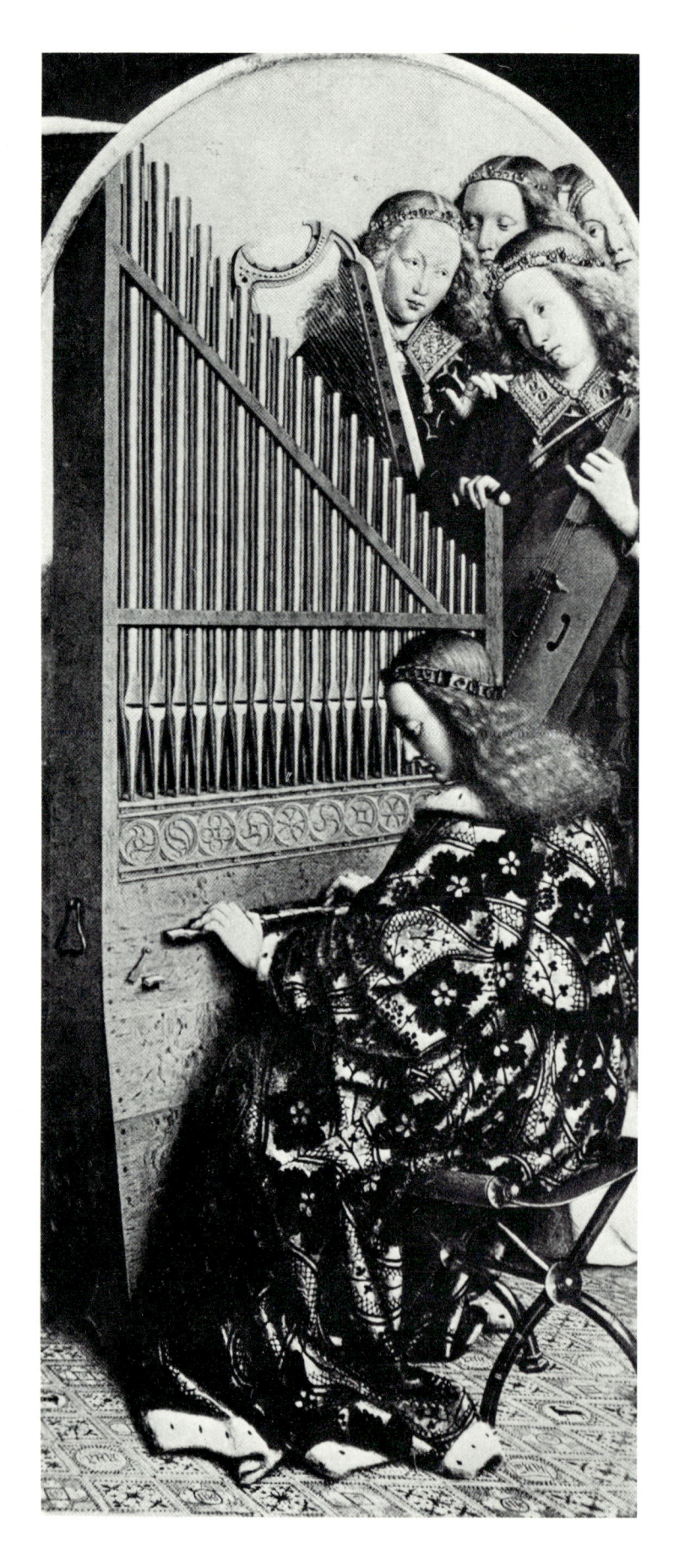

Tönendes Holz

TAFEL 34

Schiff

Sarg

TAFEL 35

EINLEITUNG

WALDGESCHICHTE

Wald und Forst

Erd- und Landschaftskunde umfassen das Geschehen innerhalb unvorstellbarer Zeiträume, denen gegenüber die Zeiträume der Menschheitsgeschichte und der Weltgeschichte sehr klein erscheinen. Die „Geschichte" unseres Waldes deckt sich im Zeitraum mit der Menschheitsgeschichte.

Der Begriff des Waldes ist jedem Menschen im normalen Sprachgebrauch klar. Meist tritt der Wald als Gebilde der Landschaft, als Auwald, Bergwald, Gebirgswald, in den Kreis der Vorstellungen — Wald als Gegensatz zum waldfreien Land — und unbewußt verknüpft sich mit der Vorstellung „Wald" noch die urhafte Schöpfung der Natur. Auch in der Kulturlandschaft gilt der Wald noch schlechthin als Ewiges, wenn er auch gesät oder gepflanzt ist. Rührend ist die Empfänglichkeit des menschlichen Herzens, dem auch naturfremde Waldbautypen das Geheimnisvolle des Waldes suggerieren können.

Der Wald ist das Objekt der Forstwirtschaft und der Forstwissenschaft. Eine Bezeichnung wie Waldwirtschaft ist selten, eine Bezeichnung Waldwissenschaft ungebräuchlich, eine Bezeichnung Waldkunde nur da und dort zur besonderen Kennzeichnung eines Sondergebietes verwendet. Beruf und Wissenschaft um den Wald herum benennt sich nach dem Worte „Forst".

Was haben wir unter dem Begriff Wald und was unter dem Begriff Forst zu verstehen?

Vom W a l d sprechen wir, wenn wir unbewußt oder bewußt den Wald als Gebilde der Vegetation und somit als einen Teil der lebendigen Natur meinen. In diesem Zusammenhang ist der Wald „Pflanzenformation" und „Pflanzengesellschaft". Die Bäume von der Krone bis zur Wurzel bilden einen Raum mit Keller, Stockwerken und Dach, einen Lebensraum für Pflanzen und Tiere aller Art, die sich in einer Lebensgemeinschaft nach besonderen Gesetzen zusammenfinden, manchmal auch gegen die Natur vom Menschen zusammengezwungen werden.

Der F o r s t dagegen ist in seinem Kern ein alter Rechtsbegriff, heute eine Summe von Rechts-, Verwaltungs- und Wirtschaftsbegriffen. Der Wald war in manchem im altgermanischen Volksrecht wohl auch Gegenstand eines Rechtsbegriffes, des „gemeinen Waldes", wie er sich später noch in der Waldallmende darstellt, im „Hart".

Der Begriff Forst hat sich aus dem königlichen Regalrecht herausgebildet, er ist fiskalischer, verwaltungsrechtlicher Natur; unter dem Einfluß des Humanismus ist er vollständig nach römischem Recht umgebildet worden. Das Forstrecht bedeutet das Ober-Eigentum am Wald und das Aneignungsrecht am jagdbaren Tier. Der Waldgrund blieb forstliches Eigentum, auch wenn der Wald zeitweise gerodet worden ist. Der Siedler entrichtete dann den Forstzins, den Forsthaber, das Forstkorn. Der Förster war als Beauftragter seines Herrn zur Wahrnehmung der Forstrechte eingesetzt. Diese betrafen vornehmlich die Ordnung im Forst, Einhebung der Zinse, Ausübung, Schutz und Pflege der Jagd. Zum Forstrecht gehörte die Vergebung der Nutzungen. Diese bestanden in alter Zeit in erster Linie in der Nutzung der Eichel- und Buchelmast für die Schweine, in der Nutzung des Waldes als Waldweide, der Hauptgrundlage der Viehzucht. Das Recht der Holznutzung umfaßte die Nutzung von Brenn-, Zaun-, Werk- und Kohlholz; Bauholz wurde meist von Fall zu Fall angewiesen.

Der Unterschied zwischen den Begriffen Wald und Forst drückt sich auch in der Amtsbezeichnung der Personen aus, denen Aufgaben im Wald oder im Forst zugewiesen waren. Der Förster — diese Amtsbezeichnung taucht schon mindestens im 11. Jahrhundert auf — hatte die Forstrechte wahrzunehmen. Er hatte wohl auch eine Oberaufsicht über die Holznutzungen, aber die eigentliche Leitung und Beaufsichtigung der Holznutzung kam dem Holzwart zu. Der Holzwart war selten der Beamte des Forstherrn, sondern der von den Gemeinden ernannte, vom Grundherrn bestätigte verantwortliche Hüter und Aufseher der Holznutzung. Erst viel später geht auch die Aufgabe der Holzwarte gänzlich auf den Förster über.

Große Waldungen wurden vom Volksmund als „die Wälder" bezeichnet. Die kleineren Herrschafts- und Gemeindewaldungen hießen stets „die Hölzer". Zu den Hölzern kamen noch die „Löcher" (Loh, Lohe, Loch von lucus, gleich Hain). Vor den Hölzern liegen die „Vorhölzer", meist durch Weide schon längst aufgelockerte lichte Waldungen. Doch wirkte sich das Forstrecht der Grundherren noch immer aus. Die Eichen gehörten als „fruchtbare Bäume" zum Forstregal, wo immer sie standen. Innerhalb des Forstbereiches des Landesherrn lagen die Hölzer, Vorhölzer und Löcher der landsässigen Grundherren, der Klöster und der Gemeinden.

Waldwesen und Forstwesen

Dem Wald ist wie die Seele dem Körper das **Waldwesen** eigen. Im Wort „Wesen" liegt das noch von Goethe gebrauchte Zeitwort „wesen". Es bedeutet: als lebendige Kraft vorhanden sein. Waldwesen ... webt hier nicht geheimnisvoll das Leben im Blätterdach? Ein Tautropfen erglänzt auf dem Waldgras, der Baum atmet und fühlt sich wachsen im vollendenden Ring dieses Jahres. Er lebt und vergeht, hat Anfang, Entwicklung und Ende, und seine Sonnenenergie wirkt weiter. Zum Walde gehört die Geschlossenheit der Bäume. Eine Baumschule ist kein Wald, denn ihr fehlt die Höhe, das Bleibende, die Architektur des Baues. Wald ist ein Zusammenleben vieler Glieder. Wird die Gemeinschaft aufgehoben, zerfällt das Waldwesen.

Das **Forstwesen** ist ein abstrakter Begriff, der die **geordnete, sinnvolle** und **zweckbewußte** Tätigkeit des Menschen im und am Walde zusammenfaßt. Die Anfänge eines geregelten Forstwesens liegen im 16. Jahrhundert. Die eigentliche Entwicklung beginnt erst in der zweiten Hälfte des 18. Jahrhunderts. Das Forstwesen umfaßt den ganzen Umkreis von Forstwirtschaft und Forstwissenschaft. Sein Verhältnis zum Waldwesen drückt sich darin aus, daß die Gesetze, Ordnungen und Maßnahmen des Forstwesens mit den Naturgesetzen des Waldwesens im harmonischen Einklang stehen müssen. Auf die kürzeste Formel gebracht, könnte man sagen: **Forst ist ein Begriff der Verwaltung, Wald ist stets ein Begriff der Natur.** Dieses Gefühl ist im süddeutschen Sprachgebrauch lebendiger erhalten geblieben als im Norden.

Unter Forstgeschichte verstehen wir die Geschichte des Forstwesens. Die Forstgeschichte umfaßt einen großen Umkreis. Zweckmäßig ordnet man in ihr die Geschichte der Forstwirtschaft und auch die Geschichte der Forstwissenschaft ein. In einem engeren Sinne wird unter Forstgeschichte die Auswirkung des Forstwesens in einem bestimmten Forstbetrieb oder Territorium verstanden (z. B. Forstgeschichte des „Schönbuch").

Waldgeschichte

Die waldgeschichtliche Zeit beginnt mit der Menschheitsgeschichte.

Die durch den Menschen beeinflußte lebensgesetzliche Entwicklung des Waldes ist Waldgeschichte als Geschehen in geschichtlicher Zeit.

Die kritische Darstellung der durch den Menschen beeinflußten lebensgesetzlichen Entwicklung des Waldes ist Waldgeschichte im geschichtskundlichen Sinne. Die Darstellung der Entwicklung des Waldes in ungeschichtlicher Zeit wird somit im strengen Sinne des Begriffes Geschichte nicht zur Waldgeschichte zu rechnen sein, sondern sie gehört in das Gebiet der Vegetationskunde. Wir trennen das ungeschichtliche Werden von der geschichtlichen Entwicklung.

Die Menschen haben jedoch erst allmählich die Landschaften und mit ihnen die Wälder der Erde in Besitz genommen. Daher steht dem vom Menschen in wirklichen Besitz genommenen und beeinflußten Walde gegendweise noch lange „Urwald" gegenüber. Das Wort „Urwald" hat nur Sinn in der geschichtlichen Zeit. Als Gegensatz zum „Nichtmehr-Urwald" gehört es zu den waldgeschichtlichen Begriffen. „Urwald" bedeutet waldgeschichtlich „Primärtyp".

Es muß zwischen waldgeschichtlicher Zeit und waldgeschichtlicher Entwicklung unterschieden werden. Ein Urwald steht in der waldgeschichtlichen Zeit, seine waldgeschichtliche Entwicklung jedoch beginnt erst mit dem bestimmenden Eintritt des Menschen in seinen Raum.

Im Begriff „Geschichte" liegt ein scheinbarer Dualismus, der je nach der Blickrichtung entweder das Geschehen an und für sich oder die Darstellung des Geschehens meint. Im Sein unseres Waldes herrscht ein echter Dualismus, das Geschehen von Natur aus und das Handeln des Menschen, Komponenten-Komplexe, die sich gegenseitig durchdringend dauernd beeinflussen. Unsere Darstellung der Entwicklung des Waldes ist an den Dualismus Natur — Mensch gebunden.

Die Beziehung des Waldes zum Menschen, wie es auch der Titel anzeigt, das Schicksal des Waldes durch den Einfluß des Menschen, und nicht die Beziehung des Menschen zum Walde ist der eigentliche Gegenstand unserer Untersuchung.

Die Klärung der Begriffe ist zur Abgrenzung des Zieles einer Untersuchung und zur Klarlegung der anzuwendenden Methoden unerläßlich. Im übrigen wollen wir den Vorwurf der Spitzfindigkeit vermeiden und den gewöhnlichen Sprachgebrauch nicht auf Definitionen der Theorie verpflichten.

Die Waldgeschichte verfügt über ihre eigenen, die waldgeschichtlichen Quellen, dann auch über die Quellen der für sie in Betracht kommenden Hilfswissenschaften.

Waldgeschichtliche (und forstgeschichtliche) Quellen: der Urkundenbestand und alle Archivalien, die speziell oder sonst irgendwie den Wald betreffen. Hiezu gehören Waldbeschreibungen, Waldordnungen, Forstordnungen, Holzordnungen, Dorfgerichtsordnungen, Verträge über Nutzungen, Waldgrenzen, Verkäufe; ferner Waldbücher, Urbarien, Holzabrechnungen, sonstige Verwaltungsakten usw. Der Hauptteil der Archivalien entstammt der Zeit vom Ende des 15. Jahrhunderts ab, als die große Kanzleitätigkeit begann. Weiters die Aktenbestände aus der Zeit der geregelten Forstwirtschaft, einschließlich der Einrichtungswerke (Taxationen) und des Kartenmaterials. Schließlich das einschlägige alte und neue Schrifttum.

Als Hilfswissenschaften dienen: Forstwissenschaft, die den waldgeschichtlichen Problemen Richtung und Sinn gibt, Botanik (Vegetationskunde in umfassender Beziehung, floristisch, soziologisch, ökologisch, genetisch), Klimatologie, Geologie (Geomorphologie), Bodenkunde, Geographie (Landschaftskunde), Wirtschafts- und Kulturgeschichte.

Die M e t h o d e der Waldgeschichte ist im allgemeinen die geschichtliche, sie muß aber die der Vegetationskunde mitverbinden. Je nach dem Untersuchungsziel werden auch Methoden der einen oder anderen Hilfswissenschaft angewendet.

Die Waldgeschichte ist ein Zweig der Forstwirtschaftslehre, wenn sie im wesentlichen forstlichen Fragestellungen zugekehrt ist. Ist sie jedoch auf allgemeine waldgeographische, vegetations- und landschaftskundliche Ziele gerichtet, wird sie sich der geographischen und vegetationskundlichen Wissenschaft annähern [1]).

Verhältnis der Waldgeschichte zur Vegetationskunde

Die moderne Biologie wird seit nicht zu langer Zeit von der Geisteswissenschaft her intensiv durchleuchtet. Unter verschiedenen Einflüssen wurde die rein materialistische, mechanistische Anschauung und Begriffsbildung von einer idealistischen und organischen Betrachtungsweise im steigenden Maße beeinflußt und teilweise sogar abgelöst. In allen Wissenschaften gibt es ernste Strömungen, aber auch oberflächliche Moden; Echtes sowohl als Unechtes; Extreme, Übergänge; Bleibendes und Vergängliches. Manches kommt aus den Tiefen der Persönlichkeit, manches aus dem Geltungsdrang. Aber wie es auch immer sei, wichtig ist die Bewegung.

Auch in der Vegetationskunde haben sich Anschauungen und Methoden gewandelt. Gerade aus pflanzengeographischen Forschungen im Alpenvorland Deutschlands, Österreichs und ganz besonders der Schweiz ist man in stiller und um so fruchtbarerer Entwicklung im Lauf von etwa hundert Jahren zum Begriff der „Lebensgemeinschaft" und damit auch zu einer Art sozialer Einheitsidee vorgestoßen (O. Sendtner, A. Kerner, H. Christ u. a.), wobei das Schöpferische mehr in Ideen, Empfindungen und geistigen Bildern, nicht so sehr in theoretischen Spekulationen lag. Dann aber wurden die Ideen zu Systemen ausgebaut. Manche grundsätzlichen Anschauungen vom Wesen der Pflanzengesellschaften weichen voneinander ab oder sind in Veränderungen begriffen. Hinter den scheinbar festgefügten Fronten der jeweilig herrschenden Schulen, die sich oft durch eine bemerkenswerte Intoleranz auszeichnen, bilden sich meistens schon wieder gegnerische Zellen, dazu bestimmt, erstarrende Meinungen und Methoden aufzulösen. Verhältnismäßig spät sind die Ideen der Pflanzensoziologie in die immer mehr technisch orientierte Forstwirtschaft eingedrungen. Dort kombinierten sie sich mit einigen biologisch eingestellten Strömungen. Karl Gayer hatte „aus der Natur des Waldes heraus die gesetzliche Forderung der Stetigkeit, einer strengen Kontinuität" erhoben. Alfred Möller gab in seinem „Dauerwaldgedanken" eine große Idee.

Die russische und finnische Waldtypenlehre, die wachsende Bedeutung der Bodenkunde und ihr Ausbau zur Standortsforschung haben der Pflanzengeographie und der Pflanzensoziologie auch den Eingang in die Forstwirtschaft gebahnt.

An dieser Stelle wollen wir Hans H a u s r a t h nennen, der in seinem Vorwort zu „Pflanzengeographische Wandlungen der Deutschen Landschaft" im Jahre 1911 geschrieben hat:

„Wer sich mit den Veränderungen unserer Landschaft befaßt, der muß Stellung nehmen zu dem Problem, ob die natürlichen Faktoren oder die menschlichen Eindrücke von größerer Bedeutung für die Entwicklung der Vegetationsformationen gewesen sind."

Unter Vegetationskunde verstehen wir im allgemeinen das Wissen von der Vegetation der Erde, ihrer einzelnen Gebiete und Landschaften. Sie umfaßt sowohl das Wissen von der Pflanzenverbreitung (analytisch-ökologische und historisch-floristische Geobotanik) als auch das Wissen von der Gliederung der Vegetation (Pflanzensoziologie und synthetisch-ökologische Geobotanik).

Die Lehre von den Pflanzengesellschaften, die Pflanzensoziologie, beruht auf der Anschauung, daß in der Natur bestimmte Pflanzen unter besonderen ökologischen Verhältnissen (unter dem Einflusse der natürlichen Faktoren) immer wieder sich zu einer Gemeinschaft, einem Verein, einer Gesellschaft zusammenfinden.

Wesentlich ist allen pflanzensoziologischen Systemen der Einheitsgedanke, zu dem sich auch manche Richtungen der Forstwissenschaft von anderer Seite her durchgerungen haben.

Ein Pendel, das stark angeschlagen wird, benötigt längere Zeit, bis es im Gleichmaß schwingt.

Die Pflanzensoziologie behandelt die Organisation der Pflanzengesellschaften, ihre Entwicklung und ihre Verbreitung; sie untersucht die Abhängigkeit des Haushaltes der Gesellschaft von klimatischen, edaphischen, geomorphologischen und biotischen Faktoren; die Systematik setzt die Ordnung und die unterscheidenden charakteristischen Merkmale der soziologischen Einheiten fest. Die Erforschung der Lebensgemeinschaften von Pflanzen und Tieren, der Biocoenosen, ist Aufgabe der Biocoenologie.

Das Verhältnis von Waldgeschichte zur Pflanzensoziologie ist schon deswegen ein sehr enges, weil die Waldgeschichte bei der kritischen Darstellung der durch den Menschen beeinflußten lebensgesetzlichen Entwicklung des Waldes ebenso vom soziologischen Prinzip, vom Grundsatz der Einheit der Waldpflanzengesellschaft ausgehen wird, denn dort liegt die Achse des Dualismus Natur — Mensch (Natur — Technik).

Auch die Waldgeschichte muß sich in den Vorstellungen von natürlichen Formationen und Assoziationen bewegen, denn nur dann kann sie kritisch den die natürliche Einheit verändernden Einfluß des Menschen verfolgen und auch werten. Das Dynamische, in diesem Falle die andauernde Entwicklung aus dem Dualismus Natur — Mensch heraus, ist Objekt der Analyse, Diagnose und Synthese. Die Waldentwicklung kann nur sowohl von den biologischen Grundlagen, von der Synökologie, als auch zugleich von „geschichtlichen" Vorgängen aus begriffen und dargestellt werden. Sich selbst Grenzen ziehend, wird die Waldgeschichte die eigentliche pflanzengesellschaftliche Bearbeitung dem Pflanzensoziologen überlassen. Dieser würde jedoch auf trügerischem Boden wandern, wenn er die Waldgeschichte nicht beachtet. So weist bei der praktischen Anwendung der richtige Weg zur Arbeitsteilung im größeren Rahmen einer Arbeitsgemeinschaft (z. B. *117*).

Die Pflanzensoziologie befaßt sich mehr mit der inneren Natur und lebensgesetzlichen Entwicklung des Waldes als einer Gesellschaft von Pflanzen, die Waldgeschichte als zielbewußte Entwicklungsgeschichte mehr mit physiognomischen Formerscheinungen und strukturellen Formentwicklungen unter dem Einfluß teils der Natur, teils des Menschen. Beide Methoden haben keine Grenzen, sie vermischen und überschneiden sich [2]).

Die Pollenanalyse

Der junge Wissenschaftszweig der Blütenstaubuntersuchungen, die Pollenanalyse, besteht aus verschiedenen Elementen. Das eine ist botanischer Natur, die Untersuchung des in Mooren konservierten Blütenstaubes, des Mengenverhältnisses der Arten, sowie die daraus gezogene pflanzengeographische und pflanzengesellschaftliche Folgerung. Die spezielle Untersuchung des Moores an sich fällt teils in den botanischen, teils in den geologischen Forschungsbereich. Denn einerseits ist das lebende Moor eine Vegetationsform, das tote Moor dagegen eine abgestorbene Vegetationsform und als solche im Übergange zu einer geologischen Formation.

Ein Hauptfaktor der zeitlichen Einordnung der durch den Blütenstaub nachgewiesenen Pflanze bzw. Gemeinschaft wird jedoch von der Geschichtsforschung beigestellt. Das Auffinden von Kulturschichten, den Überresten menschlicher Tätigkeit, läßt eine sichere zeitliche und somit eine geschichtliche Bestimmung des Blütenstaubes zu. In einem unberührten Moor können unter glücklichen Umständen Blütenstaubanalysen für alle Zeitabschnitte von der urgeschichtlichen Periode bis zur Gegenwart gewonnen werden; von der Rückwanderung der Baumarten, von der Entstehung des Waldes in den ersten Nacheiszeiten bis zu einem etwa künstlich geschaffenen Fichtenreinbestand eines Wirtschaftswaldes von heute. Die Ergebnisse der Pollenanalyse bieten eine der Hauptgrundlagen, auf denen waldgeschichtliche Untersuchungen verschiedenster Art kontrolliert oder weiter aufgebaut werden können. Die Erforschung des Waldes nach pollenanalytischen bzw. paläontologischen Methoden und die Waldgeschichte in unserem historisch-ökologischen Sinne sind in ihrem Wesen und Ziel nahe verwandt. Die Pollenanalyse wird durch die Bestimmung von Pflanzenresten, von Holz- und Holzkohlefunden aus vorgeschichtlichen Siedlungen ergänzt.

Die Pollenanalyse gestattet nicht nur das vor- und frühgeschichtliche Werden des Waldes zu rekonstruieren, sondern sie führt auch zu einer näheren zeitlichen Gliederung der Landschaftsentwicklung in der Spät- und Nacheiszeit. Die sehr schwierige Auswertung von Pollen der Getreidearten, von kulturbedingten Unkräutern usw. kann in manchem die Siedlungsgeschichte aufhellen und damit den Einfluß des Menschen auf die Vegetation, besonders auf zeitweise Zurückdrängung und Veränderung des Waldes, aufzeigen. So lassen sich sowohl auf direkte als auch auf indirekte Weise waldgeschichtliche Entwicklungsphasen klären[3]).

ZUM SPRACHGEBRAUCH

Im weiten schwäbischen und alemannischen Sprachgebiet werden waldgeschichtliche Untersuchungen dadurch erschwert, weil im allgemeinen Sprachgebrauch das Wort „Tanne" sowohl für die Tanne (abies) als auch für die Fichte (picea) angewendet wird. Das Wort „Fichte" ist hier im allgemeinen unbekannt.

Der Unterschied zwischen beiden Baumarten wird durch das Adjektiv „weiße" bzw. „rote" Tanne, durch die Hauptwörter „Weißtanne" bzw. „Rottanne" kenntlich gemacht. Vielleicht ist der Gebrauch „Tanne" für beide Baumarten aus den Vegetationsverhältnissen der frühen Siedlungszeiten erklärbar, in denen die Tanne weitaus vor der Fichte überwog, die von Osten nachwandernd im westlichen Grenzgebiet ihrer Verbreitung, in Schwaben und Alemannien, von Natur aus weniger in Erscheinung trat.

Die Bayern dagegen gebrauchen das Wort „Fichte" (Feichte) und unterscheiden sprachlich zwischen Tanne und Fichte.

In dieser Beleuchtung müssen die Angaben über „Tannen" in Archivalien und Orts-, Wald- und Flurnamen mit dem Stamm „Tanne" kritisch betrachtet werden. Über sonstige im Zusammenhange stehende Eigentümlichkeiten des schwäbischen und bayerischen Sprachgebrauches, z. B. über kollektive Wortbedeutungen wie „der Tann", „das Feichtet" usw. wird im Laufe der Untersuchungen gesprochen [4]).

DAS ALPENVORLAND

(Begriff und Übersicht) [5]

Im Norden der Alpen, vom Genfer See bis zum Wiener Wald, liegt eine Senke von einem durchwegs ähnlichen Charakter, so daß sie als eine einheitliche Landschaft unter dem Namen „Das Alpenvorland" zusammengefaßt wird. Diese Landschaft hat ihre Wurzel im Alpenrand und ihre Begrenzung in den Erhebungen des Schweizer Jura, der Schwäbisch-Fränkischen Alb und des Böhmer Waldes.

Ihre erste Gestaltung liegt im tertiären Zeitalter. Die Ablagerungen stammen aus gewaltigen Überflutungen, die sich allmählich vom Meeresgewässer in Süßwasserseen verwandelt haben. Das tertiäre Material der Senke heißt Molasse. Seine ältere, oligozäne Bildung, stark gefaltete Schichten, streicht unmittelbar am Nordrande der Alpen als hochaufgerichtete Hügelzüge hin; die jüngere, miozäne Bildung erstreckt sich gegen Norden als hügelige Platte.

Diese in ihren wesentlichen Grundzügen schon fertige Landschaft wurde in einem vom Alpenrand ausgehenden Gürtel wiederholt vom Eis bedeckt; der nördliche Gürtel ist nicht vom Eise, sondern von den Eisschmelzwässern und Schottern umgeformt worden.

Seit der klassischen Einteilung der Eiszeiten durch Penck und Brückner werden vier große Vereisungszeiträume unterschieden, aber auch in diesen, besonders in den beiden letzten, ist das Eis einige Male vorgestoßen und wieder zurückgewichen. Die Haupteiszeiten wurden nach den vier Flüssen benannt, in deren Tälern die grundlegenden Studien gemacht worden sind. In der Reihenfolge ihres Alters heißen sie Günz-, Mindel-, Riß- und Würmeiszeit. Die Ablagerungen der Würmeiszeit werden als Jungmoränen, die der früheren Eiszeiten als Altmoränen bezeichnet.

Das Haupteis drängte mit ungeheurer Wucht aus dem Gebirge, preßte sich durch die Tore, die die Flüsse im Alpenrand ausgearbeitet hatten, hinaus in das Vorland, um sich dort fächerförmig zu verteilen. Die Art der Verteilung wurde durch das Gesetz des geringsten Widerstandes vorgeschrieben. Manche Molasseberge, die infolge ihrer Gestalt oder Zusammensetzung von den Eismassen nicht weggeräumt werden konnten, wirkten wie Barrieren oder wie Sporne, an denen die Eismassen von ihrer radialen Bahn abgelenkt wurden. So entstanden neben dem Hauptbecken, die das Eis ausschürfte und aushobelte, Seitenbecken, und wo sich keine weiteren Becken bilden konnten, Hauptfurchen und Seitenfurchen.

Die Endmoränen legten sich in breiten Bögen kranzförmig um den Vereisungsraum. Den verschiedenen Rückzugsstadien entsprechend sind mehrmalige Reihen solcher Kränze angeordnet. Jede Eiszeit hat durch ihre Abschmelzwässer große Schotterfelder vor den Endmoränen angelegt. Daher ist jede Endmoräne mit einem entsprechenden Schotterfeld gekoppelt und verzahnt.

Alle diese Ablagerungen, sowohl Moränen als auch Schotter, tragen die Spuren ihres Alters. Je älter sie sind, desto mehr ist ihre Oberschicht zu einem braunen Lehm verwittert und entkalkt. Manchmal sind die Ablagerungen durch Lösung und Wiederabscheidung des Kalkes zu einem festen Gestein, zum Konglomerat oder zur Nagelfluh, verbacken. Aber auch äußerlich sind die Oberflächenformen durch Wind und Wetter, Abblasung, Abschwemmung und Anschwemmung nach Form und Umfang verändert. Aus den Moränen ausgeblasene Staubmassen überdecken im Vorland weithin das Gelände, das nur von niederen Pflanzen spärlich überwachsen war. Dieses Geflecht hielt den Staub fest, die ver-

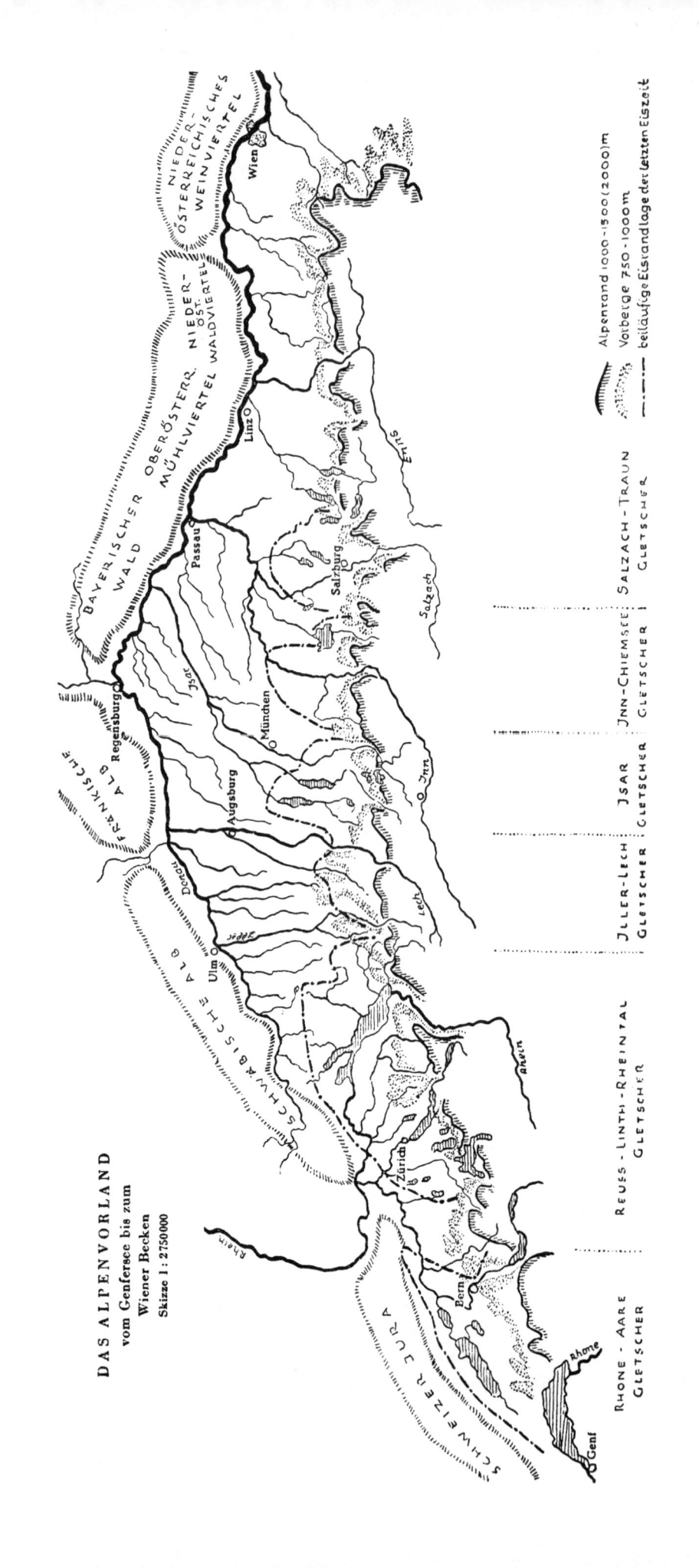

DAS ALPENVORLAND
vom Genfersee bis zum
Wiener Becken
Skizze 1 : 2750000

Alpenrand 1000–1500(2000)m
Vorberge 750–1000m
beiläufige Eisrandlage der letzten Eiszeit

RHONE – AARE
GLETSCHER

REUSS – LINTH – RHEINTAL
GLETSCHER

JLLER – LECH
GLETSCHER

JSAR
GLETSCHER

JNN – CHIEMSEE
GLETSCHER

SALZACH – TRAUN
GLETSCHER

SCHWEIZER JURA

SCHWÄBISCHE ALB

FRÄNKISCHE ALB

BAYERISCHER WALD

OBERÖSTERR. MÜHLVIERTEL

NIEDERÖST. WALDVIERTEL

NIEDERÖSTERREICHISCHES WEINVIERTEL

Genf, Bern, Zürich, Ulm, Augsburg, Regensburg, München, Passau, Linz, Salzburg, Wien

Rhone, Rhein, Donau, Iller, Lech, Isar, Inn, Salzach, Enns

faulenden Fasern schufen eine feinporöse, in Blättern und Schuppen sich ablösende Struktur. Auch dieser äolische Staub, der Löß, wurde im Laufe der Zeit mehr oder minder entkalkt und in Staublehm verwandelt.

Die Räume der ehemaligen großen Gletscher gehören, wie in der Zeit des Tertiärs, so auch heute noch zum Einzugsgebiet eines oder mehrerer Flüsse oder zu deren Talsystemen, und bilden schon allein orographisch eine natürliche Landschaft. Somit teilt sich das alpennahe Vorland nach den eiszeitlichen Vereisungsräumen in verschiedene natürliche Landschaften auf:

    Landschaft des Rhonegletschers
    Landschaft des Reuß- und Linthgletschers
    Landschaft des Rheintalgletschers
    Landschaft des Iller-Lechgletschers
    Landschaft des Isargletschers
    Landschaft des Inn-Chiemseegletschers
    Landschaft des Salzachgletschers
    Landschaft des Traungletschers.

Die Gletscher des östlichen Teiles der Ostalpen in den Flußgebieten der Enns, der Ybbs und anderer kleiner Gewässer gelangten nicht mehr in das Vorland, sondern blieben im Gebirge stecken. Nur deren Schotter sind außerhalb abgelagert.

Der Alpenrand mit den höheren Molassebergen und der Flyschzone ist wohl eine eigene Landschaft für sich, aber mit Ausnahme der Schweiz und Vorarlberg selten ein wirklicher Raum im Landschaftssinne, sondern mehr eine umrandende Kulisse. So bildet er die Wurzel und den Hintergrund der Vereisungsräume. Das ganze Alpenvorland ist, wie sein Name schon ausdrückt, nur das Vorland vor der Hauptlandschaft der Alpen. Das Tertiärland zwischen Lech und der Traun und zwischen dem Nordrand der Moränenlandschaft und der Donau setzt sich als eigener Landschaftsraum von den eiszeitlichen Räumen ab.

Die von der Eiszeit geschaffenen Landschaftsformen sind in erster Linie R a u m f o r m e n , die einen bestimmten Inhalt umfassen, in zweiter Linie G e s t a l t u n g s f o r m e n , die ein bestimmtes Relief prägen. Beide Formen wiederholen sich im Alpenvorland in typischen Erscheinungen. Wir versuchen, das Wesentliche und Eigentümliche der einzelnen Landschaften in knappen Zügen übersichtlich soweit darzustellen, als es für die Untersuchung der Entwicklung des Waldes nötig ist.

Das Alpenvorland der Schweiz
(Mittelland)

Der tiefe Einschnitt des Rheintales gilt als geographische Scheidung der Ostalpen von den Westalpen. Das nördliche Vorland der Schweizer Westalpen heißt „Das Mittelland", oder auch die „Hochebene" („haute plaine suisse"). Diese natürliche Landschaft, vorwiegend aus Molasse gebildet, durch eiszeitliche Vergletscherung umgeformt, ist eingeschlossen zwischen dem von Südwest nach Nordost gerichteten Zuge der Alpen und des Jura.

Das Mittelland wird durch den großen radial zertalten Molasseblock des „Napf" in zwei Teile geschieden, in einen südlichen Teil mit der Landschaft des eiszeitlichen Rhonegletschers und in einen nördlichen Teil, der den eiszeitlichen Raum des großen Südlappens des Rheintalgletschers einschließt. Das schmale, im Durchschnitt nur 40 km breite Alpenvorland gliedert sich noch in einige Kleinlandschaften. Gemeinsam sind ihnen folgende Merkmale: der Alpenrand wird von den höchsten Vorbergen gebildet, die meistens als gerundete, weiche oder blockartige, mächtige Gras- und Waldgebirge den harten, scharf profilierten Kalkalpen der äußeren alpinen Zone vorgelagert sind. Vom Alpenrand weg fallen die Molasseberge, meist als Nagelfluhfacies, bald zusammenhängend, bald als einzelne Höhenzüge und Erhebungen, langsam von etwa 1000 m auf 600 bis 500 m gegen Nordwesten ab. Die Molasse ist teils Hauptträger der Mittelgebirgslandschaft, teils bildet sie den von eiszeitlichen Ablagerungen überdeckten Untergrund. Die höheren Molasseberge erscheinen im Vorland als langgezogene schmale Höhen oder Riedel. Sie haben keilartig als Diffluenzsporne die Gletschermasse getrennt.

Zwischen diesen Molasserücken und vor ihnen in der Senke der ehemaligen Gletscherbecken entwickelt sich mehr oder weniger breit, oder eingeengt das in viele Kleingebilde unübersichtlich aufgelöste, typische Jungmoränenland um den Bodensee, im Tal der Thur, der Glatt, der Töß, der Limmat, der Reuß, der oberen Aare, der Broye, Sarine und Venoges.

In dieser zusammengepreßten Landschaft konnten sich keine großen Schotterfelder entfalten. Die Terrassenschotter der ersten Eiszeiten (Deckenschotter) sind nur in Resten als Schutzkappen auf den Höhen mancher Molasseberge erhalten, wodurch diese vor weiterer Abtragung bewahrt wurden. Die Talböden sind von Niederterrassen erfüllt, da und dort sind Talflanken von Hochterrassen begleitet.

Von den Alpen her gesehen stuft sich somit das Mittelland zu einem Berg- und schließlich zu einem Hügelland ab. Die unterste Stufe grenzt dann an den steil aufsteigenden Rand des Ketten- und des Tafeljura an. Die morphologische Gestaltung der Schweiz verweist den Wald überwiegend an die Flanken der Berge und auf die Kuppen der Hügel. Das allgemeine Klima ist ozeanisch beeinflußt, aber örtlich sehr verschieden. So steht das Mittelland im Schnittpunkt der mitteleuropäischen und atlantischen Klimarichtung. Reichliche Niederschläge bedingen die Weide- und Viehwirtschaft, die den Wald im Vorland und in den Vorbergen weithin verdrängt hat. Das Alpenvorland der Schweiz charakterisiert sich durch eine gedrängte Fülle der Natur als auch durch eine, besonders in der Neuzeit differenziert ausgebildete soziologische Struktur. Ein stark besiedeltes Bergland, nur im beschränkten Maße ein Waldland, trotz aller Ländlichkeit und Alpennähe geschmückt mit lebhaft aufstrebenden modernen Städten verschiedenster Größe.

Das deutsche Alpenvorland

Gegenüber der Enge des schweizer Alpenvorlandes mit seiner gedrängten vielfältigen Oberflächengestaltung öffnet sich das deutsche Alpenvorland zu einer übersichtlichen Weite und klaren Gliederung des Vereisungs- und Abschmelzraumes. Im Mittelland der Schweiz herrschen die Molasseberge vor und bestimmen die Physiognomie. Im deutschen Alpenvorland spielen die vorgeschobenen Höhen des Molassefaltenlandes wie z. B. die Adelegg-Gruppe, welche der Erosion nicht zum Opfer gefallen ist, meist nur die Rolle von Vorposten des Alpenrandes, während der Auerberg, Peißenberg, Taubenberg und andere, als unterbrochene Querrippen angeordnet, bloß Reste des tertiären Grundgebirges darstellen. Meistens sind sie mit Moränenmaterial umkleidet. Vom Trauchberg und den Ammergauer Bergen ab bis zum Wiener Wald schiebt sich nun der Flysch mehr an das Vorland heran, und im Bereiche des Salzachgletschers sogar weit in das Vorland hinein.

Landschaft des Rheintalgletschers

Der der Schweiz, Oberschwaben und auch Vorarlberg gemeinsame Raum des Rheintalgletschers birgt in seiner Mitte ein Kleinod Mitteleuropas, die Bodenseelandschaft. Die aus dem Rheintal herausdrängenden Eismassen haben das Stammbecken des Sees ausgegraben, das später durch einen Grabenbruch erweitert worden ist, und haben im weichen Molassematerial Oberschwabens fächerförmig die nördlichen Zweigbecken geschaffen, während sie in der südlichen Ausbreitung, im schweizer Gebiet, durch widerstandskräftige Molasseberge stärker gehemmt wurden. Der See sperrt das Alpenvorland auf einer Linie von 60 km ab und zerschneidet das Gebiet des ehemaligen Rheintalgletschers in zwei ungleiche Segmente. Im Westen stößt die Bodenseelandschaft an den Schweizer Jura und die Schwäbische Alb an. Wir befinden uns in einem Grenzgebiet, auf uralten Wanderwegen von Pflanzen, Tieren und Menschen.

In Oberschwaben ist der Rißgletscher in mindestens drei Vorstößen, sogar über die Donau, eingedrungen. In der Schweiz ist der Rißgletscher weit über den Schweizer Jura, stellenweise sogar in den Französischen Jura vorgestoßen. Da der Gletscher der jüngsten Eiszeit bei seinem nördlichsten Vorstoß noch immer weit hinter der Ausbreitung des Eises in der vorangegangenen Riß-Eiszeit zurückblieb, hat sich in Oberschwaben ein weiträumiges Gebiet der Altmoräne ungestört erhalten. Das südliche Oberschwaben bietet ein wohlgeordnetes System von konzentrischen Moränenkränzen dar.

In der Altmoräne herrschen teils langgestreckte, mitunter hohe Endmoränenzüge von ruhiger Entwicklung, teils weitgestreckte, ebene oder mäßig bewegte Grundmoränenflächen auf mächtigen Sockeln.

Oberschwaben zerteilt sich somit in eine südliche Jungmoränen- und eine nördliche Altmoränen- und Schotterlandschaft; das schweizerische Mittelland dagegen stellt eine einheitliche Molasse- und Jungmoränenlandschaft dar.

Die Verteilung des Waldes auf Jung-, Altmoränen- und Schotterlandschaft ist ungleich. Im Gegensatz zur Schweiz stehen dem Wald außer den steileren Hängen auch umfangreiche, nur leicht bewegte oder ziemlich ebene Flächen zur Verfügung. In der Jungmoräne ist der Wald stark zersplittert, in der Altmoräne und Schotterlandschaft überwiegen große, geschlossene Waldflächen.

Das Gesamtklima ist im allgemeinen ziemlich einheitlich. Doch ist das Klima des Alpenrandes stärker ozeanisch gefärbt. Im einzelnen lassen sich etwa vier Klimabezirke ausscheiden. Das ganze Gebiet Oberschwabens steht bis zur Donau stark unter dem Einflusse des Föhns und ist hierin dem eigentümlichen Klima mancher Teile des schweizerischen Mittellandes ähnlich.

Landschaft des Iller-Lechgletschers

Der Iller-Lechgletscher konnte keine solch riesigen Eisfächer aufbauen und daher die Molasselandschaft nicht so fächerartig beeinflussen wie der Rheintalgletscher, dessen Material aus seinen Wurzeln in den Zentralalpen verfrachtet wurde. Im Iller- und Lechgebiet kam das Eis vorwiegend aus den Kalkgebirgen der Lechtalgruppen, daher besteht das Aufbaumaterial vorwiegend aus kalkalpinen Gesteinen. Vor den Durchbruchstoren der Iller und des Lech war das Vorland von den Molasseriegeln abgesperrt. An der Verarbeitung und Umgehung dieser Hindernisse verloren die Eismassen an Kraft. Daher entstanden verhältnismäßig schmale Becken, umgeben von Drumlins, Seen und Mooren, unterteilt durch Molasserippen in Richtung von Südwest nach Nordost, bekannt als die typische Allgäuer Molasserückenlandschaft.

Diese Jungmoränenlandschaft erstreckt sich vor dem Alpenrand in einer Breite von 25 bis 30 km. Alte Endmoränen liegen um das Becken von Obergünzburg, und finden sich mit Resten von älteren Moränen weiter draußen im Vorland. Am besten sind die fluvioglazialen Ablagerungen erhalten, die sich in großen Schotterfeldern als sogenannte Iller-Lech-Platte zur Donau hinziehen. Der Begriff der „Platte" erweckt eine irrige Vorstellung. Es hat niemals eine „Platte" gegeben, die später zerschnitten worden wäre, sondern die Schotter aller Eiszeiten sind nebeneinander in verschiedenen Höhenstufen abgelagert worden. Diese Riedel erscheinen vom Norden gesehen „wie bequeme Zugangsrampen zur Höhe der Alpengipfel", sie brechen aber plötzlich als spitze Sporne jäh in das vor den Alpen liegende Becken ab. Alle vier Eiszeiten haben ihre Schotter abgelagert; Erosion und nachfolgende wiederholte Ausfüllung haben die sonderbare Erscheinung bewirkt, daß die ältesten Schotter in der Höhe, die jüngsten in den heutigen Talvertiefungen liegen. In den Isar-Schotterfeldern hat dagegen eine andere Anordnung stattgefunden.

Am Alpenrand, im Moränengebiet und besonders in der Schotterlandschaft dehnen sich geschlossene Waldkomplexe aus. Die ältesten Schotterablagerungen wurden ausnahmslos dem Walde überlassen. Die Schotter sind fast durchwegs von einer starken Lößschicht überdeckt. Das Klima am Alpenrand ist niederschlagsreich, die Gegensätze sind durch den ozeanischen Einfluß ausgeglichener. In der Schotterlandschaft, welche sowohl gegen Osten als auch gegen Westen offen liegt, wirken sich die Extreme der Wettergestaltung viel stärker aus.

Landschaft des Isargletschers

Viel weiter als der Iller-Lechgletscher ist der Isargletscher in das Vorland vorgestoßen. Seine Eismassen stammen aus dem Inn-Salzach-Quertal; sie wurden aus vier Alpentoren hereingedrückt. Daher überwiegen zentralalpine Gesteine in den Ablagerungen. Der Isargletscher wurde aus vier

Eisströmen aufgebaut. Der Eisstrom aus dem Loisachtal schuf das große Zungenbecken des Ammersees, der Eisstrom vom Walchen-Kochelsee das Hauptzungenbecken des Würmsees und die kleineren Zweigbecken von Wolfratshausen und Tölz. So ergab sich nicht ein regelmäßiger Fächer, sondern eine Parallelanordnung von vier Endmoränenzügen, deren Ausdehnung vom Westen nach Osten abnimmt.

Vor den Jungendmoränen der äußersten Lage erstrecken sich Altmoränen, die ins große Dreieck der Münchner „schiefen Ebene" überleiten. Diese drängt im Norden und Nordosten scharf an die Tertiärlandschaft heran. Sie ist von Isar und Ammer und von Trockengräben durchtalt. Die „schiefe Ebene" wird von Schotterterrassen gebildet, die im Gegensatz zur Verschachtelung der Terrassen auf dem Lech-Iller-Schotterland übereinander liegen, so daß die Oberfläche aus Niederterrasse besteht; Hochterrasse und Deckenschotter liegen darunter. Im Nordteil des Dreiecks tritt das Grundwasser an dem immer dünner werdenden Niederterrassenschotter aus, wodurch das Dachauer Moos und das Erdinger Moos entstanden. Auf den jüngsten alluvialen Schotterzungen haben sich „Heiden" entwickelt.

Die wechselnden Eisrandlagen haben auch hier die typische Jungmoränenlandschaft mit Wällen, Kuppen und Hügeln geschaffen; dazwischen liegen die großen und kleinen Seen und viele Moore in den tiefen Becken, von Molassekämmen eingerahmt. Diese unruhige Landschaft steht im Gegensatz zur weiten Fläche der Schotterterrassen und des tertiären Hügellandes. Durch diese verschiedenartige Gestaltung der Oberfläche sind Wald- und Siedlungsgelände in ihrer Entwicklung verschieden beeinflußt. In den eigentlichen Voralpen überwiegt der Wald an den Hängen, in der Jungmoränenlandschaft auf Wällen und Kuppen, auf den Terrassen dagegen breitet er sich in weiten geschlossenen Forsten aus.

Das Nebeneinander von ausgedehnten Waldflächen, tief eingeschnittenem Flußtal, von Moor und Heide, der Gebirgsmauer im Süden, gibt der modernen Großstadt München eine voralpin gefärbte Umgebung. Im breiten unteren Isartal setzt sich die Niederterrasse schließlich bis zur Donau fort.

Landschaft des Inn-Chiemseegletschers

Der große Inngletscher formte sich zu einem schön gegliederten Fächer. Die Eismassen kamen durch das nach Norden geöffnete Inntor aus dem quergestellten Tiroler Inntale. Die großartige radiale Gliederung des Stammbeckens wird von den Endmoränen in großen Zügen ringsum geschlossen. Der äußerste und stärkste Moränenkranz ist nach innen von einem zweiten Kranze nachgezeichnet. Der Chiemseegletscher besteht nur aus dem Stammbecken. Wohl sind aus dem Gebirge noch einige andere kleinere Gletscher hervorgestoßen, ohne sich jedoch weit vom Alpenrande zu entfernen. Der Raum des Inngletschers ist im Norden von Altmoränen der zweiten, teils der dritten Eiszeit eingefaßt. Sie leiten den Übergang zum Inn-Salzach-Terrassenfeld und zur Tertiärlandschaft ein.

In dieser Landschaft tritt der Alpenrand mit seinen bewaldeten Flanken unvermittelt steil an das unterbrochen bewaldete Moränenhochland heran.

Landschaft des Salzachgletschers

Der Salzachgletscher liegt zum größten Teil auf österreichischem Boden. In seiner fächerförmigen Ausbildung ähnelt er dem Inngletscher. Seine Zweigbecken wurden vom Stammbecken aus vorgetrieben. In ihnen liegen Seen, Moore, Herden von Drumlins, alles eingerahmt von einem zweifachen Endmoränenkranz. Auch hier ist die Jungmoräne von Altmoräne umgeben, die mit der vor dem Inngletscher liegenden Altmoräne im Zusammenhang steht.

Die Schmelzwässer aus dem Inn- und Salzachgletscher haben miteinander das Inn-Salzach-Schotterfeld aufgebaut. Hier liegen die Schotter nicht übereinander wie auf der Münchner Ebene, sondern abgestuft hintereinander. Nach einem Gürtel von Hochterrasse folgt, einen Steilrand tiefer, eine breite Niederterrasse. Auch hier trägt die Niederterrasse ausgedehnte Waldungen, während in den Becken der Wald ziemlich zerrissen ist. Der Kranz der Endmoränen ist bewaldet.

Die bayrische Tertiärlandschaft

Das bayrische Tertiärland ist in seiner Breite und einheitlichen Gestaltung das Gegenstück zur Enge des Alpenvorlandes der Schweiz und Österreichs. Wenn man das Alpenvorland in Erinnerung an das einstige Meeres- und Seenbecken als Senke auffaßt, ist der übliche Ausdruck einer schwäbisch-bayrischen Hochebene fehl am Platze. Das bayrische Tertiärland ist ein langsam nach Norden zur Donau abfallendes Hügelland, reich an Einschnitten, Gräben und Tälchen infolge des weichen, leicht erodierbaren Materiales. Von der Isar wird es in einen West- und Ostteil zerschnitten, von den kleineren, langsamen, im Tertiär entsprungenen Flüssen in nordöstlicher Richtung parallel weiter unterteilt. Als nördlicher Gürtel gleicht es dem Alpenvorland nur mehr oberflächlich. Es fehlen die Umgestaltungen durch Moränenzüge. Geologisch ist es nur durch die Niederterrassen in den Flußtälern mit dem alpennahen Vorland verbunden. Klimatisch bestehen bereits merkliche Unterschiede. Während der Alpenrand und sein unmittelbares Vorland noch immer ozeanisch beeinflußt sind, steht das Klima des Tertiärlandes kontinentalen Strömungen viel näher. In der Nachbarschaft der Schwäbisch-Fränkischen Alb oder noch mehr in der des Bayrischen Waldes, dem Ausläufer der silva Hercynica, sind Einfluß und Charakter des Alpenvorlandes rasch im Abnehmen. Dies zeigt sich besonders im nordwestlichen Donauwinkel bei Regensburg, in der fruchtbaren Donaulandschaft, und im Donau-Innwinkel, wohin das Granitgebirge noch seine Ausläufer entsendet. Die Flora des Tertiärlandes besitzt im allgemeinen mit Ausnahme der Schwemmlinge an Isar und Inn auch keine alpinen Pflanzen. Mergel, Sand und Quarzschotter beeinflußten, außerordentlich differenzierend, sowohl die Siedlung, als auch die Erhaltung oder Auflösung des Waldes.

Die bayrische Tertiärlandschaft, alpenentfernt und fast alpenfremd, hat ihr Eigenleben mehr der Donau zugekehrt, dem großen Ost-West- oder West-Ostzug der Völker- und Pflanzenstraßen. Aber ihr Zusammenhalt mit dem Wirtschaftsgebiet der Alpen war durch den aus der Schweiz kommenden, Tirol durchziehenden mächtigen Inn genährt und erhalten, solange diese Wasserstraße von Bedeutung geblieben ist. Das österreichische Innviertel, als einstiges altbayrisches Land, nahm an diesem geographischen Zusammenhang nicht nur durch den Inn, sondern auch durch die Salzach, somit auch als Vorland des Salzburger Landes, reichen Anteil. Die Bevölkerung an Isar, Inn, Salzach und Donau lebte stets im Wirtschaftskreis von Wald, Holz, Handel und Transport.

Das österreichische Alpenvorland

Österreich hat von den großen Gletscherfächern des Alpenvorlandes nur im Salzachgletscher gerade noch einen Anteil; von der unvergletscherten Tertiärlandschaft besitzt es nur deren östlichen Ausläufer. Der Raum des Vorlandes wird von der Linie Inn-Salzach ab einerseits durch das von Südwesten nach Nordosten gerichtete Streichen der Alpen, andererseits durch den von Nordwest nach Südost gerichteten Zug des böhmischen Massivs sehr rasch verengt. Dies wird auch durch die weit vorspringenden Flyschberge östlich Salzburgs gesteigert. Noch enger wird der Raum nach dem Einfluß der Traun in die Donau. Von der Enns ab wird das nördliche Alpenvorland zum bedeutungslosen Korridor.

In der Mindel- und Rißeiszeit stieß der Traungletscher noch über den Alpenrand hinaus in schmaler Zone in die Tertiärlandschaft vor. Aber die Endmoränen der Jungeiszeit umsäumen nur mehr die Zungenbecken der großen Seen. Zwischen Traun und Enns erstreckt sich eine gewaltige „Platte" von Deckenschottern, die sich im Süden an die Vorberge anlehnt. Im württembergischen und bayrischen Schwaben sind die Deckenschotter durch die Gletscherbecken vom Gebirge getrennt und brechen daher weit vor dem Alpenrande ab. Hier jedoch verbindet sich das Deckenschotterfeld ohne Unterbrechung mit den Waldbergen der Flyschzone.

Der östliche Teil der Ostalpen war bei weitem nicht so ausgedehnt vom Eis überdeckt wie die Hauptmasse der Alpen. Daran erinnert, daß der mächtige Dachstein in seinen Eisfeldern heute die östlichsten Gletscher der Alpen birgt.

Das oberösterreichische Alpenvorland trägt somit nur im Westen und nur nahe dem Alpenrande das Gepräge eiszeitlicher Formung. Hier und im Salzburgischen gleicht die Landschaft und die bäuerliche Wirtschaft dem Allgäu oder dem Vorland der Schweiz.

Unmittelbar dort, wo das starre Hochgebirge und das weiche Vorland ohne Übergang aneinander stoßen, thront die einzigartige Alpenstadt Salzburg im Zauber ihrer Architektur und Umrahmung.

Der mächtige Schotterblock des Kobernauser Waldes und des Hausrucks verbindet das Tertiärland südwärts noch mit den Alpen, nordwärts mit dem über die Donau herüberdringenden Granit- und Gneismassiv. Hier beginnt das Vorland der Alpen in ein Vorland des Herzynischen Waldes überzugehen. Im Osten verschwindet das Vorland vollständig aufgesogen vom Wiener Wald. Er bringt seine Funktion als vorgeschobenes Bergland der Alpen erst dann wieder in Erinnerung, sobald neben Buchen und Tannen schlanke Lärchen stehen, und südwärts über den Waldkuppen das Kalkgebirge sichtbar wird. An die äußerste Ostgrenze der Alpen, gesäumt von einem östlichen Vorland, dringen fremdartige Elemente aus der sarmatisch-pannonischen Pflanzenwelt heran. Das rebenumkränzte Wien, „Glanz und Elend" einer Kaiserstadt, ist trotz der Waldumrahmung alpenfremd.

Die klare Dreiteilung in Flysch, tertiäre Molasse und Urgestein löst das „österreichische Mittelland", um diesen Begriff aus der Geographie der Schweiz zu entnehmen, je nach der Blickrichtung in stark markierte Einzellandschaften auf. Vielleicht besteht hierin der besondere Reiz des österreichischen Vorlandes: Komposition an sich unselbständiger, jedoch eigenartiger Teile zu einer höheren Harmonie.

WALD UND MENSCH

ALEMANNISCHER SIEDLUNGSGANG UND DIE URWALDRÄUME ZWISCHEN DONAU, BODENSEE UND LECH

Gegen Ende der mittleren und zu Beginn der späten Wärmezeit war Mitteleuropa von einer seßhaften bäuerlichen Bevölkerung des neolithischen Kulturkreises bewohnt. Die bronzezeitliche Besiedlung folgte mit einer höheren Kulturstufe. Alle diese Völker trieben Jagd und Fischfang, aber auch einen immer ausgedehnteren Ackerbau mit hochwertiger und mannigfaltiger werdenden Getreidearten, und ausgedehnte Viehzucht. Mit der Eisenzeit tritt das Alpenvorland in die Geschichte ein.

Gradmann, K. und F. Bertsch, Firbas, Gams und andere haben durch pflanzengeographische bzw. pollenanalytische Untersuchungen viel zur Aufhellung dieser Siedlungszeiten beigetragen. Ohne auf die verschiedenen Theorien über die Struktur der Urlandschaft und der Ursiedlung einzugehen, sei nur allgemein bemerkt, daß in der Hauptsache warme, trockene Lagen, besonders solche mit Lößböden, vor bergigen und rauhen bevorzugt wurden. Wieweit das ursprüngliche Siedlungsland offene Landschaft mit lichten Wäldern oder eigentliche Waldlandschaft war, ist umstritten. Mit Beginn eines feuchteren und kälteren Klimas, das die späte Wärmezeit ablöste, wird auch das Alpenvorland von dichten Wäldern bedeckt gewesen sein, gegen die der Mensch seinen kleinen Lebensraum freihalten mußte.

Wie weit die vorgeschichtliche Bevölkerung den Wald beeinflußt hat, läßt sich eigentlich nur mutmaßen. Gewisse Aufschlüsse gibt die Pollenanalyse. Um die Zentren der Wohnstätten wird zweifellos ein tiefer Eingriff in die Wälder und eine starke Umgestaltung erfolgt sein, ähnlich wie es dann im frühen Mittelalter der Fall gewesen ist. Die vorgeschichtliche Nutzung des Waldes wird sich kaum stark von der frühmittelalterlichen unterschieden haben.

Weite Gebiete des Alpenvorlandes und seiner riesigen Urwälder wurden jedoch erst von den Alemannen und Bayern erschlossen.

Siedlungsgang [6]

Die Landnahme zwischen Donau, Bodensee und Lech durch die Alemannen ging nicht gleichzeitig vor sich, sondern in zwei Vorstößen. Vom Jahre 260 n. Chr. an sind die Alemannen in den Raum westlich der Iller eingedrungen, der somit nur zwei Jahrhunderte unter römischer Herrschaft gestanden hat. Die römische Provinz Rätien östlich der Iller bis zum Lech konnte erst ab 500 n. Chr. eingenommen werden. Dort hatte sich somit die römische Herrschaft fast 300 Jahre länger erhalten. Da das Land westlich der Iller lange Grenzland gewesen ist, wird eine dichtere Besiedlung auch erst eingesetzt haben, als der römische Einfluß in Rätien gebrochen war. Rätien war im Gegensatz zum Raum westlich der Iller von einer starken römisch-keltischen Bevölkerung bewohnt und in jeder Beziehung kulturell aufgeschlossen.

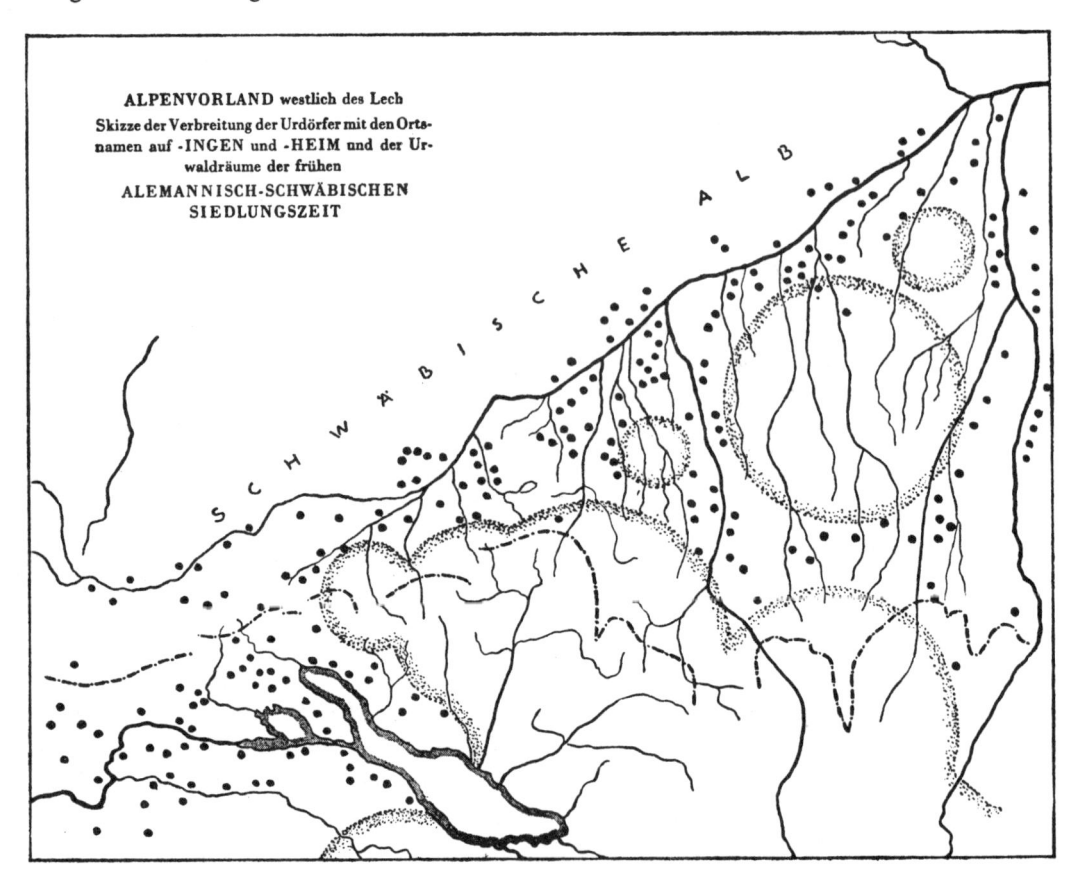

ALPENVORLAND westlich des Lech
Skizze der Verbreitung der Urdörfer mit den Ortsnamen auf -INGEN und -HEIM und der Urwaldräume der frühen
ALEMANNISCH-SCHWÄBISCHEN SIEDLUNGSZEIT

·—·—· äußere Jungendmoräne, • Orte auf -ingen und -heim, Kreise: Urwaldräume

Die Alemannen haben das württembergische Oberschwaben von der Alb her besiedelt. Das Land wurde in Hundertschaften aufgeteilt, von diesen an die Sippen vergeben. Die Urdörfer führen meist den Sippennamen mit der Endung auf -ingen, während die alten Ortsnamen auf -heim eine Örtlichkeit bezeichnen. Auch diese gehören zur Ursiedlung. Wenn wir die Ortsnamen auf -ingen und -heim auf eine Karte eintragen, so häufen sich die Orte, dicht geschlossen von der Alb her, an der Donau und im westlichen Bodenseegebiet, wo sie immer seltener werdend am nördlichen Bodenseeufer bis gegen die Schussen zu sich verlieren, so daß der Gehren gewissermaßen die Grenze bildet. Es entsteht eine Linie Teuringen-Siggingen-Denklingen bis Göggingen an der Ablach. Eine Südgrenze an der Donau entlang wird gebildet von den Orten Göggingen an der Ablach, Mieterkingen, Dürmentingen, Offingen, Emerkingen, Sulmetingen bis zur Riß. Diese Südgrenze wird von den -heim-Orten Moosheim, Grundsheim, Altheim gegen Süden zu noch erweitert. Am südlichsten liegt der Ort Ingoldingen im Ursprungsgebiet der Riß ganz allein für sich.

Die süd-nördlich gegliederte Höhenrückenlandschaft zwischen Riß und Iller ist von der Donau an nach Süden zu entlang des Tales der Riß und der Iller ziemlich dicht mit Orten auf -ingen und

-heim besetzt. Sie gruppieren sich um den großen Waldbezirk. Die südlichsten Orte im Rißgebiet sind Äpfingen und Sulmingen mit Maselheim. Im Illergebiet reihen sich die -ingen-Orte von Wiblingen bis Öpfingen aneinander. Aber dort herrschen auch die -heim-Orte an hervorragenden Plätzen im regelmäßigen Abstand: Dietenheim, Balzheim, Erolzheim, Berkheim, Tannheim.

Auch im Raum Iller-Lech gibt die Verteilung dieser Urorte ein sehr klares Bild eines planvollen Besiedlungsganges.

Die -ingen- und -heim-Orte reichen im Illertal bis Heimentingen und setzen sich auf dem Memminger Feld bis über Memmingen hinaus mit Worringen und Benningen fort. Sie gehen hier etwas südlicher als auf dem linken Illertal. Die -heim-Orte zeigen auch nicht so regelmäßige Verteilung wie links der Iller.

Die Donau wird von Ulm ab bis Donauwörth sowohl von -ingen- als auch von vielen -heim-Orten begleitet. (Das Donauried wird erst zwischen Dillingen und Wertingen von den Orten Fristingen und Kicklingen besetzt, die vermutlich Ausbauorte sind.) In ziemlich regelmäßiger Anordnung bleiben diese Orte an das Donautal gebunden, nur im Mindeltal rückt Jettingen aufwärts der Mindel. Urmarken auf -ingen befinden sich im Lechtal an der Schmutter, zum Teil in dichter Reihenfolge, dann ebenso dicht nacheinander an der Wertach. Die südlichsten -ingen-Orte liegen um den Denklinger Wald herum, Germaringen, Dösingen, Bidingen und Denklingen, womit die Verbindung zwischen der mittleren Wertach und dem Lech geschlossen ist. In manchen Gegenden gibt es auch -ingen-Namen aus späteren Epochen.

Die Quertalung zwischen Memmingen und Türkheim ist mit -heim-Orten besetzt, Steinheim, Westerheim, Sontheim, Erkheim, Mindelheim, Kirchheim und Türkheim. Sie ziehen hier eine deutliche Siedlungslinie von der Iller mit Tannheim bis zur Wertach mit Türkheim und dem südlicheren Stockheim und stellen jedenfalls eine eigene besondere Siedlungsepoche dar. Das große Waldgebiet zwischen dieser Linie und der Donau ist vorerst noch umgangen worden.

Weit im Gebirge drinnen liegt Tannheim im Tal der Vils beim Haldensee. Die Jungmoränenlandschaft ist nur im Hegau und im westlichen Bodenseegebiet von der frühesten alemannischen Siedlung berührt worden, im Lechtal liegt nur der Ort Bidingen in den Jungmoränen.

Deutlich zeigt sich, daß bei der ersten Landnahme und Besiedlung nur die leicht erreichbaren Flußtäler und Flußgebiete begehrenswert erschienen sind. Fast alle diese frühesten Orte sind an die Terrassen angelehnt, so daß sie außerhalb des Überschwemmungsgebietes lagen und doch über die Nutzung der Niederung verfügten. Da das Grundwasser auf der Kante des Tertiärs, auf den Sanden und Mergeln fließt, hatten die Siedler auch Interesse, sich nicht allzuweit von dem Austritt des Tertiärs zu entfernen. Denn auf den Höhen der Hochterrassen, besonders auf den Deckenschottern, liegt das Grundwasser in beträchtlicher Tiefe, von 10 bis 40 m, und wäre nur durch Anlage von Brunnen erreichbar gewesen. Was sich als alemannische Siedlung in der Frühzeit abzeichnet, sind vorwiegend Niederungen und mäßiges Hügelland nahe der Niederung. Es sind Gebiete, die heute ausnahmslos entweder überhaupt waldleer oder nur schwach vom Wald besetzt sind. Wenn Wald vorhanden ist, ist er in Wäldchen und Haine aufgelöst. Der Niederschlag in diesen Gebieten gehört zu den geringeren. Die verwitterten Schotter sind meistens, abgesehen von der Niederterrasse, von Löß oder Lößlehm überdeckt und bieten dem Getreidebau günstige Verhältnisse.

Das erste Siedlungsland der Alemannen war immer das alte Siedlungsland der Vor- und Frühgeschichte. Dort, wo die Alemannen zuerst das Land besetzt haben, war längst kein Urwald mehr. Erst in weiterer Entfernung von den Urgemeinden begann der Urwald.

Neben den alemannischen Urmarken waren noch die Orte der keltischen und keltisch-römischen Bevölkerung vorhanden. Sie waren entweder zerstört, oder wie in Rätien, auch übernommen. Nur die römischen Gutshöfe wurden meistens nicht mehr als Wohnorte benutzt. Ortsnamen mit -statt, -beuren, -mauern mögen auf solche Niederlassungen deuten.

Die Orte mit den Namen auf -dorf zählen im alten Siedlungsgebiet auch meistens unter die älteren Gründungen.

Aus der ersten Ausbauperiode stammen Orte mit Namen auf -hausen und — wenn auch allgemein etwas später — die auf -hofen, die fast immer in großen Gruppen auftauchen und sichtbar den Weg der Siedlung in anfangs noch geschlossenes Waldgebiet weisen. So schließen sich an die -ingen- und -heim-Orte die -dorf-Orte, die vielen -hausen und -hofen und ziehen sich zwischen Riß und Iller und vom Westen der Bodenseegegend als auch von der Donau her allmählich an das zentrale Waldgebiet heran. Um Leutkirch bis zur Adelegg hin und bis gegen Kißlegg häufen sich die -hofen-Orte auffallend als Beispiel einer planmäßigen und zeitlich einheitlichen Siedlungsbewegung.

Sehr übersichtlich ist das Fortschreiten der -hausen- und -hofen-Orte im Raum zwischen Iller und Lech in dem nördlichen Gürtel zu erkennen. In ziemlich regelmäßigen Abständen sind alle Flußtäler mit solchen Orten besetzt, wobei die -hausen-Orte besonders an der bayrischen Rot, dann um Babenhausen, nördlich des Scheppacher Waldes und im Waldgebiet der Stauden (westlich der Wertach) auftauchen.

Die von königlichen Beamten und von der sich ausbildenden Grundherrschaft, zuletzt von der Kirche durchgeführte Siedlung durch Rodung im Urwald, beginnt in der Karolingerzeit. Diese große Rodungsperiode setzt sich noch in das 13. und 14. Jahrhundert fort, sie erschließt immer ungünstigere, entferntere Gebiete. Sie ist als Ausbausiedlung auch im alten Siedlungsland zu finden. Mit dem 14. Jahrhundert kommen die Rückschläge, das Verlassen gerodeten Landes, das Aufgeben von Siedlungen, das Zusammenlegen von Orten. Diese rückläufige Bewegung ist örtlich und gegendweise in ihrem Ausmaße ganz verschieden. Sie ist durch Kriege, Seuchen, wirtschaftliche Mißstände und durch spekulative Rodung ungeeigneter Gebiete hervorgerufen.

Die Schlüsse, die aus der Siedlungsbewegung auf den Zustand des Waldes gezogen werden können, besagen:

Die Wälder, die an das Gebiet der Urmarken unmittelbar anstoßen, waren im allgemeinen schon keine Urwälder mehr.

Alle Waldungen, die von Ausbauorten und Rodungsorten umgeben sind, sind erst in späteren Siedlungsperioden erschlossen worden. Diese Waldungen hatten einst einen viel größeren Umfang; sie sind nicht nur an den Rändern, sondern auch im Innern durch Mähder und Feldbau verkleinert worden, nachdem sie durch Viehweide und unregelmäßige wilde Nutzung aufgelichtet waren.

Die Erhaltung der großen geschlossenen Waldgebiete bis auf unsere Zeit ist nur der Bannungsgewalt der Könige, der belehnten Grundherren, im allgemeinen der gesetzlichen Ordnungsgewalt zu verdanken.

Der Holzverbrauch ist sowohl für die vorgeschichtliche als auch für die frühgeschichtliche Zeit, besonders aber für das Mittelalter nicht zu gering einzuschätzen. Dörfer und Märkte, auch die Burgen und die Städte waren größtenteils aus Holz gebaut, alle Befestigungen bestanden aus Holz, alle Wohnsitze und Siedlungen, auch die Feldfluren waren von Zäunen umgeben; Gewerbe und Handwerk waren ausschließlich auf Brand von Holzkohle und Holz angewiesen. Holz war die Grundlage der menschlichen Wirtschaft.

Wenn man die vorgeschichtlichen Siedlungsgebiete und auch den Gang der alemannischen und bayrischen Landnahme betrachtet, so kommt man bei aller Würdigung der Siedlungstheorien zu der sehr einfachen Überlegung:

Die Gewässer mit ihrem natürlichen System von Verkehrsstraßen dürften für den Beginn und Fortgang der Siedlung maßgebend gewesen sein; von den großen Flüssen und Seen aus stieg man allmählich an den Nebenflüssen aufwärts. Die Gewässer boten den wichtigen Fischfang, die Wasserversorgung für Mensch und Vieh, das Verkehrsnetz in den nur unzulänglich aufgeschlossenen und immer wieder von Wäldern unterbrochenen bevölkerten Gebieten. Da die Gewässer im Unterlauf fast durchwegs von fruchtbaren Terrassen begleitet sind, verbinden sich Wasser, Wasserstraße, Weide, Lößböden für Ackerbau, höheres Gelände zum Wohnen und zum Schutz zu einem Komplex von Gründen, die zur Genüge die Auswahl der frühesten Siedlungsplätze erklären. Sowohl der Auwald als auch die Buchen-Eichen- und Eichen-Buchen-Wälder waren nicht allzu schwierig zu roden. Die Wälder um die Orte herum boten in den Früchten der Eichen und Buchen die unerschöpfliche Grundlage für die Schweinemast, im Laub der Bäume und auf den bald freigelegten Holzwiesen reichliches Futter für die Herden.

Die vermutliche Dauer des Urwaldes, die Urwaldräume

1. **Wald in der Riß-Iller-Schotterlandschaft.**

Der nördliche Teil ist schon bald nach der alemannischen Landnahme von -ingen- und -heim-Orten besetzt worden, ebenso das Riß- und Illertal. Diesen Abschnitt wird man mit dem 5. und 6. Jahrhundert festlegen können. In das 7., 8. und 9. Jahrhundert fällt der Ausbau der Urmarken und die Besetzung der Oberläufe der Rot, Rottum, Dürnach und Weihung, die Gründung der vielen -hausen- und -hofen-Orte. Im 11. und 12. Jahrhundert sind die meisten heutigen Orte schon genannt, im 13. Jahrhundert folgen die letzten Ausbau- und typischen Rodeorte.

Der nördliche Teil, um Laupheim und Hüttisheim, ist auf den von Lößlehm überdeckten Terrassen waldleer. Dieser Teil war schon längst vor den Alemannen dicht besiedelt, so daß der angrenzende Wald auch erschlossen war.

Dagegen ist der südliche große Waldblock zwischen der Rot und der Iller bis Tannheim und Rot hinauf vor dem 8. Jahrhundert so ziemlich unberührt gewesen. Weil aber die Ursiedlungen nahe an den Rändern angesetzt waren, wird im 9. Jahrhundert kaum mehr Urwald im eigentlichen Sinne vorhanden gewesen sein. Die frühgeschichtliche Besiedlung der Haupttäler ist durch Ring- und Viereckschanzen nachgewiesen.

2. **Wald in der Donaulandschaft von Scheer bis Ulm.**

Diese Landschaft ist schon in der jüngeren Steinzeit dicht besiedelt, jedenfalls in Verbindung mit dem Federseegebiet. Aus der Keltenzeit stammen eine Reihe großer Grabmale und Reste starker Befestigungen. In der Zeit der römischen Besetzung durchziehen wichtige Straßenzüge die Gegend mit Kastellen, Dörfern und Einzelniederlassungen.

Die alemannischen Urmarken sind in der Zeit vom 3. bis 5. Jahrhundert angelegt; besonders das tertiäre Gebiet westlich der unteren Riß mit seinen fruchtbaren Böden sowie die Gäu-Landschaft um Ertingen und Hailtingen verlockten zur Ansiedlung. Es blieben als größere geschlossene Waldgebiete übrig: Der Waldblock um die Endmoränen bei Biberach, der Glashart oder Dürmentinger Wald, das dazwischenliegende Federseegebiet mit seinen Mooren. In diesem Landstrich mag sich Urwald teilweise noch bis in das 9. und 10. Jahrhundert erhalten haben. Vom 10. Jahrhundert ab ist der Ausbau der alten Markungen und die Rodesiedlung sehr rasch vorwärts getrieben worden, denn im 11. und 12. Jahrhundert sind die meisten Orte urkundlich genannt.

3. **Wald zwischen Scheer, Saulgau und Pfullendorf auf der südwestlichen Altmoräne.**

Die Urmarken nahe der Donau haben vorerst keine Fortsetzung nach Süden gefunden. Das große Waldgebiet, den Wagenhart, Magenbuch und den Weithart zwischen der Schwarzach und der Ablach umfassend, blieb lange unberührt. Erst zwischen dem 8. und 12. Jahrhundert schoben sich Orte von der Donau die Ostrach aufwärts hinein, dann vom Bodensee her in den südlichen Teil. Der Waldblock in seiner Gesamtheit blieb bestehen, er wurde nur gewissermaßen aufgehackt oder angeschnitten. Die Reste machen heute noch in ihrer Ausdehnung einen wuchtigen Eindruck. Durch die grundherrliche Rodung wurden viele Kleinsiedlungen, die Weiler, gegründet, die das Land vollständig erschlossen. Hier mag sich bis in das 10. und 11. Jahrhundert teilweise Urwald erhalten haben.

4. **Wald im östlichen Altmoränengebiet, zwischen Ochsenhausen, Wurzacher Ried und Zeil.**

Die alte Grundmoräne bot keine besonders günstigen Ackerböden. Erst spät scheint vom Norden her, von den Oberläufen der Rottum und Rot, und vom Westen her, vom Rißtal, sowie von den Urmarken des Illertales aus die Siedlungstätigkeit hereingetragen worden zu sein. Ein Kranz von -hausen-Orten steckt die Ränder ab. Im 11. und 12. Jahrhundert werden die Hauptorte Ringschnait,

Rottum, Mittelbuch und Füramoos genannt, auch Eichen- und Erlenmoos. Immerhin blieben noch große geschlossene Waldgebiete übrig, die erst im 12. und 13. Jahrhundert von Siedlungen durchsetzt wurden, ohne eine zu starke Auflösung des Waldes herbeizuführen. Länger als bis in das 12. Jahrhundert wird sich eigentlicher Urwald kaum erhalten haben.

5. Wald um Leutkirch bis zur Adelegg.

Auffallend häufen sich um Leutkirch, das einst Ufhoven geheißen hatte, die -hofen-Orte. Einige scheinen schon im 11. Jahrhundert auf. Im 12. Jahrhundert werden Tautenhofen, Gospoldshofen, Diepoltshofen, Friesenhofen, im 13. Jahrhundert Altmannshofen, Herlazhofen, im 14. Jahrhundert Gebrazhofen, Wuchzenhofen erstmals genannt. Die Siedlungen schieben sich immer näher an die ausgedehnten Wälder der Adelegg heran, an deren Westseite das Kloster Isny seit dem 11. Jahrhundert besteht. Der Ausbau der Siedlungen geht das ganze Mittelalter fort. Zahlreich sind die Weiler, die mit den Einzelhöfen die typische Siedlungsform des Allgäus darstellen. Diese späten Siedlungen des Allgäus verfügen nicht mehr über eine eigentliche Waldallmende, denn der einst geschlossene Wald wurde in unendlich viele Splitter aufgelöst.

6. Altdorfer Wald und die Wälder seiner Umgebung.

Im 8. und 9. Jahrhundert wurden schon die ersten größeren Siedlungen in der Umgebung des Altdorfer Waldes genannt. Besonders die Niederterrasse hat Siedler angezogen (Haidgau, Waldsee). Die vier kleinen -ingen-Orte bei Baienfurt und Wolpertschwende sind keine Ursiedlungen. Der Wald ist Königsgut, im 9. Jahrhundert entstehen an den Rändern die ersten Rodungsorte, im 10. und 11. Jahrhundert wird Altdorf, Weingarten und Ravensburg genannt. Zwischen dem 11. und 13. Jahrhundert werden Beholzungsrechte an Klöster vergeben. Die vielen Rodungsorte um den Wald herum scheinen in rascher Folge entstanden zu sein. Daher muß die Erschlossenheit des Waldes, das Ende des Urwaldes, mindestens um das 11. Jahrhundert angesetzt werden. Nur der östliche Teil des Altdorfer Waldes und das anstoßende Seen- und Moorland wird erst im späten Ausbau besiedelt.

Auch der Aulendorfer Tann war um diese Zeit, die Waldmoore und die zwischen ihnen sich erstreckenden Wälder ausgenommen, kaum mehr ein Urwald.

7. Die Wälder der westlichen und östlichen Bodenseegegend.

Im Westen war infolge der frühen alemannischen Siedlungstätigkeit schon im 7. und 8. Jahrhundert kein Urwald mehr vorhanden. Aber die erste Besiedlung vom Westen her endete vorerst an der klimatischen Scheide um den Gehrenberg und Höchsten vor dem Gebiet der großen Niederschläge des Alpenvorlandes. Das Schussental und seine Umrahmung ist teilweise noch bis in das 11. und 12. Jahrhundert eine Waldwildnis, wie die Erbauer des Klosters Weißenau überliefern. Aber schon im 13. Jahrhundert gibt es Streitigkeiten über Holznutzungsrechte zu schlichten, so daß anzunehmen ist, daß die Auflösung des geschlossenen Waldes rasch vor sich ging. Mit Beginn des 12. Jahrhunderts ist auch die östliche Bodenseegegend ziemlich mit Weiler- und Einzelsiedlungen durchsetzt.

8. Urwald zwischen Iller und Lech.

Da im 7. und 8. Jahrhundert der Ausbau und die Rodung in den einzelnen Flußtälern aufwärts so ziemlich fortgeschritten war, wird der Urwaldstreifen zwischen den Flußtälern nicht lange unerforscht und unberührt geblieben sein. Im 8. Jahrhundert war das Waldgebiet an der Biber bis gegen Babenhausen hinauf noch nicht oder nur schwach besiedelt. Dort rodete später Kloster Roggenburg. Da der Roggenburger Forst Königswald gewesen ist, hat er sich auch zur Gänze erhalten. An der Iller selbst ist bis weit hinauf gegen Illertissen der Wald aufgelockert, was wahrscheinlich schon der frühgeschichtlichen Besiedlung zu verdanken ist.

Für den Roggenburger Forst sowie auch für den Krumbacher Forst an der Kamlach wird man das Bestehen urwaldähnlicher Zustände nicht über das 8.—9. Jahrhundert annehmen können.

Im Scheppacher sowie im Streitheimer Forst östlich der Mindel und in den anderen Forsten dieser Gegend haben die Rodungen bis in das 13. und 14. Jahrhundert angedauert. So hat sich zwischen Mindel und Lech im Gebiet der Zusam Urwald sicher länger als anderswo erhalten. Dagegen ist der Südblock, südlich der Moorsenke von Dinkelscherben-Gessertshausen, viel früher erschlossen worden. Ringsherum von vielen Urmarken und -hausen-Orten umgeben, hat sich hier die Siedlung bald in die tieferen Waldtäler und auf die Höhen ausgedehnt. Auch die Nähe der Stadt Augsburg (Augusta Vindelicorum, Hauptstadt der Provinz Rätien) hat dazu beigetragen, diese Landschaft schon zur Römerzeit und danach rascher zu erschließen. Im Mittelalter wurde in den Wäldern der Gegend auf Bohnerz gegraben, und dieses in einfachen Schmelzen verarbeitet. Die Gewinnung von Holzkohle wird viel Wald aufgezehrt haben. Nicht umsonst führt der Ostrand des Blockes den Namen „Die Stauden", worunter Niederwald zu verstehen ist, das Ende ausgeplünderter Wälder.

Von der Stadt Augsburg aus wurden unter Ausnützung der Wasserstraßen der Wertach und des Lech schon vor dem 14. Jahrhundert das Waldgebiet um den Kemptener Wald und in der Senke vor dem Alpenrand zu erschließen begonnen. Im 13. und 14. Jahrhundert werden nicht nur Floßgassen an den Wuhren angelegt, um die Floßfahrt über Kaufbeuren hinauf zu ermöglichen, sondern auch Sägemühlen, um das Holz verarbeitet herabzubringen. Wenn nicht die großen Forste im Eigentum des Königs und später in der Forsthoheit der Territorialherren gestanden hätten, würden nur mehr Reste vorhanden sein.

Im Allgäu beginnt die eigentliche Rodungstätigkeit unter dem Einfluß der Kirche. Wenn auch Urmarken aus der frühen Siedlungszeit zerstreut vorhanden waren, so mußte doch das weite Land erst mühevoll erschlossen werden. An den Denklinger und Sachsenrieder Forst sind schon früh Urmarken auf -ingen herangerückt. Große Wälder wurden den Dörfern als gemeinsame Waldallmende zugeteilt, so der Zwölfpfarrwald, der Tigau von Oberdorf. Aber bis in das 16. Jahrhundert geht auch der Kampf der Grundherren gegen eine ungeregelte Ausdehnung der Rodung in den großen Forsten; oft handelte es sich nur um die Bemühungen der Bauern, am Holzhandel im Kleinen teilzuhaben, oder um Ausdehnung des Feldbaues durch Waldfeldbau. Neben der Dorfsiedlung tritt im östlichen Allgäu auch die Weiler- und Einzelsiedlung auf.

Es ist schwer festzustellen, wo sich der Urwald im Allgäu länger erhalten hat, denn die Erschließung war unregelmäßig. Um 1500 wird ein Überfluß von Holz in manchen Wäldern und ein Verfaulen und Abstehen von Bäumen erwähnt. Das mögen wohl Urwaldreste gewesen sein. Im allgemeinen waren die Waldgebiete doch im 13. und 14. Jahrhundert nicht mehr unerschlossen zu nennen. In den Voralpen mag mancher Urwald noch einige Jahrhunderte länger bestanden haben.

Umfangreiche Wälder haben sich im ganzen Raum zwischen Iller und Lech, sei es im Moränengebiet, sei es in der Schotterlandschaft, nur durch die Bannungsgewalt der Grundherren erhalten.

Dieser Versuch, die Ausmaße der Urwaldräume und die Dauer des Urwaldes abzuschätzen, macht keinen Anspruch, unwidersprochen zu bleiben.

Der im allgemeinen ähnliche Siedlungsgang im übrigen Alpenvorland ist in der Darstellung der einzelnen Landschaften behandelt.

Wald und Feld sind Gegensätze. Nur Jägerhorden konnten in Steppen und Wäldern wandernd leben, Völker auf höherer Kulturstufe sind ohne die Grundlage des Ackerbaues und somit ohne die Grundlage ausgedehnter waldfreier Gebiete nicht denkbar. Nach den Rückschlägen der Völkerwanderung, besonders nach den Verheerungen durch Hunnen, Avaren und zuletzt durch die Ungarn, sind viele bebaute Landstriche verödet und vom Wald wieder überwachsen worden. Besonders östlich der Traun wirkten sich die Spuren der Verwüstung durch die Ostvölker bis etwa in das Jahr 1000 n. Chr. noch aus. Dort hatte der Wald immer wieder von verödeten Kulturflächen Besitz genommen.

Entsprechend den sozialwirtschaftlichen Veränderungen in den Lebensverhältnissen der Bevölkerung mußte der Wald verschiedene Entwicklungsstadien durchlaufen. Auch in der Landwirtschaft sind verschiedene Entwicklungsstufen einander gefolgt, nur daß hier die Natur einprägsamere Warnzeichen geben konnte, die der Mensch bald verstehen mußte. Daher blieb ein Gegensatz zwischen Landwirtschaft und Wald immer durch alle Jahrhunderte hindurch bestehen:

Die Sünde wider die Natur traf in der Landwirtschaft meist den Sünder selbst, die Sünde wider die Natur des Waldes regelmäßig erst spätere Generationen.

IN DER VORALPEN- UND JUNGMORÄNENLANDSCHAFT DES RHEINTALGLETSCHERS
(DER SÜDLICHE GÜRTEL DES OBERLANDES)

DER VORALPENWALD ODER PRÄALPINE BERGWALD

Vom Pfänder aus schaut man über die Voralpen Vorarlbergs, der Schweiz und Schwabens, über den Bodensee und in die Landschaft des Vorlandes weit hinein. In dieser Dreiländerecke ist ein Stück Herrlichkeit der Welt eingefangen.

Im Halbbogen des Südens die weiße Kalklandschaft mit ihrem unruhigen Relief, mit scharfen Graten, Kämmen, Pyramiden und Spitzen, mit langgezogenen Felsmauern. Rund um den Pfänder herum, ins Allgäu und ins Appenzell sich fortsetzend, greifen ins Vorland mit mächtigen Vorbergen die runden und wallartigen, großrückigen Formen der Nagelfluh-Molasse; sie sind besonders schön ausgeprägt im Gebirgskamm des Rindalphorn und des Stuiben, und in den gewaltigen Höhen von St. Gallen und Appenzell bis gegen den Säntis hin, bescheidener in den Eckpfeilern der Adelegg-Gruppe und dem weiter entfernten Gehren.

Der Pfänder ist die westlichste Warte des Bregenzer Waldes; trotz dieses Namens ist Vorarlberg fast kein Waldland mehr. Der Bregenzer Wald wurde im Laufe des 11. bis 14. Jahrhunderts gerodet. Sowohl die Molassezone des „Vorderen Waldes" als die Flyschzone des „Hinteren Waldes" sind, ihres Waldcharakters entkleidet, Grasberge eines weit gedehnten Almengebietes geworden. Dieses Mittelgebirge wird nach Norden zu oft durch Kämme, Mauern und Steilabfälle unterbrochen, während die Grashänge mehr nach Süden gerichtet sind. Dem „Vorderen" und „Hinteren" Wald entspricht im Appenzell die Landschaft des „Außenrhoden" und „Innenrhoden". Im Quellgebiet der Bregenzer Ach bricht die Hochgebirgsnatur um den Tannberg hervor und setzt sich in den Nordtiroler Kalkalpen fort.

Schon sehr früh hat der Mensch zur Sicherung seiner Lebensgrundlagen die Scheidung zwischen Wald- und Grasland in den Außenzonen der Alpen treffen müssen. Wo die Molasse und der Flysch durch ihre weichen Formen Weideland gewährten, wurde der Wald vernichtet und nur an den steilen Flanken der Täler belassen. Die verhältnismäßige Schmalheit der Molasse und des Flysch in den Bayerischen Alpen gestattete daher keine solche Entfaltung der Viehwirtschaft wie in Vorarlberg und in der Schweiz, dafür blieb der Waldreichtum erhalten.

Wir können den Voralpenwald gewissermaßen sprachlich übersetzt als präalpinen Bergwald benennen. In einer rein geographischen, auf Physiognomie gegründeten Einteilung sehen wir in ihm den Wald der „Vor-Alpen", d. h. dieser Vorberge, die einerseits in ihren vorgeschobenen Vertretern landzungen- und inselhaft in das Vorland hinausragen, also nicht nur Nachbar, sondern auch Teilhaber des Landes vor den Alpen sind, anderseits eine geschlossene Zone, ein mehr oder minder breites gefaltetes Band zwischen dem Vorland und dem eigentlichen Alpenrande bilden.

Der Wald dieser Vorberge zeichnet sich durch den reichen Anteil präalpiner Sträucher und Pflanzen aus, deren Vorkommen gerade für die Gegend vor dem Alpenrand typisch ist [7]).

Der präalpine Bergwald auf den Molasse- und Flyschbergen zwischen dem Genfer See und dem Wiener Wald erscheint gegendweise bald mehr als Buchenwald, bald mehr als Buchen-Tannen-Wald in verschiedenen Ausprägungen. Der Alpenrand setzt mit dem Hochgebirge der nördlichen Außenzone und mit dessen in deutlichen Stufen getrennten Waldtypen ein. Die dem Alpenrand nächsten Vorberge sind mit der oft unterbrochenen Kette der Kalkalpen mannigfaltig verzahnt oder gehören zum Teil selbst schon durch ihre besonderen Erhebungen dem Alpenrande an; daher sind auch die Waldtypen der Vorberge und die der äußeren Alpenzone je nach den Höhenlagen, der Himmelsrichtung, dem Neigungsgrad, der Gesteinsart, dem örtlichen Klima miteinander in Übergängen verbunden.

Die Regel lautet: das Großklima verteilt die Standorte der Waldarten, das Ortsklima erklärt die Ausnahme und bestätigt gerade durch die kausal nachgewiesene Ausnahme die Regel. Besonders die Stufenfolge ist vom Klima vorgeschrieben. Innerhalb des klimatischen Wirkungskreises dirigiert die morphologische Gestaltung, der Wasserhaushalt, Gesteinsart, Bodenbildung und Bodenreifung die Standorte der Gesellschaften.

Die Voralpen genießen mit den Höhen rasch anwachsende Niederschläge, deren Hauptteil in den Sommer fällt, eine ziemlich ausgeglichene Temperatur, reichlichen Anteil an den ozeanischen Strömungen, je freier die Flanken liegen, und die Wärmewirkung des Föhn.

Im Lande „Vor dem Arlberg" drückt sich der Unterschied des Klimas gegenüber dem Nordtirols allein schon durch das Fehlen der Lärche und durch die Herrschaft der Buche aus. In Nordtirol dagegen fehlt die Buche; die Lärche aber ist dort ein Charakterbaum des Gebirgswaldes, auch in tieferen Lagen. Im Bregenzer Wald bis Bizau, in den Wäldern rheinaufwärts bis Götzis ist die Stechpalme heimisch. Dort finden sich auch viele andere gegen Winterfröste empfindliche Pflanzen. Die Eibe, der Epheu, das Immergrün kommen in allen diesen Wäldern vor [8]).

Der Voralpenwald oder präalpine Bergwald teilt sich, schematisch gesehen, meist in zwei Stufen. Die untere Stufe, am Fuße der höheren Berge, ist als mehr oder minder breiter Laubholzgürtel mit Buchen, Eichen, Eschen, Ahornen, Linden, Ulmen ausgebildet. In besonders warmen Lagen z. B. im Appenzell mischt sich der Nußbaum und die Edelkastanie ein, sowohl in Baum- als auch in Buschform. Über dem Laubholzgürtel befindet sich ein Buchengürtel mit Weißtannen, unter Umständen auch noch mit Eichen vermischt. Die Fichte war in diesem Waldtyp ursprünglich nie stark vertreten. Die Eibe gehört naturgemäß zu dieser Gesellschaft, ist aber durch Raubbau von früher in vielen Wäldern fast ausgerottet und nur örtlich stärker vorhanden [9]).

Der Wald an den Flanken der Hochgebirgsstöcke in der Außenzone der Alpen unterscheidet sich in der Baumschicht seiner untersten Stufe nicht wesentlich vom präalpinen Bergwald. Bei höherer Talsohle ist der Laubholzgürtel nur mehr schmal, der Buchengürtel schon stärker mit Weißtannen durchsetzt, die Fichte mischt sich regelmäßig darein. Im Hochgebirgswald nimmt die Fichte die charakteristische schlanke Säulenform an, die sie von der Fichte des Vorlandes unterscheidet. Über dem Buchen-Tannengürtel beginnt in allmählichen Übergängen ein geschlossener Tannen-Fichtengürtel, in dem der Höhe zu die Weißtanne spärlicher wird und die Fichte überwiegt. Schließlich ist ein Fichtengürtel entstanden, der bis zur Waldgrenze reicht, nach oben zu sich rasch auflösend [10]). In den Allgäuer und Schweizer Vorbergen, die wie die Adelegg oder Hörnligruppe ins Vorland hineinstoßen, in Höhen unter 1200 m, gibt es noch keine Fichtenstufe im eigentlichen Sinne.

In den Alpen schwankt die Höhe der Waldgrenze sehr unter örtlichen Einflüssen. Auch verschiedene Waldgesellschaften können auf kleinem Areal miteinander abwechseln. In manchen Ausnahmefällen wie in Kältekesseln, in abgesperrten Gräben, bauen sich infolge örtlicher Temperaturumkehr die Stufenfolgen sogar umgekehrt auf.

In den Voralpen sind Buche und Tanne die Charakterbäume, d. h. die Charakterarten in der Baumschicht im stets wechselnden Verhältnis. Die Fichte ist zwar besonders im Grenzgebiet gegen die obere Stufe regelmäßig eingemischt, so wie sich in die Strauch- und Krautschicht des Buchenwaldes Arten aus dem Fichtenwald eindrängen. Daher wird der Voralpenwald, der präalpine Bergwald, sehr oft auch als „gemischter Bergwald von Buche, Tanne und Fichte" bezeichnet. Das Vorhandensein eines solchen „Mischwaldes" in Urzeiten und auch heute ist nicht zu leugnen, trotzdem scheint aber diese Benennung in unzulässiger Vereinfachung mehr wirtschaftswaldtechnisch als vegetationskundlich empfunden; sie verwischt das eigentliche natürliche Wesen dieser Waldart. Der voralpine Wald von heute verdeckt durch seine vom Menschen begünstigte Vorherrschaft der Fichte meistens den natürlichen Typus.

Im urwüchsigen, vom Menschen unberührten Buchen- oder Buchen-Tannen-Wald, im Gefüge von Schattenholzarten, kann die eingemischte Fichte sich nur so weit ausbreiten, als es die Konkurrenz ihrer Lebensansprüche mit denen der Buche in erster, der Tanne in zweiter Linie gestattet. Solange das Gefüge des Buchen-Tannen-Waldes dicht bleibt, ist der Fichte nur ein geringer Spielraum offen. Wenn aber durch Naturereignisse wie Sturm, Blitz, Schneedruck, Frost, Trockenheit, Insektenfraß, Pilze u. a. im Urwald Lücken entstehen, dann ist der Fichte die Möglichkeit der Ausbreitung gegeben. Es können sogar auf Zeitdauer kleine und größere Fichtenreinbestände entstehen. Allmählich werden aber Buche und Tanne im Schatten der Fichte wieder eindringen. Das Spiel wird sich in umgekehrter Richtung wiederholen.

Erst als der Mensch das Gefüge des Urwaldes zerstörte, konnte die Fichte mit seiner Hilfe auch auf die Dauer die Herrschaft erringen. Viele Böden des Buchen- und Buchen-Tannen-Waldes erlitten allmählich eine physikalische und chemische Veränderung, wodurch auch säureliebende Pflanzen, Gesellschafter des eigentlichen Fichtenwaldes, sich vermehrten und die basenliebenden Pflanzen des Buchen-Tannen-Waldes allmählich ersetzten. Der ursprüngliche Charakter der Pflanzengesellschaft und mit ihr der ihr eigene ökologische Zustand des Standortes hat sich gewandelt.

Die Pflanzenarten Buche und Tanne bilden zusammen mit bestimmten anderen Pflanzen eine Buchen-Tannen-Gesellschaft, zu der die Fichte **nicht als Gesellschafter**, sondern als zusätzlicher **Begleiter** getreten ist. Bleibt einer der natürlichen Gesellschafter aus, so kann zur Not der andere die frühere Einheit für eine Zeit repräsentieren. Aber der Begleiter allein könnte dies niemals, sondern würde bei Überwiegen eine andere, ihm artgemäße Einheit aufbauen und die Örtlichkeit zu seinem ihm eigenen Standort umwandeln.

Die Adelegg

Der Gesamtblock der **Adelegg (Schwarzer Grat, Kugel, Eschachberg** usw.), der vorgeschobenste der Allgäuer Vorlandberge, besteht aus alpiner Nagelfluh, einem Konglomerat von verschiedenen Geröllen, Kalk, Gneis, Granit, Quarz, Sanden und Sandmergeln. Der Niederschlag steigt gegen die Adelegg zu sprunghaft von 1200 bis auf 1400 mm. Auch dadurch ist der Bergstock aus seiner Umgebung herausgehoben und in besondere klimatische Verhältnisse gestellt. Der Block mit seinen Höhen von 950 bis 1120 m ist durch tiefe wilde Tobeln zerschnitten. Vom heutigen Wirtschaftswald zurückgedrängt zeigen sich die Reste des Voralpenwaldes an den steilsten Hängen. Buche und Tanne, Ahorn und einige Eiben, Bergulme, in tiefen Lagen auch die Eiche, behaupten sich noch neben den Fichtenbeständen. Die alten Wald-, Orts- und Flurnamen halten das Waldbild fest: Hohentann, Buchen, Tannen, Büchlenberg, Eschach, Erlenbach, Ilmentobel (Ulme), Schönenbuchen, Buchenstock, Ellmenay (Ulme), und nahe der Iberg (Eibe). Aus dem Wald sind auf den Höhen Almen mit ausgedehnten Weideflächen herausgeschnitten.

In der Rodungszeit wurden die Waldflächen an den Rändern zuerst und ein für allemal dem Wald entzogen. Große Waldteile mußten der Viehweide weichen. Die Matten und Weideflächen sind vom Menschen geschaffen, wenn sie auch heute noch so natürlich wirken. Die örtliche Holznutzung bestand in der Nutzung von Zimmer-, Brenn-, Zaun- und Kohlholz. Ein ständiger bäuerlicher Kleinhandel mit Holzkohle wirkte sich auf den Wald im bedeutenden Maße aus. Das Stift Kempten betrieb schon vom 15. Jahrhundert an Köhlerei und Handel mit Holzkohle im großen. Wenn auch das Waldgebiet und dessen natürlicher Charakter durch die bäuerliche Wirtschaft im Kern nicht verändert worden ist, so wurde durch sie doch der Wald an den Rändern aufgelockert, und der Anteil der Buche stark zurückgedrängt. Dagegen waren die großen Holzverkäufe für den Fernhandel technisch an bestimmte Örtlichkeiten gebunden, wo die Bringung erleichtert war, vor allem im Zug der größeren Gewässer. Dort setzte früh schlagweise Nutzung ein, zuerst in den verkehrsgünstigen, später auch in den abgelegeneren Tälern. Im 16. und 17. Jahrhundert waren die Markungsbäume in der Mehrzahl Tannen, dann Buchen, während die Fichte selten genannt wurde [11]).

Im Eschachwald und Kürnachwald stockt der Bestand unmittelbar auf Nagelfluh und Sandstein, im Hohentannerwald und im Eschachtal auf strengbindigem Ton und Mergel. Von Natur aus war daher auf den Nagelfluh- und Sandsteinböden, die hauptsächlich die steilen Hänge bilden, die Buche im Vorherrschen, wie es eben den laubwaldreichen Voralpen entspricht. Dagegen sind die zur Feuchtigkeit neigenden Hochrücken des Hohentanner Waldes von jeher mehr von der Weißtanne eingenommen worden. Diese natürliche Entwicklung läßt sich noch in Spuren in der Revierbeschreibung des Revieres Kimratshofen und Kürnach von 1856 [12]) verfolgen. Die erste, sogenannte primitive Forsteinrichtung um 1830 und die Waldstandsrevision um 1850 sehen als vorherrschende und zu begünstigende Holzart die Fichte vor, wobei die Tanne möglichst beizumischen wäre. Von der Buche wird behauptet, daß ihr die klimatischen Verhältnisse nicht zusagen würden, und daß sie daher im Geld- und Massenerträgnis zurückstehe. Sie sei nur in geeigneten Lagen als entsprechende Mischung zu erhalten.

Infolge des schlagweisen Abtriebes mit vorangegangener „Fichten-Schlagstellung" und außerdem mit „Fichten-Schlagansaaten" ist es erklärlich, daß fast reine Fichtenbestände entstanden; die Tanne fiel, obwohl manches zu ihrer Erhaltung getan wurde, durch die ganze Art der Waldbehandlung aus. In vielen kleinen geplenterten Bauernwäldern der Umgebung ist die Tanne noch ein wesentliches Glied des Bestandes.

Auch bei eingehender Betrachtung der Bestandesübersicht von 1855 gewinnt man den Eindruck, daß sich die ursprüngliche Baumartenmischung durch den seit Jahrhunderten betriebenen Groß- und Kleinschlag mit Überhalt von Samenbäumen schon Ende des 18. Jahrhunderts längst zugunsten der Fichte geändert hatte, so daß sich die Großschirmschläge im Fichtenbestand und die Fichtensaat des 19. Jahrhunderts nur mehr breit nivellierend auswirkten. Auffallend bleibt aber doch der schon von Natur aus stärkere Tannenanteil im nördlichen Hohentannerrevier, der auch durch die Linie der Tann-Orte und Tann-Waldnamen von Urlau bis Altusried für die Frühzeit nachgewiesen wird.

Die waldgeschichtlichen Zeitabschnitte für die ganze Adelegg-Gruppe stellen sich kurz gefaßt dar:

1. Zurückdrängung des Waldes durch Rodung und örtliche Nutzung vom 11. bis ins 15. Jahrhundert. Die Adelegg ist Besitz des Stiftes Kempten, welches das Kloster Isny mit dem Westteil des Waldes belehnt, mit der Auflage, bestimmte Waldgebiete nicht zu roden. Wegen der Nichteinhaltung dieses Verbotes entstehen wiederholte Streitigkeiten. Bis in das 13. Jahrhundert ist das Hauptgebiet noch schwach, nur an den Rändern besiedelt. Erst im 13. Jahrhundert dringt die Rodung tiefer ein. Die kleinen Weiler und Einzelhöfe führen fast alle Rodungs- oder sonstige auf den Wald sich beziehende Namen [13]).

2. Übergang von der örtlichen Nutzung zur kapitalistischen Großnutzung durch den Wasserfernverkehr auf der Iller ab 16. Jahrhundert, mit besonderem Ausbau der Organisation im beginnenden 17. Jahrhundert. Die Stadt Ulm baut um 1600 für ihre Großschlägerung an Ort und Stelle im „Ulmer Tal" eine Siedlung für Holzhauer und ein Sägewerk. Ähnliche große Holzschlagsrechte erwirbt 1738 die Stadt Memmingen, mit der Verpflichtung, daß die „nötigen Samentannen" stehen bleiben müssen.

3. Glashüttenindustrie im 17. und 18. Jahrhundert. In erster Linie wird die Buche zur Verkohlung, die Tanne und Fichte zur Pottasche-Bereitung genutzt. Zur Versorgung der Glashütten müssen Kahlschläge in größtem Ausmaße gemacht werden. Die Hütten werden öfters verlegt; sobald der Wald abgeschwendet ist, ziehen die Betriebe den holzreicheren Distrikten nach. In dieser Zeit gewinnt die Fichte auf großen Flächen den Vorsprung vor Buche und Tanne [14]).

4. Schließlich wird die ohnehin schon lang gestörte natürliche Bestockung gewaltsam durch den geregelten Schlagbetrieb unterbrochen. Die abgewirtschafteten Wälder werden im 19. und 20. Jahrhundert in Fichtenbestände überführt. Die Tanne war Mitte des 19. Jahrhunderts noch ziemlich in den Althölzern vertreten, die Buche fast stets im Nebenbestande eingemischt.

Voralpenberge und Vorland

Die natürlichen Verbindungen der Allgäuer Voralpenberge mit den einzelnen Teilen des Alpenvorlandes sind vielerlei:

1. Die obere und untere Argen stellt in ihren tiefeingeschnittenen Flußtälern eine Verbindung zum Bodensee her. Diese östliche Bodenseelandschaft ist von den Ausstrahlungen der präalpinen Pflanzenwelt berührt; sie steht auch noch unter dem Einfluß der hohen Niederschläge, die durch den Alpenrand bedingt sind. Denn die Vorberge mit der Adelegg wirken gewissermaßen wie ein Zentrum, um das sich halbkreisförmig die Niederschlagslinien von 900 bis 1400 mm schlingen. Der äußere Kreis von 900 mm läuft beiläufig Richtung Immenstaad am Bodensee – Waldsee – Memmingen, der zweite von 1000 mm Richtung Tettnang – Wurzach – Hohentann, der dritte von 1200 mm Lindau – Wangen – Leutkirch – Kempten, während die engsten Kreise, 1400 bis 2000 mm, Richtung Bregenz – Isny sich immer mehr um die Höhen des Alpenrandes dicht aneinander verengen. Die Luftlinie Adelegg – Gehren bei einem Absinken des Niederschlages von 1400 auf 900 mm, beträgt 50 km, die Luftlinie Pfänder – Gehren 30 km. Der Einfluß der Alpennähe verliert sich auf dieser langen Strecke allmählich. Die Linie Adelegg – Gehren wird durch das untere Schussenbecken unterbrochen, der präalpine Einfluß auf den Gehren bewegt sich wohl im nördlichen Wanderweg der Pflanzen über die höheren Jungendmoränenkränze.

2. Die Eschach stellt eine unmittelbare Flußverbindung des Adeleggmassivs bei reichlicher Verfrachtung von Schwemmlingen mit der äußeren Jungendmoräne und über sie hinweg mit der Altmoränenlandschaft (bzw. den Niederterrassen des Illertales) her. Die ganze Seen- und Moorzone innerhalb der inneren und äußeren Jungendmoräne steht pflanzengeographisch zunächst in enger, dann im weiteren Abstande in loser Verbindung mit den Voralpen. Die Adelegg selbst senkt sich allmählich nach Norden ab und geht hier unmerklich in die Altmoränenlandschaft über. Vor dem Ausbau

der Ursiedlungen erstreckte sich ein geschlossener Wald von der Adelegg über den Urlauer Tann in das Waldgebiet der Altmoräne. Heute besteht immer noch ein loser Zusammenhang, denn die waldleeren, trennenden Fluren sind unbedeutend.

Von der Adelegg bis zur Berührung der Iller mit dem Hang von Marstetten beträgt die Entfernung nur 20 km. Auf diese kurze Strecke verteilt sich die Staffelung der Linien der mittleren Jahresniederschläge von 1400 bis 900 mm, somit auf eine um die Hälfte kürzere Linie als zwischen der Adelegg und dem Gehren.

3. Am nordwestlichen Schnittpunkt der Kreislinie des mittleren Niederschlages von 900 mm mit dem Lauf der Schussen liegt der Altdorfer Wald. Sein Südostteil ist von der Adelegg 30 km entfernt, also weiter als die Adelegg vom Waldgebiet der östlichen Altmoräne.

4. Wie nach Westen und Norden, so wirkte die Ausstrahlung der Vorberge auch nach Osten, in die Jungmoränenlandschaft und in die Seen- und Moorsenke des Iller-Lech-Gletschers. Vor dem Ausbau der Siedlungen hat der Wald der Adelegg doch auch mit dem einst viel größeren hochgelegenen Waldgebiet des Kemptener Waldes in naher Verbindung gestanden. Andererseits ist das Vorland des Iller-Lech-Gletschers wohl unmittelbar von der Alpspitze, dem Hohen Trauchberg und dem weit vorspringenden Hohen Peißenberg aus beeinflußt.

In dieser Landschaft legen sich die Linien der mittleren Jahresniederschläge nicht mehr in konzentrischen Kreisen, wie um die Adelegg, sondern in parallelen Bögen an den Jungendmoränenkranz, — von der Linie von 1800 mm etwa im Quellgebiet der Wertach bis zur Linie von 900 mm im Zuge Memmingen–Wörishofen, mit einem starken gegen Norden gerichteten Vorstoß gegen Türkheim zu. Dieser Vorstoß ist durch die Reste der Altendmoränen und auch noch durch den weiten Jungendmoränenbogen des Isargletschers bedingt. Mit ihm stimmt die Nordgrenze der großen Hochmoore mit ihrer arktisch-alpinen Vegetation überein. Während sie sich im Raum des Rheintalgletschers in einem Bogen weit in das Vorland zieht, ist sie im Iller-Lech-Gebiet näher an den Alpenrand geheftet, um dann wieder im Isar-Gletscherraum nach Norden vorzustoßen.

Pollendiagramme [16])

Die Blütenstaubuntersuchungen (Bertsch, Paul und Ruoff) in den Mooren der Moränelandschaft lassen das ursprüngliche nacheiszeitliche Waldbild in großen Zügen erkennen

1. Argen-Bodensee-Richtung.

a) H a u b a c h e r M o o s bei Isny am Westsockel der Adelegg: Im Diagramm finden sich drei Tannen- und zwei Buchengipfel.

Das Verhältnis der Waldbäume etwa um die Zeitwende beträgt für Fichte 13 v. H., Tanne 48 v. H., Buche 25 v. H. (Die übrigen Waldbäume werden unberücksichtigt gelassen.) In der Neuzeit kehrt sich das Verhältnis um, die Fichte herrscht neben örtlicher Überlagerung durch den Bergkiefernwald, Tanne und Buche sind nur mehr gering vertreten.

b) M i t t e l s e e , zwischen den beiden Argenflüssen, bei Primisweiler:

Das Diagramm zeigt stets ein Überwiegen der Buche, die Tanne behält lange einen mittleren Stand, durchschnittlich höher als die erst in der Neuzeit sprunghaft ansteigende Fichte. Buche und Tanne sind noch in der Neuzeit merkbar vorhanden. Um die Zeit des Buchengipfels: Buche 44 v. H., Tanne 8 v. H., Fichte 1 v. H. — in der Neuzeit: Buche 15 v. H., Tanne 9 v. H., Fichte 46 v. H.

c) L a n g e n s e e bei Wildpoltsweiler (bei Bernried-Neukirch):

Am Langensee verzeichnet die topographische Karte die nebeneinanderstehenden Flurnamen Buch, Tannberg, Aichach (Langensee-Kreuzweiher).

Im Buchengipfel (Bronzezeit) erreicht die Buche 52 v. H., Tanne 12 v. H., Fichte 7 v. H.; dann verändert sich das Verhältnis: Buche 15 v. H., Tanne 18 v. H., Fichte 27 v. H., — während zur Neuzeit Buche 3 v. H., Tanne 5 v. H., Fichte 50 v. H. betragen.

d) L i n d e n b e r g e r M o o r (bei Lindenberg) ringsum von Molasse umgeben:
Tanne herrscht bis zu 65 v. H. (wohl örtlich bedingt).

e) **D e g e r m o o s** (längs der Leiblach):
Buche herrscht, dann Tanne, Fichte tritt zurück.

2. Richtung Altdorfer Wald–Aulendorfer Tann.

a) **A r r i s r i e d m o o s** zwischen Wangen und Kißlegg:

Die Eichenmischwaldlinie wird von einem Fichten- und einem Tannen-Gipfel überdeckt. Die Buchenkurve wird zweimal von der Tanne übergipfelt. Das Arrisriedmoos liegt an der inneren Würmendmoräne, die vom Altdorfer Wald zur Adelegg zieht.

Um die Bronzezeit: Buche 60 v. H., Tanne 6 v. H., Fichte 5 v. H. Danach sinkt die Buche ab, die Tanne nimmt zu bis 42 v. H., die Fichte bleibt mit 2 v. H. weit zurück.

Bei Beginn der Neuzeit halten sich alle drei Holzarten die Waage, in der Neuzeit überwiegt dann die Fichte mit 50 v. H., durch den örtlichen Bergkieferneinschlag wird die Buche auf 4, die Tanne auf 0 v. H. zurückgedrängt.

b) **B u r g e r m o o s** bei Kißlegg:

Nach der Bronzezeit, in der die Buche auf 52 v. H. angestiegen ist, zeigt sich die Buche mit 28 v. H., Tanne mit 17 v. H. und Fichte mit 6 v. H. Gegen die Neuzeit nimmt die Buche nochmals zu, die Tanne sinkt ab, das Überwiegen der Fichte drückt sich nicht mehr aus, weil die oberste Moorschicht abgeräumt ist.

c) **S t e i n a c h e r R i e d** bei Waldsee:

Zur Zeit des hohen Anteils der Buche von 32—44 v. H. erreicht die Tanne 1—2, die Fichte 1—4 v. H. Beide sind von Erle, Birke, Hasel, Eiche, Ulme, Linde übertroffen.

d) **B r u n n e n h o l z r i e d** beim Aulendorfer Tann:

Die Zerstörung der obersten Torfschichten läßt die Diagramme sich nur lückenhaft entwickeln (Torfstich Michelwinnaden, Schlupfen, Haslanden). Zur Zeit des Buchengipfels nimmt die Tanne und Fichte noch einen bescheidenen Platz ein. In der Neuzeit überragt die Fichte, doch Buche und Tanne sind mit wenigen Anteilen vorhanden.

3. Richtung Aulendorfer Tann-Federseeried.

a) **E n z i s h o l z r i e d** bei Schussenried:

Zur Buchenzeit: Buche 51 v. H., Tanne 1 v. H., Fichte 2 v. H.

In den oberen Schichten nimmt die Fichte zu, die Buche von 35 v. H. auf 2 v. H. ab. Die Tanne behauptet sich mit 6 v. H. und 10 v. H. vor dem Absinken auf 2 v. H.

b) **F e d e r s e e r i e d**:

In den vielen Diagrammen überwiegt zur Buchenzeit (Bronzezeit) die Buche. Tanne und Fichte sind durchschnittlich auf 3—10 v. H. beschränkt, mit Ausnahme örtlicher Einflüsse durch Tannen- und Fichtenhorste. Diese Fichtenhorste sind Fichtenmoorrandwälder. Im allgemeinen halten sich Tanne und Fichte so ziemlich die Waage.

4. Richtung Pfrungerried-Gehren-Grenze Alpenvorland-Alb.

a) **P f r u n g e r r i e d**:

Zur Zeit des Buchengipfels, Ende der Bronzezeit, erreicht die Fichte nach einigen Schwankungen 10—15 v. H., wobei sich wohl der Einfluß von Moorrandwäldern bemerkbar macht. Die Tanne zeigt einen Anteil von 20—30 v. H. zu einer Zeit, in der die Buche schon ständig abnimmt.

b) **D e r E g e l s e e** bei Ruhestetten (südwestlich Pfullendorf, noch Jungmoräne):

Ende der Bronzezeit, zur Zeit des Buchengipfels, ist in 60 cm Tiefe die Fichte mit 5 v. H., die Tanne mit 4 v. H., die Buche mit 45 v. H. vertreten. Die Fichte ist überhaupt erst sehr spät — in einer Tiefe von 125 cm — und nur mit 1 v. H. gefunden worden, blieb lange auf dem gleichen Stand, während die Tanne längst auf 16 v. H. angestiegen war. Ihr späterer Abfall auf 4 v. H. dürfte eine ortsbedingte Schwankung sein. Beim allmählichen Rückgang der Buche steigt die Fichte auf 20 v. H., die Tanne auf über 30 v. H. an.

c) Schindelwald (Wilde Hölle) südöstlich Neuhausen ob Eck:

In den oberen, zeitlich nicht festgestellten Schichten, hat die Tanne bis 27 v. H., die Fichte etwa 10 v. H. erreicht [17]).

In allen diesen drei Diagrammen zeigt sich unverkennbar das Übergewicht der Tanne über die Fichte; diese erscheint spät und hat im natürlichen Wald des westlichen Alpenvorlandes nur eine geringe Rolle gespielt.

5. Richtung Wurzacher Ried.

Das Diagramm des Wurzacher Riedes zeigt — ähnlich den Diagrammen des Federseeriedes — das Überwiegen der Buche mit 40 v. H.; zur Zeit des Buchengipfels erreicht die Fichte einen Anteil von wenigen Hundertteilen, sie bleibt meist unter 5 v. H.; die Tanne ist verhältnismäßig stärker vorhanden, wenn man berücksichtigt, daß sie im Pollenregen ihrer Natur nach überhaupt zurückbleibt.

Zusammenfassung

Die Überprüfung der Diagramme, deren Zahlenverhältnisse aus bestimmten Gründen nur als annähernde Weiser angenommen werden dürfen, ergibt eindeutig, daß

1. die Buche das gesamte Gebiet der Jungmoräne beherrscht hat;
2. die Tanne in dem alpennäheren Raum mit der Buche zusammen einen starken Anteil des natürlichen Waldes bildet und so ziemlich im entsprechenden Verhältnis zum wechselnden Buchenanteil verharrt;
3. der Anteil der Tanne mit der Entfernung vom Alpenrand absinkt;
4. die Fichte in den meisten Diagrammen zur Zeit und nach den Buchengipfeln noch eine sehr geringe Rolle spielt. Wenn sie aber stärker auftritt, so sind es vermutlich Einflüsse der Moorrandwälder. Erst mit Beginn der Neuzeit nimmt die Fichte allmählich, dann aber sprunghaft zu.

Aus diesen Pollendiagrammen, die in Streuung über weite Teile des südlichen Gürtels Oberschwabens aussagen, gewinnt man den Eindruck, daß dem präalpinen Bergwald der Voralpen ein ähnlich zusammengesetzter ursprünglicher Waldtyp im Norden vorgelagert ist. Sein Wesen und seine Entwicklung soll nun erkundet werden.

DIE ÖSTLICHE JUNGMORÄNENLANDSCHAFT DES RHEINTALGLETSCHERS

Östliche Bodenseelandschaft

Die Jungmoränenlandschaft zwischen der Adelegg und dem Gehren ist nach Süden vom Bodensee, nach Norden vom Altdorfer Wald und Aulendorfer Tann, nach Nordosten von dem waldreichen Altmoränenblock des Wurzacher Plateaus, nach Nordwesten von dem waldreichen Altmoränenblock des Wagenharts begrenzt. Sie wird durch das Schussenbecken in zwei Hälften gespalten.

Inmitten ihrer Osthälfte liegt die Miniatur-Reichsstadt Wangen auf der wichtigen Verbindungslinie der Reichsstädte Lindau-Leutkirch und Ravensburg-Isny. Im Jahre 1617 hat Andreas Rauch, „Maler und Bürger von Wangen", eine „Landtafel" des Stadtgebietes Wangen gemalt, und im Jahre 1626 eine ähnliche „Mappe" des Stadtgebietes Lindau gezeichnet. Beides ist später in Kupfer gestochen worden. Wir besitzen somit eine übersichtliche topographische Darstellung dieser ziemlich aneinandergrenzenden Landschaften aus dem Beginn des 17. Jahrhunderts [18]).

Der Wald um die Stadt Wangen ist auf der Landtafel überwiegend als Nadelholz dargestellt, nur vereinzelt als Mischwald oder Laubwald. Welcher Entwicklungsgang liegt zwischen dem ungefähren Waldbild aus den Pollenanalysen, dem Waldbild im 17. Jahrhundert und dem Waldbild von heute, in dem mit wenigen Ausnahmen die Fichte herrscht?

Das pollenanalytische Waldbild zeigt einen Mischwald von Buche, Tanne, Fichte, von Erle, Birke und anderen Laubhölzern. Bereits der vorgeschichtliche Eichen-Mischwald (Eichen, Ulmen, Linden) wurde im Illergebiet durch Fichtenvorstöße beeinflußt.

Die alemannische Siedlung räumte im Allgäu mit dem Wald rasch auf. Was für Ackerbau und Wiesland, für Egerten-Wechselwirtschaft geeignet war, wurde auch im ziemlich hügeligen und bergigen Land in Anspruch genommen. Für den Wald blieb nur dieses Gelände übrig, das entweder zu steil war, oder durch sehr nasse oder zu karge Böden den Anbau ausschloß. So wurde das geschlossene Waldgebiet in viele verhältnismäßig kleine Teile aufgelöst. An den Hängen, besonders an den vielen Drumlins, überwog die Buche in Mischung mit Tanne, auf den bindigen Böden Tanne und Fichte, auf den nassen und anmoorigen Fichte und Erle, in den Moorrandwäldern Fichte, Erle, Birke, Waldforche und Bergforche, auf den Hochmooren die Bergforche. Schon der starke Anteil der feuchten Lagen mußte in dieser Landschaft zu einer allmählichen Vermehrung der Nadelhölzer führen.

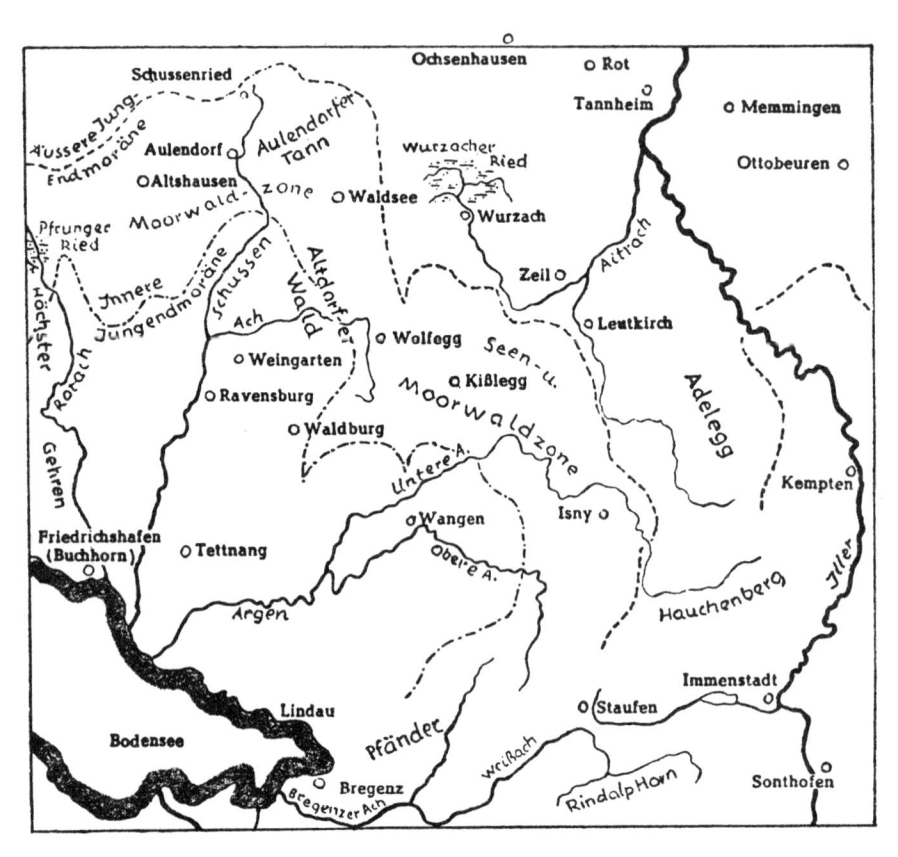

Östliche Jungmoränenlandschaft des Rheintalgletschers mit der östlichen Bodenseelandschaft

Wangen

Aus den alten Waldnamen der „Landtafel" von 1617 läßt sich die Entwicklung ablesen. Im Norden der Stadt Wangen ist auf der Landkarte eine große waldleere Fläche „Auf der Haid" eingezeichnet. Auf dieser Schotterterrasse führte nach der Entwaldung und dauernden Beweidung die Durchlässigkeit der geologischen Formation zur Verödung. „Heide" muß nicht „Heidekraut" im botanischen Sinn bedeuten, sondern im allgemeinen eine lichte Landschaft mit einzelnen Bäumen und Büschen, der normale Typus des überbeanspruchten

Weidelandes gegenüber dem dichten Wald. Die Heide setzt sich im „Geißenberg" fort. Die Ziegen wurden wegen ihrer Schädlichkeit für den Wald auf bestimmte Orte verwiesen. Westlich der Heide stößt der Birkenberg, ein Ausschlagwald an, dann das „Hochholz", der gebannte Wald. Bei Niederwangen liegt ein „Eichenberg", weiter südlich an der Argen der Wald „Hagenbuch" und der „Brennberg", deren Namen auf Niederwald und Brandwaldfeldbau deuten. Wir finden einen „Kohlberg", einen weiteren „Eichenberg" östlich von Wangen, bei Wohnbrechts einen sehr lückig bestockten Wald mit dem einen Ausschlagbetrieb bezeichnenden Namen „Im Stockach" neben einem späteren Rodeort „In den Reuten".

Schon frühzeitig wurde auch im Allgäuer Mischwald das Laubholz vermindert, in den Lücken vermehrte sich vorerst die Tanne. Der ortsnahe Wald wurde immer mehr zu einem „Vorholz", einem lückigen Gemenge von einzelnen starken Eichen und Buchen, Holzwiesen und Wechselfeldern, von Niederwald aus Hainbuchen, Birken und Weichhölzern, oder aus Erlen im feuchten Grunde. Da in den gebannten Waldungen, den Hochhölzern, das Nadelbauholz nur nach Anweisung gehauen werden durfte, wurde es um so rücksichtsloser aus den Vorhölzern herausgeschlagen.

Es ist somit glaubhaft, daß sich im Allgäu schon im 16. Jahrhundert Nadelholzbestände im überwiegenden Maße, besonders in ebenen und flachen Lagen, entwickelt hatten. An Hängen und auf sonstigen Steillagen, besonders in den Tälern der Argen und ihrer Zuflüsse behauptete die Buche ihre Führung im Mischwald; dort häufen sich auch die vielen Waldnamen auf „Buch".

Lindau

Die Niederung von Wangen ist gegen den Bodensee und daher für dessen Einflüsse auf das Klima offen. Wangen hat bedeutend wärmere Tage und eine frühere Vegetation als Isny. Daher gedieh der Buchen-Laubholz-Mischwald um Wangen und gegen den See zu. Von dort her ziehen sich um die obere und untere Argen die reichgegliederten Drumlin-Herden, die dann westlich der Schussen im Hinterland des Sees ihr Gegenstück haben. Sie sind der landschaftliche Schauplatz der Rauchschen Mappe von Lindau anno 1626 [18]).

Auf dieser Karte überwiegen die aus der Siedlungszeit stammenden alten Waldnamen mit „Buch": der Dunkelbuch, der Hochbuch, der Nonnenbuch, der Mittenbuch, der Wakkersbuch u. a. Nur im östlichen höheren Hinterland der Stadt Lindau gibt es ein „Tannholz" und in der alten Form ein „Tannach". Das „Fohrenmoos" deutet auf das Bergforchenmoor, und das „Tannenmoos" auf einen Moorwald. Dagegen ist der Wald „Im Farnach" am rechten Ufer der Laiblach hoch gelegen, vermutlich ein Standort der Waldforche. Das „Stockach" und das „Aspach" ergänzt die Waldbilder des 17. Jahrhunderts mit Ausschlagwald.

Tettnang

Die Vorherrschaft des Laubholzes in der östlichen, unmittelbaren Bodenseelandschaft, in der die Tanne nur vereinzelt, die Fichte höchstens aus dem Moorrandwald da und dort vorgestoßen ist, zeigt sich auch heute noch in der reichen Laubwaldflora (Waldmeister, Sanikel, Christophskraut, Sternmiere usw.) der seenahen Wälder. In der Hügel- und Tallandschaft des Bodensees lag Buchen-Laubholz-Mischwald, was allein schon der Name der kleinen Reichsstadt Buchhorn (Friedrichshafen) anzeigt. Alte Berechtigungen weisen dies nach: die Stadt Buchhorn vericht 1470 ihren Anspruch, im Wald der Herrschaft Baumgarten ohne weiteres Holz hauen zu dürfen, außer den verbotenen Eichen, Buchen, Birn-

und Apfelbäumen. Die Buchauer trieben große Mengen von Schweinen zur Eichelmast in den Wald. Der Gemeinde Eriskirch stand die Brennholznutzung im gleichen Walde zu, außer an den Eichen, Buchen, wilden Obstbäumen. Um Bauholz mußten sie eigens ansuchen. Wenn es „Kes" (Äckerich) gibt, dürfen sie ihre eigenen Schweine eintreiben, und wenn sie „Kes" schütteln wollen, soll ihnen der Grundherr helfen, daß kein anderer Schweine eintreibe. Im Jahre 1413 wird durch einen Schiedsspruch der oberschwäbischen Städte der Gemeinde Laimnau das Holzrecht am Argenhart, dem Walde der Montfortschen Herrschaft Tettnang zwischen der Schussen und der Argen, zuerkannt: die Laimnauer dürfen ihr Werkholz (Buche, Eiche) zum Baugeschirr (landwirtschaftliche Geräte) hauen, ferner Zaunholz, auch jede Buche von zehn Fudern (also nur alte Buchen), schwammiges Holz, Hagbuchen, Erlen und „liegend Holz" (Windfälle).

Diese Bestimmungen, wie auch die nachfolgend erwähnte Weißenauer Urkunde von 1210 lassen deutlich erkennen, daß im Mittelalter in der engeren Bodenseegegend der Niederwald mit einem Oberholz von Buchen, weniger von Eichen, die übliche Nutzungsart war; das Unterholz wurde vom Buchen- und Eichenausschlag, von Hagbuchen, Erlen und anderen Weichhölzern gebildet [19]).

Aus der um 1515 von Arnsberg, sowie aus der um 1588 verfaßten Beschreibung der Wälder der Herrschaft Tettnang kann man die Waldtypen und ihre örtliche Verteilung entnehmen. Im Jahre 1470 werden an die Gemeinde Hirschlatt (westlich des Schussentales) „Buch- und Eichwälder" zur Rodung für Wiesen und Äcker verliehen. In der ganzen Gegend haben noch im 15. Jahrhundert ausgedehnte Rodungen stattgefunden. Aber zwischen Tettnang, dem See, und dem Dorf Laimnau, auf den breiten Terrassen der Schussen und der Argen, erstreckt sich 1588 noch ein „großer herrlicher Buchwald", vom „Moos" an bis an den Argenhart. Erst oben, am Endmoränenzug, der das Schussenbecken im Osten abschließt, etwa 100 m über dem Schussental, beginnen nach der Beschreibung von 1588 die Buchen-Tannen-Wälder. Dort reiht sich ein Bühel an den andern, eine Reihe von Drumlins und Endmoränenstücken, dort stockt der „Bollen", ein „Buchen- und Tannenholz"; das „Hagenach" bei Tannau, ein „Tannenholz"; der „Dachsberg" ein „schönes junges Buchenholz" und andere [20]). Alle diese Waldungen sind heute mehr oder minder Fichten- und Fichten-Forchen-Bestände; nur in wenigen Abteilungen ist die Buche, in einigen die Weißtanne in Anteilen zwischen zehn bis sechzig v. H. vertreten. Diese Tannen-Standorte von heute liegen in den vorgenannten ehemaligen Montfortschen Waldungen Bollen, Hagenach, Tannenbühl, Karg und anderen, auf Höhen zwischen 480 und 540 Meter, hauptsächlich auf Bänderton, um den Ort Tannau herum. Vom Tettnanger Wald auf den Schussen-Terrassen wird später noch die Rede sein (s. S. 61).

Am Bodensee liegt der Seewald auf der untersten Terrasse zwischen 400—410 Meter Höhe, nur wenig über dem Seespiegel und der Schussen erhöht. Nach der Waldbeschreibung von 1819 [21]) hat der untere Seewald, obwohl auf der gleichen Terrasse wie der Südteil des Tettnanger Waldes, doch einen etwas anderen Charakter. Neben Fichten und Forchen, die den Hauptbestand bilden, kommt die Buche und — gegen alle Erwartung — auch die Tanne vor. Ausdrücklich ist gesagt: „Hier befinden sich noch einige übergehaltene Samenbäume von Eichen, Buchen und Tannen." Jedenfalls sind stellenweise die Bodenverhältnisse nicht ungünstig. Auch hatte der untere Seewald mit dem Adelsreuter-, Weißenauer- und Brochenzellerwald bis gegen Weißenau hinauf unmittelbaren Zusammenhang; dies war das große Waldgebiet „Schwaderloch", das feuchten oder nassen Wald bedeutet. Nach der Weißenauer Urkunde von 1210 war den Bauern von Oberzell die Fällung von Erle, Aspe und Hasel erlaubt, dagegen mußten sie alle Eichen, Buchen, „Tannen", und fruchtbaren Bäume schonen. Das heißt, sie hatten das Recht, im Niederwaldumtrieb das wiederausschlagende Unterholz zu nutzen. Auf den Höhen westlich Oberzell erscheinen im Bergwaldtypus schon „Tannen", aber auch im Weißenauer- und Adelsreuter Wald, die eben nicht mehr auf Terrassen, sondern auf fruchtbarem Bänderton stocken.

Dem Bodensee zu wird die Argen und Schussen von Auwaldungen begleitet. Nah nebeneinander im Tal wechseln verschiedene Waldtypen. Die Orts- und Flurnamen allein sagen eine reiche Waldgeschichte aus. Zum Beispiel findet sich neben dem Dorf Buch in der Niederung von Tettnang das Dorf Reute und Brand, der Weiler Kau (Gehau), die Flurnamen „Im Moos", „Großbuch" und „Hagendorn", der „Buchschlag", die „Erlen", „Das Heidach", „Das große Moos", „Der Forchenschachen" und der Wald „Missenhart".

Zwischen dem Auwald im Argen- oder Schussental, und dem Buchen-Tannen-Wald auf den Höhen ist an den Steilhängen manchmal ein buchenreicher Laubmischwald mit Ulmen und Eschen ausgebildet, in dem auch die Fichte eingemischt ist. Trotz aller menschlich bedingten Einflüsse haben diese Sekundärwälder einen ausgeprägt natürlichen Charakter bewahrt.

Wald des Spitals zum Heiligen Geist in Ravensburg

Das Spital zum Heiligen Geist der türmereichen, bedeutenden Reichsstadt Ravensburg besaß östlich und westlich der Schussen verstreut eigene (Kameral-)Waldungen und noch verstreuter viele kleine Lehenshölzer, die zu den einzelnen Bauernhöfen des Spitals gehörten. Gerade durch diese weiträumige Verteilung sind die Beschreibungen dieser Wälder für einen großen Umkreis aufschlußreich.

Der Prospekt der Stadt Ravensburg vom 17. Jahrhundert (im gotischen Sitzungssaal des Rathauses) zeigt die Waldungen der nächsten Umgebung als Nadelhölzer mit wenig Laubholzeinmischung, so ähnlich wie die Landtafel von Wangen. Etwa 10 km nördlich von Ravensburg, am Rande des Röschen- oder Mochenwanger Waldes, des westlich des Schussendurchbruches gelegenen Teiles des großen Altdorfer Waldes, besaß das Spital die „Waldungen zu und um Wolpertschwende". Diese wurden im Jahre 1602 einzeln beschrieben, wobei kein Unterschied zwischen Rot- und Weißtannen gemacht wurde (T. K. Weingarten, Heiligengeistholz u. a.). Aus der Beschreibung ergeben sich folgende Gruppen: a) fast durchwegs „mehrteils Tänninholz", gemischt mit Eichen und Buchen; b) oder Tannhölzer; c) oder Buch- und Tannholz; d) oder Mischholz von Buchen, Forchen und Tannholz.

Der allgemeine Eindruck geht dahin, daß die Buche und andere Laubhölzer einst den Hauptbestand ausgemacht haben und von den Nadelhölzern zurückgedrängt worden sind. Dies stimmt auch überein mit der Karte des Altdorfer Waldes von 1598, die im Mochenwanger Wald Laubholz mit Nadelholz-Schachen zeigt. Auf der nahen Schussen wurde seit dem 13. Jahrhundert für das Kloster Reichenau geflößt; nach einer Aktennotiz haben auch die Ravensburger auf der Schussen Holz hinabgebracht, vermutlich auch viel Buchenbrennholz.

Erst im Jahre 1748 findet wieder ein Augenschein nach dem letzten von 1602 statt. Der Südteil ist „mehrteils ein Buchwald, bekommt einen schönen Tannennachwuchs", daneben „mehrteils ein ausgewachsener Buchwald". Das langgestreckte Heiligengeistholz ist „ein ausgewachsener schöner Wald, teils Buchen, teils Tannen, sonderlich noch viele Blochtannen, ist mithin ein Schatz, wohl zu konservieren". Daran stößt ein Ackerfeld eines Bauern von Hatzenthurn, das mit „ziemlich erwachsenen Rottannen und Forchen" besetzt ist. Im allgemeinen tritt ein fast stärkerer Buchenanteil gegenüber 1602 hervor, vielleicht ist er auch bloß stärker betont.

Eine Waldbeschreibung von 1753 gibt mehr Klarheit, weil nun durchwegs zwischen Weiß- und Rottannen unterschieden wird. Das große Heiliggeistholz besteht nun aus lauter Bauholz von Rot- und Weißtannen, die anderen Hölzer sind teils Althölzer aus Weißtannen mit Nachwuchs von Rottannen, teils Mischhölzer von Buchen und eindringenden Rottannen. Bisher hatte die Weißtanne geherrscht; die Fichte ist im Vordringen, ihre stärkere Ausbreitung wird besonders registriert. Manche

Bestände scheinen stark gelichtet zu sein, wodurch die Fichte Vorsprung bekommt. In den Beständen steht Holz allen Alters, unter ihm kommt der „Aufwuchs" an. Es herrscht somit typischer Plenterbetrieb, mit dem Ziel der Erzeugung von Starkholz, aber auch von Holz anderer Sorten, und von „Aufwuchs". Im Spitalswald des 17. und 18. Jahrhunderts scheint man einen auch für damalige Zeit konservativen und pflegenden Betrieb ausgeübt zu haben. Eine solche Vorratswirtschaft lag im Wesen einer gewissenhaften Spitalsverwaltung, der die Erhaltung des „frommen Vermögens" Grundsatz sein mußte.

Die südlich von Ravensburg um den Ort Grünkraut herumliegenden Kameralwaldungen des Spitals werden 1753 als „Tannenwaldungen" beschrieben, nur ein Teil davon sind Mischhölzer von Tannen, Fichten, manchmal auch von Buchen.

Östlich der Schussen um Grünkraut, besonders aber westlich der Schussen, in einem Radius von etwa 6—8 km von Ravensburg entfernt, im Raum Bavendorf-Zogenweiler-Frohnhofen-Blitzenreute, sind über 450 Jauchert Lehenswaldungen des Spitals verstreut, „Hofhölzer" in Ausmaßen von 1 bis 10 Jauchert. Diese werden im 18. Jahrhundert und im Beginn des 19. Jahrhunderts eingehend beschrieben. Jm Jahre 1753 fast durchwegs überwiegend Weißtannen, oder Weißtannen in Mischung mit Fichte; seltener werden Mischungen von Weißtannen, Buchen, Eichen oder Forchen genannt, dagegen manchmal Mischungen von Fichten und Forchen, wie sie auch schon vereinzelt um 1602 aufgezählt wurden. In den Jahren 1818 und 1829 werden die Waldungen des Spitals und anderer Pfründen, sowie die Lehenswälder über Auftrag der württembergischen Forstämter in Verzeichnisse aufgenommen. Im „Seelhausholz", 50 Jauchert groß, vermutlich beim „Tannberg" am Schmalegger Tobel, „prädominiert" die Weißtanne. Die Lehenshölzer werden meistens als Tannen-Fichten-Bestände angegeben, wobei wiederholt das Vorherrschen der Weißtanne betont wird; manchmal sind sie mit Buchen gemischt; manchmal wird ein Fichten-Reinbestand, selten nur Forche, ebenso selten nur Buche erwähnt. Die Bestände in ebener und feuchter Lage werden fast stets aus Fichten oder aus Fichten und Forchen gebildet.

Staatsforst Wangen im Allgäu

Die Waldungen des Staatsforstes Wangen sind ein verstreutes Gemenge aus dem Besitz des säkularisierten Klosters Weißenau, aus dem Besitz des Stiftes St. Gallen, aus Waldungen der Herrschaft Neuravensburg, der Montfortschen Herrschaft Tettnang (siehe S. 31) und aus angekauften Bauernwaldungen. Der Komplex liegt zwischen Wangen und Tettnang, hauptsächlich um die obere Argen und um Tannau. Aus dem Einrichtungswerk von 1843/44 läßt sich bei den Althölzern noch ein Rückblick auf die Waldentwicklung gewinnen.

Wir können wieder verschiedene Gruppen von Beständen unterscheiden:

a) Bestände mit hohem Anteil an Weißtanne, in Mischung mit Fichte, mit reichlicher Tannen-Verjüngung (z. B. Großbuch, Unterlangenberg, Tanbachholz u. a.).

b) Die meisten Bestände bestehen aus Fichten, Tannen und Forchen in Schirmschlagstellungen. Die wenigen Kulturen (künstliche Begründung) sind jüngsten Alters und geringen Umfanges.

c) In den vielen feuchten, beziehungsweise nassen und in moorigen Lagen Mischungen von Fichte und Erle.

d) Mischungen von Nadelholz und Buchen verraten noch das ehemalige Vorherrschen des Buchenmischwaldes, auch oft durch den Waldnamen, wie Langenbuch, Kleinbuch u. a.

e) Mischbestände von Eiche, Birke, Aspe; sie sind oder waren Ausschlagwaldungen mit Oberholz, auch im Namen gekennzeichnet wie z. B. Burgstock.

Hervorzuheben ist, daß im „Oberen Schorren" bei Neukirch die Forche „prädominiert"; im „Unteren Schorren" bilden teils Fichte, Forche und Tanne mit vielen Buchen, teils Fichte, Forche und etwas Buche die Bestockung. Im Jahre 1515 hieß der Schorren noch „Buchschorren", gehörte Montfort und wurde als „ein Forchen- und Tannenholz" beschrieben [20].

Über diese interessanten frühen Forchenstandorte und über die spätere Verbreitung der Forche in den meisten Fichten-Tannen-Beständen wird in der Folge gesprochen werden. Vorläufig wollen wir festhalten: zwischen der Schussen und der Adelegg geben von Natur aus Buche und Tanne der Landschaft im Buchen-Tannen-Wald ein eigenes Gepräge. Im 16. Jahrhundert war der physiognomische Ausdruck des Waldes überwiegend „Tannenwald". Die Fichte und die Forche treten erst vom 18. Jahrhundert ab stärker in Erscheinung, im 19. Jahrhundert herrscht die Fichte überwiegend, die Forche örtlich, besonders auf den Terrassen.

Um den Gehrenberg und Höchsten [24]

Durch die Beschreibung der Kameral- und Lehenswaldungen des Spitals Ravensburg haben wir uns bereits dem mächtigen Molassesporn des Gehren und dem langen Block des Höchsten genähert. Der Gehren erhebt sich auf eine Höhe von 754 m aus dem schon im Mittelalter berühmten Weinbaugebiet um Markdorf und Bermatingen. Er nimmt, die Flanken nach Westen und Süden offen, atlantische Luftströmungen in voller Breite auf. Der Wein wird am Fuße des Berges in Höhen von 450—500 m, auch noch in Lagen von 600 m gebaut. Die von der Alb her vordringende alemannische Ursiedlung hat um den Gehren herum, der noch von -ingen-Orten umstellt ist, Halt gemacht. Das Gebiet des Höchsten wurde erst in der zweiten oder dritten Siedlungsperiode erschlossen. Jedenfalls ist im Gegensatz zur Allgäuer Landschaft östlich der Schussen, der Wald um den Gehren frühe dem Stadium des unberührten Urwaldes entzogen.

Der Gehren mit seinen Ausläufern und der Höchsten sind von zahlreichen tiefen Tobeln gefurcht. Der Hochrücken des Gehren ist fast ganz vom Wald bedeckt, der nördliche Teil des Höchsten wird vom breiten Zußdorfer Wald eingenommen. Die steilen Hänge zur Deggenhauser Ach und die Hänge der Tobel sind bewaldet. Der Gehren hat einen dem Allgäu ähnlichen Charakter. Dies zeigt sich auch in der Pflanzenwelt.

Der Gehren und der Westteil des Höchsten um Limpach bis zum Ilmensee hin gehörte zur Grafschaft Heiligenberg. Diese Waldungen werden um 1700 beschrieben. Der Gehrenberg ist an den Hängen „ein wohl erwachsenes Buchholz", dagegen auf der Kuppe „mit großen und wohlerwachsenen Tannen" besetzt. Im Limpacher Amt werden die durchwegs kleinen Waldungen als Tannenholz, Buchenholz, oder als Mischholz von Buchen, „Tannen" und Forchen verzeichnet.

Durch die Beschreibung von 1810 wird die Baumartenverteilung klarer:

a) der westliche Ausläufer des Gehren:

das Holz Hagenweiler (T. K): im Altholz Fichten mit „ein paar Weißtannen"; im Mittelholz Fichten, einige Forchen und Weißtannen, einzelne Buchen, Eichen, Aspen; im Jungholz Fichten mit Forchen, wenige Weißtannen, Aspen, Buchen, einzelne Eichen.

Südlich Oberstenweiler um Wiggenweiler liegen die kleinen Distrikte: Kammerstann, neben der Torkelhalden, 573 m (bereits 1351 als „Kammerers Tannen" genannt); der Bühl, das Stockholz, das Saubad, und „die Fohren". Diese Distrikte bestehen aus Fichten, Fohren, einigen alten Buchen und Eichen und etwas Weißtannen. Heute noch stehen schöne Tannen in einem Buchenwald mittleren Alters an den Hängen über Mennwangen im Leutkircher und Birkenweiler Wald [25]. Westlich und nördlich der Deggenhauser Ach wird die Weißtanne nicht mehr erwähnt. An der Ach zieht sich somit eine scharfe Tannengrenze hin.

b) Gehren und Höchsten.

Die Beschreibung von 1818 der Waldungen um Limpach und Wippertsweiler zeigt schon das Überwiegen der Fichte; Forche ist bald reichlich, bald wenig vertreten. Der

Mischwaldcharakter wird aber durch verschieden starke Beimischung der Buche, Esche, Ahorn, Aspe, Salweide noch betont. Die Weißtanne ist fast stets, aber gering eingemischt. Ende des 18. Jahrhunderts war noch ortsweise das Plentern üblich, aber in den Waldungen der Heiligenberger Grafschaft war im allgemeinen der schlagweise Betrieb mit Überhalt von Samenbäumen damals schon seit mindestens 200 Jahren die Regel. Der Gehren war 1818 teils von Fichten und Forchen mit Buchen, oder von Buchen mit Fichten, Forchen und Aspen bestockt. Nur in einzelnen Teilen werden auch Ahorn und Weißtannen genannt. Nur am Laucherplatz, im Grafenschachen am Gehren, gab es noch 1854 einen hundertjährigen Weißtannenbestand; sonst hatten um diese Zeit die eingemischten Tannen meistens das gleiche Alter von 30 Jahren, sie stammten noch aus Dunkelschlägen.

In den kleinen Waldungen des ehemaligen Klosters Weppach bei Bermatingen und in den Bauernwaldungen wurde einzelstammweise geplentert oder horstweise gefemelt.

Die Dörfer am Rande des Gehren beholzten sich aus „Stockhölzern" (Stock am Weppacher Feld, Stockholz am Wiggenweiler Feld, Herrenstöcke, Wiedenhau, Haubühl, Hagenbuch usw.). In solchen Waldungen, die anfangs des 19. Jahrhunderts durch Zusammenwachsenlassen wieder in Hochwald überführt werden sollten, gab es dann alte Eichen, Buchen, Birken, aber auch Forchen, Fichten, sogar Weißtannen im ehemaligen Oberholz.

c) Der Zußdorfer Wald am nördlichen Höchsten [26]).

Der steile Hang des Höchsten in das Tal der Deggenhauser Ach, die Boslacher Halde und Rappenfelsen, sind 1818 Buchenwaldungen mit allerlei Laubholz, als Ahorn, Eschen, Ulmen, mit Fichten und Forchen vermischt; die Weißtanne wird hier und von hier aus gegen Nordwesten zu schon nicht mehr erwähnt. Der Wald von Ilwangen, die „Nachtweide", ist 1818 ein Fichtenbestand mit Forchen; im Tobel, der ihn vom Zußdorfer Wald scheidet, auch mit Buchen vermischt. Diese Waldungen liegen allem Anschein nach schon außerhalb des eigentlichen Tannengebietes. — Der Zußdorfer Wald selbst zwischen Zußdorf, Glashütten-Höchsten, und Latten mit Höhen von 700 bis fast 800 m erhebt sein weites Plateau, von Tobeln an den Seiten gefurcht, steil vom Tal heraus. Nach der Taxation von 1844 ist der größere Teil zwischen den Feldern von Zußdorf, Latten und dem Höchsten „mit Fichten, Weißtannen, wenig Buchen, Erlen, Aspen und Salen im Alter von 50—70 Jahren gut bestockt". Eben wurde die erste Durchforstung eingelegt, welche wohl dem Weichlaubholz gegolten hat. Die heutigen gleichaltrigen Althölzer im Südteil des Reviers mit vielen älteren, meist kronenfreien Weißtannen sind der letzte Rest eines Tannen-Fichten-Bestandes.

In einigen kleinen Bauernwäldern am Zußdorfer Wald ist die Tanne heute noch in allen Altern viel stärker vertreten. An den Hängen gegen den Tobel des Bruckenbaches, sowie gegen Auhof und den Schönbuch überwiegen 1844 Buchen, gemischt mit Fichten und Weißtannen, mit wenig Ahorn, im Alter von 5—20 Jahren noch mit vielen Schutz- und Samenbäumen überstellt. Im Süden grenzt der Zußdorfer Wald an den Schönbuch. In diesem und im Tobel des Baches, der nach Ibach (Eibenbach) zur Rotach fließt, haben sich bis heute noch viele Eiben erhalten, so auch im Tobel des Bruckenbaches.

Um den Lauf der Rotach

Nach den Beschreibungen von 1819 der württembergischen Kronwaldungen des Revieres Löwental (Forstamt Tettnang) [21]), die mehr oder minder aus dem Besitz des säkularisierten Klosters Löwental stammen, verdichtet sich das Areal der Tanne um den Mittellauf der Rotach, um die Orte Winterbach und Tepfenhart östlich des Höchsten. Besonders der Musbacher Wald bei Winterbach sowie der Wald Tepfenhart sind reich an

Weißtannen, auch an Buchen. Um den Unterlauf der Rotach, gegen den Bodensee zu wird der Anteil der Tanne schwächer. Die vielen kleinen Hof- oder Lehenswälder auf Endmoränenstücken oder Drumlins bestehen nach der Beschreibung von 1819 durchwegs aus Fichten und Forchen, an Hängen auch aus Buchen. Sehr selten wird die Eiche genannt. Mit diesen Beschreibungen steht jedoch in Widerspruch, daß nach Mitteilung des Forstamtes Tettnang in manchen natürlicher bewirtschafteten Bauernwaldungen sogar in Seenähe die Tanne heute noch vorkommt, ebenso wie im Seewald (S. 32). Es scheint somit die Drumlinslandschaft des östlichen Bodensees mit ihren ursprünglichen Buchen-Laubholz-Mischwäldern zugleich eine mehr oder minder dünne Rand- und Vorpostenzone der Tanne zu sein, die aus den höheren zentralen Tannenarealen der nördlichen Umrahmung gespeist wurde. Die Fichte ist, wie es den vielen feuchten Lagen um die Drumlins entspricht, und wie es manche Flurnamen verraten, ebenfalls in kleinen Trupps und einzeln gegen den See vorgestoßen.

Gegen Königseggwald und Altshausen [26]

Östlich des Zußdorfer Waldes zwischen der Rotach und der Ostrach erheben sich einige stark profilierte hohe Endmoränen; auf ihnen stocken Waldungen der ehemaligen Deutschherren-Komturei Altshausen, „das Ditterbuch", „das Reutterbuch", „die Tannen", „der Feldmooser Wald, das Großholz, das Haldenholz". Diese und einige andere in ihrer Umgebung sind nach der Taxation der Krondomänenwaldungen von 1830 mit Fichten, Forchen und Weißtannen bestockt. Besonders die übergehaltenen Forchen und Weißtannen des Feldmooser Waldes werden wegen ihrer Stärke, Gesundheit und Geradschäftigkeit gerühmt. Obwohl den Buch-Namen und der Morphologie nach einmal hier die Buche den Hauptteil der Bestockung ausgemacht hat, ist sie im 19. Jahrhundert verhältnismäßig schwach vertreten. In den Waldungen des hohen Rückens von Königseggwald, im „Waldenberg" und im „Watt", im Laubbacher Holz, im Oberholz westlich und im Gürtholz östlich Ebenweiler sind auch heute noch alte Tannen vereinzelt und auch in Gruppen als Zeugen des einstigen Tannenvorkommens eingemischt, wobei die Straße Ostrach-Hoßkirch-Altshausen die Nordgrenze bildet, gegen die der Grad der Einmischung allmählich abnimmt.

Die Tanne wird in der Taxation von 1830 noch in der Bestockung folgender Kronwaldungen genannt:

im Bannbühl bei Eichstegen in der Nachbarschaft des Wattwaldes, in Waldungen bei Altshausen westlich der Straße Altshausen-Ravensburg; um Blönried in der Schwendi und im Blönrieder Holz, nördlich des Altdorfer Waldes bei Zollenreute gegen Aulendorf zu. Dagegen bestehen die Waldungen um das Pfrunger Ried im Anfang des 19. Jahrhunderts aus Fichten, Forchen und Buchen; dort wird die Tanne nicht genannt, was mit den Waldbildern nordwestlich des Zußdorfer Waldes übereinstimmt.

West- und Nordgrenze der Tanne (Zusammenfassung)

Die Darstellung und Abgrenzung des Tannenareales erforderte eine gewisse Weitläufigkeit und Breite. Aus den vorbesprochenen Taxationen und Waldbeschreibungen geht hervor: die Westausläufer des Gehren, ein Bogen beiläufig Markdorf-Bermatingen-Mennwangen-Untersiggingen, dann die Linie Limpach-Oberhomberg-Zußdorf am Höchsten, weiter die Linie Esenhausen-Laubbach-Königseggwald, dann Hoßkirch-Eichstegen-Altshausen-Aulendorf stellen eine **West- und Nordwestgrenze der Tanne** dar.

Die Tanne ist im Allgäu zwischen Adelegg und Gehren wuchskräftiger Gesellschafter eines Buchen-Tannen-Waldes, der durch Ahorn und Eibe und durch viele montane Pflanzen als Bergwald des Vorlandes charakterisiert wird.

Besonders an und zwischen dem inneren und innersten der das Schussenbecken säumenden Jungmoränenkränze hat die Tanne nachweislich noch im 16. bis zum Ende des 18. Jahrhunderts den Hauptteil am Walde besessen. Erst im 19. Jahrhundert tritt sie hinter die Fichte zurück. In allen feuchten und anmoorigen Lagen ist die Fichte mit der Erle übermächtig, mit und ohne Forche, mit und ohne Birke. Diese Erscheinung tritt im Raum des Moorgürtels, zwischen der äußeren und inneren Jungendmoräne besonders hervor. Die Buche, dann aber auch Ulme, Ahorn und Esche bevorzugen die Hänge der höheren Berglagen wie am Gehren und Höchsten, die Endmoränen und alles bewegte Gelände, fast immer mit der Tanne vermengt. Die Eiche — manchmal auch Ulme, Linde, Maßholder, Hainbuche, Birke und Weichhölzer — sind in den Fichtenbeständen regelmäßig vertreten. Manchmal erscheint, zwischen den Wäldern des Bergwaldtyps unvermittelt der Typus des „Hart", des ehemaligen Weidewaldes, ein Eichen-Laubholz-Mischwald in Streulage, stets nahe den Ortschaften. Ein solcher „Hart" hebt sich sogar in seiner heutigen Struktur oft noch deutlich vom angrenzenden ehemaligen Buchen-Tannen-Wald ab, obwohl nunmehr beide Waldtypen vom Fichten- Wirtschaftswald zugedeckt sind.

Der Altdorfer Wald

Der hochgestreckte Altdorfer Wald, ein Komplex von 9000 Hektar, mit seinem Endmoränenzug von der Schussen bis zur Waldburg (Höhen bis zu 750 m), dann die ihn nördlich, westlich und östlich umrahmende Moor- und Seenzone, und schließlich das von ihm südwärts eingerahmte Schussenbecken, stellen drei Landschaften dar, die sich nach Gestalt, nach örtlichem Klima, teilweise auch nach geologischen Grundlagen sowie nach charakteristischen Pflanzen deutlich unterscheiden. Wer vom Süden, vom See her das helle, belebte Schussental aufwärts wandert, fühlt den Unterschied im Augenblick, wenn er den Querriegel erstiegen, und der dunkle Wald ihn aufgenommen hat. Wer aber von Norden aus dem Altdorfer Wald heraustretend plötzlich das reiche Schussenbecken, die Bodenseeniederung und den Hintergrund des Gebirges vor sich sieht, muß den Wechsel der Landschaft noch tiefer empfinden. Das Gleiche, und doch wieder anders, großartiger in seiner Art, bietet der Plateaurand von Heiligenberg.

Der Altdorfer Wald auf der inneren Jungendmoräne dacht vom Norden und Osten in seinem ganzen Zug südwärts in das Becken ab. Seine Erhöhungen sind weitgestreckt, lebhaft, von Kuppen und Kämmen überhöht, im Westteil von der Schussen, in der Mitte von der Wolfegger Ach durchschnitten. Kleine Seen und zu Teichen ausgebaute Wassermulden finden sich auf dem breiten flachen Rücken. Einst hat der Altdorfer Wald mit der umgebenden großen Seen- und Moorsenke eine riesige Wildnis gebildet. Das eigentliche Waldgebiet wurde weder von der Urbevölkerung noch von den Römern stärker beeinflußt. Wohl zog eine römische Heeresstraße vom Bodensee durch den Wald gegen die Donau. Die vom Westen und Nordwesten her um das 3. Jahrhundert beginnende alemannische Landnahme und Erstbesiedlung berührte weder das Schussengebiet noch den Altdorfer Wald. Ravensburg und Altdorf (dieser alte Ort ist in der Neuzeit mit Weingarten verschmolzen worden) werden im 11. Jahrhundert genannt, aber Waldsee bereits im 9. Jahrhundert. Die Hauptzeit der Rodungsorte um den Wald fällt in das 12. und 13. Jahrhundert; aber die Rodungen gehen zum Teil bis in das 15. Jahrhundert hinein. Der Beginn der Erschließung des Urwaldes kann somit in das 8. Jahrhundert, das eigentliche

Ende des Urwaldes mit dem 11. Jahrhundert angenommen werden. Die Erbauung der Burgen Ravensburg, Waldburg, Alttann (1179 Tanna) und Wolfegg und damit der Ausbau der lehensobrigkeitlichen Gewalten fällt in das 12. Jahrhundert.

Geschichtsdaten des Altdorfer Waldes [27])

Der Altdorfer Wald ist königlicher Wald, als Lehen an die Welfen vergabt, nach ihrem Erlöschen von den Hohenstaufen in Besitz genommen, von Kaiser Rudolf I. wieder zum Reichsgut gezogen. Von nun ab verleihen die Kaiser die Rechte am Altdorfer Wald, der vom Landvogt in Schwaben verwaltet wird. Seit 1486 ist die Landvogtei Schwaben Habsburger Besitz, zu Vorderösterreich mit dem Hauptorte Freiburg im Breisgau gehörig. Die Landvogtei Schwaben übt durch den Landvogt, dem der Forstmeister zu Altdorf unterstellt ist, die oberste Forstgerechtigkeit aus. Das Forstmeisteramt im Altdorfer Wald selbst, dem das Waldgericht untersteht, ist durch Jahrhunderte zwischen der Landvogtei, der Stadt Ravensburg und den Truchsessen von Waldburg aufgeteilt. Die Forstordnungen von Vorderösterreich gelten auch für den Altdorfer Wald.

Das Schicksal des Waldes ist aus nachfolgenden Ereignissen ersichtlich:

Nutzungsrechte am Altdorfer Wald stehen zu: dem Kloster Weingarten, Beholzungsrechte „in sylva Altdorfensi" 1090 (gefälschte Urkunde), bestätigt 1155; „Novalia in sylva Altdorfensi", 1143 (Neubruchzehnten). — Das Kloster Weißenau besitzt das Flößereirecht auf der Ach und Schussen seit 1264, für Bauholz ausdrücklich bestätigt 1492, und Holznutzungsrechte. Dem kleinen Kloster Baindt stehen Holznutzungsrechte seit 1309 zu.

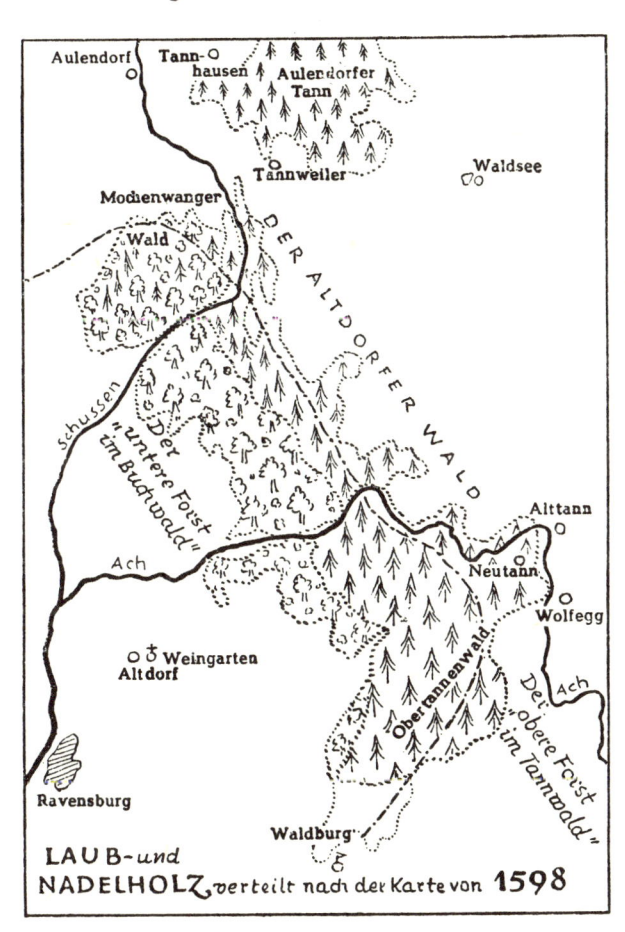

Der Altdorfer Wald im 16. Jahrhundert

Die Stadt Ravensburg erhält 1366 das kaiserliche Privileg, mit Wagen oder Karren in den Wald zu fahren; zu Brennholz dürfen nur starke Buchen gehauen werden. Im Jahre 1367 wird eine Ordnung im Walde, „Des Waldes Recht", beurkundet sowie das Lehen des Forstmeisteramtes im Obertannenwald, „Ungehäu" zu verhindern. Die Stadt Ravensburg wird 1368 Inhaber dieses Forstmeisteramtes. Bereits 1392 erheben sich viele Streitigkeiten über willkürliche Nutzungen, die durch ein Urteil der Seestädte „über des Waldes Recht" beigelegt werden. Das Waldgericht wird vom Kaiser 1478 neu genehmigt. Es folgen wiederholte gemeinsame Ordnungen der Stadt, der Truchsessen von Waldburg und des Landvogtes [28]). Im Jahre 1531 muß ein neuer Vergleich geschlossen werden: weiteres Reuten wird verboten, die Untertanen werden auf die Nutzung von Erlen und Hainbuchen verwiesen, die Nutzung anderer Bäume ist von einer eigenen Genehmigung abhängig. Der Vergleich von 1592 stellt ausgedehnte Waldverwüstungen fest. Das Buchenholz ist im Abgang. Zu seiner Erhaltung und Vermehrung werden bestimmte „Einschläge" gebannt. Nicht mehr Buchen-, sondern Tannholz ist anzuweisen. Die Fällung von Buchen wird vorläufig überhaupt verboten, da kein Nachwuchs vorhanden ist. Auch Eichen und Ahorn sollen geschont werden. Der Landvogt hatte 1598 eine Karte zur Festlegung der Besitz- und Nutzungsrechte anfertigen lassen [29]). Holzberechtigte sind nach der Legende der Karte: der Landvogt und seine Untertanen, die Gotteshäuser Weingarten, Weißenau, Baindt, die Truchsessen von Waldburg, die Stadt Ravensburg und ihr Spital, die Stadt Waldsee und die Gemeinde Altdorf, 300 „Belehnte" (altberechtigte Höfe aus der eigentlichen Siedlungs- und Rodungszeit), sowie 250 „Dinger" (Bauern, denen für bestimmte Dienste die Holznutzung gestattet ist). Das jährliche Brennholz allein wurde auf 30 000 Fuder, etwa 100 000 rm geschätzt; das Bauholz, das Holz zum Verkohlen und Kalkbrennen wurde überhaupt nicht berechnet. Außerdem wurde der Wald fast das ganze Jahr hindurch von Rindvieh und von Pferden beweidet: zur „Äckerich" oder „Keszeit" wurden die Schweine eingetrieben.

„Der Tann- und der Buchwald"

In den Waldburgschen Urbarien von 1533 und 1540 [30]) werden zuerst „Die Hölzer gen Waldburg gehörig" aufgezählt, in einem Extrakt die Forste, an denen die Truchsessen Anteil haben: der „Oberforst im Tannwald" und der „Untere Forst im Buchwald, geht bis an die Schussen". Der Name „Der Tannwald" ist schon durch den „Tann" für das 11. Jahrhundert bezeugt, als die Burg Alttann erbaut wurde. Der Oberforst im Tannwald, allmählich Obertannenwald genannt, stockt auf den höchsten Erhebungen, auf dem Endmoränenzug, und schließt sich nach Nordosten und Osten an die Seen- und Moorzone mit ihren Moor- und Moorrandwäldern an, in denen seit jeher die Fichte vorherrschte, wenn auch in unmittelbarer Nachbarschaft trockenerer Standorte der Tanne. Diese Nadelwaldzone grenzte somit unmittelbar an eine Nadelwaldzone im Altdorfer Wald. Die Abdachung, an die die feuchten Südwestwinde streichen, mit Höhen von 550 bis 650 m, wurde vom „Forst im Buchwald" eingenommen. Die Karte von 1598 zeigt, wenn auch schematisch, die Verteilung der Holzarten. Der „Oberforst", jetzt Obertannenwald genannt, also der Hauptteil des Waldes bis zum Tal der Ach, ist als Nadelholz signiert, mit Ausnahme der Randhölzer gegen das Schussental. Zwischen der Ach und der Schussen ist jedoch nur der Nordoststreifen auf der Endmoräne als schmaler Saum von Nadelholz eingezeichnet, dagegen der Hauptteil nach Süden zu als Laubwald. Der Röschen- oder Mochenwanger Wald westlich der Schussen, dessen äußerste Vorhölzer dem Spital Ravensburg (s. S. 33) gehören, ist als Laubwald, aber mit ausgedehnten Horsten und Schachen von Nadelholz dargestellt. Nach der Art der Karte ist diese Verteilung von Laub- und Nadelholz kartographisch genau. Der Charakter des Altdorfer Waldes war zwar der Mischwald, der Buchen-Tannen-Wald. Auf den Höhen war von Natur aus der Anteil der Tanne und vermutlich auch der Fichte vorherrschend, es war ein „Tann"; in den südlichen, abfallenden und wärmeren Lagen überwog die Buche mit anderen Laubhölzern, auch mit Tanne vermischt, es war ein „Buch". Eibe und Ahorn waren früher zahlreich vorhanden, die Eibe östlich auch in der weiteren Umgebung des Altdorfer Waldes; viele Flurnamen mit „Eib" erinnern daran.

Aus der geschichtlichen Übersicht haben wir gesehen, daß schon im Mittelalter eine Übernutzung stattfand, die in der Hauptsache, das wichtigste Brenn- und Kohlmaterial, die Buche betroffen hat. Daher immer wieder die Bestimmungen der Waldordnungen, „wie große Buchen ein jeder hauen" dürfe. Im 16. Jahrhundert versuchte man wieder den Abgang der Buche aufzuhalten; sie wurde „mit der Axt" gebannt, d. h., ihr Hieb war verboten; die „Einschläge" selbst wurden „mit der Tratt" gebannt, d. h., Buchengehäue müssen 6 Jahre, die anderen 3 Jahre vom Viehtrieb verschont werden [28]).

Der Vergleich von 1531 [28]) gibt den Schlüssel zur Rekonstruktion des Waldbildes im 16. Jahrhundert. Den Belehnten und Dingern, vielleicht auch allgemein den Städtern, wurde die jedenfalls uralte Übung neuerlich verbrieft, daß sie Erlen, Hagebuchen und „Rauhbuchen" ohne weiters hauen dürfen, doch des kleinen und unerwachsenen Holzes schonen sollen. Es war im 16. Jahrhundert durch die Überbeanspruchung an Brennholz, Zaun-, Werk- und Kohlholz zu immer kürzeren „Umtrieben" im L a u b w a l d gekommen, wodurch eine Art Niederwald entstanden war, ein Ausschlag von Buchen, Hainbuchen, Erlen, Ahornen usw. Über diesem verwilderten Unterholz waren Samen- und Schutzbäume, überalterte Buchen und Eichen, Tannen und Fichten übergehalten. Aber auch im N a d e l w a l d waren durch ungeregelte Plenter- und Femelhiebe, durch kleine und größere Schläge, durch Waldfelder und Holzwiesen willkürliche Durchbrechungen des Schlusses und der Waldfläche entstanden.

Im ganzen Wald rauchten unablässig die großen Kohlenmeiler der Klöster, Herrschaften und Städte, und die kleinen der Bauern. Im Vergleich von 1592 [28]) wird gesagt: „Nachdem der Augenschein zu erkennen, daß das Buchinholz in dem gemeinen Wald in Abgang kommen, daß beinahe kein Fasel oder Sam, geschweige Holz mehr vorhanden, wird vereinbart, daß sowohl Herrschaft als Untertanen mit Abhauung des Buchinholzes gänzlich und allerdings stillstehen und sich allein des Theninholzes benützen lassen, doch auch nur auf Anweisung". Dieser erschütternde Zustand ist nach der Aufschließung des Waldes schon innerhalb drei bis vier Jahrhunderten eingetreten.

Die Erwähnung von „Einschlägen" im 16. Jahrhundert deutet darauf hin, daß in dieser Zeit die schlagweise Nutzung jedenfalls in der Nähe der Ach und der Schussen immer mehr überhand nahm; die Femelung und Plenterung wurde auf verkehrsungünstigere Teile verwiesen. Frühzeitiger als anderswärts wird im Altdorfer Wald, ähnlich wie in der Adelegg und an den Wäldern der Iller, der Grund zur Entstehung großer, gleichförmiger und ziemlich gleichaltriger Fichten-Tannen-Bestände gelegt worden sein. Die Buche hielt sich aber an den Steilhängen an der Ach und der Schussen; auch in den Vorhölzern überwog das Laubholz, schon deswegen, weil wegen der guten Abfuhrmöglichkeiten des Nadelbauholz dort ständig ausgezogen wurde. Über die Entwicklung des Altdorfer Waldes in den letzten Jahrhunderten wird später noch die Rede sein (s. S. 57).

WÄLDER IM MOOR- UND SEENGÜRTEL ZWISCHEN DER ÄUSSEREN UND INNEREN JUNGENDMORÄNE

Von der Adelegg bis zu den Ausläufern des Höchsten gegen Pfrungen-Pfullendorf zu, zieht sich zwischen der äußeren und inneren Jungendmoräne, den Altdorfer Wald umsäumend, ein von kleinen Seen und Mooren erfülltes Hügelland der Grundmoräne hin, in der sich die Wasser zwischen Donau und Rhein, oft nur zögernd, scheiden. Dieser Gürtel legt sich als breites Band kranzförmig, als Abschluß wie als Übergang, an die Altmoräne an. So entsteht zwischen der äußeren und inneren Endmoräne eine Senke; sie ist von größerer Luftfeuchtigkeit erfüllt als das höhere Gelände, und neigt zur örtlichen Bildung von Kälteseen. Ein Hauptstück der Senke bildet das Gebiet des „Aulendorfer Tanns" und der ihn umgebenden Wälder zwischen Aulendorf, Schussenried, Waldsee und dem Nordstück des Altdorfer Waldes.

Der Aulendorfer Tann

Die Masse dieses Waldgebietes wurde bei der alemannischen Landnahme lange als dunkler „Tann" gemieden. Erst im 12. und 13. Jahrhundert, als die besten Böden längst vergeben waren, wurden die Rodungen auch in die Sumpf- und Tannlandschaft hineingetrieben; so entstanden am „Tann" die Orte Tannhausen und Tannweiler, in denen die „Leute am Tann" wohnten, die den „Tannzins" entrichteten. Nicht weit entfernt steht im Süden der mächtige Block des Altdorfer Waldes mit den Burgen Alt- und Neutann; um den Wald herum eine ganze Anzahl von kleinen Weilern und Einzelhöfen mit Tann-

Namen. Nur an dieser Moorwaldzone und an ihrer unmittelbaren Nachbarschaft haftet eine solche Anhäufung von Orts- und Waldnamen auf „Tann".

Nach dem Urbarium der Herrschaft Aulendorf von 1593 [31]) sind die Wälder, soweit sie im Becken auf Grundmoräne und Niederterrassen, sowie auf Moorboden liegen, von „Tänninholz" bestockt. Das trifft „auf den ganzen großen Wald und schöne Holz, das Tann genannt" zu, sowie auf andere kleine Waldstücke in der Senke. Dagegen sind die Waldungen auf der Endmoräne teils aus „Tännin und Buech", teils nur aus Buche bestanden, so westlich oberhalb Aulendorf und Ottersschwang. Sowohl in der Senke, in einigen Teilen des Aulendorfer Tann, als auch auf den Höhen im Buch- und Kapellenholz, hat sich bis heute ein Anteil von Tanne in einzelnen alten Samenbäumen, aber auch in Gruppen, erhalten.

Bodenverhältnisse [32])

Zwischen den beiden Jungendmoränen finden sich nebeneinander die verschiedensten Ablagerungen aus der letzten Eiszeit. Dieser Vielfalt entsprechen verschiedenste Böden in Abstufungen und Übergängen, hiemit auch eine Vielfalt von Waldtypen. Der Rodung verfielen zuerst alle trockenen, ebenen und auch noch die leicht geneigten Böden der Grundmoränen. Erst dann wurden auch die durch ihre ebene Lage ausgezeichneten Terrassenschotter zum Ackerbau herangezogen, soweit nicht durch grundherrliche Bannung der Wald auf ihnen geschützt war. Dem Wald verblieb im allgemeinen das besonders steinige und unebene Terrain in der Grundmoräne, nasse und anmoorige Böden, die Höhenrücken und die steilen Hänge der Endmoränen.

Für das Verständnis der Waldentwicklung empfiehlt sich eine knappe Übersicht über die wichtigsten Bodenverhältnisse in der Jungmoränenlandschaft:

B e c k e n. Blaue Geschiebemergel der frischen Grundmoräne, sandig-steinige bis tonige Mergel, bilden unverwitterte, wasserundurchlässige, wenig tiefgründige Böden, die bei Trockenheit zur Verhärtung neigen. Der Geschiebelehm, verwitterte Grundmoräne, als sandig-steiniger Lehm über Geschiebemergel, ergibt zwar oberflächlich entkalkten, aber mineralreichen, wasserdurchlässigen steinig-sandigen Lehmboden, höchstens bis zu einem Meter verwittert, sowohl auf der Ebene als auch auf Kuppen. — Die Schotterterrassen in den Becken, gleichmäßig eben, bilden nährstoffreiche Böden wie die Grundmoräne, manchmal tiefer, oft nur seicht verwittert. Oberste Schicht verlehmt, noch immer günstiger Wasserhaushalt. Lockere, tiefgründige, gleichmäßig steinig-sandige Böden.

U m r a n d u n g d e s B e c k e n s. Die Hauptendmoränen und steilen Kuppen bestehen aus Kies, groben Brocken und Blöcken, geben zwar magere, aber gut durchlüftete Böden, wasserdurchlässiger als die Grundmoräne; die großen ebenen Flächen der Kämme sind stärker verlehmt. Bei Hanglage ist die Verwitterungsschicht meist abgeschwemmt. Die Art der Bodenbildung ist von der Geländeform abhängig.

M o o r b ö d e n. Die Wiesen- oder Flachmoore geben Humusböden, wechselnd nährstoffreich, mit geringem Anteil an Mineralerde. Im lebenden Hochmoor ersetzt ein Gebilde von Sphagnumtorf und Wasser den Boden. Das durch Austrocknung der obersten Torfschicht und Verheidung abgestorbene Hochmoor läßt Boden durch neue Rohhumusbildung entstehen. —

Seit der Tundrazeit herrschte die Bergforche in den Hochmooren. Um diese herum bildeten Fichte, Bergforche, Waldforche, Birke und Erle im Verein mit bestimmten Sträuchern und niederen Pflanzen Gürtel und Streifen von Randwäldern und durchzogen, so oft im losen Zusammenhang mit Randwäldern anderer Moore, die große Senke. Der Moorwald entsteht am Hochmoorrand, wo durch Zuführung von nährstoffhaltigem Regenwasser, das sich in der Umgebung angereichert hat, oder durch Zuströmen von Quellbächen die Sphagneen zurückgedrängt werden. Noch günstigere Entwicklungsmöglichkeiten findet der Randwald auf den das Hochmoor umgebenden Wiesen- oder Flachmooren; dort tritt aber die Bergforche allmählich zurück, die Fichte mit der Birke und Erle strebt die Herrschaft an. Das Wesen des eigentlichen Moorwaldes besteht in der mehr oder minder scharfen Auslese von Pflanzen, die durch den Grad der Versäuerung des Bodens bedingt ist; diese Auslese unterbindet den Wettbewerb anspruchsvoller Pflanzen.

Das Brunnenholzried [33]

Im Brunnenholzried, dem Aulendorfer Tann benachbart, kämpfen, wie in manchen an und in Mooren gelegenen Wäldern dieser Gegend, Wald und Hochmoor miteinander. Besonders der Brunnenwald zeigt alle Beziehungen des Moores zum Moorwald, zum Fichtenwald, sowie zu einem Fichten-Reinbestand des Wirtschaftswaldes in den verschiedenen Stadien:

a) Das Hochmoor: ein lichter Bergforchenwald deckt das Hochmoor zu. Über seinen höchsten, den nährstoffärmsten Teilen, bleiben die Forchen niedrig und schwächlich, nach außen zu gewinnen sie an Höhe und Durchmesser; am Rande erreichen sie Höhen von 10—12 m. Die Baumform der Bergforche wird Spirke genannt.

b) Das Fichtenmoor: Fichten bilden mit Bergforchen und Moorbirken den Hauptbestand des Fichten-Moorrandwaldes. Alle Altersstufen, mit vielen, bereits abgestorbenen Stämmen, sind vorhanden. Die Moospolster von Sphagneen, Polytrichum, Dicranum und anderen Moosen sind 50 bis 80 cm hoch. Neben den Baumleichen überall reichliche Naturverjüngung. Hier ist der Wald im Übergang zum Hochmoor begriffen. Die Bergforche erreicht die größten Ausmaße bis zu 20 m Höhe und 40 cm Stammdurchmesser. Die Waldforche stockt nur noch am Rande des Fichtenmoores, auch die Moorbirke ist im Absterben.

c) Erlenbruch: in tiefer gelegenen Rändern geht das Fichtenmoor in einen fast ganz aus Schwarzerlen bestehenden Bruch über. Das Wasser ist in stetiger, wenn auch langsamer Bewegung; die Sphagneen werden von den Nährsalzen einmündender Quellen zurückgedrängt.

d) Ein Fichten-Wirtschaftswald: das Fichtenmoor ist von einem größtenteils künstlich begründeten Fichtenbestand umgeben. Hier befindet sich der Kampf erst im Anfangsstadium.

e) Mischwald: aus dem Hochmoor ragen Moräneninseln hervor, die eine heißt der Forchenbühl. Sie tragen heute Hochwald aus Fichten und Forchen mit eingemischten Eichen und Buchen. Diese Laubhölzer entsenden ihre Sämlinge immer wieder in den Moorwald.

Der Entwicklungsgang der Pflanzengesellschaften im Moor ist: Verlandung des Sees, Vertorfung, Wiesenmoor, Wald auf Wiesenmoor, Eindringen von Hochmoorpflanzen, allmähliche Vernichtung des Waldes, Hochmoor; bei Absinken des Grundwassers kann ein Absterben des Hochmoores und Verheidung eintreten; aus dem Heidewald kann der der Region entsprechende Waldtyp entstehen. Bertsch hat aus verschiedenen Untersuchungen von Waldmooren den Schluß gezogen, daß Vermoorungen von Wäldern auch ohne Klimaänderungen vor sich gehen können.

Waldungen des Klosters Schussenried

Die Waldungen des ehemaligen Klosters Schussenried verteilen sich auf die Senke und auf die Endmoränen. Deren Bestockungsart ist in den Taxationen von 1796, 1804 und 1836 festgehalten [34]. Aus diesen Waldbeschreibungen ergeben sich als Vorläufer des Wirtschaftswaldes folgende geomorphologisch bedingte Bestandestypen:

a) auf moorigen Gründen reine Fichte; in Waldmooren Fichte und Bergforche.

b) Auf Grundmoräne und Niederterrasse meist Fichten, aber noch 1836 sind alte Tannen eingemischt, da und dort auch Buchen und Eichen.

c) Auf kleinen Endmoränenstücken in der Senke Fichten, etwas Tannen (1836), Buchen und Eichen.

d) Auf den weiten Endmoränenzügen um die Senke herum Mischwald, in der Hauptsache von Fichte mit Buchen und Eichen, meist alte Tannen eingemischt (1836); manche Höhen, besonders steilere Kuppen, nur mit Buche bestockt.

Ostzug der äußeren und inneren Jungendmoräne (Wolfegg, Waldburg)

Im östlichen Zug der äußeren Jungendmoräne, Linie Winterstettenstadt–Wolfegg, herrschen ähnliche Waldverhältnisse, besonders in den Revieren „Tann" der Herrschaft Wolfegg [30]. Dort wechseln um den Beginn des 19. Jahrhunderts Fichten-, Buchen- und solche Mischbestände miteinander ab. Die Schellenberger Halde des Hopfenweiler Reviers ist 1799 mit Fichten im Norden, mit Weißtannen und Fichten im Süden bestockt. Die äußeren Endmoränen des Ostzuges bilden scharfe Kämme von etwa einem halben km Breite, aber etwa 10 km Länge; sie erreichen Höhen von über 700 m, liegen 60—70 m über dem Tal, sind von Tobeln gefurcht. Es sind typische Standorte des Buchen-Tannen-Waldes, heute Buchen- und Buchen-Fichten-Bestände. Örtlich hat schon frühe das Nadelholz vorgeherrscht; dies bezeugt der 1425 genannte „Tannenbühl" bei Waldsee. — Die Wolfeggschen Reviere „Wassers" und „Waldburg" auf der inneren Jungendmoräne bis zur Waldburg weisen nach der Taxation von 1807 [30]) in der Hauptsache Fichtenbestände auf. Die Weißtanne wird selten erwähnt.

Um Kißlegg

Solche und ähnliche Verhältnisse zeigen sich auch in der Grundmoränenlandschaft um Kißlegg. Auf Kiesbuckeln der Grundmoräne, auf den Köpfen der kleinen Rückzugsmoränen Buche und Tanne, und wenn es nur eine geringe Erhöhung unmittelbar am Moorrand ist; an den Mooren aber die typischen Moorrandwälder.

Beispiele bietet der Güterbeschrieb des Burggutes zu Kißlegg, 1681: im Pfaffenholz, Schellenberg und Hyleholz werden Rot- und Weißtannen als Markungsbäume genannt [35]). Diese Hölzer liegen hart an den Mooren um 650 m. Als Beispiel von Waldnamen sei der „Buchwald" bei Gebrazhofen, „der Tann" bei Tautenhofen und Bettelhofen neben dem Blindeleesee angeführt.

Im 18. Jahrhundert war in dieser Gegend das meiste Laubholz verschwunden. Die Beschreibung der Herrschaft Kißlegg von 1791 [35]) sagt: „Eichen-, Buchen- und Birkenholz ist selten anzutreffen, das meiste besteht aus Tannen (Tanne und Fichte), dann hin und wieder aus Erlen und Fohren. Die Tannen haben, außer in Mösern und sumpfigen Gegenden, einen besonders schönen geraden Wuchs."

In der Nachbarschaft der Moorwälder

Oft wechselt der Moorwald, wenn ein fließendes Gewässer durchzieht, mit einem Auwald ab. Dann wird auch die Eiche in der Nachbarschaft erscheinen; sie wird auf leichtmoorigen Böden sogar sich auszubreiten suchen. So entwickeln sich nebeneinander die verschiedensten Waldgesellschaften. Der vorgeschichtliche Eichenmischwald hat sich, auch in geschichtlicher Zeit, auf manchen Standorten trotz aller Konkurrenz hartnäckig erhalten. Aus den Moorrandwäldern drang aber die Fichte in den Eichenmischwald ein und breitete sich in ihm immer mehr aus, je lichter er zu werden begann. Der Eichenmischwald war auf den Höhen durch die Buche unterdrückt worden, denn durch ihre frühzeitigere Belaubung, ihre Schattenfestigkeit und ihr Wachstum war sie der Eiche überlegen. Zugleich mit der Buche war die Tanne zurückgekehrt. Den Moorwald mied sie; aber frische Böden, einige Meter über dem Moor, und um die Moore herum nahm sie in Besitz, mit Ausnahme der eigentlichen Frostzonen. Nun verbreitete sich der montane Bergwald aus Buchen und Tannen über die ganze Jungmoränenlandschaft, wohl in verschiedenen Variationen. Die Hänge, die stets erneuerten Böden, nahe über unverwittertem Kies, behielt die Buche für sich.

DER FICHTENVORSTOSS

Die Areale unserer Baumarten wurden durch „Wanderung" und „Ausbreitung" in der Spät- und Nacheiszeit geschaffen.

Wanderung bedeutet das stete Fortschreiten, pfeilartig oder auf breiter Linie, in einer oder mehreren Richtungen, bis es einmal an den durch Klima oder andere Gründe diktierten Grenzen der Wander- und Lebensmöglichkeit endet. **Ausbreitung im eigentlichen Sinn** ist die Verstärkung der Dichte innerhalb des erwanderten Raumes.

Das Wanderungsvermögen der Baumarten ist sehr verschieden, es hängt in erster Linie von den physiologischen Eigenschaften ab. Das natürliche Wanderungsvermögen wird aber außerordentlich vom Klima, von Windrichtungen, vom Gelände, vom Wasser, von Tieren aller Art und vom Menschen günstig oder hemmend beeinflußt. Einem stetigen normalen Gange der Wanderung stehen die durch äußere Ursachen bedingten unregelmäßigen „Wandersprünge" gegenüber.

Die Ausbreitung im Sinne der Verdichtung unterliegt im allgemeinen den gleichen natürlichen inneren und äußeren Ursachen. Mehr noch als bei der Wanderung wirkt sich bei der Verbreitung der Einfluß des Menschen aus. Dieser besteht in erster Linie in der unbewußten Auflockerung und Hinwegräumung der die Wanderung und Verbreitung hemmenden Verhältnisse, wodurch unvollkommene Wanderung zur vollkommenen werden kann; erst in zweiter Linie in einer bewußten Förderung des natürlichen Wanderns und der natürlichen Verbreitung; in dritter Linie in einer künstlichen Verbreitung, dem Anbau, aus dem sich wieder natürliche Verbreitung ableiten kann.

Durch die Wandersprünge entstehen vorerst kleine vorgeschobene Stützpunkte, aus denen bei günstigen Gelegenheiten die Auffüllung des von der Baumart noch unbewohnten, übersprungenen Raumes allmählich erfolgt. Durch Wandersprünge können aber auch isolierte Inseln entstehen und bleiben.

Zwischen der ersten Einwanderung einer Baumart in eine Landschaft und zwischen einer stärkeren Ausbreitung liegen fast immer außerordentlich lange Zeiträume. Man rechnet mit Zeiträumen von 20—100 Generationen. Wanderung und Ausbreitung der Waldbäume sind nach den Ergebnissen der pollenanalytischen Forschungen wohl zum Großteil von spät- und nacheiszeitlichen allmählichen Klimaveränderungen bedingt, die nicht notwendig extreme gewesen sein müssen (Firbas, 49).

Eine Pflanzengesellschaft bildet sich unter der Auslese durch den Einfluß der natürlichen Faktoren des Standortes, durch Ein- oder Zuwanderung und durch den Wettbewerb der Pflanzen untereinander. Der Wettbewerb kann so stark sein, daß manche einheimische Pflanzen des Areales trotz ihrer Wuchskraft und Eignung des Standortes in einer bestimmten Gesellschaft keinen Eingang finden oder sich auf die Dauer nicht behaupten. Wandelt sich aus irgendwelchen Gründen der eine oder andere Standortsfaktor, kann eine bisher ausgeschlossene oder unterdrückte Pflanze größeren Anteil an der Gesellschaft gewinnen. Hiermit bahnt sich auch eine Veränderung der Gesellschaft selbst und ihres Standortes an.

Unter **Fichtenvorstoß verstehen wir eine aus irgendwelchen Gründen ausgelöste akute stoßweise natürliche Wanderung.** Dies wird meist ein in verhältnismäßig kurzem Zeitraum merkbarer Vorgang sein. Die innerhalb des Wanderraumes aus irgendeinem Stützpunkt ausgehende stärkere Verbreitung kann sich im Raum zwar auch stoßweise auswirken, ist aber nicht **Vorstoß**, sondern akute **Ausbreitung**. Auch diese wird innerhalb eines kürzeren Zeitraumes auffallend merkbar sein. Die natürliche Gesetzmäßigkeit wird aber durch die Willkür des Menschen beeinflußt und verändert.

Fichtenwaldbauvorstoß ist die vom Menschen bewußt begünstigte, somit vorgetriebene stoßweise natürliche Wanderung. Fichtenwaldbauvorstoß ist nur als primitive waldbauliche Maßnahme, — z. B. Überhalten der Fichte im Oberholz und dadurch Erzielung stärkerer Ansamung, — zu verstehen. Dem Fichtenwaldbauvorstoß an der Grenze entspricht innerhalb des Wanderraumes auch eine solche begünstigte natürliche Ausbreitung. In manchen Gegenden des Alpenvorlandes haben sich auch **Forchenvorstöße** und **Forchenwaldbauvorstöße** ausgewirkt.

Die verhältnismäßig dichte Besiedlung seit dem späten Mittelalter mußte schon nach einigen Jahrhunderten zu einer starken Abnutzung der Wälder führen. So gewann die Fichte nicht nur in der Senke, wo sie ohnehin örtlich Übergewicht hatte, sondern auch auf den Höhen Raum und mischte sich immer stärker in den Bergwald ein.

Aus dem vom Moorwald besetzten Gürtel zwischen den Jungendmoränen hat die Fichte mit aller Kraft ihre Vorstöße sowohl im Jungmoränengebiet selbst, nach Süden und Westen, als auch nach Norden und Osten auf die Altmoräne ausgedehnt und ihre Einmischung durch dauernde Ausbreitung verstärkt. Das Federseeried und das Wurzacher Ried, die beiden großen Hochmoore in der Altmoräne, ehemalige, von der äußeren Jungendmoräne aufgestaute Seen, spielten mit einer großen Zahl kleiner Moore wiederum die gleiche Rolle als Reservoire der Fichtenvorstöße für ihre nördliche und nordwestliche Umgebung.

Nach allem ist nun auch die frühe Ausbreitung der Fichte auf der östlichen und nördlichen Seite des Altdorfer Waldes, also auf den kälteren Höhen und Hängen und in der Nähe der Moorrandwälder, ohne weiteres erklärbar (s. S. 40).

Ein Piceetum, ein echter Fichtenwald im Sinn der Pflanzensoziologie, ist im Oberland primär nur im Fichten-Moorrandwald vorhanden. Alle anderen Fichtenwälder sind aus Mischwäldern durch den Einfluß des Menschen sekundär entstanden.

DAS GRENZGEBIET DER ÖSTLICHEN ALTMORÄNE ZWISCHEN DER RISS UND DER AITRACH

Der Block der Altmoräne steht mit den vorgeschobenen Voralpen, besonders der Adelegg-Gruppe, durch die Täler der Iller, der Eschach, der Aitrach und durch eine ziemlich zusammenhängende Kette von Waldungen auf einer Entfernung von 20 km in unmittelbarer Verbindung; die Moorzone der Jungmoräne wird durch eine Moorzone auf der Altmoräne, durch das Wurzacher Ried und eine Reihe kleiner Moore, Wettensee, Füramoos u. a. abgelöst. Von der Adelegg her kam die Tanne in breiter Front, von den Mooren die Fichte in einzelnen Vorstößen. Der hohe Zug der Jungendmoräne vom Wolfegger Sporn her zu den Altmoränen um das Wurzacher Ried und zum „Hochgeländ" führte ebenfalls die Tanne aus dem Zentrum des reichen Tannenvorkommens heran.

Wurzacher Ried [36])

Das Wurzacher Ried ist das größte Hochmoor im Gebiet des Rheintalgletschers. Das ganze Moor stellt heute ein Frostloch innerhalb des kältesten Teiles Oberschwabens dar. Die Meereshöhe des Riedes beträgt 650 m, die umgebenden Höhen der Altmoräne erreichen durchschnittlich 750 m. Der größte Teil des Hochmoores wird vom Bergforchenwald eingenommen. Wo durch Randbäche mehr Nährstoffe herbeigeführt werden, herrscht die Form der hochstämmigen Spirken mit Heidel-, Moor- und Preiselbeeren. Dort treten die Sphagneen etwas zurück, Waldmoose überwiegen. Am Außenrand kann Strauchbirke, Weiß- und Moorbirke und die Fichte eindringen. Dem Hochmoorrandwald folgt auf Zwischen- und Wiesenmoor der Fichten-Moorrandwald; er entwickelt sich infolge gesteigerter Nährkraft der humosen Böden zum eigentlichen Fichtenwald, dem auch noch Bergforchen, Birken, Faulbaum, auf trockeneren, verheideten Böden Waldforchen beigemischt sind. Rings um das Wurzacher Ried liegen Streuwiesen, hauptsächlich Pfeifengrasbestände; überall stehen in ihnen die Vorposten der Fichte, vom Hochmoor aus bis hinauf an die Ränder der Wälder als Sinnbild und Wahrzeichen der ständigen Fichtenwanderung.

Das Diagramm des Wurzacher Riedes (Bertsch) [37]) gestattet keine sichere Einreihung des Buchengipfels in einen bestimmten Zeitabschnitt, weil eine Kulturschicht im Moor fehlt. Vermutlich reicht der Buchengipfel von 40 v. H. noch in die Zeit des Urwaldes, also vor 1200 n. Chr. Damals war die Fichte nur mit wenigen Hundertteilen beteiligt, meist unter 5 v. H. Unter Berücksichtigung des Umstandes, daß die Tanne im Blütenstaubregen verhältnismäßig weniger in Erscheinung tritt als ihrem tatsächlichen Vorkommen entspräche, ist sie jedenfalls stärker als die Fichte in den Wäldern auf den Höhen um das Moor eingemischt gewesen. Mit Beginn der Neuzeit, etwa im 15. und 16. Jahrhundert, geht der Anteil der Buche rasch zurück und sinkt schließlich auf 15 v. H., dagegen steigt die Fichte auf 20 v. H. an; nun ist die Tanne im Diagramm nur mehr mit 1 v. H. vertreten, was den allgemeinen waldgeschichtlichen Feststellungen nicht entspricht. Birke, Forche und Erle halten sich ungefähr die Waage mit je 10 v. H., die Hasel erreicht 20 v. H., der Eichenmischwald (Eiche, Bergulme und Linde) ist immer noch mit 6 v. H. vorhanden. Das Diagramm zeigt somit, daß der Buchenwald die Landschaft beherrschte, und daß die Fichte erst in der Neuzeit ihre Vorstöße aus den Moorrandwäldern begonnen hat.

Moorrandwälder und „Buch"

Moorrandwälder sind die 1745 genannten Lehenshölzer der Gemeinde Dietmanns „Im unteren Tanners" bei Iggenau und „Im oberen Tanners" bei Friedling [38]). Sie liegen nur wenige Meter höher als das Wurzacher Ried, in dessen klimatischen Einfluß sie stehen. 1807 werden diese Hölzer „Das Tannis" genannt; sie sind bestockt mit Fichte und einigen schönen Eichen. Ähnliche Moorwälder sind das „Langholz" und das „Stornenhölzle", 1807 als mittelmäßige Fichtenbestände, teils mit „Riedforchen" bewachsen, beschrieben. Dort im Nordwesteck des Riedes liegt der Weiler Tanneck, mit der abgegangenen Burg Tannenberg. Durch diese Ortsnamen werden diese Fichtenstandorte zurückdatiert. Im Südwesten des Rieds bei Ziegelbach stocken das „Tannholz" und andere kleine Waldungen, 1807 als „schlechte, struppige Fichtenhölzer", meist auf quelligen Böden, bezeichnet.

Die im Westen das Ried abschließende, um etwa hundert Meter höhere Altmoräne führt Waldnamen wie „Buchwald, Reisenbuch". Um 1807 sind es Buchen-Fichten-Mischwälder mit einem meist recht hohen Anteil der Tanne. Im Norden des Riedes häufen sich, nach den Markungsbeschreibungen des Forstes Schwarzach von 1540 [38]), die alten „Buch", wie „Der Buch" von Bellamont, der „Schönbuch", der „Adelsdorfer Buch". Als Markungsbäume werden 1596 Eichen, Buchen, „Tannen", Apfelbäume genannt. Im Beschrieb wird Rottanne unterschieden, daher dürften die Markungstannen Weißtannen gewesen sein, die man bevorzugte, weil sie ein höheres Alter erreichen und standfester sind.

Inmitten dieser „Buch" liegt das Füramoos (1173 Vurimoos) auf der flachen Grundmoräne. Der anstoßende Adelshofer Buch heißt 1796 „Der Buchwald" und ist „rein mit Weißtannen und Buchen auf vortrefflichem Boden" bewachsen. Der nahe Mangenwald wird jedoch als nasser, kalter Fichtenwald bezeichnet. Der nach Osten anstoßende Uttenwald ist heute noch im Südteil mit Weißtannen bestockt, sein Mittelstück enthält aber einen im Kampf mit Hochmoor stehenden Fichtenbestand. Der schwere zähe Blocklehm der Altmoräne neigt zur Vermoorung, wenn die allgemeinen Umstände ungünstig sind, wie ebene Lage, nasse Mulden, wiederholte Fichtenreinbestände usw. „Das Hochgeländ" zwischen der Riß und der Umlach, durch ein tiefes Tal vom Block getrennt, ist von Tobeln scharf eingeschnitten, so daß das Tertiär an den Hängen frei liegt. Nach Beschreibungen des 18. Jahrhunderts sind solche Hänge mit Buchen, Fichten und vielen Weißtannen bestockt, so z. B. der Lichtenberg (1836) [34]. Die Diagramme der kleinen Hochmoore „Wettensee" und „Wasenmoos" [3]) zeigen das einstige Überwiegen der Buche mit 40—60 v. H.; der Anteil der Weißtanne ist gering; die Fichte bringt es erst in der obersten Schicht auf 27 v. H. Die Waldmoore sind Primärtypen; so ist das Waldmoor „Das braune Moos" 1540 erwähnt, 1796 beschrieben als „nördlich kalter nasser Wald, mit einem weißen Moos und Heidelbeerstauden überzogen; der obere Teil hat größtenteils Floschen" (Hochmoor-Bulten) [38]).

Waldungen um Zeil [40]) [41])

Die Waldungen der Grafschaft Zeil im südöstlichen Teil der Altmoräne sind schon im 14. Jahrhundert infolge des blühenden Holzhandels auf der Iller und auf ihrem Zubringer, der Aitrach, stark ausgebeutet worden. An diesem Holzhandel waren auch die

Bauern auf eigene Rechnung beteiligt, besonders durch Verkohlung des Buchenholzes. Denn solange der Holzreichtum unerschöpflich schien, hatten die Bauern in den ausgedehnten Waldgebieten ziemlich freie Hand. Daher beklagt der Truchseß Johann von Zeil im Jahre 1393 „großen Schaden an Gehäue und viel Wüstung" vor dem kaiserlichen Landgericht auf der Leutkircher Heide und erreicht die Bannung der Wälder. Aber das willkürliche Reuten, Branden, das Anlegen von Bischlägen, dauert noch im 16. und 17. Jahrhundert und muß durch wiederholte Bischlagsordnungen geregelt werden. Im 16. Jahrhundert verkaufen die Truchsessen selbst gewaltige Mengen an Lang- und Säghölzern aus den Halden an der Aitrach; 1584 wird der Schweinbuch abgeholzt. In den Ratsprotokollen der Reichsstadt Ulm werden im 16. Jahrhundert zahlreiche Holzkaufsverhandlungen mit Zeil (und vielen anderen) angeführt [42]. Die benachbarte Herrschaft Altmannshofen steht unter der Forsthoheit von Zeil. In den Jahren 1543 und 1570 verkauft Altmannshofen an die Stadt Ulm viel Holz, darunter am „Buchhaldenrain" und im „Buch" jenseits des Haizerfeldes, lauter Säg- und Langholz. Dies geht durch viele Jahrzehnte so fort unter beständigen forsthoheitlichen Rügen seitens Zeil. Noch 1604 beschuldigt Zeil die Herrschaft Altmannshofen der „Holzdevastation". Im Beginn des 17. Jahrhunderts versucht die Stadt Ulm sich ihr Brenn- und Bauholz tief drinnen in den Tälern der Adelegg zu verschaffen, ein Beweis, daß die frachtgünstig gelegenen Wälder schon ausgeplündert waren.

Die Wälder der Grafschaft Zeil werden im 16. und 17. Jahrhundert meistens als „Hochhölzer" aufgeführt, auch die der Herrschaft Altmannshofen. Dieser Ausdruck bedeutet, so wie die „Hoch- und Schwarzwälder im Gebirge" (Bayrische- und Augsburgische Forstordnungen), den Nadelholz-Hochwaldbetrieb, also langen Umtrieb, Erzeugung von Bau- und Floßhölzern.

An den Hängen von Zeil bis Altmannshofen sind in früher Zeit Waldnamen auf „Buch" genannt; am tief eingeschnittenen Tobelbach, der nach Eschach zur Aitrach fließt, liegt der Hof Buch, im Buchental selbst der Ort Buch neben dem „Buchenwald" (T. K.). Die Buch-Namen ziehen sich weiter nördlich in das Gebiet der Deckenschotter hinein. Dieser einstige Mischwald war durch die ständigen ausgedehnten Schlägerungen in Illernähe allmählich durch die Fichte ersetzt worden. Die Zeiler Waldbeschreibung von 1800 gibt an, daß die Waldungen fast nur mehr aus Rottannen bestehen, Eichen wenige seien und Buchen kaum zur Deckung des nötigsten Bedarfes hinreichen. Für den Hauptbestand galten diese Angaben mit Sicherheit. Aber es haben sich noch viele vereinzelte Tannen bis heute erhalten, z. B. alte Weißtannen-Samenbäume auf den Höhen von Marstetten, im Graben am Kächelesberg, bei Treherz und anderwärts. Auch viele jüngere Tannen von 30—60 Jahren, da und dort verstreut, stammen noch aus natürlicher Verjüngung; es gäbe viel mehr, wenn nicht einstens viel Tannen-Jungwuchs vom Wild vernichtet worden wäre. Auch auf der Tafel des Blocks, so im Bannwald bei Ellwangen, stehen heute noch Tannen horstweise in einem gleichaltrigen Fichtenbestande von etwa 80 Jahren, Nachkommen einzelner Samenbäume, die anläßlich eines von Holzhändlern vorgenommenen Kahlabtriebes vor etwa hundert Jahren kontraktlich stehen gelassen werden mußten. Im Moorenschachen bei Wurzach, in einem Stiftungswald bei Hauerz, wird Tanne im Schutze eines Zaunes durch solche Überhälter verjüngt.

Der Leutkircher Stadtwald, zwischen der Aitrach und der Iller, ist nach den jeweiligen alljährlichen Bedürfnissen der Stadt und der Bürger länger traditionsgemäß plenternd genutzt worden; daher ist der Anteil der Tanne heute noch bemerkenswert hoch.

Zusammenfassung:

Überall im Gebiet der Jungmoräne ist die Tanne an der Bildung der Waldtypen im starken Maße beteiligt. Ähnlich wie die Ergebnisse der pollenanalytischen Untersuchungen, nach denen der Anteil der Tanne von den Voralpen nach Norden zu schwächer wird, haben auch die waldgeschichtlichen Untersuchungen das Absinken des Tannenanteils nach Norden zu nachgewiesen. **Es zeichnet sich somit eine die alpennahe Jungmoräne einnehmende innere Zone des Vorland-Bergwaldes von Buchen und Tannen und eine die alpenentfernte Landschaft umfassende äußere Zone deutlich ab.**

Die östliche Altmoräne zwischen der Riß und Aitrach liegt den Voralpen verhältnismäßig nahe. Vom tobelreichen „Hochgeländ" zwischen der Riß und Umlach zieht sich eine dichtere Kette von Tannenstandorten quer über die Tafel des Blockes hinüber zum hohen Zug der Rißendmoräne zwischen Rottum und Zeil, somit um das Quellgebiet der Rot, und sogar hinausgreifend auf die Deckenschotter von Tannheim. (Wir nehmen zwar hier Ergebnisse späterer Untersuchungen voraus.) Diese ziemlich dichten, mitunter unterbrochenen Standorte der Tanne, verbunden mit dem reichen Vorkommen montaner, darunter auch alpennaher Pflanzen, geben den Wäldern der mittleren östlichen Rißmoräne immer noch den Charakter des **Vorland-Bergwaldes von Buchen und Tannen,** wenn auch der **äußeren Zone** desselben (Bertsch *26*, Gradmann *65*, Hauff *149*).

Dagegen kann der Südrand des Blockes um Zeil bis Marstetten mit seinen gewaltigen Hängen und Kuppen und die bergige Leutkircher Altmoräne zwischen der Aitrach und der Iller wegen der engen Verbindung zur Adelegg noch dem **Bergwald der inneren Zone** zugewiesen werden [40c]).

ENTWICKLUNG DER WALDBAUTYPEN UND BETRIEBSFORMEN IM SÜDLICHEN GÜRTEL OBERSCHWABENS
(Allgäu und Randgebiete)

> *„Die Forstwirtschaft enthält aber keine Zaubermittel, und kann nichts gegen den Lauf der Natur tun. Der berühmte Verdey sagte: Der gute Arzt läßt die Menschen sterben, der schlechte bringt sie um. Mit gleichem Recht kann man sagen: der gute Forstwirt läßt die vollkommensten Wälder geringer werden, der schlechte verdirbt sie."*
> Heinrich Cotta, Anweisung zum Waldbau, Vorwort, Tharandt, den 21. Dezember 1816.

Waldgeschichtliche Typen

Durch die bisherige Untersuchung des Waldes ist so etwas Ähnliches wie eine Bestandesaufnahme mit einem Überblick über die natürliche Struktur der Wälder, über ihre Baumarten und deren verhältnismäßige Verteilung erfolgt. Da und dort ist bereits ein Teil des Entwicklungsganges dargestellt. Aus der ungeregelten primitiven Nutzung haben sich allmählich „Betriebsformen" entwickelt.

Zur Erleichterung einer klaren methodischen Darstellung müssen wir den bisherigen waldgeschichtlichen Begriffen einige neue anreihen, die wir vorläufig für den Gang der

Untersuchung, später zur Aufstellung einer unkomplizierten waldgeschichtlichen Ordnung benötigen werden [43]).

Wir unterscheiden:

1. P r i m ä r t y p e n des Waldes.

Dies sind Typen des ungestörten natürlichen Waldes, in denen der menschliche Einfluß überhaupt keine oder nur unwesentliche Veränderungen bewirkt hat. Sie entsprechen natürlichen Waldpflanzengesellschaften.

2. S e k u n d ä r t y p e n des Waldes.

Ehemalige Primärtypen, die durch den allgemeinen menschlichen Einfluß in ihren Gliedern und in ihrem Gefüge zwar wesentlich verändert sind, aber doch den natürlichen Charakter des Primärtyps noch erkennen lassen. (Wir verstehen unter Sekundärtypen somit nicht solche Wälder, die an Stelle des ursprünglichen Waldes technisch begründet wurden.) Auch die Sekundärtypen entsprechen noch natürlichen, wohl aber mehr oder minder beeinflußten Waldpflanzengesellschaften. Aus diesen Sekundär-Typen wurden mit der Zeit primitive Nutzungstypen und geregelte Waldbautypen abgeleitet.

W a l d b a u t y p e n.

Die Waldbautypen, von diesen Sekundärtypen, kaum jedoch direkt von Primärtypen, abgeleitet, scheiden wir in:

a) naturnahe Waldbautypen
b) naturferne Waldbautypen
c) naturfremde Waldbautypen.

K u n s t t y p e n.

Unter Kunsttypen oder künstliche Waldbautypen reihen wir alle Waldbautypen ein, deren Grundbestand aus Baumarten begründet wurde, die dem entsprechenden Vegetationsabschnitt der Regionalwaldtypen von Natur aus fremd sind.

Forstgesetzliche Ordnung

Anfänge einer forstgesetzlichen Entwicklung liegen in ihren Keimen wohl sehr weit zurück. Formen der gesetzlichen Ordnung tauchen jedoch erst mit der Ausbildung des obrigkeitlichen Kanzleiwesens am Ende des 15. Jahrhunderts auf. Ihr rascher Ausbau beginnt in der ersten Hälfte des 16. Jahrhunderts.

Zu einer kurzen Darstellung des allgemeinen Entwicklungsganges einer forstlichen Gesetzgebung benützen wir das Beispiel der Altwürttembergischen- und Neuwürttembergischen Forstgesetze.

Die Württembergischen Forstordnungen vom 15. bis zum 18. Jhdt. [44])

1. Die erste W ü r t t e m b e r g i s c h e L a n d e s o r d n u n g vom 11. November 1495 (Herzog Eberhard) enthält in ihrer allgemeinen Ordnung des öffentlich-rechtlichen und bürgerlichen Lebens auch eine kurze Ordnung der Wälder und ihrer Nutzung. Unter Berufung auf den Mangel an Bau- und Brennholz wird die Hegung und die Einführung von „Schlägen" an Stelle regelloser Hiebe angeordnet. „Daß auch Schläge vorgenommen und denselben nachgegangen werde, damit das Holz gleich möge erwachsen."

Die Begründung verlegt somit den Nachdruck auf rasche Wiederverjüngung und auf deren Schutz.

2. E r s t e F o r s t o r d n u n g, erlassen (von Herzog Ulrich vor seiner Vertreibung) zwischen 1514 und 1519. Sie wird wiederholt zitiert; der Text ist verloren gegangen.

3. **Zweite Forstordnung** („Neue Forstordnung") vom 22. April 1540 (Herzog Ulrich, Sohn). Gedruckter Quartband.

Vorerst werden die Aufgaben des Forstmeisters beschrieben, dann allgemeine Regeln für den Verkauf, für die Verrechnung und Kontrolle gegeben. Der Sinn der nicht immer ganz klaren Bestimmungen ist im folgenden zusammengefaßt:

A. Einteilung des Holzes nach Verwendungszweck in Bau-, Brenn- und Kohlholz. B a u h ö l z e r werden entweder als große oder kleine Schachen, oder einzeln als Oberhölzer der Gehaue verkauft. B r e n n h o l z fällt entweder neben Bauhölzern im Hochwald oder in eigenen Brennholzschlägen, ebenfalls im Hochwald an. Die Hauptmasse des Brennholzes gibt jedoch das „allerley gemein Holz" im Ausschlagwald, das nicht nach Klaftern, sondern nur nach Flächenmaß, nach Morgen, zu verkaufen ist; eigens wird bestimmt, daß alles Holz, groß und klein, auf solcher Fläche zu hauen und abzuführen ist, damit das junge Holz gleich wieder aufwachse. K o h l h o l z ist nur in Klingen und entlegenen Tälern abzugeben.

B. Einteilung nach B e s t a n d e s a r t:

a) E i c h e n h o l z. Hiemit ist sparsam und nur bestimmten Verwendungszwecken umzugehen;

b) T a n n h o l z. Die Tannwälder im Schwarzwald und an anderen Orten sind bis jetzt übel verwüstet und kommen in Abgang, daher müssen sie durch eine neue Ordnung genutzt, gehait und vor Verwüstung behütet werden. Diese Ordnung gilt ausnahmslos für das Kammergut sowie für die Waldungen der Kommunen und der einzelnen Personen. Die Jahresschläge werden nach einer Anzahl von Flößen und Blöchen von den Amtleuten und Forstmeistern vorgeschrieben, ohne deren Wissen nichts zu hauen, zu verkaufen und zu harzen ist.

c) B u c h e n h o l z. („Darunter wird begriffen alles Laubholz, Birken, Eschen, Hagebuchen, und Erlen.")

C. F o r s t t e c h n i s c h e B e s t i m m u n g e n.

a) Durchforstungen werden vorgeschrieben: „wenn die Tannwälder zu dick aufwachsen und entsprungen werden, sollen die Forstmeister im Maien die überflüssigen Stangen zu Leitern und sonst verkaufen, und heraushauen lassen, damit werden die Wälder licht und geleuttert, und mag das übrige Holz, so ohne das erstickt, und am Wachsen verhindert würde, desto baß fürschießen und aufwachsen." Eine ähnliche Bestimmung ist für das Laubholz gegeben: wenn die Wälder zu finster und zu dick werden, sollen die überflüssigen Stangen daraus gehauen werden.

b) Alle Schläge und Gehaue sind nach der Räumung für das Weidevieh zu bannen, solang, bis sie dem Vieh wohlentwachsen und erzogen seien.

c) Eichen und „bärhafte" Bäume sind beim Verkauf von Schlägen immer ausgenommen.

d) In jedem Morgen sind die geradesten und stärksten Bannraitel, wenigstens 16 Stämme, anzuzeichnen, deren Zahl immer wieder ersetzt werden muß. Bannraitel sollen sein: „zuvorderst Eichen, wo aber keine Eichen vorhanden, gute Buchen, wo keine Eichen oder Buchen, alsdann Birken oder Aspen."

e) Wenn alte Gehäue vorhanden sind, die wüst liegen und bisher kein Holz gezogen hätten, sollen sie im Frühling geräumt und gesäubert, danach vor dem Vieh gehait und wieder zu gutem Gewächs (in diesem Falle Ausschlag) gehandhabt werden. Diese Bestimmung erhält in der dritten Forstordnung von 1552 den Zusatz: „u n d w e n n v o n N ö t e n, u m b g a r n u n d g e h a k k e t, a l s d a n n b e s ö m p t w e r d e n."

Dies ist die für Württemberg früheste bekannte Bestimmung für Saaten.

Der Niederwaldumtrieb im Ausschlagwald, sowie auch der Hau des Unterholzes im Mittelwald und wohl da und dort auch im licht gestellten Hochwald wurde schon im frühen Mittelalter nach einer Flächeneinteilung, in der Art eines Flächenfachwerks, vorgenommen. Diese Einteilung ergab sich von selbst durch eine wirtschaftliche Rücksichtnahme und Vorsorge für die Deckung des Brennholzbedarfes in den kommenden Jahren. Die in der Landesordnung und Forstordnung vorgeschriebene Nutzung nach Schlägen dürfte in erster Linie wohl eine kameralistische Maßnahme zwecks Übersichtlichkeit der Holznutzung, des Holzverkaufes und der Abrechnung gewesen sein, erst in zweiter Linie eine Vorsorge für eine Art N a c h h a l t i g k e i t durch rasche Wiedereinleitung der

Neuproduktion und Schonung des Jungwuchses auf größeren Flächen vor dem Weidevieh. Denn solange ohne Ordnung überall im Distrikt „platzweise gehauen" wurde, wäre eine Bannung nicht möglich gewesen. Im geplenterten Wald könnte nur der ganze Distrikt gebannt werden, was mit Rücksicht auf die Landwirtschaft gar nicht in Betracht kommen durfte. Für diese war nur eine turnusweise Bannung einzelner Teile des Waldes erträglich. Die Bannung oder Haiung erfolgte durch Aufstecken von Strohbüscheln.

Keineswegs sind die vorgeschriebenen Schläge in damaliger Zeit Kahlschlägen gleichzusetzen. Die Schläge waren entweder eine Art Schirmschläge, in denen der Schirmbestand nach vollzogener Verjüngung flächenweise geräumt wurde, oder Schläge bei Belassung der Eichen, bärhafter Bäume und einer Anzahl von Bannraiteln als Samenbäume zur nachträglichen Verjüngung, oder Brennholzschläge im Niederwald. Im 16. Jahrhundert werden praktisch wohl keine ausgesprochenen Betriebsformen der einen oder anderen Art ausschließlich ausgeübt worden sein.

Ebenso irrig wäre es anzunehmen, daß durch die Vorschrift der Schläge das Plentern vollständig ersetzt worden wäre. Die Anweisung zur Deckung des Kleinbedarfes, zur Deckung eines größeren Bedarfes an bestimmten Sortimenten, der Auszug von Bauhölzern aus dem Oberholz des Mittelwaldes, oder aus Schirmschlagstellungen konnte immer nur plenternd erfolgen. Wesentlich für die Erhaltung der Wälder war der Mischbestand, der große Anteil von Laubholz aller Art. Denn wenn es kein „Schlagholz", keinen „Ausschlag" gegeben hätte, wäre der Wald in weiten Gebieten bald verschwunden. Die Samenbäume hätten bei der raschen Vergrasung der Böden nicht genügend Besamung durch Aufschlag schaffen können.

4. Dritte Forstordnung vom 2. Januar 1552 (Herzog Christoph).

Zuerst folgen organisatorische Bestimmungen, Instruktionen für die Waldvögte und Forstmeister usw. über die Anlegung der Forst-Lagerbücher, über die Vermarkung mit Steinen und Lachbäumen. Besonders wird das unbefugte Reuten (Neugereut), das „Brennen und Aussengen der Wälder und Egerten" zu Baugütern und Weiden verboten, damit die Wälder und Hölzer „sich mit dem Gewächs dester baß erweitern und gegen den Egerten erwehren mögen". Die Errichtung neuer Glashütten darf nur mit Erlaubnis der Rentkammer erfolgen, ungenehmigte sind abzubrechen. Das Harzen wird noch mehr eingeschränkt. Neu ist die Bestimmung, daß auch die Buchen (wohl Laubholz allgemein) nur in guter Ordnung gefällt werden dürfen, damit das unerwachsene Holz weniger beschädigt und besser aufkommen möge. Im übrigen sind die gleichen Bestimmungen wie in den vorhergehenden Forstordnungen enthalten.

5. Vierte Forstordnung vom 15. November 1567.

6. Fünfte Forstordnung vom 1. Juni 1614.

Die vierte und fünfte Forstordnung sind gleichlautend und mehr oder minder mit der dritten Forstordnung identisch. In der fünften sind genaue Maße der Sortimente und ausführliche Regelungen des Flößens enthalten. Immer wiederholt sich das Verbot des unerlaubten Reutens; neu ist das Verbot, Wellen (Reisig) zu machen, um damit die „Waldäcker zu brennen" (eine der ganz seltenen Erwähnungen des Waldackers). In der vierten Forstordnung ist eine Erhöhung der Anzahl der Bannraitel je Morgen, aber bloß für die herzoglichen Wälder vorgesehen, weil in ihnen mehr Bauholz gezogen werden soll.

[Im Jahre 1553 erschien für den großen Forst Schönbuch zwischen Tübingen und Stuttgart die „Schönbuch-Ordnung" [45]). Auch diese verlangt „Schlagweis Hauen und Belassung der Bannraitel". Die nächste Schönbuch-Ordnung von 1585 ordnet an, daß Eichen, Birken, Aspen und Buchen gepflanzt werden sollen, und wiederholt die Notwendigkeit des Schlagweis-Hauens. Seit etwa 1623 wurden im Schönbuch Forchensaaten eingebracht und von da ab in steigendem Maße Laubhölzer und Forchen, gegen Ende des 18. Jahrhunderts auch Fichten mit etwas Tannen und Lärchen gesät.]

Die Forstordnung von 1614 bringt den neuen Befehl, auf den Allmenden, auf denen vor Jahren auch Holz gestanden, und durch kalte Winter hinweggegangen sei, Eichen zu pflanzen, durch Dornen zu schützen und zu haien. Von daher datiert die Bepflanzung mancher „Harte".

7. Im Jahre 1579 ergeht eine Anordnung, die edleren Laubhölzer, wie Ahorn, Maßholder, Esche, Hainbuche, Mehlbaum, Spindelbaum, Nußbaum, Birn-, Pflaumen- und Kirschbaum sowie Linde,

Rustbaum, Steinlinde (= Ulme), Aneßbaum (?), Hahnenhidlinbaum (?), Eibe usw. zu schonen und zu schönen Schrein- und Drehwerk und zu allerhand kunstreichen Instrumenten zu gebrauchen.

8. Seit der fünften Forstordnung ist nunmehr eine lange Pause eingetreten. Erst Ende des 18. Jahrhunderts beginnt das forstwirtschaftliche Interesse wieder zu wachsen.

Im Jahre 1774 wird die Laubstreugewinnung geregelt, aber nicht ganz abgeschafft.

Im Jahre 1776 (unter Herzog Carl) wird für alle Waldungen, sowohl der herzoglichen Rentkammer, der Kommunen und Privaten, die Taxation des auf jeden Morgen Waldes zu erhebenden möglichen Holzertrages vorgeschrieben, damit die vorzunehmenden Holzschläge nicht übertrieben, sondern nach „Erträglichkeit" derselben forstwirtschaftlich eingerichtet werden. Für die Form der jährlichen Holzberichte hinsichtlich des Hauungsplanes und der einzuholenden Genehmigung ergeht eine allgemeine Vorschrift.

9. Am 30. Juli 1794 wird eine „Allgemeine Anweisung zur Förderung der Waldkultur" erlassen (Herzog Ludwig Eugen). Die ausführlichen Anweisungen betreffen die Gewinnung und Aussaat der Nadelholzsamen unter Bedachtnahme auf die Merkmale des Standortes und Eigenheiten der Holzarten. Die Besamung ist mit den Samen der in der Umgebung prädominierenden Holzarten vorzunehmen. Auf verangerten Plätzen ist durch Saat ein Vorwald von Birken zu begründen, um in der Folge edlere Holzarten anzuziehen. Die Saat von Fichten und Weißtannen, aber besonders von Forchen wird empfohlen, da in kurzer Zeit auf schlechtestem Boden, auf kahlen, der Sonne sehr exponierten Bergen, vortreffliches Holz erzogen werden könne. Die Lärche habe sich in Württemberg schon „nationalisiert" und verspreche viele Vorteile, sie sei am besten zusammen mit Forche zu säen.

In der Schlagführung bleibt es noch immer bei „lichten" Schlägen. Der Dunkelschlag hatte sich noch nicht durchgesetzt. Der Entwurf zu dieser Anweisung stammt vom Forstkommissär Reiter (Reuter), der 1794 den Stadtwald von Tuttlingen taxiert hat.

Die Württembergische Forstgesetzgebung im 19. Jhdt.

Nachdem das bescheidene Herzogtum Württemberg sich zum Königreich unter Einverleibung des Oberlandes und anderer Territorien aufgerundet hatte, erging das „Generalreskript des Kgl. Forstdepartements über die Behandlung der Patrimonialbesitzungen in Forstsachen" vom 16. Juli 1807. Die Forsthoheit (Forstpolizei) wurde auf alle Waldungen der nunmehr depossedierten kleinen Dynasten und der Reichsritterschaft, der Korporationen und sonstiger Besitzer ausgedehnt.

Die Instruktion für die Kgl. Kreisforstmeister vom 31. September 1818 regelt mit ihrer „Technischen Anweisung" vom 7. Januar 1819 das gesamte Forstwesen Württembergs nach damaligen modernsten Grundsätzen. (Die Anweisung stammt von J. Georg Freiherrn von Seutter, Direktor des Kgl. Forstrates, 1769 geboren, 1833 gestorben, letzter Forstmeister der Reichsstadt Ulm und Verfasser der letzten Forstordnung der Stadt von 1802, Glied einer um das Forstwesen der Stadt Ulm in mehreren Generationen verdienten Patrizierfamilie.) Die wichtigsten Bestimmungen sind in Kürze:

Ziel ist die „Erzeugung der möglichst größten und besten Holzmasse auf der möglichst beschränktesten Fläche"; daher beschleunigte Wiederbestockung der Schläge; Grundsatz der „Nachhaltigkeit" und „Aufgreifung derjenigen Altersperiode für den Hieb, in welcher nach den Gesetzen des Wachstums für bestimmte Zeiträume die möglichst größte und beste Holzmasse gewonnen wird."

Grundsätze der Waldbehandlung: Einteilung in Hochwaldungen, verjüngt durch Besamung, und Niederwaldungen, verjüngt durch Stock- und Wurzelausschläge und durch Samen (von Cotta in „Anweisung zum Waldbau", 1817, Mittelwald genannt).

a) Behandlung der Hochwaldungen: die Schlagstellung in Tannenbeständen wird genau vorgeschrieben; dunkle Stellung, daß sich die längsten Äste der Bäume bis auf einige Fuß nahe sind. Da in Fichtenbeständen infolge der oberflächlichen Bewurzelung und der Gewalt der Stürme in den wenigsten Fällen der Überhalt von Samenbäumen möglich sei, sind Wechselschläge einzulegen. Im allgemeinen sind die jungen Fichtenpflanzen nach Erreichung des zweiten Jahres freizustellen, nur im Falle der Gefahr der Vergrasung sind einzelne Stämme, unter Umständen auch ein dunklerer Schirm, als Schutzbestand überzuhalten. Ähnlich ist auch bei Forchenbeständen vorzugehen. Eichenbestände sind licht, Buchenbestände so dunkel zu stellen, daß die Samenbäume in ihren untersten Ästen sich sparsam berühren; allmähliche Räumung des Schutzbestandes zwischen dem 3. und 8. Lebensalter des Buchen-Jungwuchses.

Die Herabsetzung der Stammzahlen durch Durchforstung („Realisierung des Prinzips der Wachstumsbeschleunigung") wird gut begründet; aber die Perioden sind zu spät und zu lang. Das Nadelholz wird in milden Gegenden zwischen dem 30.—40., in Gebirgsgegenden zwischen dem 40.—50. Jahre erstmals durchforstet, das Laubholz nicht vor dem 50. Jahr. Wiederholungen alle 10 Jahre.

b) Behandlung der Niederwaldungen:

Die Verjüngung erfolgt durch Ausschlag und Samen, letztere durch Überhalt von Samenbäumen, da sonst der Bestand durch Überalterung der Stöcke nach zwei- bis dreimaligem Umtrieb veröden würde. Nach erfolgter Besamung werden die Samenbäume im Turnus des Alters immer nachgehauen. Das Oberholz besteht daher teils aus jungen Bäumen, Laß- oder Hagreiser, teils aus mittelalten, im zweiten Umtrieb Raitel genannt, teils aus Oberständern im dritten Umtrieb. Im Oberholz ist leichtes Bauholz zu erzeugen, wie Eichen, Buchen, Hagbuche, Eschen, Rüstern, Ahorne und Linden; wo es an Nadelholz fehlt, auch Birken und Aspen als Surrogat für Nadelholz. Die Kronenverbreitung des Oberholzes darf nie mehr als den achten Teil der Schlagfläche betragen.

c) Gemischte Bestände sind nur dann gestattet, wenn die Holzarten hinsichtlich der Wachstumsbedingungen für den Hochwaldbetrieb sich gemeinsam eignen. Vereinbar sind Nadelholz mit Eichen, Buchen, Hainbuchen, Eschen, Ahornen, Ulmen. Nicht vereinbar Nadelholz mit Birke, Erle, Aspe. In einem solchen Falle sind entweder reine Nadelholzbestände oder reines Laubholz zu erziehen. Die Schlagführung ist von Südost gegen Nordwest vorgeschrieben. Die Umtriebszeit wird bei strengen Lehmböden niedrig, maximal mit 70—80 Jahren, auf kiesigen und sandigen Böden bis zu 100 Jahren je nach Klima festgesetzt, im Schwarzwald noch höher.

Bei ungenügender Besamung ist durch Saat aus Hand nachzubessern. Die Hochwaldbestände sind zu „veredeln" durch Umwandlung von Fichten- und Forchenbeständen in Tannenbestände oder auch in Eichen- oder Buchenbestände. Verödete Waldflächen sind wieder zu bestocken, bei Laubholzsaat durch Vorbereitung im Waldfeld.

Der Übereifer der Forstbeamten, auch die kleinen bisher geplenterten Bauernwaldungen durch regelmäßige Jahresschläge zu verjüngen, wird erst durch einen Erlaß von 1822 gedämpft. Es genüge, wenn sie in gewissen Zeiträumen, aber durchwegs nachhaltig, genutzt werden.

Die Vorschriften von 1819 blieben keineswegs auf dem Papier, sondern wurden tatsächlich durchgeführt. Erst viel später schied sich die württembergische Forstgesetzgebung in eine Forstpolizeigesetzgebung (Württemberg 1879 usf.), und in Vorschriften technisch-wirtschaftlicher Art für die Einrichtung und den Betrieb der Staatsforste und Kommunalwaldungen (ab 1862 und 1865) [46].

Von großem Einfluß auf die süddeutsche Forstwirtschaft war der Kameralist Wilhelm Gottfried Moser, der 1757 seine „Grundsätze der Forstökonomie" veröffentlichte. Um die Jahrhundertwende war Georg Ludwig Hartig im schwäbischen Oberland als Berater tätig. Seine „Anweisung zur Holzzucht" ist 1791 erschienen, 1795 folgte die „Anweisung zur Taxation", 1808 das „Lehrbuch für Förster und die es werden wollen". Von 1806 bis 1811 war Hartig Oberforstrat in Stuttgart und führte dort auch ein Forstlehrinstitut.

Abschließend ist zu sagen:

Der Einfluß der Territorialherren und schließlich der Staatshoheit, der Obrigkeit im weitesten Sinne, durch Landes- und Forstordnungen, grundherrliche „Gebote und Verbote", durch hoheitliche Verwaltungsakte und Gesetze angefangen von primitiver Polizeiaufsicht bis zur speziellen Generalregel und verbindlichen Planung jeder Art, ist in vielen Ländern oft unmittelbar, meist mittelbar auf Existenz und Wesen des Waldes ausschlaggebend geworden. Die württembergischen Beispiele werden im Laufe der Darstellung durch andere vermehrt werden. Immer wird gelten: die Verantwortung aller Machthaber jeder Kategorie dem Walde gegenüber kann nicht schwer genug empfunden werden.

Waldbautypen und Betriebsformen im Oberschwäbischen Tannenareal

Untersuchung der Betriebsformen

Der Einfluß der Württembergischen Forstordnungen ist, wie wir später sehen werden, auf die in der westlichen Bodenseelandschaft geltenden Forstordnungen bedeutend gewesen; er ist auch im nördlichen Oberland zu spüren. Es erhebt sich nun die Frage, ob und wie sich eine Forstgesetzgebung im eigentlichen Tannenareal des südlichen Oberschwabens auf die Art der Waldbehandlung und somit auf die Waldentwicklung ausgewirkt hat. Wir werden daher die bisherigen Untersuchungsergebnisse in dieser Hinsicht näher überprüfen.

Spital Ravensburg contra Landvogtei [22])

Im Mai 1785 hatte der Verwalter des Spitals in Ravensburg in Begleitung seiner zwei Bannwarte mit den beiden Forstbeamten der österreichischen Landvogtei, den „Revierjägern" von Bodnegg und Kornhof, eine jedenfalls von der Landvogtei anbefohlene Zusammenkunft, um an Ort und Stelle die Ertragsfähigkeit der Spitalswaldungen südlich Ravensburg zu überprüfen. Im Wald „Hellenberg" verlangte der Revierjäger, daß den Lehensbauern das Jahresholz nur an einem einzigen Platze und nicht wie bisher an verschiedenen Orten angewiesen werde, um größere Abrückschäden zu vermeiden. Er zeigte einen Platz mit „vielem jungen Anflug bewachsen" und verlangte, daß dieser Platz g a n z geräumt werde. Von hier angefangen sei dann jährlich „forstordnungsmäßig" weiterzuschlagen. Im Walde „Die Egg" empfahlen die Vogteiforstleute, den Jahreseinschlag wechselweise, nur mehr an zwei bis drei bestimmten Plätzen vorzunehmen, und keineswegs wie bisher an vielen Stellen etwas Holz herauszuziehen. Wenn man so „schachenweis holze", sei alle 15 Schritte eine Samen- und Schirmtanne stehen zu lassen. Der Spitalwald im Egg (ein Nadelholz) habe reichliche gute Holzvorräte und übertreffe die Waldungen aller Angrenzer, so der Klöster Weingarten, Weißenau und der Herrschaft Wolfegg, in allen Stücken an Schönheit, Wachstum und Menge des Holzes. Der Spitalsverwaltung wurde angedroht, daß ihr vom k. k. Forstamte künftighin nicht mehr die willkürliche Anweisung des Einhiebes gestattet werde; es dürfe nur mehr „forstordnungsmäßig" geschlagen werden. Gegen diesen „platzweisen" und „schachenweisen" Schlagbetrieb hatten die beiden Bannwarte des Spitals hauptsächlich eingewendet: es sei unverantwortlich, wenn an mehreren Plätzen das Holz zum Schaden des Jungwuchses stehen bleibe und verfaulen müßte; daher müßten sie an vielen Plätzen Holz entnehmen; sie wären aber bereit, an den vorgeschlagenen Plätzen nach und nach zu räumen. Die Vogteijäger erklärten, das Holz sofort anzuweisen, wenn ihr Vorschlag angenommen werde. Der Spitalsverwalter jedoch nahm diesen Vorschlag bloß ad referendum, und erklärte unter feierlichem Protest: „Das Spital werde niemals zum Schaden und Nachteil des Waldes, besonders bei dem gegenwärtig zu befürchtenden Holzmangel sich selbst zum größten Nachteil Holz anweisen, oder wohl gar abtreiben."

Über diesen Vorfall berichtete der Spitalsverwalter dem Stadtmagistrat und dem Syndikus. In einem daraus sich entspinnenden Schriftwechsel zwischen Spitalsverwaltung und Landvogtei wehrte sich die Spitalverwaltung mit allem Nachdruck dagegen, daß ihr die löbliche k. k. Landvogtei eine vor dem Einschlage einzuholende Forstamtsbewilligung aufbürde und überdies verlangen wolle, daß nur nach der Vorschrift eines „Forstknechtes" Holz gefällt werde. Diese Episode ist eine der wenigen in Akten überlieferten Anhalte über die Praxis jener Zeit.

Spital Ravensburg [22])

Aus den Waldbeschreibungen von 1602—1753 ist trotz der Primitivität zu entnehmen, daß auf der ganzen Fläche der Waldteile Holz allen Alters, vom Sämling bis zu Stangen, Bauholz verschiedener Stärke, Säg- und Blochholz vorhanden ist. Es wurde somit zweifellos geplentert und gefemelt. Die Taxationen nach den Weisungen der Württembergischen Dienstinstruktion von 1818 geben das Alter der einzelnen Bestände meistens mit einer Spanne von zwei, seltener drei Jahrzehnten an, z. B. 30—50 jährig, 60—90 jährig. Über den jüngeren Beständen steht meist noch Oberholz, auch mit Altersunterschieden bis zu 20 Jahren. Aus diesen Taxationen gewinnt man den Eindruck, daß um 1800 etwa der eigentliche Plenterbestand mit seinen Gliedern aller Altersstufen gegen einen langsam auf ganzer Fläche vorrückenden Femelschlag- oder Schirmschlagbestand gewechselt hätte; wahrscheinlich ließ man nach Auszug der stärksten Stämme den Hauptbestand zu einer Masse zusammenwachsen, in der es dem Alter nach nur Unterschiede von 20—30 Jahren gab.

Staatsforst Wangen [23])

Die Taxation von 1843/44 läßt die diesem Zeitpunkte vorhergegangene Betriebsform noch ziemlich genau erkennen:

a) Unregelmäßige Nadelholzbestände (Tannen, Fichten, Forchen) von Holz in jedem Alter sind noch vorhanden; es besteht die ausdrückliche Weisung, sie als Bestand von einem bestimmten Durchschnittsalter (z. B. 50 jährig) einzusetzen und in mehreren Perioden aus ihnen einen gleichaltrigen Bestand herauszuarbeiten. Hier ist der Übergang vom Plenter- und Femelwald zum gleichaltrigen schlagweisen Hochwald offenbar.

b) Unregelmäßige Bestände von einem Alter, das um zwei, drei bis vier Dezennien differiert, überwiegen. Sie sind jedenfalls auch aus Plenter- und Femelbeständen herausgeformt.

c) Jüngere, gleichaltrige Bestände bis zu 30 und 40 Jahren sind noch immer mit Oberständern verschiedenen Alters von Buchen, Fichten und Tannen überstellt; es handelt sich um unterlassene Nachhiebe. Diese Bestände entstammen Schirmschlägen auf großer Fläche.

Als wichtigste Überführungsmaßnahmen in möglichst gleichaltrigen schlagweisen Hochwald werden befohlen:

    a) Durchforstungen: Diese haben sich vermutlich wie eine Fortsetzung von Schirmschlägen auf die Verjüngung ausgewirkt.

    b) Auszüge und Nachhiebe im älteren Holz und in den Oberständern.

    c) Schlagführung von Nordost gegen Südwest. — Kulturen werden noch ganz selten erwähnt.

Einige ehemalige Plenterwälder mit Holz aller Altersklassen waren damals noch vorhanden. Es scheint auch ein langsam vorrückender Femelbetrieb weitergeübt worden zu sein, der aber nicht einem echten Femel s c h l a g betrieb von heute gleichzusetzen ist.

Staatsforst Tettnang [20]) [21])

Der uneinheitliche Besitzstand des Staatsforstamtes Tettnang, bestehend aus den ehemalig Montfortschen Wäldern und säkularisierten Klosterwaldungen (Löwental, Petershausen, Salem, Weißenau usw.) läßt nicht so leicht die früheren Betriebsverhältnisse durchschauen.

W a l d e n t w i c k l u n g a u f d e r h ö h e r e n J u n g m o r ä n e (Revier Tettnang östlich, Revier Hirschlatt und Löwental westlich der Schussen). Nach der Waldbeschreibung 1819 bestehen:

a) Bestände fast durchwegs aus Fichten und Forchen, oder besonders in den kleinen Lehenswaldungen aus Forche und Fichte, mit wenig Buchen vermischt. Altersunterschied meist nur ein Dezennium.

b) Bestände aus Fichten, Tannen und Buchen, so auf der Jungmoränenhöhe von 500—600 m aufwärts um Tannau (Revier Tettnang), und gegen den Höchsten zu (Revier Löwental).

Mit wenigen Ausnahmen werden auch diese Bestände im Rahmen eines Dezenniums als annähernd gleichaltrig verzeichnet. Schutz- und Samenbäume werden übergehalten, bald früher, bald später geräumt.

In den kleinen Lehenswaldungen, meistens aus Fichten und Forchen, scheint ein schlagweiser Betrieb ausgeübt worden zu sein. Dasselbe ist in den großen Waldungen der Fall. Ein „Schlag" hat Verjüngung von ein bis zehn Jahren. Die wiederholten Bemerkungen „stark gelichtet", „durchhauen" deuten auf ein vor dem Schlag erfolgtes plenterndes Herausnehmen stärkerer Stämme hin.

Die herabgewirtschaftete Grafschaft Montfort wurde 1780 von Österreich gekauft. Sie stand von nun an unter der Landvogtei wie die Klosterwaldungen. Im späten 18. Jahrhundert wird hier ein schlagweiser Abtrieb mit Überhalt von Samenbäumen ausgeübt, der sich bald mehr, bald weniger einem unregelmäßigen Schirmschlagbetrieb angenähert haben mag.

Die Waldungen des Forstamtes Tettnang auf den Terrassen der Schussen und Argen werden am Schlusse dieses Abschnittes behandelt.

Hofkammerwaldungen Altshausen [26]

Zur Zeit der Taxation von 1828 stehen die Waldungen der ehemaligen Deutschordenskommende erst ein Jahrzehnt in der Behandlung im Sinne der Technischen Instruktion von 1819. Das Charakteristische des Waldzustandes von 1828 besteht im folgenden:

a) fast durchweg sind noch immer Schutz- und Samenbäume, teils von beträchtlichem Alter und Gesamtmasse, vorhanden.

b) Das Alter der Bestände wird meistens mit Altersdifferenzen von zwei Dezennien angegeben.

c) Es gibt auch Bestände mit Holz aller Altersklassen, Fichten-Tannenbestände, auch mit Buchen vermischt, aber selten.

d) „Spiegelschläge". Es wird wiederholt erwähnt, daß in dem einen oder anderen Distrikt ein oder mehrere Spiegelschläge vorhanden seien. Aus der Beschreibung ist nur zu entnehmen, daß es sich um eine frühere, nun aufgegebene Betriebsart handle; auf den Spiegelschlägen befand sich ziemlich viel Schutzholz und Aufschlag, auch wurde auf Lücken gesät, sogar Weißtanne. Diese Spiegelschläge sind nichts anderes als alte Femelschläge, das hierzulande ungebräuchliche Wort „spiegeln" bedeutet soviel wie plentern oder femeln [48].

Die Taxation umfaßt Wald sowohl innerhalb als auch außerhalb des Tannenareales. Leider konnten keine Akten aus der Zeit vor 1800 eingesehen werden. Der Deutschherrenorden hat allem Anschein nach die Waldungen in der zweiten Hälfte des 18. Jahrhunderts teils in einer Art ziemlich regelmäßiger Schirmschläge mit einem Verjüngungszeitraum von zwanzig bis dreißig Jahren, teils als Plenterwald (Spiegelschläge) umgetrieben. Die Unregelmäßigkeiten der Bestockung sind weitaus geringer als im Allgäu. Damit mag zusammenhängen, daß die Tanne bereits um 1830 in manchen dieser Waldungen sogar inmitten des Tannenareales kaum oder nicht mehr vertreten war; am stärksten dominierte sie im verkehrsungünstigen Distrikt um Fleischwangen, wo nach der Taxation sich noch die Auswirkungen des Plenterns nachweisen lassen.

Waldungen der Grafschaft Heiligenberg am Gehren und Höchsten [24]

Aus den Taxationen des Forstamtes Allerheiligen-Heiligenberg von 1810 und 1818 zeigt sich: vor 1800 wurden ohne besondere Regelmäßigkeit Besamungsschläge geführt, daher findet sich Holz verschiedenen Alters in einer Abteilung beisammen. Die Samenbäume wurden oft nicht nachgehauen. In den Waldungen um Limpach enthalten die Junghölzer bereits weniger Tannen als die Althölzer. Die Waldungen sind so ziemlich nach Alt-, Mittel- und Jungholz gegliedert; in ihnen bestehen Altersdifferenzen von jeweils zwei bis drei Dezennien. Vor 1836 wurden die Verjüngungen durch Streifenhiebe im ältesten Holz, ohne Rücksicht auf die Herstellung gleichförmiger Bestände geführt. Erst ab 1836 folgte der regelmäßige Schlagbetrieb mit genauer Einteilung. Um 1860 hatte sich bereits durchwegs ein schlagweiser Hochwald mit gleichförmigem, gleichaltrigem Jungwuchs teils aus natürlicher, teils aus künstlicher Verjüngung ausgebildet.

Altdorfer Wald [27–29]

Im Altdorfer Wald ist es aus den bereits geschilderten Übernutzungen um das 16. Jahrhundert längst zu großen Kahlschlägen bei Überhalt von Samenbäumen, neben den dauernd weitergeübten unregelmäßigen Plenter- und Femelschlägen gekommen. Infolge der raschen Lichtstellungen konnte die Fichte schon im 17. und 18. Jahrhundert das Übergewicht über die Tanne erreichen. Aus einer Waldgerichts-Korrespondenz zwischen Landvogtei-Grafschaft Waldburg von 1770 [30] sind Mitte des 18. Jahrhunderts im Altdorfer Wald so große Schläge „beieinander" gemacht worden, daß sich noch immer nicht überall Aufwuchs zeige. Es mag durch den unmittelbaren Einfluß der Landvogtei im Sinne der vorderösterreichischen Forstordnungen wohl eine größere schematische Regelmäßigkeit in der Einteilung und Durchführung der Schläge erzielt worden sein. Anderseits bildete sich aus ständig wiederholten, regelmäßiger werdenden Plenterungen, die allmählich dem Einlegen mehrerer Hiebe auf ganzer Fläche gleichkamen, ein Schirmschlag heraus. Im Anfange des 19. Jahrhunderts stehen viele haubare Bestände teils im Besamungs-, teils im Licht- und Abtriebsschlag; es wurden nicht nur ein, sondern mehrere Samenjahre benützt. Da die Fichte schon längst herrschend war, wurde auf Fichte und auch auf Buche verjüngt; in einzelnen Distrikten hielt aber die Tanne noch immer ihren Anteil. Es gab infolge zeitlicher Verschiebung in der Schlagführung (Wechselschläge) Verjüngungsspannen von 10—20 Jahren in einem Bestande, wie wir es auch in anderen Waldungen vorgefunden haben. Um 1800 war der Umtrieb kurz, er betrug nur etwa 60 Jahre.

Bei günstigen Bodenverhältnissen hatten die Schirmschläge in den Mischbeständen von Fichten und Buchen guten Erfolg. Die schönen Althölzer des Altdorfer Waldes um 1900 stammten durchwegs aus solcher natürlichen Verjüngung. Wenn aber die Bestände bereits überaltert und durch die häufigen Sturmwürfe lückig geworden waren, konnte auf den vergrasten Böden keine Ansamung ankommen. In vielen Teilen des Reviers Baindt, im Kümmerazhofer und Sulpacher Wald, gab es verödete Stellen mit „Fichtengestrüpp". Solche schlechten Bestände, wo die natürliche Verjüngung versagte, wurden dann kahl abgetrieben; im Waldfeldbau wurde Fichte gesät. Die Folgen waren später Wuchsstockungen in verschiedenen Distrikten. Noch um 1830 gab es nicht nur Flächen von mehreren Morgen mit beinahe reinen Tannenbeständen, sondern auch häufig alte Tannen-Überhälter, auch Tannen gleichen Alters eingemischt. Um 1843 wurden in verschiedenen Abteilungen Tannen, teils rein, teils in Mischung, gesät, zwischen 1844 und 1860 Tannensaaten im großen Umfange, aber mit geringem Erfolg durchgeführt. Die heute noch vorhandenen Tannen stammen aus solchen Saaten. In den Vorhölzern und an den Steilhängen entstanden teilweise Reinbestände von Buche, zum Teil deswegen, weil der zulange übergehaltene Buchen-Schutzbestand einen Fichtenjungwuchs nicht aufkommen ließ [51]).

Allgäuer Waldwirtschaft

Das Plentern im Allgäu

Im Schrifttum findet man die Begriffe des Plenterns oder des Femelns teils in gleicher Bedeutung, teils aber auch in verschiedenem Sinne verwendet. Wir wollen uns aus methodischen Gründen für letzteres entscheiden und gebrauchen das Wort „Plentern" für die stammweise Nutzung, das Wort „Femeln" für die gruppenweise Entnahme über die ganze Fläche hin. Somit ist dieses Femeln nur eine Modifikation des Plenterns. Praktisch werden bald einzelne Stämme, bald Gruppen geschlagen. Daher werden die Begriffe Plentern und Femeln für die damalige Zeit im umfassenderen Begriffe des Plenterbetriebes im weiteren Sinne vereinigt [47]).

Unsere Vorfahren haben die Behandlung des Waldes nicht theoretisch gelernt. Im 16. Jahrhundert entstehen zwar noch keine festen Begriffe, aber doch eine Art technischer Regeln. Solange der Wald Holz im Überflusse hatte, holte man es, wie man es brauchte, und wo man es fand. Als das „ungeordnete Hauen" sichtlich Schaden verursachte und die Gefahr einer Holznot gespenstisch heranrückte, bemühte man sich, „geordnet zu hauen". Die Schwierigkeit, eine verbindliche Ordnung zu schaffen und für sie Verständnis zu erwecken — denn Zwang allein nützt niemals — lagen hauptsächlich in den lehensrechtlichen und sozialwirtschaftlichen Verhältnissen der Vergangenheit, besonders darin, daß die Nutzungsberechtigten am Walde und der Eigentümer des Waldes meistens verschiedene Personen waren. Denn der Eigentümer bot nicht das von ihm geschlagene Holz den Nutzungsberechtigten oder Käufern an, sondern diese selbst schlugen es. Im günstigsten Falle wurde es ihnen an bestimmten Plätzen und in bestimmter Menge „angewiesen", im allergünstigsten Falle wurde diese Anweisung eingehalten. Somit mußte jede „Ordnung" einem Personenkreis aufgedrängt werden, der kein unmittelbares, sondern nur mittelbares Interesse am Wald hatte. In diesen Verhältnissen lag, nebenbei bemerkt, ein guter Teil Zündstoff zu den wiederholten bäuerlichen Revolutionen.

Trotz des komplizierten Obrigkeits- und Lehensverhältnisses setzte es sich allmählich durch, daß die Furcht vor der Holznot, die heute nur der Furcht vor dem nahen Ende aller Wärme- und Energievorräte gleichkäme, eine sorgsamere Behandlung des Waldes herbeiführte.

Im Allgäu wie in allen alpennahen Gegenden besaßen die Bauern mit ihrem Lehen auch Hofhölzer, aus denen sie ihren Bedarf nach einer lockeren Weisung und Aufsicht seitens des Lehensherrn zu decken hatten. Daher mußte der Bauer auf Zuwachs, Verjüngung und Vorrat bedacht sein. Die Natur lehrte ihn, daß der Same im Dunkeln keime, daß die erwachsende Pflanze allmählich mehr

Licht benötige, daß sie daher mit der Zeit freier gestellt werden müsse. Sein Bedarf schrieb ihm bei der Begrenztheit der Masse eine gewisse Vorratshaltung und sorgsame Nutzung vor. Ganz von selbst wuchs die wilde Nutzung in einen haushälterischen Plenterbetrieb mit möglichst viel Starkholz hinein, ebenso auch das instinktive Wissen, wie der Wald „nachhaltig" — ein ganz altes Wort und alter Begriff — umzutreiben ist. Das Wichtigste war, daß das Wesen des Waldes die sparsamste Wirtschaft gestattet, besonders den Erfolg auch auf eine spätere Periode verschieben läßt, und nicht zu einer jährlich gleichmäßigen Nutzung zwingt. Denn die jährlich gleichmäßige Nutzung im Walde ist schon nicht mehr eine natürliche, sondern eine „vernünftige" und jedenfalls kapitalistische Nutzungsweise, der Zinsenrechnung gleich. Die ländliche und patriarchalische Versorgungswirtschaft, die in den verkehrsentlegenen, gebirgsnahen Gegenden des Alpenvorlandes länger als anderwärts, bis ins späte 18. Jahrhundert herrschte, hieß im Wald: Bedarfsdeckung durch Plentern.

Im Allgäu und in der verwandten Landschaft konnte man von der Urvorstellung, der Verjüngung unter dem Schirme des Bestandes, überhaupt nicht wegkommen. Für diese natürliche Kombination von ständiger Ernte und ständiger Verjüngung im gut gehaltenen Plenterwald konnte der „Schlag" mit Überhalt von wenigen Samenbäumen keinen Ersatz bieten. Wir glauben daher, daß das geregelte Plentern, das Femeln und die schirmschlagartige Verjüngung im südlichen Oberschwaben noch um die Mitte des 18. Jahrhunderts im allgemeinen von der forstlichen Obrigkeit geduldet wurde. Erst im späten 18. Jahrhundert, als schon Lehrmeinungen auftauchten, als die bürokratische Verwaltung mit dem Wachsen des Absolutismus in dünkelhafter Enge und Kleinlichkeit erstarrte, wurde schablonenmäßig der prinzipielle Schlagbetrieb überall zu erzwingen versucht. Wäre dies schon früher der Fall gewesen, so wäre die fassungslose Empörung des Ravensburger Spitalverwalters über dieses „novum" gar nicht verständlich.

Wir glauben daher, daß die theoretischen Forderungen der Forstordnungen jener Zeit nach „schlagweisen Hauen" oder nach „ordnungsmäßigen Schlägen" im inneren Allgäu nur als eine Art geordneteren Schirm s c h l a g e s in die Praxis umgesetzt worden sind, d. h. man begann einen Schlag nur dort, wo genügend Verjüngung bereits vorhanden war.

Aber auch das Plentern oder Femeln wurde im inneren Allgäu bis in das frühe 19. Jahrhundert nicht eingestellt. Die Abräumung des Schirmes, die Entfernung alter Samenbäume erfolgte oft zögernd und so langsam, indem immer wieder nur einzelne Bäume ausgezogen wurden. Die Waldburg-Wolfeggsche Holzordnung von 1785 z. B. ordnet zwar an, daß sowohl Buchen- und Tännenholz s c h l a g - w e i s und zwar vom Sonnenaufgang her zu fällen sei, jedoch empfiehlt sie größte Schonung des Aufwuchses, wenn alte Buchen oder Tannen, bevor sie in der Qualität abnehmen oder der Verjüngung schaden, ausgezogen werden, d. h., wenn in ungleichaltrigen Beständen g e p l e n t e r t wird.

Von dieser Regel gab es zwei Ausnahmen von größter Bedeutung. Die erste wirkte sich im Umkreis und Einzugsgebiet der g r o ß e n W a s s e r s t r a ß e n aus: dort wurde der Mischwald in großen Schlägen bei Belassung von Samenbäumen auf der Kahlfläche überall soweit vernichtet, als die Abfuhrlage den Transport des Holzes noch ermöglichte, wie z. B. im Adelegg-Gebiet und Iller-abwärts. Die zweite Ausnahme ist jedoch der S c h m a l s a u m s c h l a g.

Der Allgäuer Schmalsaumschlag

Die Waldburg-Trauchburgsche Forstordnung von 1776 [49 b]) fällt aus dem Schematismus der Forstordnungen jener Zeit heraus. Sie verbietet zwar das Plentern, die Wälder sollen nicht „ausgelichtet und die Bäume nicht einzeln entnommen", sondern das Holz soll schlagweise gefällt werden. Aber es sollen keine großen und weitläufigen Schläge, welche nicht anfliegen, sondern nur mittelmäßige und solche gemacht werden, daß niemals ein ganzer Wald aneinander abgetrieben wird, sondern in einem Jahr an dieser, im andern an einer anderen Stelle (Wechselschläge), so daß diese Schläge leichtlich besamt werden; dort solle man schlagen, wo bereits junger Anwuchs sich finde.

Diese Trauchburger Forstordnung muß uns als Ersatz für die uns fehlenden Forstordnungen des Allgäuer Gebietes dienen. Denn es ist anzunehmen, daß die meisten ähnliche Bestimmungen gehabt haben. Eine Ausnahme könnten bloß die Forstordnungen der Vorderösterreichischen Regierung machen. In dieser Beziehung liegt uns nur die forstwirtschaftlich sehr unbedeutende Forstordnung der Landvogtei in Ober- und Niederschwaben, gegeben zu Altdorf 1781 [49a]) vor. Sie ist hauptsächlich jagdrechtlich orientiert. Die Nutzungsweise, Plentern oder Schläge, ist nicht ausdrücklich behandelt. Es heißt nur: wer in der Landvogtei Holz hat, darf ohne Erlaubnis des Forstherrn und vorläufiges Einverständnis des Revierjägers keine Holzschläge vornehmen. Da wir jedoch aus der Ravensburger Spitals-Kontroverse wissen, daß die Landvogtei „forstordnungsmäßige Schläge" verlangte, ist die Praxis der österreichischen Behörde klar. In Österreich war seit der Bergordnung des Kaisers Ferdinand I. von 1553 für die innerösterreichischen Länder das schlagweise Hauen wohl wegen des Holztransportes auf den Wasserstraßen, besonders auf dem Inn, vorgeschrieben. Aber in der Landvogtei Schwaben gab es keine Bergwerke, keine Großwasserstraßen. Im Jahre 1786 trat dann die Forstordnung des Kaisers Josef II. für die österreichischen Vorlande in Kraft, beeinflußt von den modernsten Errungenschaften der damaligen Forstwissenschaft, mit vollständigem Verbot des Plenterns (s. S. 82) [74].

In den Wolfeggschen Waldungen, hart in Nachbarschaft des Altdorfer Waldes, wurde seit 1789 vom Forstmeister Partenschlager des Klosters Ottobeuren der schmale Saumschlag mit Seitenbesamung eingeführt. Er wurde bis 1859 beibehalten. An ihm wurde nicht viel geändert, als der frühere Forstmeister des inzwischen säkularisierten Klosters Schussenried, P. Restitut Grimm, im Jahre 1807 ein neues Einrichtungswerk für die Wolfeggschen Reviere verfaßte. Er wurde hiebei von Hartig beraten, dessen Einfluß im Wachsen war. Die Allgäuer Plenter- und Femelmethode wurde zwar theoretisch zum Schirmschlag umzubilden versucht. Der geregelte Schirmschlag drang aber doch erst durch die württembergische Technische Instruktion von 1818/1819 durch.

In dieser Zeit des späten 18. und frühen 19. Jahrhunderts entfernte sich im Allgäu die Betriebsweise im Herrschafts-, Kloster- und dann nach der Säkularisation im Staatswald von der Urvätertradition, die nur im Bauern- und Gemeindewald noch blieb. Nun drängt sich bei der Betrachtung aller Umstände der Verdacht auf, daß der schmale Saumschlag mit Seitenverjüngung eine Konzession an die Forderung der Forstordnungen nach geordneten Schlägen gewesen sein könnte. Übrigens wurde der schmale Saumschlag schon von Schwegelin im 16. Jahrhundert empfohlen (s. S. 118).

Diesen dehnbaren Bestimmungen konnte man sich mit einer gewissen Wendigkeit anpassen; sie ließen sich ebenso durch Saumschirmschlag wie durch schmale Saumkahlschläge erfüllen. Durch den Wechsel des Hiebsortes entstanden aber streifenweise Stufen mit Altersunterschieden von wenigen Dezennien. Die Nachwirkungen dieser Betriebsweise reichen noch in die Mitte des 19. Jahrhunderts. So verteidigte Forstmeister Probst (Weingarten) auf der Forstvereinsversammlung in Ravensburg im Jahre 1865 den Schmalsaumschlag mit Seitenbesamung, da sich auf ihm sogar die Weißtanne wie auch die Fichte mit gleich gutem Erfolge verjünge; die vollkommensten und regelmäßig von Nordost nach Südwest abgestuften Bestände in Allgäuer Körperschafts- und Privatwaldungen (= Bauernwaldungen) seien gerade nur durch die Führung sehr schmaler, meist nur 10—20 Schritte breiter Kahlstreifen entstanden. In diesen Waldungen wäre bisher niemals eine Pflanze gesetzt oder gesät worden [50]). —Diese konservative Tradition hat sich leider auch in den Gemeinde- und Bauernwaldungen mit der Zeit verloren.

Zur Verbreitung der Forche

Wir haben bisher die Waldforche nur im Zusammenhange mit dem Moorrandwald und mit Vorstößen aus diesem betrachtet. Die Forche ist mit einer besonderen Anpassungsfähigkeit sowohl an feuchte und moorige, als auch an trockene Standorte, also an Extreme, beglückt. Es ist ihr auch eine staunenswerte physiognomische Verwandlungsfähigkeit eigen, wobei die Rassenfrage hier unberücksichtigt bleiben muß. Die Forche kann ihr Leben als hochschäftiger Riese im Wald oder als uralter Zwerg auf einem Felsvorsprung verbringen; sie kann in Gruppen sowohl eine hochnordische, als auch eine Mittelmeerlandschaft imitieren.

In den Waldakten früherer Zeit erscheint sie sehr selten. (Man hat im Schwäbischen mit dem Wort Tanne oft alle Nadelhölzer einbegriffen, in anderen Gegenden wiederum mit dem Wort Forche.) Wir finden sie mit anderen Holzarten als bestandbildend angeführt in einem Montfortschen Walde zwischen Wangen und Tettnang (1515), dann in zwei Waldungen des Spitals Ravensburg (1602), in einem Wald der Stadt Memmingen (1509); sie ist erwähnt in einer Holzordnung der Stadt Überlingen (1555), in deren Umkreis sie häufig gewesen sein muß; in einer Forstordnung von Kempten von 1706 und einer Holzordnung von Ottobeuren von 1747 ist die Forche gebannt; dann taucht sie in den Waldbeschreibungen des 18. und frühen 19. Jahrhunderts fast stets eingemischt im Tannen-Fichten-Bestand und meistens im Fichtenbestand auf. Eine ganze Reihe von alten Wald- und Flurnamen und alpennahen Waldbergnamen (Kienberg), besonders zwischen Iller und Lech, auffallend oft längs des Lech, der aus den Nordtiroler Alpen kommt, bezeugt ihr Heimatrecht im Umkreis des Voralpen- und Bergwaldes.

Erst im frühen 19. Jahrhundert ist die Forche mit Tanne und Fichte herrschend geworden; besonders ist sie im Vorrang im unteren Tettnanger Wald, auf den Terrassen der Schussen, und tritt auch auf anderen trockenen Böden der Schussenniederung in verschiedenen Mischungen auf (O.A.B. Tettnang, 1838). Im inneren württembergischen Allgäu scheint sie gegenüber der Tanne und Fichte doch zurückzubleiben (O.A.B. Wangen, 1841); aber auffallend hoch ist dort ihr Anteil in jüngeren Waldbeständen. Dies deutet auf eine stärkere Verbreitung und Vermehrung des Forchenanteiles im Zusammenhange mit der veränderten forstlichen Technik (Schlagbetrieb). Da wir aber die Beweise haben, daß die Forche zur Zeit des Verschwindens des Plenter- und Femelbetriebes im Großwald bereits reichlich in den Althölzern vorhanden gewesen ist, konnte sie sich bis dahin nur durch natürliche Verjüngung so stark vermehrt haben.

Die Forche ist ein Pionierbaum d. h. sie nimmt von holzlosen oder holzarmen Orten, von Rohböden und werdenden Böden Besitz. Sie ist ein Einzelgänger, weil sie als Lichtbaum im Wettbewerb mit der Schatten ertragenden Buche und Tanne nur da und dort aufkommt. Wo sie aber schon, wenn auch nur gering vorhanden ist, tritt sie, wenn die Umstände günstig werden, ebensogut in Massenansamung auf. Sie ist dynamisch, denn sie ist im steten Vordringen, und teilt diese Eigenschaft mit der Fichte, die ihr aber als Flachwurzler unterlegen ist. Die Forche vermag ebenso wie die Tanne durch ihr Wurzelwerk Feuchtigkeit noch aus tiefen Lagen heraufzupumpen, während die Fichte in trockenen Perioden kümmert. Schon Gayer hat darauf hingewiesen, daß die Forche im Wuchsgebiet der Tanne gut gedeihe, denn dort finde sie fruchtbare Böden. In den Buchen-Tannen-Wald kann aber die Forche als Lichtbaum nicht eindringen, solange er geschlossen ist. So nähert sich die Forche dem geschlossenen Walde auf baumbesetzten Weiden und in lichten Vorhölzern. Im Plenterbetrieb regelloser Art konnte auch die Forche Boden fassen und ihre Krone in die Höhe schieben. Stärker ausgeschlagene oder gar verödete Plätze und Lichtungen nahm sie in Besitz. Ihr rascher Höhenwuchs treibt sie leicht über Buche und Fichte. Einmal aber mit dem Wipfel frei im Vertikalschluß des Plenter- oder Femelwaldes angelangt, erwuchs sie zu gewaltigen Bäumen. Daß sie immer in Mischung mit Tanne oder Fichte in den gefemelten Waldungen genannt wird, zeigt ihre besondere Anpassung. Das geheimnisvolle Leben im Walde wird ja gerade in dem Wechselspiel offenbar, das den Fichtensämling unter Tannen, den Tannensämling unter Fichten, beide wieder mit Vorliebe unter Buchen aufwachsen läßt. Je lichter der Wald wurde, je mehr der schlagweise Umtrieb einsetzte, desto rascher drang die Forche vor. Bei ihrer Ansamungsfreudigkeit konnte der Anteil der Forche in einem Jahrhundert bedeutend wachsen.

Die Forche auf den Tettnanger Terrassen [21]

Das weite Terrassengebiet des Unterlaufes der Schussen und der Argen ist nicht einheitlich. Dem See zunächst breitet sich östlich und westlich der Schussen die **untere** Terrasse aus, mit einer durchschnittlichen Meereshöhe von 415 Meter. Ihr schließt sich gegen Tettnang – Laimnau zu bogenförmig eine kleine m i t t l e r e Terrasse an, die etwa zwanzig Meter höher ist, der wiederum eine h ö h e r e folgt, die sich an die Moränen und Drumlins anlehnt. Diese Terrassen sind infolge ihrer Struktur sehr durchlässig; auf ihnen ist ein leichter, steinig-kiesiger oder sandiger Lehmboden ausgebildet, aber auch weithin ein schwachlehmiger Sandboden. Wieweit noch alluviale wenig verwitterte Aufschüttungen über den diluvialen liegen, entzieht sich unserer Kenntnis [52].

Im Tal zwischen Tettnang und der Schussen tritt das Grundwasser nahe an die Oberfläche, dort bildete sich das große Mariabrunner Moos aus. Vom „Moos" bis zum Argenhart auf der Moräne, hauptsächlich beide obere Terrassen bedeckend, erstreckte sich der 1588 gerühmte „große herrliche Buchwald" mitsamt dem Holz „Das Birkach", das nahe bei Laimnau liegt [20]. Nach den mittelalterlichen Urkunden war dieses große Waldgebiet von mannigfachen Benutzungsrechten (Weide, Holznutzung usw.) der anliegenden Dörfer belastet. Die Bauern durften das Unterholz nutzen und mußten das Oberholz von Buchen schonen. Eichen waren ohnedies seit jeher gebannt. Vom Nadelholz ist in diesen mittelalterlichen Verträgen fast niemals die Rede. Aufschlußreich ist aber schon die 1432 erhobene Klage des Grafen von Montfort, daß die Laimnauer bei Herstellung einer Reute (Brandwaldfeldbau) wohl aus Unvorsichtigkeit vierzig Jauchert Fronholz verbrannt hätten, die Gegner jedoch erwidern, es seien nur zwei Jauchert „Stauden" gewesen. Wir finden die Erinnerung an solche „Stauden" im Waldnamen „Hohe Staudbogen" bei Mariabrunn. Jedenfalls wird dadurch die frühzeitige Waldverwüstung bezeugt.

Die Waldbeschreibung von 1819 weist verschiedene Bestandestypen auf diesen drei Terrassen aus:

a) u n t e r e T e r r a s s e : ein Teil ganz öde, im „Moos" Niederwald aus Erlen und etwas Forchen, Fichten und Birken; auf Sandböden teils reine Forche, teils Forchen und Birken.

b) M i t t l e r e u n d h ö h e r e T e r r a s s e : Forchen und Birken sowie Forchen und Fichten, mehr oder minder schwach oder stärker mit Buchen vermischt. Teils sind diese Bestände gut, teils licht, die Buchen kurzschaftig, kropfig, das Wachstum bald schlecht, bald mittelmäßig, bald gut. Das Alter der Bestände überschreitet meist nicht fünfzig bis sechzig Jahre, nur am „Sennebühl" gibt es schlagbare, wohl kurzschaftige Buchen mit etwas Forchen im Alter von 80—90 Jahren.

Verjüngt wird in Schirmschlägen von zehn und mehr Morgen mit einem Verjüngungszeitraum von zehn (bis zwanzig) Jahren.

Es scheint schon im Mittelalter der hohe Buchen-Laubholz-Mischwald auf den unteren Terrassen zum Niederwald-Mischwald von Buchen, Linden, Birken, Aspen, Hainbuchen und Erlen degradiert worden zu sein, worauf verschiedene Urkunden, aber auch der Ortsname Hagebuchen deuten. Je niederer die Terrassen, je tonärmer und sandiger die Böden; die jahrhundertealte Streunutzung, deren Schäden in der Waldbeschreibung von 1843 hervorgehoben werden, hatte sie immer mehr verschlechtert; sie wurden noch trockener und neigten bei größerer Lichtstellung zu stärkerer Erwärmung. In diesen durchlichteten, vom Weidevieh ständig durchstreiften Flächen konnte sich die Forche noch mehr als in den umliegenden höher gelegenen Wäldern im Laufe des 17. und 18. Jahrhunderts immer stärker ausbreiten. Ihre durch die schlechten Bodenverhältnisse gesteigerte Konkurrenzkraft über das Laubholz und über die Fichte führte zur unbedingten Herrschaft im Oberholz, zum Überhalt als Samenbaum, schließlich zu mehr oder minder reinen Forchenbeständen aus Schirmschlägen. Vermutlich wurde das etwa noch vorhandene Laubholz „ausgeforstet". Die Buche erhielt sich kümmerlich in Stockausschlägen auf der mittleren und höheren Terrasse in geringer Beimischung; oder gegen die Moränen zu in kleinen Beständen. Diese „verkröpften" Buchenrelikte waren von der „Buch-Herrlichkeit" des 16. Jahrhunderts übriggeblieben.

Die Ausbreitung der Forche im südlichen Oberschwaben, besonders in der östlichen Bodenseegegend, liegt somit in folgenden Gründen:

a) im Lichterwerden der übergenutzten Buchen-Tannen-Wälder,

b) in der Degradierung vieler Buchenwälder zum Ausschlagwald; in der dadurch erleichterten Ansamung, auch im Weidewald, auf Verödungen,

c) im natürlichen Vorsprung auf sandigen Böden und Kiesbuckeln, somit auf vielen kleinen zerstreuten natürlichen Standorten;

d) im Vorsprung auf moorigen Böden, wenn die Wurzeln den Mineralboden erreichen konnten, somit auf ausgedehnten natürlichen Standorten;

e) in der starken Konkurrenzfähigkeit infolge ihrer physiologischen Eigenschaften.

f) in der Auslese durch das Weidevieh, das alle anderen Baumarten stärker schädigt als die Forche.

Eines steht fest: innerhalb unseres bisherigen Untersuchungsgebietes hat die Forche ihre Mitgliedschaft im Walde bis um 1800 nur durch natürliche Ansamung, nicht durch Saat erworben.

Das natürliche Vorkommen der Forche in unserem Areal ist einerseits den Vorstößen der alpinen Forche aus den Vorbergen, jedenfalls einer wuchskräftigen, gesunden Art zuzuschreiben; anderseits ist die Forche im Moorwald als einer der ersten Waldbäume nach der Eiszeit beheimatet und hat, wie schon eingehend ausgeführt, aus den vielen Moorrandwäldern ihre Vorstöße entsandt, wenn auch nicht so kräftig wie die Fichte.

Alle diese Gründe reichen nicht hin, hier einen primären Waldtyp von Bedeutung mit einem führenden Anteil der Forche auszuscheiden. Die Forche ist hier sogar ein Charakteristikum des sekundären Waldtyps, in welchem sie Begleiter wurde. Nur in wenigen örtlichen seltenen Gesellschaften ist sie Gesellschafter. Ein wichtiges Argument gegen einen natürlichen Forchenwaldtyp liegt schon darin, daß es sehr zweifelhaft ist, ob die gegenwärtigen, aus Sekundärtypen entstandenen Waldbautypen mit ihren Anteilen an schönen Forchen diese ungeschmälert auf die Dauer behalten könnten, wenn die gerade die Forche pflegende und begünstigende Waldbaukunst ausgeschaltet würde. Im heutigen, die Tettnanger Terrassen bedeckenden Wirtschaftswald z. B. kann man nur mit Staunen die ungeheure Wuchskraft der Buche auch auf den trockenen Böden beobachten, die ihre einstige Vorherrschaft wieder zurückzugewinnen sucht.

DER WEG ZUM WIRTSCHAFTSWALD

Zurückblickend und zusammenfassend glauben wir feststellen zu können:

a) Im oberschwäbischen Allgäu zwischen der Adelegg und der Schussen ist der Plenterbetrieb in der zweiten Hälfte des 18. Jahrhunderts allmählich durch eine Art Schirmschlag und durch den Schmalsaumschlag zurückgedrängt, aber keineswegs ersetzt worden.

b) Westlich der Schussen liegt das Tannenmaximum zwischen Ravensburg und dem Mittellauf der Rotach im Umkreis des Höchsten. Hier scheint der Breit-Schirmschlag schon länger und geregelter ausgeübt worden zu sein als im inneren Allgäu. Um 1800 gibt es bereits viele Fichten-Forchen-Bestände im verhältnismäßig gleichaltrigen Aufbau. Es zeigt sich auch ein Übermaß von Fichten-Forchen-Beständen ohne Tannen gegenüber Fichten-Tannen-Beständen oft unmittelbar im gleichen Raum. Im Tannenareal weist diese Scheidung deutlich auf die Art der Behandlung, auf örtlich länger zurückreichende schlagweise Nutzung im Buchen-Tannen-Wald hin.

c) Der einstige Buchen-Laubholz-Mischwald im Schussen- und im unmittelbaren Bodenseebecken, längst durch Fichten-Forchen-Vorstöße beeinflußt, ist seit dem 18. Jahrhundert durch Fichten-Forchen-Waldbauvorstöße nicht nur auf den Terrassen, sondern auch auf der Grundmoräne und auf den Drumlins in Umwandlung in Fichten-Forchen- und Forchen-Fichten-Bestände mit Buchen begriffen.

d) Mit wenigen Ausnahmen überschritt das Alter der Bestände kaum 60—70 Jahre; dem entsprach auch die Umtriebszeit im Hochwald. Infolge des ständigen Herausplenterns der stärksten Stämme mangelte es allgemein an Starkholz.

Die Entwicklung des mit Fichten und auch mit Forchen schon länger stärker gemischten Buchen-Tannen-Waldes zum heutigen Typus des Wirtschaftswaldes ging unter dem straffen Regime der württembergischen königlichen Forstämter im südlichen Oberschwaben rasch vor sich. Die Schlagstellung für die natürliche Verjüngung war durch die Technische Anweisung von 1819 für die wichtigsten Holzarten vorgeschrieben. Struktur und Gefüge der Waldungen war am Beginn des 19. Jahrhunderts sowohl hinsichtlich der Qualität als auch der Masse nach wohl überwiegend mangelhaft; sie wurden nun bedeutend und rasch verändert, zum Teil durch sehr gewaltsame, rein das Technische berücksichtigende Eingriffe.

Großes Gewicht wurde auf eine sogenannte „Bestandesveredlung" zur Verbesserung und Vermehrung des Nutzholzes gelegt. In Laubwaldungen suchte man wieder die Buche, die Eiche und andere edle Holzarten zu begünstigen; Nadelwaldungen sollten durch das „Überhalten gesunder Forchen und Weißtannen" (zum Beispiel Altshausen 1839) regeneriert werden. Allgemein wurde über die frühzeitige Rotfäule der Fichte geklagt und auch aus diesem Grunde die Tanne bevorzugt. Daher schritt man auch zu Tannensaaten unter Schirm auf kleineren Plätzen.

Innerhalb des Tannenareales hatten sich im Laufe des 18. und im beginnenden 19. Jahrhundert aus dem ursprünglichen natürlichen Mischwald bzw. seinen Resten, mehrere sich voneinander unterscheidende Waldbautypen ausgebildet:

    a) ein ungleichaltriger, später mehr oder minder gleichaltriger Tannen-Fichten-Wald mit Bucheneinmischung von wechselnder Menge

    b) ein ungleichaltriger, später mehr oder minder gleichaltriger Tannen-Fichten-Wald

    c) ein ungleichaltriger, später mehr oder minder gleichaltriger Fichten-Tannen-Forchen-Wald

    d) ein ungleichaltriger, später mehr oder minder gleichaltriger Fichten-Forchen- oder Fichtenwald.

Die ersten drei können wir als **naturnahe Waldbautypen** bezeichnen.

Die schematische Entwicklung lautet:

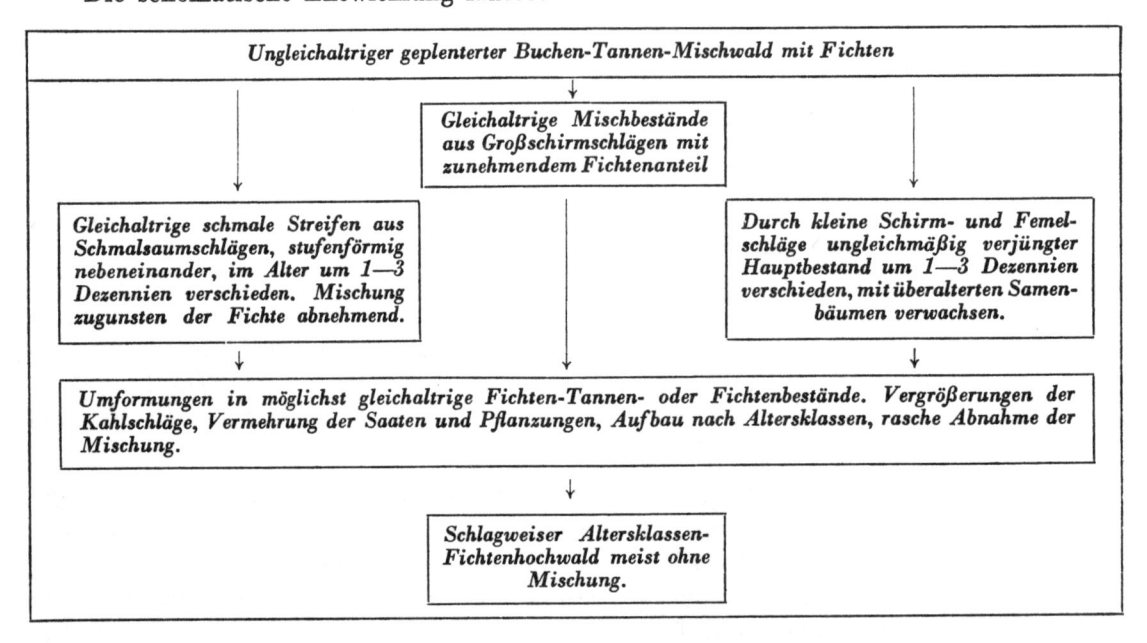

Ungleichaltriger geplenterter Buchen-Tannen-Mischwald mit Fichten

↓

Gleichaltrige Mischbestände aus Großschirmschlägen mit zunehmendem Fichtenanteil

↓

Gleichaltrige schmale Streifen aus Schmalsaumschlägen, stufenförmig nebeneinander, im Alter um 1—3 Dezennien verschieden. Mischung zugunsten der Fichte abnehmend.

Durch kleine Schirm- und Femelschläge ungleichmäßig verjüngter Hauptbestand um 1—3 Dezennien verschieden, mit überalterten Samenbäumen verwachsen.

↓

Umformungen in möglichst gleichaltrige Fichten-Tannen- oder Fichtenbestände. Vergrößerungen der Kahlschläge, Vermehrung der Saaten und Pflanzungen, Aufbau nach Altersklassen, rasche Abnahme der Mischung.

↓

Schlagweiser Altersklassen-Fichtenhochwald meist ohne Mischung.

Im Laubwald finden wir Sekundärtypen des Ausschlagwaldes in Umformung:
a) der Eichen-Buchen-Ausschlagwald mit edlem Oberholz aus Eichen-, Buchen, Hainbuchen, Eschen, Ahorn, Ulmen, Linden wird durch Zusammenwachsenlassen in einen Hochwald von Buchen, Eichen und Eschen im Hauptbestand und damit zu einem naturnahen Waldbautyp ausgeformt;
b) häufig war ein herabgekommener und daher weichholzreicher Laubholz-Fichten-Forchen-Mischwald
c) oder ein Erlen-Ausschlagwald mit Fichten auf moorigen Böden.

Die weitere waldbauliche Entwicklung dieser Typen konnte in verschiedenster Richtung gehen. Im Anfang des 19. Jahrhunderts bildete manches Waldstück noch immer die urzeitliche Vereinigung von Viehweide, Äckerichmast und Holznutzung, das restliche Kampfgebiet zwischen landwirtschaftlicher und forstlicher Konkurrenz.

Im Laufe von etwa hundert Jahren waren diese ungleichaltrigen Nadelholzwaldungen, aber auch mancher Laubholzmischwald, in gleichaltrige Fichtenbestände überführt worden. Die Tanne ging im großflächigen schlagweisen Betrieb rasch zurück. Die jüngsten Bestände enthalten kaum noch Tanne. Aber auch die noch vorhandenen Tannen in vielen Althölzern stehen meist in gleichaltriger Mischung mit der Fichte. Ihre Kronen erheben sich kaum über die Fichtenkronen. Tannenvorwüchse oder alte Samenbäume sind selten. In gleichaltrigen Beständen entwickeln die Tannen sogar Wasserreiser.

Dagegen sieht man im Mischwald, z. B. in Tobeln um Limpach am Höchsten, an einigen westlichen Ausläufern des Gehren und sonst da und dort, manchmal dunkle Tannenkronen frei über Buchen und auch über Fichtenmassen ragen.

In manchen Bauern-, Gemeinde-, oder Stiftungswäldern hat eine konservative Tradition der Tanne ihre Stellung erhalten. Aber ein Plenter- oder Femelwald im echten Sinne ist leider nirgends mehr zu sehen, sogar ein ungleichaltriges Gefüge ist selten; immerhin enthalten solche kleinen Waldstücke zwischen 20—70 v. H. Tanne, während die sie umgebenden großen Forste oft nurmehr aus Fichten bestehen. Auch hier hat die Regel manchmal eine Ausnahme gefunden.

Im südlichen Oberschwaben führen alle diese Tannenrelikte zur Überzeugung, daß die Lebensverhältnisse der Tanne nur im ungleichaltrigen Wald, am vollkommensten im Plenter- oder Femelwald, oder im Femelschlagwald ihre Erfüllung finden könnten. Im gleichaltrigen Tannen-Fichten-Bestand werden der Tanne die Lebensverhältnisse der Fichte aufgezwungen. Wenn die Tanne im Fichtenbestand wirklich gedeihen soll, muß sie ein höheres physiologisches Alter als die Fichte haben; sie muß in der Jugend langsam unter Schirm erwachsen sein, mit einem Vorsprung von 20—40 Jahren, um dann mit der viel jüngeren Fichte einen gemeinsamen Lebensabschnitt im Wirtschaftswald zu verbringen. Nur bei Kronenfreiheit wird sie ihr Bestes leisten.

Bei Anerkennung aller Leistungen und Verdienste der Forstwirte des 19. Jahrhunderts, ist es doch jammervoll, welche Möglichkeiten ungenutzt blieben, den Waldbautypen etwas mehr vom Charakter und Wesen des Naturwaldes zu erhalten.

Die „Waldtypen von einst" sind nicht nur gewachsene Architektur; sie sind empfindliches Produkt der natürlichen Grundlagen von Klima und Boden, Umwelt und Konkurrenz. Die „Waldbautypen von gestern und heute" können durchgeformte Kopien der Originale sein. Wenn sie aber dies nicht sind, sondern irgendein mechanischer beziehungsloser Ersatz des ursprünglichen Waldtyps, dann fehlt selbstverständlich nicht nur ein genetischer Zusammenhang in der Reihenfolge der Entwicklung, sondern auch ein organischer Zusammenhang mit der Umwelt. Dann aber wird auch dieser innere Gehalt mangeln, der allein natürliches Eigenleben und Fruchtbarkeit garantiert [258], [259].

Das oberschwäbische Tannenareal — Die Regionalwaldtypen — (Zusammenfassung)

Das Verbreitungsgebiet des Buchen-Tannen-Waldes mit Ahorn und Eibe wird physiognomisch und vor allem ökologisch durch besonders bevorzugte Standorte der Tanne bestimmt und abgegrenzt. In diesem Buchen-Tannen-Wald ist die Fichte im allgemeinen eingemischt, um so mehr, je mehr die Primärtypen zu Sekundärtypen absanken. Es gibt keine einfachere Möglichkeit der Bestimmung des Tannenareales als durch die Grenzen des optimalen Wuchsvermögens der Tanne. Die Tanne nimmt nach Norden in einem Randgebiet allmählich, nach Westen aber geradezu plötzlich ab. Zwischen den Vorbergen der Alpen, der beiläufigen Höhenlinie von 1200 m, und der Nord- und Ostgrenze des Buchen-Tannen-Waldes liegen manche Höhen von 900–700 m. Auf einigen Höhenzügen, wie z. B. dem Gehren, oder um Leutkirch-Zeil, an Hängen des Aitrach- und Illertales und anderwärts, somit inselartig, ist da und dort sogar noch eine Ausstrahlung des Charakters des Voralpenwaldes durch präalpine Kräuter und Sträucher merkbar. Im Gebiet des Vorland-Bergwaldes (siehe S. 38) sind die Hauptgebiete der großen Hochmoore und ihrer Pflanzengesellschaften arktisch-alpiner Prägung eingeschlossen. Der Buchen-Tannen-Wald in diesem Gürtel wird durch die Fichte nur sekundär bedingt stärker durchdrungen. Diese Durchdringung wird nicht zum Gesellschaftsverhältnis, sondern ist bloß die natürliche Auswirkung einer Nachbarschaft, die ohne wesentliche ökologische Hindernisse zu einer immer stärker werdenden Vermischung führt. Ähnliches sehen wir in den vertikalen Stufen des Gebirgswaldes, die sich nicht in scharfen Grenzen absetzen. So steigt z. B. die Fichte aus der Fichtenstufe hinab in die Buchen-Tannenstufe oder sogar in die Buchen-Eichen-Laubholzstufe.

Die Hochmoore sind in unserem Gebiet durch Verlandungen eiszeitlicher Seen entstanden. Ihre Wuchskraft dürfte aber doch durch die hohen Niederschläge mitbedingt sein, die gerade den südlichen Gürtel des Alpenvorlandes mit übermäßiger Feuchtigkeit bereichern. Die Pflanzengesellschaften der Hochmoore und der Moorwald selbst sind wohl in erster Linie durch die Haushaltsverhältnisse des Bodens, also edaphisch bestimmt, in zweiter Linie aber auch durch die Reichhaltigkeit der Niederschläge und durch die zu wiederholten plötzlichen Kälteextremen neigende Temperatur. Der Buchen-Tannen-Wald ist vor allem durch ausgewogene klimatische Verhältnisse, dann aber auch durch einen nährkräftigen, sich immer wieder regenerierenden Boden bedingt. In der Hauptsache scheint es der Niederschlagsfaktor zu sein, der die Hochmoore, den Moorwald und die Fichte mit dem Buchen-Tannenwald in eine enge Nachbarschaft zusammenführt, wobei aber zwischen Hochmoor und Moorwald einerseits, zwischen Buche und Tanne andererseits scharfe und fast unübersteigbare örtliche Grenzen bestehen bleiben. Diese Grenze wird jedoch von der Fichte und auch von der Waldforche ohne Hemmungen überschritten.

In der allmählichen Abnahme der Häufigkeit (Mengenanteil in der Gesellschaft) und der Wuchskraft (Gedeihen, Optimum) der Tanne nach Norden zu spüren wir einen gradmäßigen Unterschied zwischen der großartigeren Landschaft in der Nähe und der bescheideneren in wachsender Entfernung vom Alpenrand. Dieser zeigt sich auch in einer allmählichen Verarmung der dem Buchen-Tannen-Wald eigenen artenreichen Pflanzengesellschaft. Mit dem Wechsel der Landschaften, die aber selten scharf abzugrenzen sind, verändert sich oder wechselt der Regionalwald, d. h. der eine „Region" eindeutig charakterisierende natürliche Waldtypus, der heute jedoch nicht immer ohne weiteres zu erkennen ist. Mit dem Begriff der Landschaft muß man jedoch sehr vorsichtig sein. Gradmann verlangt von einer „gut ausgeprägten natürlichen Landschaft", „daß alle ihre Teile unter sich mehr Ähnlichkeit haben, als mit sämtlichen benachbarten Landschaften". Wir aber legen weniger auf die physiognomischen Merkmale, sondern mehr auf den Großhaushalt der Region Gewicht als einer klimatisch, orographisch und ökologisch umschriebenen Einheit (s. S. 86).

Wir umschreiben das oberschwäbische Tannenareal:

a) durch die im württembergischen Oberschwaben verhältnismäßig sehr schmale Zone des Voralpenwaldes oder präalpinen Bergwaldes von Buchen und Tannen, mit Ahorn und Eibe, vermischt mit Fichte (s. S. 22),

b) durch die innere Zone des Vorland-Bergwaldes von Buche und Tanne mit Ahorn und Eibe, vermischt mit Fichte. Wir umgrenzen die innere Zone des Bergwaldes, zugleich innere Zone des Tannenareals, mit einer Linie, die im Westen von der Deggenhauser Ach, im nördlichen Halbkreis von der inneren Jungendmoräne einschließlich des Altdorfer Waldes, ab Wolfegg von der äußeren Jungendmoräne, mit Einbeziehung des Südostrandes der Altmoräne von Zeil bis zur Iller gebildet wird (s. S. 38, 49).

c) Vor ihr liegt die äußere Zone des Vorland-Bergwaldes oder die äußere Zone des Tannenareals, die östlich und westlich der oberen Schussen von der äußeren Jungendmoräne, östlich von der oberen Riß vom Südgürtel der Altmoräne eingenommen wird; ihre Grenze ist etwa die Grenze der kleinen nördlichen Hochmoore. Der Vorland-Bergwald strahlt noch auf die Deckenschotter etwa bis auf die Höhen von Tannheim aus. (Die Bergulme tritt in der inneren und äußeren Zone verhältnismäßig häufig auf.)

d) Vor der äußeren Zone des Vorland-Bergwaldes bzw. der äußeren Zone des Tannenareals liegt die Randzone des Tannenareals, in dem der Vorland-Bergwald vom Buchen-Eichen-Wald des Vorlandes abgelöst wird.

Die Grenzlinie der Randzone der Tanne liegt etwas südlicher als die Fichtenvorstoßlinie im 16. Jahrhundert; sie wird manchmal von Vorposten überschritten.

Die Abgrenzungen sind schematisch. Zwischen allen diesen Typen gibt es keine scharfen Grenzen, sie sind in Übergängen miteinander verbunden. Nunmehr folgt die vorläufige Übersicht über die ursprünglichen Waldtypen.

I

Regionalwaldtypen

(Vom Alpenrand gegen die Donau zu)

Vorwiegend großklimatisch bedingte, edaphisch, geomorphologisch, evtl. lokalklimatisch differenzierte Primärtypen

1. Voralpenwald oder präalpiner Bergwald von Buche und Tanne mit Ahorn und Eibe, vermischt mit Fichte	präalpiner und stark ausgeprägt montaner Charakter
2. Vorland-Bergwald von Buche und Tanne mit Ahorn und Eibe, vermischt mit Fichte	
a) alpennähere Innenzone	stark ausgeprägt montaner und montaner Charakter
b) alpenentferntere Außenzone	montaner Charakter

3. innerhalb der Rand- und Vorpostenzone der Tanne: Buchen-Eichen-Wald, mehr oder minder mit Einmischung der Tanne und mit Fichtenvorstößen	montaner Charakter
4. Buchen-Eichen-Wald und Eichen-Buchen-Wald mehr oder minder in der fichtenfreien Zone des nördlichen Gürtels Oberschwabens	abgeschwächt montaner und kolliner Charakter
5. Eichen-Buchen-Laubholz-Mischwald in warmen Tieflagen; Eichen-Eschen-Laubholz-Mischwald in feucht-frischen Lagen.	kolliner Charakter

II

Waldtypen extremer Standortsbedingungen

Edaphisch, geomorphologisch, evtl. lokalklimatisch bedingte Primärtypen

a) Der Bergforchen-Hochmoorwald

b) Der Fichtenmoorrandwald

c) Grundwasser-bedingter Auwald an den Alpenflüssen

d) Örtliche Ausbildungen eines trockenen Eichen-, Forchen-, oder Forchen-Eichen-Waldes auf Sand oder Kies

e) Erlen-Moorbirken-Fichten-Wald auf nassen und moorigen Örtlichkeiten

f) Morphologisch und lokalklimatisch bedingter Tobelwald, ein Mischwald von Buchen, Eschen, verschiedenem Laubholz, von Eiben und Tannen.

WESTLICHES ALPENVORLAND MIT DER WESTLICHEN BODENSEELANDSCHAFT (RHEINTALGLETSCHER)

In der Darstellung dieser Landschaft greifen wir etwas über das Alpenvorland im engeren Sinne hinaus in das Juragebiet hinein. Als landschaftliche Grenze nehmen wir die obere Donau zwischen Scheer und Tuttlingen mit dem Eckpfeiler des Witthoh, so daß wir noch den Anschluß an die Südwestalb gewinnen. Dieser Raum verfügt über eine mannigfaltige geologische Gliederung von Jurakalkstein, Juranagelfluh, oberer Süßwasser- und unterer Meeresmolasse, den Ergußgesteinen der Hegauberge einerseits und im breitesten Maße der Jung- und Altmoräne anderseits.

Bei dieser waldgeographischen Darstellung werden wir uns zur stärkeren Hervorhebung der topographischen und morphologischen Gliederung der Einteilung bedienen, die das Gewässersystem, in seiner Orientierung der Donau oder dem Rheine zu, bietet. Reizvoll werden die Zusammenhänge besonders durch eine Fiktion von Flußlinien über die Wasserscheide hinweg. So wie wir hier in Oberschwaben eine große Linie Riß-Schussen ziehen, können wir für das westliche Vorland Linien der Ablach-Stockach, der Ostrach-Rotach, der Andelach-Deggenhauser Ach bilden. Da sich zwischen diesen Gewässerlinien die Blöcke, Tafeln und Höhenrücken der Alt- und Jungmoräne mit ihren Wäldern erheben, wird die Großlandschaft in plastische Unterlandschaften aufgeteilt.

Geschichtlich wird dieser Raum repräsentiert durch das Bistum Konstanz mit dem offiziellen kirchlichen Sitz in Konstanz und dem offiziellen fürstbischöflichen Sitz in dem rebenumgürteten heiteren Meersburg; weiter durch die Grafschaften Sigmaringen, Heiligenberg, durch die Herrschaft Meßkirch des unvergeßlichen Chronisten Werner von Zimmern; durch die habsburgische Landgrafschaft Nellenburg mit dem spätern Amtssitze in Stockach, der Stadt des kaiserlich privilegierten Narrengerichtes; durch die Territorien des geistlich und weltlich mächtigen Zisterzienserklosters Salem (Salmannsweiler), des Klosters Petershausen bei Konstanz, des Frauenklosters Wald; durch die Reichsstädte, wie das einst wirtschaftspolitisch und strategisch wichtige, kunstreiche Kleinod Überlingen und das bescheidenere bürgerlich-bäuerische Pfullendorf; im Westen der seltsam bizarre Hegau mit den Burgen Hohentwiel, Hohenstoffeln und anderen; durch eine Unzahl reichsritterschaftlicher Herrschaften; und durch das geistig kulturelle Übergewicht des einstigen Vorderösterreich, im Hegau vertreten durch die Direktorialstadt Radolfzell.

Wald zwischen der Schwarzach und der Ostrach

Nördlich der von Ostrach aus über Hoßkirch, Altshausen gegen Aulendorf gezogenen Grenzlinie des Tannenareals [53]) treten wir — vorerst immer noch in der Jungmoräne — in ein ehemals mehr oder minder reines Laubwaldgebiet ein. Der große Hart bei Altshausen enthält nach der Taxation von 1829 [26]) keine Tanne, nur Fichten und Forchen im restlichen Grundbestand von Eichen; ihm verwandt sind einige zwischen Altshausen und Ebersbach gelegene Waldungen, die sich um 1829 besonders noch durch viele 200—300jährige Eichen auszeichnen; Reste dieser Bestockung sind heute noch zu sehen. Wir befinden uns in einer von der keltischen Urbevölkerung dicht besiedelten Gegend; diese Waldungen waren schon Weidewald in frühgeschichtlicher Zeit (keltische Hügelgräber im Hart bei Altshausen). Um diese Harte herum nimmt das Laubholz unter Führung der Buche mit vielen Hainbuchen und Eschen zu. Das „Dorna" bei Altshausen, dem Namen nach einst ein niederes Stockholz mit „Dornen" — der Sammelausdruck für Sträucher aller Art — ist heute ein eindrucksvoller Hochwald voll hochstämmiger Buchen besonderer Qualität. Inmitten der vielen Moore können wir als Sekundärtyp einen Eichen-Laubholz-Niederwald mit Eichen und Eschen im Oberholz auf der tieferen Grundmoräne ausscheiden; auf der Jungendmoräne gegen den Wagenhart zu verstärkt sich der Eindruck des einstigen Buchen-Eichen-Waldes, der heute bis auf Reste in Fichtenbestände nivelliert ist.

Der Wagenhart

Der große Altmoränenblock mit dem Wagenhart und anderen Wäldern, zwischen der aus dem mächtigen Pfrungerried kommenden Ostrach und der aus den Rieden um Hochberg-Ebersbach kommenden Schwarzach, bildet den Übergang von der Jungmoräne hin in das Donautal und zur Alb. Alle Waldungen hierherum stocken auf Erhöhungen von 600—670 m. Im Königseggschen Urbarium von Hoßkirch ist 1576 [31]) von vielen Außenäckern, also von Waldfeldbau im Wagenhart die Rede. Zur gleichen Zeit ist das „Tannholz" bei der Brunnenhilb „im Sack" erwähnt. Das Georgsholz gegen Hoßkirch zu wird 1589 genannt, wo „alles mit großen Eichbäumen vermarkt ist". Die Waldnamen Buchberg, Buchbühl, Buchen, Wiedumbuch, Frankenbuch bezeugen den Buchen-Eichen-Wald. Im Jahre 1705 hat Geometer Heber den Salemschen Wald Magenbuch, westlich der Ostrach, und den Wagenhart kartographisch aufgenommen [54]). Gleich wie der Ostracher Wald in einem Kartenfragment aus dem 16. Jahrhundert [55]) als Laubwald erscheint, sind beide Waldungen auch anfangs des 18. Jahrhunderts als Laubholz kartiert, der Wagenhart stärker, der Magenbuch eher schwächer mit einzelnen Nadelbäumen untermischt. Die Markungsbäume sind nach der Beschriftung Buche, „Tanne" und Eiche. Nach der unmittelbaren Nachbarschaft der Jungmoräne und dem ganzen Charakter des Waldes, nach der wiederholt konstatierten Bevorzugung der Weißtanne als Markungsbaum, könnte darauf geschlossen werden, daß die Tanne im Wagenhart vorpostenweise noch vertreten gewesen ist. Diese Wahrscheinlichkeit wird auch durch das pollenanalytische Waldbild um den Federsee gestützt. Teils dafür, teils dagegen spricht die Mosersche Taxation von 1790 der Herrschaft Friedberg-Scheer [56]), nach der junge Weißtannen im Bolsterer Forstrevier bei Ursendorf, im Gerstenstock (wohl richtig Egertenstock) in einem Buchen-Fichten-Mischwald mit dem Bemerken verzeichnet sind, „die man sonst in der ganzen oberen Herrschaft nirgends findet". Der zu dieser Herrschaft gehörende Teil des Wagenhart hat nach der Moserschen Beschreibung von 1790 das Schicksal rücksichtsloser Ausplünderung erfahren. Er bestand aus verschiedenaltrigem Holz, aus Fichten, Birken, Aspen; „Eiche im ganzen Wagenhart nicht 50 Stück, Buche etwas mehr unter den Fichten; früher war mehr edleres Buchenholz, bei der schlechten Behandlung hat das weiche Holz eingewuchert". Das anstoßende Furtholz bei Bolstern hatte man vor Jahren einem Bauern überlassen, der hat „den ganzen Wald hindurch Sägtannen, Bauholz, Buchen und Eichen herausgehauen, wo er wollte". Wohl sei noch einiges Fichtenbauholz, einige Birken, Linden und Eichen vorhanden, aber sonst gäbe es nur Platten, Fichtenanflug, ein Stück Aspen; Windbruch und faules Holz sei die Folge solcher unregelmäßigen Schlagführung.

Dieses Bild der Verwüstung durch wildes Plentern ist für das 17. und 18. Jahrhundert typisch. Im Jahre 1790 ist die Fichte durch Anflug in den ehemaligen Buchen-Eichen-Wäldern zwischen der Ostrach und der Schwarzach infolge des „unordentlichen Hauens" im raschen Vorstoß. Ihre Einmischung dürfte dagegen noch im 16. Jahrhundert gering gewesen sein. Seit etwa Mitte des 18. Jahrhunderts wird in den Waldungen der Grafschaft Friedberg-Scheer Fichte gesät, wohl meist nur auf den reichlich vorhandenen Blößen. Nunmehr werden die Schläge mit Bedacht auf natürliche Wiederbesamung in Süd- und Westrichtung geführt. Nach der Anschauung seiner Zeit wünscht Moser die gemischten Wälder möglichst in Reinbestände umzuwandeln. Man wollte den ungleichaltrigen und mit allen Holzarten ungleichmäßig vermischten Wald rasch in reine und gleichaltrige Bestände überführen. Aber 1790 sind noch immer viele Buchenmischbestände vorhanden, oder erst vor kurzem abgetrieben worden; fast überall sind Alteichen eingemischt. Die aus frühesten Zeiten stammenden Rechte auf das Äckerich werden, wie in der Taxation bemerkt ist, durch die Zunahme der Fichte hinfällig.

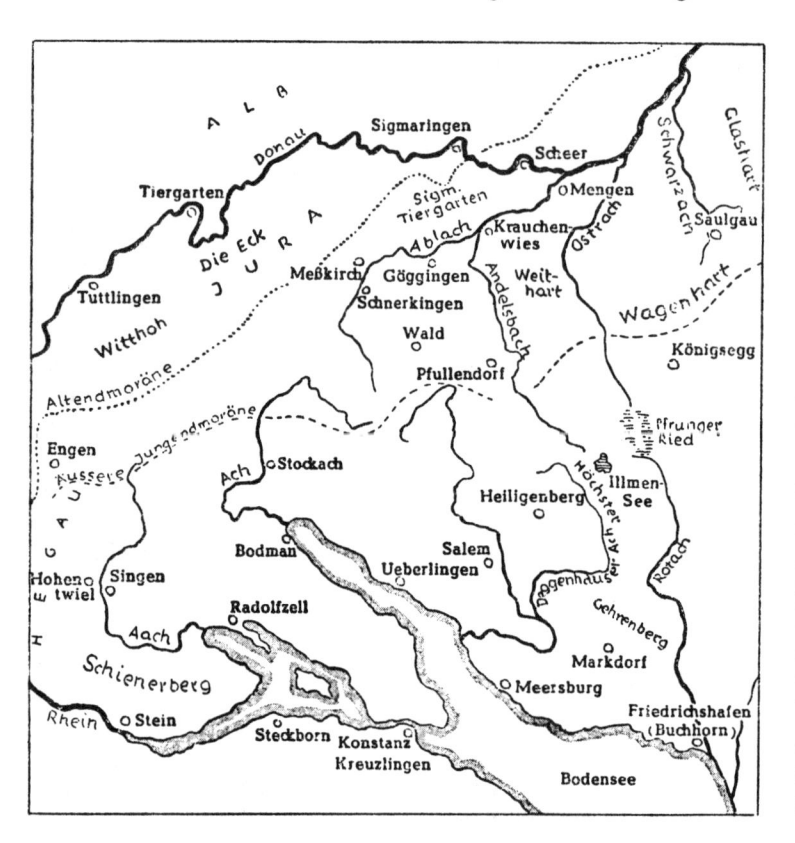

Westliche Bodenseelandschaft i. w. S.

Wald zwischen der Ostrach, dem Andelsbach und der Ablach

Das Pfrunger Ried

Die Hochmoorzone zwischen der äußeren und inneren Jungendmoräne schneidet im westlichen Abschnitt der großen Hochmoore mit dem mächtigen Pfrunger Ried ab. Zehn Kilometer lang, vier breit liegt es auf einer Höhe von 620 m im Süden, 605 m im Norden beim Ausfluß der Ostrach; von Jungendmoränen umsäumt ist es im Norden von den Waldbergen von Königseggwald, im Süden von den Waldbergen des Höchsten überragt. Die Landschaft des Riedes und des stillen Ilmensees erinnert durch das vorherrschende Grünland und durch die Pflanzenwelt der Hochmoore an das Allgäu.

In einem Radius von etwa 10—15 km um das Pfrunger Ried herum liegen nur wenige Orte auf -ingen verstreut; es überwiegen die Orte der späteren Siedlungsperiode auf -dorf, -hausen, -hofen; die Zwischenräume sind ausgefüllt mit Weilern (-weiler) aus der letzten Siedlungsperiode. Ein Vergleich dieser Ortsnamengruppen mit denen der Donaulandschaft und des Hegau, wo die Urgemeinden (-ingen) überwiegen, zeigt sofort die Unterschiede in der Besiedlung und deren Folgen: um den Wagenhart und um das Pfrunger Ried herum war länger dichter Urwald, unterbrochen von lichtem Hochmoorgestrüpp und dunklem Moorwald.

Obwohl das Hochmoor des Pfrunger Riedes größtenteils als Torfstich oder als Kultur- und Streuwiesen umgewandelt landwirtschaftlich genutzt wird, hat sich im „Großen Trauben" und im „Tisch" der Rest eines Bergforchenwaldes mit hochstämmigen Spirken erhalten, umgeben von Moorrandwäldern wechselnder Zusammensetzung, von Fichten, Forchen, Bergforchen und Birken.

Franz Bertsch hat aus seinen pollenanalytischen Untersuchungen des Pfrunger Riedes die vorgeschichtliche Entwicklung des Waldes in Südwestdeutschland abgeleitet [57]. Bei Berücksichtigung der Überrepräsentation des Forchenpollens ist zur Zeit des in die Bronzezeit fallenden Buchengipfels die Tanne bis zu 30 v. H. in einigen Diagrammen enthalten. Dagegen nimmt die Fichte überhaupt keine beherrschende Stellung im Diagramm, auch nicht in ihrer Hauptentfaltung ein. Bertsch läßt die natürliche Verbreitung (Hauptverbreitung) der Weißtanne nördlich einer Linie enden, die etwa von der Einmündung der Aitrach in die Iller zum Pfrunger Ried, von diesem im Südzuge nach Sipplingen zwischen Überlingen und Ludwigshafen an den Bodensee und von da wieder nördlich nach Tuttlingen zum Anschluß an die Tannenverbreitung in der Südwestalb zieht. Die Nordgrenze der Fichte verlegt er etwas nördlicher, vor die der Tanne.

Wald um Mettenbuch

Nur durch einen Rücken von über 70 m Höhe vom Pfrunger Ried getrennt, liegen auf einem Grundmoränenblock die Waldungen um Mettenbuch und Ochsenbach, im Norden vom Moor „Taubenried" begrenzt. Der Ort Mettenbuch und dessen Feldmarkung, von den Siedlern seinerzeit „mitten im Buch" angelegt, beweist in seinem Namen den einstigen Buchen-Laubholz-Mischwald; die „Falkenegerten" erinnern an den Waldfeldbau, der „Stock" gegen die Gemeinde Denkingen an Ausschlagwald, der „Buchschorren" und „Die Birken" bei Ochsenbach ergänzen dieses Waldbild. Nach der Taxation von 1818 [58] ist die Hauptbestockung zwar schon aus Fichten gebildet, aber immerhin noch von Buchen und Laubhölzern aller Art durchsetzt. Nur der Hang des Hochberges hat den typischen stärkeren Buchenanteil bewahrt. Die Fichte ist jedenfalls von den Moorrandwäldern der Umgebung eingewandert.

„Der Weithart" [59]

Der stark bewaldete Block der Altmoräne zwischen dem Andelsbach, der Ablach und der Ostrach trägt anschließend an das Pfrunger Ried im Südteil den Salemschen Forst Magenbuch, im Nordteil die uralte Gemeinmark, den „Weithart". Dieser große ausgedehnte Hart war gemeinsame Allmende der Städte Pfullendorf und Mengen, von acht Dörfern, und des Klosters Habstal. Er wurde erst im Beginne des 19. Jahrhunderts real aufgeteilt.

Die mehrhundertjährige gemeinsame Benützung dieser gemeinen Mark hatte schon in den Jahren 1522, 1593, 1602 und 1622 zu Verhandlungen, Vergleichen, Rezessen und Ordnungen infolge der Verwüstung des Waldes geführt. Besonders nach dem Dreißigjährigen Krieg schien der Wald in „Abgang" zu kommen; damals hatte die „Verödung" ein unmögliches Ausmaß erreicht. Wiederum wird, diesmal 1740 vom vorderösterreichischen Oberamtsrat in Stockach, zwischen den Genossen vermittelt und ein „Rezeß über die Abteilung des Waldes" verfügt. Eingangs wird gesagt: in diesem Walde sei kein rechter Stumpen Bauholzes vorhanden, dagegen verschiedene verwüstete Plätze von einem und mehr Jauchert ohne einigen Aufwuchs zu finden; wenn keine Mittel vorgekehrt würden, wäre die gänzliche Abtreibung des Waldes in wenigen Jahren zu besorgen. — Eine Eichelordnung von 1521 und die wiederholte Erwähnung der Eiche in den Ratsprotokollen von Pfullendorf weisen nach, daß die Eiche, wie es einem Hart entspricht, als geschonter Mastbaum einen großen Anteil an der Bestockung des Weithart hatte. Anderseits wissen wir durch eine Harzerordnung für die nahe Gemeinde Spöck aus dem 16. Jahrhundert [60]), und aus Rechnungen des Spitales Pfullendorf von 1597—98, daß auch im Weithart bereits geharzt worden ist. Es war schon damals die Fichte stärker eingedrungen. In den letzten Jahrhunderten hat, durch die Verödungen begünstigt, auch die Forche zugenommen, wie ebenfalls aus Ratsprotokollen hervorgeht, auch aus Waldnamen wie „Fohrenstock" bei Rosna, obwohl heute die Forche nicht stark vertreten ist. Im Rezeß von 1740 wird wegen der vielen öden Plätze angeordnet, daß auf jeder Jauchert acht bis zwölf Samenbäume stehen zu bleiben haben, ebenso sind alle gesunden, zum Bauholz geeigneten Eichen gebannt. Gebannt werden auch die Einschläge oder Haue, von denen nicht mehr als vier oder fünf im ganzen Walde zu gleicher Zeit gemacht werden dürfen. Die Bestockung scheint außer den Eichen nur mehr aus Fichten, Forchen, Aspen, Birken und Erlen bestanden zu haben. Von der Buche ist überhaupt nicht mehr die Rede, sie wird, vermutlich bei dem starken Bedarf der Städte Pfullendorf und Mengen, schon früh ausgehauen worden sein. Bei der außerordentlichen Lichtstellung und der ständigen Weide mußte sich die Buche verlieren, nicht zuletzt durch den Frost. Ein von R. Hauff [61]) 1948 aus Rohhumus des „Hirschsoppen", einem Moorbirken-Erlen-Sphagnummoor, gewonnenes Pollendiagramm enthält: Erle 28 v. H., Forche 23 v. H., Birke 13 v. H., Buche 13 v. H., Eiche 9 v. H., Fichte 5 v. H., Tanne 3 v. H., Hainbuche 1 v. H., daneben zahlreiche Ericaceen, Sphagneensporen, Carexpollen. Eine Zeitbestimmung ist leider nicht möglich. Manche Überrepräsentation wird wohl auf örtliche Einflüsse zurückzuführen sein. Jedenfalls ist der geringe Anteil der Buche im Diagramm für diese Landschaft besonders auffallend. Die Mißhandlung des Weitharts in früher Zeit läßt sich auch heute noch durch Myrtillustypen in Fichtenbeständen, zum Unterschied von den nach Westen angrenzenden Waldungen, erkennen. Die mit Fichtenreinbeständen zugedeckten einstigen „Öden" verraten sich durch die ungünstigen Bodenvegetationstypen.

Um die Ablachlinie

Der Raum zwischen der Donau und dem Bodensee wird von der Ablach, und in deren Fortsetzung von der Stockach, diagonal geteilt. Diese die Wasserscheide in sich bergende Diagonale benützen wir als geographische Grundlinie bei der Untersuchung der Waldtypen. Etwa fünf Kilometer westlich der Ablach läuft ziemlich parallel mit ihr bereits die Grenze zwischen Altendmoräne und Jurarand.

Wir wollen vorerst die Verhältnisse der Waldungen Ablach-aufwärts, von Krauchenwies ab bis Meßkirch, und schließlich bis zum Ursprung der Ablach erkunden.

Wald der Grafschaft Meßkirch [24]

> "Item, du sollst deine Wälder in Ehren halten."
> Aus Herrn Werner von Zimmerns Vermächtnis anno 1483 an seinen Sohn Herrn Johann Werner von Zimmern.
>
> (*Meßkirch*, Zimmern'sche Chronik.)

Die vorhandenen Aktenbestände aus dem 18. Jahrhundert betreffen die Waldungen auf den Markungen Göggingen, Schnerkingen, Oberbichtlingen und Wackershofen, sämtlich Orte der Grafschaft Meßkirch an der rechten Talseite der Ablach.

Das Waldbuch von 1738 läßt erkennen, daß die einstigen "Hohen Buchenwaldungen", an die ein Flurname bei Oberbichtlingen erinnert, sekundären Beständen gewichen sind. Unter den alten Buchen und Eichen, die mit Aspen und Birken das Oberholz bilden, befindet sich als Unterholz immer wieder "Aufwachs von Erlen, Birken, Aspen und Eichen".

Diese Laubhölzer werden als Niederwald mit Oberholz umgetrieben. Die Bestände regenerieren sich hauptsächlich durch Ausschlag.

Die im Anfang des 18. Jahrhunderts im allgemeinen äußerst bescheidene Einmischung der Fichte ist dadurch trefflich charakterisiert, daß im ganzen Wald "junge, auch einzelne alte rauhe Fichten" verstreut stehen. Die Fichte ist somit zum Teil ins Oberholz eingedrungen, im übrigen in Ausbreitung begriffen. Von Süden herkommend hatte sie im "Wackershofer Bau" bereits im frühen 18. Jahrhundert Oberhand gewonnen; hundert Jahre später, im Anfang des 19. Jahrhunderts, herrscht sie bereits in allen Waldungen zwischen Ablach und Andelsbach. Die Bestände sind noch um 1800 weitständig, wenig geschlossen, ungleichaltrig stufig.

Für die Grafschaft Meßkirch bedeutete der Fichtenvorstoß und spätere Fichtenwaldbauvorstoß eine für die damalige Zeit sehr wichtige wirtschaftliche Veränderung. Den Vorstößen folgte der Fichtenanbau. Die Taxation von 1814 stellt mit Stolz fest, daß die Grafschaft Meßkirch, die bisher von weit her und um teures Geld mit Nadelbauholz versorgt werden mußte, nunmehr in diesen Waldungen über Fichtenbauholz zur Genüge verfüge; diese Waldungen haben die Bauholzreserve der Grafschaft so lange zu bilden, bis auch in den anderen Revieren die nunmehr seit 30 und 40 Jahren künstlich herangezogenen Nadelholzbestände zum Hieb herangereift sein würden.

Die Entwicklung ist seit der Mitte des 18. Jahrhunderts auf verschiedenen Wegen rasch vor sich gegangen:

a) In Plenterbeständen, in denen die Fichte eingedrungen war, wurde das Laubholz herausgehauen und die Fichte in unregelmäßiger Schirmschlagstellung verjüngt. Diese Bestände kennzeichnen sich noch anfangs des 19. Jahrhunderts durch ihre ungleichaltrigen Baumhölzer. Lücken wurden mit Nadelholz besät oder ausgepflanzt.

b) Im Mittelwald wuchs die Fichte immer mehr ins Oberholz hinein; nach Aushieb der Laubhölzer verwuchs der Bestand allmählich zum Fichtenhochwald; größere und kleinere Lücken wurden kultiviert.

c) Die "Triebhölzer", der vollständig herabgekommene Weidewald, bestand nurmehr aus holzleeren Blößen und aus Dorngestrüpp mit einzelnen überständigen Alteichen. Diese Flächen wurden planmäßig durch Einsaat von Fichten und Forchen neu in Bestockung gebracht.

Zusammenfassend kann man feststellen: etwa zwischen 1750 und 1850 vollzog sich bei dem damals kurzfristigen Umtrieb die Entwicklung von den einzeln stehenden, rauhen Fichten des Laubholz-Mischwaldes über ungleichaltrige, lückige Fichten-Laubholz-Mischbestände zu den ersten und zweiten gleichaltrigen, geschlossenen Fichtenreinbeständen. Die Borkenkäferkatastrophe von 1945—1948 zerstörte diese Waldungen fast vollständig. Sie hatte teils den zweiten, teils den dritten Fichtenreinbestand vernichtet.

Der Sigmaringer Tiergarten

Dem Weithart und den Waldungen von Gögginen gegenüber erstreckt sich auf dem Altmoränenblock zwischen Ablach und Donau der „Tiergarten" von Sigmaringen, eine weite, fast ebene Tafel mit einer Höhe um 650 Meter, etwa 40 Meter über der Donau, leicht ins sumpfige Ablachtal abfallend.

Die Waldnamen Ruprechtsbuchen, Fürstenbuchen, Junkersbuchen, Hohenbuchen, Eichwald, Weite Eichen, Nonnenbirken, Lindensoppen, Aspenhäule, bezeugen den Buchen-Eichen-Wald gemischt mit anderen Laubhölzern; die meisten Distrikte führen das Wort „Hau" im Namen; es war daher vorwiegend Niederwaldumtrieb mit Oberholz, nachdem der „Hohe Wald" vergangen war.

Die handgezeichnete Karte von 1789 und eine genaue „Bestandeskarte", ein Stahlstich mit fast moderner Signatur von 1824 [62]) lassen die Anfänge der Umwandlung der ursprünglichen Laubholzbestände noch erkennen; erst vom Ende des 18. Jahrhunderts ab sind systematisch aus kleinsten Anfängen Bestände von Fichten und Forchen geschaffen worden. Der künstliche Ursprung dieser Bestände verrät sich allein schon in den geometrischen Figuren und scharfen Grenzen dieser Abteilungen, die inmitten von Laubholzdistrikten von Eichen, Buchen, Aspen, Birken und Hainbuchen entstanden sind. In südlichen Distrikten gegen die Ablach zu überwiegen um 1800 bereits Mischbestände von Birken, Aspen, Fichten, Forchen; inmitten liegen einzelne Reinbestände von Forchen wie die Abteilung „Nagelsteinfohren". Mosaikartig sind Laubhölzer, Nadelholzeinmischungen und künstliche Nadelholzbestände vereint. Möglicherweise sind im 17. und 18. Jahrhundert vereinzelte Fichtenvorstöße vom Weithart her über die Ablach gedrungen.

Um Scheer

Um das Schloß Scheer in der Donauschleife herum gab es im 16. Jahrhundert noch kein Nadelholz. Nach einem Akt von 1593, der Streitigkeiten über das Flößen auf der Donau behandelt, hat der Truchseß von Waldburg als Besitzer von Scheer „etliche Flöße mit Brettern und Dielen weit oberhalb Sigmaringens auf der Donau flößen lassen zum Schloßbau auf der Scheer". Die Grafen von Werdenberg zu Sigmaringen hätten schon vor achtzig, neunzig und hundert Jahren (also um 1500) Holz aus dem Schwarzwald nach Sigmaringen geflößt. Bauholz von Fichte und Tanne hat um Scheer und Sigmaringen gefehlt. Das Flößen auf der oberen Donau wurde nur gelegentlich für bestimmte Zwecke vorgenommen. Trotz der Bemühungen des Kaisers Maximilian I. hat sich im 16. Jahrhundert keine ständige Floßfahrt entwickelt. Auch später entstand kein Fernholztransport auf der oberen Donau [63]).

Um Stadt Meßkirch [24])

Im Jahre 1814 stehen auf der „Meßkircher Stadtwiese", auf feuchtem Boden, „rauhe und kurze Fichten mit Erlen gemischt". Dies ist wohl der gleiche Platz, der im Jahre 1278 als „Güter zer Tannen", 1358 „Hinter der Tannen zu Meßkirch" genannt wird, der gleiche Platz „Bei den Tannen", wo anno 1503 die Zimmernschen Reisigen bei der Wiedereroberung von Meßkirch sich mit den Werdenbergern schlugen; dieser Platz führt heute noch den Flurnamen „Tannenöschle". Auf diesem Boden können wohl nur Fichten, keine Tannen gestockt haben. Wir haben hier einen der alten Wanderwege der Fichte im sumpfigen Tal vor uns. Alle diese Waldungen von Meßkirch, Heudorf, Bietingen, Krumbach und Boll westlich der Ablach, gegen die Alb zu, sind nach den Taxationen vom Ende des 18. bis Anfang des 19. Jahrhunderts Laubwaldungen im Niederwaldumtrieb mit Oberholz. Sie sind schon im Waldbuch von 1738 als „ganz erödet" beschriebene Bestände von Eichen, Aspen,

Linden, Birken, Salweiden, Erlen, Maßholder, Wildobstbäumen, „auch Buchen", Hagbuchen, Kirschen, „wenig Fichten und Forchen". Viele werden als Gestrüpp von jungen Buchen, Schwarz- und Weißdorn bezeichnet, „vielmehr einer Egert als einem Waldboden gleich". Keineswegs kann die Fichte dort seit langem in größerer Menge eingedrungen sein; die alten rauhen Fichten standen weit vereinzelt und waren nicht in jedem Bestand vorhanden. Zwischen den Bauern, die ihre altgewohnten Weidegründe, auf die vererbten Weiderechte pochend, hartnäckig verteidigten, und zwischen der physiokratisch besorgten Herrschaft, die mit aller forstlichen Energie die „Triebwälder in Aufwuchs nehmen" und somit kultivieren wollte, bestanden selbstverständlich große Spannungen; hiebei werden die Untertanen von Boll gegenüber den Fürstenbergschen Einschränkungen der Weide vom kaiserlichen Oberamte Nellenburg und später vom badischen Oberamte Stockach unterstützt.

Diese Waldungen liegen im westlichsten Raum des Alpenvorlandes zwischen der Ablach und dem Jura, im geologischen Grenzgebiet. Sie nähern sich schon der Nachbarschaft eines höheren und wilderen Waldgebietes, Höhen von über 700 m, einem Waldwinkel, wo Jura, Alt- und Jungmoräne zusammenstoßen. Dort liegt der Schindelwald („Wilde Hölle") auf Markung Neuhausen, alter württembergischer, zu Tuttlingen gehöriger Besitz. Im Schindelwald grenzen die Pflanzengesellschaften des Kalkbodens hart an die Pflanzengesellschaften der Moräne; in einem kleinen Hochmoor dieses Waldes hat eine Blütenstaubuntersuchung für eine frühere, jedoch nicht genau bestimmte Periode einen schwachen Fichtenanteil um 10 v. H. und einen auffallend hohen Tannenanteil von 27 v. H. ergeben [17]). Auch heute ist die Tanne im Schindelwald, wenn auch sehr spärlich, im herrschenden Fichtenbestand eingemischt.

Wälder auf Jura im Grenzgebiet der Alb

Zwischen Tuttlingen und Scheer

Der Stadtwald von Tuttlingen [64]) wurde 1794 vom württembergischen Forstkommissär Reuter beschrieben. Er liegt auf weißem Jura. Ende des 18. Jahrhunderts wurden je Morgen 30 Buchen-Laßraitel für einen doppelten Umtrieb als Samenbäume übergehalten. Die Buche wurde im Schirmschlag, aber auch durch Ausschlag verjüngt. Die Fichte wurde begünstigt, unter Umständen auch gesät. Solange in Fichten-Buchen-Beständen und in Fichten-Buchen-Tannen-Beständen geplentert und gefemelt wurde, erhielt sich diese natürliche Holzartenmischung. Das Bauholz wurde in einem eigenen Distrikt gezogen, in dem Fichte und Tanne mit Buchen vermischt herrschten. Die Betriebsformen waren nicht scharf voneinander abgegrenzt. Schmale Kahlschläge mit Überhalt und Seitenbesamung wechselten mit Mittelwaldbetrieb ab. Aber schon Ende des 18. Jahrhunderts ging die Buche zugunsten des begehrten Nadelholzes zurück, wobei damals schon die Fichte weitaus die Tanne überwog.

Das herzoglich württembergische Eisenwerk bei Tuttlingen, 1694—1698 angelegt, verhüttete die nahen Bohnerze. Es ist zweifellos auf der Rohstoffgrundlage der Buchenholzkohle errichtet.

Die Landschaft der sogenannten Eck liegt teils auf dem Jura, teils auf Altmoräne. Innerhalb des Donaubogens von Friedingen, Beuron und dem Ort Tiergarten hat die Eck noch völlig den Charakter der Albhochfläche. Hier herrscht der typische Kalkbuchenwald der Alb, der sich vom Buchen-Tannen-Wald der Steilabfälle der Südwestalb unterscheidet. An den Hängen im Donautal gibt es um 1800 einige schöne Buchenalthölzer, oder schöne im Schirmschlag verjüngte Buchenjunghölzer; zwischen den Orten Buchheim, Kreenheinstetten, Langenhart und Rohrdorf liegen jedoch „Triebwälder", die so herabgekommen sind, daß man Eichen und Fichte säen will. Die Mehrzahl dieser Waldungen diente in der Hauptsache als „Kohlhölzer" für das Hammerwerk und die Eisenschmelze in Tiergarten an der Donau. Diese ist 1670 gegründet worden, hatte aber primitive Vorläufer. Die Bohnerze von Liptingen, Engelswies, Heudorf und Langenhart wurden schon im Mittelalter in offenen Gruben gewonnen. Schmelzen gab es auch bei Schaffhausen, Engen und Meßkirch, später auch eine Schmelze mit Hammerwerk in Zitzenhausen an der Stockach.

Wie auf den großen Harten auf der Alb standen auch auf der Eck uralte Buchen und faulende Eichenruinen weiträumig auf den verkommenen Waldgründen. Die Beschreibung von 1814 erwähnt für diese Waldungen auf Jura als typische Holzartenmischung: Buche, herrschend mit Birken, Aspen, Ahorn, Eschen, Ulmen, Maßholder, Linde, Salen, Hasel, Mehlbeere, auch Forchen. Die einzelnen reinen Bestände von Forche und Fichte auf Jura werden als künstliche bezeichnet. Jedoch scheint die Forche auf manchen trockenen Orten einzeln und in Gruppen, aber auch im Laubholz seit jeher spärlich eingemischt vorhanden gewesen zu sein [24]).

Die Tanne hat sich aus dem Buchen-Tannen-Wald der Südwestalb noch bis Mühlheim und Friedingen vorgeschoben und wird auch da und dort mit Vorposten gegen die Ablach gerückt sein, ohne daß sich im Typus der Laubholzwälder etwas geändert hätte. Auf vorgeschobene Tannenstandorte deutet der Ortsname Tannenbrunn und Danningen, falls nicht in diesem letzteren ein Personenname verborgen ist.

Zwischen der Ablach und dem Andelsbach

Waldungen des Klosters Wald

Zwischen der Ablach und der Andelach liegen auf der Altmoräne die Waldungen des bescheidenen, einsamen Frauenklosters Wald in der Nachbarschaft der Reichsstadt Pfullendorf. Es ist eine späte Gründung in einem entlegenen, von der Siedlung lange gemiedenen Gebiet, von „-weiler-" und „-hofen"-Orten spärlich umstellt. Vom Pfrunger Ried her zieht sich eine Linie von kleineren Hoch- und Zwischenmooren über Pfullendorf, Wald, Ruhstetten, Sentenhart gegen die Ablach. All diese Flußtäler sind sumpfig; überall in den Waldungen finden sich feuchte und nasse Stellen, im 18. Jahrhundert durch Erlenstöcke, einzelne Rauhfichten, Fichtenbüsche oder kümmerliche Forchen gekennzeichnet. Das Hochland der Altmoräne ist aber nicht so eben, wie es scheint. Immer wieder treten rundliche Kuppen auf, um 650—670 m, typische Buchenorte, während die moorigen und feuchten flachen Lagen von Eiche, Fichte, Erle und weichen Laubhölzern bestanden sind. Das schöne Urbarium des Klosters von 1502 und die Vermessungsmappe von 1780 [65]) sagen nichts über die Baumarten aus; nur eine „Waldung in Tannen" westlich der Glashütte, der Herrschaftswald „In den Buchen" und ein anderes Waldstück „In Tannen" in der Sumpfgegend beim Orte Rotlachen wird im 18. Jahrhundert erwähnt. Die Vermessungsmappe war zweifellos die Grundlage eines verlorengegangenen Massenfachwerkes, Beweis, daß schon vor der Säkularisation und vor dem Übergange an das Fürstentum Sigmaringen eine geregelte forstwirtschaftliche Behandlung eingesetzt hat.

Deren Spuren finden sich noch in der Taxation von 1831—34 [66]), welche die Entwicklung zum heutigen Wirtschaftswald mit einiger Sicherheit rekonstruieren läßt.

A. Fichtenbestände.

a) Die meisten Distrikte stellen sich um 1830 bereits als Fichtenreinbestände dar. Ein großer Teil, vermutlich aus Schirmschlägen oder aus Saaten entstanden, ist gleichaltrig, meistens mit genauem Alter angegeben; zur Zeit standen diese Althölzer von 60, 70, 80 auch 100 Jahren im Samenschlag oder im Lichtschlag. Aus diesen sind somit wieder gleichaltrige Bestände hervorgegangen. Fehlstellen werden durch Saat oder Pflanzung ergänzt. Diesen Alt- und Baumhölzern entsprechen viele jüngere Bestände bis herab zu Fichtenpflanzungen und Anflügen.

b) Nur wenige Abteilungen bestehen aus ungleichaltrigen Fichten, mit weichen Laubhölzern von Birken und Aspen vermischt, wobei der Anteil der Fichte wechselt. In manchen solchen Abteilungen sind die Laubhölzer bereits herausgeschlagen; dann werden die weit auseinanderstehenden Altfichten und Horste aus jüngeren Fichten als Samenträger ausgenützt. So gibt es bald Seiten-, bald Schirmbesamung.

c) Sumpfige Abteilungen wie z. B. „Langesoppen" (Lange Moos, Zwischenmoor), als feucht, naß und frostig bezeichnet, sind mit Fichten und Erlen bestockt. Die Beimischung der Forche ist seltener. Einmischung von Lärche, die abgängig ist, geht auf 1780 zurück.

B. Eichen.

Fast in allen Distrikten sind Alteichen eingemischt, die eine eigene Eichen-Betriebsklasse bilden.

C. Buchenbestände und Buchen-Fichten-Mischbestände.

Um 1830 nimmt die Buche noch eine merkbare Stellung im Reviere ein:

a) Umfangreichere ältere Buchenbestände, die im Schirmschlag verjüngt werden; weiters eine ganze Reihe junger Buchenbestände aus solchen Besamungsschlägen. Der Nachhieb der Samenbäume ist oft unterlassen. Diese Buchenbestände stocken zumeist auf Erhöhungen und Hängen wie Dotterberg, Hohe Rain u. a.

b) Mischbestände von Buche und Eiche, weichen Laubhölzern und mehr oder minder mit Fichte vermischt. Es sind „Haue", die noch mittelwaldartig genutzt werden, in denen bald die Buche, bald die Eiche im lichtgestellten Oberholz, in manchen sogar auch die Fichte führt. Die Verjüngung erfolgt durch Samen, nicht durch Ausschlag. Alle diese Bestände dürften bald in Fichtenbestände überführt worden sein.

c) Mischbestände von Buche und Fichte, auch Buche, Birke, Fichte, auch mit Vorrang der Fichte, hochwaldartig umgetrieben. Auch in solchen Mischbeständen wird wie in den vorhergehenden das Vorhandensein alter Eichen jedesmal vermerkt.

Die natürliche Vorherrschaft der Buche in den Waldungen des Klosters Wald, schon in Nachbarschaft der Jungmoräne, wurde vermutlich aus wirtschaftlichen Gründen bewußt lange erhalten, da das in der Gegend schon rar gewordene Buchenbrenn- und Kohlholz für die Eisenschmelzen, Glashütten, für die Handwerksbetriebe in der Stadt Pfullendorf und anderwärts begehrt und hoch bezahlt war. Die Alteichen stammen noch aus der Zeit des Weidewaldes, in dem sie das Hauptbestandesglied bildeten. Die Fichte hatte in den sumpfigen Tälern und den vielen kleinen Moorrandwäldern die Stützpunkte ihres Vorstoßes; sie war weiters begünstigt durch die zahlreichen „Soppen" und anderen feuchten Lagen, wo sie in Horsten, kleinen Schachen und einzeln eingemischt war. In der Nähe der Glashütte — im Umkreis der Waldabschwendung — hat sich zuerst ein „Tannenwald" gebildet. Die Weißtanne dürfte wohl nur vereinzelt vorhanden gewesen sein. Das Überwiegen der Fichtenbestände im 18. Jahrhundert hat wohl seinen Beginn bereits im 17. Jahrhundert, ein typischer Fichtenwaldbauvorstoß, Vermehrung und Überhalt der Fichte im Oberholz. Eine solche „Aufwertung" des Waldes, des wirtschaftlichen Rückgrates des an Landbesitz armen Klosters, war höchst notwendig. Welcher Umsatz möglich war, zeigt das Beispiel der Pfarrgemeinde Walbertsweiler nahe Kloster Wald; dort wurden 1756 aus dem Pfarrwald auf einmal 600 Klafter Buchen-Kohlholz an das Hohenzollernsche „Bergwerk Laucherttal" verkauft.

Auch um den Ort Rast und um Sentenhart herum liegt in den Orts- und Flurnamen die Waldgeschichte offen. Mehrmals „Hart" und „Härtle" ringsum nach allen Seiten; der Wald „Raster Buchen" mit seinem Standort, dem Buchbühl; der „Eichwald" in der Nähe des Moores zwischen Schwackenreute und Sentenhart; die Waldnamen Kohlwald, Kohler, Hohenreuten, Dornstock, usw. sagen zur Genüge.

JUNGMORÄNE MIT DER INNEREN BODENSEELANDSCHAFT

Hochfläche und Steilabfälle

Das Pfrunger Ried ist, wie schon erwähnt, das westlichste der großen Hochmoore. Von ihm bis zum Hegau gibt es keine Seen- und Moorzone zwischen der äußeren und der inneren Jungendmoräne; die kleinen Hoch- und Zwischenmoore sind unbedeutend. Die Hochfläche der Jungmoräne zwischen Pfullendorf und Heiligenberg geht im steilen Abbruch in das Tal der Salemer Ach und in die innere Bodenseelandschaft über. Nach Osten zu wird sie vom engen Einschnitt der Deggenhauser Ach begrenzt; nach Westen zu verliert sie sich in der unruhigen Berglandschaft um Stockach.

Die Hochfläche selbst ist keineswegs vollständig eben. Die Erhöhungen, besonders die beiden Waldberge Hohenreute und Malaien, stellen sich als langgestreckte Endmoränenfragmente dar.

Es ist nicht leicht, in dieser Landschaft die Waldentwicklung in einer übersichtlichen Klarheit zu erkennen. Die geomorphologische Lage selbst bleibt in diesem Falle die Grundlage aller Spekulationen, denn das dürftige archivalische Material bietet nur Unsicheres und zum Teil Widersprechendes.

In Geltung standen in dieser Gegend die vorderösterreichischen Forstordnungen und die Forstordnung der Grafschaft Heiligenberg. Die Forstordnung von Heiligenberg anno 1615 [67]) ist zum größten Teile der württembergischen Forstordnung von 1614 nachgebildet. Infolgedessen ist die in ihr enthaltene Unterscheidung von „Laubhölzern" und „Tannwäldern" für eine Beurteilung der Verhältnisse auf der Hochfläche und in der Bodenseegegend ohne Belang. Denn diese allgemeinen Bestimmungen werden für unsere Untersuchung nicht maßgebend, da das Vorbild, die württembergische Forstordnung, auf die „Tannwälder" im Schwarzwald abzielt; die Grafschaft Heiligenberg, die ostwärts noch den Gehren und einen Teil des Höchsten einschloß, besaß zwar dort nachgewiesenermaßen auch „Tannwälder". Das für Heiligenberg uns zur Verfügung gestandene Aktenmaterial stammt zum geringeren und nichtssagenden Teil vom Ende des 17., in der Hauptsache aus dem 18. Jahrhundert, wobei erst die Beschreibungen des späten 18. Jahrhunderts im Zusammenhalte mit den Taxationen des frühen 19. Jahrhunderts einen deutlichen Einblick wohl nur mehr in die letzte Periode der Waldentwicklung bieten [24]).

Orts- und Flurnamen

Die Bodenseegegend ist früh und dicht, die Hochfläche spät besiedelt worden. Eine Überprüfung der Orts-, Wald- und sonstigen Flurnamen ergibt: ein Ortsname auf „Tann" kommt nicht vor, der östlichste ist im Gebiet des Gehren gelegen. Auch unter den Flurnamen kommt die Verbindung mit „Tanne" selten vor, sehr häufig dagegen mit Eiche und Buche, wobei die Buch-Namen in der Hauptsache an Hänge, Steilabfälle und Tobel gebunden sind. Im übrigen finden wir alle sonstigen Holzarten wie Birke, Linde, Aspe, Erle und Hasel in den Flurnamen wieder, die meisten bereits in Urkunden vom 13. Jahrhundert an. Bei Tautenbronn südlich Pfullendorf, auf einer Moränenhöhe von 650—700 m, heißt ein Wald im nördlichen Teil „Buchhölzle", im südlichen „Tannenholz". Er wird von jedenfalls sehr alten Flurnamen, im Norden von „Buchäcker", im Süden von „Tannäcker" begleitet. Dies bedeutet nicht Ackerland im freien Feld, sondern ehemaligen Waldfeldbau im „Buch" und im „Tann", der schließlich in ständigen Ackerbau übergegangen ist. Immer wird ein Zusammenspiel örtlicher natürlicher Faktoren mit menschlichen Maßnahmen die Waldentwicklung in diese oder jene Richtung getrieben haben. Auf der Hochfläche weisen die Flurnamen Brandacker, Brand und Hohenreute u. a. im Zusammenhange mit der Heiligenberger Forstordnung die Fortdauer des mittelalterlichen Brandwaldfeldbaues auch noch in späterer Zeit nach. Gerade der ständige Wechsel von Wald, Feld und Weide hat die Vorstöße der Fichte außerordentlich gefördert. (P. 62 Heiligenberger Forstordnung „... es soll auch keiner ... künftighin Buchen-, Eichen- oder Tannwald nicht mehr brennen oder Reute machen, weder zu Weide, Acker noch Wiesen unerlaubt ...".)

Das Egelseer Pollendiagramm [68])

Ein Diagramm der Blütenstaubuntersuchungen im Egelsee bei Ruhestetten im Tale der Ach, westlich Pfullendorf (K. Bertsch), im Grenzgebiet zwischen Jung- und Altmoräne, zeigt uns den Eichenmischwald (Eiche, Ulme, Linde) in kräftiger Ausbildung. Die Fichte erscheint sehr spät in ihm. Erst in der Bronzezeit erreicht sie einen Anteil von 5, die Tanne von 16 v. H.; die Buche erscheint mit 24 v. H. Ende der Bronzezeit ist der Eichenmischwald schon stark im Abnehmen, die Fichte hat sich auf dem gleichen Stand erhalten, die Tanne ist unter den Stand der Fichte gesunken, die Buche hat einen Anteil von 45 v. H. erreicht. In der obersten Schicht, deren genauere Datierung nicht möglich ist, ist die Fichte auf 15 v. H. angewachsen, die Tanne nimmt einen Anteil von 7, die Buche von 31 v. H. ein. Auch hier sei darauf hingewiesen, daß im Verhältnis zwischen Fichten- und Tannenpollen der wirkliche Anteil der Tanne herabgedrückt ist.

Tanne westlich des Gehren und der Deggenhauser Ach?

Aus allen Waldbeschreibungen der Grafschaft Heiligenberg [24] läßt sich konstatieren, daß am Ende des 18. Jahrhunderts die Weißtanne westlich der Ausläufer des Gehren und westlich des Höchsten, also westlich der Deggenhauser Ach, nicht mehr genannt wird. Ohne auf das Detail, das nur verwirrend wirkt, einzugehen, sei hier nach der Aktenlage folgendes zusammengefaßt:

Um 1700 wird von „Buch- und Tannwaldungen" sowohl auf der Hochfläche als auch am Steilabfall und seiner Umgebung gesprochen, ebenso von Waldungen, die teils aus Buchen, teils aus „Tannen" bestehen. Nach den Waldbeschreibungen des 18. und 19. Jahrhunderts sind alle diese Waldungen dem Charakter nach tatsächlich Mischwälder, wobei entweder die Fichte oder die Buche, ohne Reinbestände zu bilden, derart vorherrschte, daß die Wälder in ihrer physiognomischen Erscheinung bald als „Tannen"-, bald als Buchenwald bezeichnet wurden. So finden sich an den Hängen von Heiligenberg, sowohl um 1700 als um 1819 Mischbestände von Buchen und anderem Laubholz mit Fichten und Forchen; auf der Hochfläche besteht der alte „Tiergarten" um 1700 aus „Tannen", Buchen und Birken; 1819 sind es teils Fichten, teils Buchenbestände mit allerlei Laubhölzern, die durch Begünstigung der Fichte allmählich in Fichtenbestände überführt werden. In der württembergischen zum Hohentwiel gehörigen Enklave Bruderhof gab es einen „Tannwald" schon im Anfang des 17. Jahrhunderts, da er bereits im Jahre 1688 nachweislich in einen kleinen und einen großen „Tannwald" unterteilt gewesen ist. Aber auch für dort ist das ursprüngliche Laubholz durch die Flurnamen Buchholz, Buchholzacker und Stockacker nachgewiesen (*135*).

Die Grenze der Weißtanne an der Deggenhauser Ach liegt zweifellos in den klimatischen Verhältnissen. Die westliche Bodenseegegend verfügt über wesentlich niederere Jahresniederschläge als die östliche. Aus dem Diagramm vom Egelsee geht nicht nur hervor, daß die Fichte in dieser Gegend viel später eingewandert ist als im Allgäu, sondern daß auch die Weißtanne in dieser Gegend niemals einen solchen Anteil im vorgeschichtlichen Wald erreicht hat wie östlich. Auch aus Diagrammen in der inneren westlichen Bodenseegegend ist für die vorgeschichtliche Zeit nur ein verschwindender Tannenanteil nachgewiesen. Wenn die Tanne über die Grenze der Deggenhauser Ach hinüber im vorgeschichtlichen Wald eingedrungen war, so ist diese geringe, wohl sprunghafte und vorpostenweise Verbreitung durch die Umgestaltung der Wälder unter dem Einflusse des Menschen — besonders durch das schlagweise Hauen — restlos verloren gegangen. Die Heiligenberger Forstordnung von 1615 hat das schlagweise Hauen analog der württembergischen anbefohlen. Wenn irgendwo nicht schlagweise gehauen wurde, so waren es die in der Forstordnung als ungünstige Lagen erwähnten „Klingen", das sind die vielen Tobel, besonders an den Steilabhängen bei Hohenbodmann, Owingen usw. In solchen Tobeln mit reichlichen Aufschlüssen tertiärer Mergel und Sande mag es Standorte der Tanne früher und auch später noch gegeben haben. Heute ist sie in einem Revier südwestlich Mindersdorf und in der bergigen Umgebung des Schlosses Hohenfels im geringen Maße vorhanden. (Ob dieses Tannenvorkommen natürlich oder auf Saaten des mittleren 19. Jahrhunderts zurückzuführen ist, konnte nicht festgestellt werden.) Wir glauben, durch unsere Ausführungen halbwegs zu einer Übereinstimmung mit dem Egelseer Diagramm gekommen zu sein.

Die Buche am Steilabfall westlich der Deggenhauser Ach

Wie sehr die Buche an den Hängen den unbedingten Vorrang hatte, zeigt der schon erwähnte große Wald „Die Achegg", die den fast 200 m tiefen Abfall ins Tal der Deggenhauser Ach — gegenüber dem Abfall des Höchsten und des Gehren — einnimmt. Um 1700 wird die Achegg als „Buchholz" verzeichnet, noch 1819 trifft dies ziemlich zu. Hauptholz ist die Buche, teils rein, teils mit Ahorn, Aspen, Ulmen, Eschen, in einzelnen Althölzern auch mit Fichten vermischt. Im Alter von 60—70 Jahren wurden Besamungsschläge mit 20—25 Samenbäumen je Jauchert eingelegt. Die Junghölzer bestanden damals aus Buchen, Eichen, Aspen, Ahornen, Ulmen, Erlen, Kirschbaum, Weißdorn, Hasel, Birken, wilden Obstbäumen, und auch einzelnen Fichten. Aber das Buchenstarkholz über 80 Jahren fehlte vollständig, weil die Achegg durch viele Jahrzehnte hindurch bis 1830 der Administration des Eisenwerkes in Tiergarten an der Donau verpachtet war. Vermutlich wurde die Buche an Ort und Stelle verkohlt, die Kohle auf weiter Reise bis an die Donau verfrachtet.

Wie wuchskräftig muß die Buche auf diesen ständig sich erneuernden, mineralreichen Hangböden sein, vom örtlichen Klima begünstigt, daß sie trotz aller Mißhandlung das Eindringen der Fichte auf ein geringes Maß beschränken konnte. Nur die Ränder des Waldgebietes in der Nähe der Ortschaften im Tale wurden im kurzen Niederwaldumtrieb genutzt, daher überwog dort das Weichholz.

Trotz aller Konkurrenzkraft der Buche entstanden aber doch Veränderungen im Verhältnis der Buche zu anderen Holzarten durch die Art der Schlagführung von damals. Das wird durch eine von Oberforstmeister von Laßberg [69]) im Jahre 1803 geübte Kritik festgestellt. Im Möglisrain oberhalb der Deggenhauser Ach, der Achegg benachbart, gegenüber den Ausläufern des Gehren, hat die Verwaltung des Klosters Bächen „durch verkehrte Schlagführung" den mit einzelnen Fichten vermischten, bisher herrschenden Buchenwald in einen Fichtenbestand mit vielem Weichholz umgeändert. Der unregelmäßige Plenterbetrieb im Mischwald müßte durch regelmäßige Schlagführung und Scheidung in Buchen- oder Fichtenbestände ersetzt werden; durch Ausziehen der Fichte erhalte man reine Buchenbestände.

Im westlichen Bodenseebecken

Dem Steilabfall der Hochfläche sind seewärts Höhenzüge, der Sipplinger Berg (707 m), und über dem Überlinger See der Bodanrück (700 m), vorgelagert; zwischen dem Schienenberg (700 m) und den steilen Hängen von Steckborn, Mammern sowie dem langen Rücken des Stammheimer Berges fließt der Rhein aus dem Untersee ab. Nur durch den Strom getrennt berührt sich hier deutsche und schweizerische Weinlandschaft, mit mächtigen Waldbergen wechselnd. Um den Bodensee herum ist in den niederen Lagen und an den warmen Spalierhängen ein Reichtum an Reben und Obst ausgeschüttet. Diese klimatischen Vorzüge des Bodenseegebietes und des oberen Rheintales teilt noch das breite Schussental, das Tal von Salem und der Hegau. Im Seeklima sind die Extreme ausgeglichen; der Föhn gibt noch ein übriges an Wärme dazu.

Auch die Waldvegetation entwickelt sich reicher unter dieser Gunst des Klimas als anderwärts, die Vegetationszeit ist verlängert, die Blüte bricht früher hervor, Spät- und Frühfrostgefahr ist gemildert. Wo Kirschen und Nußbäume und andere edle Obstsorten gedeihen, sind auch die edlen Laubhölzer im Vorrang. Ein milder, durch warme Föhntage gestreckter Herbst läßt die Früchte aller Art ausreifen und die Bäume langsam zur Winterruhe sich vorbereiten.

Der ursprüngliche Wald um den Bodensee herum ist ein Laubmischwald unter Führung der Buche, die auch heute eine derart starke Lebenskraft entwickelt, daß sie unbedingt herrschend wirkt. Ihre Kraft beweist sich auch, daß der durch Jahrhunderte geübte, die Eiche begünstigende Mittelwaldbetrieb die Buche hier nicht verdrängte. Vielleicht ist es gerade die reiche Luftfeuchtigkeit und der Mangel an Frösten, daß die Buche hier stärker fruchtet als anderwärts und dadurch ihre Konkurrenzkraft voll auswirken lassen kann.

Der größte Teil der Waldungen um den See gehörte den Klöstern Salem und Petershausen, den Städten Überlingen, Konstanz, Radolfzell und verschiedenen Herrschaften.

Wald des Klosters Salem und der Reichsstadt Überlingen

Das Kloster Salem liegt angelehnt an den Nordostrücken der tertiären Erhebung zwischen dem Tal der Salemer Ach und dem See; die ganze Landschaft ist von Drumlins reich besetzt. Auf solchen Drumlins nächst Salem erstreckt sich der „Verenenbuch", wie er noch auf Karten des 18. Jahrhunderts genannt ist; ihm gegenüber in der Ebene liegt auf Niederterrassenschottern der „Hart", der Weidewald des Klosters und seiner Dörfer. Diese Gegenüberstellung, „Der Buch" — „Der Hart" kehrt im ganzen Alpenvorland überall immer wieder. „Der Buch" blieb lichter Laubholz-Hochwald mit reichlichem Unterholz, teils plenternd, teils mittelwaldartig behandelt; „der Hart" war lichter Weidewald mit einem Grundbestand von alten Eichen, mit verschiedenen Laubbäumen, mit wenig Unterholz, später oft mit Fichten oder Forchen durchsetzt.

Für die Klosterwaldungen und die Waldungen der Reichsstadt Überlingen galt, wenn auch nicht ohne Widerspruch seitens der Stadt, die Heiligenberger Forstordnung von 1615. Heiligenberg verbot kraft der Forsthoheit den Städtern das Harzen in ihren eigenen Wäldern zwischen 1626 und 1648; demnach mußte in dieser Zeit im Hinterlande des Sees die Fichte oder auch die Forche schon stark im Vordringen gewesen sein. Die Stadt Überlingen selbst verbot in einer Holzordnung von 1555 das Schnaiteln der jungen „Tannen" und Forchen, d. h. das Abhauen der grünen Äste zur Gewinnung von Nadelstreu.

Nach den Blütenstaubuntersuchungen in Mooren um den Bodensee ist die Tanne in vorgeschichtlicher Zeit in den Wäldern zwischen dem Ober- und Untersee am Bodanrück, am Schienenberg, am Randen bei Schaffhausen, mit geringem Anteil eingemischt gewesen; das Gebiet vom Randen westlich stand in unmittelbarer Verbindung mit dem Tannengebiet des Schwarzwaldes. In den Wäldern um Salem fehlt sie mehr oder minder. Nach Salemer Tradition soll sie früher vorhanden gewesen sein; das dürfte sich jedoch nur auf die Salemer Waldungen um den Gehren und vielleicht auf Waldungen am Steilabhang der Hochfläche beziehen. Seit der Heiligenberger Forstordnung von 1615 wird auch in den Salemer Waldungen der regelmäßige Schlag mit Überhalt von Bannraiteln die Regel gewesen sein. Aus der Bestandesgeschichte der Reviere von Salem geht stets der große Unterschied hervor, der in den natürlichen Bedingungen und in der Betriebsweise anderseits auf der Hochfläche um Herdwangen, anderseits an den Abhängen und Abfällen von Owingen, anderseits in den hügeligen Lagen um Salem geherrscht hat. Auf den schweren, naßkalten Böden der Hochfläche scheint schon im 17. Jahrhundert die Fichte im Vorrang zu sein, an den Einhängen gedeiht die Buche, vielleicht auch mit Weißtannen vermischt, und behält bis ins 19. Jahrhundert einen starken Anteil; zwischen Salem und dem See der Reichtum von Buche mit allen Laubhölzern, im von der Natur schon in Grenzen gehaltenen dünnen Gemisch von Fichten und Forchen. Zur Zeit der Säkularisation war der Zustand der klösterlichen Waldungen im allgemeinen gut; die forstliche Kritik bemängelte nur, daß die Bestände zu wenig vom Weichholz gereinigt seien [70][71].

Die Forche in der westlichen Bodenseelandschaft

Die Forche siedelt als Relikt der Späteiszeit an Sandsteinhängen und Felspartien zwischen Überlingen und Sipplingen, ebenso auf Kalkfelsen des Donautales, somit auf extremen, prädestinierten Standorten. Auch in den kleinen Moorwäldern an der Grenze zwischen Jung- und Altmoräne und in Mooren des Hegau und auf dem Bodanrück war sie zu Hause [72]. Auf Höhen um den Bodensee gibt es da und dort umgelagerte und eingearbeitete Sande, auf denen die Forche ungestörte Entwicklungsmöglichkeiten hatte. Diese vielen Stützpunkte gestatten die Annahme, daß die Forche sich schon seit jeher in den Wäldern der westlichen Bodenseelandschaft vereinzelt oder horstweise befunden hat und dann je nach Umständen sich stärker ausbreiten konnte, je lichter, wärmer und trockener der Laubwald war. So verbreitet wie im Allgäu am Ende des 18. Jahrhunderts war die Forche hier zwar nicht. Immerhin scheint sie im Raum um den Bodensee herum eine ähnliche Rolle gespielt zu haben wie anderwärts die Fichte mit Vorstoß und Waldbauvorstoß. So haben z. B. die kleinen Waldbezirke um Immenstaad, welche in den Beschreibungen des Revieres Heiligenberg im Anfange des 19. Jahrhunderts genannt sind, fast sämtlich bedeutende Anteile von Forchen. Sie stocken auf Geschiebelehmen der Grundmoräne oder auf Niederterrasse; sie waren einst „Stockhölzer", Ausschlagwälder. Die Buchen, Eichen und sogar die Weichhölzer sind dort aber seit langem schon von Forchen und Fichten verdrängt worden. Wenn diese Bestände anfangs des 19. Jahrhunderts zwar schon mehr oder minder Produkte des Waldbaues sind, so ist doch die durch die Forche hervorgehobene Eigenart nicht zu verkennen.

Heute ist die Forche wichtiges und wertvolles Mitglied im Wirtschaftswalde der Bodenseegegend. In wundervoll geformten Überhältern steht sie über den Junghölzern von Buchen und Mischungen aller Art. Fast alle Waldbäume samen sich in dieser Landschaft reichlich und willig unter der vorsichtig und vorsorglich waltenden Hand des Forstmannes an.

Bodanrück und Schienenberg [72]) [73])

Am Bodanrück liegt der Mindelsee in mooriger Umgebung, gegen Westen zu gefolgt von einigen kleinen Seen und Mooren. Das Alpenvorland spendet hier nochmals einen letzten charakteristischen Widerschein, so mit den steilen Schluchten zwischen Bodman und Wallhausen, mit den Resten eines urwüchsigen Buchen-Laubholz-Mischwaldes, mit zahlreichen prächtigen Eiben im Absturz zum See, mit montanen und sogar alpinen Pflanzen. Einmal gab es viele Linden in diesen Wäldern. An den Hegaubergen wechseln je nach Lage und Untergrund extrem trockene Laubwaldtypen mit feuchten ab. Am Rhein strebt der Schienenberg empor; an seiner Nordseite und auch auf der Höhe finden wir wieder da und dort in Inseln typischen Buchen-Tannen-Wald. Weithin ragen die dunklen Wipfel der Weißtannen über die Buchenkronen hinweg. An den warmen Hängen dem Rhein zu überwiegt das Laubholz, nach unten in die Stufe der Weinberge übergehend. Wir stehen an der Grenze und schauen auf gleichartige oder verwandte Wälder der nahen Schweizer Berge, auf das gleiche Vorland des Rheintalgletschers hinüber.

Forstgesetzgebung und Waldbauregeln [74])

Die erste Forstordnung der Landgrafschaft Nellenburg von 1703, eine Nachbildung der württembergischen Forstordnungen, wurde durch die Nellenburger Waldordnung von 1724 unter der Regierung Kaiser Karls des VI. abgelöst. Diese unterwarf alle Privat- und Lehenswaldbesitzer der Oberaufsicht durch die Vogtei. Später griff auch der Josephinische Zentralismus in die Bodenseelandschaft über durch die Wald-, Holz- und Forstordnung des Kaisers Josephs des II. für den Breisgau und die österreichischen Vorlande vom Jahre 1786. Bisher hatte man sich mit der Vorschrift begnügt, den niederen Laubwald im kurzen Turnus durch Stockausschläge, den hohen Laubwald im schlagweisen Umtrieb mit Überhalt von Samenbäumen zu verjüngen. Jetzt wurde nicht nur die Forstbehörde straff neuorganisiert, sondern auch in die Betriebsführung im einzelnen bestimmend eingegriffen. Für Nadelwaldungen wurde Kahlhieb mit Stockrodung vorgeschrieben (wohl hauptsächlich für den Schwarzwald gedacht); wo keine Seitenbesamung zu erwarten wäre, sollten sturmfeste Samenbäume auf der Schlagfläche stehenbleiben. Nur für kleine Privatwaldungen war die

Femelung gestattet, wenn das Altholz in der Minderzahl war. Für die Walderziehung waren somit drei Methoden befohlen:

a) Verjüngung aus dem Stock, b) Verjüngung durch Samenanflug von der Seite oder durch Samenbäume, wobei der Boden mit eisernen Rechen verwundet werden sollte, c) Verjüngung durch Bodenbearbeitung und nachfolgende Saat, was sowohl für Laub- und Nadelwald galt. Eingehende waldbauliche Lehren und Vorschriften erläuterten die „modernen" forstlichen Methoden von dazumal. Das Harzen wurde auf die jeweils drei ältesten vorgesehenen Jahresschläge beschränkt.

Die Mehrzahl der alten Fichten, Forchen, Weißtannen, Buchen und Eichen, die noch Ende des 19. Jahrhunderts in südbadischen Wäldern standen, waren Samenbäume, deren Nachhieb aus irgend welchen Gründen unterlassen worden war. Die Lärche wurde mindestens seit Mitte des 18. Jahrhunderts angebaut, ihr Samen wurde durch Tiroler Ordensleute, oder durch Händler aus Tirol, besonders um Imst und Zirl, vermittelt.

Als die vorderösterreichische Forstordnung nach nur 20jähriger Wirksamkeit infolge der staatlichen Umwälzungen außer Kraft kam, setzten sich viele ihrer Vorschriften, besonders das Überhalten von Waldrechtern, fort. Im Anfange des 19. Jahrhunderts fanden sich daher in der westlichen Bodenseegegend folgende Waldbautypen: a) vorgewachsene Starkhölzer, darunter auch Forchen, über alten Buchen- und Eichen-Stockausschlägen, oft auch über jüngeren kernwüchsigen, reinen und gemischten Beständen; b) oder gleichaltrige, schön geschlossene Laubholz-Kernwüchse. Die ersteren stammten aus dem früheren Mittelwald, die zweiten aus der kurzen Zeit der Josephinischen Forstordnung. Sie waren aus Waldfeldbau und nachfolgender Ansaat hervorgegangen. Klimatische und vegetative Gründe haben besonders dazu beigetragen, den reichen Laubholzanteil in der westlichen Bodenseelandschaft zu erhalten.

Durch die Verordnung von 1810 wurde auch für Baden die Naturverjüngung im Dunkelschlag (im Sinne von G. L. Hartig) eingeführt. Der Großschirmschlag mit rascher Räumung gewann an Verbreitung. Das badische Forstgesetz von 1833 verbot den Plenterbetrieb in den Wäldern des Staates und der Gemeinden und baute das System des schlagweisen Hochwaldbetriebes mit kurzfristiger Verjüngung im Großschirmschlag weiter aus. Es folgte dann die Forsteinrichtungsinstruktion von 1836 in ähnlicher Entwicklungsrichtung. Um 1850 wurde vom zehnjährigen zum dreißigjährigen Verjüngungszeitraum und zur Erhöhung der Umtriebszeit übergegangen, woraus sich allmählich der geregelte badische Femelschlag in mehreren Varianten entwickelte.

Die Waldentwicklung in der westlichen Bodenseelandschaft — Die Regionalwaldtypen
(Zusammenfassung)

Die Waldentwicklung zwischen der Adelegg und dem Gehren-Höchsten im oberschwäbischen Tannenareal mit dem Allgäu als Kern ist von der Waldentwicklung in der westlichen Bodenseelandschaft wesentlich unterschieden:

a) **Im Allgäu einschließlich der östlichen Bodenseelandschaft:**
Nähe der Voralpen, Ausstrahlungen des präalpinen Bergwaldes von Buchen und Tannen, der Vorland-Bergwald von Buchen und Tannen.
Auswirkungen der weiten Seen- und Moorzone zwischen der inneren und äußeren Jungendmoräne von der Adelegg bis zum Pfrunger Ried und zwischen der inneren Endmoräne zum Teil auch bis zum Bodensee.
Hohe Niederschläge von 900—1000 mm und aufwärts.

Eine große Reihe von Orts-, Wald- und Flurnamen auf „Tann" sagen aus.
Die Fichte ist frühe im Eichenmischwald eingewandert. Die Weißtanne bleibt von vorgeschichtlichen Zeiten bis zum Ende des 18. Jahrhunderts in beherrschender Stellung, wobei wir eine innere optimale, eine äußere mit immerhin noch wesentlicher und eine dünne Verbreitung, nur mehr am Rande, unterscheiden.
Im Allgäu sind im 16. Jahrhundert unter dem Zusammenwirken natürlicher Entwicklung und menschlicher Einflüsse vorwiegend „Tannwälder", zusammengesetzt aus Tannen und Fichten, später auch aus Forchen, entstanden, mit und ohne Reste der einstigen Hauptholzart, der Buche. Eigentlicher Buchenwald mit Tannen und Fichten ist auf morphologisch günstigste Lage zurückgedrängt.
Im Allgäu hat sich bis ins 18. Jahrhundert im allgemeinen ein plenternder oder femelnder oder primitiver schirmschlagartiger Betrieb erhalten; nur im großen Altdorfer Wald, in der Adelegg selbst, und in anderen für den Großhandel an der Iller erreichbaren Wäldern wie um Zeil ist frühzeitig schlagweiser Abtrieb neben den alten konservativen Nutzungsarten in Anwendung gekommen (s. S. 64, schematische Entwicklung).
b) In der westlichen Bodenseegegend bis zur Donau hin ist die Waldentwicklung gegenüber dem Allgäu infolge klimatischer Bedingungen und waldgeschichtlicher Verhältnisse in einer anderen Richtung verlaufen:
Weite Entfernung von den Voralpen.
Mangel einer größeren Seen- und Moorzone.
Niederschläge zwischen 900 und 800, 800 und 700 mm gegen Westen, auch Zunahme der Wärme mit vielen örtlichen Wärmeoasen.
Mildes Seeklima in der Niederung, rauhes, zu Extremen neigendes Klima auf der der Alb zuführenden Hochfläche.
Ortsnamen auf „Tann" fehlen.
Die Fichte ist später als im Allgäu eingewandert, mit schwächerer Intensität.
In der westlichen Bodenseegegend gibt es keinen eigentlichen Buchen-Tannen-Wald. Die Weißtanne ist in der westlichen Jungmoränenlandschaft in vorgeschichtlicher Zeit im geringen Maße, vermutlich auch nur auf örtlichen Stützpunkten vorhanden; in geschichtlicher Zeit ist sie nur an wenigen Standorten eingemischt, ohne irgendwie den Laubwald-Charakter zu verändern. In der Altmoräne ist sie höchstens im Grenzgebiet zur Jungmoräne vorpostenweise da und dort vertreten gewesen. Auf der Hochfläche der Alt- und Jungmoräne bleibt die Buche führend. Erst in den letzten drei bis vier Jahrhunderten wird der Buchenwald auf der Hochfläche der Jungmoräne von der ursprünglich wohl nur dünn eingemischten Fichte stärker durchsetzt. Allmählich bilden sich sekundär Buchen-Fichten-Wälder und Fichten-Buchen-Wälder, auch Fichtenwälder mit verschiedenem Laubholz, keineswegs örtlich oder strukturell einheitlich, aus. Die Buche behauptet aber auch auf vielen flachen Lagen der Hochrücken lange die ursprünglich herrschende Stellung, so daß mancher „Tannwald" unvermittelt neben oder umgeben vom Buchenwald steht, also schon durch seine inselartige, ökologisch indifferente Lage nicht auf natürliche, sondern auf menschlich bedingte Entstehung hinweist. In der Altmoräne, die gegenüber der Jungmoräne in ihrer Waldentwicklung eine Art Randzone darstellt, läßt sich dieser Entwicklungsgang noch im 18. Jahrhundert durch den unregelmäßigen Einzelstand alter „Rauhfichten" und im 19. Jahrhundert noch durch einzelne alte Fichtensamenbäume in jüngeren gleichaltrigen Beständen nachweisen. Diese Einzelwanderer in der nördlichen Randzone lassen sich auf den F i c h - t e n v o r s t o ß und auf den F i c h t e n w a l d b a u v o r s t o ß des 17. und 18. Jahrhunderts zurückführen. Von großer Bedeutung ist der vermutlich vom frühen Mittelalter ab sich im inneren Bodenseegebiet auswirkende F o r c h e n v o r s t o ß

im Buchen-Laubholz-Mischwald, der später zum Forchenwaldbauvorstoß ausgenützt wird. Der Forchenvorstoß schafft zwar keine primären Forchen-Laubholz-Gesellschaften, sondern Sekundärtypen, in diesem Falle eine Art mehr oder minder natürlicher Gemeinschaft von Gesellschaftsmitgliedern und Begleitern, aus denen forstwirtschaftlich wertvolle Waldbautypen geformt werden.

Seit dem 16. Jahrhundert überwiegt schlagweiser Umtrieb, örtlich wird aber auch geplentert. Grundsätzliche Unterschiede in den Betriebsformen ergeben sich infolge der Unterschiede der Waldtypen. Das südliche Oberschwaben bildet ein geschlossenes Tannenareal mit der Wurzel im Alpenrand, die westliche Bodenseelandschaft dagegen ein geschlossenes Buchen-Laubholzareal mit der Wurzel in der Schwäbischen Alb; der Tannenanteil am Nordhang und auf der Höhe des Schienenberges hat wohl seinen Zusammenhang mit dem Tannenareal des Schweizer Jura; sonstiges verstreutes Vorkommen der Tanne kann im Nordgürtel mit dem Tannenareal der Südwestalb, im Südgürtel höchstens mit dem Tannen-Grenzgebiet des Gehren in Verbindung gebracht werden.

In der Altmoräne ist die Eiche auf ebenen Standorten, in den Talzügen und am Fuße der Sockeln führend. Zweifellos hat sie auf flachen feuchten Lagen in der Altmoräne ein natürliches Übergewicht, das aber doch seit Siedlungszeiten durch den menschlichen Einfluß überdimensioniert wurde.

Nachstehend folgt die Übersicht über die Regionalwaldtypen im westlichen Alpenvorland.

I

Regionalwaldtypen
(Zwischen westlichem Bodensee und Donau)

Vorwiegend großklimatisch bedingte, edaphisch, geomorphologisch evtl. lokalklimatisch differenzierte Primärtypen

1. Buchenwald mit Fichten dünn vermischt am Hochland der Jungmoräne, Fichtenvorstoß	montaner Charakter
2. Eichen-Buchen-Wald und Buchen-Eichen-Wald mit späterem Fichtenvorstoß am Hochland der Altmoräne	montaner Charakter
3. Buchenwald auf Jurakalk im nördlichen Grenzgebiet	montaner Charakter
4. Buchenwald des Bodenseebeckens mit Forchenvorstoß; (Sekundärtyp mit Forchen)	montaner und kolliner Charakter
5. Eichen-Laubholz-Mischwald im Weinbaugebiet, mit und ohne Forchenvorstoß; schmale Zone.	kolliner Charakter

II

Waldtypen extremer Standortsbedingungen

Vorwiegend edaphisch, geomorphologisch, evtl. auch lokalklimatisch bedingte Primärtypen
a) Eschenreicher Laubwald feuchter Hanglagen
b) Tobelwald von Buche, Esche, Ahorn und anderen Laubhölzern, einst wohl auch mit Eiben, vermutlich örtlich auch mit Tannen
c) Erlen-Moorbirken-Wald mit Fichten auf moorigen Talsohlen
d) Trockener Eichen-Buschwald im Hegau und anderwärts;
trockener Eichen-Forchen- oder Forchen-Eichen-Wald auf Sand;
lichter Forchenwald mit Steppenheidepflanzen an felsigen Südhängen
e) Auwald im Grundwasserbereich.

DER NÖRDLICHE GÜRTEL
DES OBERSCHWÄBISCHEN ALPENVORLANDES

Landschaftsgliederung [32])

Wenn wir mit Gradmann die Jungmoräne als den südlichen Gürtel, Altmoräne, Schotter und Tertiärvorland als den nördlichen Gürtel des Alpenvorlandes bezeichnen, so hätten wir in unserer Darstellung bereits die Grenze zwischen beiden Gürteln überschritten. Denn die Einteilung nach den geologischen Formationen und die Einteilung der Waldregionen nach ökologischen Grundlagen deckt sich nicht immer.

Sowohl der südliche als der nördliche Gürtel stellt für sich eine geographische Einheit im Sinne einer Großlandschaft dar. Der nördliche Gürtel löst sich in kleinere, deutlich unterscheidbare Landschaften auf:

a) Eine bald flache, bald hügelige Donaulandschaft, teils alte Grundmoräne, teils Tertiärvorland.

b) Eine kleine Binnenlandschaft um den Federsee.

c) Eine halbbogenartig gerichtete, bewegte, massige Berg- und Hügellandschaft alter Endmoränenketten, gleichgeordnete, teils fragmentarische Reihen, vom Bussen bis zur Riß und von der Riß bis Bellamont-Rot, südlich Ochsenhausen, in das Quellgebiet der Rot.

d) Die Schotterlandschaft zwischen Riß, Donau und Iller, aus der Wurzel der Altendmoränen nordwärts entspringend; sie besteht aus parallelen Zügen der Altterrassen beider Deckenschotter, dann aus Hochterrassen, einem breiten ebenen Feld von Ochsenhausen bis Laupheim und weiter der Donau zu.

e) Das Illertal mit der trockenen Niederterrasse und dem Auwald der Iller.

Während der südliche alpennahe Gürtel in jeder Hinsicht charakteristisch gestaltet und ausgestattet ist, erscheint der nördliche Donau- und der Alb-nahe Gürtel einfacher, farbloser, verwischter. Aber auch er hat seine charakteristischen Eigenheiten.

Wir unterscheiden zwischen **Landschaft im geographisch-physiognomischen Sinne**, und zwischen **Region als einer klimatisch, orographisch und ökologisch umschriebenen Einheit**. In diesem Sinne halten wir auch die Begriffe eines **Landschafts-** und eines **Regionalwaldes** auseinander (s. S. 66).

Westliche Altmoränenlandschaft

Die Landschaft des Federsees

Das Federseebecken mit seinem Ried, dem stark verlandeten und im 18. Jahrhundert künstlich abgesenkten See, wird wie das Wurzacher Ried von einer der inneren Altendmoränen umrahmt. Sein Südende ist von der äußersten Jungendmoräne abgeschlossen. Innerhalb der Umrahmung liegt der schwere Blocklehm der Grundmoräne, an manchen Orten stark mit tertiären Sanden vermengt, über ihr die Torfmassen.

Die Diagramme des Federseeriedes weisen für die geschichtliche Zeit nach, daß die Tanne, aber auch die Fichte vertreten gewesen ist. Die Fichte hatte örtlich am See Moorrandwälder gebildet, die Tanne war in den Wäldern um den See eingemischt. Aber der Anteil von Tanne und Fichte ist bereits bedeutend geringer als in der Jungendmoräne. Der Baumartenanteil zeigt nach den Diagrammen (K. Bertsch) für die Bronzezeit (vom Schnittpunkt der Buche mit der Eichenmischwaldlinie bis zum ersten Buchengipfel) etwa folgendes Verhältnis im Durchschnitt:

Buche	40 v. H.	Birke	5 v. H.
Tanne	5 v. H.	Forche	3 v. H.
Fichte	5 v. H.	Hasel	2 v. H.
Erle	5 v. H.	Eiche mit Ulme und Linde	20 v. H.

Esche, Hainbuche, Aspe, wilde Obstbäume, Schlehe, Vogelbeere und Traubenkirsche sind in geringen Anteilen mitvertreten. (Der prozentuale Anteil der Tanne ist wie immer verhältnismäßig höher zu bewerten als der der Fichte).

Am Federsee hat die Buche ihren ersten Gipfel in der Bronzezeit erreicht, der Anstieg zum zweiten Buchengipfel wird in die Römerzeit gerechnet.

Der Einfluß der neolithischen und besonders der bronze- und eisenzeitlichen Bevölkerung auf den Wald des Siedlungsgebietes ist nicht zu gering einzuschätzen. Primärtypen werden zu Sekundärtypen verwandelt worden sein. Doch wird die vorgeschichtliche Bevölkerung außer im unmittelbar lokalen Bereich keine wesentliche Verschiebung des Baumartenverhältnisses und damit keine wesentliche Veränderung der Waldtypen selbst im Alpenvorland verursacht haben [75) 76)].

Eine Beleuchtung der klimatischen Verhältnisse der Altmoräne gegenüber der Jungmoränenlandschaft gibt vielleicht das Verhältnis des Zuwachses der großen Hochmoore, von der Adelegg angefangen bis hierher in das Federseegebiet. Die mittleren Niederschläge des Sommerhalbjahres nehmen in etwa fünf gleichmäßigen Abständen auf der Linie Adelegg – Donauknie bei Zwiefalten ab; sie bilden fünf Zonen von 900, 800, 700, 600 und 500 mm. Die Messung des Zuwachses in den diesen Zonen beiläufig entsprechenden Hoch-

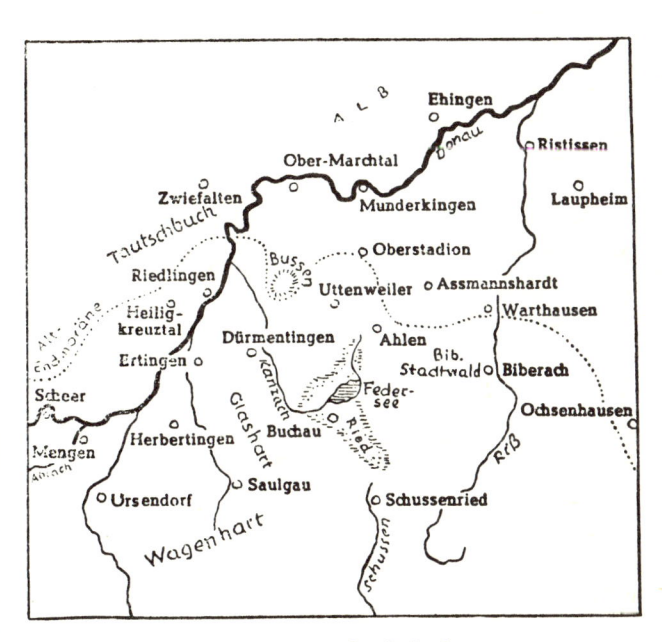

Bussen-Donaulandschaft

mooren beträgt nach K. Bertsch 18.6; 14.7; 14.2 mm (Voralpen und Jungmoräne), 7.2 mm (Wurzacher Ried auf Altmoräne), 7.0 mm (Federseeried auf Altmoräne)[77]. Das Ried selbst liegt im Mittel zwischen 600 und 500 mm Halbjahrsniederschlag. Hiemit ist auf der Linie von den Voralpen bis gegen die Donau zu eine so deutlich abgestufte Abnahme der Niederschläge zu sehen, die auf die Vegetation, besonders auf den Wald, von größtem Einfluß sein muß. Heute sind die Moorwälder des Riedes nur mehr in Resten vorhanden und ihre Entwicklung ist durch den Abbau des Torfes gestört. Die Vernichtung der Moorwälder hat die Temperaturverhältnisse der Moorzone noch mehr in ungünstiger Richtung verschärft.

Im Norden des Federsees beginnen die Waldungen der Stadt Biberach, im Osten des Riedes der Schienenwald des Klosters Schussenried und die Waldungen der Vogtei Mittelbiberach. Im Westen, der Donau zu, liegt der alte Glashart, der Dürmentinger Wald, zwischen der Schwarzach und der Kanzach. Alle diese Waldungen liefern uns eine verhältnismäßig reiche Waldgeschichte.

Wald zwischen Federsee und Donau

Der Glashart oder Dürmentinger Wald

Der Glashart ist die alte Waldallmende im Eritgau [78]). In ihm befinden sich kleine Hochmoore, der „Blinde See" bei Kanzach, die „Seelachen" und andere sumpfige Stellen. Die Markungsbäume, die 1448 aufgezählt werden, sind Eichen und wilde Apfelbäume. Noch 1686 wird das Äckerich geregelt, das entweder durch Eintrieb der Schweine oder durch Lesen der Eicheln genutzt wird.

Im Jahre 1455 wird ein Vergleich zwischen dem Orte Ertingen, der zur Klosterherrschaft Heiligkreuztal gehört, und dem Dorfe Marbach über Holznutzung, Trieb und Tratt im Glashart und anderen Hölzern geschlossen. Hiebei wird über folgende Rechte abgehandelt:

a) Die von Marbach haben nach ihrem Urteilsbrief das Recht des Triebes und der Weide in dem Glashart, dürfen aber nicht auf die im Glashart schon angelegten Äcker, Wiesen und Egerten treiben.

b) Die Gemeinde Ertingen kann selbst „Gehäue machen" sowie an andere „Holz zu Gehäue auszuhauen" verkaufen; solche Gehäue sind „drei Jahre nacheinander die nächsten nach Gehäue-Recht" mit der Viehweide zu verschonen.

c) Der Triebweg „in und durch die hohen Hölzer" wird denen von Marbach gewährt.

In diesem Vertrag wird somit nachgewiesen: das Gewohnheitsrecht der Gehäue und der Bannung, bis der Ausschlag und Jungwuchs stärker aufgewachsen ist; ferner Hochwaldumtrieb und Niederwaldumtrieb; dann die Durchlöcherung des Waldes durch Waldfeldbau und Egerten. Über die Baumarten bestehen keine älteren Nachrichten. Nach den Statuten des Klosters Heiligkreuztal von 1599, die auch für Ertingen galten, ist verboten, ohne Genehmigung aus den Gemeindehölzern „Eich- oder Förchiholz, Aspen oder Birken" zu verkaufen oder zu hauen. Es ist anzunehmen, daß mit dem Ausdruck „Förchiholz" Nadelholz im allgemeinen gemeint sein wird. Der Glashart selbst war ein Buchen-Eichen-Wald, in den vom Federsee her der Fichtenvorstoß vermutlich früh eingedrungen ist. Die „Hohen Hölzer", zu denen nach den Gesetzen und Ordnungen von Ertingen von 1484 „neue Bannhölzer" dazu kommen, dürften Bauholzdistrikte mit stärkerem und wachsendem Anteil von Fichten gewesen sein (siehe auch S. 104). Die Fichtenmoorrandwälder am nahen Federsee, die kleinen Hochmoore im Glashart, die „Hohen Hölzer" und die heutigen ungünstigen Bodenvegetationstypen verraten enge Zusammenhänge.

Der an den Glashart im Norden anstoßende Seelenwald der Herrschaft Friedberg-Scheer [56]) ist wie der Wagenhart im Jahre 1790 überwiegend von Fichte bestockt. Er wurde bis 1790 unregelmäßig geplentert, besitzt einen großen Vorrat von „Sägtannen", vermischt mit einzelnen Buchen und Eichen. Überall fliegt die Fichte an. Daß wir uns aber an der Grenze des Fichtenvorstoßes im 18. Jahrhundert befinden, zeigen die Beschreibungen der zur Herrschaft Göffingen gehörigen Waldungen südlich des Bussen und auf dem Bussen; in diesen Waldungen ist 1790 die Fichte überhaupt noch nicht eingedrungen; es sind Bestände von Birke und Aspe mit einzelnen Eichen. Zwischen der Kanzach und der Donau häufen sich auf der Grundmoräne die Flurnamen mit „Eiche" wie Eichwiesen, Eichäcker, Eichholz, Eichert; gegen die hohen Endmoränenzüge aber die Flurnamen auf „Buche", wie Buchschorren, Buchhau und andere. Am Bussen selbst liegt der Weiler Buchay, 1472 Buchikäi genannt, „Unter den Buchhalden". Die Flurnamen „Tannenstock" bei Betzenweiler, „Eichenstock" bei Ertingen und „Buchstock" bei Heudorf am Bussen weisen den Betrieb der „Stockhölzer", also den Ausschlagwald nach; in den ersten „Stock" ist die Fichte eingedrungen, der zweite „Stock" wird von der Eiche, der dritte von der Buche im Hauptbestand gebildet. Die Landschaft der Donau zu ist altes Siedlungs- und Kulturgebiet; sie liegt im Regenschatten der Alb. Der Niederwaldumtrieb wird vielleicht seit vorgeschichtlichen Zeiten betrieben; Eiche, Birke, Aspe und Hainbuche herrschen, seitdem die Buche zurückgedrängt ist.

Die Gerichts- und Vogtordnung von Uttenweiler im Jahre 1570 [79]) spricht in Punkt 224 vom Ausschlagwald, in dem außer den Samenbäumen alles Unterholz (Stecken, Dörne) in Ordnung geschlagen werden soll. Diese Bestimmungen kehren in allen Dorfordnungen um den Federsee und an der Donau wieder. Die „Gebote und Verbote" des Klosters Marchtal von 1578 ordnen in der Holzordnung ebenso an, daß in einem Hau alles Holz sauber und ordentlich hinwegzuschlagen ist, mit Ausnahme der alten und neuen Standhölzer und Standreiser und der bärenden Bäume. Die Strafen sind aber nur für unerlaubten Hieb von Eichenholz angesetzt.

Wald zwischen Federsee und Riß

Zwischen dem Hochmoor des Federseebeckens und den Hochmooren im Rißtal ziehen sich Schienenwald und Forstwald auf der Grundmoräne hin, im Norden von den letzten kleineren Hochmooren abgesäumt, von denen aus sich Ketten von Flachmooren in den sumpfigen Bachtälern gegen den großen Waldblock von Biberach – Warthausen – Aßmannshart erstrecken.

Der Schienenwald

Der Schienenwald stockt auf einem mäßig sich über die Täler erhebenden Block von Höhen zwischen 600 bis 630 m. Der Name leitet sich vom schwäbischen Seame, das Röhricht bedeutet, ab. Da der Schienenwald unmittelbar an den Riedwald des Federseebeckens anstößt, trifft auf ihn das Waldbild der pollenanalytischen Aussagen zu. Die Buche herrschte, die Eiche war untergeordnet, die Tanne war eingemengt, die Fichte konnte vom Moorrand aus vorstoßen.

Nach dem Vertrag von 1454 dürfen die Leute von Muttensweiler, Untertanen des Klosters Schussenried, in den Hölzern des Spitals Biberach im Schienenwald [80]) wohl Zaun- und Brennholz, aber keine Eichen und Buchen hauen. Der Bedarf an Zimmerholz wird auf jedesmalige Bitte angewiesen. Schon in einem späteren Vertrag von 1567 wird das Brennholzrecht nicht mehr mit Laubholz, sondern mit „Tannenholz" festgesetzt, ein Beweis, daß sich die Fichte im 16. Jahrhundert schon stark ausgebreitet hatte. Nach der Taxation der Klosterwaldungen [34]) von 1796 besteht der Schienenwald überwiegend aus Fichten; aber die Fichtenbestände sind noch mit vielen Buchen vermischt. Auch in gegenwärtiger Zeit finden sich noch hohe, mächtige Altbuchen im Walde. Nach einer Beschreibung von 1836 besteht der beim Odenbühl, nahe dem Federsee, stockende Wald aus Buchen, Fichten und etwas Weißtannen. Nordwärts des Schienenwaldes um Streitberg, Stafflangen und Oggelshausen erstrecken sich im 18. Jahrhundert teils reine, teils gemischte Laubwälder aus Birken, Aspen, Erlen, Hasel, mit Eichen und auch mit Fichten im Oberholz.

Der Forstwald der Vogtei Mittelbiberach

Sehr klar ist die Entwicklung für die Zeit um 1600 im Forstwald zu erkennen. Für dieses Waldgebiet hat die Vogtei in Mittelbiberach im Jahre 1607 eine Holzordnung erlassen [81]), die im allgemeinen auf den Bestimmungen der Württembergischen Forstordnungen von 1552 und 1567 beruht [44]). Die für uns wichtigste Bestimmung ist im Punkt 28 „Vom Tannholz" enthalten: „**demnach zu dieser Zeit in der Vogtei mehrteils der Wald zu Tannen erwachsen will**, sollen dieselben ordentlich gehayet, vor Verwüstung behütet werden; und wenn sie zu dick aufwachsen, soll der Holzwart die überflüssigen Stangen zu Leitern und sonstigem Zweck heraushauen. Damit werden die Tannwälder licht und geläutert und mag das übrige Holz, ohne daß es erstickt und am Wachsen verhindert wird, desto mehr hervorschießen und aufwachsen." Nur die eingangs angeführte Begründung stammt von der Vogtei, der übrige Wortlaut aus der württembergischen Forstordnung. Im Punkt 3 wird befohlen, Eichenbauholz zu schonen und „Tannenholz" zu verwenden, das leichter als Eichen zu bekommen ist. Das Harzen wird künftig nicht mehr geduldet werden.

Auch die Bestimmungen für die Behandlung der Laubhölzer sind aus der württembergischen Forstordnung übernommen. Sie lauten: „Vom Buchenholz, darunter alles Laubholz verstanden wird, wie Birken, Eschen, Hagbuchen, Erlen, Salen und Espen." Eine der wenigen Belege, die nachweisen, daß die „Buchenwälder" der alten Waldbeschreibungen um 1600 nicht unbedingt als „Buchenwald", sondern zumindest als Buchen-Laubholz-Wald angesehen werden müssen. Auch die „Buchen", also die Laubhölzer, sind nicht anders als in guter Ordnung zu hauen, damit das Unerwachsene nicht verwüstet werde, sondern wohlerwachsen und aufkommen möge. In jeder Jauchert sind, in wörtlicher Übereinstimmung mit der württembergischen Forstordnung, wenigstens 16 Bannraiteln zu belassen; zuvorderst Eichen; wenn keine vorhanden, gute Buchen; wenn keine Eichen und Buchen vorhanden, Birken und Aspen.

Da der württembergische Morgen kleiner ist als die übliche oberschwäbische Jauchert (0.4 bis 0.5 ha), wäre die Anzahl der Bannraitel in der Vogtei geringer gewesen.

Um 1600 gilt für die Waldentwicklung in der Vogtei und Umgebung: der mittelwaldartige Laubwald von Buchen und Eichen ist in rascher Umwandlung in einen Mischbestand von Fichten, Birken und Aspen begriffen, wobei immer mehr Fichten ins Oberholz aufgenommen werden. In einzelnen Teilen entstehen „schachenweise" kleine Reinbestände von Fichten, schon in der Jugend durchforstet und im allgemeinen wohl plenternd genutzt. Die Fichte ist im raschen Vorstoß und wird nur insoweit zurückgehalten, als der Niederwaldumtrieb ihren Vorstoß doch immer wieder abbremst. Die Waldnamen „Buchwald" und „Aspen" halten diese Entwicklung fest. Der Weiler Schönenbuch, der im „Buch" entstanden ist, wird im Jahre 1376 beurkundet. Die Hänge dieses Blockes sind heute noch Mischwald mit viel Buche, die Tafel ist Kulturland geworden.

In der Biberacher Altmoränenlandschaft

Wald der Stadt und des Spitals Biberach[82])

Das große Waldgebiet um die Endmoränen ist späteres Rodegebiet. In den Urbarien des 16. Jahrhunderts sind die Waldnamen „Das Eichholz", „Am Buchinhart", „Der Finsterbuch", „Der Buchghau", „Der Lindenghau", „Der Buchstock", enthalten. Die alten Orte Aßmannshart und Birkenhart erinnern an die alte große Waldallmende.

Im 14. Jahrhundert kauft das Spital „zum Heiligen Geist" verschiedene Waldungen; im Jahre 1371 in Schammach Leute und Güter in den Mädern „in der Schwärze", 1394 weitere Wälder mit Egerten und Einöden zu Ahlen und die Äcker unter dem Eichach. Schon im Mittelalter sind die Waldungen ziemlich durchlöchert. Das Wort „Die Schwärze" gilt uns wie ein urkundlicher Nachweis für dunkles Nadelholz. Hier spricht der Standort für die Fichte, denn „Die Schwärze" am Schammach-Weiher ist von sumpfigen Wiesen umgeben und liegt in der Kette der Flachmoore. Auf diesen Vorstoßwegen ist die Fichte von den nahen Moorrandwäldern des Federsees her in die Waldungen um die Linie Schammach-Birkenhart eingewandert. Aus späteren Waldbeschreibungen ist bekannt, daß auch die Weißtanne in den Wäldern eingemischt war.

Im 16. und im 17. Jahrhundert gilt für diese Waldungen dasselbe wie für die Vogtei Mittelbiberach. Die Fichte breitet sich überall rasch aus. Das Verzeichnis der städtischen

Waldungen von 1610 nennt neben der Schwärze nicht nur den Wald „Gutershofer-Tannen" und des Spitals „Tannenghau", sondern weist nach, daß bei den vier bis fünf Jauchert umfassenden Schlägen neben den Eichen auch „viele junge Tannen" übergehalten werden. Einige Waldteile sind mit „Tannenholz" erwachsen. Es gilt keine einheitliche Entwicklung, sondern ein Nebeneinander von hochwaldartigen Bauholzreserven aus Fichten und auch Weißtannen, neben den mittelwaldartigen Brennholzghauen von Laubholz mit eingemischten Fichten und Tannen.

Noch im 18. Jahrhundert hat sich an dieser Entwicklung nicht viel geändert. Laubholz-Brennholzghaue, gemischte Waldungen von Laubholz, Erlen, Aspen, Eichen, Fichten, und „Tannenhochwald" stehen nebeneinander. Eines drückt sich jedoch bereits deutlich aus: die Buche wird kaum mehr erwähnt. Die Waldordnung von 1769 nennt als wichtigste Holzarten Aspen, Fichten, Weißtannen, sonstiges Laubholz. Als Standreiser sind Aspen, Eichen, Buchen und Birken zu belassen. Die Fichte wird nun ohnehin als selbstverständlich übergehalten. Von der Waldentwicklung im 19. Jahrhundert wird an anderer Stelle gesprochen werden [83] [84].

Waldungen der Herrschaft Warthausen

Die Entwicklung der nun im Staatsbesitz befindlichen Waldungen der ehemaligen Stadionschen Herrschaft Warthausen ist in allem ähnlich wie in den Biberacher Waldungen, nur daß ihrer nördlicheren Lage entsprechend sowohl der Vorstoß der Fichte gegenüber Biberach verspätet und auch abgeschwächt ist; auch die Tanne ist nurmehr in kleinen Gruppen und Vorposten in die nördlichen Endmoränen eingewandert, wo die Randzone der Tanne zu Ende geht. Nach der schönen Taxationsmappe von 1764 bestand der Nordteil der Waldungen, das Grenzgebiet der Endmoräne zur Hochterrasse und zur Tertiärlandschaft, fast noch ganz aus Laubholz, dagegen war der Südteil stark mit Fichte vermischt. Gestützt auf diese Gründe kann die Linie Ahlen-Birkenhart als durchschnittliche Grenze des Fichtenvorstoßes um 1600 angenommen werden.

Die Beschreibung von 1814 bringt keine großen Veränderungen. Noch im Jahre 1852 ist in großen Teilen Ausschlagwald mit Oberholz vorherrschend; die Überführung zum Fichtenhochwald ist aber teils angebahnt, teils stark vorgeschritten. Die Weißtanne ist im Missenghau bei Birkenhart in einem Bestande nachgewiesen, der aus ehemaligem Femelwald hervorgegangen ist [85] [86].

Zusammenfassung

Der Charakter der Waldungen in diesem weitausgedehnten Endmoränengebiet ist der Buchen-Eichen-Wald auf den bewegteren Höhen und der Eichen-Buchen-Wald in den niederen und flacheren Lagen innerhalb der auslaufenden Randzone der Tanne. Der Fichtenvorstoß hat von Süden gegen Norden zu zwischen dem 14. und dem 18. Jahrhundert kein neues Gebiet gewonnen, sondern sich in die Breite verdichtet. Die Tanne hat trotz aller Ungunst noch im 19. Jahrhundert den Nachweis erbracht, daß sie ihre Randzone bewahrt hat; dies beweisen z. B. in Warthausen Samenbäume und Waldrechter in mittelwald- und schirmschlagartig behandelten Distrikten. Die eine Höhe von 620—650 m erreichenden Endmoränen ziehen stärkere Niederschläge an sich; der gemessene Jahresniederschlag bewegt sich um 800 mm. Die vielen Weiher und sumpfigen Wiesen vermehren das Maß an Feuchtigkeit und wirken örtlich ausgleichend. Kiesige Endmoräne oder mit Staublehm überdeckte Grundmoräne bilden sehr verschiedene Standorte von Natur aus und reagieren entwicklungsmäßig verschieden im Falle von Waldverwüstung und naturwidrigen Bestandesaufbaues.

In der östlichen Altmoränenlandschaft von der Riß bis ins Quellgebiet der Rot

Wald des Klosters Ochsenhausen [87]

Von der Riß bis zur Rottum und von der Rottum bis zur Iller reichte das Herrschaftsgebiet des mächtigen Klosters Ochsenhausen; es nahm somit den Nordteil der Altmoräne ein. Das Plateau der Grundmoräne wird vom tiefen Tal der Umlach und von den Tälern der Dürnach und der Rottum zerschnitten. Besonders die tertiären Hänge des Umlachtales sind von Tobeln zerfurcht. Soweit diese Hänge nicht vom gebannten Buchenwald, in dem die Weißtanne reichlich eingemischt war, bestockt wurden, waren es Weide- und Niederwälder der Orte Fischbach und Ummendorf mit Oberholz von Eichen und Buchen. Der Ort Mittelbuch (Siedlung mitten im Buch) wird erstmals im Jahre 1157 genannt.

In den weiten Wäldern des Gebietes von Ochsenhausen und der Altmoräne gab es in alter Zeit, durch mittelalterliche Verträge belegt, ein reichliches Äckerich (Kes) von Eicheln und Bucheln; dies war trotz der immer mehr zunehmenden Fichte anfangs des 17. Jahrhunderts jedenfalls noch an vielen Orten der Fall, denn die Statuten der Klosterherrschaft von 1605 verbieten ausdrücklich „Aichelen oder Buochelen abschlagen, auflesen usw.", außer in der vorgeschriebenen Zeit [88].

Der Oberlauf der Rottum und der Rot tritt bald in tertiäre Ablagerungen ein, die nur auf den Höhen von alten Günzschottern überlagert sind. Gegen die Rot zu setzt sich von den Endmoränen die Hochterrasse ab, westlich der Rot beginnt auf den großen Riedeln alter Deckenschotter der Wald von Tannheim. Dieser Wechsel von Moränen, von Terrassenfeldern und von steilen Riedeln drückt sich sofort in Orts- und Waldnamen aus. Der Ort Eichbühl mit dem Eichberg liegt auf der Höhe der Günzschotter, ebenso der Ort Eichen und der Ort Eichenberg an der Rot. Um alle diese Orte herum erinnern viele Flurnamen „Hart" an die Waldallmenden.

Der Reichtum des Klosters Ochsenhausen lag im Besitz zahlreicher blühender Dörfer mit guten, wenn auch schweren Böden, und im Besitz der ausgedehnten Waldungen gegen das Illertal zu. So wie die im Süden benachbarten Truchsessen von Zeil und andere Herren und Klöster war Ochsenhausen mit seinem Stützpunkt Tannheim in den Holzgroßhandel an der Iller eingeschaltet. Die vielen Holzverkäufe des Klosters sind aus den Ratsprotokollen der Stadt Ulm ersichtlich. Wahrscheinlich ist bereits im 14. und im 15. Jahrhundert aus diesen Wäldern sehr viel Holz an die Iller gewandert, so daß in diesem Zusammenhang der Anteil der Buche und anderer Laubhölzer zugunsten der Fichte frühzeitig verschoben worden ist. Im Jahre 1502 mußte der Abt Johannes von Ochsenhausen einen Vergleich mit seinen Untertanen eingehen. Der Vergleich beendete den Ochsenhausener Bauernaufstand von 1501. In ihm wurde auch die Holznutzung neuerlich geordnet: wenn ein Gotteshausmann Holz benötigt, sei es von Eichen-, Buchen-, oder Tannholz, dem wird auf seine Bitte durch den Holzwart angewiesen, was immer er von den „dreierlei Holz" benötigen würde. Hundert Jahre später lautet jedoch die Reihenfolge der drei Holzarten anders; Punkt neun der Statuten von 1603 verbietet, ohne Erlaubnis Eichen-, Tannen- oder Buchenholz zu fällen. Die Bedeutung des Nadelholzes hatte schon allzusehr zugenommen [88] [89].

Das Ochsenhausensche Amt Tannheim

Das Dorf Tannheim, Besitz des Klosters am Rande des Schotterriedels, ist der nördlichste Ort in Oberschwaben mit einem Namen auf „Tann". Die Höhen zwischen der Rot, der Haslach und dem Illertal erreichen etwa 650 m. Der Ort Tannheim wird erstmals im Jahre 1100 und damit das Vorkommen der Tanne oder der Fichte beurkundet. In der Nähe liegt der „Tannschorren". Im 16. Jahrhundert sind noch einzelne andere Flurnamen mit

„Tann" erwähnt. Vom Jahre 1509 stammt ein Vertrag über die Beholzung der Untertanen von Binnrot, die mit Tannenbrennholz zu versorgen sind. Anderseits wird wiederholt in Verträgen des frühen 16. Jahrhunderts „der Buch" bei Mettenberg genannt, dem weiter nördlich der „Wildbuch" folgt [89].

Da die Ausstrahlung aus dem Tannenareal der Voralpen bis in die Gegend von Zeil und Memmingen sehr stark war, wird es vermutlich auch die Weißtanne gewesen sein, die dem Orte Tannheim den Namen gegeben hat. Wir glauben daher, die ursprünglichen Wälder auf den Deckenschottern bis Tannheim auch noch der äußeren Zone des Vorland-Bergwaldes zuweisen zu dürfen.

Fichtensaat im Gebiet von Ochsenhausen

In der Reichsstadt Memmingen hat der Hofmeister des Spitals, Michael Schwegelin, in den Jahren 1540—1583 eine hervorragende forstliche Tätigkeit — auch durch Empfehlung von Saaten — entfaltet, von der noch später die Rede sein wird [90]. Zu dieser Zeit waren die Waldungen im Einzugsgebiet der Iller schon längst der Abschwendung verfallen. Das Interesse der Waldbesitzer an einer Erhaltung der reichlichen Einnahmen war naheliegend. Leider ist das Aktenmaterial von Ochsenhausen zum großen Teile verloren gegangen. Durch einen glücklichen Fund im Vertragsbuch des Klosters [89] konnte die Durchführung einer Fichtensaat im Jahre 1568 festgestellt werden. Diese wurde im „Jungholz" westlich Reichenbach, nördlich der Straße Biberach-Ringschnait vorgenommen. Die Stelle wurde deswegen für den Trieb des Weideviehes gebannt, weil „Butzenweiler mit Feuchten besaat" worden ist.

Wenn nun das Kloster Ochsenhausen einen von der Iller weitab gelegenen Waldteil mit Fichten hat besäen lassen, so ist es sehr naheliegend, daß man die abgetriebenen Wälder in Illernähe wieder durch Saat in die Höhe zu bringen suchte. Das Spital Memmingen ist mit solchem Beispiel vorangegangen.

Aus einer Karte des Klostergebietes von etwa 1660 läßt sich der Grundsatz des schlagweisen Hauens aus der Scheidung von Laubholz-, Nadelholzdistrikten und von Mischwald erkennen. Die Nadelholzdistrikte liegen mitunter in deutlicher Abgrenzung inmitten von Laubholz oder Mischholz oder durchziehen solches als breite Streifen. Alles dies würde auf künstliche Begründungen nach größeren Kahlschlägen deuten; es können aber auch natürliche Nadelholzschachen zu einer Ausbreitung mit oder ohne künstliche Vergrößerungen gelangt sein. Im geplenterten Wald können örtlich auch Weißtanne und Fichte mehr oder minder Nadelholzbestände gebildet haben. Die auf der Karte verzeichneten überwiegenden Nadelholzbestände liegen meist auf Plateaus. Dies läßt einerseits an Waldfeldbau denken, anderseits daran, daß die lehmigen zur Vernässung neigenden ebenen Flächen Vorstoßwege der Fichte waren.

Während in manchen anderen, besonders in den westlichen Gegenden des nördlichen Oberlandes im Anfange des 18. Jahrhunderts noch der Ausschlagwald geherrscht hat, hatten im Gebiete der Klöster Ochsenhausen und des nahen Rot die Fichtenbestände längst zugenommen. Dies geht auch aus der Holzordnung für Ochsenhausen und Rot von 1740 [93] hervor, nach der die Fichtenbestände überwiegen, denn Erlen, Birken und Aspen „pflegen wegen besseren Aufwuchses des Tannholzes ohnehin gemeiniglich ausgehauen zu werden". Der Mischwald wird zum Reinbestand.

Zusammenfassung

Die südlichen Waldungen des Klosters Ochsenhausen in der Altmoräne sowie die auf den Deckenschottern bis Tannheim gehörten noch zur äußeren Zone des Vorland-Bergwaldes; die nördlichen Waldungen des Klosters lagen in der Randzone der Tanne, in der ein Buchen-

Eichen-Wald mit eingemischten Tannen den Bergwald abgelöst hatte. Verschiedene pflanzengeographische Momente, starke Verbreitung typisch montaner Pflanzen bis zur äußeren Altendmoräne unterstützen diese Scheidung.

Dieser Buchen-Eichen-Wald mit Tannen auf den schweren Böden der Altmoräne ist schon im 16. Jahrhundert durch starke Fichtenvorstöße im Übergange zu Sekundärtypen sowohl eines Fichten-Buchen-Waldes als auch eines Mischwaldes von weichen Laubhölzern und Fichten begriffen. Nur an den Hängen hat sich die Buche stärker erhalten. Im 17. Jahrhundert scheinen auf ebenen Böden der Grundmoräne und auf den Tafeln der Schotterriedel durch Einsaat von Fichte im Waldfeld schon manche gleichaltrigen Bestände entstanden zu sein.

Mit Tannheim sind wir bereits in die Schotterlandschaft eingetreten.

In der Landschaft der Schotterterrassen [91])

Das württembergische Schotterland ist vom Städte-Dreieck Ulm-Biberach-Memmingen markiert. Einst war der wirtschaftliche und geistige Zusammenhang diesseits und jenseits der Iller im Rahmen des großen schwäbischen Territorial-Konglomerates sehr lebendig. Unsere Schotterlandschaft, im Süden vom Gebiet der Klosterherrschaft Ochsenhausen, im Norden von der Klosterherrschaft Wiblingen begrenzt, bildete das Kerngebiet der uralten Grafschaft Kirchberg.

Der Nordteil, der Donau-Iller-Winkel, die Hänge des Riß- und des Illertales sind früh, bereits in der vorgeschichtlichen Zeit bewohnt. Die vorgeschichtlichen Plätze wurden seitdem immer wieder besiedelt. Die innere und höhere Schotterlandschaft dagegen, das Waldland, wurde erst in der zweiten und dritten alemannischen Siedlungsperiode bevölkert.

Aus Gründen der Übersicht teilen wir den Wald der Landschaft in fünf Gruppen ein; die ersten vier verteilen sich gleichmäßig auf das Gebiet über bzw. unter 600 m.

1. Gruppe: Tannheim, Erolzheim, Kloster Gutenzell, Kloster Heggbach, Schönebürg

Den Wald auf den obersten Schotterriedeln von Tannheim haben wir bereits im Zusammenhang mit dem Wald auf der Altmoräne von Ochsenhausen besprochen.

Erolzheim

An die Wälder von Tannheim stoßen die der Herrschaft Erolzheim an [92]). In diesem Herrschaftsgebiet besaß das Spital Biberach nach dem Urbar von 1526 verschiedene kleine Waldstücke, so ein Mischholz von „Tannen", Birken, Aspen und Buchen; „im Grund" einen „Tannwald"; das Waldstück „Die Tannen" des Spitals liegt neben den „Tannen" des Herrn von Erolzheim, der dort aber auch ein Buchholz besitzt. Hier wirkte sich die Randzone der Tanne vermutlich noch kräftig aus. Die Markungsbäume sind „Tannen", Aspen, Birken, Linden, Eichen. Ein anderes Waldstück, das an die Hölzer des Klosters Gutenzell im Geinsental grenzt, wird nur durch Eichen vermarkt. Die kleine Herrschaft Erolzheim, die wiederholt durch verschiedene Hände gegangen ist, hat sich in allen Jahrhunderten durch den Iller-Holzhandel ausbeuten lassen. Dementsprechend hat es dort die Fichte schon im 16. Jahrhundert zu kleinen Reinbeständen innerhalb des Mischwaldes gebracht. Im 17. Jahrhundert wird die Ausbeutung noch umfangreicher. So schließt die Herrschaft im Jahre 1689 einen Abholzungsvertrag über 123 Jauchert mit der Auflage der Stockrodung. Die Holzkäufer sind ein Gelegenheits-Konsortium, bestehend aus einem Fleischhauer aus Ochsenhausen, dem Kanzler des Klosters neben anderen Geschäftemachern. Weil die Kriegsverhältnisse die Stockrodung verhindern, wird in einem Nachtragsvertrag das „Einhecheln von Getreide" auf zwei Jahre mit je einer Sommer- und Winterfrucht gestattet. Diesem üblen Holzschlächtergeschäfte verdanken wir somit eine der seltenen Nachrichten über den Waldfeldbau dieser Zeit. Im Jahre 1764 findet wieder ein großer Verkauf von Floßholz und Klafterholz von „Tannen", Aspen und Buchen statt. Eine Waldkarte von 1807 zeigt, daß die Waldungen auf den Höhenrücken zwischen Erolzheim und Edelbeuren zum größten Teile aus Fichten bestehen, zum Teil aus Mischbeständen von Fichten und weichem Laubholz, oder wie im Distrikt Reichenbach, aus herabgekommenem Stockausschlag.

Kloster Gutenzell [93])

Die umfangreichen Waldungen des bescheidenen Zisterzienser-Frauenklosters Gutenzell zwischen der Rot und dem Illertal sind ebenfalls seit Jahrhunderten ein Ausbeutungsobjekt für den Holzhandel an der Iller. In den Ratsprotokollen der Stadt Ulm [42]) taucht die Äbtissin von Gutenzell immer wieder als manchmal schlecht behandelte Kontrahentin der geschäftstüchtigeren Stadt Ulm auf. Das äußerst fragmentarische Archivmaterial ist sehr widerspruchsvoll; es ist daher schwierig, aus ihm allein die Waldentwicklung zu rekonstruieren.

Die vielen Markungsbäume in den Grenzbeschreibungen von 1672 und 1696 sind meistens Eichen, wie es eben den tiefer gelegenen Waldrändern entspricht, ganz selten Buchen, wiederholt „Tannen, alte Tannenstumpen, umgefallene Tannen". Da einigemal ausdrücklich „Rottanne" als Markungsbaum angeführt wird, dürfte es sich in allen anderen Fällen um die Weißtanne handeln, deren Vorkommen noch im 19. Jahrhundert da und dort nachgewiesen ist. Gutenzell liegt wohl am Ausgang der Randzone der Tanne. Mitten im großen Waldgebiet lag der „Hart" sowie die Waldallmende der Gemeinde Kirchberg um den Riederberg, die 1521 von den Grundherren unter sich aufgeteilt wurde. Der Wald war von Egerten und Waldäckern stellenweise zerrissen. Nach dem Protokollbuch des Klosters von 1655 bis 1672 ist das Eicheläckerisch noch von großer Bedeutung. Die Gerichtsordnung zu Kirchberg von 1553 verbietet die Fällung von bärenden Bäumen und von Standreisern. Die Gutenzeller Holzordnung von 1736 verordnet, daß auf jeder Jauchert acht bis zwölf Standreiser von Birken und „Tannen" stehen gelassen werden. Eichen, wilde Obstbäume, Aspen und Linden, wie auch Kirschen-, und Vogelbeerbäume sollen geschont werden.

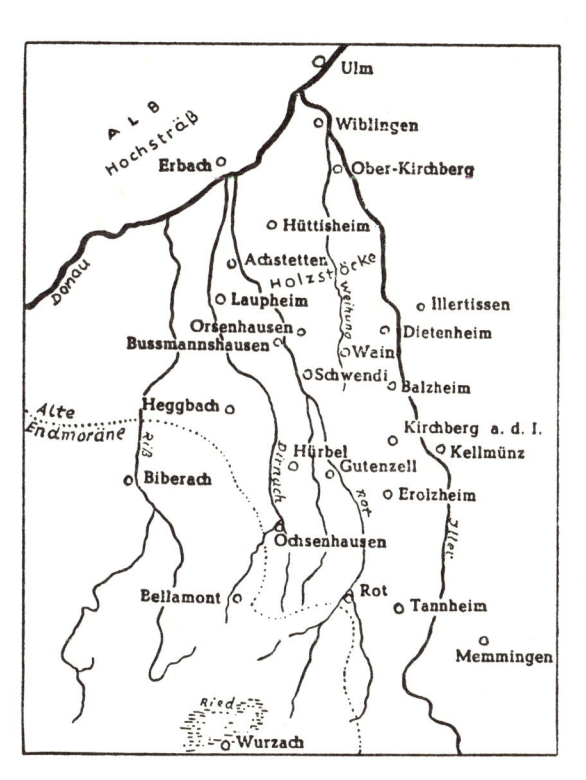

Deckenschotterlandschaft zwischen Ulm und Ochsenhausen

Alle diese Angaben deuten auf dem Schotterrücken den Buchen-Eichen-Wald, an den Rändern den Eichen-Buchen-Wald in der ausgehenden Tannenrandzone an. Die Fichte ist im Vorstoßen.

Die geldbedürftigen Herren von Erolzheim können wir als Kronzeugen für die Art der Waldentwicklung auch hier anführen. Die Erolzheimer besitzen innerhalb des Herrschaftsgebietes von Gutenzell einen Waldteil, die „Gebsendicke" (t. K. w. Kirchberg a. d. I.), in der sie nach ihren Behauptungen im Vertrag von 1519 „länger als seit Menschengedenken etliche Hochhölzer" haben, um „zur Lendinen an der Iller zu fahren", wo das Floßholz aufgestapelt wird. Hierfür sind drei Holzfuhrwege bestimmt. Diese sollen für die Herren von Erolzheim sowie für die Flößer gelten, an die sie „Holz und Schlag" verkauft haben. Solche Verträge über die Holzabfuhr werden vom 14. Jahrhundert ab zwischen den geistlichen und weltlichen Nachbarn immer wieder, meistens als Beendigung langjähriger Streitigkeiten und gegenseitiger Erpressungen abgeschlossen. Somit reichen die „Hochhölzer", d. h. die „hohen" Floßholzbestände, unter denen man sich in diesen Gebieten immer nur kleine Waldstücke und Schachen vorzustellen hat, sowohl in Erolzheim als auch in Gutenzell jedenfalls in das 14. Jahrhundert zurück. Neben dem Floßholz, den starken und stärksten Sortimenten, neben Fichtenstangen und Fichtenschwachholz ist aber auch der Niederwaldumtrieb mit rascher Brennholzerzeugung gewinnbringend; denn die Flöße, die aus dem Fichtenlangholz zusammengesetzt werden, nehmen als Frachtgut Eichen- und Buchenblöcke, hauptsächlich aber Brennholz mit. Neben den kleinen und großen Kahlabtrieben von Mischwald- und Fichtenbeständen werden die Ausschlaggehaue in Flächen von einem halben bis vier Jauchert vergeben; außerdem werden aus den Mischhölzern von Buchen, Birken und Fichten, je nach Bedarf, plenternd die stärksten Stämme ausgezogen.

Ende des 18. Jahrhunderts wird auch in den Klosterwaldungen von Gutenzell zu neuen forstlichen Methoden übergegangen; der ohnehin praktisch aufgegebene Mittelwaldbetrieb wird fast vollständig durch den Fichtenhochwald ersetzt. In einem Gutachten des späten 18. Jahrhunderts wird das Femeln abgelehnt, der regelmäßige Samenschlag empfohlen, das Sammeln von Buchen-, Fichten- und Forchensamen und das Klengen angeraten. Wenn die natürliche Verjüngung versagt, soll zum Waldfeldbau mit Fichtensaat geschritten werden.

Eine Holzaufnahme von 1780 beweist, daß ohnehin fast alle Abteilungen mehr oder minder aus Fichten bestehen, soweit sie nicht mit Birken gemischt sind. Nur die Talhänge zur Rot sind bald spärlich, bald reich mit Eichen besetzt. Dies sind die Überreste des Eichen-Weidewaldes. Die Taxation von 1803 bestätigt diesen Zustand. Fast durchwegs sind es gleichaltrige Bestände nicht über 50 Jahre. Nur ein kleiner „Buchwald" mit hundertjährigen Buchen, Birken und Fichten wird erwähnt; er dürfte am Kohlteichkopf, südlich vom Ilgenweiher, seinen Standort gehabt haben.

Kloster Heggbach und Umgebung [94])

Zu dieser ersten Gruppe stellen wir noch den Wald auf dem Block von Mindelschottern, der nördlich der Altmoräne zwischen Rottum und Dürnach sich gegen die Hochterrasse am Rißtal erstreckt. Dieses Gelände hat große Ähnlichkeit mit den auslaufenden Formen der Endmoräne. Der Südhang bei Wennedach wird zur Zeit von einem Buchenwald bestockt, dem Rest des einstigen großen „Buchwaldes", der 1658 aus dreißig Gehauen, somit einem Mittelwaldumtrieb von 30 Jahresschlägen bestand. Die Mitte des Waldgebietes, gegen das Kloster zu, bildete 1658 „Der Heggbacher Eichwald". Aber auch der Nordteil gegen Mietingen zu wurde damals „ein schöner Eichenwald" genannt. An den Maselheimer Weiher stieß ein Buchwald am „Buchhaldenberg" an, der kurz vorher abgetrieben doch schon wieder „in der Dicke eines Armes" vorhanden war. Die Waldbeschreibung von 1658 berichtet, daß „der alte Buchenwald" im Schwedischen Krieg durch das Feuer übel verderbt worden ist; das Gotteshaus habe allein am Wald über 20 000 Gulden Schaden erlitten.

Diese Waldbeschreibung von 1658 wird durch eine Holzordnung von 1695 ergänzt. Sie unterscheidet zwischen „Stangen- und Brennhölzern" von Eichen, Buchen oder „Tannen", womit jedenfalls der niedere Umtrieb gemeint wird, und „schönen langen Hölzern", worunter das Fichtenbauholz verstanden sein soll. Da von hohen Hölzern nicht die Rede ist, sondern nur von Gehäuen, sollen die Bauhölzer im Oberholz gezogen und plenternd genutzt werden. Auf der Karte von Ochsenhausen um 1660 ist östlich des Wennedacher Buchs ein starker Schachen Nadelholz verzeichnet. Die Grenzstreifen des Heggbacher und Freyberg-Simmisweiler Waldes sind von Süd nach Norden beiderseits als breites Band Mischholz dargestellt [87]).

Im 19. Jahrhundert gab es im Heggbacher Wald noch Vorposten der Weißtanne [109]; die Tanne dürfte daher im Süden des Blockes wie in allen moränennahen Wäldern dieser Gegend eingemischt gewesen sein. Gegenüber den Waldungen von Tannheim, Erolzheim und Gutenzell war der Vorstoß der Fichte schwach entwickelt und hat überhaupt erst spät eingesetzt. Diese auf der Waldbeschreibung von 1658 fußende Annahme erklärt sich ohne weiteres schon dadurch, daß der Heggbacher Wald von Moorrandwäldern verhältnismäßig weit entfernt und abseits des Einzugsgebietes der Iller gelegen war.

Schöneburg

Im Osten stoßen die Waldungen von Schöneburg, Simmisweiler und Freiberg an. Sie nehmen teilweise die Hänge, aber auch die Tafel ein. Beim Verkauf der Waldungen von Schöneburg im Jahre 1427 an das Kloster Ochsenhausen wird „der Eichwald" von den „Hölzern" unterschieden. Hier in der Schotterlandschaft bedeutete der „Eichwald" von alters her das gebannte „Hohe" Bauholz, zum Unterschied vom Brennholzghau.

Auch dieser ganze Block gehörte dem Buchen-Eichen-Wald und dem Eichen-Buchen-Wald an.

2. Gruppe: Balzheim, Wain mit Oberbuch, Schwendi und Großschafhausen

An die Gutenzeller Waldungen stoßen im Norden die der Ehingerschen Herrschaft Balzheim, und der Herrschaften Wain und Schwendi an. Das Tal der Weihung scheidet die jüngeren Mindelschotter von den älteren Günzschottern im Osten. Die Höhen der Günzschotter betragen 600—580 m, sie überragen die Mindelschotter, fallen steil ab und sind auch von Quertälern gefurcht.

Balzheim [96]

Der Wald von Balzheim liegt zum größten Teil auf den Höhen der Günzschotter (600 m). Der Riedel besteht aus einer breiten Tafel, gegen das Illertal durch Tälchen zerlappt, mit langen allmählich abfallenden Spornen, wodurch sich Nord- und Südhänge, „Winter- und Sommerhalden" mit großen standörtlichen Verschiedenheiten ergeben. Die Beschreibung des Waldes von Balzheim aus dem Jahre 1638 zeigt drei Merkmale:

a) der alte Buchenwald existiert überhaupt nicht mehr, die Buche ist nur mehr an einzelnen Örtlichkeiten und auch da meist bloß eingemischt vertreten. Die Eiche ist überall einzeln verstreut.

b) Die Fichte ist, entsprechend ihren Vorstößen in die Erolzheimer und Gutenzeller Waldungen, mindestens seit dem 16. Jahrhundert auch hier im raschen Vordringen. Es gibt bereits kleine Fichtenbestände, von denen einzelne schon im zweiten schlagweisen Abtrieb stehen. Sie liegen auf der Höhe des Riedels und schließen sich an Fichtenbestände des Klosters Gutenzell an, besonders um den „Glaser" (Glashart).

c) In Balzheim setzt sich seit dem 16. Jahrhundert, viel klarer als in den Waldungen von Gutenzell, die betriebstechnische Entwicklung zum schlagweisen „Fichten-Hochholz" in Nachahmung der Allgäuer Hochwaldform fort.

d) Neben dieser Entwicklung zu Fichtenbeständen, bei der wohl auch die Saat im Waldfeldbau, wenigstens ergänzungsweise angewendet worden ist, herrscht weiter eine Art Mittelwaldbetrieb, vorwiegend mit Sekundärtypen von Birken und Aspen, die einen mit, die andern ohne Fichte, aus denen sich primitive „Waldbautypen" zu entwickeln beginnen.

Nach dem Holzbuch von 1623—1646 machen die Verkäufe an Eichenstämmen und Fichtenbauholz sowohl mengen- als wertmäßig mehr aus als die Brennholzverkäufe nach Jauchterten.

Oberbuch [96] [87]

Am Ursprung der Weihung, inmitten des „Buch", wurde im 13. Jahrhundert die Rodesiedlung Buch (Ober- und Unterbuch) gegründet. Es war eine dieser vielen verfehlten Spekulationsgründungen, die meistens zur Verödung, hier nur zur Stagnation geführt haben. Mitten im Wald gelegen konnte sie sich niemals entwickeln, selbst ihre Kirche, die ursprünglich Pfarrkirche war, wurde im 15. Jahrhundert zugunsten Orsenhausens dieses Charakters entkleidet, und verschwand als Bauwerk im Laufe der Reformation. Die ausgedehnten Waldungen um den kleinen Weiler führen noch die alten Waldnamen auf „Buch". Neben dem Weiler liegt der „Altbuch", daran das „Buchholz"; gegen das Illertal zu grenzt der Balzheimsche lange „Buchenberg" und etwas nördlicher der 1436 genannte „Eulenbuch". Der Weiler Buch gehörte 1457 zum Kloster Ochsenhausen samt drei Wäldern, dem „Weitholz, dem Haslach und dem Farrenbühl" (Forchenbühl), der einer der seltenen Zeugen für einen wohl kleinen Forchenstandort im Schotterland ist. Das Kloster ließ in diesen Wäldern für den Holzhandel an der Iller schlagen. Von 1457 bis 1491 prozessierte es gegen die Balzheimer Nachbarn um Holzabfuhrwege an den Fluß. Die Kartenskizze dieser Prozeßakten ist noch vorhanden [97].

Wain [97] [87]

Die waldreiche Herrschaft Wain war schon im Mittelalter ein im Hinblick auf die Iller wertvolles Objekt. Im Jahre 1510 wird sie vom Kloster Ochsenhausen erworben unter ausdrücklichem Hinweis auf die holzreichen Wälder; sie geht aber 1570 vom Kloster unter Einschub eines Strohmannes samt dem Weiler Buch in den Besitz der reformierten Reichsstadt Ulm über, der sie bis 1773 als Holzreservoir diente. Die Waldungen erstrecken sich auf beiden Seiten des Weihungstales, teils auf die fruchtbaren Hänge, teils auf die schweren Böden der Tafel. Schon vor dem 16. Jahrhundert ist die Fichte wie überall in der Nachbarschaft eingedrungen, aber der Charakter des Mittelwaldes hat sich bis in das 18. Jahrhundert noch ziemlich erhalten. Die „Spezifikation der schlagbaren Hölzer" von 1691 zählt meistens Laubhölzer auf, nur wenige „gemischte Waldungen"; das Weitholz bei Buch hat 1691 zur Hälfte „erwachsene Tännin". Die Ertragsrechnungen der zweiten Hälfte des 18. Jahrhunderts geben im Durchschnitt eine verhältnismäßig geringe Nutzung an Starkholz an, wobei noch die Eiche überwiegt; Fichtensägblöcke erreichen nur unbedeutende Zahlen. Dagegen liegt das Hauptgewicht auf Fichtenstangen und Fichten-Schwachholz sowie auf dem Laubbrennholz. Ein Beweis, daß die Fichte in kurzen Umtrieben genutzt wurde. Die Durchdringung der Wainer Waldungen mit Fichten am Ende des 18. Jahrhunderts, jedenfalls auch die Umwandlung von schlechten Laubholzbeständen in Fichtenbestände im Wege des Waldfeldbaues, hatten den Übergang zum Fichtenhochwald bereits Anfang des 19. Jahrhunderts längst vorbereitet.

Schwendi und Großschafhausen [98]

Um 1600 heißt der Wald von Schwendi und ebenso der Wald von Großschafhausen „Der Eichwald". Im 18. Jahrhundert bestand jedoch der Wald von Schwendi überwiegend aus Fichten, die jedenfalls schon vor dem 16. Jahrhundert vom Süden her in den Mittelwald eingedrungen sind. Auch die Herren von Schwendi betätigten sich, sogar als Vermittler, im Iller-Holzhandel. Nach der Beschreibung der Hölzer von 1767 überwogen die Bestände von Fichten und Birken, ein Beweis des üblichen kurzen Umtriebes. Die Eiche war nurmehr einzeln und selten vertreten. Die Schwendier Halde bestand 1767 aus Birken, Hagbuchen, Haseln, dünn mit Oberholz von Hagbuchen und Fichten überstellt.

Der Wald von Großschafhausen ist 1767 noch Mittelwald mit einem Oberholz von starken Buchen und Eichen, mit viel Fichten, Erlen und Birken. Der Waldname „Der Buchstock" wird um 1600 genannt. In der Bergmahd, einem zum Buchenbestand „veredelten" Mittelwaldrest, stocken eine Menge starker schöner Winterlinden.

3. Gruppe: Orsenhausen, Dietenheim

Orsenhausen*)
"Ein Fichten-Hochholz (1494—1950)"

Obwohl die Waldungen von Orsenhausen durch den steilen Riedel von Dietenheim etwa 10 km vom Illertal entfernt waren, wollten ihre Besitzer doch auch Anteil am Iller-Holzmarkt haben. Denn um die Wende vom 15. zum 16. Jahrhundert waren die wirtschaftlichen Verhältnisse auf dem Lande bedeutend verschlechtert worden, anderseits gewann das Holz durch das Aufblühen der Städte und des Gewerbes immer mehr an Bedeutung. Der Ritter von Rot zu Orsenhausen hat als erster im damals nördlichsten Vorstoßgebiet der Fichte ein „Fichten-Hochholz" begründet, weniger aus „waldbaulichen" als aus ökonomischen Überlegungen. Die Entwicklungsgeschichte dieses Hochholzes, ein typisches Beispiel der Umwandlung von Mischwald in Fichtenbestand in der nördlichen Schotterlandschaft, sei hier chronologisch nach den Akten dargestellt:

Der Südteil der Waldungen von Orsenhausen, an die Markung von Wain angrenzend, ist der im 16. Jahrhundert schon genannte „Junker-Hermanns-Ghau", dessen südlichstes Stück „Die Schwarzen" heißt. Nach diesem Namen muß die Fichte dort schon im Mittelalter eingemischt gewesen sein. Im „Junker Hermanns-Ghau" besaß der zur Wainschen Herrschaft gehörende Weiler Auttagershofen das Weide- und Triebrecht. Im Jahre 1494 wurde der Ghau vom Ritter von Rot als „Hochholz" gebannt. Die Bauern von Auttagershofen, durch das Kloster Ochsenhausen vertreten, wehrten sich gegen das Verbot des Weideeintriebs. Im Urteilsspruch des St. Georgen-Schildes wurde ihnen das Weiderecht gewahrt und die Bannung aufgehoben. Dieser Streit zog sich jedoch durch fast 200 Jahre hin, weil die Ritter von Rot das ihnen auferlegte Niederschlagen des „Hochholzes" und die Rückkehr zum Mittelwald trotz neuerlicher Verhandlungen in den Jahren 1587 und 1624 niemals befolgten. Während dieser 200 Jahre erwuchs der Mischholzghau zu einem geplenterten „Tannenwald". Dieser neue Tannenwaldname wird erstmals 1697 in einem Holzzettel erwähnt; damals wurden auch noch Eichen im „Tannholz" gehauen. Der „Tannenwald" war ringsum von Ausschlagwald umgeben. Im 17. Jahrhundert war die natürliche Verjüngung der Fichte örtlich so stark, daß bei einem Grenzumgang von 1661 die Grenzsäulen auf der dicht verwachsenen Grenze nicht ohne weiteres angebracht werden konnten. Nach dem Dreißigjährigen Krieg bringen die Bauern im Jahre 1671 wiederum ihr geschmälertes Weiderecht in Erinnerung. In einer neuerlichen Verhandlung wird aber die Fällung des „Tannenwaldes" wieder aufgeschoben, weil „bei Orsenhausen kein anderes Bauholz als auf diesen fünf Jauchert vorhanden und dies wegen vieler ödstehender Hofstätten zur Zeit nicht vollends abgetrieben, sondern zum Vorrat gespart werden soll". Diese fünf Jauchert waren nur mehr der Rest des einst größeren „Tannenholzes". Hundert Jahre später wird im Urbarium von 1773 vermerkt, daß im „Junker-Hermanns-Ghau", in der „Schwarzen", „der alte Tannenwald" gewesen, jetzt aber nur mit Birken und wenig Fichten bestockt sei. Neben der „Schwarzen" besteht 1773 bereits ein „großer und kleiner Tannenwald" mit starkem Fichtenbauholz. So wurde vom 15. bis zum Ende des 18. Jahrhunderts durch die Bannung und Verschiebung der Holzartenverteilung im Oberholz in „der Schwarzen" die Ära der Fichtenreinbestände des Revieres Orsenhausen von Süden her eingeleitet.

Der Hauptteil des Waldes wurde noch um 1600 „Orsenhauser Eichwald" genannt und umfaßte damals fast 300 Jauchert; jährlich war der Viehtrieb auf je sechs Jauchert gebannt. Nach dem Vergleich von 1624 zwischen Herrschaft und Untertanen haben letztere ihr Beholzungsrecht nur außerhalb des „Eichwaldes" und auch dort nur beschränkt auf das „kleine Stangenholz wie Erlen, Buchen und Birken, ausgenommen Eichenstangen". Gegen Ende des 18. Jahrhundert bestand nach den Ausführungen des Urbariums von 1773 mit Ausnahme des „Tannenwaldes" immer noch Ausschlagwald mit Oberholz von Eiche, Birke, Aspe, Erle und Fichten, wobei die Fichte schon sehr zugenommen hatte. Mächtige Waldrechter und Samenbäume, 200—300jährige Eichen, starke Buchen, prachtvolle, kerngesunde Fichten von 150—200 Jahren durchbrachen vereinzelt oder in Gruppen noch in unserer Zeit die Öde der gleichaltrigen Fichtenbestände [100].

Dietenheim [101] [102]

Vom Orsenhauser Wald setzte sich nach Osten zu die Fichtengrenze des 16. Jahrhunderts im Wald von Weihungszell fort. Dort wird im Jahre 1590 ein Mischholz von „erwachsen Tännin, Eiche und anderem Holz" genannt. In den Waldungen von Dietenheim liegt neben der „Misse" der Neuhauser „Tannenghau", beim Sulzhof eine Abteilung „Schwarzenwald", als früher Zeuge des Fichtenvorstoßes. Beiläufig gegenüber auf den Höhen jenseits der Iller, befindet sich der im 16. Jahrhundert genannte „Tannenbühl" der Herrschaft Illertissen, wo die Fichtenlinie über dem breiten Tal ihre Fortsetzung findet (s. S. 159).

4. Gruppe: Fichtenfreie Zone „Die Holzstöcke" [103]

Zwischen der Fichtenvorstoßlinie des 16. Jahrhunderts und der Donau liegt die Waldlandschaft der „Holzstöcke", trotz ihrer Nachbarschaft zum alten Kulturland im Riß-Donauwinkel bis in die letzte Zeit eine verkehrsentlegene Gegend.

Hier, zwischen Iller und Donau, hat schon die vorgeschichtliche Bevölkerung gesiedelt. Römerstraßen zogen durch die „Holzstöcke". Schon die Alemannen haben hier keinen Urwald mehr angetroffen.

Rot, Burgrieden, Bihlafingen

In den Waldungen dieser Markungen zeigt sich im wesentlichen, nur 100—200 Jahre verspätet, eine ähnliche Entwicklung wie in den Waldungen von Dietenheim oder im Nordteil von Orsenhausen. Hier aber beginnt sich der Fichtenvorstoß erst im 18. Jahrhundert auszuwirken, und wird gleich in den Fichtenwaldbauvorstoß übergeführt.

Das auf Markung Rot liegende „Nonnenholz" des Klosters Gutenzell ist im Urbarium von 1502 [93] als Ausschlagwald beschrieben, der jauchertweise zur Nutzung des Niederholzes vergeben wird. Das Oberholz aus Eichen ist gebannt und wird nur stammweise verkauft. Im Jahre 1780 wird das „Nonnenholz" in der Gutenzeller Taxation als Mischbestand von Eichen, Birken und Fichten mit Verjüngung von Fichte und Birke beschrieben. Auch in den Hölzern des Spitales Biberach in Rot und Burgrieden [104] war nach der Urkunde von 1466 und dem Urbarium von 1526 ausnahmslos Niederwaldumtrieb üblich; die „Gehaue" wurden zu je 10 Jauchert abgegeben. Die Hölzer von Bihlafingen [105] waren 1691 Mittelwald von Eichen und Birken. Nach der Waldkarte von 1786 sind jedoch die Teile um die Bihlafinger Weiher herum bereits „mit Tannenholz" bewachsen. Die übrigen bestehen aus Eichen und „Tannen". Im Jahre 1836 sind in manchen dieser Waldungen erst einzelne Fichtenhorste vorhanden, in anderen die Umwandlung zum Fichtenhochwald bereits im Gange. Die Entwicklung war also sehr ungleichmäßig.

Herrschaft Oberkirchbergsche Hölzer [106]

Die zur Herrschaft Oberkirchberg gehörigen Hölzer liegen in den Gemeinden Rot, Schnürpflingen, Dorndorf, Steinberg und anderen. Nach der Beschreibung von 1736 sind es Ausschlagwälder von Erlen, Aspen, Birken, Hasel und Eschen, mit Eichen überstellt. Die Fichte wird in der ziemlich genauen Beschreibung nicht erwähnt. Auch die Oberkirchbergsche Forstordnung von 1753, die sich zwar auf ein viel größeres Gebiet erstreckt, ist ebenso wie die vorhergehenden Forstordnungen von 1623 und 1676 rein auf den Mittelwald abgestellt (s. S. 121).

Dorndorf und Illerrieden [107]

An den Hängen von Dorndorf und Illerrieden hat sich die Buche bis Anfang des 19. Jahrhunderts noch ziemlich erhalten. Aber sonst sahen die Waldungen damals so aus, wie es der Name des Ortes aussagt: es gab nur Buschwerk aus Dornen und anderen Sträuchern.

Bei Oberkirchberg laufen die Günzschotter allmählich aus. Dort erinnert der kleine Ort „Buch" an den einstigen Buchencharakter der Deckenschotter.

5. Gruppe: Hochterrasse zwischen Ochsenhausen und Laupheim, zwischen Laupheim und Wiblingen

Die Hochterrasse beginnt an der Rißendmoräne zwischen dem Durchbruch der Rot und dem Laubach und setzt sich dann in einem breiten Streifen bis zur Donau fort. Der Unterschied zur Morphologie der bewegteren Deckenschotter (Gruppe 1—4) liegt in der auffallenden ebenen Gestaltung der Hochterrasse; ferner in ihrer etwa um 20—40 m niedrigeren Meereshöhe gegenüber den höchsten Höhen der alten Terrassen; von Laupheim ab bis Wiblingen gehört die Hochterrasse zum früh besiedelten Gebiet; sie ist ausgezeichnetes Getreideland, darum wurde der Wald weithin gerodet.

Zwischen Ochsenhausen und Laupheim
Gutenzell [93]

Sobald die Hochterrasse einen Sporn bildet, tritt ein Buchname auf, so der „Wildbuch" bei Edenbachen, oder der im Urbarium des Klosters Gutenzell 1502 genannte „Laubacher Buch". Dieser besetzt einen schmalen, nach Westen und Osten steil abfallenden, von der Hochterrasse abgetrennten Riedel von 580 m. Der alte Buchname hat sich hier heute noch als „Der Buchwald" erhalten. In diesem Buchwald gab es auch Vorposten der Weißtanne.

Hürbel [108]

Laut Grenzumgang von 1675 [93] hieß auch der Teil des Hürbeler Waldes, der aus dem Laubachtal aufsteigt, der „Hürbeler Buch". Seine Markungsbäume sind fast nur Eichen und einige Buchen; einmal wird eine „Tanne" erwähnt. Auf der ebenen Tafel jedoch heißt der Hürbeler Wald „Der Eichwald". Auch im Hürbeler Wald ist im Süden des Revieres etwa im 17. Jahrhundert ein „Tannenwald" aus den Fichtenvorstößen im Mischwald entstanden. Der Hürbeler Wald war bis gegen das 19. Jahrhundert vorwiegend Mittelwald; aber bereits Ende des 18. Jahrhunderts wurden manche Bestände kahl abgetrieben und im Waldfeldbau Fichte, Forche und Birke gesät. Auch hier war die Weißtanne am Rande ihrer Zone noch eingemischt und kam einzeln noch in den Fichtenbeständen des 19. Jahrhunderts vor, ebenso wie die Eichen. Im Wirtschaftsplan von 1857 werden schöne, starke Forchenüberhälter gerühmt.

Bußmannshausen [99] [109] [110]

Wie im Revier Orsenhausen wird auch hier vom Ritter von Rot versucht, den Südteil gegen den Vieheintrieb als „Hochholz" zu bannen. Der gleiche Urteilsspruch von 1495 hebt auch hier die Bannung auf.

Von 1616—1620 wurde zwischen der Fuggerisch gewordenen Oberlehensherrschaft Oberkirchberg und dem Herrn von Rot zu Bußmannshausen ein großer Prozeß wegen einer Waldverwüstung geführt, der zum Schluß bei der Regierungsinstanz in Innsbruck, nach Anhörung vieler forstlicher Sachverständiger und wiederholter Besichtigung der Waldungen verhandelt und schließlich verglichen worden ist. Der Sachverhalt war kurz folgender: der von Rot hat auf einem Platz von etwa 100 ha den größten Teil des Bußmannshauser „Eichwaldes" abgetrieben, so daß „nichts als Eichenstumpen auf dem Platze stehen", und die Hirten keinen Baum finden, unter dem sie sich bei Unwetter schützen können; durch diese Verwüstung werde der Wert des Lehens schwer geschädigt. Dagegen verantwortet sich der von Rot, daß der Hauptteil des Eichwaldes, „in dem kein anderes Holz als Eichen" stocke, noch ungeschlagen vorhanden sei; ebenso sei auf den Plätzen gegen die Halden zu noch viel Holz, viele Eichen, noch mehr aber „Tannen", Birken u. a. Im „Rain", am westlichen Hang, stünden viele zu Bauholz brauchbare „Tannen". Schon einige Jahre vorher hatte der von Rot ein anderes, wohl kleineres Stück kahl schlagen lassen; in einem Vertrage von 1609 hatte er die Verpflichtung übernommen, diesen kahl geschlagenen Platz von 40 Jauchert mit jungen Birken, Aspen und Eichen zu bepflanzen und zu besäen. Er verweist auf den Erfolg in dieser „jüngsten

Baumschul". Der große abgetriebene Platz von etwa 100 ha wurde jedoch den Bauern von Walpertshofen als Holzwiesen und Weideland überlassen.

Nach dem Aktenbestande ist somit die Fichte im Südteil des Waldes von Bußmannshausen (Das Obere Holz) um 1600 längst eingemischt, während zu dieser Zeit der nördlich liegende Teil des Eichwaldes und die nördlich anstoßenden „Brennholzghaue" des „Unteren Waldes" noch frei von Fichten sind. Das Oberholz im Eichwald besteht, ziemlich dicht geschlossen, ausschließlich aus Eichen als Bauholzreserve; das Oberholz der „Brennholzghaue" teils aus Eichen, mehr aber aus Birken und Aspen.

Die Tanne ist im Süden dieses Waldes und zwar im „Schwarzteuch" (T. K. Schmalzteuch) eingemischt gewesen [109]. Denn um 1800 ist der Waldname „Weißtannenhau" erwähnt, in dem sich bis 1920 eine riesenhafte Tanne als Waldrechter aus dem Mittelwald erhalten hatte, aus deren Verjüngung einige heute 60—80 jährige Weißtannen stammen. Es sind die nördlichsten Vorposten der Tanne in der Schotterlandschaft.

Die Buche wird in den alten Waldakten kaum erwähnt. Sie kam aber an den Halden vor, sogar dort in außerordentlich starken Überhältern, mit Linden, Hainbuchen, Eschen, Ahorn, Maßholdern und Ulmen. Sie ist auch verstreut auf der Tafel der Hochterrasse, mitunter in sehr starken Überhältern aus der Zeit des Mittelwaldes, zu finden.

Nach dem Urbarium von 1773 wird der Eichenbestand als „ein Schatz der Herrschaft" betrachtet. In dieser Zeit ist er schon stark mit Fichten vermischt, welche die Eichen allmählich verdrängen. Es fehlt an Nachwuchs; wohl werden durch die Fichten zur Zeit die Eichen zu wunderbaren Formen emporgetrieben, wie der kurbayrische Forstmeister von Mindelheim, Matthias Schilcher, in seiner Taxation von 1800 ausdrücklich hervorhebt. Schilcher schlägt in seinem Gutachten folgenden Wirtschaftsplan vor:

a) Eichenholzzucht, b) Fichtenhochwald, c) mit Fichten gemischter Ausschlagwald.

Erst Ende des 18. Jahrhunderts erschien die Fichte im Oberholz einzelner „Brennholzhaue" im „Unteren Wald", und begann sich überall anzusamen. Um 1850 ist der „Untere Wald" ein Mosaik von einzelnen Fichtenbeständen, von zusammenwachsendem Oberholz von Aspen, Birken mit Fichten, zum Teil noch reiner Ausschlagwald. Nach einigen Jahrzehnten ist das Revier in Fichtenhochwald überführt. — Der Wald von Bußmannshausen bietet uns manche Aufklärung zur Geschichte der „Witraiten" (s. S. 113).

Hochterrasse zwischen Laupheim und Wiblingen
Bühl, Laupheim, Achstetten [111]

Um Laupheim herum ist die Hochterrasse waldarm, weil ihre fruchtbaren Böden von der Landwirtschaft in Anspruch genommen sind. Die an den Wald von Bußmannshausen anstoßenden kleinen Waldungen von Bühl sind nach der Urkunde von 1466 [104] und nach dem Urbarium des Biberacher Spitals von 1518 „Stockhölzer", Ausschlagwald; ebenso das 1581 genannte „Stockach" der Herrschaft Laupheim. Der abgegangene Ort Ringelhausen bei Laupheim besaß 1466 nach dem Urkundenbuch des Spitals Biberach 34 Jauchert „Stockäcker"; vermutlich wurde noch damals Waldfeldbau betrieben. Verschiedene im Urbarium des Klosters Gutenzell von 1502 [93] erwähnte Hölzer um Achstetten, sowie Hofhölzer der Mönchshöfe sind entweder schon gerodet, oder sind Stockhölzer, deren Oberholz von Eichen nur mit Genehmigung der Herrschaft geschlagen werden darf. Um 1850 wird wieder mancher Wald in Ackerland umgewandelt, weil die Bevölkerung sich vermehrt hat, und besonders, weil die landarmen Söldner mit Grund und Boden ausgestattet werden müssen.

Dellmensingen, Altheim, Donaustetten [112]

Zwischen Dellmensingen, Donaustetten und Kirchberg hat sich teils auf Hochterrasse, teils auf Deckenschotter ein großes zusammenhängendes Waldgebiet erhalten. Der Hof Harthausen und der Name Weithart beweisen, daß es sich um die Waldallmende der Urgemeinden gehandelt hat. Diese Wälder in der reich besiedelten Landschaft und vor allem in der Nachbarschaft der Reichsstadt Ulm waren nach dem Zeugnisse des Kastners von Oberkirchberg im Jahre 1572 sehr arm an starken Eichen. Die „Eichwaldungen sind verödet"; wenn man Bauholz brauche, müsse man Fichtenholz vom Flößer auf der Iller kaufen. Was noch vorhanden war, fiel im Dreißigjährigen Krieg den Festungsbauten in Ulm zum Opfer. Die Beschreibung dieser Wälder des Klosters Wiblingen von 1691 hebt ausdrücklich hervor, daß die Eiche fehlt; das Oberholz bestehe aus Birken und Erlen, die Hasel nimmt weite Flächen ein. Noch im Jahre 1819 herrscht hier der Niederwald; jetzt ist wieder Oberholz von Eichen vorhanden, in vielen Abteilungen stehen Fichten, aber die Fichte ist noch nicht in alle Gehaue eingedrungen. Kleinere Fichtenschachen seien aus Anflug von den übergehaltenen Samenbäumen entstanden.

Wiblingen [112])

Auch der Wiblinger Wald war einmal ein „Hart". Im Jahre 1691 trägt der Waldteil „Hart" fast lauter Birken und wenige Eichen, und ist stark durch Wacholderstauden verwildert. Das „Eichholz" habe nur den Namen von den vielen Eichen, die einmal dort gestanden hätten. Die Halden am Abfall der Hochterrasse zum Donautal zeigen die typische Bestockung der Halden mit Buchen, Birken, Hainbuchen und Hasel, gemischt mit Forchen und „Tannen". Diese Halde führt den Namen „Buchghau".

Die Waldbeschreibung von 1691 zählt im Wiblinger Wald, in dem gegen das Kloster zu gerichteten Teil, einen „Tannenwald" im Ausmaß von 19 Jauchert auf, der nichts als „Tannen" enthält, welche nach und nach ausgehauen werden. Nun liegt zwischen der Nadelholzgrenze des 16. Jahrhunderts und diesem „Tannenwald" des 17. Jahrhunderts eine Entfernung von 15—20 km. Weder ein Fichtenvorstoß noch ein Fichtenwaldbauvorstoß kann zu dieser Zeit so weit vorgedrungen sein. Es kann sich daher nur um einen durch Saat begründeten Fichtenreinbestand, einen Kunstwald in der Fichten-freien Zone, handeln. Auch die Einmischung von Fichte und Forche in den anderen Abteilungen muß künstlich erfolgt sein. Nach der Verheerung durch den Dreißigjährigen Krieg ist es begreiflich, daß die Verwaltung des Klosters Wiblingen versucht hat, durch Fichtensaat der Holznot zu begegnen. Auch der Flurname „Tannenplätzle", der an dieser Stelle besteht, verrät seine Entstehungszeit. Dieser Fichtenreinbestand hat aber keinen Nachfolger erhalten, denn die Waldbeschreibung von 1819 kennt wieder nur Mittelwald mit Fichten, Birken, Aspen, Eichen, Hainbuchen im Oberholz. Erst später ist der Übergang zum Fichtenhochwald bei Belassung einiger Laubholzabteilungen erfolgt.

Auch hier im oberschwäbischen Schotterland ist die Hochterrasse die Domäne der Eiche, des Weidewaldes, des mittelalterlichen Waldfeldbaues (Witraite), des Niederwaldes mit Eichenoberholz, des „Eichwaldes". An der Wurzel der Hochterrasse hat das Kloster Ochsenhausen in der Mitte des 16. Jahrhunderts begonnen, Fichte zu säen. Mitte des 17. Jahrhunderts hat das Kloster Wiblingen im nördlichsten Donau-Illerwinkel einen künstlichen Waldbautyp, einen Fichtenreinbestand außerhalb des natürlichen Verbreitungsgebietes der Fichte geschaffen.

Donaulandschaft von Mengen bis Ulm [113])

Erst unterhalb Scheer beim Austritt der Donau aus dem Jura und ihrem Eintritt in die Altmoräne beginnt eine selbständige Donaulandschaft. Diese war sowohl von der Hallstatt-Bevölkerung als auch später von den Kelten dicht besiedelt. Politisch war sie durch die Städte Mengen, Riedlingen, Munderkingen und Ehingen jahrhundertelang ein altösterreichisches Land. Der Auwald ist bis auf geringe Spuren gerodet. Das Tal des Unterlaufes der Ablach und das bis zu fünf Kilometer breite Donautal war um Mengen herum früher reich an kleinen Eichenhainen und einzeln stehenden Eichen inmitten fruchtbarer Felder und Wiesen.

Wald des Klosters Heiligkreuztal [78])

Der Wald des Zisterzienserinnen Klosters Heiligkreuztal baut sich auf dem breiten Sockel der Altmoräne in einer Höhe von 600—620 m vor dem Albrand auf. Viele Flurnamen auf „Eiche" wie Eichbühl, Eichberg, Eichachstock, andere wie Espenhau im Zusammenhang mit den vielen Flurnamen, die Rodung, Brandfeld und Egerten bedeuten, weisen auf einen lichten Eichen-Buchen-Wald mit Aspen, Birken, Salweiden, Hainbuchen hin. Die geringeren Niederschläge, eine Folge des Regenschattens der Alb, ein stärkerer Einschlag von Trockenheit und Kalk liebenden Pflanzen zeigt, daß wir uns in einem Grenzgebiet befinden. Die alpine Färbung des Vorlandes reicht nicht an die Donaulandschaft heran.

Das Kloster kauft im Jahre 1270 vom verschuldeten Grafen Hartmann von Grüningen die Güter zu Andelfingen mit den Wäldern „Jungholz", „Spiz", „Poschenhau", andere Wälder und „Dorngesträuche" (H. U. Nr. 61 und 75). Im Jahre 1275 erwirbt das Kloster Heiligkreuztal Güter und Wald zu Binzwangen: den Wald genannt „daz hârt", „daz vorder und daz hinter Satzaich". Diese Güter und Wälder werden nach dem Kaufvertrag begrenzt von Wäldern, genannt der „Hôv", das „Huenerrisach" und der „Hesiberch" (H. U. Nr. 75).

Im Zusammenhang mit den Flur- und Waldnamen „Das Loh" („Lauh"), deuten alle diese mittelalterlichen Bezeichnungen auf einen bereits stark beeinflußten und genutzten Wald. In ihm, in der Nähe der berühmten Heunenburg, befinden sich die großen Grabhügel, wie der „Hochmichele" und viele kleine der Hallstatt-Leute. Der Wald „Hünerrisach" bedeutet Heunengräber im Reisach, d. h. im niederen Ausschlagwald. Wenn wir es auch nicht beweisen können, so glauben wir hier den unmittelbaren Zusammenhang des Niederwaldumtriebes des 13. Jahrhunderts mit einem Niederwaldumtrieb der Hallstatt-Leute und Kelten zu spüren. Es erscheint uns auch für die Besiedlungsverhältnisse und die tiefgreifende Beeinflussung des Waldes bedeutungsvoll, daß sich auf der rechten Talseite der Donau drei große Harte aneinanderreihen, der Weithart, Wagenhart und Glashart (Dürmentinger Wald).

Auch die Statuten des Klosters von 1599 [114]) machen deutlich, daß sich schon lang vorher, im Mittelalter bereits, der Wald im Degradationszustande befunden hat. Der Punkt 46 verbietet „Aich- oder Förchiholz, Aspen oder Birken" weder in den Kloster- noch in den Gemeindehölzern ohne Erlaubnis zu hauen. Auch in den Geboten und Verboten von 1550 sind die Strafen nur für einen eichenen Stumpen, für den Stumpen einer Aspe, Birke oder Hasel festgesetzt. Der Wald scheint nur mehr aus Eichen, Aspen, Birken und Hasel bestanden zu haben. Das „Förchiholz" dürfte wohl ausschließlich für den Ertinger Glashart östlich der Donau gelten und Nadelholz schlechthin bedeuten (s. S. 88).

Im Jahre 1456 muß sich das Kloster gegen den unzeitigen Eintrieb des Weideviehes seitens des Dorfes Altheim wehren, wodurch die Gehäue „gewüstet und unterdrückt" werden. Daher forderte das Kloster, daß solche Gehäue „nach des Landes Gewohnheit und Herkommen und auch nach Gehäue-Recht" zu meiden seien, und daß kein Vieh eingetrieben werden dürfe; denn man treibe auch nicht in Ackerfrüchte; auch die Gehäue seien „ein merklich Frucht" (H. U. Nr. 1126). Der Rechtsbegriff „nach Gehäue-Recht" kommt auch im Vertrag von 1455 der Gemeinden Ertingen und Marbach vor (H. U. Nr. 1125).

Im 18. Jahrhundert hat auch der Fichtenvorstoß den Wald von Heiligkreuztal, wohl nur in einigen Abteilungen erreicht, denn nach der Waldbeschreibung von 1831 sind Altfichten einzeln und horstweise eingemischt, die als Samenbäume bei der Umwandlung belassen wurden. Aus dem Ende des 18. Jahrhunderts stammt ein kleiner gleichaltriger Fichtenhochwald im Rübgartenhau, der in der Waldbeschreibung von 1819 als „Tannenwald" angeführt wird. Auch unmittelbar neben dem Kloster war eine Fichtenkultur am Ende des 18. Jahrhunderts angelegt worden. Im Sinne der Instruktion von 1819 wollte man noch im Jahre 1831 am Mittelwaldbetrieb festhalten. Erst im Jahre 1842 entschloß man sich — vielleicht auch wegen der starken Ansamung der Fichte — zur systematischen Überführung in Fichtenreinbestände [115]).

In Heiligkreuztal gab es nur an einer der südlichen Halden einen Buchenhochwald. Unter den alten Flurnamen scheinen nur zwei mit Buche auf, das „Buchenösch" und das „Buchloh" (1363) bei Hundersingen.

Einige Kilometer weiter nach Westen erreicht man im Walde von Wilflingen die Grenze zwischen Moräne und Jura, zwischen Eichen-Buchen-Wald des Vorlands und dem Kalk-Buchenwald der Alb. Der scharfe Wechsel in der Vegetation ist eindrucksvoll. Hier spricht das Gesetz der Natur, das auch der Mensch nicht ganz verwischen kann.

Wald am Tautschbuch [116] [117]

Das tertiäre Massiv des Tautschbuchs trägt die Waldallmende der Urgemeinden seiner Umgebung, die im Jahre 1486 und im Vergleich von 1490 als „Gemein Mark und Gottesgab" bezeichnet wird. Hier gab es in früherer Zeit kein Nadelholz außer dem Wacholder oder eine der kleinen Forcheninseln, wie sie im Gebiet der Alb und ihrer Ränder auftauchen. Auch hier war seit jeher der Niederwald mit Oberholz die übliche Betriebsform. Im Holzbuch des Herrn von Hornstein zu Grüningen vom Jahre 1567 bis 1587 ist der „Wirtschaftsplan" in lapidaren Sätzen aufgezeichnet. Jedes Jahr verkauft er einen „Stock" von drei bis fünf Jauchert an die Gemeinde, ein kleineres Stück bestimmt er für den Hausgebrauch. Jedes Gehau wird acht Jahre gebannt. In jeder Jauchert sind 20 „eichene Stämme" stehen zu lassen. Von anderen Samenbäumen ist nicht die Rede, weil allem Anschein nach die Verjüngung der Buchen und des anderen Laubholzes unter dem Schirm erfolgt. Darauf deutet auch der Vergleich mit dem Herrn zu Pflummern 1569 „über das Bannen und Besamenlassen". Für Pflummern werden im Jahre 1625 je Jauchert 23 „Standeichen", wenn nicht vorhanden, „Aspen oder Buchen" vorgeschrieben. Im Urbar von 1612—1722 der Gemeinde Pflummern [118] werden die Hölzer einzeln als „Stöcke" aufgeführt, so z. B. „Ein Stock, genannt der Hart, fängt an den Reutinen an", oder „Der gemeine Stock am Brand".

Im Jahre 1486 gab es zwischen dem Hornstein zu Grüningen und seinen Untertanen einerseits und zwischen den Gemeinden Altheim und Riedlingen anderseits großen Streit, weil die Grünninger am Tautschbuch Waldäcker angelegt haben. Diese „Witraiten" wurden später wegen Unergiebigkeit wieder aufgelassen und als Schafweiden benutzt; im 18. Jahrhundert wurden sie wieder zu Wald gemacht. Ihre Lage verrät sich sofort durch die auf ungünstigere Zustände weisende Bodenvegetation. In dieser Zeit wurde auch der kahle Osterberg mit Forchen aufgeforstet, auch scheint man damals in den Herrschaftswald von Grüningen Forche und Fichte eingebracht zu haben. Das deutet auch die Hornsteinsche Holzordnung von 1775 an. Punkt 8: „Es ist darauf zu sehen, daß bei Abholzung, sonderbar der Nadelhölzer, die nötigen Samenbäume stehen bleiben".

Die Forsthoheit am Tautschbuch lag stets beim Herzog von Württemberg. Im Jahre 1598 schreibt der Herzog Friedrich an den Forstmeister zu Urach: der Tautschbuch sei über 2000 Jauchert groß, worauf acht Flecken dreißig Herden Vieh treiben; er habe weder Bau- noch Brennholz, sondern nur Wacholder, Hasel, und kurz auf dem Boden „gefrezte Stöcklein" und gleiche mehr einem „Egarten". Vor vielen Jahren waren Buchen, Haseln und andere Stecken dermaßen erwachsen, daß man auf einem Pferd einen Hirschen bloß bei den Stangen ersehen; jetzt könne sich kaum mehr ein Hase verbergen.

In der Tertiärlandschaft des Riß-Donau-Winkels [119]

Die kleine Tertiärlandschaft, die an den Bussen und an die Altendmoräne anschließt, ist ein leicht welliges, fruchtbares Hügelland, das sich deutlich von der Formation der Alb, von den Tertiärblöcken der „Lutherischen Berge", des „Landgerichts" und des „Hochsträß" abhebt. Das Gebiet stand mit dem Laubwald der Alb in enger Verbindung. Nur von der alten Endmoräne aus ist im 17. Jahrhundert ein schwacher Fichtenvorstoß ausgegangen. In einem Grenzbeschrieb der Stadionschen Waldungen etwa Mitte des 16. Jahrhunderts ist der in einer Karte von 1720 erwähnte „Tannenwald" noch nicht enthalten. Im ganzen Gebiet herrschte mehr oder minder bis in den Anfang des 19. Jahrhunderts der Mittelwald. Die Staatswaldungen von Schaiblishausen, Kirchbierlingen und Griesingen sind nach der Beschreibung von 1836 in allmählicher Überführung in Fichtenhochwald begriffen [120].

Auf dem „Hochsträß" war der Wald von Dischingen noch bis Anfang des 20. Jahrhunderts Mittelwald. In der benachbarten Herrschaft Erbach wird im Urbarium von 1716 festgestellt, daß nach dem Dreißigjährigen Krieg viele Güter abgegangen, Äcker mit Holz verwachsen sind, oder öde liegen. Die Herrschaftswaldungen ermangeln zur Zeit der Eichen. „Weil im Schwedischen Krieg die Stadt Ulm durch die schwedische Garnison noch mehr befestigt worden ist, hat man hiezu in den nächst Ulm gelegenen Waldungen die Eichbäume abgehauen und nach Ulm geführt, wodurch die Waldungen so verdorben wurden, daß nichts mehr als lauter Haselstauden daraus gewachsen". In einer neuen „Schlagordnung" von 1704 soll an Stelle des bisherigen 18jährigen Umtriebes das Holz nunmehr 28 bis 30 Jahre stehen bleiben, weil nach der Erfahrung es erst in den letzten zwölf Jahren „in die Dicke geht".

„In Ulm, um Ulm und um Ulm herum" (Ulmer Volksmund) [121]

Die Reichsstadt Ulm ist zwar nach Norden zu eine Stadt der Alb, auf der auch das reichstädtische Herrschaftsgebiet liegt. Ihr Blick ist jedoch auch nach Süden gerichtet, sowie auch die Menschen der Schotterlandschaft von weither auf den Turm des Münsters schauen. Geschichte und Wirtschaft der Stadt Ulm greifen tief in Geschichte und Wirtschaftsleben des Oberlandes südlich der Donau ein. Nicht nur die Stadt selbst, sondern auch ihre Geschlechter haben unter wechselvollen Geschicken im Oberland Besitz erworben, vom Mittelalter ab bis ins 18. Jahrhundert. Vom Oberland bis tief ins Allgäu hinein hat Ulm seit jeher sein Holz geholt.

Die Reichsstadt verwandte von alters her viel Sorgfalt auf die Versorgung ihrer Bewohner mit Brenn- und Bauholz. Aus den Jahren 1434 und 1471 stammen Ordnungen über den Bau- und Brennholzhandel von den Flößen aus und auf den Lendinen. Solche „Floßholzordnungen" wiederholen sich in den späteren Jahrhunderten (1530, 1679). In den Ratsprotokollen, besonders des 16. Jahrhunderts, sind viele Holzhandelsgeschäfte aufgezeichnet. Sie geben ein Bild vom wirtschaftlichen Verhältnis der Reichsstadt zu den geistlichen und weltlichen Waldbesitzern an der Iller bis ins Allgäu hinein [122]:

1543: Holzkauf bei den Herren von Landau (vermutlich zu Altmannshofen), drei Hölzer, Stockräumung auf 35 Jahre.
1557: Der Abt zu Münchrot (Rot a. d. Rot) bietet 130 Jauchert Holz an, Sachverständige werden zur Besichtigung und Vorbereitung des Handels entsendet.
1557: Wenn der Kaiser und die Kurfürsten wirklich nach Ulm kommen, könnte ein großer Mangel an Brennholz entstehen, daher wird in Balzheim Holz gekauft. Überhaupt soll Beschluß gefaßt werden, wie man die Stadt Ulm auf künftige Zeit genügsam mit Holz versorgen könne.
1558: Verhandlung mit der Äbtissin von Gutenzell wegen eines Holzkaufs, der erst fortzusetzen ist, wenn der Holzverkauf bei den Herren Fugger in Babenhausen nicht zustande kommt.
1562: Holzkauf bei der Äbtissin von Gutenzell um 3000 Gulden, Vergleich mit Rechberg und Ehinger als den Besitzern der Gemeinde Kirchberg über die Abfuhr an die Iller.
1563: Jörg Besserer zu Balzheim will jedes Jahr 1000 Klafter Holz nach Ulm liefern, wird vorläufig abgelehnt.
1563: Holzhandel mit dem Marschall zu Rotenstein, dann mit dem Marschall Konrad von Pappenheim zu Grönenbach.
1568: Holzangebot seitens des Marschalls, Ablehnung der Freybergschen Holzangebote.
1570: Holzhandel mit den Herren von Welden zu Erolzheim und Edelstetten.
1576: Verhandlungen über Holzkäufe mit den Fuggern (Babenhausen), dem von Rechberg (Kellmünz) und dem Rehlinger in Kempten.
1580: ein von den Rechberg angebotenes Holz wird vom Holzschreiber und vom (Zimmer-) Meister besichtigt, abgezählt und gemessen, auch wegen der Abfuhr verhandelt. (Ein andermal wird Holz vom „Balier" [Polier] besichtigt.)
1581: wegen dieser Hölzer sollen die Stadtrechner einen Überschlag machen, wegen dem Kaufpreis vergleichen, zuvörderst wegen Stockräumung auf längere Zeit verhandeln. Verlangt wird ein Preis von 4500 Gulden, auf 4000 Gulden will man sich einlassen. (Bei diesen für die Zeit sehr hohen Summen wird es sich um Schläge von einigen hundert Jauchert gehandelt haben.)

1582: Holzhandel mit der Äbtissin von Gutenzell, Besichtigung durch Verordnete, mindestens 22 Jahr Stockräumung ausbedingen.

1583: Der Kauf ist zustande gekommen, aber die Grundherren von Balzheim und Kirchberg machen wegen der Durchfuhr zur Iller Schwierigkeiten; daher wird die Äbtissin haftbar für allen Schaden gemacht, der durch Verweigerung von Weg, Steg, Lagerung und Länden wie Einwerfen des Holzes in die Iller erfolgt.

1590: Alexander von Schwendi bietet Eichen an, der Ulmische Vogt zu Wain rät dringend zur Ablehnung.

1594: wird Holz vom Kloster Ottobeuren gekauft, wegen dieses Kaufes wird dem Obervogt von Ottobeuren ein Becher um 30 Gulden, dem Sekretario einer um 20 Gulden verehrt
Um 1600 werden große Holzkäufe abgeschlossen mit dem Kloster Kempten, Kloster Isny, Kloster Ochsenhausen und Rot und mit den Herren von Rechberg und Landau.

Einige sehr anschauliche Karten des reichsstädtischen Gebietes im 17. Jahrhundert stellen die vielen, meist kleineren Waldstücke der Stadt mit ihren mittelalterlichen Namen übersichtlich dar. Die Ulmer Alb ist nicht nur durch ihre Felsenköpfe, magere „Hungerbühel" mit Wacholderstauden und steinigen Schutthalden charakterisiert. Weite Fluren auf besten Böden sind vom Feldbau in Anspruch genommen. An den Talhängen und dort, wo abgeschwemmter Schutt sich anhäuft, stocken prachtvolle Buchenwälder.

Das Forstwesen der Stadt Ulm [123]) war im allgemeinen auf die Waldungen des Herrschaftsgebietes auf der Alb beschränkt. Haid schreibt in seiner Topographie „Ulm und sein Gebiet" im Jahre 1786: Nadelholz findet man auf der ganzen Alb nirgends als an den Ufern der Donau, im Talfinger Holz und in einem kleinen Walde bei Kesselbrunn. — Die Ulmer Forstordnung von 1563 enthält die üblichen Bestimmungen für den Mittelwaldbetrieb. Im Punkt 8 wird verordnet, daß das Holz nicht unordentlich, jetzt da, dann dort, sondern für und für in einem Schlag abgehauen werde. Die Stöcke und die Böden sind jedesmal ordentlich zu räumen, kein Stock zu verderben oder auszugraben. Die Gehäue werden solange gegen den Viehtrieb gebannt, bis sie erwachsen seien. Das „Osangen" (Asang) und Brennen der Hölzer ist verboten. Unter den fruchtbaren, gebannten Bäumen wird nur die Eiche namentlich genannt. Das Geäcker wird wie üblich geregelt.

Die „Gemeine Forst- und Holzordnung" der Stadt Ulm vom Jahre 1714 ist sehr weitläufig; auch sie ist rein auf den Mittelwald zugeschnitten. Auf jeder Jauchert sollen 8—12 „zum Bauen dienlich gerade Bäume oder Standreiser", außerdem alle Eichen, wilde Obstbäume, Linden, oder für Handwerkszwecke geeignetes Holz stehen bleiben. Kurz vor dem Untergang der reichsstädtischen Freiheit und Würde erschien die letzte Forstordnung der Stadt vom Jahre 1802. Verfasser war der reichsstädtische Forstmeister Johann G. v. Seutter, der spätere Organisator des Forstwesens des neuen Königreiches Württemberg. Da diese Forstordnung den damaligen gründlichsten theoretischen Aufbau des Laubwaldes bringt, seien die wesentlichen Bestimmungen hier wiedergegeben.

Die wichtigsten Laubholzarten um Ulm sind: die beiden Eichen, Stiel- und Traubeneiche, die Rotbuche, Hagbuche, Rüster, Esche, Bergahorn, Spitzahorn, Maßholder, Birke, Erle, Aspe, Linde, Salweide und andere Weiden, Pfaffenkäpplein, Hasel, verstreut auch Wildobst und andere fruchtbare Bäume [124]).

Die Laubwaldungen werden in 4 Betriebsklassen eingeteilt. E r s t e K l a s s e : reine Eichen- bzw. Buchenwaldungen in der Betriebsform des Hochwaldes bei wiederholten Durchforstungen innerhalb der Periode und ausschließlicher Verjüngung durch Selbstbesamung im Schutze des Hochholzes, wobei die Samenhiebe nur soweit geführt werden, daß sich nach 2—3 Jahren die vielen Samenbäume leicht berühren. Nach Aufwuchs des Unterwuchses sind die Samenbäume allmählich in Nachhieben zu entnehmen. (Die Worte Dunkelhieb, Lichthieb werden nicht gebraucht.) Für Rotbuchenwaldungen wird ein Umtrieb von 70—90 Jahren festgesetzt. Reine Eichenwaldung ist im Gebiet, außer einem kleinen Waldstück, nicht vorhanden. Z w e i t e K l a s s e : vermischte Waldungen von verschiedenen weichen und harten Holzarten, hauptsächlich zur Brennholzerzeugung. Mit Rücksicht auf den Stockausschlag des Buchenanteils Umtrieb von 30—45 Jahren. Bei der Schlagführung Samenbäume von Birken belassen und später nachzuhauen. Nach der jeweils herrschenden Holzart ergeben sich: Buchenschlagwald, Hagebuchen-, Eschen-Ahorn-Waldung. Einteilung in 40 Jahresschläge. D r i t t e K l a s s e : Waldungen von weichen Holzarten, Brennholzerzeugung im 25—30jährigen

Umtrieb. Da bei den weichen Holzarten der Ausschlag vollständig zu erwarten ist, sind in Klasse 3 weniger Samenbäume nötig als in Klasse 2. — 28 Jahresschläge. Vorwiegend Birken-, Erlen,- Aspen-Waldungen. Vierte Klasse: Unterholzwaldungen (Reiner Niederwaldumtrieb) meist nur an steinigen Halden; 18 Jahresschläge (s. S. 53, 54).

Die in allen Klassen reichlich vorkommenden Eichen bildeten für sich gewissermaßen eine eigene Betriebsklasse mit besonderen Vorschriften. Abgängige und verödete Plätze sind bei Verwendung von Geräten zur Bodenverwundung mit Eicheln und Buchein einzusäen, unter Umständen ist durch ein- bis zweijährigen Waldfeldbau der Boden vorzubereiten. Auf lehmigen Böden (Lehmüberlagerungen der Alb in der Umgebung von Ulm) soll Fichte, Lärche und Forche, letztere auf südlichen Hängen gesät werden, weil das Nadelholz bisher fehlt. Die Forstordnung macht einen ausdrücklichen Unterschied zwischen „Waldrechtern" und „Samenbäumen". Die Waldrechter sollen zum Überhalt durch einige Umtriebe ausgewählt werden, um Starkholz zu erziehen. Es müssen daher wuchskräftige, gesunde Bäume sein, edle Holzarten wie Buchen, Hagbuchen, Eschen, Rüster und Ahorn. (Die Eichen sind ja ohnedies überzuhalten.) Bei der Auswahl der Samenbäume ist auf die Eignung zum reichen Samenertrag zu sehen. Wenn nicht bereits ohnehin ein starker Eichenbestand vorhanden ist, sollen auf jede Jauchert 18—10 Waldrechter gerechnet werden. Für die Anzahl der Samenbäume lassen sich keine Vorschriften geben. —

Die ursprünglichen Waldtypen

(Zusammenfassung)

Wir vollenden jetzt die Ordnung der Regionalwaldtypen, die wir im Abschnitt „Das oberschwäbische Tannenareal — Die Regionalwaldtypen" begonnen haben (s. S. 67)[7].

I

Die Regionalwaldtypen des nördlichen Gürtels Oberschwabens:

In den nördlichen Gürtel reicht noch herein der Buchen-Eichen-Wald innerhalb der Randzone der Tanne, mit Fichtenvorstößen (montaner Charakter).

Die Vorpostenlinie der Tanne stimmt etwa vom Dürmentinger Wald ab mit der Fichtenvorstoßlinie, bis auf deren Ausbuchtung an der Iller, so ziemlich überein.

Die Fichtenvorstoßlinie im 16. Jahrhundert läßt sich wie folgt markieren:

In der Altmoräne etwa vom südlichen Einzugsgebiet der oberen Ablach her durch den Weithart halbwegs zwischen Meßkirch – Mengen und Pfullendorf, durch den Wagenhart über Ostrach-Saulgau in den Dürmentinger Wald westlich der Kanzach; dann das Federseeried samt dem Federsee im Bogen umsäumend in den Stadtwald von Biberach, diesen in Richtung Schammach – Burren durchquerend. Östlich der Riß gegenüber Biberach zieht die Linie von den Altmoränen in die Schotterlandschaft, immer leicht nach Norden ansteigend, zuerst durch den Südteil des Heggbacher Waldes, dann durch den Südteil der Waldungen von Bußmannshausen und Orsenhausen, durch den Wald von Weihungszell und Dietenheim bis zur Iller.

Die Fichtenvorstoßlinie, wie sie sich für das 16. Jahrhundert fixieren läßt, ist nicht unbedingt wie die Vorpostenlinie der Tanne als klimatische Grenze aufzufassen. Sie liegt ungefähr auf der Höhenlinie von 600 m; auf einer Niederschlagslinie von 750—800 mm, deren Hälfte in die Vegetationszeit fällt; in einem gleichmäßigen Abstand von der Grenze der Hochmoore. Wir halten sie aber für eine gewissermaßen biotische Grenze, eine Hemmung der Wanderung der in der Frühzeit noch schwachen Fichtenvorstöße infolge der starken Geschlossenheit der Buchen-Laubholz-Mischwälder vor dem 16. Jahrhundert.

Denn erst als dieses Hindernis mehr oder minder aufgelockert oder beseitigt war, ging der Wanderzug der Fichte, wohl hauptsächlich als Fichtenwaldbauvorstoß, weiter.

Der Buchen-Eichen-Wald in der Randzone der Tanne wird abgelöst vom B u c h e n - E i c h e n - W a l d   u n d   E i c h e n - B u c h e n - W a l d   i n   d e r   F i c h t e n - f r e i e n   Z o n e   b i s   z u r   D o n a u, wobei der Typus des Eichen-Buchen-Waldes immer bestimmender wird. Der montane Charakter des Waldes verschwindet allmählich und geht in den submontanen und kollinen über. In die äußersten Randgebiete der ursprünglich Fichtenfreien Zone sind die Fichtenvorstöße im allgemeinen erst Ende des 18. Jahrhunderts eingedrungen. Sogar das Vorwandern einzelner Tannenvorposten nach Norden zu scheint wahrscheinlich.

II

Waldtypen extremer Standortsbedingungen

Vorwiegend edaphisch, geomorphologisch, evtl. auch lokalklimatisch bedingte Primärtypen

a) Der Bergforchen-Hochmoorwald des Federseerieds und einiger kleiner Hochmoore, die noch zum nördlichen Gürtel zählen

b) Fichtenmoorrandwald am Federseeried und an kleinen Mooren

c) Erlen-Moorbirken-Wald auf Flachmooren und nassen, anmoorigen Örtlichkeiten

d) Der Grundwasser-bedingte Auwald an der Iller und der eigentlich erst bei Ulm beginnende Auwald der Donau.

VOM MITTELALTERLICHEN WALD BIS ZUR ENTWICKLUNG DER BETRIEBSFORMEN IM NÖRDLICHEN GÜRTEL DES ALPENVORLANDES

> *„Vor dreißig Jahren bildete ich mir ein, die Forstwissenschaft gut zu verstehen. Ich war ja bei ihr aufgewachsen und hatte sie auch auf Universitäten gehört. — Es hat mir seitdem nicht an Gelegenheit gefehlt, meine Ansichten vielseitig zu erweitern, und in dem langen Zeitraum habe ich es nun dahin gebracht: recht klar einzusehen, daß ich von dem Innern dieser Wissenschaft noch w e n i g weiß, und daß wir überhaupt mit dieser Wissenschaft noch lange nicht auf dem Punkte sind, über welchen manche schon längst hinaus zu sein glauben. — Viele mögen wohl in dem Falle sein, in welchem ich vor dreißig Jahren war; möchten sie nur ebenso von der Einbildung zurückkommen! Die Forstwissenschaft gründet sich auf Kenntnis der Natur, je tiefer wir aber in diese eindringen, je größere Tiefen sehen wir vor uns ... Es ist ein sicheres Merkmal der Seichtheit, wenn jemand alles zu wissen glaubt —."*
>
> Heinrich Cotta, Anweisung zum Waldbau, Vorwort, Tharandt, den 21. Dezember 1816

Der Hart

Von der frühgeschichtlichen Kultstätte im Urwald, auch noch vom Klausner in der Waldwildnis („in nemore") bis zu den nach „Holzartenwahl" altersklassenweise aufgebauten, wohlgeordneten Beständen zwischen 1850 und 1950 ist ein weiter menschheits- und waldgeschichtlicher Weg. Wenn wir ihn bloß von der alemannischen und bajuvarischen Siedlung her verfolgen, stoßen wir immer und überall auf den Wald- und Flurnamen „Der Hart", den viele, zumeist große Waldungen im südlichen Deutschland, in Österreich, im schweizerischen Alpenvorland, aber auch in anderen Teilen des deutschen Sprachgebietes führen.

Bekannt sind die Wälder mit dem Namen „Die Hart" am Rhein, in Hessen und in der Pfalz. Im Fränkischen heißt es „D i e Hart", im Schwäbischen „D a s" oder „D e r Hart". Besonders weit ausgedehnte Harte liegen auf der Schwäbischen Alb; viele von ihnen haben die Form des Waldes verloren.

Wir finden die Wald-, Flur- und Ortsnamen auf „Hart" im Alpenvorland von der Nordschweiz bis zum Ostrand des Wiener Waldes, in allen Gebieten, die früh besiedelt waren, also vorwiegend im alten Kulturland der vor- und frühgeschichtlichen Bevölkerung[125]. Es ist daher anzunehmen, daß dieser Wald, der spätere Hart, in solchen Gebieten schon vor der Siedlungszeit der Alemannen und Bayern ein sehr lichter und beweideter Wald gewesen ist. Dieser typische Weidewald war ein stetes Kampfobjekt der Hirten mit der Natur, die mit allen Mitteln die Weide gegen Verwachsung offen zu halten suchten. In allen Ländern der Erde hat sich der gleiche Vorgang abgespielt, auch wenn die herrschende Autorität die offene Vernichtung des Waldes verboten hat. Dann half sich der Hirte durch Beschädigung der einzelnen Bäume, z. B. durch Ringelung, durch „Branden" der Naturverjüngung oder durch andere Arten des heimlichen Kampfes.

Im allgemeinen wird der Hart schon früh genannt. Ortsnamen, mit „Hart" gebildet, tauchen schon vor 1000 n. Chr. auf, wenn auch die meisten dieser Orte, weil sie einer Waldrodung ihre Gründung verdanken, in die spätere Siedlungszeit fallen. Der häufigste Ortsname dieser Art ist „Hart" selbst, „Harthausen" und „Hartkirchen". Die Orte mit den beiden ersten Namen sind meistens klein und unbedeutend geblieben. Der Beginn ihrer Entstehung dürfte auf eine Unterkunftshütte der Hirten zurückführen.

„Der Hart" ist nach unserer Meinung nichts anderes als eine der Bezeichnungen für die Allmende. In Gegenden der späten Siedlung, in denen aus Mangel an zureichendem Land keine eigentlichen Allmenden vergabt wurden, fehlen auch die Wald- und Ortsnamen auf „Hart". Beim weiteren Ausbau einer Urgemeinde wurde der Ur-Hart meistens im gemeinsamen Eigentum der Gemeinden belassen. So entstanden Genossenschaften mit einem „Hart-Gericht", das die Nutzung zu regeln und Streitigkeiten zu schlichten hatte (z. B. der Münsinger Hart [126], der Weithart bei Pfullendorf und viele andere). Solche gemeinsame „Hartwälder" mit gemeinsamer Verwaltung haben sich auf der Alb und im Alpenvorland bis in den Anfang des 19. Jahrhunderts erhalten.

Allem Anschein nach ist die Bezeichnung „Der Hart" ein Rechtsbegriff, der das Recht gemeinsamer Nutzung durch die Hartgenossen ausdrückt. Dieses Recht war überall gleich und umfaßte die Holznutzung, die Schweinemast, die Waldweide für Rindvieh und Pferde, auch das Recht, nach bestimmten Regeln Brandwaldfeldbau zu treiben, Egerten anzulegen, sowie Holzmäder zu nutzen. Der Hart stand unter der Oberherrschaft des Inhabers des Forstbannes, oder wenigstens unter dem Zwing und Bann des Grundherrn. Als Beweis für den Rechtsbegriff des Harts sei auf ein Beispiel aus der Schweiz verwiesen. Wenn ein Markgenosse im Hart, in der gemeinen Mark, sich unerlaubt Holz aneignet und somit gegen die Anordnungen der Gesamtheit verstößt, begeht er wohl einen Frevel, aber keinen Diebstahl, weil die gemeine Mark für den Genossen keine fremde Sache war (Landbuch von Glarus, § 187).

Es wäre eine reizvolle Sonderaufgabe, die Geschichte des Hartes zu erforschen. Hier können wir nur die Entwicklung des Hartes als Wald behandeln. Die Harte haben voneinander sehr verschiedene Schicksale, je nach Dauer und Grad der Nutzung, je nach den Verhältnissen des Klimas und des Bodens und je nach den rechtlichen Umständen. So sind die Harte der Südwestalb heute nur mehr Waldreste oder Mähder, die entweder in Kultur- oder Halbkulturwiesen überführt wurden, oder sie sind ausgedehnte Schafweiden. Denn die Schafweiden der Alb [127]) sind trotz des urwüchsigen Eindruckes nichts anderes als Degradationsformen des Waldes. Die typischen Felsköpfe und Rippen sind erst nach der Erosion und Abschwemmung der Feinerde zum Vorschein gekommen. Wenn die Beweidung aufhören würde, entstünde wieder Wald. Die Harte des Alpenvorlandes dagegen sind im großen und ganzen Wald geblieben. Nur manche Harte auf Niederterrassen haben eine ähnliche Entwicklung genommen wie die Harte auf der Alb. Sie sind in Viehweiden übergegangen oder in Heidewald und schließlich in „Heide". In alten Berichten ist der Begriff „Hart" oft mit dem Begriff „Heide" gleichgesetzt. Mancher Hart auf guten Böden wurde auch in späterer Zeit gerodet. Anderseits haben sich auch auf Niederterrassen große „Hartwälder" erhalten, aber meist nur durch forstlichen und grundherrlichen Einfluß, der den vollständigen Abgang des Waldes verhinderte.

Im Alpenland der Nordschweiz finden wir die meisten Ortsnamen und Waldnamen auf „Hart" in der Nähe der Seen, oder im Unterlauf der Thur, Töß und Limmat, beispielsweise die Orte Langenhard, Illhard, Gündelhard, Dinhard, Birrhard, sämtliche in der Zone des niederen Hügellandes und der frühesten Besiedlung. In Oberschwaben liegen die meisten Hartwälder zwischen der Alb und der Linie Schussen-Riß, sowie zwischen der Riß und der Iller in der Schotterlandschaft. In Bayrisch-Schwaben ist ebenfalls die Schotterlandschaft, besonders in der Donaunähe und am Unterlauf der kleinen Flüsse das Gebiet der Harte. In Altbayern heften sich die Ortsnamen auf „Hart" an die niederen Höhenzüge zwischen den Flüssen, die zur Donau ziehen, dann besonders an das Gebiet der Münchner schiefen Ebene, an die terrassengesäumte Landschaft des Inn, etwa von Rosenheim bis Passau, sowie an die österreichische Tertiärlandschaft nahe des Inn, an die fruchtbaren Niederungen der Donau wie um das Becken von Aschach, an die Niederterrassen der Traun, der Ybbs und der Traisen. Der Rand des Wiener Waldes ist auch mit Waldnamen auf „Hart" besetzt. Spätbesiedelte Gebiete sind im allgemeinen keine Träger von „Hartnamen".

Der Hart als der am frühesten und am tiefsten vom Menschen beeinflußte Wald wird in unseren Untersuchungen immer wieder eine große Rolle spielen.

Der Brandwaldfeldbau

Die Wälder des Alpenvorlandes sind wie viele Wälder Europas von Hochäckern durchzogen. Eine vollständige Klarheit über den Begriff des Hochackers, die Zeit seines Baues, ist heute noch nicht hergestellt. Besonders das Verhältnis des Hochackers zum Wald hatte bisher keine befriedigende Lösung gefunden. Dies kam daher, weil die Untersuchungen in ihrem Ausgangspunkte immer vom Acker, von der Landwirtschaft ausgingen, und nicht vom Wald. Der Wald galt in bezug auf den Hochacker nur als Faktor der Erhaltung; der wesentliche Zusammenhang zwischen dem Wald-Hochacker und dem Wald wurde nicht erkannt [128]).

„Hochacker" ist vor allem ein rein technischer Begriff. Er bezeichnet ein hochgewölbtes Ackerbeet, auch Bifang genannt. Sein Gegensatz ist das flache Beet. Der Hochacker, die Hauptform des Urfeldbaues, besitzt eine feststehende Furche, d. h. er wird immer innerhalb zweier bestehender Furchen angelegt. Der Hauptzweck des Hochackers lag in dem Bemühen, die fruchtbare Erde durch den Pflug, der mit einem Streichbrett versehen war, aufzuwölben, sei es, um in Gegenden mit hohen Niederschlägen wie im Alpenvorland oder bei hohem Grundwasserstand trockene Beete zu erzielen, sei es, um auf kargem Boden eine tiefere Humusschicht anzuhäufen. Schon dadurch ergab sich eine extensive Wirtschaft, denn die Frucht wurde nur auf der Wölbung gebaut, während die tiefe Senke als oberflächliche Drainage vom Anbau frei blieb. Als die Entwässerungstechnik immer mehr ausgebildet wurde, ging die Landwirtschaft zum Flachbeet über. Es gab aber auch eine Verbindung von Hochacker und Flachbeetbau, in dem die starren Furchen der Hochäcker blieben, während das eigentliche Hochbeet als Flachbeet geackert wurde. Diese Bebauungsart konnte man früher auf Äckern sehen, die als Wechseläcker mit Wiesenbau abwechselten, wie z. B. auf Egerten des Alpenvorlandes.

Auf der unteren Stufe der Schotterlandschaft des Rheintalgletschers, besonders im Riß-Illerwinkel, sind alle Waldungen mehr oder minder von Hochäckern durchzogen. Im Schwäbischen heißen die Hochäcker „Witraite". In der Neuzeit hat sich diese Bezeichnung vollständig verloren. Das Wort „Wit", mhd. „Wite", bedeutet Wald. Es hat sich in einigen Ortsnamen erhalten, z. B. in „Witschwende" bei Neutann und „Witthau" (1312 Wit-howe), in der Gemeinde Hörvelsingen bei Ulm. Die Witraite erscheint aber ständig in mittelalterlichen Urkunden Oberschwabens und zwar in der Schreibweise Witreite, auch Witraite; in späterer Zeit wird Wytreite geschrieben, in der Neuzeit Weitreite. Unter diesem letzteren Namen wurden z. B. die zahlreichen, im herzoglichen Besitz stehenden Außenfelder in den Oberämtern Urach und Münsingen begriffen. In der Schweiz werden ausgedehnte Weideflächen am Jura „Wytweiden" genannt, sie bedeuten „Waldweiden", pâturages boisés.

Über das Wort „Witraite" existieren verschiedene philologische Erklärungen, die im wesentlichen die Witraite mit „Neugereute" und mit „Außengelände" erklären. Da nach unserer Überzeugung das Wort „wit" Wald bedeutet, wollen wir in einfachster Weise „Witraite" als „Waldacker" des Mittelalters übersetzen, wobei wir uns besonders auf das Urkundenmaterial stützen, das die Witraiten auf den Markungen Bußmannshausen, Walpertshofen, Baustetten und Bühl betrifft [129]). Diese Gemeinden sind aus der Urmark Laupheim, die im Jahre 778 genannt wird, um das 10. Jahrhundert entstanden. Sie werden erstmals im 12. und 13. Jahrhundert urkundlich erwähnt. Alle diese Orte sind von der üblichen Gewannflur umgeben, nur an den heutigen Waldrändern zeigen sich Grundstücke in Blockformen, die späteren Rodungen zwischen dem 15. bis Anfang des 19. Jahrhunderts entstammen. Auf der Markung Bußmannshausen hebt sich jedoch die Gewannflur des eigentlichen Dorfes, dessen Kern um die Kirche liegt, von der mehr blockförmigen Feldflur um die spätere Burg Bußmannshausen deutlich ab. Nach dem Kaufbrief vom Jahre 1352 umfaßt die Burg mit dem Zwing und Bann außer den Gütern im Dorfe oder „davor" „die Witraitinen überall zu Bußmannshausen ..." Diese Witraiten sind die im Walde von Bußmannshausen, besonders im Walddistrikt „Im unteren Holz" heute noch überall sichtbaren Stränge der Hochäcker. Im Kaufbrief von 1434 ist von den Witraiten bereits nicht mehr die Rede. Denn inzwischen scheint eine rückläufige Bewegung in der Benützung der Waldäcker eingetreten zu sein, was aus dem Kaufbrief von 1403 über den Hof „zu Hart" zu entnehmen ist. Der Hof „zu Hart", der dann später in zwei Höfe, in jüngster Zeit in drei Höfe geteilt wurde, liegt zwar auf Markung Baustetten, war aber bis 1803 in Walpertshofen eingepfarrt. Einst wird der Hof „zu Hart" zu Walpertshofen gehört haben und war wohl aus dem „Hart" dieser Gemeinde herausgeschnitten worden. Denn tatsächlich lautet der Flurname der benachbarten Grundstücke der Gemeinde Walpertshofen, an der Grenze der Harthöfe, auch noch „Hart".

Gegenstand des Kaufbriefes von 1403 sind: die Hofreutin zu Hart, mit dem Brüel, dem Wiesmahd und dem Ried, ferner alle Äcker, Egerten, Witraiten, Weide und Feld, die zu Hart gehören und von alters dazu gehört haben; ausgenommen die Holzmarken, sofern sie nicht Äcker sind, die zu Holz verwuchsen; diese kann der Käufer, ob und wann er will, wieder zu Acker reuten. Nach dieser Urkunde sind also aus irgendwelchen Gründen Äcker vom Wald überwachsen worden, die aber weiterhin als Äcker gelten sollen, soferne sie wieder gereutet und bebaut werden. Außerdem gehören zum Hof Witraiten dazu. In dem an die Felder der jetzigen Höfe zu Hart anstoßenden Wald ziehen sich tatsächlich aus der Richtung der Höfe Hochäcker herein, zu denen die Hochäcker im Inneren des Waldes im rechten Winkel liegen, so daß sich eine deutliche Grenzlinie ergibt. Ob die verwachsenen Äcker nun wieder gerodet wurden oder nicht, oder mit den dem Hofe nächsten Witraiten, wie es wahrscheinlich ist, identisch sind, läßt sich nicht feststellen. Tatsache aber ist, daß diese Abteilungen des Waldes den Namen „Rauhacker" führen, d. h. „verwachsener Acker". Noch in den Prozeßakten Rot-Fugger von 1608—1620 wird gesagt, daß „diese Ghaue vor Jahren ein Acker und Waldbau", aber kein Lehenswald gewesen seien, was man noch an den Strängen sehen könne. Anfangs des 17. Jahrhunderts scheint das Wort „Waldbau" noch in lebendiger Erinnerung an die einstigen Waldäcker im Sinn von Waldfeldbau gebräuchlich gewesen zu sein. Nach dem Kaufbrief von 1403 wurde die Gilt des Hofes mit Roggen und Hafer entrichtet. Auf diesen ehemaligen Waldböden wurde eben kein Dinkel, die alemannische Weizenart, gebaut. Im Kaufbrief werden die drei Gattungen Äcker, Egerten und Witraiten aufgezählt. Die Äcker sind die im jeweiligen Fruchtbau befindlichen Grundstücke, die Egerten die jeweilige Brache und Weide, die Witraiten die Waldäcker.

An den Wald „Das untere Holz" stoßen die kleineren Hölzer der Markung Bühl. Auch diese Waldungen sind vollständig mit Hochäckern durchzogen. Im Urbarium des Spitals Biberach von 1526 werden sie als Niederwaldungen beschrieben, die jauchertweise kurzfristig umgetrieben werden. Daß diese Teile damals noch zugleich im Waldfeldbau genutzt worden wären, ist im Urbar nicht erwähnt, es würde auch nicht mit dem kurzen Umtrieb von 15—20 Jahren zusammenpassen. Alle diese Hochäcker auf der Markung Bühl halten die Grenzen der Gemeinde gegen die Markung Bußmannshausen ein, sie stammen somit aus der Zeit nach Anlegung der Siedlungen. Man kommt nun zu dem Schluß, daß im Riß-Iller-Winkel der Brandwaldfeldbau um 1500 nicht mehr stattgefunden hat, daß wahrscheinlich sein Betrieb in das 12., 13. und 14. Jahrhundert fällt.

Nach den zahlreichen schwäbischen Quellen des Mittelalters ist von Witraiten hauptsächlich um das 13.—15. Jahrhundert die Rede. Ihre Entstehung scheint auf die ersten Jahrhunderte nach dem Abschluß der Siedlung zu deuten, in der die Bevölkerung derart zugenommen hatte, daß die Ackernahrung auf der ursprünglichen Gewannflur nicht ausreiche. In der schwäbischen Schotterlandschaft hatte ein frühmittelalterliches Dorf etwa fünf bis fünfzehn Bauernhöfe. Das Dorf Bußmannshausen z. B. umfaßte nach dem Kaufbriefe vom Jahre 1434 insgesamt 14 Bauern, von denen die Hälfte auf das eigentliche Dorf, die andere Hälfte auf die Siedlung um die Burg entfielen. Ein größerer Hof hatte etwa 40—60 Jauchert Ackerland und etwa 20—30 Tagwerk Wiesmahd. Die Gesamtfläche dieser Höfe entspricht ungefähr der Ausdehnung der heutigen Markungen. Das Ackerland konnte nur unzureichend gedüngt werden, weil das Vieh den größten Teil des Jahres auf die Waldweide ging. Zur Verbesserung des Ackerbodens kannte man nur die Überführung mit Mergel, ferner mit Waldstreu und mit der Asche des Reisigs. Zur Erholung der Bodenkraft wurde jeweils ein Teil der Feldflur, also jeweils eines der drei Esche oder Zelgen, unbebaut als Brache liegen gelassen. Einige Jahre hindurch als Grasland und als Weide benutzt, wurde sie sodann wieder umgebrochen. Erst in der Neuzeit ging man zur halben Brache mit Hackfruchtbau und zur „angeblümten" Brache über. Die ungedüngten Äcker können höchstens ein Viertel des heutigen Ertrages gebracht haben. Bei Zunahme der Bevölkerung konnte daher der Fruchtbau nicht ausreichen. Im Mittelalter war die Bevölkerung einzig und allein auf die Selbstversorgung mit Lebensmitteln angewiesen. Es mußte daher zusätzliches Ackerland geschaffen werden. Man zog nun Außenäcker heran, die Egerten, auf denen Feldgraswirtschaft getrieben wurde; wenn auch dies nicht ausreichte, nahm man den Boden des Waldes in Anspruch und bebaute Witraiten. Allem Anschein nach wurden die Bezeichnungen Egerten und Witraiten nicht streng getrennt, sondern auch vermischt gebraucht. Beide Arten kamen ja aus einer Wurzel.

Es wiederholte sich nun der Rodungsvorgang der Siedlungszeit, aber nicht auf Dauer, sondern in strenger Ordnung und Reihenfolge bloß örtlich und vorübergehend, sei es in der Allmende der Gemeinde, sei es im Walde des Grundherrn. Als Beispiel sei der Fall gesetzt: zehn Bauern wird erlaubt, in einem Waldstück von 200 ha Witraiten anzulegen, und zwar darf jeder Bauer jedes zweite oder dritte Jahr ein Stück von je einem Hektar neu roden und anbauen; dann würde der Wald bereits in 40 bis 60 Jahren turnusweise durchgeackert sein. Wenn die Böden nach der Ackerfrucht noch einige Jahre hindurch als Grasland und Weide benützt wurden, so verwuchsen die Witraiten längstens wieder in 80 bis 100 Jahren zu Wald.

Der technische Vorgang war vermutlich folgender: es wurden lange Streifen in den Wald vorgetrieben und auf ihnen die Bäume gefällt. Das Unterholz und das Reisig wurden verbrannt. Mit der Asche wurde der Boden gedüngt, der in Form von Hochäckern aufgefüllt worden ist. Diese langen Stränge von 100 bis 200 m wurden vermutlich auch nicht auf einmal in Kultur genommen, sondern immer nach Bedarf verlängert. Die Breite der Hochäcker betrug 10 bis 14 m. Beet liegt an Beet, dazwischen die tiefe Senke, die Furche. Nach einem, zwei- oder dreimaligem Fruchtbau von Hafer und Roggen wurde der Acker liegen gelassen und als Holzmähder, später als Viehweide benützt. Nach einiger Zeit, besonders wenn die Weide nicht „geräumt" wurde, flogen Holzgewächse an, und der Wald nahm wieder von dem Hochacker Besitz. Nach dem ersten Abtrieb eines urwüchsigen oder wenigstens nur mäßig plenternd genutzten Laubholzhochwaldes folgten auf die primären Harthölzer die sekundären Weichhölzer Salweiden, Aspen, Erlen, Birken u. a., bis dann wieder im Schutz dieses Vorwaldes Buchen und Eichen aufkamen. Auf den großen Hochäckern wurden die Stöcke gerodet, denn sonst hätten nicht so regelmäßige Ackerformen entstehen können. Aber in vielen Fällen wurde extensiver gewirtschaftet. Dann wurden nicht alle Bäume gefällt, sondern die fruchttragenden, besonders die Eichen da und dort stehen gelassen. Oder man grub nicht alle Stöcke der Laubhölzer aus, sondern ließ manche stehen, damit sie wieder ausschlagen können. In solchen Fällen entstanden keine regelmäßigen Beete, der Boden wurde bloß leicht bearbeitet, die Frucht eingehackt. Wenn die Hochäcker einige Jahrhunderte hindurch turnusweise immer wieder neu bebaut wurden, entstand von selbst ein 10—20—40jähriger Niederwaldumtrieb mit „Stockäckern".

Wesentlich ist dem alten Waldfeldbau „der Brand". Der alte Waldfeldbau war ein Brandwaldfeldbau [130]). In der Urzeit wurde das Holz verbrannt, später nur mehr das Reisig, zuletzt nur mehr der Bodenüberzug. Dieses Brennen nennt man in Oberschwaben „Motten". Es war auch zur Düngung der Felder üblich, auch die Egerten der Feldgraswirtschaft wurden gemottet oder gebrannt, d. h. mit der Asche von Reisig oder des Bodenüberzuges überstreut. Waldfeldbau- und Egertenwirtschaft sind in den gleichen Stufen miteinander verwandt. In der Egertenwirtschaft geht der turnusweise Umbruch nurmehr zwischen Wiese (Weide) und Acker um, die Stufe „Wald" ist bereits ausgefallen.

In alter Zeit war somit der Brandwaldfeldbau auch im Flach- und Hügelland üblich. In den bergigen Waldgebieten, besonders im alpennahen Teil des Vorlandes, wie im Allgäu wurde er als Bischlag- oder Greutwirtschaft bis in das 19. Jahrhundert hinein ausgeübt oder hat sich in manchen Gebieten bis heute erhalten, wie die „Reuten" und „Reutwälder" im Berner Oberland, die Reutfelder im Schwarzwald, die Birkberge im Bayrischen Wald und die kleinbäuerliche Brandwaldfeldwirtschaft in den Ostalpen [139]).

Wir haben somit zu unterscheiden: a) **den mittelalterlichen Brandwaldfeldbau in der kollinen und submontanen Stufe**, dessen Hauptzeit bis ins 14. Jahrhundert reicht, der jedoch gegendweise und abgeschwächt noch im 16. Jahrhundert vorkommt;

b) **den Brandwaldfeldbau in der stark ausgeprägt montanen und montanen Stufe**, besonders im unmittelbaren Voralpengebiet, der noch ins 19. Jahrhundert herein betrieben wurde und gegendweise noch betrieben wird.

Der Brandwaldfeldbau im dichtbevölkerten Vorland war somit immer irgendwie ein Kind der Not. Seine **sozialwirtschaftliche** Bedeutung war jedenfalls groß:

a) Er half die Ackerfläche in Zeiten des Anwachsens der Bevölkerung zusätzlich zu vergrößern. Eine rückläufige Bewegung durch Seuchen, Kriege und wirtschaftliche Krisen, in welchen spekulative Urbarmachungen geringwertiger Böden sich als unwirtschaftlich erwiesen, führten zu einer Verödung von regelmäßig und unregelmäßig bebauten Ackerflächen, die oft wieder zu Wald wurden.

b) Der Waldfeldbau half den wirtschaftlich schwachen Kleinlandwirten, Seldnern und Handwerkern zur einzigen Ackernahrung oder zur Vergrößerung ihres Zwergbesitzes. Der Waldfeldbau spielte aber auch in der Sozialwirtschaft der kleinen und mittleren Städte des Alpenvorlandes, besonders im 16. Jahrhundert, eine große Rolle, denn der Stadtbürger war nebenhin auch Landwirt, und die Waldungen einer Stadt mußten durch Waldfeldbau der zusätzlichen Nahrungsgrundlage dienen.

c) Der Waldfeldbau gewährte die Möglichkeit, ohne Boden- und Düngerkapital, lediglich durch Einsatz der eigenen Arbeitskraft und des Saatgutes, Ernten zu erzielen.

So war der Waldfeldbau ein wichtiger **landwirtschaftlicher Betrieb im Walde, im engen Zusammenhang mit dem Walde**. Dies ist das einfache Geheimnis der mittelalterlichen Hochäcker im flacheren Vorland. Die Hochäcker wurden **nicht weitflächig gleichzeitig, sondern kleinflächig turnusweise bebaut**. Sie gehören zum bäuerlichen Betrieb. Es war daher eine irrige Vorstellung einer waldfremden historischen Wissenschaft, den gesamten durch Hochäcker markierten Waldboden sich als weitausgedehnte Latifundienwirtschaft keltischer oder römischer Großgrundbesitzer vorzustellen.

Die unmittelbaren biologischen Folgen der Hochäcker sind:

a) die örtliche Vernichtung des Primärtyps und Ersatz durch Sekundärtypen.

b) heute noch stark ausgeprägte Hochäcker wirken sich auf den Standort differenzierend aus. Die Hochrücken neigen zur Trockenheit, die Furchen zur Vernässung mit allen ihren Folgen.

„Die Kunst Holzsamen zu säen"

Aus vielen Beschreibungen des 16. Jahrhunderts gewinnt man ein Bild des trostlosen Zustandes, in den weite Waldgebiete bereits gekommen waren. Rücksichtsloser Kahlabtrieb in der Nähe der Wasserstraßen der Iller, der Wertach und des Lech; ausgedehnte und zahlreiche Blößen in dem vom Weidevieh Tag und Nacht den größten Teil des Jahres hindurch besuchten Wäldern; stetige Zunahme der Weideflächen, die nichts anders als Waldruinen waren, ausgedehnte Egerten in den Waldgebieten, Waldäcker im Betrieb oder verlassen, weithin Raubbau, Verödung; Kohlenmeiler, Harzgewinnung, Schäden durch Stürme und Insekten. Das einst dichte Gefüge des Naturwaldes war mehr oder minder überall und zwar gründlich zerstört. Wo weithin die Waldböden bereits „Heiden" und „Öden" geworden waren, wuchs die Gefahr, daß sie als Wildnis nicht nur für die Viehweide, sondern auch für die Holznutzung vollständig verloren gehen könnten. Mit diesen Problemen begannen sich im 16. Jahrhundert nicht nur die Forst- und Grundherren, die Städte, Klöster, der Landadel, sondern auch die Bürger und Handelsleute in ernstlicher Sorge zu befassen. Der spekulative Holzhandel und Ausverkauf des Waldes durch große und kleine Kapitalisten und Nutznießer aller Art ließ nach dem Verebben des Geldstromes zu den gewohnten Plagen der Kriege, Seuchen und Hungersnöte das Gespenst der Holznot erscheinen, der Not am wichtigsten Rohstoff des Mittelalters und der beginnenden Neuzeit.

Die gelegentliche Saat von Laubhölzern wurde wohl immer betrieben. Die Ansaat von Nadelholzsamen im größeren Ausmaß war im Mittelalter dagegen im Allgemeinen unbekannt. Die erste Nachricht eines solchen Unternehmens stammt aus dem wichtigsten, fortschrittlichsten Wirtschaftszentrum von Deutschland, aus der Reichsstadt Nürnberg. Dort wurde im Jahre 1368 bei Lichtenhoff, nahe Nürnberg, die erste große Forchensaat durchgeführt [131]. In der Folgezeit scheinen sich manche Samengroßhändler mit der gewerbsmäßigen Anzucht von Wald beschäftigt zu haben. Denn im Jahre 1438 offeriert der Nürnberger Samenhändler Hülpühel dem Rate in Frankfurt am Main die Durchführung der Ansaat von Tannen, Forchen und Fichten. Die Waldungen in der Nähe dieser großen Städte waren eben schon sehr herabgekommen.

Die schöne Darstellung des Sebalder- und Lorenzer Waldes um Nürnberg, eine Deckfarbenmalerei von 1515 [132], zeigt den Wald in ziemlich gleichmäßige Abteilungen unterteilt, die sich teils nach Baumarten, teils nach Gleichaltrigkeit und Ungleichaltrigkeit, teils nach Misch- und Reinbestand unterscheiden. Die geometrische Form der Abteilungen läßt ohne weiteres die künstliche Begründung des einen oder anderen Bestandes erkennen. Jedenfalls ist am Ende des 15. Jahrhunderts da und dort das Säen von Holzpflanzen durchgeführt worden. Seit 1457 ließ Kaiser Friedrich III. und nach 1497 Kaiser Maximilian I. auf dem öden Steinfeld bei Wiener-Neustadt Weißkiefernsaaten (Pinus silvestris) durchführen [133]. Keineswegs war aber das Säen irgendwo Regel geworden, es beschränkte sich auf bestimmte größere und spezielle Vorhaben.

Erst im 16. Jahrhundert fließen die archivalischen Quellen reichlicher. Ausgedehnte Forchensaaten wurden in den Forsten des Bistums Speyer [134] durchgeführt, so 1528 in der Lußhart, 1557 im Büchenauer Hart; Vorschriften über „Tannensaaten" (hier wohl Forchen gemeint) und über die Pflege des „Eichelgartens" wurden 1530 erlassen.

Schon das alte Schrifttum hat Anweisungen zur Saat von Nadelhölzern gegeben; so stammen von Petrus de Crescentiis Vorschriften aus dem Jahre 1305 zum Säen und Pflanzen von Waldbäumen. Herrera bringt in seiner „Agricultura" von 1513 Regeln für Saat und Pflanzung. Dr. Noe Meurer gibt in seinen 1560 (und 1602) erschienenen forstlichen und jagdlichen Werken genaue Anweisungen zur Saat von Eichen, Buchen, Tannen und Fichten. Ihm folgen Heresbach, 1570, mit Regeln für Saat und Pflanzung, und Colerus, 1595, mit seiner ausführlichen „Ökonomia". Es ist daher anzunehmen, daß die theoretische Kenntnis des Säens von Nadelhölzern in den gebildeten Kreisen der adligen-, geistlichen- und reichsstädtischen Grundherren und deren Beamten allein schon durch das Schrifttum der sogenannten „Hausväter" bekannt gewesen ist [135] [136].

Immer wieder aber stößt man greifbar oder ungreifbar auf den Einfluß Nürnbergs. Die St. Joachimstaler Waldordnung von 1541 [137] z. B. enthält einen Hinweis über das Sammeln von Waldsamen und über das Säen, nachdem der Boden gerodet und gehackt worden ist; sie empfiehlt das Beispiel der Nürnberger, die zu diesem Zwecke Wildhüter halten, welche die Kunst des Sammelns der Samen, ihre Behandlung und die Aussaat verstehen. Um Mitte des 16. Jahrhunderts beginnen die Anweisungen zum Säen auch in den Forstordnungen zu erscheinen, so in der württembergischen Forstordnung von 1552. Nachgewiesenermaßen wurden im Herzogtum Württemberg unter Herzog Christoph um das Jahr 1560, in der Nähe des Schlosses Grafeneck, Forchen „angepflanzt", d. h. wohl gesät [138].

Inmitten des schwäbischen Alpenvorlandes liegt die einstmals sehr bedeutende Reichsstadt Memmingen, ein Wirtschaftszentrum für die Gebiete sowohl östlich als westlich der Iller. Die Stadt und das Spital in Memmingen besaßen ausgedehnte Waldungen. Von 1540 bis 1583 war Hofmeister des Unterhospitals der energische, waldkundige Michael Schwegelin. Ihm verdanken die Waldungen der Stadt und des Spitals eine neue betriebstechnische und waldbauliche Ordnung auf Grund reicher empirischer und gewissermaßen auch theoretischer Kenntnisse [90].

In seinen Berichten an die Spitalspfleger, vor allem in seiner im Jahre 1570 verfaßten Denkschrift, sind die forstwirtschaftlichen Ansichten des aufgeschlossenen 16. Jahrhunderts zusammengefaßt. Welche der Ideen von Schwegelin selbst stammen oder von anderen angeregt sind, welche Methoden von benachbarten Forstverwaltern bereits praktiziert, oder von Schwegelin neu eingeführt worden sind, was er von Nürnberg oder anderwärts übernommen hat, ist für die Beurteilung dieses tüchtigen Mannes vollständig gleichgültig. Der Gehalt seiner Persönlichkeit liegt in der Energie und in der Konsequenz, mit der er das als richtig Erkannte anregte, empfahl und trotz aller Widerstände durchzuführen versuchte. Am schwierigsten war die Durchsetzung der forstlichen Autorität gegenüber den bäuerlichen Untertanen der Reichsstadt, die jede Förderung des Waldes als Einschränkung ihrer Nutzungsrechte, besonders der Weide, ansahen. Die Gutachten Schwegelins sind eine der seltenen und kärglichen Quellen, aus denen wir den Stand der Forstwirtschaft im 16. Jahrhundert genauer zu beurteilen vermögen. Die Hauptpunkte seiner Reformen sind.

1. Straffere Ordnung in den Gemeindewäldern der zur Reichsstadt gehörigen Dörfer. Verbot, junges Holz zu schlagen und Nadelholz zu schnaiteln, d. h. grüne Äste als Reisstreu abzuhauen. Das Schnaiteln war allgemein üblich und wird heute noch in bäuerlichen Gebirgswäldern betrieben. Die Bäume in den Landschaftsbildern Altdorfers, Wolf Hubers und anderer Maler und Zeichner dieser Zeit zeigen auffallend die Wülste und Überwallungen der durch das Schnaiteln hervorgerufenen Wunden.

2. Rechtzeitige Räumung des Schlages vom Reis und sonstigem Abfall, damit der Holzsame eindringen bzw. der Stock ausschlagen könne. Diese Bestimmung findet sich jedoch regelmäßig in den Forstordnungen und auch in den Bedingungen der Abholzungsverträge.

3. Erhöhung der Umtriebszeit für Niederwald auf mindestens 12—15 Jahre.

4. Entweder Schirmschläge mit sorgsam ausgewählten Samenbäumen, oder schmale Saumkahlschläge, jedoch nur so breit, daß sich noch die ganze Fläche besamen könne. Jedoch gibt er den Rat, gegen Osten zu schlagen, damit der Seewind (also der Südwestwind) den Samen auf den Schlag trage. Wo dies nicht möglich sei, ist von Norden nach Süden zu schlagen. Die Schirmständer sind rechtzeitig zu fällen, um den Jungwuchs aufkommen zu lassen.
5. Schwegelin ist ein Gegner der Erziehung von Eichen und Buchen im Oberholz des Mittelwaldes. Im Überhaltbetrieb erreichen die Oberhölzer keinen langen Schaft, verästeln sich zu sehr, werden bei Freistellungen meist faul, die Eiche setze Wasserreiser an. Das Bauholz sei daher im Hochwald von Buchen, „Tannen" und Eichen zu erzielen.

Die wichtigsten Bestimmungen betreffen jedoch den Wiederaufbau des zerstörten Waldes. Hier übernimmt Schwegelin die von Nürnberg her bekannten Verfahren der Samengewinnung, des Klengens und der Aussaat. Bei dem intensiven wirtschaftlichen und politischen Verkehr der Reichsstädte untereinander war es für Schwegelin sicher möglich, die Praxis modernster Waldbaukunst, die anderwärts betrieben wurde, persönlich kennenzulernen. Infolgedessen gibt er Anweisungen über das Sammeln von Bucheln, Eicheln, „Tannen"- und Forchensamen, über das Klengen und Aufbewahren und über die Aussaat.

Und nun verbindet sich erstmals im Alpenvorland durch Schwegelins Initiative der bisher nur als landwirtschaftliche Notmaßnahme betriebene Waldfeldbau mit der forstwirtschaftlichen Maßnahme des Säens von Holzsamen. **Es wäre falsch, zu behaupten, daß die Forstleute des 16. Jahrhunderts zur Verjüngung der Wälder durch Saat geschritten wären. Dieser Gedanke lag ihnen fern, besonders im Alpenvorland, wo die natürliche Verjüngung an und für sich selbstverständlich war und genügte. Die Saat wurde bloß angewendet, um verödete Waldflächen in Bestockung zu bringen, die „keinen Samen mehr annehmen".** Schwegelin sagt: wenn der Grasüberzug bereits so dicht geworden sei, daß selbst der Birkensamen, der alle Jahre gerät, nicht mehr angenommen würde, wäre es am besten, eine solche Fläche einige Jahre hindurch landwirtschaftlich zu benützen, „man möchte den Boden armen Gesellen auf etliche Jahre leihen"; durch das Pflügen würde der Boden gelockert und für den Samen wieder aufnahmsfähig gemacht. Schwegelin empfiehlt sogar, zuerst Birken zu säen, und dann erst unter dem Schutz des Birkenbestandes die eigentliche Wirtschaftsholzart aufzuziehen.

Diese Maßnahmen in den Wäldern der Stadt und des Spitals Memmingen wurden sicher in der benachbarten Gegend beachtet und nachgeahmt. Aber nicht nur die Städte, sondern besonders die Klöster, die sich traditionsgemäß auch dem Fortschritte in der Landwirtschaft und schon im eigenen finanziellen Interesse auch einem Fortschritte in der Forstwirtschaft widmen mußten, werden sich dem Zuge der Zeit nicht verschlossen haben. Leider verfügen wir bisher nur über eine einzige Nachricht, das ist die schon erwähnte Durchführung einer Fichtensaat im Gebiete des von Memmingen nicht weit entfernten Klosters Ochsenhausen um das Jahr 1568 (s. S. 93).

Von nun ab wird der Waldfeldbau mit der Einsaat von Fichten-, Forchen- und Birkensamen verknüpft. Wann die Einsaat der Baumsamen in die letzte Waldfeldsaat von Sommer- und Wintergetreide erstmals erfolgt ist, wird sich kaum feststellen lassen. Diese Methode ist im 16. und 18. Jahrhundert allgemein üblich geworden.

Wir haben nunmehr dem mittelalterlichen Brandwaldfeldbau den Waldfeldbau der Neuzeit als Verbindung landwirtschaftlicher und zugleich forstwirtschaftlicher Zweckbe-

stimmung anzufügen. **Sein Anwendungsgebiet konzentriert sich im allgemeinen auf die kolline und submontane Stufe,** trotzdem er auch in der höheren Bergstufe bis zum 19. Jahrhundert behelfsweise benützt wurde.

Waldarten, Nutzungsarten, Betriebsformen

Aus dem Mittelalter stammen die verschiedensten Bezeichnungen für Wald und Holz. Sie scheinen auf den ersten Blick eher zu verwirren als zu einer begrifflichen Ordnung zu führen und doch müssen sie uns mit allen anderen zusammen helfen, die Waldarten und Betriebsformen des Mittelalters zu erkennen.

In Wald-, Orts- und Flurnamen kommen so ziemlich alle Baumarten vor, die Buche, die Eiche, die Hagbuche, die Linde, der Ahorn, die Ulme, die Aspe, die Hasel, der Holunder usw.; die Weiß- und Rottanne, wobei im Schwäbischen für beide das Wort „Tanne", dagegen im Bayrischen das Wort „Fichte" für die Rottanne gebraucht wird; die Waldforche, die Bergforche, die Eibe, der Wacholder. Dem Siedler stand der Urwald, soweit in ihm die Laubbäume unter Führung der Buche den überwiegenden Teil des Bestandes gebildet haben, als „Der Buch" gegenüber. Der weitaus überwiegende Teil der überaus häufigen Ortsnamen des Alpenvorlandes auf „Buch" steht mit diesem Sammelbegriff als Siedlung a m oder i m Buch im Zusammenhang. „Der Buch" ist somit eine Art waldgeographischer Begriff, der in manchen Gegenden fast dem Regionalwald gleichkommt. Wo aber Tanne, Fichte, Waldforche und Bergforche den Ausdruck des Waldes bestimmt haben, nannte der Siedler den Wald „den Tann". „Der Buch" und „Der Tann" sind in ihren Urbegriffen weite ausgedehnte Waldkomplexe.

In manchen Gebieten des Alpenvorlandes ist die standörtliche Differenzierung so stark und wechselnd, daß nahe beieinander bald die Buche und das Laubholz, bald Tanne und Fichte das Übergewicht gehabt haben. In diesen Fällen ist selten von einem „Buch" oder „Tann" die Rede, sondern von Gattungsnamen wie das „Buchet", das „Tannach" und ähnlichen, die oft unvermittelt einander benachbart sind. Vom „Buch" unterschieden drückt der viel spätere Ausdruck „der Buchenwald" oder „der Buchwald" einen bestimmten, im Hauptbestand die Baumart Buche enthaltenden Wald, eine Wald a r t aus.

Das Vorherrschen der Eiche erscheint in Orts- und Flurnamen aus alter Zeit niemals als „Eichwald", sondern solche Flurnamen heißen z. B. „Die Eichen", „Das Eichet", „das Eichach", „Im Eich". Wir glauben, daß der Begriff „Der Eichwald" nicht so wie „Der Buch" als regionaler waldgeographischer Ausdruck verstanden werden darf. Wir haben es hier nicht mit einem die „Waldart", sondern die „Holzart" bezeichnenden Begriff, wenn nicht mit dem frühesten Begriff einer B e t r i e b s f o r m zu tun.

Wenigstens seit dem 14. und 15. Jahrhundert begegnen wir in Urkunden und in den frühen Grenz- und Waldbeschreibungen fast in jeder der unzähligen kleinen Herrschaften des nördlichen Gürtels einem „Eichwald", der neben den „Hölzern" und „Ghauen" eigens angeführt wird. In allen tieferen und hügeligen Lagen, also in der kollinen und submontanen Stufe, war weithin die Eiche herrschend. Seit Urzeiten als erster der fruchttragenden Bäume, als Hauptfaktor der Schweinezucht, geschützt, stand sie allenthalben als lichtes Oberholz über dem in kurzen Zeiträumen wiederholt genutzten Buschwald. Da die Eiche aber auch das wichtigste Bauholz war, wurde sie in besonderen Distrikten des Waldbesitzes in einem dichteren als sonst üblichen Schlusse des Oberholzes im Vorrat gehalten. Alle diese Waldteile, in denen die Eiche, sei es als Mastbaum im lichten Oberholz, sei es als Bauholz im hochwaldartigen Schlusse unter strengem Banne standen, bildeten den „Eichwald" des Mittelalters und der Neuzeit. Ihm gegenüber standen die Brennholzghaue, in denen wohl auch Eichen als Mastbaum und Bauholz im Oberholz gezogen wurden, im all-

119

gemeinen jedoch allerlei rasch heranwachsende Laubbäume wie Linden, Aspen, Birken, Erlen und die unverwüstliche, jeden Druck und Mißhandlung aushaltende Hainbuche, seltener Rotbuchen.

So formte sich im natürlichen Gebiet der Eiche frühzeitig die hochwaldartige Form des „Eichwaldes" und parallel hierzu, aber gegensätzlich, die Form des „Gehaues", des Stockholzes oder des Stockes aus, ohne daß es immer scharfe Grenzen, klare Formen und eindeutige Bezeichnungen gegeben hätte.

In der submontanen und montanen Stufe war die Buche übermächtig, die Hänge dieser Stufe tauchten jedoch in das Eichengebiet hinab. Schon aus diesem Grunde war der „Buchwald" von Eichen, Eichengruppen und anderen Laubgehölzen umrandet. Anderseits ergab es sich durch die Randlage der Dörfer an den großen Wäldern der Buchenstufe, daß durch die ortsnahe Übernutzung und dauernde Waldweide die Grenzgebiete der großen Wälder aufgelockert und in Vorhölzer, „Löcher" (von Loh, Loch), lichte Haine und holzarme Viehweiden zerfielen. So wurden Eichen und andere lichtbedürftige Bäume auch in der unteren Buchenstufe herrschend.

Die in Oberschwaben nur schwach ausgeprägte natürliche Eichenstufe wurde im Grenzgebiet zur Buchenstufe durch die nivellierenden Eingriffe der Menschen ebenso verwischt, wie sich Licht und Dunkel zu einem unbestimmten Zwischenlicht auflösen. Denn auch in der unteren Buchenstufe wurde durch die zunehmende regellose Willkür des Plenterns und plätzeweisen Hauens die Auflösung des Gefüges bewirkt. Dann war auch der Weg für die Fichtenvorstöße frei.

Eine einzige Nutzungsart tritt im Mittelalter deutlich heraus und wird immer plastischer zur Nutzungsform, der Niederwald mit Oberholz in verschiedener Dichte, als Betriebsform von Cotta „Mittelwald" genannt (s. S. 53, 54, 135). Er ist, wie wir aus den Heiligkreuztaler Urkunden [78]) und aus anderen Quellen, deutlich auch aus der allgemeinen Handhabung wissen, geschützt und geordnet durch „der Gehäue Recht". „Das Recht der Gehäue" beruht: a) auf einer flächenweisen Ordnung, auf der sich allmählich herausgebildeten Einteilung von Jahresschlägen im Unterholz. b) Auf der Bannung des Ausschlages für eine bestimmte Anzahl von Jahren, meist zwischen drei und sechs Jahren, oder durch die allgemeine Bestimmung „bis der Ausschlag dem Maule des Viehes erwachsen wäre". c) Auf der uralten Bannung der Eiche, die dadurch schon von Rechts wegen in das Oberholz herrschend aufrückte. d) Auf der jeweiligen und auswahlweisen Bannung von Waldrechtern, Überhältern, Samen- und Schutzbäumen.

Im nördlichen Gürtel des Alpenvorlandes war frühe Besiedlung, unbedingte Herrschaft des Laubwaldes meist bei starkem Anteil der Eiche, Niederwald mit Oberholz, an die Landschaften der kollinen und submontanen Stufe, an die Nähe des Unterlaufes der großen Ströme und zum Teil auch der großen Seen gebunden.

In den später besiedelten Gegenden, in der montanen und voralpinen Stufe, im Gebiet der „Hoch- und Schwarzwälder", blieb die Naturform des Hochwaldes, der „hohe" Buchen-Tannenwald mit Fichten vorherrschend. Dort erhielt sich die primitive Nutzung durch Plentern, soweit nicht die Wasserstraßen zur großflächigen Massennutzung und zum Massenverkehr verführten. In der Zone zwischen dem alpennahen Bergwald und dem Walde des Flach- und Hügellandes schwankten die Nutzungsarten bzw. Betriebsformen zwischen Plentern, Arten eines schlagweisen Hochwaldes bei Überhalt von Samenbäumen, und zwischen oberholzreichem Niederwald.

In einzelnen verkehrsentlegenen Gegenden des nördlichen Gürtels haben sich aber noch im 16. Jahrhundert „Hohe Buchenwälder" erhalten, die tatsächlich Hochwald und nicht etwa oberholzreicher Niederwald gewesen wären. Wir werden sie zwischen Iller und Lech, im Gebiete der Markgrafschaft Burgau, aber auch anderwärts, vorfinden.

In der Nähe der Wasserstraßen schob sich aus der Gegend der „Hoch- und Schwarzhölzer", in der Zeit zwischen dem 15. und 16. Jahrhundert, in Etappen in das Gebiet des Niederwaldes mit Oberholz bei Zunahme des Fichtenvorstoßes die landschaftsfremde „Betriebsform" des „F i c h t e n - H o c h h o l z e s" herein, wie wir es im Gebiete der Iller gesehen haben. Das „Fichten-Hochholz" hat mit der Naturform des Hochwaldes nichts zu tun (s. S. 96, 97, 99, 101).

Die Öde

Im 16. Jahrhundert hatten die Öden und Blößen im Walde ein ungeheures Ausmaß angenommen, das sich erst am Ende des 18. Jahrhunderts verlor. Der Wacholder, der heute im Alpenvorland kaum gefunden wird, war auf solchen Öden weithin verbreitet, weil ihn das Weidevieh verschonte. Daher immer wieder auch die Befehle der Obrigkeit, die Weiden und Wälder vom Wacholder zu räumen. Diese Öden, locker von einzelnen Bäumen bestanden, gingen in eine Wildnis von Gestrüpp, Dorngesträuchern, Heidelbeeren und Heide über, sie nahmen temporär „Heidecharakter" an, ohne botanisch „Heide" zu sein. Gerade die wechselfeuchten Lehmböden der Altmoräne und der Schotterlandschaft mußten auf solchen Verödungen im bedeutenden Maße entarten. Am Ende des 18. Jahrhunderts wurden solche Blößen und Öden ausnahmslos wieder in Wald umgewandelt, meistens durch Zuhilfenahme des Waldfeldbaues und der Fichtensaat. Manche heutigen waldmoor- oder heideartigen Gebiete von kümmerlichen dünnen Fichtenreinbeständen, die im Wuchs um mehrere Dezennien zurückgeblieben sind, mögen auf solche „Verödungen" zurückzuführen sein; man hat sie einstens gedankenlos mit Fichtenkulturen überdeckt, nun offenbaren sie in anderer Form die Degradation des Bodens. Solche Örtlichkeiten reagieren selbstverständlich rascher als anderwärts auf einen wiederholten Reinanbau von Fichten, besonders im Waldfeld, auf den ebenen mit Staublehm überdeckten Tafeln der alten Deckenschotter, oder auf Blocklehm der alten Grundmoräne. Beispiele solcher katastrophaler Wuchsstockungen von 50—80jährigen Fichtenbeständen, die einst im Waldfeld durch Saat begründet worden sind, sind auf der Tafel des Günzschotterriedels von Balzheim, Gutenzell und Erolzheim sowie anderwärts zu finden. Diese oft nur einige Meter hohen lückigen Fichtenbestände decken meistens einen ehemaligen Hart zu. Ähnliche Folgen sind auch auf andauernde, rücksichtslose Streunutzung zurückzuführen.

Forstordnungen im Bereiche des nördlichen Gürtels

Die Grafschaft Kirchberg erstreckte ihren Forstbann, nach der Urkunde Kaiser Friedrichs III. vom Jahre 1473, von der Mündung der Iller Donau-aufwärts bis etwa Zwiefaltendorf, von dort aus zum Bussen, durch den Federsee gegen Schussenried, dann nahe bis zur Grafschaft Zeil nach Marstetten und von da an wieder Iller-abwärts. Infolgedessen stand der größte Teil des nördlichen Oberschwabens unter der Kirchbergschen Forsthoheit [140]. Die spärlichen Forstordnungen dieser Grafschaft beziehen sich nur auf die Betriebsform der „Gehaue", also auf den Mittelwald. Im Jahre 1581 wurde eine Forstordnung der nunmehr Fuggerschen Grafschaft erlassen, die aber bis jetzt nicht aufgefunden worden ist. Die Kirchbergsche Holzordnung von 1563 beschäftigt sich nur mit der Bannung der Gehaue; sie hat nur örtliche Bedeutung. Erst die Wald- und Holzordnung von 1623 in ihrer „erneuerten" Form von 1676 gibt näheren Einblick in die forstlichen Vorschriften der Grafschaft [141]. Wie in allen Forstordnungen dieser Zeit wird bestimmt, nicht da und dort, sondern in e i n e m Schlag (Gehau) zu hauen, den Boden zu räumen, keine Stöcke zu verderben oder auszugraben. Im § 11 wird ein Unterschied zwischen Niederwald, „verhackte Schläge", und „Hochwald" gemacht, womit jedenfalls die Bauholzdistrikte, aber kein Hochwald im heutigen Sinne gemeint ist. Das „Eichäckerich" wird wie überall wegen seiner großen finanziellen Bedeutung ausführlich behandelt, denn im nördlichen Oberschwaben spielt die Eichelmast eine noch größere Rolle als die „E i c h e l - u n d B u c h e l m a s t" z. B. im Bereiche des Klosters Ochsenhausen (Punkt 17 der Statuten des Klosters von 1603). Alle 50 Schritte muß ein Standreis oder Mutterbaum stehen bleiben. Diese aus Bayern entnommene Bestimmung weicht von der üblichen schwäbischen ab, die je Jauchert eine bestimmte Anzahl vorschreibt. Das Bauholz ist nur in ordnungsmäßigen Schlägen, also nicht plenternd oder plätzeweis, zu fällen, womit wohl nur eine grundsätzliche Regel ausgedrückt wird, denn bestimmte Sortimente konnten doch nur plenternd ausgezogen werden. Die Plätze, wo kein Holz heranwächst, soll der Forstmeister zu rechter Zeit „mit Samholz durchstreichen und besamen lassen". Diese Bestimmung wird erst durch eine ähnliche Bestimmung aus einer Fugger-Kirchheimschen Holzordnung (Bayrisch-Schwaben) von 1574 verständlich, die empfiehlt, den Wald mit samentragenden Birken zu durchstreifen (s. S. 164).

Die letzte Kirchbergsche Forstordnung von 1753, deren Geltungsbereich inzwischen zusammengeschrumpft war, enthält nichts Neues, außer dem Verbot: „so einer in seinen Hölzern Tännelin hat, derselbige solle sich nicht unterfangen, solche eigenmächtig auszuasten". Hiemit wird das Schnaiteln von Nadelholz verboten. Inzwischen hatte die Fichte ihren Vorstoß auch im Gebiete der Grafschaft Kirchberg bedeutend ausgedehnt.

Soweit aber der nördliche Gürtel unter Habsburgischer Landesherrschaft stand — (Markgrafschaft Burgausche Gebiete, die Donaustädte mit dem Vorort Ehingen) — galten die schon besprochenen vorderösterreichischen Forstordnungen (s. S. 59, 82).

Auswirkungen der württembergischen Instruktion und technischen Anweisung von 1818/1819 im nördlichen Oberschwaben

Unter den Männern, die auf den Geist der Forstwirtschaft vor 1800 einen großen Einfluß ausgeübt haben, ist Wilhelm Gottfried Moser, Sohn des württembergischen Staatsmannes und Publizisten Johann Jakob Moser, zu nennen. Nach verschiedener Tätigkeit in Verwaltung und Forstwesen übernahm er im Jahre 1788 die Leitung der Forstverwaltung des Fürsten Thurn und Taxis mit dem Dienstsitz in Ulm. In seinem Hauptwerke „Grundsätze der Forstökonomie", das 1757 bei Brönner in Leipzig erschienen ist, legt er den Gang der Entwicklung der deutschen Forstwirtschaft und seine grundsätzlichen forstpolitischen und forsttechnischen Anschauungen ausführlich dar. Die Bedeutung Georg Ludwig Hartigs für das Forstwesen Württembergs wurde schon hervorgehoben. Neben Hartig hat der ebenfalls schon genannte J. G. von Seutter, der letzte Forstmeister der Reichsstadt Ulm, durch die im Jahre 1804 erschienenen „Allgemeine Grundsätze der Forstwissenschaft" und durch das 1804 herausgegebene „Handbuch der Forstwissenschaft" großen Einfluß in Schwaben gewonnen.

Der im Fluß begriffenen forstwirtschaftlichen und forsttechnischen Entwicklung im Königreich Württemberg gab die von Seutter ausgearbeitete „Instruktion und technische Anweisung" von 1818/19 feste Formen und Ziele (s. S. 53). Wir haben ihre Bestimmungen bereits eingehend besprochen. Infolge der verschiedenen Waldtypen und daher unterschiedlichen Waldentwicklung im südlichen bzw. im nördlichen Gürtel Oberschwabens mußte auch die Auswirkung der Instruktion in beiden Gürteln verschieden sein. Der Übergang zum schlag- und altersklassenweisen Hochwald war zwar schon vor Erscheinen der Instruktion angebahnt, aber die Instruktion selbst gab diesem Übergang feste Grundlagen und die autoritäre staatliche Sanktion. Grob gesehen wirkte sich im **südlichen Gürtel** die Instruktion hauptsächlich im technischen durch Ächtung des Plenter- und Femelbetriebes und durch den schablonenhaften Aufbau des schlagweisen Hochwaldes aus, womit, aber vollständig ungewollt, der Tanne die eigentlichen Lebensbedingungen entzogen worden sind. Im **nördlichen Gürtel** dagegen gab die Instruktion die Grundlagen mehr oder minder auch für neue Ziele: Umwandlung des Fichten-Laubholz-Mischwaldes in Fichtenreinbestände, Umwandlung des Mittelwaldes in schlagweisen Fichtenhochwald. Durch die Vorschrift der Naturverjüngung im Schirmschlag sollte nun im nördlichen Gürtel die grundsätzliche Abkehr von der Technik des Waldfeldbaues und der Fichtensaat folgen. [142a]

Zwischen 1820 und 1860 wurde nun die natürliche Verjüngung der Fichte im Staatswald durchzuführen versucht, während in den gutsherrlichen Waldungen trotz der allgemeinen Verbindlichkeit der Instruktion Kahlschlag, Waldfeldbau und Fichtensaat, wie am Ende des 18. Jahrhunderts, meistens die Regel blieb. Von Mitte des 19. Jahrhunderts ab verließ man auch im Staatswald resigniert den Grundsatz der Naturverjüngung im Fichtenreinbestand, und kehrte zur alten, wohl verbesserten Methode des Waldfeldbaues zurück [142b]. Diese Entwicklung ging jedoch keineswegs einheitlich vor sich. In den Taxationen der Staatsforste um 1850 erheben sich immer wieder Stimmen, die neben der Bevorzugung der Fichte auch noch für den Mischbestand von Buchen, Tannen und Fichten, und für die Erhaltung der edlen Laubhölzer, besonders der Buche und Eiche, eintreten. Denn schon in dieser Zeit wird erkannt, daß sich unter dem Fichtenreinbestand die Bodenverhältnisse in ungünstiger Richtung verändern. Jedoch die Entwicklung zum Fichtenreinbestand war teils aus theoretischen, teils aus technischen, besonders aus Rentabilitätsgründen nicht mehr aufzuhalten. Der Großkahlschlag war wohl in erster Linie zur raschen Umwandlung schlechter Mittelwaldbestände benützt worden, wurde dann aber auch durch Jahrzehnte hindurch regelmäßig zur Verjüngung der Fichtenreinbestände angewandt. Ende des 19. Jahrhunderts ging man auf den streifenweisen Kleinkahlschlag sowie von der Fichtensaat zur Fichtenpflanzung über. Aber der Waldfeldbau erhielt sich, wohl in ständiger Verbesserung zu gleichzeitigen Meliorationen, bis in das 20. Jahrhundert hinein. Die vorletzte Epoche war die grundsätzliche Rückkehr zu Mischbeständen; die Erfüllung dieser Forderung suchte man in bewußter und unbewußter Anlehnung an alte Allgäuer Methoden im Wagnerschen Blendersaumschlag und in ähnlichen Betriebsformen zu finden. Im Grunde genommen wiederholte sich in der Epoche zwischen 1910 und 1940 wie in den Jahrzehnten nach Einführung der Instruktion von 1818 der Widerspruch zwischen der theoretischen Waldbautechnik, dem „System", und dem Walten der Natur.

Typische Phasen der oberschwäbischen Waldentwicklung (Zusammenfassung)

Seit dem 16. Jahrhundert ist in der Forstwirtschaft Deutschlands durch fast zweihundert Jahre kein Fortschritt, sondern eher ein Rückschritt zu bemerken. Dies liegt wohl zum größten Teil in den Auswirkungen des Dreißigjährigen Krieges, obwohl aus den Akten dieser Zeit oft zu entnehmen ist, wie inmitten aller Greuel Verwaltungshandlungen kleiner und großer Art in rührender Besorgtheit weiterlaufen. Aber die Aufgeschlossenheit der Renaissance, die wohl in hohen Kreisen und im städtischen Bürgertum, kaum im kleinen Landadel, geblüht hatte, ist erloschen. Die Menschen des Barock hatten nach dem großen Krieg wohl einen lebendigen Geist, der sich im Überschwang der Architektur, der Plastik, der Politik, der Geisteswissenschaft, im großen religiösen Zug auslebte. Aber für die Natur, für den Wald war der Sinn nicht aufgeschlossen, so wie auch die Landschaftsmalerei dieser Zeit wie vieles andere Fassade blieb. Dagegen wuchs die Jagdleidenschaft zum unerhörten, ärgerniserregenden Prunk kleiner und großer Hofhaltungen aus.

Erst die Aufklärung, mit ihrem geistigen, merkantilistischen und physiokratischen Beglückungsdrang wandte sich, gestützt auf die aufblühende Naturwissenschaft, allmählich auch dem Walde zu.

In der zweiten Hälfte des 18. Jahrhunderts beginnt eine eifrige Vermessungstätigkeit. Besonders bemühen sich die Klöster, den Zustand ihrer Waldungen zu ordnen. Überall werden Flächen- und Massenfachwerke angelegt. Man holt fremde Forstleute von Ruf, und läßt Gutachten ausarbeiten. Ende des 18. Jahrhunderts gibt es kaum mehr einen Großwaldbesitz ohne Fachwerk, Kartierung und Wirtschaftsplan, wenigstens in einfachster Form.

Die Entwicklung der Forstwirtschaft nahm jedoch im südlichen und im nördlichen Gürtel des oberschwäbischen Alpenvorlandes verschiedene Wege. Die Außenzone des Vorland-Bergwaldes von Buchen und Tannen, mit seiner nun reichlichen Vermischung mit der Fichte, reicht noch in den Nordgürtel herein. Vollständig in ihm liegt die Rand- und Vorpostenzone der Tanne, in der der Buchen-Eichen-Wald mit Tannen und Fichtenvorstoß den montanen Charakter in nach Norden zunehmender Abschwächung noch repräsentiert. Ihre nördliche Grenze wird etwa von der Höhenlinie von 600 m, der Linie des mittleren Jahresniederschlages von 800 mm gebildet, und ist mehr oder minder der Grenze des Fichtenvorstoßes im 16. Jahrhundert gleich. Zwischen der Fichtenvorstoßlinie und der Donau liegt der ursprünglich Fichten-freie Raum, eingenommen vom Buchen-Eichen-Wald auf den auslaufenden Höhen der Deckenschotter (submontane Stufe), vom Eichen-Buchen-Wald in der Niederung der Hoch- und Niederterrasse und des Tertiärs (Ebenen- und Hügelstufe oder kolline Stufe), ohne daß im Überwiegen der Buche oder der Eiche scharfe Grenzen hervortreten.

Mit dieser Vegetationsverteilung ist praktisch die Verteilung der Betriebsformen bis ins 18. Jahrhundert mehr oder minder verknüpft. Diese nicht immer scharf ausgeprägten Betriebsformen wurden nicht ganz willkürlich gewählt, sondern sie haben sich auch aus den Bedingungen der Vegetation heraus entwickelt; ihr Anwendungsgebiet wird durch die Veränderungen in der Vegetation mitverändert. Umgekehrt wirken Betriebsformen verändernd auf die Vegetation zurück. Die Betriebsform ist eine technische Einrichtung, die zwar von den Gesetzen der Natur irgendwie mitbedingt ist, wobei aber das Verhältnis zwischen den natürlichen Faktoren und der Einwirkung des Menschen in weiten Spielräumen schwanken kann. Letzten Endes ist die Macht der Natur stärker, besonders wenn sie sich schließlich dem Menschen versagt. Vollkulturen erhalten sich nur solange, als sie vom Menschen erhalten werden; und nicht einmal so lange, wenn sich die Kräfte des Standortes erschöpfen.

Das Ende des 18. Jahrhunderts ist die Zeit, in der aus den Sekundärtypen des Waldes endgültig Waldbautypen herausgeformt werden (s. S. 50). Die primäre Waldgesellschaft hat ihren ureigenen Gesellschaftscharakter verloren, sie wurde entweder durch eine forsttechnisch beeinflußte Gemeinschaft, oder eine forsttechnische Zwangsgemeinschaft ersetzt. Die geheimnisvolle Mystik des Waldes verflüchtigt sich, der planende Mensch glaubt in der „Holzartenwahl" autonom zu werden. Die Erkenntnis, daß es sich beim Aufbau des Waldes nicht nur um „Holzartenwahl", sondern um die Entscheidung über „Waldbautypen" unter den Gesichtspunkten der Naturnähe, Naturferne oder Naturfremdheit handelt, konnte in dieser Zeit noch nicht reifen; denn die dringendste Aufgabe hieß, einen zerstörten Wald von mangelnder Qualität, mit ungenügendem Holzvorrat, vor allem massenmäßig nachhaltig aufzufüllen.

Auch die letzten mittelalterlichen Nutzungsarten sind um den Beginn des 19. Jahrhunderts durchwegs Betriebsformen geworden. Die allgemeine Entwicklung hat folgenden typischen Verlauf genommen:

a) Im herabgewirtschafteten „Hart" und in anderen in Waldweiden aufgelösten Wäldern werden die umfangreichen Lücken und Blößen entweder durch Einsaat von Eicheln und Bucheln, meist aber durch Saat von Fichte, Fichten und Forchen, Fichten und Birken, in Bestockung gebracht. Von Mitte des 18. Jahrhunderts an wird auch die Alpenlärche angesät; die Samen werden aus Tirol eingeführt.

b) Der „Eichwald" geht dem Ende seiner Existenz entgegen. Überalterte Eichen stehen im lückigen losen Verband, der Nachwuchs fehlt an vielen Orten, die Eiche bleibt zwar immer noch wertvolles Bauholz, besonders zu Spezialzwecken. Aber seitdem Fichtenbauholz fast überall im Bereiche des Fichtenvorstoßes vorhanden ist und planmäßig nachgezogen wird, ist das Holz der Eiche nicht mehr unbedingt zum Bauen nötig. In diesen Gebieten, in denen der „Eichwald" in hochwaldartiger Form den Höchstwert und die Spitzenleistung des mittelalterlichen Waldes gebildet hatte, taucht der „Tannenwald" auf; neue „Tannenwald"-Namen erscheinen mit jedem neuen Jahrhundert, vom 16. angefangen bis zum 19. Am Ende des 18. und Anfang des 19. Jahrhunderts verliert die Eichelmast und damit die Bevorzugung der Eiche als Mastbaum an Bedeutung, weil durch die verbesserte Dreifelderwirtschaft, besonders durch den sich rasch ausbreitenden Anbau der Kartoffel, die Schweinezucht auf eine rein landwirtschaftliche Futtergrundlage gestellt wird. Die Eichel- und Buchelmast wird nurmehr zusätzlich nebenbei ausgenützt.

c) Die in früheren Jahrhunderten unnatürlich erweiterte Gesamtfläche des Ausschlagwaldes vermindert sich nun wieder durch die anwachsenden Flächen des hochwaldartigen Mischwaldes, zu dem die aus dem Stock und aus dem Kern aufwachsenden Laubhölzer, die alten Samen- und Schutzbäume, die Fichtenhorste und eingemischten Fichten miteinander verwachsen. Diese Mischhölzer werden durch Aushieb der Laubhölzer immer mehr in ungleichaltrige Fichtenbestände verwandelt, in denen noch lange prächtige Überhälter von Eichen, Buchen, Tannen, und von Fichten aus der Vorstoßzeit, verstreut als Zeugen der Entwicklung, sich über die Kronen des jüngeren Waldes erheben.

d) Der einstige mächtige Buchen-Laubholz-Mischwald des nördlichen Gürtels war schon lange nurmehr in Resten vorhanden. Die Buche war und blieb zwar wie die Eiche überall eingemischt, aber Birke und Aspe bildeten in der sekundären Entwicklung den Hauptbestand. Aus allen Waldbeschreibungen geht mehr oder minder hervor, daß die Buche nur in kleineren Beständen zur Deckung der Nachfrage an Werkholz sorgfältig erhalten wurde. Erst mit der Erhöhung der Umtriebszeit nimmt die Buche wieder zu. Reine Buchenwaldungen sind in Oberschwaben Produkte der Forstwirtschaft.

e) Der Fichtenvorstoß und die Fichtenausbreitung (s. S. 44, 108) gruppieren sich geographisch und zeitlich beiläufig wie folgt:

   aa) innere älteste Zone des Fichtenvorstoßes aus den Moorgebieten und Fichtenausbreitung in der oberschwäbischen Kernlandschaft, mit einer Nord- und Westgrenze, die vermutlich durch mindestens ein und ein halbes Jahrtausend bis ins 16. Jahrhundert ziemlich unverändert bestanden hat.

   bb) Äußere jüngere Zone des Fichtenvorstoßes und jüngste Zone des Fichtenwaldbauvorstoßes nördlich und westlich der Fichtengrenze des 16. Jahrhunderts gegen die Donau zu. Mit den jüngsten Fichtenvorstößen war die natürliche Wanderung der Fichte in Oberschwaben vollendet.

f) Das starke Verjüngungs- und Wandervermögen der Fichte, ihr freudiges Wachstum auf den Laubholzböden verführte am Ende des 18. und am Anfang des 19. Jahrhunderts dazu, die für Laubholz übliche Verjüngung unter Schirm auch in Fichtenbeständen auf großer Fläche zu empfehlen oder vorzuschreiben.

g) Die Staublehmdecken (lößartige Überdeckungen alter entkalkter Moränen und Schotter) im Nordgürtel bieten trotz relativer Kalkhaltigkeit schwierigere physikalische und chemische Bodenverhältnisse dar, als die frischeren und reicheren Ablagerungen der letzten Eiszeiten im Südgürtel. Verschlechterungen des Waldzustandes potenzieren sich mit den Degradationen der Böden in andauernden Wechselwirkungen (149).

h) Oberschwaben unterteilt sich in verschiedene Regionen der natürlichen Vegetation bzw. ihrer natürlichen Standorte. Innerhalb dieser Regionen werden sich g l e i c h e w a l d b a u t e c h n i s c h e M a ß n a h m e n unter Umständen sehr v e r s c h i e d e n auswirken, zum Beispiel:

   aa) Der Bergwald des Vorlandes wurde am Beginn des 19. Jahrhunderts von einem Grundbestande aus Buche, Tanne und Fichte, meistens schon aus Fichte, Tanne und Buche gebildet. Er ließ sich in immer noch naturnahe Waldbautypen von Fichten-Buchen, oder Fichten-Tannen verwandeln. Ein Fichtenreinbestand im Areal des Bergwaldes wird jedoch in der Regel als ein n a t u r f e r n e r Waldbautyp anzusehen sein.

   bb) Wenn im nördlichen Vorland ein Buchen-Eichen-Wald, in dem von Natur aus die Fichte einst nicht oder nur gering eingemischt war, zum Fichten-Laubholz-Mischwald wurde, entstand durch eine solche Umänderung immer noch ein naturnaher Waldbautyp. Durch die Umwandlung der Fichten-Laubholz-Mischwälder des nördlichen Vorlandes in reine Fichtenbestände wurde jedoch die ursprüngliche Waldgesellschaft des Buchen-Eichen- oder Eichen-Buchen-Waldes gänzlich vernichtet. Der Fichtenreinbestand des nördlichen Vorlandes ist daher stets ein **naturfremder** (oder künstlicher) Waldbautyp.

Diese so wichtigen Folgerungen aus den regionalen Unterschieden der Waldentwicklung müssen immer wieder in das Bewußtsein gerufen werden. Der Wald des südlichen Gürtels hat im allgemeinen keine so radikale und vollständige Umwandlung seines Wesens erfahren wie der Wald des nördlichen Gürtels.

Nunmehr decken die Fichtenbestände, selten von höchst einseitigen Buchenmischungen unterbrochen, weite Flächen ohne Rücksicht auf Standortsunterschiede oder waldgeschichtliche Entwicklung zu: Waldböden aller Art, Verwitterungs- oder höchst empfindliche Lößlehme; Hochäcker des Brandwaldfeldbaues aller Jahrhunderte; verwüstete Weiden und Egerten; vernachlässigte Kahlschläge; einstige Öden mit Heidelbeeren und Wacholder; Flächen ehemaligen niederen und hohen Mischwaldes; Flächen wiederholter Fichtenreinbestände wechselnder Güte. Ein Fichten- und Seegrasmeer trotz aller guten Absichten und Bedenken [258], [259].

Der Wunsch nach Holzmasse ist erfüllt. Unbefriedigt und zweifelnd strebt man zu neuen natürlicheren Formen. Wird man die Wahrheit erkennen und sich ihrer Forderung beugen, oder werden es wieder nur Kompromisse sein?

DIE ENTWICKLUNG DES WALDES IM ALPENVORLAND DER SCHWEIZ

Seldwyla bedeutet nach der älteren Sprache einen wonnigen und sonnigen Ort, und so ist auch in der Tat die kleine Stadt dieses Namens, gelegen irgendwo in der Schweiz... mitten in grünen Bergen, die nach der Mittagsseite zu offen sind, so daß wohl die Sonne herein kann, aber kein rauhes Lüftchen. Deswegen gedeiht auch ein ziemlich guter Wein rings um die alte Stadtmauer, während höher hinauf an den Bergen unabsehbare Waldungen sich hinziehen, welche das Vermögen der Stadt ausmachen...

Gottfried Keller, Die Leute von Seldwyla, Einleitung

Im Abschnitt „Das Alpenvorland" sind die geologischen Hauptzüge des schweizerischen Mittellandes und dessen morphologische Eigenheiten bereits betrachtet.

Wer die Entwicklung des Waldes aus ihren vielfältigen natürlichen Bedingungen und historischen Phasen heraus richtig verstehen will, muß etwas von „Land und Leuten" wissen, daher von Siedlungs- und Wirtschaftsgeschichte, von den Existenzgrundlagen, Bedürfnissen und Gebräuchen, aber auch von Gemütsart und Geistesrichtung, aus denen die Ordnung der Lebensbasis nicht zum geringsten gesteuert wird. Dies sei zur Erklärung der scheinbaren Umwege, die wir manchmal gehen, vorausgeschickt (Früh J. *56*, Flury Ph. *51*, Huber A. *98*, Bavier J. B. *230*).

Die allgemeinen Grundlagen der Waldentwicklung [143]

Klima

Der Weinbau und die Kultur der Kastanie beleuchten oberflächlich klimatische Vorzüge des Mittellandes. An den großen Seen, besonders an den schmalen Uferzonen, ist der Winter milder als im freien Land. Relativ warme, über den Atlantischen Ozean und das

Mittelmeer streichende feuchte Winde herrschen vor; die polaren kühlen, mehr oder weniger trockenen aus dem Osten und Norden des Kontinents sind seltener. Die mitteleuropäischen Einflüsse werden von den atlantischen überlagert, der Charakter des Klimas ist daher ozeanisch gefärbt. Dann wird die Vegetation der Nordschweiz und des angrenzenden Oberschwabens gewissermaßen zusätzlich durch den Föhn günstig beeinflußt; diese warmen Fallwinde entstehen zeitweise und örtlich, wenn die allgemeine Windströmung quer zu den Alpen zieht, im Süden des Gebirges Hochdruck herrscht und gleichzeitig im Nordwesten über Frankreich und dem Meere bis über den Kanal hin ein Minimum liegt. Der Föhn verursacht hohe Temperatur und Trockenheit; er braust wild stürmend längs der Täler und über das Hochland hinaus; er läßt das Frühjahr zeitiger beginnen und verleiht im Herbst den Reben die edelste Reife.

Die Niederschläge sind um den westlichen Genfer See am geringsten, in der Nähe der Alpen am höchsten; gegen den westlichen Bodensee und dem Rhein zu nehmen sie ab. Sie schwanken somit örtlich zwischen 700 bis 1200, ja bis 1500 mm; in manchen Gebieten des Mittellandes wirkt sich der Regenschatten des Jura aus.

Entwicklung der Landeskultur

Die wärmste Zone, die „Kulturstufe", enthält auch das Hauptareal des Getreidebaues, der in den vergangenen Zeiten viel ausgedehnter gewesen ist. Die Nordschweiz war das Zentrum der Ernährungswirtschaft, die Kornkammer. In ihrer untersten Stufe hatte einst die Eiche mit ihrer Gesellschaft den Vorrang, mußte sich aber dann auf diese Örtlichkeiten verweisen lassen, die für den Ackerbau nicht mehr geeignet waren. Die untersten Stufen waren frühzeitig von den Bauern der jüngeren Steinzeit bis zu den Alemannen bebaut worden, soweit der Boden es irgendwie noch zuließ. Die höchsten Stufen nahmen die Bauern für ihre Herden in Anspruch. Das untere Gelände diente teils dem Getreidebau, teils der Viehhaltung, die Höhen über der Waldgrenze ausschließlich dem Weidebetriebe.

Weide und Wald war ursprünglich ein Komplex. Die „Alpen" sind nichts anderes als aufgelöster, gelockerter Wald. Die Auflockerung begann von oben her, von der Waldgrenze nach unten, wobei die Waldgrenze allmählich immer mehr herabgedrückt wurde; dies konnte 100 bis 200 m betragen. Außerdem wurde der Wald weiter nach unten zu ständig immer mehr durchlöchert. Von unten selbst, von den Stammsiedlungen aus, wurden ebenfalls Auflockerungen vorgetrieben, wobei man immerhin auf die Erhaltung von Waldteilen zur Versorgung des Hofes mit Brenn-, Bau- und Zaunholz, aber auch zum Schutze von Elementarereignissen bedacht blieb.

Die „Alpen" mit ihren Wäldern waren Allmenden; als solche waren sie Besitz der alten Markgenossenschaften, wie z. B. bis 1538 das ganze Oberengadin; heute noch die Korporation Uri diesseits des Schöllenen, die Ober- und Unterallmend im Kanton Schwyz u. a. So ist auch der „Standeswald" im vorarlbergischen Montafon als Rest der ehemaligen Markgenossenschaft Gemeingut der Talschaft oder des Standes. Unter der Herrschaft der Grundherren war die große Allmend ihrem Wesen nach Eigentum der Genossen, der Bauern; bei Zunahme der Bevölkerung und Ausdehnung der Siedlungen ging sie in immer kleinere Rechtskreise über, wobei wohl das Bürgerrecht die Bedingung für die Allmendgerechtigkeit blieb. Im Grunde hatten die viel kleineren Allmenden im flacheren schwäbischen Land die gleiche oder ähnliche Entwicklung genommen; soweit sie nicht im grundherrlichen Eigentum aufgingen, erhielten sie sich in ihren Resten entweder bis heute als Gemeindewald, oder wurden im Anfange des 19. Jahrhunderts, dem damaligen Zeitgeiste entsprechend, unter den „Bürgern" aufgeteilt. Dann blieben entweder kleine Waldparzellen übrig, oder der Wald wurde zu Acker- oder Wiesland gerodet.

Frühzeitig befaßten sich die Volksrechte der Burgunder, der Alemannen und der Bajuvaren sowohl mit der grundsätzlichen Regelung der Nutzungen im Walde, als auch an den Weidegebieten. Meistens war die Zahl der Schweine bestimmt, die von den Bauern zum Äckerich (Kes) in die Allmende oder in den Wald des Grundherrn getrieben werden durften. In bayrischen Gesetzen tauchte bereits zwischen dem 6. und dem 10. Jahrhundert der Grundsatz auf, daß ein Bauer im Tal nur so viel Stück Rindvieh in die Sömmerung bringen dürfe, als er im Stande sei, mit wirtschaftseigenen Mitteln zu überwintern. In der Schweiz war dies seit jeher die Grundregel. Die Nutzfläche der Alpen teilt sich in mehrere Stufen. In der tieferen Lage teilweise Ackerbau, umgeben von Wiesland oder von Gehölzen aus Kirschbaum, Ahorn, Eichen, Holunder und Vogelbeeren. Zwischen dieser Kulturstufe und der oberen Waldgrenze liegen größere und kleinere Stücke Wald, streifenförmig von oben nach unten, mehr oder minder aufgelockert, erst allmählich in stärkere Geschlossenheit übergehend, immer wieder von Mager- und Fettwiesen unterbrochen. Über der Waldgrenze an steilen Hängen und Planken, „in den Wildenen", beginnen in Streulage die „Heuberge" oder „Wildheuberge".

Alle diese Wiesen und Matten sind vom Menschen geschaffen und selbst die entlegensten Rasenbänder der „Wildenen" sind nur in seltensten Fällen als Naturrasen im engsten Sinne des Wortes anzusehen. Denn auch die Wildheuplanken sind durch Tier und Mensch, durch zeitweisen Weidgang bis zu oberst, durch Mähen und mitunter sogar durch Düngen beeinflußt. Auf den hohen Terrassen zwischen den Talböden und den Steilwänden wurde früher Brotfrucht oder wenigstens Rüben gebaut, heute werden diese schmalen Flächen auch als Wiesen genutzt. So ziehen sich von der Niederung bis in die höchste Region hinauf Kultur- und Magerwiesen (Brometum, oben das Nardetum) und oft große Flächen, die weder Wald noch Weide sind, sondern Zwergstrauchgenossenschaften von Alpenrosen, Wacholder und Heide.

Die landwirtschaftlichen Betriebssysteme stufen sich nach den Höhen ab. Im Hügelland verbesserte Dreifelderwirtschaft mit viel Getreidebau, Kleegraswirtschaft mit vermindertem Getreidebau; bei höherem Niederschlag Graswirtschaft mit etwas Ackerbau und etwas Wald. In den Tälern der Nordalpen wird reine Graswirtschaft getrieben, wobei die Basis das Talgut ist, während oben der Wald und die Alpweiden mit Sommerbetrieb den Hauptumtrieb ausmachen. Die ausgeprägteste Form der alpenbäuerlichen Wirtschaft besteht aber in einem ausgewogenen Anteil an Wiesen, Weiden und Wald.

Man kann in Gebirgsländern wie in der Schweiz und in Österreich nicht vom Wald sprechen, wenn man nicht vom Bauern und seiner Wirtschaft spricht. In allen Ländern der Alpen ist der auf den Höhen siedelnde Bauer, besonders der Einzelsiedler, mit dem Wald und der Waldweide untrennbar verbunden. Ohne Holz könnte der Bauer nicht bestehen. Denn auch der Alpgang bedarf des Bau- und Brennholzes und ganz besonders großer Mengen Zaunholzes. Auch das Krummholz, die Latschen, werden als Brennholz genutzt und oft rücksichtslos abgetrieben. Die obere Waldgrenze ist dauernde Kampfzone sowohl für die Waldbäume als auch für den Menschen, wie überall in der Welt zwischen Wald und Nomaden. Denn der Alpbauer ist und bleibt eine Art Nomade, der auf kürzere oder weitere Strecken mit seinen Herden wandert; heute noch wandern ganze Dörfer mit ihrem Vieh in entfernte Weidegründe. In die höchsten und steilsten Teile, in die Urweide, werden Ziegen und Schafe getrieben. Die Alpung selbst beginnt meist in Höhen von 1700—1800 m. Alp-Flurnamen sind aus ältesten Zeiten überliefert. Im Gebirge kehrt immer wieder der „Alpstein" und „die Alp", der „Geißberg" oder „Schafberg", dem der „Geißberg" und „Geißbühl" der niederen Landschaft entspricht.

Durch den Weidegang der Tiere wird das Gelände umgeformt und oft gefährlich verschlechtert. In allen Alpen sind die Hänge von den „Kuhtreien" (sentiers, cheminements de bétail) gefurcht und durchzogen; hierin liegen oft die kleinen Ursachen zu späteren großen Rutschungen. Auch Hochebenen werden in Reihen und Inseln aufgelöst und versumpft. Diese „Treien" hat der Wanderer in unangenehmer Erinnerung als verwilderte Flächen von Borstgras, Thymian, Heide, Heidelbeeren, Wacholder und anderen Zwergsträuchern, verwundete Flächen, auf denen stellenweise die Erde, vom Rasen entblößt, oder der nackte Fels frei liegt. Alle diese kleinen Bergwälder, Baumgruppen, Weiden und Übergänge von Weiden in Wald sind stets von Elementarereignissen, von Lawinen, Bergstürzen, Steinschlägen, Abrissen und Vermurungen gefährdet. Entwaldung, Überstößung der Alpen, die engmaschige Durchstechung der Pflanzendecke durch den Tritt der Tiere in nassen Jahren, mangelnde Entwässerung und Versumpfungen haben Rutschungen und Abspülungen des Bodens, sogar die Verwilderung ganzer Gebirgsflanken mit sich gebracht. Mit der weiter wachsenden Entwaldung der Gebirgsstöcke in den letzten Jahrhunderten sind die Hochwasserkatastrophen in allen Gebirgsländern in ungeheuren Dimensionen ausgeartet. Schon seit dem 13. Jahrhundert enthalten die Weistümer Bestimmungen über die Bannlegung von Wäldern zum Schutze gegen Lawinen und Vermurungen. Das erste eidgenössische Forstgesetz von 1876 ging dann über die örtlichen Bestimmungen hinaus; die neueste Forstgesetzgebung des Bundes von 1902 erklärt alle Waldungen, welche sich im Einzugsgebiete von Wildwässern befinden und solche, welche gegen schädliche klimatische Einflüsse, gegen Lawinen, Stein- und Eisschläge, Erdabrutschungen, Verrufungen und gegen außerordentliche Wasserstände Schutz gewähren, als Schutzwälder.

Der Kern der Weidewirtschaft, aber auch des wertvollsten Gebirgswaldes, liegt in den Voralpen auf den sanft gehörnten Flyschbergen mit den reichen grünen und bewaldeten Hängen, von den romanischen Alpen, dem Pays d'Enhaut, dem Waadtländer Oberland, über die Gruyère, über das Saanental und Simmental, über die Vorberge der Schwyzer- und der Glarner Alpen bis zum Appenzellerland mit seinen alten Rodungsbezirken, dem Inner- und dem Außer-Rhoden. Vor der Flyschzone liegen die Molasseberge mit ihrer Nagelfluhformation, hinter ihr türmen sich die Kalkketten zu phantastischen Hintergründen.

Wald und Siedlung

Helvetia ist ein Land, welches für seine Einwohner streitet ... Allein die Natur gibt in diesem Lande nichts freiwillig; sein Bau erfordert angestrengte Arbeit und lange Erfahrung ...
Johannes von Müller, Die Urschweiz, 1786.

Die Siedlungsgeschichte ist zugleich Waldgeschichte, denn wo der Mensch seine Wohnstätten baut, muß der Wald verschwinden, und soweit er bleibt, in seiner Ursprünglichkeit verändert werden. Seit der jüngeren Steinzeit war das Land um und an den Seen und großen Flüssen bewohnt; in der historischen Zeit waren es Ligurer, dann Räter, dann Kelten, die Kulturträger der Eisenzeit, die das Mittelland an den günstigsten Stellen verhältnismäßig dicht besetzt hatten. Zur Zeit Julius Cäsars lebte der keltische Stamm der Helvetier zwischen Rhein, Jura und Alpen. Die Römer vollendeten den Aufschluß des Landes durch Einbeziehung in ihr Kolonisations-, Verkehrs- und Verteidigungsnetz; sie begünstigten besonders die wärmere südwestliche Schweiz. In diesen Jahrhunderten wurde im tiefer gelegenen Mittelland die grundlegende Scheidung zwischen landwirtschaftlichem Anbau und Wald gelegt. Wenn auch auf den größeren Höhen wenig berührter Wald geblieben sein mag, so gab es im niederen Mittelland selbst doch sicher keinen eigentlichen Urwald mehr. Als die Alemannen nach wiederholten vorübergehenden Einfällen im 3. und 4. Jahrhundert um 454 n. Chr. die nördliche und östliche Schweiz endgültig besetzten, übernahmen sie vorerst das eroberte Ackerbauland, begannen aber auch sehr bald, es durch neue Rodungen zu vergrößern. Die alemannische Landnahme, der Aufbau der Siedlungen in Hundertschaften, die Gründung der Urgemeinden mit der gemeinen Mark, der großen Allmende, der allmähliche Ausbau der Urgemeinden und schließlich die letzten Rodungen vollzogen sich in gleicher oder ähnlicher Weise wie in Schwaben. Die ersten Siedlungen sind Orte mit den Endungen auf -ingen und auch auf -heim; im 9. bis zum 13. Jahrhundert etwa entstanden Neugründungen mit Namen auf -hof und -hofen. Durch Zusammenziehung des -ing mit -hof bildete sich der auf die Schweiz beschränkte Ortsname auf -inghofen, verkürzt -ikon, z. B. Dietikon. In dieser Zeit entstehen auch Ortsnamen auf -hus, -hausen, -stett und -statt, auf -dorf, -wiler, jetzt -wilen und -wil, dem süddeutschen Weiler. Die Verdichtungen durch Neurodungen nach oben zu, ins Innere der Täler und der Wälder, sind in der gebirgigen Schweiz charakteristischer als z. B. in der bayrischen Tertiärlandschaft mit ihren bescheidenen Höhen zwischen den Flußläufen; hier und dort finden wir die Unterschiede in der Lage durch Unterscheidungen im Ortsnamen mit Beifügung von außen und innen, oben und unten, vorn und hinten, tief und hoch.

Die Allmende ist Wald und Weide, Außenfeld im Brandwaldfeldbau und Egert; wer ein solches Feld bebaut, muß es einfrieden, daher Einfang, Bifang, auch Einschlag. Infolge des auf den höheren Lagen herrschenden feuchten Klimas ist die Egertenwirtschaft, die Feldgraswirtschaft, die Wechselwirtschaft in der Schweiz besonders stark entwickelt. Der Typus ist im ganzen Alpenvorland immer derselbe. Wie überall im alemannischen Gebiet ist vom Mittelalter bis in die Neuzeit herein der Dinkel (Veesen, Korn, Kernen) die Hauptbrotfrucht, auch insofern klimatisch bedingt, weil diese Weizenart gegen Lagerung widerstandsfest ist. Dinkel und Hafer treten in den Zehntrotuln zusammen auf, der Roggen wird erst im 15. Jahrhundert stärker angebaut.

Im Gebiet des Rheintalgletschers, sowohl in der Schweiz wie in Oberschwaben ist der Siedlungsgang kaum verschieden. Das Mittelland ist mit Ausnahme der niedersten Lagen stets Rodungsgebiet. Die Ortsnamen, die mit dem Wort „Wald" oder „Holz" und solchen Zusammensetzungen zusammenhängen, überwiegen in den Kantonen St. Gallen, Appenzell, Glarus, Urschweiz, Luzern, Bern, südwärts gegen die Alpen zu. Die schon im 8. und 9. Jahrhundert gegründeten ältesten Klöster trieben die Rodung energisch vor. Nur in gewissen großen Waldgebieten schritt die Siedlung langsam voran, sei es aus Ungunst des Geländes, sei es aus rechtlichen oder politischen Gründen. Denn zum Schutze der Grenzen wurde dichter Wald belassen, so z. B. im Berner Jura. Der Bregenzer Wald wurde teilweise erst zwischen dem 11. und 14. Jahrhundert gerodet; der Arboner Forst erstreckte sich noch im 12. Jahrhundert geschlossen von Arbon zum Säntis und ins Rheintal. Auch das Hinterland des Nordufers und das Südufer des Züricher Sees wurden erst spät besiedelt. Das Nordufer hieß im 12. Jahrhundert noch „Schwarzes Holz", das Südufer „Schwarzwald". Die Steuerverzeichnisse der Diözesen Lausanne und Konstanz von 1227 und 1257 geben ein ungefähres statistisches Bild der Wohnstätten. Ende des 13. Jahrhunderts, zur Zeit der Gründung der Eidgenossenschaft, war die Hauptrodung sowohl in der deutschen, als auch in der französischen Schweiz abgeschlossen; die Verteilung von Siedlungsland und Wald war im bewohnten Gebiet kaum mehr von der heutigen Zeit verschieden. Wie im deutschen Alpenvorland traten auch in der Schweiz Rückgänge im Siedlungsverlauf ein, Verödungen von Dörfern, Höfen und Feldern, wo der Wald wieder vorstieß; die Gründe waren Pest, Naturkatastrophen, wie Lawinen und Vermurungen, zeitweiser wirtschaftlicher Niedergang. Das Schweizer Volk hatte, mit Ausnahme auf den besten Lagen des Mittellandes, unter viel härteren Umständen zu leben und zu kämpfen und eine scharfe Auslese zu bestehen; der Gebirgscharakter der Schweiz differenzierte die schwierigen Wirtschaftsverhältnisse seit jeher viel stärker als anderwärts.

Die Kehrseite des Siedlungsganges sehen wir in der Verteilung des Waldes. Sie war in der Schweiz in ihren Gründen nicht anders als in anderen Ländern, aber in diesem Gebirgsland radikaler und einfacher als im weiten schwäbischen oder bayrischen Vorland mit seinen vielfachen Unterschieden. Die Waldkarte der Schweiz zeigt im Gegensatze zu den großen Flächen geschlossenen Waldes in den bayrischen Vorbergen eine lineare und bandförmige Verteilung an den Flanken der Gebirgstäler; treppen- und stufenförmige Anordnungen auf den Böschungen der Nagelfluhberge, radiale Gliederung wie im Napfgebiet infolge der radialen Talung und Entwässerung; gesprenkelte Kleinformen auf den Drumlins; bewaldete Kuppen, Höhenrücken. Bald hat die Geländegestaltung, bald die geologische Formation, bald die Bodenart den Ausschlag gegeben. Fruchtbare, tiefgründige Böden wurden in Kultur genommen, schwere, steinige und seichte blieben vorerst dem Walde überlassen.

Viel hing auch von der Art der Siedlung ab. Dorfsiedlungen bewirkten oft die Erhaltung zusammenhängender Flächen von Wald, Einzelsiedlungen verursachten einerseits eine größere Zersplitterung, andererseits eine stärkere Ausstattung der Höfe mit eigenem Wald, dessen Erhaltung schon im eigensüchtigen Interesse lag.

Den ausländischen Betrachter wundert die relative Waldarmut in manchen Vorbergen und in der vordersten Gebirgslinie, wie im Appenzell. Hier war der Hauptgrund der frühzeitigen Entwaldung die Not an Weidegründen; in dieser Landschaft konnte nur die Viehzucht die Existenz des Bauern bilden. Daher mußte der Wald auf den weiträumigen Formen des Flysch und der hohen Molasse mit Feuer und Hieb radikal ausgetilgt werden. Infolge dieser verhältnismäßig breiten Zone von ruhigen grünen Grasbergen sind die Schweiz, Vorarlberg und manche Teile Tirols das Hauptgebiet der Vieh- und Milchwirtschaft geworden, während in der schmäleren Voralpenzone der Ostalpen, in der vordersten Gebirgskette mit ihrem Übermaß von starren Formationen des Dolomits der Wald das Rückgrat der Wirtschaft bleiben mußte, wenn auch örtlich und gegendweise die Viehwirtschaft große Bedeutung hat.

Manche Königsforste, woran „Forst" Bern und der „Landforst" Talwil erinnern, überdauerten ungestört die Rodungszeit und blieben dann auch später in größeren Resten erhalten. Die von den Grundherren durchgeführten Siedlungen gingen meistens geregelt und planmäßig vor sich, so daß auch mancher Wald durch Bann geschützt wurde. Viel Wald erhielt sich durch die „frommen Stiftungen" an die Klöster und an die Spitäler der Städte.

Zu den frühen Rodungen kamen infolge Bevölkerungszuwachses in späteren Jahrhunderten Neurodungen hinzu. Solche Rodungen mit den urzeitlichen Mitteln des Feuers und der Axt wurden besonders im 16. und 17. Jahrhundert um Fluns und Ragaz, aber auch im Berner Oberland und anderwärts vorgenommen. Mandate der Landvögte sowie Bannlegungen von Wäldern suchten vergeblich dieser Verheerung zu steuern.

Als seit der Schlacht von Sempach im Jahre 1386 die Macht des grundbesitzenden Adels mehr oder minder gebrochen war und sich auch nicht mehr erhob, kam das Land in den unmittelbaren, wirklichen Besitz der freien Bürger der Talschaften, Landgemeinden und Städte. Dies drückt sich durch die wechselvollen Zeiten bis in die Neuzeit aus; der Gesamtwald der Schweiz gehört zu 67 v. H. den Gemeinden und Korporationen, zu rund fünf v. H. dem Staate und zu 28 v. H. privaten Besitzern [144]). Die Städte Lausanne, Bern, Burgdorf, Solothurn, Zofingen, Lenzburg, Baden, Zürich, Winterthur, St. Gallen und auch „Seldwyla" sind seit jeher reich an Waldbesitz gewesen.

Wasserwege

Wie in allen Ländern übten auch in der Schweiz die Wasserwege den größten Einfluß auf die Entwicklung des Waldes aus.

Der Rhein wurde schon zur Römerzeit mit Schiffen befahren. Der Oberrhein nahm, soweit er schiff- und flößbar war, aus dem Jura, aus der Schwäbischen Alb und aus dem Schwarzwald das Holz der anstoßenden oder durch Zuflüsse verbundenen Wälder schon frühzeitig auf. Die große mittelalterliche Rheinschiffahrt ab Basel ist seit 1206 urkundlich nachgewiesen. Auf der Aare wurde von Thun bis Bern geflößt; um 1400 bestand in Bern bereits eine Schifferzunft und ein bedeutender Umschlagsplatz auf der „Lendene". Auf der Aare ging entlang des Jura der große Schiffs- und Floßzug durch das ganze Mittelland bis Klingnau – Koblenz und von da zum Umschlagsplatz nach Basel. In die Aare mündet die bedeutende Wasserstraße der Reuß. Ein Hauptweg des Lokal- und Fernverkehrs war jedoch die große Quertalung der Schweiz durch das den Rhein und die Aare verbindende Tal des Wallen- und Züricher Sees, der Zug Chur – Koblenz; vor Eröffnung des Gotthardpasses war in ihn auch der Landverkehr über die Bündner Pässe eingeschaltet. Seit dem 9. Jahrhundert sind Schiffahrtsrechte des Bistums Chur und anderer großer Herren bekannt; im Mittelalter bestanden bereits Züricher Ordnungen für die Schifffahrt des „oberen" und „unteren" Wassers, auf dem auch die Glarner nach Mainz, Frankfurt und Holland frachteten. Speziell die Glarner waren Hollandfahrer wie die Murgschiffer des Schwarzwaldes. Am Rhein selbst frachteten die Bündner; um 1490 bestand eine Flößergesellschaft in Rhäzüns, später in Chur, die besonders vom 16. bis zum 18.

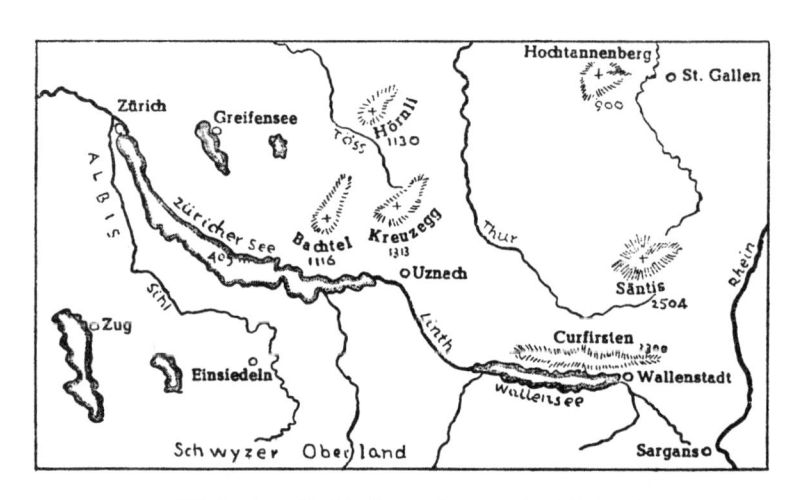

Rhein-Aare-Verbindung (Sargans-Zürich-Basel)

Jahrhundert blühte; sie pflegte den Verkehr mit der Reichsstadt Lindau und anderen Bodenseestädten. Die Flöße und auch die Schiffe waren ihrerseits selbst ein hölzernes Handelsobjekt; an weit entfernten Zielorten wurden auch die Schiffe zerlegt und verkauft; anderseits waren sie Transportmittel für landwirtschaftliche und handwerkliche Waren aller Art, aber auch für die italienischen und orientalischen Waren, die über die italienischen Handelsplätze kamen. Der mühsame Landverkehr über die Pässe nach Nord und nach Süd war enge mit dem Verkehr auf den Wasserwegen gekoppelt. Man kann sich heute keine Vorstellung machen, welche Groß- und Kleinorganisation im Saum-, Landstraßen- und Wasserverkehr verflochten war, welcher Waren- und Geldumlauf in diesem Verkehrsnetz rollte, und wie sehr Forst- und Landwirtschaft, Bergwerke, Handwerk, Frächter-, Handels-, Wirts- und Bankgewerbe in einem umfassenden Wirtschaftslauf verkettet waren. Das wichtigste Produkt war und blieb das Holz der Wälder und „der oder das Kohl", die unentbehrliche Holzkohle.

Der Verkehr wurde durch die Richtung der Wasserstraßen, somit naturgesetzlich nach dem Gefälle und der Schwerkraft gelenkt. So haben in allen Ländern die Wasserscheiden entschieden, wohin das Holz wandern sollte. Innerhalb 800 bis 1000 Jahren waren die ursprünglich kurzen Wege vom Walde zum Verbrauchsort länderweit ausgedehnt worden. Der gefräßigste Weg war der des Rheins, der aus den Adern Graubündens, des Glarus und der Schwyz und anderen unablässig das Holz an sich saugte, dann weiter aus dem Schwarzwald, dem Spessart und anderen Wäldern Mitteldeutschlands. Der längere Weg war der

der Donau mit ihren großen Zubringern, der Iller, des Lechs, besonders aber des Inns, der aus den Wäldern Graubündens Holz für die Bergwerke Tirols und für den Salzsud in Hall herbeischaffte. Der Wasserweg der Rhone hatte für die Wälder des Mittellandes einen beschränkteren, nur örtlichen Einfluß. Bereits im Jahre 1637 gab es einen, wenn auch bescheidenen Rhone-Rheinkanal. Durch die Sarine (Saane) sind auch die Gruyère und das Pays d'Enhaut Einzugsgebiet des Holzhandels rheinabwärts geworden.

Sind es die Naturgesetze, die bestimmten, wohin das Holz aus dem Herzen Europas gleiten sollte? Sind es die Menschen? Natur und menschliche Willkür, Zwang des Wirtschaftslaufes, Angebot und Nachfrage, Gut und Böse mischt sich durcheinander. Wieviel Kriegsschiffe aus schweizer und deutschen Hölzern ruhen auf dem Grunde des Meeres, wieviel Schiffe aus deutschem und schweizer Holz mögen Sklaven oder armselige Auswanderer verfrachtet haben?

Bergwerke, Eisenwerke und Glashütten

Die verheerende Wirkung von Bergwerken auf die Wälder blieb der Schweiz, zum Unterschied von Österreich, mit örtlichen Ausnahmen erspart. Das alte Eisen-Großhandwerk und die spätere Eisenindustrie hatten ihre Hauptgebiete im Jura. An den Wäldern des Mittellandes hat das städtische Eisen-Handwerk, sowie alles Handwerk, das Holz- und Holzkohle verbrauchte, schon seit frühen Zeiten gezehrt. Das Eisenwerk in Gonzen bei Sargans war für die umliegenden Wälder durch Jahrhunderte verderblich. Die Glasmacher hatten im Mittelland wenig Bedeutung; in den Voralpen wurden im 18. Jahrhundert da und dort Glashütten von Schwarzwäldern errichtet.

Waldentwicklung im Gebiet des Rheintal-, Linth- und Reußgletschers [143])

In der Schweiz ist keine großräumige Drei- bzw. Zweiteilung des Landes durch Jung- und Altmoräne und Schotterlandschaft wie in Oberschwaben oder in Bayrisch Schwaben entstanden. Hier herrscht von den Alpen bis zum Jura die Molasse, fast unmerklich in drei nach Westen auslaufende Höhenstufen gegliedert. Der niedere Teil der Landschaft ist von der jungen Grundmoräne der letzten Vergletscherung ausgefüllt, wird von den äußersten Endmoränen eingefaßt und ist im Innern durch die Ablagerungen der in Etappen sich zurückziehenden Eismassen unterteilt. Die Senken sind von Seen und Mooren und Herden von Drumlins besetzt.

Im nördlichen Oberschwaben und nördlichen Bayrisch Schwaben gestalten die in paralleler Anordnung gereihten Riedel der Deckenschotter die Landschaft, im Schweizer Mittelland erfüllen die Tafeln, Rücken und Züge der Molasse eine ähnliche Funktion. Während im Schwäbischen der Wald sich auf Jung- oder Altmoräne, auf Deckenschotter, Hoch- und Niederterrassen verteilt, stockt er in der mittleren Schweiz entweder auf frischem, jüngsten Gletscherschutt oder auf Molasse; denn die im Westen vorhandenen zerstreuten Reste der Deckenschotter haben nur geringe Ausdehnung. Im Schwäbischen ist daher die Bodenbildung auf breiter Fläche differenzierter, obwohl dort die weiten Flächen des Lößlehms zu einer Nivellierung beitragen. Im Mittelland der Schweiz ist die morphologische Gestaltung jedenfalls prägnanter.

Die Reste des einstigen geschlossenen Waldgebietes sind zwischen den Alpen und dem Jura auf Stufen aufgeteilt; von den Alpen zum Jura zieht sich der Wald in Übergängen von der Voralpenstufe über eine stark und eine schwächer ausgeprägte montane Stufe zur kollinen Stufe hin, um im Nordwesten am Tafeljura bzw. an der langen Steilmauer des Kettenjura, der Grenze des Alpenvorlandes, zu enden.

Der nach Westen sich senkende Höhenzug begegnet einem nach Osten und Süden aufsteigenden Talzug, gewissermaßen zwei Gleise mit entgegengesetztem Gefälle. Diese typische Eigenart finden wir im ganzen Alpenvorland ausgebildet, nirgends aber so stark wie in der Schweiz. Sie ist die Grundlage mannigfacher Wanderwege für Menschen, Tiere und Pflanzen, für gesellschaftliche Bindungen verschiedenster Art. Auf dem Bergweg kann der Buchenwald hinaus-, auf dem Talweg der Eichen-Laubholz-Mischwald hereinziehen.

Diese Abstufung ist naturgemäß von der Abstufung nach Niederschlag und Temperatur begleitet. Die Niederschlagszonen im deutschen Alpenland sind verhältnismäßig weiter ausgedehnt, im Schweizer Mittelland horizontal enger, vertikal reicher; alles ist hier näher aneinandergerückt. Mit Ausnahme des unmittelbaren westlichen Bodenseebeckens und des Rheintales ist die jährliche Niederschlagsmenge in der Niederung bereits mindestens so hoch wie im alpennahen Gürtel des deutschen Vorlandes.

Vom Laubwald

Wir haben zwei Arten menschlicher Einwirkung auf den Wald zu unterscheiden. Die grundlegende, gewissermaßen primäre, ist die geographisch-morphologisch bedingte Wahl des Standortes der Siedlung, damit schon die Scheidung zwischen Kulturland und dem verbleibenden Standort des Waldes. Der dann folgende Einfluß des Menschen in die Entwicklung des Waldes unterteilt sich in die dauernde intensivste Nutzung unmittelbar um die Siedlung, und in eine erst allmählich anwachsende, in früheren Zeiten mehr gelegentliche und nur zu bestimmten Zwecken erfolgende Nutzung der Wälder der weiteren Umgebung.

Die vorgeschichtlichen, frühgeschichtlichen und mittelalterlichen Ursiedlungen sind meistens auf den gleichen Stätten angelegt. Diese sind die fruchtbaren, zum Ackerbau geeigneten Niederungen, das leicht bewegte Hügelland, die höheren Terrassen der Täler. Wenn Jahrhunderte lang ein zahlreiches Volk eine Landschaft bewohnte, mußte der Wald um die Siedlungen herum infolge des „täglichen" Klein- und „jährlichen" Großbedarfes allmählich Art und Form des Ausschlag- und des Weidewaldes annehmen. Der planmäßige Überhalt von Oberholz ist eine bereits höhere Stufe vernunftmäßiger Erwägung, nachdem der Nachteil und die Not, die aus der gedankenlosen Verwüstung entspringt, offenbar wurde. Die Rodung von Wald durch Feuer und der Brandwaldfeldbau haben schon in frühester Zeit örtlich eine Massenvermehrung von Birke und Aspe, von Erle und Forche mit sich gebracht. Für die Schweizer Niederungen wird im allgemeinen dasselbe gelten, was z. B. für den uralten, von verschiedensten Völkerschaften besessenen Kulturboden in der Donaulandschaft bei Heiligkreuztal gilt, wo für Mitte des 15. Jahrhunderts die Geltung des „Rechtes der Gehäue nach des Landes Gewohnheit und Herkommen" bezeugt ist (s. S. 104, 119, 123). Der Begriff des „Hochholzes" im Gegensatze zum „niederen Holz" erscheint schon im 12. und 13., für Heiligkreuztal urkundlich belegt im 14. Jahrhundert. Die Eiche hatte nicht nur von Natur aus im vorgeschichtlichen, meist wärmeren Kulturgebiet ein Übergewicht, sondern genoß in dieser bald stark entwaldeten Landschaft vermutlich seit jeher den Schutz des Menschen. Dies führte derart günstige dauernde Wechselbeziehungen herbei, daß sie mit ihren lichtliebenden Genossen im menschlichen Siedlungsraum gegen die spätere Konkurrenzgefahr seitens der Buche gesichert blieb, und daher eine halb natürliche, halb vom Menschen und vom Weidevieh gestaltete besondere Pflanzengemeinschaft aufbaute.

Auf der fruchtbaren Grundmoräne in den Ebenen, wie z. B. zwischen Greifen- und Pfäffikonersee bis zum Rhein hin erstreckten sich weithin Weidewälder wie „der Hart", das „Breite Loh".

Von den Volksrechten her zieht sich durch alle Jahrhunderte das Verbot, einen „bärenden" Baum, d. h. den Träger einer für den Menschen mittelbar oder unmittelbar lebensnotwendigen Frucht zu fällen. Solche Früchte waren: die Eicheln, die Bucheckern (wegen der Massenhaftigkeit wurde nicht die einzelne Buche geschützt), Edelkastanien, Walnüsse und alles Wildobst wie Äpfel, Birnen, Kirschen, Speierling, Mehlbeere, Elsbeere und Vogelbeere. Die Schonung dieser Bäume im Walde (in gegendweise verschiedener Rangordnung) führte dazu, daß um sie herum durch den Aushieb nicht zu schonender Bäume ein lichter Raum entstand, und daß sie sich verhältnismäßig stärker vermehrten. Die ständige Verwundung des Bodens durch die Schweine ließ Kernwüchse aufwachsen, die aber unter den Kronen des Oberholzes meistens unterdrückt blieben. Es ist in späterer Zeit im Alpenvorland die ständige Klage, daß im „Eichwald", in den aus starken knorrigen Eichen mit weitausladenden Kronen bestehenden Gehölzen, kein Eichenjungwuchs aufkomme. Schon diese Tatsache allein beweist, daß der „Eichwald" des Vorlandes ohne die Hand des Menschen in dichter Geschlossenheit nicht bestehen bliebe.

Man kann drei Nutzungsarten im Laubwaldareal unterscheiden:

a) Die vorwiegend landwirtschaftliche Nutzungsart des Weidewaldes — Schaffung von Grasland —, der mit der Zeit in Weideflächen mit Hainen, Baumgruppen und Einzelbäumen überging (lucus, Loch, Loh). Dies war das Schicksal vieler „Harte" Südwestdeutschlands, vor allem auf der Schwäbischen Alb, auf den Niederterrassen des Alpenvorlandes, im Schweizer Jura; dazu gehören auch die „Wytweiden", die „Patûrages boisés", und die „Pascoli boscati".

b) Verwandt mit dieser Art, aber doch mehr der Nutzung des Holzes gewidmet, war der ausgeplünderte, mißhandelte, des Oberholzes beraubte, nur mehr auf den Ausschlag des früheren Unterholzes beschränkte Niederwald, an den die Flurnamen erinnern wie „Stauden", „das Dornach", „die Stöcke", „Studmatten", in der Westschweiz „Rapa", „Raspa", „Les râpes" (lat.: quedam raspa dicitur, altfranzösisch: „Raspe" im Sinn von Gestrüpp, „broussailles"). Solcher Niederwald entstand auch durch turnusweisen Waldfeldbau.

c) Der Mittelwald, der Niederwald mit Oberholz meist aus Kernwuchs und Unterholz aus Ausschlag, eine primitive Nutzungsart des Mittelalters, eine Betriebsform der neuzeitlichen Forstwirtschaft in verschiedenen Varianten. (Der Begriff „Mittelwald" wurde erst von Cotta geprägt s. S. 53, 54, 120.)

Die Betriebsform des Mittelwaldes ist mittelbar gewissermaßen klimatisch bedingt, weil sie nur im Gebiet des überwiegenden Laubwaldes, und dann noch in der niederen Laubholzstufe des Gebirges anwendbar ist. Das Hauptgebiet des Mittelwaldes ist Frankreich; bis zum Beginn des 19. Jahrhunderts war der Mittelwald, so wie im Laubholzgebiet Südwest- und Süddeutschlands, auch im Mittelland der Schweiz die Regel. Bis zur Jahrhundertwende nahm er in den Kantonen Thurgau, Schaffhausen, Zürich, Aargau und Genf beträchtliche Flächen ein; in den Kantonen Solothurn, Freiburg, Neuenburg, Waadt und Bern war er ebenfalls herrschend, ist aber jetzt verschwunden. Das seinerzeitige Areal des Mittelwaldes in der Schweiz ist nicht scharf abgrenzbar [144]).

Der Laubwald des Schweizer Mittellandes steht durch den Laubwaldstreifen am Oberrhein und Bodensee mit dem westeuropäischen Laubwald, und mit dem Laubwald des oberschwäbischen Alpenvorlandes im Hegau sowie zwischen oberer Donau und Bodensee auch mit dem Laubwald der Alb in Verbindung. Diese Laubmischwälder enthalten in sich eine Reihe verschiedener natürlicher Typen. Fast regelmäßig ist ihnen ein Grundbestand von Buche-Eiche oder Eiche-Buche eigentümlich. Der Variation des Anteils dieser Hauptarten entspricht der jeweilige Artenbestand an Gesellschaften und Begleitern.

Eiche, Buche, Tanne, Fichte

Die Eiche hat durch ihre Lebensbedingungen ein größeres Verbreitungsgebiet als die Buche. Sie besiedelt Böden aller Arten, sandigen bis schweren Lehm, auch saure, trockene bis frischfeuchte Böden; sie erträgt trockenes als auch feuchtes Klima; sie erträgt somit extreme Verhältnisse, was der Buche in diesem Maße nicht möglich ist. Die Buche liebt bewegtes Gelände und steigt verhältnismäßig hoch; die Eiche bevorzugt die niederen, besonders warmtrockenen als auch warmfeuchten ebenen und mäßig geneigten Lagen. Wein- und Obstbaugebiete sind Eichenstandorte. Lößüberlagerungen werden von der Eiche vorgezogen. Unsere drei Eichenarten, Stiel-, Trauben-, Flaumeiche, sind in ihren Ansprüchen verschieden; die Flaumeiche erreicht unser Alpenvorland nur als westlichster und östlichster Grenzgänger, im Osten zusammen mit der vierten Eichenart, der Zerreiche.

Sowohl die Eiche als auch die Buche sind in ihren vorzüglichsten Lebensgebieten — aber auch nur in diesen — von einer verschwenderischen Ansamungskraft, so daß auf eigentlichen Eichenstandorten die Buche, auf eigentlichen Buchenstandorten die Eiche zurücktritt. Dort, wo beide Baumarten auf durchschnittlich beiden zusagenden Standorten vorkommen, ist die Eiche als lichtbedürftigster Baum der Schatten ertragenden, in der Jugend Schatten bedürftigen Buche, unterlegen. Die Eiche verträgt mehr Wärme und braucht mehr Wärme.

Die bisherigen pollenanalytischen Untersuchungsergebnisse in der Schweiz sind nicht ganz eindeutig. Jedenfalls wurde wie in Oberschwaben der Eichenmischwald in der Bronzezeit durch die Buche und Tanne in seinem Areal eingeengt. „In diesem Mosaik von Tannen-, Buchen- und wohl auch noch Eichenwäldern, nahm aber im Laufe des Neolithikums der Anteil der Tanne immer mehr zu, was angesichts der später wieder rückläufigen Bewegung nicht durch Bodenverschlechterung bewirkt sein kann, sondern durch die Ausbildung eines Klimas, das der Tanne am besten zusagte" (Lüdi). Lüdi hält den Waldwechsel in der jüngeren Nacheiszeit für eine Folge von Klimaschwankungen, die innerhalb der Grenzen des gemäßigten Klimas blieben, aber doch genügten, um die Konkurrenzfähigkeit der verschiedenen Baumarten in entscheidender Weise zu beeinflussen.

Die Waldentwicklung in der Bergstufe und in der Hügelstufe der Schweiz wurde innerhalb des Großklimas durch die geomorphologische Gestaltung, durch das Ortsklima, durch die Verschiedenheit der Böden, des Wasserhaushaltes differenziert. Die Charakterbäume Buche, Tanne und Eiche und die unter ihrer Führung stehenden Gesellschaften teilten sich regional in die Landschaft. Die Eiche behielt ihr restliches Herrschaftsgebiet in den wärmsten Lagen der kollinen Stufe, soweit es ihr die Buche nicht auch dort einengte. Im Übergangsgebiet vertrugen sich Eiche und Buche in örtlich relativer Ausgewogenheit. Alle Höhen der Bergstufe bis in die Voralpen nahm die Buche und im wechselnden Verhältnis mit ihr die Tanne ein. Die Fichte mischte sich in den höheren Lagen in den Bergwald; sie hatte aber schon in Urzeiten Stützpunkte auch in den Moorrandwäldern der kollinen Stufe, war aber in der Ur- und Frühzeit kein waldbildendes Element des engeren Mittellandes in diesem Sinne, daß sie eigentliche Fichtenwälder gebildet hätte.

Nach verschiedenen Pollenanalysen ist die Fichte schon in der Bronzezeit ins Mittelland eingewandert; ihre Ausbreitung fällt in den Beginn der historischen Zeit. Nach der Pollenstatistik des Großmooses bei Murten hat dort ihre Ausbreitung in der Hallstattzeit, ihre Herrschaft bereits in der Römerzeit begonnen. Für diese Entwicklung wird nicht der Mensch, sondern ein allmähliches Rauherwerden des Klimas von der Bronzezeit bis zur Römerzeit angenommen (Lüdi, *138 a*).

In diese natürliche Verteilung griff im wachsenden Maße der Mensch ein. In der laubholzreichen Zone des Mittellandes, in der niederen dicht besiedelten Zone, im Eichengebiet, gingen die primären Waldtypen in gegendweise wechselndem Tempo in sekundäre Waldtypen über. Ausgeprägte Nieder- und Mittelwaldtypen bedeckten hauptsächlich trockene Terrassen und die Deckenschotterreste südlich des Rheins.

Die Betriebsform des Mittelwaldes nagte aber auch das Herrschaftsgebiet der Buche auf den vorgeschobenen Vorbergen an; besonders die Ränder wurden durch sie aufgelockert, aufgelichtet, umgewandelt; hier erhielt die Eiche sekundär einen Teil ihres vormals von der Buche eingeschränkten Areals wieder zurück.

Nicht nur der Eichen-Buchen-Laubholz-Mischwald, sogar der Buchen-Tannen-Wald wurde von der unteren Laubwaldstufe her durch den holzhungrigen Menschen immer mehr angegriffen. Hierdurch mag örtlich vorerst eine Ausbreitung der Tanne erzielt worden sein. Denn die Tanne scheint sich bloß stoßweise vorgeschoben zu haben; erst später folgte im stärkeren Maße und auf breiter Fläche die Fichte.

Der „Eichwald"

Im weiten schwäbischen Vorland sind die Expansionen des Mittelwaldes als Betriebsform (s. S. 53, 54, 120) horizontal verhältnismäßig einfach abzugrenzen: vom Mittelwaldumtrieb wurde „Der Buch" ergriffen, vorerst in der Zone des reinen Laubwaldes, dann in der Rand- und Außenzone der Tanne bis weit hinein in die ursprüngliche „innere" Vorstoß- und Ausbreitungszone der Fichte; die unmittelbare Folge war Massenvermehrung der Fichte und die Ausdehnung des Fichtenvorstoßes, auch über die Randzone der Tanne hinaus; in der äußeren Zone des Bergwaldes, wo neben und zwischen dem „Buch" ein „Tann" stand, ergriff der Mittelwaldumtrieb doch nur mehr die Ränder des Buchen-Tannen-Waldes. In der Schweiz dagegen, in der landschaftlichen Enge, in der alles näher aneinander gerückt ist, wurde die Ausbreitung des Mittelwaldes vermutlich auch durch vertikale Stufen gehemmt. Im schwäbischen Alpenvorland haben sich in manchen Gegenden lange noch „Hohe Buchwälder" und „Hohe Eichwälder" erhalten. Diese „Eichwälder" waren im Grunde lockere Hochwaldformen sekundärer Art durch Mittelwaldumtrieb mit reichlichem Eichenoberholz, Bauholzreserven in Gebieten, die arm an Nadelholz waren. Auch im Kanton Zürich hat es solche „Eichenhochwaldungen" gegeben. Alle diese Varianten waren einander ähnlich durch Zunahme der Anzahl überalterter Eichen. Im „Eichenhochwald", aber auch im Niederwald mit der normalen Zahl des Eichenoberholzes entstand ein Vergreisungszustand, der im 18. Jahrhundert in vielen Fällen zur Aushöhlung dieser Waldform und notgedrungenermaßen zu seiner Rodung führte, oder zur radikalen Umwandlung in Fichtenbestand, besonders wenn der Fichtenvorstoß den Wald bereits erreicht hatte.

In unseren alten Eichen besitzen wir eine der ältesten mitteleuropäischen Baumrassen. Denn die Nachzucht unserer Eichen ist entweder von der Natur oder aus örtlichem Saatgut erfolgt. Fremdes Saatgut dürfte selten verwendet worden sein.

In den trockenen Mittelwaldungen herrscht unter den vielen Laubholzarten neben der Stieleiche mit hohem Anteil die Hainbuche, besonders in der Mittelschicht, aber auch in der Oberschicht, dort zuweilen mit der Winterlinde und Wildkirsche. In feuchten Lagen tritt neben der stets führenden Stieleiche mehr Esche und Schwarzerle hervor. Die Hainbuche gilt zwar als Charakterart einer der Gesellschaften des Eichen-Laubholz-Mischwaldes, sie würde aber in der unberührten oder nur wenig beeinflußten Waldlandschaft kaum eine größere Rolle spielen. Als ausgesprochener „Zögling" des Mittelwaldbetriebes, und nur infolge der Eigenart dieser Betriebsform, die sich mit den physiologischen Besonderheiten der Hainbuche decken, somit die Wirkung konzentriert verstärken, tritt sie örtlich in solcher Massenhaftigkeit in Erscheinung. Dagegen verschwindet sie bald aus dem Landschaftsbilde, wenn der Mittelwaldbetrieb aufgehört hat. Waldgeschichtlich müssen wir den primitiven Eichen-Buchen-Mittelwald jedoch zu einem der am meisten vom Menschen beeinflußten Sekundärtypen rechnen; in geregelter Ausbildung wird er selbst ein naturnaher Waldbautyp und läßt eine weitere Umbildung in andere natürliche Waldbautypen zu.

„Schachen"

Restwaldungen führen im Alpenvorland meistens die Bezeichnung „Schachen". Zum Beispiel wird in manchen Forstordnungen verlangt, aus irgendwelchen Gründen — oft zur Bannung der Sturmgefahr — einen Schachen stehen zu lassen. Auch neu entstehende schmale Streifen der Fichte inmitten des Laubholzes wurden Schachen („Fichtenschachen") genannt. Die Auwaldungen der Schweiz werden kurzweg als Schachenwaldungen bezeichnet. Damit wird schon ausgedrückt, daß sie Reste eines einstigen größeren Waldgebietes sind. In den Überschwemmungsgebieten der Aare, Emme, Reuß, des Rheins, der Limmat usw. sind sie nur deswegen nicht der Rodung verfallen, weil ihre Böden sich wegen der ständigen Überflutungsgefahr weder zum Feld- noch zum Wiesenbau geeignet hätten. Diese Schachen sind von jeher als Mittelwald betrieben worden. Sie stellen das Wuhrholz für die vielen Wasserverbauungen sowie wertvolles Bauholz von Eichen, Werkholz aller Art von Eschen, Pappeln und anderen Laubhölzern. Die Schachen sind entweder typische Auwälder im grundwassernahen Bereich, oder Laubmischwälder mit vorwiegend harten Holzarten auf höheren Terrassen, stets ausgezeichnet durch Wuchskraft und Artenreichtum.

Konstanzer Waldordnung

Eine Waldordnung des hochfürstlichen Stiftes Konstanz de date Meersburg von 1753 [146]), welche somit für das bischöfliche Herrschaftsgebiet in der Nordschweiz galt, kennt nur die Mittelwaldform. Im Gegensatze zu den württembergischen und von ihnen beeinflußten Forstordnungen, welche als Überholz Eiche, Buche, Aspe und Birke in dieser gleichbleibenden Reihenfolge vorschreiben, heißt es hier: in jedem Schlag oder Gehau sind zum Wiederaufwuchs „gute, gesunde Samenbäume von Eiche, Buche und „Tannen" nach gehörigem Waldrecht hin und her stehend" zu belassen. Auch hier der Bezug auf das „alte Waldrecht", auf ein uraltes Gewohnheitsrecht. Schläge und Gehaue, die sich nicht besamt zeigen, sind sogleich im zweiten oder dritten Jahr umzuhacken, und mit Eicheln, Bucheln und Tannsamen besamen und besäen zu lassen. Eichen, „Tannen", Erlen, Holzäpfel, wilde Lindenbäume und dergleichen sollen nicht geschält werden, außer solche, die bereits zu Bau- oder Brennholz gefällt sind. Pechen, Harzen, Pottaschebereiten, Abästung von Tannenästen ist verboten. Das Äckerich ist nur gegen Erlaubnis zu genießen.

In dieser Waldordnung wird unter „Tannen" im allgemeinen sowohl an die Tanne als auch an die Fichte gedacht sein. Die Aufnahme der Fichte, aber auch der Tanne und der Forche ins Oberholz des Mittelwaldes ist in der Zeit des Fichtenvorstoßes, aber auch im Grenzgebiet gegen den Bergwald zu, eine waldbauliche Konzession der neueren Zeit, die mit allen Mitteln den Waldzustand zu heben bereit war.

Die „Physikalische Gesellschaft" in Zürich

Die 1746 gegründete „Physikalische Gesellschaft" in Zürich (nachmalige „Naturforschende Gesellschaft") hatte in ihrer „Ökonomischen Kommission" unter dem Eindruck der Knappheit an Holz in den Jahren 1763 bis 1768 den Verwaltern der Gemeinde- und Korporationswaldungen Preisaufgaben gestellt, auf welche Weise die Wälder in besseren Zustand gebracht werden könnten. Aus den erhaltenen Berichten und Vorschlägen zu den Preisaufgaben der „Physikalischen Gesellschaft" gewinnt man eine Einsicht in die Waldbilder der Mitte des 18. Jahrhunderts. Sie unterscheiden sich kaum von den Waldbildern des schwäbischen Oberlandes der gleichen Zeit. Von der Mitte des 18. Jahrhunderts ab beginnen auch in Oberschwaben die kameralistisch orientierten adeligen, geistlichen und städtischen Herrschaften eine rege Tätigkeit; Ende des 18. Jahrhunderts sind in ganz Süddeutschland im Gefolge der Aufklärung und Fortschritts-Beglückung bereits die Lehren der Forstwissenschaft zu spüren. Die gleiche geistige Bewegung ist in der Schweiz lebendig. Aus den zum Teil sehr klugen Antworten auf die Preisfragen wurde von der „Ökonomischen Kommission" der „Naturforschenden Gesellschaft" eine „Anleitung für die Landleute in Absicht auf Pflanzung und Wartung der Wälder" zusammengestellt, und herausgegeben [148]). Diese Anleitung sollte die Praxis zu Versuchen anregen. Die Tätigkeit der „Ökonomischen Kommission" hatte tatsächlich den großen Erfolg, daß auf der Grundlage dieser Anleitung die Forstordnung für den Kanton Zürich vom Jahre 1773 entstand.

Großmann [147]) hat diese forstgesetzliche und forstwirtschaftliche Entwicklung und deren Wurzeln in den Bestrebungen der Aufklärungsepoche eingehend dargestellt.

Es mag im konservativen Sinn der Gemeinden und Korporationen gelegen sein, daß sich in der Schweiz, in der kollinen Stufe und auch in der niederen Bergstufe, bis in das 19. Jahrhundert hinein der Mittelwald verhältnismäßig länger erhalten hat, als in Oberschwaben mit seinen ausgedehnten, nach den jeweils geltenden forstwissenschaftlichen Anschauungen behandelten herrschaftlichen und staatlichen Wäldern. Auch in Bayrisch-Schwaben hielten die Gemeinden hartnäckig am Mittelwald lange fest.

Wandel der Holzarten

Im 18. und noch mehr im 19. Jahrhundert wurde das Mischungsverhältnis der Holzarten nicht nur in den Hochwäldern, sondern auch im Mittelwald wesentlich verändert:

a) Im Buchen-Tannen-Wald, z. B. in der Umgebung des Eisenwerkes in Gonzen bei Sargans, führte der starke Verbrauch an Holzkohle zur Abschwendung des Buchenhochwaldes; infolge der immer kürzeren Umtriebszeit entstand ein Buchenniederwald zur ständigen Versorgung des Werkes mit Holzkohle. In diesem und in anderen ähnlichen Fällen wurde durch den Ausschlagbetrieb die Buche wenigstens erhalten, während sie in anderen Gegenden durch Übernutzung zum gleichen Verwendungszweck in Abgang kam. Dagegen verschwand im Buchenniederwald die Tanne, denn einerseits wurde sie in den raschwüchsigen und ungepflegten Stockausschlägen erdrückt, anderseits erreichte sie im immer kürzer werdenden Umtrieb nicht mehr die Mannbarkeit.

b) Oder es wurden die Buche und andere Laubhölzer aus dem Mischwald ausgeschlagen, um Tannen- oder Fichtenbestände heranzuziehen.

c) Nach verschiedenen Nachrichten hat sich die Forche nicht nur im Walde, sondern besonders auf aufgelassenen Äckern vermehrt. In solche Forchenbestände wanderte später auch die Fichte ein.

d) Auch in Weidewäldern stieß die Fichte und auch die Forche vor. Durch Aushieb des Laubholzes entstand dann ein Fichtenbestand oder ein Bestand von Fichten und Forchen.

Alle diese Vorgänge zeigen Übereinstimmung mit der Waldentwicklung in Oberschwaben.

Mit der Vermehrung des Kartoffelanbaues trat die Bedeutung der Eichelmast sehr rasch zurück. Von da an verlor die Eiche ihren uralten Rang und Schutz als Fruchtbaum.

Im Einzugsgebiet der Thur, Sitter und Töß [143])

Schon in alten Zeiten mußten die größeren Schweizer Städte und Märkte bei stärkerem Bedarf das Nadelbauholz aus den Voralpen auf dem Wasserwege heranholen. Die Orte der nördlichen Schweiz am mittleren und unteren Lauf der Thur bezogen ihr Bauholz aus dem Toggenburgischen auf der Thur und aus dem Kanton St. Gallen und Appenzell auf der Sitter. Auf der Töß brachte man das Holz aus den Bergen um das Fischenthal zwischen der Hörnlikette, Bachtel und der Kreuzegg, besonders für die Stadt Winterthur und die Orte dem Rheintal zu. Wir kennen zu wenige Quellen, um angeben zu können, wie weit etwa vom Mittelalter bis in das 18. Jahrhundert im Einzugsgebiet der Thur, Sitter und Töß sich die Anteile der Holzarten untereinander verschoben haben. Es scheint, daß in dieser Zeit sich nicht allzuviel geändert hatte. Erst am Ende des 18. Jahrhunderts muß der Zustand der Wälder in diesen Vorbergen sehr schlecht geworden sein, denn um diese Zeit und zu Beginn des 19. Jahrhunderts setzten auch in der Nordostschweiz umfangreiche Aufforstungen mit Fichte ein. Der herabgekommene Wald wurde an vielen Orten in Kahlschlägen abgetrieben, Fichte gesät, später gepflanzt.

Auf den vorgeschobenen Molassebergen um Frauenfeld und Winterthur stieß der Buchen-Tannen-Wald noch weit inmitten der Hügellandschaft vor, jedoch längst nicht mehr zusammenhängend, sondern in Inseln auf den über 600 m aufragenden Höhen. Je mehr er aus den Vorbergen hervortrat, desto mehr waren seine unteren Stufen im niederen Umtrieb aufgelichtet. In den Tälern schob sich der Niederwaldumtrieb immer mehr in die untere Laubwaldstufe der Vorberge hinein. Der Charakter des Buchen-Tannen-Waldes verlor sich gegen das niedere Vorland in verschiedenen Graden. Er wich dem Buchen-Eichen- und dem Eichen-Buchen-Wald, in dem die Tanne, von ihrer eigentlichen inneren Zone längst entfernt, nurmehr in einer sich auflösenden Randzone noch vorkam. In feuchten Tälern, Schluchten und Tobeln gab es als Zeugen ozeanischer Klimafärbung Eiben und Stechpalmen; der Epheu ist im Vorland reichlich verbreitet.

In Oberschwaben hatte sich eine innere, eine äußere und eine Randzone der Tanne ausgebildet. Sowohl die Tanne als auch die Fichte fanden eine Grenze ihrer Ausbreitung und Wanderung im Grenzgebiet des südwestdeutschen Laubwaldes.

In der Schweiz dagegen konnte sich eine solche, gewissermaßen geordnete Auflösung der Waldtypen und der Areale von Fichte und Tanne nicht ergeben, denn auch der Jura besitzt Buchen-Tannen-Wälder und auch von ihm geht eine Fichtenexpansion aus. Daher wurden die Waldungen in der Niederung des Mittellandes auch von einem Wanderzuge aus dem Jura ständig durchdrungen, nicht nur aus den Alpen. Die Waldentwicklung des Schweizer Mittellandes hat im großen gesehen eine geringe Ähnlichkeit mit der Waldentwicklung in der bayrischen Tertiärlandschaft, die eingekeilt zwischen den Vorbergen der Alpen und dem Herzynischen Waldgebirge von Süd und von Nord her unter den Ausstrahlungen von Tannen- und Fichtengebieten liegt.

Den Stand des Fichtenvorstoßes in der Nordschweiz beleuchtet eine Verordnung der Stadt Winterthur aus dem Jahre 1465 [148]), die empfiehlt, die Rottannen zu schonen und die Weißtanne, die reichlich vorhanden sei, zu nutzen. Somit war vor 1500 der Fichtenvorstoß in dieser Gegend noch mäßig. Die Fichte scheint erst im 18. Jahrhundert mehr oder minder alle Wälder der Nordschweiz mit ihren Vorstößen durchdrungen zu haben. Sowohl der Tanne als auch der Fichte verliehen die verhältnismäßig reicheren Niederschläge des Mittellandes eine viel stärkere Stoßkraft als im nördlichen Gürtel des schwäbischen Oberlandes.

Im Einzugsgebiet der Sihl und der Linth

Die Holztrift auf der Sihl aus dem „Sihlwalde" der Stadt Zürich, aus dem „Frauenmünsterwald", der erst später in den Besitz der Stadt kam, sowie aus dem weiten Einzugsgebiet des oberen Sihltales, dem Gebiet um Einsiedeln, Iberg und dem Alptal ist uralt; sie wird schon 1250 durch einen „Richtebrief" bezeugt. Auch Gottfried Keller läßt seinen besinnlichen jungen Herrn Jacques an der Sihl lustwandeln und betrachten, wie „zu vielen Tausenden, den Fluß bedeckend, die braven Holzscheite aus den mächtigen Wäldern stundenweit hergeschwommen kamen" [149]). Der wichtigste Zubringerweg, noch im späten 19. Jahrhundert, war aber das Quertal Wallensee – Züricher See, mit den Einzugswegen aus dem Glarner- und St. Galler Oberland. Der Bericht des Kantonsforstinspektors Hirzel vom Jahre 1806 (Großmann, 70) über die Versorgung des städtischen und kantonalen Holzhandels gibt einen Überblick über den Zustand der Waldungen in den Vorbergen, über das Ausmaß des Bedarfes der Stadt und die Art der Deckung.

Als Versorgungsareal bezeichnet der Forstinspektor das gebirgige Hinterland nördlich und südlich der Linie Oberer Züricher See, Linthfluß und Wallensee, „zwei voreinander überstehende Gebirge", die reich an trift- und flößbaren Gewässern seien. Zur Erleichterung könnten hölzerne Triftanlagen eingebaut werden. Nach seinem Bericht bestehen die Waldungen aus Nadel- und zwar hauptsächlich Fichtenholz, da und dort mit Laubholz aus Eichen, Buchen, Eschen, Ahornen vermischt. Besonders im Glarner Gebirge und in der Gegend von Schännis und Halbmeil (zwischen der Linthebene und dem oberen Toggenburg) gäbe es ganze Waldpartien von Laubholz und vorzüglich Buchenholz. Er bemerkt jedoch, daß man bei einem flüchtigen Überblick an den niedrigeren Gehängen meist abgeholzte Plätze, an den höheren meist ausgewachsenes Holz sehe, wodurch der Transport auf die Holzniederlassungen mühsamer und kostspieliger werde. Doch sei überall wieder genugsamer Nachwuchs von aller Art Holz vorhanden, und „die gesamte Holzmasse" so groß, daß nicht leicht ein Mangel, wohl aber teure Holzpreise entstehen können, weil der Bezug des Holzes bei dem Zustand der Waldungen immer beschwerlicher werde, und auch gegenwärtig die Konkurrenz größer sei als vormalen. Die genannten Waldungen stehen nach dem Bericht entweder in dem Besitze des Landes oder der Gemeinden, Genossenschaften, Korporationen und Privaten. Sie sind keiner forstpolizeilichen Aufsicht und Beschränkung unterworfen. Die Wälder dieser Gegend wären noch mehr verödet, wenn nicht die Lage den Bezug zu mühsam und kostspielig machte. Die großen Händler kaufen große Waldstücke zum Kahlschlag an, die kleinen Händler nur kleinere Partien. Sehr anschaulich schildert Hirzel die Nordseite des Wallensees, den Südhang der Curfirsten.

Man sieht den Gebirgswald vor sich, die unterste Laubholzstufe größtenteils kahl geschlagen, oder im niederen Umtrieb, die mittlere Buchen-Tannenstufe durch wilde Plenterung verwüstet, hoch oben in unzugänglicher Lage urwaldähnlich Tannen und Fichten und schließlich nur mehr Fichten und Arven.

Trotzdem seit dem 16. Jahrhundert zumindest große Holzmengen aus diesen unendlich scheinenden Reservoiren dauernd der Stadt Zürich, aber noch mehr dem Großholzhandel ins Ausland zukamen, ist immerhin laut Bericht im großen und ganzen noch ein Vorrat vorhanden, obwohl er bereits örtlich auf weiten Strecken fehlt. Jedoch hat die Fichte schon die Herrschaft angetreten, die Weißtanne ist bereits zurückgedrängt, auf manchen Schlägen mag dem einstigen Mischwald schon die zweite und dritte Fichtengeneration gefolgt sein. Das „Weißtannental", das Tal der Seez, hat heute kaum mehr Tannen. So ist es auch im Tal der Schilz und der Tamina. Nur an abgelegenen, wenig erschlossenen Orten findet man sie noch, Nachkommen jener rauhastigen Bäume, die bei der seinerzeitigen Exploitation als minderwertig stehen gelassen wurden. Auch die harten Edelhölzer waren an den Wasserstraßen selten, weil der Glarner Holzhandel bereits seit dem 16. und 17. Jahrhundert Nuß-, Kirschbäume und Ahorne als Schnittware nach den Niederlanden und England versandte (Winkler, *214*).

Im Gegensatz zu Österreich, in dem die Gebirgswaldungen durch den Riesenbedarf der Bergwerke und der angeschlossenen Verarbeitungsanlagen bereits im 16. Jahrhundert stark angegriffen waren, scheint die Großabschwendung in der Schweiz doch erst in der zweiten Hälfte des 18. und in der ersten Hälfte des 19. Jahrhunderts eingetreten zu sein, in der Zeit der Franzosenkriege, der Landesnot und des Beginnes der Industrialisierung. Die Quellen verweisen immer wieder auf den erschreckenden Raubbau, der im 19. Jahrhundert alles bisherige übertraf. Dieser Ausverkauf war ein Landesunglück. Die Gewinnsucht der Händler, Bauern, auch der Gemeinden und Korporationen trieb diesen verderblichen Kreislauf weiter. So war es im St. Galler Oberland, so im Glarus. Stauden- und Gestrüpphalden ohne Holzertrag, Haseln, Weiß- und Schwarzdornen bezeichneten ehemalige Standorte der Mischwälder, und manche solche „Staudenhalden" im Tal der Seez und anderwärts sollen noch in jüngster Gegenwart vorhanden gewesen sein.

Am Holzmarkte in Zürich oder am Holzexportmarkt der Schweiz trat aber auch in der ersten Hälfte des 19. Jahrhunderts keine Stockung ein, die Holzzufuhr blieb reichlich, weil die Wälder weiter in großen Flächen gegen jede holzwirtschaftliche und forstwirtschaftliche Vernunft heruntergehauen wurden. Wo man Wald in Weide umzuwandeln wünschte, aber wegen der Entlegenheit keine Verwertung des Holzes möglich war, wurde mancher Wald sogar noch im 19. Jahrhundert durch Feuer zerstört. So geschah es im Jahre 1822 in der Gemeinde Filisur, ebenso in Zernez auf dem Ofenberg (Früh J., *56*).

So wie in Frankreich seit der großen Revolution, die die grundherrlichen Forstordnungen und Mandate aufhob, innerhalb einiger Jahrzehnte der Wald schonungslos verwüstet, aber auch gerodet wurde, waren in der Schweiz unter französischem Einfluß ebenfalls die alten Forstordnungen, Mandate und Bannlegungen außer Kraft gekommen. Der Wald war schutzlos geworden (Flury, *51*, Großmann, *69, 71, 72*). Hier liegt ein besonderer Unterschied in der Forstwirtschaft der Schweiz und Süddeutschlands. Die Schweiz erlitt von 1790 bis gegen Mitte des 19. Jahrhunderts mit wenigen Ausnahmen und Ansätzen ein forstpolitisches Vakuum, in Süddeutschland dagegen wurde seit Mitte des 18. Jahrhunderts die Forsthoheit immer fester gehandhabt. Sie gab die Rechtsgrundlage zum konzentrierten Wiederaufbau des Waldes. In der Schweiz gelang es, viele Schäden in der zweiten Hälfte des 19. Jahrhunderts auszugleichen; aus einem konservativen Sinn heraus, für die Natur vielleicht aufgeschlossener, begünstigt vom Gebirgsklima, soziologisch auf der Grundlage eines starken Waldbauerntums, fand man auf den Spuren Gayers rascher den Weg zum natürlicheren Waldbau zurück. (Bavier J. B. *230*.)

Waldentwicklung im nördlichen und nordöstlichen Mittelland
(Zusammenfassung)

Die verhältnismäßig komplizierte Entwicklung in knappster schematischer Z u s a m m e n f a s s u n g stellt sich dar wie folgt:

An den präalpinen Bergwald auf den Voralpen und Vorbergen schließt sich der Vorland-Bergwald von Buchen und Tannen an. Er geht in den Buchen-Eichen-Wald mit und ohne Tanne über, dieser wieder in den Eichen-Buchen-Wald und Eichen-Laubholz-Mischwald des Tieflandes. Die Charakterbäume der Landschaft, Buche, Tanne und Eiche führen die vielfältigen Waldgesellschaften in mannigfaltigen Variationen und Übergängen. Der frühen Umbildung der Primärtypen des Tieflandes in Sekundärtypen folgen verhältnismäßig spät die Umbildungen in den höheren Lagen. Das Areal der Tanne reicht über das ganze Mittelland, von den Alpen bis zum Jura, mit dem Optimum einer inneren Zone in den Voralpen und auf höheren Molassebergen, schwächer in einer äußeren Zone, inselartig auf Erhöhungen innerhalb der tieferen Lagen. Die Fichte war verschieden stark innerhalb des Areals der Tanne eingemischt, besaß schon in der vorgeschichtlichen Zeit verstreute Stützpunkte im Gebiet der Moore, trieb aber erst in geschichtlicher Zeit ihre Vorstöße vor. Der natürliche Fichtenwald fehlt dem Alpenvorland fast ganz außer in einer bescheidenen Ausbildung als Fichten-Moorrandwald in der Moor- und Seenzone. Erst auf einigen Gebirgsstöcken des Alpenrandes folgt über der Buchen-Tannenstufe ein echter Fichtenwald.

Waldentwicklung im Gebiet des eiszeitlichen Rhonegletschers (Westschweiz) [150]

Welch prachtvolles Land, die Waadt, voller Gegensätze zwischen Osten und Westen, voll Milde und Süße am Genfer See und an der rebenbesetzten Côte, voller Waldfrische und Rauheit am Jura, voller Gebirgshoheit, Wasserrauschen und Herdengeläut in den Voralpen.

Nördlich des Genfer Sees, beiläufig in der Mitte zwischen Alpen und Jura, erhebt sich das Plateau des Jorat, in dessen Namen ebenso wie im Namen des Jura die keltische Wurzel „jor", der Wald, steckt. Der Jorat verbindet die Voralpen mit der an den Jura stoßenden Niederung. Die prähistorische Siedlung ist im ganzen Mittelland, zum Teil auch für den Jura und das Wallis, bezeugt. Seit dem Neolithikum wird auch im Waadt Ackerbau mit Nutzpflanzen betrieben, werden Haustiere gezogen und große Herden geweidet.

Auf dem Boden des römischen Kulturlandes entstand das Reich der Burgunden, in dessen Mitte die Westschweiz eingeschlossen war. Die Niederlassungen blühten bald auf, große Dörfer, kleine Weiler, Einzelhöfe wuchsen in der ganzen Landschaft. Das große Jorat-Plateau war schon im 13. Jahrhundert entwaldet, nur der eigentliche Block des Mont Jorat selbst, nach Osten und Westen steil abfallend, bewahrte bis heute seinen weit ausgedehnten Wald.

Die Flyschberge engen das Becken des Rhonetalgletschers zu einem langen, immer mehr sich verschmälernden Streifen ein. Auf den Pléiaden, dem Moléson, auf der La Berra und auf der Pfeife tritt der Voralpenwald an den östlichen Genfer See, an die höhere Landschaft von Bulle, Freiburg und Bern heran; dort am See tragen die hohen Molasseberge, der Mont Pélerin zum Jorat hinüber, nordwärts zwischen Glâne und Sarine der Mont Gibloux, Ausstrahlungen des Voralpenwaldes an das Molasse-Hügelland heran. In den Wäldern des einstigen Rhonegletschers zwischen dem Tannengebiet der Voralpen und dem Tannengebiet des Jura ist auch die Tanne stets Charakterbaum gewesen.

Vielleicht tritt im Alpenvorland, nirgends so sehr als in der Westschweiz, der bezeichnende Unterschied zwischen dem Eichen-Laubholz-Mischwald einerseits und dem Buchen-Wald und Buchen-Tannen-Wald anderseits, trotz verbindender Übergänge, hervor. Soweit wir diese Unterschiede begründen können, ist es vor allem die größere Durchschnittswärme dieser Landschaft, welche die Eiche begünstigt. Örtliche Besonderheiten der Lage, wie die Spalierhänge des Weinbaugebietes, tragen dazu bei. Aber nicht nur die vor allem prädestinierten niederen Standorte der Eiche sind es, die ihre Sonderstellung in der Waadt erkennen lassen, sondern vor allem ihr ausgesprochenes natürliches Übergewicht in den unteren Lagen des Bergwaldes, im nördlichen tieferen Teile der Gruyère und um die Sense, in den höheren Molassebergen wie im Jorat; ohne dieses vegetative Beharrungsvermögen

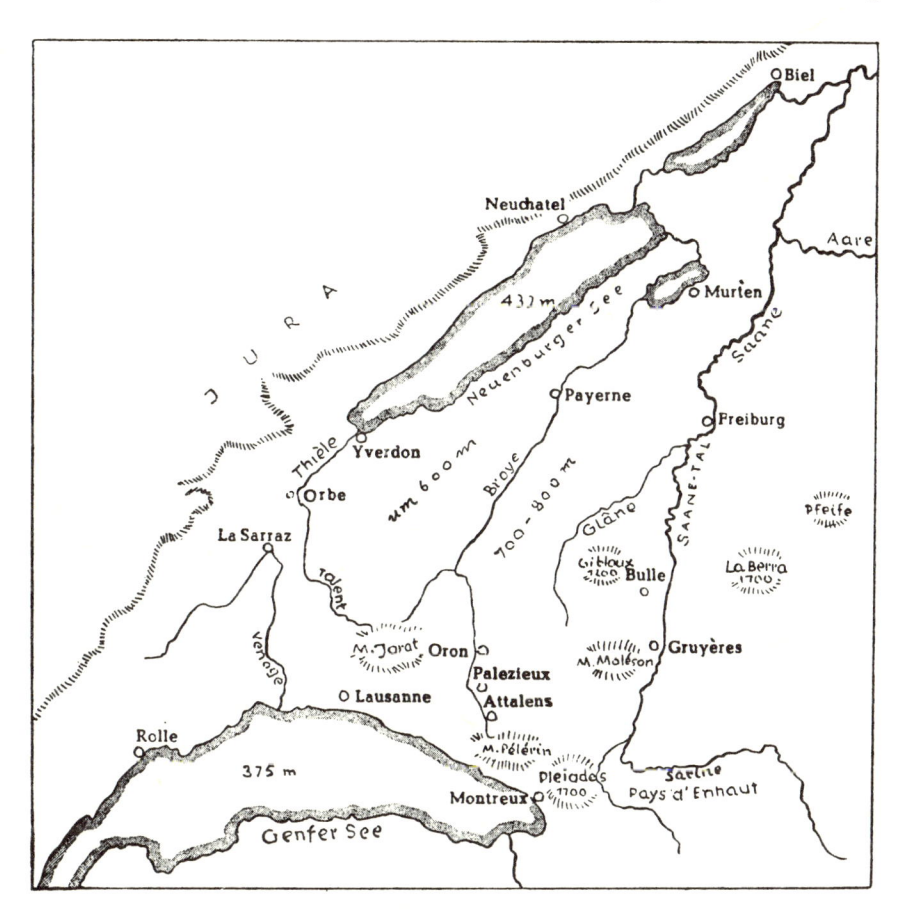

Landschaft des eiszeitlichen Rhonegletschers

hätte sie sich bei allen widrigen Schicksalen dieser Wälder nicht erhalten. Ein großer Teil der voralpinen Hügelzone von 700—900 m Höhen ist vorwiegend vom Laubwald besetzt, aus Buchen, aber auch aus Eichen mit Ahornarten, Linden, Eschen, wobei die Eiche noch bis 800 m bestandbildend emporsteigt.

Diese Eigentümlichkeiten im Areal der Eiche werden durch die Parallele unterstrichen, daß die Föhre schon in frühester Zeit, im ersten Jahrtausend, in der Waadt häufiger auftritt als in der Nordschweiz oder gar im nördlichen Oberschwaben. Die Forche wird schon im Burgunder Gesetz von 500 n. Chr. als eine Hauptbaumart erwähnt. In der warmen und teilweise auch trockenen, besonders in der jurassischen Niederung, hatten Eiche und Forche von vornherein den Vorrang vor Buche und Tanne. Die frühe Abschwendung des

Urwaldes bereits in vorgeschichtlichen Zeiten schuf in den aufgelockerten Wäldern dieser altbesiedelten Kulturlandschaft, die im Regenschatten des Jura liegt, sowohl der Eiche als auch der Forche weithin viele lichte und auch trockene Standorte.

Karl Alfred Meyer hat in den Archiven der Westschweiz ein reiches waldgeschichtliches Material gesammelt. Auf dieses und auf die allgemeinen geographischen Grundlagen gestützt versuchen wir die regionale Waldentwicklung zu rekonstruieren.

In den Herrschaftsgebieten von Attalens und Bossonens (nordöstlich des Pèlerin) der Stadt Freiburg haben im Mittelalter die Laubhölzer, wohl in Mischung mit der Tanne, auf den Ausläufern der Voralpen das Übergewicht gehabt. Am Ende des Mittelalters und im 16. Jahrhundert wurden wie überall um diese Zeit diese Waldungen bereits stark ausgeschlagen. Erst damals breitete sich die Fichte in den Wäldern dieser Vorberge aus; die nächste Etappe ihres Vorstoßes in die Wälder um den Jorat fällt im allgemeinen erst in das 18. Jahrhundert.

Die Stadtwaldungen von Lausanne, auf dem Jorat, im Quellgebiet der Broye, bestehen in der Mitte des 18. Jahrhunderts in der Hauptsache aus Eichen und Tannen („Vuargnoz", „Warnoz", Weißtanne); manche Bestände sind um diese Zeit kahlgeschlagen, manche haben nur Eichen, wieder andere Buchen, Tannen und Eichen. Am Ende des 18. Jahrhunderts überwiegen bereits die „Tannenwälder". Um diese Zeit war die Fichte im Jorat schon stark eingemischt. Um 1900 nehmen Fichten und Tannen das Hauptmassiv des Jorat zwischen 800 und 930 m ein, während zwischen 750 und 800 m die Buche reichlich beigemischt ist. Zwischen 550 und 750 m bildet die Eiche (vorwiegend Stieleiche) mit Eschen und Ahorn noch ein Fünftel bis ein Viertel des Bestandes. Jedenfalls deutet es auf ein sehr differenziertes örtliches Klima, daß sich unter einer Höhe von 1000 m solch deutliche Stufen ausprägen. Im Jorat scheint erst im letzten Stadium die Fichte die Tanne, die Buche die Eiche zurückgedrängt zu haben. Der Grund wird wohl in der angestrebten größeren Geschlossenheit und in der Begründung gleichaltriger Bestände gelegen sein.

Im Broyetal, südlich Payerne, herrscht noch vom 16. bis zum 18. Jahrhundert die Eiche vor, der fast überall die Buche, an trockenen Hängen auch die Föhre beigemischt ist. Im Broyetal selbst wird die Tanne nicht erwähnt. Das Acherum (Äckerich, Le Glandage) ist zwischen Avenches und Payerne urkundlich belegt. Nach einem Freiburgschen Manual von 1502 müssen die Eichen als Bauholz geschont werden. Die Gegend von Murten ist schon von den Helvetern entwaldet worden; auf diesen sumpfigen Böden gedeihen Stieleichen. Die Fichte beginnt im 18. Jahrhundert auch in den Wäldern an der unteren Broye anzufliegen, so im Wald Bochet, einem lückigen Eichen-Weidewald. Der Bernische Landvogt läßt 1796 den dicht geschlossenen Fichtenanflug schonen; um ihm Licht zu geben, werden schlechte Eichen weggehauen. In einem anderen „Eichwald" dieser Gegend besteht zur gleichen Zeit unter dem Oberholz von Eichen ein geschlossener Buchen-Stockausschlag, der mit Dornen und Wacholder alle zehn Jahre niedergehauen wird. Der Landvogt rät zur Erhöhung der Umtriebszeit, dann könnte ein schöner Buchenwald entstehen. Im Boulexwald sind 1796 Eichen und Fichten im Oberholz, der Bestand verjüngt sich in der Hauptsache mit Fichten, zu einem geringen Teil mit Eichen und Buchen, etwas Salen und Aspen. Der Laubholzjungwuchs wird von den Fichten überwachsen. Die Holzhauer plentern planlos die besten Stämme heraus, lassen die schlechten stehen, oder hauen alles weg. Wenn man einen Buchenwald schlage, entstehe Nadelwald, weil das Weidevieh das junge Laubholz aufzehre, dagegen den Fichtenjungwuchs verschmähe. Die Relation des Landvogtes von 1796 für den Stadtrat von Bern enthält dasselbe, was Sixt von Rösingen im 16. Jahrhundert dem Bischof von Augsburg sagt: wenn man alle Buchen und Eichen, wie hier geschieht, weghaut, so kommen die leichtsamigen Holzarten wie Birken und Aspen an Stelle des Buchwaldes. Es gibt noch viele Beispiele, wie in der Waadt die mißhandelten Wälder der niederen Lagen von den Fichtenvorstößen durchsetzt werden; die gleiche Entwicklung wie in Oberschwaben, die gleiche wie in der Nordschweiz nach den Berichten an die Züricher „Physikalische Gesellschaft" in der Mitte des 18. Jahrhunderts.

In den Voralpen östlich Freiburg, in der Gegend von Schwarzenburg, gibt es nach Quellen des 13. Jahrhunderts „Schwarzwälder" („Sylves noires") gleich den „Hohen Schwarzwäldern" des Allgäu und der bayrischen Alpen. Diese Schwarzwälder waren in ihren unteren Stufen wohl auch mit Buchen vermischt, in den Höhen bestanden sie aus Tannen und Fichten. Im Gegensatze zu diesen Gebirgswäldern werden die „Tribhölzer" (1249, „Nemora, que vulgus appellat triboluz") angeführt. In Analogie zu den Triebwäldern Oberschwabens halten wir diese „Tribhölzer" für nichts anderes als für Weidewälder, die sich im Tiefland zwischen Glâne, Sarine und Gérin, nördlich des Gibloux und des Mont Combert erstrecken. Nach den Flurnamen dieser Gegend waren es einst Laubwälder mit Vorherrschen der Eiche („Chanez", „Fin du Chêne"); hiezu gesellen sich einzeln auch Flurnamen auf Buche („La Faye") und auf Föhren („dailles"), auch Namen mit Dorn und Wacholder fehlen nicht. Wahrscheinlich hatte der französische Flurname in allen Zusammensetzungen mit Eiche („Le Chêne") eine ähnlich generelle Bedeutung wie „Der Buch", im Schwäbischen oft für Laubwald schlechthin gebraucht.

Viele solcher Laubwälder bestanden nach einem Bernischen Verzeichnis von 1714 aus Eichen, Buchen, Weißtannen oder Föhren; sie waren noch kaum von Fichten durchdrungen. Die Fichte erscheint im Anfang des 18. Jahrhunderts tatsächlich erst in wenigen dieser Bergwälder, besonders in solchen, wo ein Vorstoß durch Wasser und Wind sehr begünstigt war.

Urkundlich ist die Fichte weiters belegt für Berglagen, wie für die Ausläufer der Pfeife (Guggisberg–Alterswil), der La Berra, des Mont Combert, des Gibloux, also für die Höhen von Schwarzenburg bis Romont. Dann ist sie am Steilufer der Sarine (Saane) von Corbière bis Hauterive mindestens seit dem Mittelalter vorhanden, denn 1440 wird verboten, andere Bäume als Fichten zu schälen. Wenn sie am Steilufer der Sarine gewesen ist, so ist ihr Vorkommen auch weiter flußabwärts sehr wahrscheinlich.

In der Ebene um Freiburg herum standen in den Allmenden, den Paturâges boisés des Jura entsprechend, zahlreiche Stieleichen als Hagbäume in Gruppen und einzeln auf den Weiden und Feldern, wie sie auch auf schwäbischen Niederterrassen den Rest des Weidewaldes darstellen.

Das Vorland des Jura, die Niederung des Bieler- und Neuenburger Sees bis zur La Côte des Genfer Sees ist vielleicht ein noch typischeres Eichengebiet. Man kann das Vorland nicht isoliert für sich betrachten, denn es hängt zu enge mit den untersten Stufen des Jura zusammen. Am Jurahang und am Jurafuß gegen die Wasserscheide von La Sarraz waren bis zum 19. Jahrhundert die „taillis de chêne" verbreitet, kleinere Eichen-Niederwälder zur Gewinnung der Gerberlohe, Eichenschälwald wie in den warmen Wein-Tälern der Mosel und des Rheins. Längs des Jura „du bas de la Côte" stockte, immer wieder durchbrochen, Eichen-Laubholz-Mischwald, in dem auch die Eibe vorkam. Auf trockenen Böden aber, die durch die Weide der Ziegen degeneriert waren, dehnten sich weithin felsenheideartige, undurchdringliche Dickichte von verkrüppelten Eichen, Birken und Buchs, und zogen sich auch hinein in die Ebene.

Einst war der Jura von riesigen geschlossenen Wäldern bedeckt, eine mächtige Schranke gegen feindliche Einfälle von Westen. Die Siedlung drang nur langsam in manchen Tälern vor. Nach einer Urkunde von 1499 gab es südlich von Croy, im Forst am Nozon, Mittelwälder mit geschonten Überhältern von Eichen und wilden Obstbäumen über Niederholz von Ahorn, Ulmen, Linden, Hagbuchen, Aspen, Birken, Sorbusarten und Weichhölzern. Die Buche scheint dort zurückzutreten. Aber Tanne und Fichte dürften von den Hängen des Pétra-Felix und des Dent de Vaulion herab angeflogen sein. Föhre und Wacholder traten auf sonnigen oder felsigen Plätzen auf. Einen noch ausgeprägteren Eichwaldtypus besaß 1499 der Bannwald Bois de Forel nördlich von Croy-Romainmôtier, in dem das Fällen von Eichen verboten war. Im Jahre 1796 bestand dieser einstige gebannte Hochwald auch nur mehr aus Eichen-Stockausschlag und aus einem Gemisch von Buche, Hagbuche, Ahorn, Mehlbeere, Aspen, darüber Eichen-Samenbäume allen Alters. Am Jurahang ging die Eiche bestandbildend bis 800 m Höhe. Manchmal gewinnt die Buche an Raum, manchmal die Tanne. In den Höhen des Jura um 1000 m, um den Vaulion, stockten Tannen und Buchen, am Dent de Vaulion auch Fichten. Während das Ufergelände um Yverdon ausgesprochenes Laubholzgebiet ist, sind die höheren Lagen, „la Montagne", von Bergwäldern aus Fichten, Tannen, Eiben, Buchen, Bergahorn besetzt. Nach Berichten der Bernischen Verwaltung im späten 18. Jahrhundert wurde früher geplentert, nun kahl geschlagen. Erst durch die Kahlschläge, die zumeist nur mit rotem

Holunder, Brombeeren und einigen jungen Weißtannen besetzt waren, vermehrte sich die Fichte. Die Eibe war trotz aller Mißhandlung außerordentlich stark verbreitet. Nach Meyer herrschte auf den südlichen Hängen des Mont Tendre im Mittelalter der Laubmischwald bis in die Höhe von 800 m, dann schloß sich ein Gürtel von Tanne und Buche an bis 1500 m, und noch höher; von da an weicht zuerst die Buche, dann die Tanne der Fichte. Der Hochjura aber über 1000 m Höhe ist das eigentliche Gebiet der „Jura nigra", der „Joux noires", die den „Schwarzwäldern" der Alpen entsprechen. Diese Wälder auf dem hohen Jura wurden schon frühzeitig durch regellose Plenterung, dann später schlagweise für die Großköhlerei, Glashütten und Eisenwerke heruntergewirtschaftet. In der Folge ist die Fichte weithin an Stelle von Tanne und Buche getreten, und vermehrte sich immer mehr nach unten zu. Sogar die Waldgrenze, besonders des Laubwaldes, wurde herabgedrückt.

Auch am Fuße des Mont Tendre und in der Gegend von Pampigny gab es hochwertige Mittelwaldungen neben geringwertigen Dickichten. Einige Flurnamen deuten darauf hin, daß schon in früher Zeit die Fichte vereinzelt in der Niederung eingewandert war.

In diesem alten dichten Siedlungsgebiet war nach allen so zahlreichen geschichtlichen Quellen der Wald schon früh im kürzesten Umtrieb übernutzt und durch die Weide herabgebracht. Diese Stauden, Busch- und Dorngestrüppe, „Les broussailles", wurden „les râpes" genannt. Sie werden in den lateinischen Pertinenzformeln als „raspa" angeführt. Mit diesem Wort wurde im französischen Sprachgebiet im Mittelalter der herabgekommene Eichen-Niederwald bezeichnet, zum Unterschied vom Buchen-Hochwald der Berglagen. Zum Beispiel liegt nördlich von Montreux, neben dem Mont de Caux, das „Bois des Râpes", westlich von ihm das „Bois de Chenaux". In manchen Quellen wird bemerkt, daß aus einem „Raspenwald" durch Bannung wieder ein guter Wald werden könnte. Nach der Legende hat sich der Heilige Prothasius nach Bière in den Jura begeben müssen, um dort das Holz für den Kirchenbau in Lausanne zu schlagen. Hier mag ein waldgeschichtlich wahrer Kern vorhanden sein.

Zusammenfassung

Die Waldentwicklung im südwestlichen Mittelland kann man in folgender schematischer Gliederung zusammenfassen:

Auf den Voralpen und höheren Molassevorbergen herrscht der Voralpenwald oder präalpine Bergwald. Der Vorland-Bergwald nahm die mittlere und obere Stufe des Jorat und auch der Waldberge im Oberlauf der Gérine und der Sense ein. Die Fichte war in diesen Buchen-Tannen-Wäldern in alter Zeit nur in geringen Anteilen eingemischt. Sie stieß aber schon früh in die Landschaft der Sarine gegen Freiburg und später auch in das Molasse- und Drumlinland zwischen der Broye und Sarine vor, als die primären Eichen-Buchen-Wälder der niederen und die Eichen-Laubholz-Mischwälder der niedersten und wärmsten Lagen in Sekundärtypen aufgelöst waren. Auch vom obersten Jura stiegen Fichten über die inzwischen stark angegriffenen Buchen-Tannen-Wälder der mittleren Stufe tiefer in die Buchen- und Eichenstufe herab. Wie überall im Alpenvorland spielte sich der Rückgang der Buche und der Tanne auch hier in verschiedenen Degenerationsphasen ab. Doch hat das günstige Klima und die Wuchskraft der Buche an vielen ihrer Standorte, das Klima und die unendliche Regenerationskraft der Eiche in ihrem eigenen Areal immer wieder einen Neuaufbau ermöglicht, sobald den Wäldern wenigstens Schutz, noch mehr, sobald ihnen Pflege zukam.

In den Voralpen und auf den höheren Molassebergen erhielt sich der Charakter des ursprünglichen Waldes viel reiner als im Flachland, nur verschob sich das Verhältnis von Buche, Tanne und Fichte immer mehr zugunsten der Fichte. Trotzdem gibt es noch schöne Mischwälder. Im Hügelland drang die Fichte in die vielen steril gewordenen Reste der „Eichwälder" ein. Anderseits erhob sich die Buche, im Ausschlagbestand künstlich niedergehalten, bei Schonung und holte sich manchen inzwischen von der Eiche besetzten Ort wieder zurück.

Der Fichtenvorstoß in das Tiefland ging wohl in breiter Linie vom Osten her, aus den Alpen, er kam aber auch aus dem Westen, dem Jura. Die Sekundärtypen des 17. und 18. Jahrhunderts wurden allmählich in Waldbautypen überführt, wobei die natürliche Lebenskraft des Laubholzes die allzu große Ausdehnung schablonenhafter Fichtenbestände unter glücklichen Umständen eingedämmt hat (s. S. 123 ff.).

Vom Plentern und vom Plenterprinzip [151] [152] [153]

Zwischen dem Vergletscherungsraum des Rheintal-, Linth-Reußgletschers und dem des Rhone-Aaregletschers ist das unvergletscherte Waldgebiet des Napf gelegen. Es ragt als Ausläufer der Voralpen tief in das Mittelland hinein. Das Emmental gehört politisch zu Bern, das Entlebuch zu Luzern. Beides ist spätbesiedeltes Rodeland mit vielen Einzelhöfen. Es bringt in das Mittelland typisch voralpine Züge, sowohl der Natur als auch der bäuerlichen Wirtschaft, besonders durch den in seiner Gesamtheit umfangreichen Bauernwald. Zu den Höfen im alpennahen Gebiet gehört seit Siedlungszeiten ein mehr oder minder großes Waldstück. Die Stadt Bern hat noch im Anfang des 16. Jahrhunderts einen großen Waldbesitz, nachdem er ausgeschlagen war, an Bauern als Erblehen verteilt.

Überall im Alpenvorland war der Brandwaldfeldbau im Bergbauernbetrieb die übliche Wechselwirtschaft zwischen landwirtschaftlicher Nutzung, Weide und Holzschlag. Diese hat sich im Napfgebiet ebenso erhalten wie im Schwarzwald und in den Ostalpen. Als Reutwald kam nur in Betracht, was nicht allzuweit vom Hof entfernt war und der Lage nach gerade noch als Feld bebaut werden konnte. Im periodischen Turnus wurde das Holz geschlagen; die Abfälle und das Reisig wurden an den oberen Rand des Schlages gebracht und dort in Brand gesteckt. Mit dem Reuthacken zog man die glimmende Masse über den Acker nach unten. Das Feld wurde zwei bis drei Jahre in Abwechslung mit Korn oder Hülsenfrüchten, seit der Einführung der Kartoffel auch mit dieser bebaut. Mit der letzten Getreidesaat wurden Heublumen ausgesät, so daß eine Wiese oder Weide entstand. Nach einigen Jahren wurde der Boden wieder sich selbst überlassen, der Wald wuchs drüber hin, mit leichtsamigen Weichhölzern aller Art, meist aber mit Erlen und Fichten. Nach einigen Jahrzehnten wurde dieses Holz wieder abgetrieben, der ganze Vorgang wiederholte sich. Mit dem Fortschritt der landwirtschaftlichen Methoden kam das Reutfeld immer mehr außer Übung, man ließ das Reutholz nun als Hochwald stehen. In den österreichischen Voralpen z. B. brachte man auf solche Reutfelder, statt die Naturbesamung abzuwarten, eine Schneesaat von Fichten und Birken. Jedenfalls entstanden durch die Brandwaldfeldwirtschaft im Gebiet des Napf meistens reine Fichtenbestände, die den Kern des Bauernwaldes teils unten, teils oben umsäumen. Diese Streifen heben sich kenntlich durch ihre Gleichförmigkeit und durch schlechten Wuchs als typische, ungepflegte, mehr oder minder künstliche Bestände vom übrigen Wald ab.

Gerade dieser Kontrast zwischen den naturfremden Reuthölzern und den durch ihre Naturverfassung ausgezeichneten Plenterwäldern im Napfgebiet oder in sonstigen Landschaften des Berner Oberlandes ist auffallend. Die bäuerlichen Plenterwälder haben sich ihre natürliche Mischung von Buche, Tanne und Fichte so ziemlich bewahrt, wenn auch Tanne und im weiteren Abstand Fichte weitaus überwiegen. In diesen Wäldern zeigt auch die Fichte die Fähigkeit, lange Zeit hindurch Schatten zu ertragen. Die Plenterwälder bestocken meistens die Hänge; das den Hanglagen eigentümliche Seitenlicht begünstigt den aufwachsenden Jungwuchs. Wo der Wald weniger zugänglich ist, wird auch der Buchenanteil höher, besonders in manchen Teilen des Luzernischen Entlebuchs. Die einzelne bäuerliche Plenterwald-Parzelle mag oft ein wenig befriedigendes Bild bieten, aber bei einem

Blick über größere zusammenhängende Gebiete hinweg „tritt die ausgeglichene Verfassung" des Plenterwaldes in Erscheinung.

Alfred Huber verweist in seiner Betrachtung des Emmentaler Bauernwaldes darauf, daß die bäuerliche Nutzungsweise nicht einer besonderen forstwirtschaftlichen Begabung oder einer besonderen Zielsetzung entspringe. Der Bauer nutzt eben aus Tradition, der Weise der Väter und einer haushälterischen Zweckmäßigkeit folgend, seit jeher nur einzelne Stämme nach einer besonderen Wahl. Das Beispiel der schlecht gepflegten Reuthölzer jedoch zeige deutlich, daß der Emmentaler Bauer sich kaum durch größere waldbauliche Fähigkeiten vom Bauern des niederen Mittellandes unterscheide. Diesen psychologischen Hinweis könnte man geradesogut mit analogen Beispielen aus dem Allgäu oder aus den österreichischen Voralpen belegen.

Der bäuerliche Plenterwald im Berner Oberland und überall, wo er sich noch in Resten erhalten hat, wie im oberen Tößtal und im Appenzell, aber ebenso im Schwarzwald oder sonstwo in Mitteleuropa, hat seine natürliche Nährquelle in erster Linie in der verschwenderischen Ansamung und Wuchskraft der Tanne; die ersichtlichen Vorteile, besonders die der kostenlosen dauernden Verjüngung überzeugten die Bauern so sehr, daß sie die ihnen früher so oft empfohlenen oder gar befohlenen schlagweisen Betriebsformen mit ihrer mehr oder minder künstlichen Verjüngung aus vorsichtiger konservativer Haltung heraus ablehnten, nicht zuletzt auch deswegen, weil sie ihren Geldbedarf und zugleich ihren Sparsinn durch die Entnahme einzelner Stämme am zweckmäßigsten befriedigen konnten. Wo aber der Bauer aus irgendeinem Unglück in Haus und Hof zur Beschaffung größerer Geldsummen schreiten mußte, oder wo auch er der Holzspekulation verfiel, wandte er sich dem Kahlschlag bedenkenlos zu. Wir haben diese Entwicklung in allen verkehrsgünstigen Gegenden schon zur Genüge gesehen. Im Hügelland und Flachland bot die „moderne" Forstwirtschaft mit der Bevorzugung der Fichte und des schlagweisen Hochwaldes dem Bauern großen Anreiz, seine schlechten ertragslosen mittelwaldartigen Laub- und Mischwälder in massenreiche Hochwälder umzuwandeln. Daher sehen wir in der Entwicklung des Bauernwaldes zwei Extreme: Plenterwald und seine Verfechter im Bauerntum einerseits; andererseits energische Verteidigung des Kahlschlages und Ablehnung jeder gesetzlichen und forstpolizeilichen Einschränkung in bäuerlichen Kreisen solcher Landschaften, in denen schon seit langem der schlagweise Hochwald die herrschende Betriebsform ist (S. 58, 63 ff).

In einem Gebirgsland wie in der Schweiz mit einem Übergewicht von Buchen-Tannen-Wäldern mußte die Erkenntnis von den Kraftquellen, die im Plenterwald liegen, viel tiefer wurzeln, stärker zu schöpferischen Ideen anregen und sich überzeugender durchsetzen als in anderen Ländern mit scheinbar reicheren und müheloseren Produktionsbedingungen. Im Grunde ist es ein und derselbe Weg, von Gayer, oder Möller, bis zu den Verfechtern des Plenterprinzipes und des verfeinerten Femelschlagbetriebes in der Schweiz oder in Deutschland oder sonstwo.

Das Plenterprinzip hat wie das Dauerwaldprinzip seine Wurzeln weniger in technischen als in seelischen Bezirken; es ist in erster Linie ein psychologisches, erst in zweiter Linie ein technisch-wirtschaftliches Problem. Nicht aus einer technisch-wirtschaftlichen, sondern aus einer geistig-seelischen Grundhaltung heraus, aus Ehrfurcht vor dem Wesen des Waldes und aus tiefer Ahnung von der Zwangsläufigkeit und manchmal auch Unergründlichkeit des Waltens der Natur wird die Lösung durch rein mechanistische technisch-wirtschaftliche Methoden abgelehnt. Gefühlvoll romantische Übersteigerung wird aber ebenso einseitig wie die Übersteigerung des Technisch-Kommerziellen. Der Ausgleich zwischen den hauptsächlichen Kampfrichtungen scheint vorläufig noch schwer, denn „hier scheiden sich die Geister", mit Leidenschaft und Eigensinn. Hier wird Weltanschauung zur Waldanschauung und umgekehrt.

Die Frage, ob das Plenterprinzip nur für den Buchen-Tannen-Wald, oder auch für andere Waldarten außerhalb des natürlichen Tannenareales mit Erfolg anzuwenden sei, ist noch immer lebhaft umstritten. Eines halten wir auf Grund unserer waldgeschichtlichen und biologischen Anschauungen für ziemlich sicher:

Naturnahe Waldbautypen eignen sich — biologisch gesehen — für das Plentern oder für Femelschlagformen. Bei naturfernen und naturfremden Waldbautypen, besonders bei den vielen Fichtenbeständen außerhalb des verhältnismäßig kleinen Areals natürlicher Fichtenwälder, wird die Frage unter allen Umständen problematisch und kompliziert; aber gerade von der richtigen Lösung dieses Problems hängt — besonders im deutschen Alpenvorland — das Schicksal des Waldes ab. Daß die Schweiz in dieser Beziehung zu einer Quelle der Anschauung und des Abwägens wird, mag als glückhaftes Symbol für die Zukunft gelten.

Versuch einer schematischen Übersicht über die ursprünglichen Waldtypen im Mittelland der Schweiz

I

Die wichtigsten Regionalwaldtypen

Vorwiegend großklimatisch bedingte, edaphisch, geomorphologisch, evtl. lokalklimatisch differenzierte Primärtypen

1. Der Voralpenwald oder präalpine Bergwald von Buche und Tanne mit Ahorn und Eibe, vermischt mit Fichte, in den höheren Lagen in Nähe des Alpenrandes.	präalpiner, stark ausgeprägt montaner Charakter
2. Der Vorland-Bergwald von Buche und Tanne mit Ahorn und Eibe, vermischt mit Fichte,	
a) alpennähere Innenzone (stärkerer Tannenanteil)	stark ausgeprägt montaner und montaner Charakter
b) alpenentferntere Außenzone (schwächerer Tannenanteil)	montaner Charakter
3. Buchen-Eichen-Wald mehr oder minder mit Einmischung der Tanne, mit frühem Fichtenvorstoß	montaner Charakter
4. Buchen-Eichen-Wald und je nach Lage Eichen-Buchen-Wald mit und ohne Tanne, mit späterem Fichtenvorstoß	abgeschwächt montaner und kolliner Charakter
5. Eichen-Laubholz-Mischwald in warmen, meist flachen Tieflagen, gebietsweise auch höher in Übergängen zum Eichen-Buchen-Wald, mit meist spätestem Fichtenvorstoß	kolliner Charakter

II

Waldtypen extremer Standortsbedingungen

Vorwiegend edaphisch, geomorphologisch, evtl. auch lokalklimatisch bedingte Primärtypen

    a) Bergforchen-Hochmoorwald
    b) Fichtenmoorrandwald
    c) Grundwasser-bedingter Auwald
    d) Tobelwald

und andere örtlich gebundene Waldtypen.

Die Primärtypen des ursprünglichen Waldes, des natürlichen Waldes von einst, sind fast ausschließlich zu Sekundärtypen abgewertet worden. Aus den primitiven Nutzungsarten wurden teils früher, teils später, geregelte Waldbautypen abgeleitet und immer mehr ausgeformt. N a t u r n a h e Waldbautypen finden wir in Betriebsformen des Plenter- und Femelschlagwaldes, des Mittelwaldes, unter günstigen Umständen eventuell auch in Formen des schlagweisen Hochwaldes, wenn sich die natürlichen Holzarten durch Naturverjüngung mehr oder minder erhalten haben. Die Primärtypen, auch noch die Sekundärtypen umfassen verschiedene ursprüngliche Waldpflanzengesellschaften (s. S. 50, 237) [154-158].

Die naturnahen Waldbautypen lassen sich als „natürliche Waldgesellschaften von heute" in den Rahmen der pflanzensoziologischen Ordnung ohne weiteres einfügen; bei den naturfernen Waldbautypen gelingt dies nur schwer. Die naturfremden und künstlichen Waldbautypen stehen als Zwangsgefüge außerhalb einer unmittelbaren pflanzensoziologischen Ordnung. Sie können durch die waldgeschichtliche Ordnung klassifiziert werden [159].

Bayern

WALDENTWICKLUNG IM GEBIET DES EISZEITLICHEN ILLER–LECH–GLETSCHERS

Von Jahr zu Jahr mehren sich die sicheren Anzeichen, daß unser Waldbestand vom Gesichtspunkte seines allgemeinen kulturbewahrenden Wertes unter das Niveau des wohltätigen Gleichgewichtes herabzusteigen begonnen hat.

Karl Gayer, Der Waldbau, 3. Auflage, 1889, Einleitung

In der Moränenlandschaft

Die Adelegg trennt Rheintalgletscher und Lechgletscher. Die Eismassen stammten zum größten Teil aus den Allgäuer Alpen, nur wenig Eis drang aus den Zentralalpen ein. Daher besteht der Gletscherschutt fast ausschließlich aus kalkalpinem Gestein. Mittelpunkt der Iller-Gletscherzunge ist die Gegend um Kempten; der Lechgletscher bildete ein Zungenbecken aus mit dem Mittelpunkte von Kaufbeuren, die Wertachzunge, und ein anderes mit dem Mittelpunkte von Schongau, die Lechzunge. Die zwei- und dreifachen Jungendmoränenwälle schlingen sich in einem Abstand von 25—30 km vom Gebirgsrande um diese Orte. Die Talung zwischen den Jungendmoränen und dem Alpenrand ist erfüllt von Molasserücken, die von Südwest nach Nordost, immer wieder unterbrochen, ziehen. Zwischen ihnen liegen Moore, Seen, Drumlins.

So ist die Jungmoränenlandschaft hier enge zusammengerückt. Die großartigen Bögen, die im Rheintalgletscher als äußere und innere Jungendmoräne die Landschaft unterteilen, sind hier in einem solchen Ausmaße und in einer solchen Formung überhaupt nicht vorhanden. Daher ist auch die Zone der Seen und Moore auf mehr oder minder flache Becken beschränkt, die entweder von Molasse oder von Endmoränen eingerahmt werden.

Eine große Altmoränenlandschaft wie im Rheintalgletschergebiet bestand zwischen Iller und Lech nicht. Der Raum der einstigen Riß-Vereisung wurde durch Schottermassen aufgefüllt.

Die Deckenschotter sind ziemlich verfestigt. Die Hochterrassen zeigen einen guten Erhaltungszustand. Die Schotter und wohl auch die Altmoräne sind mit Löß (Lößlehm, Staublehm) zugedeckt, nur die Niederterrasse besitzt keine Überlagerung.

Diese morphologische Gliederung hat sich auf den Wald ausgewirkt. Im Jungmoränengebiet hat sich der Wald auf den Endmoränen erhalten, im Schotterland auf den Deckenschottern, die für Feldbau ungünstig sind. Im Zusammenhang mit den grundherrlichen Einflüssen ist die Landschaft zwischen Iller und Lech daher ein ausgesprochenes Waldgebiet geblieben.

Kirchenpolitisch geht durch Schwaben eine von der Iller gebildete Grenzlinie, die die alten Diözesen Konstanz und Augsburg trennt. Sie hatte in der Staatsentwicklung mehr Bedeutung als man im allgemeinen merkt und wirkte sich letzten Endes im Wirtschaftsleben, sogar in der Forstwirtschaft aus [162].

Der Kemptener Wald [11-14] [163] [164]

Der Kemptener Wald, eine hochrückige breite Wald- und Moorlandchaft mit Höhen von 900 m, ist nur der Rest eines riesigen Waldgebietes. Sein westlicher Teil mußte nicht nur für das Stift Kempten und seine Untertanen, für die aufstrebende Stadt Kempten und ihren großen Holzbedarf sorgen; er wurde auch von Osten und Norden her aufgeschlossen. Alle diese Wälder gewannen immer größere Bedeutung für die Stadt Augsburg, die auf der Wertach das Bau- und Brennholz zu beziehen trachtete. Das Kloster Irrsee gestattete im Jahre 1304 seinen Müllern an der Wertach, für die Floßfahrt gen Augsburg Durchlässe an ihren Wuhren zu machen.

Schon frühzeitig hatte das Stift Kempten Streit mit anderen Herrschaften, deren Untertanen im Kemptener Wald Neubrüche angelegt haben, so 1277 die Untertanen der Herrschaft Kemnat. Der Kampf um den Wald nahm manchmal groteske Formen an. Im Jahre 1480 hatten die Bauern wieder unerlaubt gerodet und Getreide gesät, da zogen die Städter aus und mähten die Frucht nieder. In den Jahren 1468 und 1472 wurden Schiedssprüche über die Holzberechtigungen im Kemptener Wald gefällt. Kempten behauptete, daß die Bauern der östlich angrenzenden Orte unberechtigt reuten, kohlen und flößen, nicht nur für ihren Bedarf, sondern zum Weiterverkauf. Im Jahre 1512 wurde ein Vertrag zwischen Stift Kempten und dem Hochstift Augsburg geschlossen, nach dem die hochstiftischen Untertanen, die den Kemptener Wald bisher „genossen" haben, ihn auch ferner mit Weide und Tratt, mit Beholzung zum Zimmern, Brennen, Zäunen, Scheitermachen und zum Verkauf (gleich Flößen) wie die Untertanen des Klosters genießen dürfen. Doch ist verboten, ohne besondere Bewilligung zu reuten und zu kohlen, zu schwenden, Einfänge zu machen und zu schlagen.

Die vielen Forst-, Wald- und Holzordnungen des fürstlichen Stiftes Kempten, die sich bald gegen die Ansprüche der Stadt, bald gegen die der Bauern wenden, sind ein Spiegelbild nicht nur der forstlichen, sondern auch der „staats- und sozialrechtlichen" schwankenden Zustände. Bei den verbotenen Rodungen handelt es sich nicht, wie bei der Siedlung, um Rodungen auf Dauer, sondern um das Branden und Reuten, den Waldfeldbau, der gerade die wertvollen Baumarten, besonders die Buche, vernichtete. Vom erlaubten Branden und Reuten wurde das „Brandgeld" erhoben.

Immer wieder wird die Nutzung aus dem Wald zu regeln versucht; im Jahre 1673 wird das Fällen von Buchenholz untersagt. In den höheren Lagen hatte die Fichte längst überhand genommen, Buche und Tanne waren stark im Rückgang. Da der Wald von Hochmooren durchzogen wird, hatte die Fichte wohl bald einen Vorsprung besessen.

Das Diagramm des Schorn- und Rosenmooses bei Oberthingau zeigt ein verhältnismäßig gleiches Vorkommen von Buche, Tanne und Fichte vor dem allgemeinen Fichtenanstieg; so ähnlich auch das Diagramm des Unteren und Oberen Brandholz- und Wölflemooses (Paul-Ruoff, *150*).

"Hoch- und Schwarzwälder" des Hochstiftes Augsburg [165]

Das Augsburger Holzbuch von 1515 zählt alle „Hoch- und Schwarzwälder" des Hochstiftes auf, die im Allgäu gelegen sind: „Der Senkel", „ein gutes Tann- und Bauholz" (t. k. Senkele, 1047 m); „Das Buch", „halb Tännin, halb Buchin" (t. k. Am Buch, 1055 m); „Der Fels, ein gemein Holz", d. h. ein niederwaldartiger Gemeindewald.

Diese drei Hölzer liegen auf dem Molasserücken, der sich bei Roßhaupten hinzieht. Dann folgen das „Bannholz" beim Hopfensee, ein wohl erwachsen Jungholz; an vielen Orten hat man das ältere herausgeschlagen, ist gut Floßholz und Zimmerholz; „Die Gemeinde", das Bannholz zwischen Steinbach und Roßhaupten; ein wohlerwachsenes Tannholz am Osterwald, mit einem Überfluß von Floß- und Zimmerholz (Sulzschneider Forst und Osterwald); dort ist auch „das hangende Reut", ein wohl erwachsenes Floß- und Zimmerholz; „Der Weichberg, ein alt gewachsen Holz und Hart." — Am Weichberg, einer ehemaligen Kultstätte, liegen die Weiler Kienberg, Buchenberg, Birkenberg und das Dorf Tannenberg, deren Namen die Siedler von den örtlich herrschenden Baumarten Forche (Kien), Buche, Birke und „Tanne" gewählt haben. — Weiters: der Urmarkenwald „Vierpfarrwald", früher zum großen Zwölfpfarrwald gehörig, „viel gut Floßholz und Zimmerholz" (bei Rettenbach); der Osterwald, ein Bannholz „mit alt Gewächs, mit Schnitt- und Floßholz". Der Zwölfpfarrwald stammt als riesige gemeinsame Waldallmende von zwölf Pfarrgemeinden aus der Urzeit der alemannischen Siedlung. Im 15. Jahrhundert wurde ein Teil davon als Sechspfarrwald abgetrennt. In der „Gemeinde" führte ein Waldgericht, das „Tigen", die Aufsicht und die Markaxt.

Bischöfliche Holzordnungen

Diese Landschaft war um 1500 noch voll Holzreichtum, trotzdem seit mehreren Jahrhunderten bereits das Holz dieser Wälder „als Floßholz" zur Wertach oder zum Lech kam. Was entfernt von den Flüssen lag, hatte teilweise noch urwaldartige Verfassung, worauf das „viele liegende verfaulende Holz" deutet, von dem oftmals die Sprache ist. Jedenfalls ist im 16. Jahrhundert durch die zunehmende Handelstätigkeit und Kapitalwirtschaft in den holzreichen Gebieten eine Hochkonjunktur entstanden, die rücksichtslos ausgenützt wurde.

Die Holzordnung von etwa 1550 und die von 1552 klagt beweglich, daß des Bischofs Wälder übel zerhauen, abgetrieben und dermaßen verwüstet seien, daß die notwendige Beholzung gefährdet werde. Die Forstmeister und Holzwarte im Allgäu hätten im Verkauf, Abgeben und Ausziehen des Holzes große Unordnung; sie hätten die Gehäue nicht an den Örtern, sondern mitten im Walde vorgenommen. Die Bauern holzen nach ihrem Gefallen und ohne Ordnung. Wenn zwei Bäume erlaubt sind, werden drei geschlagen. Wer Schnaitholz sucht, haut einige Bäumchen um, nimmt nur eines oder das andere davon und läßt die anderen liegen. Nun wird eine Buchführung über die Holzabgaben verlangt, Anweisung zur Sparsamkeit im Hausbau gegeben. Die Forstmeister sollen die Abgabe des Holzes gegen Niedergang (Westen) vermeiden, auch in den Wäldern keine großen Löcher machen, damit der Wind weniger Schaden anrichten könne. Für die „Tannwälder" ist eine Zeit von 100 Jahren zur Wiedererwachsung nötig. In jedem Gehau ist ein Zipfel Holz als Windschutz stehen zu lassen. Man haue nur in einem Gehau und nicht wo anders. Die Gehäue sind nicht so sauber aufzuräumen, sondern man soll viele Äste und Abholz liegen lassen, damit der Boden gedüngt werde. Damit mehr Holz erwachse, ist nützlich, eine Anzahl „Samentannen" stehen zu lassen, in den Gehäuen und an den Marken und alle niederen „Tannen", das jüngere, nicht begehrte Holz, die Samen tragen. Da in den Gehäuen auch allerlei unfruchtbare „Tannen", Birken und ander Holz steht, das zum Zimmern, Schindeln, Schneiden und dergleichen nicht dienlich ist, so soll man solches zum Verkohlen und Brennen abgeben. Das Kohlen und die Anlage von Kohlhütten im Walde selbst ist nicht mehr gestattet, auch soll man nicht erlauben, „Daas" (grünes Nadelreis, Daxen hauen = schnaiteln) zu schneiden. Greßlinge (Jungwuchs) oder junge „Tannen" dürfen nicht als Zaunholz verwendet werden. Wenn Windwürfe oder andere Verderbung durch Abstehen des Holzes sich zuträgt, sollen die Forstmeister es sofort den zweien Oberforstmeistern melden, damit nutzbare Verwendung angeordnet werde.

Moorrandwälder

Diese Holzordnungen, Produkte der anwachsenden Forstbürokratie des 16. Jahrhunderts, betrafen in erster Linie „die Tann- und Hochwälder" des Hochstifts im Allgäu. Diese lagen teils in der Senke zwischen Alpenrand und Jungendmoränen, teils auf Moränenzügen, teils auf Molasserücken. In der Niederung des Einzugsgebiets der Wertach und Geltnach standen sie unter dem Einflusse der Moorrandwälder wie die Waldungen zwischen der äußeren und inneren Jungendmoräne im Rheintalgletscher. Was sich aber dort als groß angelegte Moorlandschaft ausdehnt, ist hier auf schmale Täler und kleine Becken beschränkt.

Die Diagramme aus den Geltnachmooren zeigen ein starkes Ansteigen der Fichte bald nach ihrer Einwanderung bis zu 60 v. H. Später gleicht sich das Verhältnis zwischen Buche, Tanne und Fichte wieder aus. — Aber auch im Diagramm des Moores bei Waltenhofen (südlich Kempten) erreicht die Fichte zuerst ein Maximum von 50 v. H., wird dann von der Tanne gewaltig überholt, deren Kurve auch der Buche voraneilt. Zuletzt laufen die Kurven von Buche, Tanne und Fichte dicht zusammengekoppelt, bis ganz zuletzt die Fichte, wie gewöhnlich, das Übergewicht erhält. — Das Reichholzrieder Moor bei Kempten bietet ein gutes Beispiel der verschiedenen Stadien eines Moorwaldes. Der Randwald ist ein lichter Bestand von vereinzelten, etwa 7 m hohen Waldforchen (Pinus silvestris) und 3—4 m hohen aufrechten Spirken (Pinus montana uncinata, rotundata, sowie rostrata), dann von hochnordischen Zwergbirken (Betula nana), sowie von anderen Sträuchern und Pflanzen der Hochmoorvegetation. Gegen den Rand geht der Bestand in hohen Fichtenwald über; hier werden auch die Spirken höher und stärker. Die Buche erreicht später 59 v. H., muß also das Moor dicht umsäumt haben. In der kälteren Periode pendeln die Werte von Fichte, Buche und Tanne hin und her (Paul-Ruoff, *150*).

Der gegenüber dem Rheintalgletschergebiet auffallend stärkere frühe Anteil von Fichte ist ohne weiteres zu erklären: die Fichte, von Osten her kommend, war in der Gegend von Kempten schon frühe eingewandert; sie hatte zur Zeit des Eichenmischwaldes längst festen Fuß gefaßt und konnte von der später ankommenden Buche nicht mehr verdrängt werden. Jedenfalls hatte die Fichte in den moorigen Senken ihre unangreifbare Stellung und konnte sowohl an den tiefliegenden wie auch an den hochgelegenen Wald- und Hangmooren einen Fichtenwald auf breiten Flächen ausbilden als es im Westen der Fall war. Der hohe Niederschlag und die gesteigerte Luftfeuchtigkeit der Senke unterstützten diesen Vorsprung der Fichte, der physiognomisch zum Überwiegen der „Tannwälder" beitrug. Inwieweit aber

„der Tann" von der Fichte oder von der Tanne bestimmt wurde, läßt sich nur nach den standörtlichen Bedingungen feststellen.

Die Wälder, welche am stärksten der Viehweide ausgesetzt waren, besonders die den Ortschaften am nächsten liegenden Teile der Allmenden nahmen mit der Zeit die Formen von Holzwiesen an, weite einmähdige, mit einzelnen Fichten und Fichtenhorsten besetzte, bald heideartige, bald sumpfige Flächen, die „Hirtenwiesen", ähnlich den pâturages boisés des Schweizer Jura. Der „Hart" verliert sich gegen das Gebirge zu, ist aber viel häufiger als im württembergischen Allgäu. Ein „Hart" findet sich noch südlich Kaufbeuren bei Bießenhofen, ein anderer auf Höhen von 750 m bei Bertholdshofen.

Wald der Stadt und des Spitals Kaufbeuren

Die Stadt Kaufbeuren war das nordöstliche, die Stadt Kempten das nordwestliche Verkehrs- und Handelszentrum, das dem Fernpaß, dem wichtigen Italienweg, vorgelagert war. Während aber Kempten lange Stiftsstadt blieb, im Holzbezug vom Stifte abhängig, war Kaufbeuren schon frühzeitig Reichsstadt, mit ausgedehntem eigenen Waldbesitz [166]).

Zum einstigen Typus des Buchen-Tannen-Waldes, in dem aber die Fichte mit der Tanne herrschend wurde, gehören auch die „zwei Tannenwälder, die hintere und die vordere Hornerin genannt", welche die Stadt Kaufbeuren im Jahre 1501 gekauft hat. Dieser Wald wird auch schon 1336 angeführt, weil aus ihm die Wertachbrücke bei Bießenhofen erhalten werden soll. Die „Hornerin" liegt ziemlich eben auf Höhen um 740—770 m. Im Jahr 1710 sind ihre Markungsbäume Rot- und Weißtannen.

Der dem Spital gehörige Kaiwald liegt auf bewegterer Höhe um 800 m. Auch in den Markungsbäumen drückt sich der Charakter dieses Bergwaldes aus; sie bestehen 1695 fast ausschließlich aus Weißtanne; Buche und Rottanne sind spärlich. Nach dem Urbarium von 1710 ist von allen Wäldern nur noch der Kaiwald bei Stöttwang als „eine Tann- und Buchwaldung" bezeichnet, während alle anderen unter die „Tannwälder" eingeordnet wurden.

Der Spitalwald „Ob Hirschzell, die Wiß genannt", hat 1695 als Markungsbäume überwiegend Fichte, nur eine Tanne und eine Forche; dagegen der Reutwald — ein Teil des Waldes „auf dem Hart" — zu dieser Zeit 36 Weißtannen, zwei Buchen und fünf Fichten.

Die Holzordnung der Stadt Kaufbeuren von 1680, von 1743 und die Instruktion von 1793 nennen als Holzarten „Tannen" (1793 Feststellung, was die Hölzer bringen, ob Rot- oder Weißtannenholz), Forchen, Buchen, Eichen und Aspen, auch ander Holz wie Hasel und Wacholder. Verboten ist, grüne Bäume zu schnaiteln, Aspen oder Eichen „abzuborzeln", Forchen und Tannen zu schälen, Kienholz zu machen, Pech zu nehmen. Die „Kaufbeurer Landtafel" aus dem 16. Jahrhundert des Augsburger Malers Sindelin zeigt, so wie die Landtafel von Wangen, die Wälder als „Nadelholz".

Nicht weit vor den Toren der Stadt Kaufbeuren liegt das ehemalige Kloster Irrsee. Es wurde 1182 in einem Walde gegründet, der „Eiberg" hieß, und noch ein Urwald, eine „große Wüste" war.

In allen diesen Wäldern findet man immer wieder Hochäcker, so auch am Auerberg. Es sind die Spuren des ehemaligen Brandwaldfeldbaues.

Denklinger und Sachsenrieder Forst

Dieser Wald ist das dritte große Waldgebiet neben dem Kemptener Wald, den „Tannwäldern" der Senke und den Wäldern auf den Jungendmoränen. Er liegt teils auf einer Altendmoräne, teils auf Hochterrassenschottern. Auch dieser Wald war einmal viel umfangreicher und ist durch Rodungen zurückgedrängt worden. Auch in ihm befinden sich Hochäcker als Reste der Ackerflur einer abgegangenen Ortschaft und als Reste des Waldfeldbaues, der noch im 19. Jahrhundert ausgeübt wurde. Die Höhen schwanken zwischen 700 und 800 m. Im Wald liegt ein kleineres Hochmoor verborgen.

Das Augsburger Holzbuch von 1515 zählt die verschiedenen Hölzer auf, die den Denklinger und Sachsenrieder Wald ausmachen. „Der Stockach" ist ein ausbündig gutes Holz, viele Sägbäume und viel Floßholz: „ich habe im Allgäu nit besser gefunden"; „der Melter, das Kingholz und das

Bistum" sind alle wohl erwachsene Hölzer mit viel Sägbäumen und Floßholz, im letzteren auch viel Zimmerholz; dort sei der vierte Teil verfault, man müsse es bannen, denn die Bauern von Denklingen haben es „hart erschlagen"; auch der eigentliche Denklinger Wald ist wohl erwachsen, hat viele Sägbäume, Floßholz und Zimmerholz und einen guten gewächsigen Boden.

Die Buche hat mehr die Hügel und steilen Hänge der Endmoränen, der Buchen-Tannen-Wald die Hochterrasse eingenommen; die Fichte war überall eingemischt. Die Wuchsleistungen von Tanne und Fichte wurden im Sachsenrieder Forst als besonders gute gerühmt. Im Denklinger- und Sachsenrieder Wald, die beide durch alle Jahrhunderte Floßholz zu liefern hatten, dürften verhältnismäßig früh gleichaltrige Fichtenbestände entstanden sein. Immerhin gab es in Teilen des Sachsenrieder Waldes noch vor nicht zu langer Zeit übergehaltene Buchen und Fichten im Alter von 2—300 Jahren. In der Nähe des Lech liegen Standorte der Forche, ein „Forchet" und ein „Fahrenberg".

Auf den Terrassen am Oberlauf der Wertach und Gennach

Auf diesen Terrassen, die zum frühen Siedlungsraum gehören, stocken viele kleine Waldungen des Spitals Kaufbeuren, nach dem Urbarium von 1710 als „Tannwaldung" verzeichnet [166]). Sie bestehen nach den Markungsbäumen teils aus Fichte, teils aus Tanne. Als Hofhölzer oder Gemeindewald dienen sie seit Urzeiten nicht nur dem Eigengebrauch der Bauern. Im Bereich des Floß-Holzhandels gelegen hat sich ihr Holzarten-Verhältnis im Laufe der Zeit sehr verändert. Niemals wird eine Buche, höchstens ein „Büchele", eine Hainbuche erwähnt. Die Niederterrasse, besonders im Wertachfeld, war einst von vielen Eichen, den Resten des „Hart", besetzt; im Ried bei Beckstetten liegt das „Eichenloh" und eine Ackerflur „Im Tannenlohfeld". Das Spital Kaufbeuren kauft mit den Verträgen von 1456 und 1479 die Eichen und das Eicheläckerich. Daß sich die Weißtanne noch am Ende des 18. Jahrhunderts auch auf den Terrassen so stark erhalten hatte, bezeugt ihre Beharrungskraft.

Kettenschwanger und Gutenberger Tann; Übergang zur Schotterlandschaft

Die letzte hohe Erhebung gegen Norden zu ist der Gutenberger Wald mit 787 m Höhe beim Georgenberg. Er stockt auf einer Altendmoräne; auch der schmale Riedel von Beckstetten ist von einer solchen gebildet. Im Jahre 1510 vergleicht sich das Hochstift Augsburg [167]) über die Grenzen des Wildbannes, wobei der „Kettenschwanger Tann", der „Tänneberg" und der „Gutenberger Tannen", also sehr alte Waldnamen, genannt werden. Nach den standörtlichen Verhältnissen waren diese Waldungen Buchen-Tannen-Wälder mit Fichten (Buche, Eiche, Tanne und Fichte bilden heute noch manche älteren Bestände). An der Wertach wurden die Wälder eben schon so früh beeinflußt, daß der Mischwald durch Minderung oder Ausfall der Buche bald zum „Tann" wurde.

Bei Irrsee hat sich die Altgrundmoräne in einem weiten Feld erhalten; auf den Endmoränen um Irrsee stockte noch Buchen-Tannen-Wald. Die Moränenlandschaft geht nördlich Obergünzburg und Kaufbeuren unvermittelt in die obere Stufe der Schotterlandschaft über, die bis zur Linie Memmingen-Mindelheim, zwischen Ost- und Westgünz und Mindel kräftige Riedel bildet, deren höchste Erhebungen auf 650 m bis über 800 m steigen. Die innere Zone des Buchen-Tannen-Waldes wird von der äußeren Zone abgelöst; dazwischen schieben sich Ausläufer des Eichen-Buchen-Waldes, verschiedene Hartwälder, auf den Flußterrassen gegen die Jungmoräne heran. Der Fichtenvorstoß, dem hier die Wanderwege der Moore fehlen, wird im Vorland von der alten Grundmoräne und von Deckenschottern getragen, deren schwere Böden die Ausbreitung der Fichte begünstigten.

In der Schotterlandschaft zwischen Iller und Lech

a) Zwischen Iller und Mindel

Die Schotterterrassenlandschaft des Iller-Lech-Gletschers reicht viel tiefer nach Süden als die kleine Terrassenlandschaft des Rheintalgletschers. Sie stellt keinen einheitlichen Block dar, sondern ein Gefüge von Schotterriedeln, die zwischen den Flußtälern nach Norden ziehen.

Gerade in der Mitte dieser Landschaft ist eine leichte Quertalung angedeutet, weil die von den Jungmoränen herlaufenden Riedeln unvermittelt abbrechen und andere sich bis zur Donau hin erheben. Diese Linie ist durch die Städte Memmingen, Mindelheim und Buchloe markiert. Man kann sie als einen Übergang von einer oberen Stufe in eine untere Stufe auffassen, womit keineswegs eine eigentliche morphologische Unterteilung der Schotterlandschaft behauptet wird. Jedoch haben die in der oberen, moränennahen Stufe inselartig über Grundmoränen- und Hochterrassenfeldern auftauchenden größeren Höhenzüge klimatische und pflanzengeographische Merkmale, die dem Charakter der unteren, der Donau nahen Stufe fehlen. Wenn auch in der oberen Schotterlandschaft keine Hochmoore vorhanden sind, so zieht sich über sie hinweg, ähnlich der Niederschlagslinie von 900 mm, eine schematische Verbindungslinie von den großen Hochmooren im Rheintalgletscher zu denen des Isargletschers. Überhaupt ist diese Schotterlandschaft mit wesentlich höheren Niederschlägen bedacht als die Schotterlandschaft westlich der Iller. Nach den Messungsergebnissen der Station Ottobeuren liegt die mittlere Temperatur unter der des übrigen Alpenvorlandes; sie wäre in dieser Beziehung ähnlich der Durchschnittstemperatur der Umgebung des Wurzacher Riedes in Oberschwaben.

Die verwitterten, Staublehm-überdeckten Höhen der Schotterriedel der Günzeiszeit tragen Wald, die leicht abfallenden Hänge und die Hochterrassen werden als Äcker, die Sohlen der Täler als Grünland genutzt. Nördlich der vorgenannten Städtelinie herrscht Feldbau auf vorwiegend lehmigen und lehmig-sandigen Böden sowie auf Lößablagerungen gegen die Donau zu. Südlich der Linie überwiegt Grünland, es beginnt bald der Charakter des Allgäus. Dieser kulturgeographische Unterschied ist schon in der Ottobeurer Urkunde des 12. Jahrhunderts über die Vogtsteuer festgehalten, denn sie wird für das fruchtbare Land nördlich des Klosters, „für den Gäu", mit je einem Metzen Veesen und Roggen je Hube bemessen, während „für den Tann", für das Land südlich des Klosters, je ein Malter Hafer je Hube zu entrichten ist [168]). Bis gegen diese Städtelinie reichen von den Alpen her auch alte Orts- und Waldnamen auf „Tann", dann hören sie auf.

Wald des Klosters Ottobeuren

Die Waldungen des Klosters Ottobeuren waren ein wichtiger Faktor im Iller-Holzhandel zwischen Memmingen und Ulm. Die Holzordnung des Klosters von 1747 spricht von der Rottanne als der herrschenden Holzart; zu schonen sind Eichen, Buchen, Ahorn, Esche, F ö h r e n , Apfel- und Birnbäume und alle anderen bärhaften Bäume. Alte Ansichten des 17. Jahrhunderts zeigen das Kloster, wie heute noch, auf der Westseite von Laubwald umgeben. Auch die in der Nähe befindliche Kirche „Wald" wird 1650 inmitten einer Landschaft von lichtstehenden alten Eichen abgebildet. Im 18. Jahrhundert ist zwar um Ottobeuren herum noch viel Buche in den Nadelwaldungen; aber die Karte von 1754 zeigt die Waldungen von Ungerhausen, das Weiherholz bis an den Krummbach, das Gehrenholz, das Holz „in den Tannen" und den „Hartgau" als Fichtenbestände, in die noch etwas Laubholz eingemischt ist. Der „Hartgau" war Weidewald, von Natur aus ein Buchen-Eichen-Wald, den die Fichte überwältigt hatte. Im Jahre 1737 wird festgestellt, daß die Wälder durch die Harzer übel verderbt worden sind; an zwei-, drei- und vierfach verletzten Rottannen wurden bei 6000 Stück gezählt. Wenn es so weiterginge, würden in einigen Jahren nur mehr zum Bauen ungeeignete, unausgewachsene, vom Harzen ausgesogene, verkrüppelte Bäume vorhanden sein. In den Westernachschen Waldungen um Kronburg lasse man keine Harzer ein, daher stehen dort noch die schönsten Bautannen [169].

Wald der Herrschaft und Stadt Mindelheim [170]

Der alte Landsknechtführer Frundsberg hat im frühen 16. Jahrhundert Stadt und Herrschaft Mindelheim regiert. Dann kamen die Fugger. Sie erließen die Holzordnung von 1599, die befiehlt, „zur Erhaltung des Geäckerichs alle fruchtbaren frischen Bäume als Eichen, Buchen, wilde Äpfel- und Birnbäume mit Abhauung zu verschonen und dafür Tannen- und Fichtenholz abzugeben". Die Weißtanne hatte damals um Mindelheim noch sehr starken Anteil am Mischwald.

Südlich Mindelheim wird 1531 ein „Tannholz" am Altensteig genannt, bei seiner Fällung im Jahre 1701 besteht es aus „Tann"- und Buchenholz unterschiedlicher Gattung. Der „Tannenbühl" ober St. Anna hat 1659 Tannen, Fichten, Buchen, Eichen, Hainbuchen. So auch die Holzmarkung „Im Hößlewald" 1680, der „Ziegelstadel" 1710. In einer Federzeichnung von etwa 1700 [171] ist der östliche und westliche Hochfirst, der eine Höhe von 709 m erreicht, teils als Nadelholz mit einzelnen starken Eichen, teils als Mischwald aus Nadelholz und Buchen, abgebildet. Das „unregelmäßige Hauen" ist im Kartenbild durch die Stumpen vieler zerstreuter Anhiebe sehr anschaulich dargestellt; ebenso die vielen Viehweiden, mit einzelnen Bäumen und den Stumpen vergangenen Waldes besetzt. In Waldakten des Jahres 1788 ist das Vorkommen der Weißtanne nachgewiesen im: Saulengrainer „Buchwald" bei Stötten, im „Tannwald" bei Weyern, im Egelhofer „Tannholz" bei Oberrieden, im Gresleswald bei Dorfhausen, im Eutenhauser „Tannenwald" bei Buchenbrunn, im Hochfirst bei Mussenhausen, in den Ober- und Unter-Kamlacher Hölzern, im Schönwald bei Arlesried, im „Buchwald" bei Daxberg, im Dreikönigswald bei Unter-Kamlach, in den Gemeindehölzern von Loppenhausen, Altensteig, Helchenried und Osterlauchdorf. Die Tanne hat sich noch 1911 in einzelnen Distrikten des Staatswaldes erhalten, im Mindelheimer Stadtwald kommt sie heute nicht mehr vor [172]. — Zwischen der Mindel und der Floßach, auf Hoch- und Niederterrassen, herrschte die Eiche, die schon in den frühen Waldordnungen eine Art eigene Betriebsklasse bildete.

Waldungen südlich der Stadt Memmingen

Die Stadt und das Spital Memmingen besitzen im Umkreis eine Menge Waldungen. Auf der Hochterrasse und den Ausläufern der Deckenschotter zwischen Volkratshofen und Dickenreishausen besteht 1509 der Wald auch aus „Tannen" und, eine seltene Erwähnung in dieser Zeit, aus Forchen; unter den Markbäumen werden „Tannen" aufgezählt. Der größte Teil der einstigen Waldallmende der Stadt Memmingen wurde allmählich gerodet. Das Dickenreis war dem Namen nach Ausschlagwald, „Stauden" mit Oberholz; es ist auch von Hochäckern durchzogen, entsprechend dem Zusammenhang von Waldfeldbau und Niederwaldumtrieb. Der Weiler Hart, das Breitenloh, der Asang (Brand) erinnern an diese lichte Wald- und Weideallmende. 1509 wird auch auf dem Berg gegen „Dickerlinshausen" gerodet, denn dort war „mehr Heide als Weide". Als im Jahre 1655 bei Dickenreishausen wieder Wald abgetrieben wird, stocken nach dem Bericht auf 40 Jauchert Weißtannen.

Die Waldungen um Memmingen herum standen auch im Einzugsgebiet der Wasserstraße der Iller. Beim Kauf des Worringer Waldes im Jahre 1417 ließ sich der Käufer Möttelin aus Ravensburg eigens eine freie Zufahrt aus dem Worringer Wald an den Fluß ausbedingen: „Das Holz soll Weg und Steg haben an die Iller." Die vielen Bannhölzer, die um Memmingen im 15. und 16. Jahrhundert erwähnt werden, beweisen die große Wertschätzung des Waldes, in dem man durch Bannung wertvolles „hohes" Handels- und Floßholz zu erziehen suchte.

Der Einfluß des Hofmeisters des Memminger Unterhospitals, Michael Schwegelin, auf die Forstwirtschaft der Stadt Memmingen im 16. Jahrhundert wurde schon an anderer Stelle behandelt (siehe S. 117) [90].

Waldungen nördlich Memmingen

Der breite Schotterblock zwischen der Niederterrasse der Iller und der Hochterrasse im Günztal erhebt sich auf eine Höhe von 670 m und fällt dann auf 600 m ab. Im Nordwesten wird er von dem großen Ried zwischen Kellmünz und Winterrieden begrenzt. Nach Sendtner handelt es sich um ein Hochmoor. Das Ried wird von der Rot durchflossen, die im Lauf gegen Illertissen zu noch andere Moore bildet. Der Lauberhart der Stadt Memmingen, der „Hart" der Gemeinden Steinheim und Niederrieden und der Gemeindewald „das Rotreis" waren ein zusammenhängender großer „Buch", in dem die Weißtanne noch stark verbreitet war. Am südlichen Ende um Eisenburg gab es viele Eichen, die dort als Oberholz im Mittelwald gezogen wurden [90]. Im 16. Jahrhundert waren die Waldungen auf dem Deckenschotter schon mit Fichte vermischt. Teils war der Wald durch den Weidebetrieb herabgekommen, teils durch die übermäßige Nutzung, woran sicher der Iller-Holzhandel schuld gewesen ist.

Boos

Die Hölzer von Boos, zur Fuggerischen Herrschaft Babenhausen [173] gehörig, bestanden 1572 aus dem Ohrwang, der „zuvor ein großes erwachsenes Buchenholz" gewesen ist, das 1554 um 7000 Gulden und gegen Stockräumung an die Stadt Ulm verkauft worden war. Nach dem damaligen Geldwert war dieser Abtrieb ungeheuer. Nun befände sich Birkholz darauf, das, als noch nicht erwachsen, geheit werden müsse. Etliche Plätze seien durch die Weide verödet, „stehen Buchbüschel dort". Der Wald „das untere Buch" ist auch ein „erwachsenes Buchholz" gewesen und bis auf wenige Jauchert abgetrieben. Der Rest sei „Hochholz", sonst seien es ungleich behandelte Gehäue von Birken, Stangenholz und Stauden. Der „Sackzieh" und das „Oberbuch" sei schönes erwachsenes „Tannholz", mit Buchen vermischt. Das „Tannholz" solle zum Bauen geheit, das Buchholz für die Wagner bestimmt werden. Da man in der Herrschaft Überfluß an Bauholz habe, solle man an die Stadt Ulm auch 200—300 Jauchert verkaufen, wie eben der Nachbar von Edelstetten 160 Jauchert an Ulm verkauft habe, anstatt dem solle man lieber „Tannen" und Brennholz ziehen. Die großen Mengen von abgestandenem Holz sollen bald abgegeben werden. Die übrigen Hölzer waren Birken-Stangenhölzer mit Eichen- und „Tannenreisern" (Samenbäumen).

Klosterbeuren

Die Waldungen des Klosters Klosterbeuren [174], die an die Booser Hölzer anstoßen, sind 1631 ausgeschlagene Buchwaldungen, in denen die Buche nur da und dort in älteren Beständen vorhanden ist. Junges Buchholz wird erwähnt. Überwiegend aber sind es schon „Tannenhölzer". Eichen werden auch genannt. „Das Tannenholz ist zwar ziemlich viel, aber nichts großer Maßen, ist keine einzige Haupttanne vorhanden." Der Hochwald ist eben ausgeschlagen und die Waldungen bestehen aus jungem und mittlerem Holz, das im kurzen Umtrieb bewirtschaftet wird. Sowohl im Wald von Boos wie von Klosterbeuren ist Weißtanne heute noch vorhanden und wird natürlich verjüngt. Die Hänge bestehen vielfach aus tertiären Sanden.

In diesem Waldgebiet nördlich Memmingen wird schon im 16. Jahrhundert die Tendenz deutlich, das uneinheitliche Gemenge von Niederwald mit Oberhölzern aus Laub- und Nadelholz, mit Horsten und Schachen von Tannen und Fichten, auf großen Flächen in „Hochhölzer" umzuwandeln, gleich dem Vorbild der „Hoch- und Schwarzhölzer" und dem „Tann" südlich Memmingen. Es wird wohl örtlich auch Fichtensaat angewendet worden sein, nach dem Beispiel des Memminger Spitals.

Wald von Frickenhausen, Arlesried, Schönegg

Die gleichen Waldtypen und die gleiche Entwicklung finden wir auf dem östlichen Schotterblock zwischen Günz und Kamlach; die durchschnittlichen Höhen entsprechen den vorbehandelten um 650 m.

Im Kaufvertrag der Stadt Memmingen von 1520 wird der „Obere Wald" von Frickenhausen [90] als „schöner junger Buchwald" bezeichnet. In allen sechs Bannhölzern steht „alles mit Buchen und Eichen", d. h. das Oberholz wird von Buchen und Eichen gebildet, vielleicht so dicht, daß es eine hochwaldartige Form ergab. In den Gemeindehölzern ist den Untertanen verboten, die bärhaften Bäume, auch alle Eichen und „Tannen", groß und klein, zu fällen. Ursprünglich wurde das Brennholz in Buchenholz angewiesen, aber 1737 muß verfügt werden: „dieweil das Buchenholz immer seltener wird und statt desselben in den Ghäuen meist Tännenholz nachkommt, sieht man sich von Herrschaftswegen bemüßigt, um die gänzliche Ausrottung von Buchenholz zu verhindern, den Untertanen das Drittel an dem Buchenholz abzubrechen und mit Tännen zu ersetzen." Tanne und Fichte sind hier ursprünglich nur untergeordnet gewesen.

Der obere Schönegger Forst nördlich Arlesried ist als alter Bischöflich-Augburgischer Besitz im Holzbuch 1515 [165]) beschrieben: der Wald ist ein „alter Buchwald", daneben liegt ein „alter Eichwald" und das Jungholz, ein „böses schmales Holz" darunter. Das Salach ist ein verdorbenes altes Eichholz, mehr Weide denn Holz (Salach von Salweide).

Im oberen Schönegger Wald stockt heute noch auf Höhen von 635 m ein wuchskräftiger Buchenwald auf sehr gutem Boden, mit Verjüngung und der typischen Pflanzengesellschaft.

Die Waldentwicklung um die Fichtenvorstoßlinie im 16. Jahrhundert und um die Tannengrenze

Wald von Kellmünz und Illertissen

Der Kellmünzer Wald hat sich bis in den Beginn des 19. Jahrhunderts als Niederwald von Birke, Buche, Eiche, Aspe mit etwas Fichte, mit Fichte und Eiche oder mit Birke im Oberholz erhalten. Im Tiergartenkopf standen noch in letzter Zeit einige Weißtannen. Der „Weißtannenkopf" auf der Höhe von 610 m ist ein alter Tannen-Standort. (Taxation 1836/37) [175]). Unmittelbar an der Iller gelegen waren diese Waldungen immer im Bereich des unersättlichen Holzhandels. Die vielen Eichen und Buchen im Oberholz erhielten dem Wald bis zuletzt seinen ursprünglichen Charakter. Östlich von Illereichen, in das Tal der Rot abfallend, hat auch „der Buchwald" seinen Namen behalten.

Der Wald von Illertissen, der den Riedel im Norden abschließt, weist 1587 [176]) als Markungsbäume Buche, Hainbuche, Eiche und Birke auf, wobei die Buche überwiegt. Im Grafenwald wird nur einmal „Tanne" als Markungsbaum erwähnt. — Der „Tannenbühel" — der schmale Ausläufer südlich Illertissen — hat 1587 nur Eichenbäume als Markung, trotz seines Namens. Der Illertisser „Tannenbühel" steht gegenüber den Wäldern von Dietenheim-Brandenburg, durch welche die Nordgrenze des Fichtenvorstoßes im 16. Jahrhundert durchzieht, so daß die Linie im Rheintalgletschergebiet sich auf gleicher geographischer Breite im Iller-Lech-Gletschergebiet fortsetzt [177]).

Die Waldentwicklung um Babenhausen

Die Waldungen der Herrschaft Babenhausen [178]) geben einen klaren Einblick in die Entwicklung des Waldes, in den Stand der Fichtenvorstoßlinie des 16. Jahrhunderts und in die Tannengrenze. Aus diesem Grunde ist eine breitere Darstellung unerläßlich.

Westlich von Babenhausen, anstoßend an das Ried von Winterrieden, und an den „Schwarzen Kopf" im Rottale, stehen zur Zeit der Bereitung von 1572 im „Allmannshorn" „viererlei Hölzer". Gegen Winterrieden viele schöne „Tannen" und Eichreiser (Samenbäume) zum Bau und Geäcker, in der Mitte und am größten Platz lauter schöne gerade Eichreiser für Geäcker und herrschaftliches Bauholz, Eichenstangholz als Brennholzgehäue, — aber gegen die bischöflichen Waldungen von Unterschönegg zu ein schönes, wohlerwachsenes Buchen-Stangenholz. Neben der Rot große Erlen. Sonst stehen unter dem „Tannholz" ziemlich abgestandene Eichen.

Hundert Jahre später, 1681, haben sich die Verhältnisse im Allmannshorn nicht geändert, — schöne „Tannen" und Eichen- und Buchenstangenholz.

Sechzig Jahre später, 1742, werden die südlichen jungen Ghaue als „Tannholz", die mittleren als „Tannholz" und Anflug bezeichnet; doch am Berg gegen Norden haben sich noch schöne Buchen und Eichen erhalten.

Die im Norden anstoßenden Unterschönegger Waldungen des Bistums Augsburg, vom Allmannshorn bis zum Dorf Buch, sind nach den Angaben des Holzbuches von 1515: bei Matzenhofen ein guter Buchwald, der Greifenstein ein alter Buchwald; andere, aber verwüstete Hölzer, haben alte Eichreiser; der Eichberg hat nur Hasel, der Salenberg ist zur Hälfte ein guter Buchwald, der andere Teil mehr Weide als Holz, große veraltete Eichen und wenig Hasel; der Gemeindewald von Oberrot ist ein verdorbener Holzboden, nichts als Buchholz, „aber man kann kein Scheit darinnen machen". An diesen Hängen stockt in heutiger Zeit ein hochstämmiger Buchenwald bester Güte.

Es scheint, daß im 16. Jahrhundert der F i c h t e n v o r s t o ß im Allmannshorn geendet hat, denn die Unterschönegger Wälder enthielten damals noch keine Fichte. Auch wird die Weißtanne, im Anschluß an die Hölzer von Boos, im Allmannshorn noch mit Vorposten vertreten gewesen sein.

Der S c h o t t e r b l o c k z w i s c h e n G ü n z u n d K a m l a c h ist durch die kleinen Täler der Haslach und Gutach unterteilt. Die Babenhauser Hölzer beginnen im Süden auf etwa 620 m Höhen, die gegen Norden zu auf 600—580 m abfallen. Auf den H ö h e n v o n 6 2 0 b i s 6 0 0 m i s t 1 5 7 2 s c h o n F i c h t e eingemischt, die T a n n e schiebt ihre V o r p o s t e n auch noch herein, wie sich aus den Akten des 18. Jahrhunderts nachweisen läßt.

Die westlichen Hölzer, die Griesbacher Löcher, sind ihrer Lage nach als Vorhölzer ziemlich aufgelockerte Brennholzghaue, „Staudholz" mit Eichen im Oberholz. Ein Teil ist Mischholz, ein Teil Birkenbestand. Sie bewahren ihren Charakter ziemlich gut durch zwei Jahrhunderte. Noch 1759 bestehen sie aus Eiche, Aspe, Hasel und Birke mit „jungen Schöpfen von Tannholz".

Das Jungholz zwischen Greimeltshofen und Oberschönegg ist 1572 hauptsächlich von Eichen durchsetzt, mit Fichte und Tanne vermischt. 1681 wird die Fichte für Bauholz übergehalten. 1759 steht dort Birke, Aspe und Fichte; Aushieb des Laubholzes wird beantragt.

Die „Schwendi" war 1572 nur mehr zum Teil erwachsenes Buchholz, als Rest des einstigen „Hohen Buchholzes", sonst ist junges Buchholz vorhanden. 1681 ist auch „das schöne Hochbuchholz" ausgehauen, es blieben junge Eichen und etwas „Tannenbauholz". 1759 (1742) hat es schöne Eichen, Buchen und Birken, besonders viele Eichen überall; überwiegend aber besteht es aus Fichtenbauholz. Laubholzdurchforstungen werden angeordnet. Fichtenanflug ist vorhanden.

Der große Beerenwald, oder „Das Buch" gegen die Gutach zu, ist 1572 „ein schön groß erwachsenes fruchtbares Buchholz". Das Hochholz ist aber abgetrieben. 1681 dasselbe. 1742 junges Buchholz mit Fichten vermischt. 1759 der obere Teil Buche, der untere Buchen, Birken, Aspen und Fichte; ist vom Laubholz zu durchforsten und auf Fichtenbauholz abzuzielen.

Von den vier Greimeltshofer Bergen, an „Das Buch" grenzend, die früher viel Eiche hatten, führt der erste 1759 den Namen „Der Tannenberg", die anderen sind Ghaue von

Aspe, Birke, Eiche. Erst im 18. Jahrhundert scheint sich dieser neue Tann-Name durchgesetzt zu haben.

Der Steinbacher Ghau ist 1572 ein erwachsenes Buchholz, er heißt auch „Kohlwald". 1681 ist dort ein wenig Fichte, für Brennholz bestimmt, die Buchen sind für die Schmiede zum Kohlen abgegeben worden. 1742 nimmt das Fichten-Bauholz schon zu, vermischt mit Buchen.

Im Jahre 1572 ist „Unser Frauen Wald" ein großes erwachsenes Buchholz. Dort sind durch das Kohlen der Schmiede und durch den Ziegelbrand weite Plätze verödet. Es soll künftig kein erwachsenes Hochholz abgetrieben werden dürfen. 1681 besteht der große Wald „aus einem fruchtbaren Flor von jungen Buchen". 1742 ist ein Teil wohlerwachsenes Buch- und „Tannen"bauholz, der andere mit schönen Birken und Aspen erwachsen, mit Anflug von „Tannholz" vermischt; wenn das Brennholz abgetrieben, wird sich gleich wieder ein feiner „Tannghau" zeigen. (Man beachte die Wortbildung Tannghau — d. h. Ausschlagwald mit eingemischten Fichten, ein Brennholzghau, bei Überhalt von Fichte für Bauholz, das einzeln ausgezogen wird.)

Schlegelsberg und Helsen werden 1572 als Buchwälder ausgewiesen.

Die Beschreibung der Booser Hölzer von 1572 (S. 158) hatte den Überfluß an Bauholz in der Herrschaft Babenhausen hervorgehoben. Tatsächlich gab es damals noch beträchtliche „Hohe Buchwaldungen". Im Booser Wald scheint jedoch im 16. Jahrhundert die Fichte schon bedeutend verbreiteter gewesen zu sein als in den von der Iller fernab gelegenen Babenhauser Hölzern. In der Holzordnung von 1765 wird das Pech-Aushauen, das Harzen, das Aschenbrennen in den Gehölzen, besonders in Tannen- und Fichtenhölzern, gänzlich abgeschafft. Der Wald war doch schon sehr herabgekommen. Denn 1747 heißt es, daß bald nur mehr „Stauden" im Wald seien. Daher müssen Einsparungspläne bezüglich der Beholzung der Untertanen gefaßt werden. Im Jahre 1775 wird ein Wirtschaftsplan aufgestellt: die Waldungen machen 7000 Jauchert aus, 650 Jauchert werden für Bauholz bestimmt, alle anderen bleiben für Brennholz. Ineinandergerechnet würden alle 36 Jahre 176 Jauchert abgetrieben. Der Entwurf eines einfachen Fachwerks liegt dem Gutachten bei. Die Basis war wie im 16. und 17. Jahrhundert noch Mittelwaldumtrieb, bis auf einen kleinen Anteil Hochwald.

Ein Gutachten von 1795 fordert, daß der Holzboden rasch in Anflug gebracht werde. Leere Plätze sind mit Eichen als Samenbäume zu besetzen. Seit in den Gehäuen gesunde „Samentannen" stehen bleiben, hat sich an vielen Orten der schönste Anflug gezeigt. Das Nadelholz ist durch Aushieb des Laubholzes zu fördern. Um die Bauholzabteilungen zu schonen, sind Bauhölzer aus Brennholzabteilungen auszuziehen. Auf vergrasten Plätzen ist zu säen, wenn die natürliche Verjüngung versagt. Wo kein Samen aufkommt, wird Antrag auf „Pflanzung" von Weißtannen gestellt, weil diese die Fichten am schönsten und geschwindesten an Wuchs übertreffen und außerdem Wildäsung abgeben.

Besonders tritt das Gutachten für die Begünstigung der Eiche ein. Denn die Natur bringe die Eichenwaldungen selbst hervor, es sei fast kein Ghau, wo nicht Eichenholz aufwüchse. Wenn man genügend banne, komme die Eiche schön auf. Die Natur gebe den Beweis, daß die Eiche am besten mit anderen Hölzern zusammen aufwachse. Der Boden sei für Eiche vortrefflich (vgl. Gutachten Schilcher bei Bußmannshausen, S. 102).

Der Südteil der Babenhauser Waldungen lag noch in der Randzone der Weißtanne.

Naturverjüngte Weißtanne ist heute noch vorhanden im Beerenwald, im Jungholz bei Oberschönegg, im Ohrwang (Boos) und anderen Abteilungen; auch stocken auf tertiären Hanglagen schöne Überhälter von 120—160 Jahren. Auch im Allmannshorn hatte sich bis vor kurzem Tanne erhalten [179]).

In den Babenhauser Waldungen haben wir durch etwa 300 Jahre hindurch die Entwicklung des Fichten- und des Fichtenwaldbauvorstoßes sowie die uneinheitliche und schwankende Entwicklung von Betriebsformen verfolgen können. Hievon wird in der Übersicht noch die Rede sein.

Entwicklung des Waldes nördlich der Fichtenvorstoßlinie (Ebershausen, Wullenstetten, Roggenburg, Wettenhausen)

Im Wald zu E b e r s h a u s e n des Klosters Klosterbeuren [174] (im Norden der Babenhauser Hölzer anstoßend) hatte 1631 die Fichte noch keinen Eingang in die Bestände von Buchen, Birken, Aspen und Eichen gefunden. Erst 1736 läßt sich eine Einmischung von Fichte im geringen Ausmaße feststellen. Zu dieser Zeit hatte sich aber der Fichtenwaldbauvorstoß örtlich schon ganz verschieden ausgewirkt. Die Waldnamen „Tannenwald" erscheinen jetzt in vielen Wäldern des nördlichen Gürtels des Alpenvorlandes, wie aus der topographischen Karte zu sehen ist. Sie gehören alle zur Gruppe der neuen und neuesten „Tann"-Namen. Bei manchen ist aber nicht der Fichtenwaldbauvorstoß die Ursache der Namensverleihung, sondern eine vom natürlichen Verbreitungsgebiet fernab ausgeführte Fichtensaat im reinen Laubholzgebiet, eine Kunstwaldbegründung.

Um W u l l e n s t e t t e n südlich Neu-Ulm, zur Grafschaft Oberkirchberg gehörend [106]), gab es noch 1736 nur Eichen, Aspen, Birken, Hasel, Erlen, mit Oberholz von Aspen und einigen Eichen. Der große „Buchwald" bei Reutti, heute noch Mittelwald von Buche und Eiche, zeigt die Fortdauer des Eichen-Buchen-Charakters bis an die letzten Höhen vor dem Donauried.

Die Waldungen von R o g g e n b u r g [180]) bei Weißenhorn, zwischen der Biber und der Günz, bestanden bei Aufhebung des Klosters aus Buchen, Birken und Fichten. Die alten Eichen waren sämtlich zu den Festungsbauten der Stadt Ulm ausgeschlagen worden. In den Klosterwaldungen war das Streurechen erlaubt. Nach dem Holzbuch von 1753 gab es Gehaue von Aspen, Birken, Erlen, ungeschlachtes Buchholz, Eichen und Hainbuchen. Wacholderstauden wurden zum Zaunholz abgegeben. Auf den vielen Öden wuchs der Wacholder, vom Weidevieh verschmäht, allenthalben, nicht nur im „Wacholderholz im Illergries" bei Neu-Ulm. So waren die einstigen „Hohen Buchen- und Eichenwälder" heruntergekommen.

Die Klosterwaldungen von W e t t e n h a u s e n an der Kamlach bei Günzburg und Burgau hatten noch im 18. Jahrhundert erst eine geringe Einmischung von Fichten. Überhaupt hat sich der Mittelwald zwischen Iller und Lech viel länger in das 19. Jahrhundert hinein erhalten als anderwärts.

Im Vertrag von 1589 des Klosters Wettenhausen [180]) mit der Gemeinde Kemnat heißt es: die Haushölzer sind ausgeplündert, sie müssen geheit werden. Die drei Waldstücke, „das Eichach", „das Birkach" und die „Wolfsgrube" sind mit Eichen, Buchen und dergleichen Bauholz nachzuziehen, mit einem Zaun über das 5. Laub einzufangen. Von jeder Jauchert sind 20 „Standreiser" von Aspen oder Birken zu belassen. Der abgetriebene Holzboden war zum „Eichghau" gehörig, „... wohlzumerken weil auf diesem Platz samt und sonders durchaus Buchen gestanden, der jetzt abgetrieben ist." In wenigen Worten eine lange waldgeschichtliche Entwicklung.

Markgrafschaft Burgau

Die schöne „Landtafel" der habsburgischen Markgrafschaft von Burgau wurde im Jahre 1613 vom Maler Andreas Rauch aus Wangen [181]) gemalt. Sie gibt eine genaue Darstellung der Städte, Märkte und Dörfer, der Waldungen, Grenzen und Rechtsverhältnisse. Rauch hat manche „Landtafel" gemalt (Lindau, Wangen), aber die von Burgau ist künstlerisch und technisch die sprechendste. Sämtliche Wälder sind als Laubhölzer abgebildet. Die charakteristische Kronenform sowohl der Buche als der Eiche, die das Waldbild beherrschen, als auch Niederwald und Buschwerk sind zu erkennen. Wenn auch die Darstellung schematisch ist und gar nicht anders sein könnte, wäre bei dieser Genauigkeit der Aufnahme stärkere Einmischung von Nadelholz nicht übersehen worden. Um 1600 war in diesem Gebiete auch keines vorhanden, mit Ausnahme im Scheppacher Forste östlich Burgau und der Mindel (siehe Gabelbach S. 168).

Die bildliche Darstellung wird ergänzt durch den Entwurf einer Instruktion für den Forstmeister der Burgau, den Ritter Berchthold von Rot zu Ichenhausen. Sie hat den Forstmeister der Innsbrucker Regierung zum Verfasser und stammt aus der Zeit von 1550 [182]). Hierin heißt es: Zur Markgrafschaft gehören viele Wälder; die größeren sind der Wellenburger, Scheppacher und Roggenburger Wald; ebenso gehören dazu kleinere Vorhölzer und Löcher. Diese Wälder, kleine und große, haben alle Eichen und Buchen, und sonderlich die Buchenwälder von Gewächsen fast hoch und groß (fast gleich groß, stark). Der Forstmeister der Burgau soll alle diese Eichen- und Buchen-Wälder, darauf dann der Ecker oder Eichel und Buchnüßle, so man das Kes nennt, wachset, von denen das Rot- und Schwarzwild seine Nahrung hat, fleißig heien. Der Forstmeister und seine Forstknechte und Sulzknechte zu Fuß und zu Roß, sollen solche Wälder heien und verwahren, damit solche hocherwachsenen (!) Wälder und Forste nicht als dermaßen ohne alle Ordnung von menniglich ihres Gefallens verhackt, ausgeödet und verwüstet werden, dadurch das Rot- und Schwarzwildbret nicht allein in seiner Nahrung, sondern auch an seinen Unterständen notleidet. — Bei seiner Inspektion hat der Tiroler Forstmeister gesehen, daß die Verschwendung dieser Wälder und das Niedermässen (Mäß, Meiß = Holzschlag) des Holzwerkes von jedem ohne Ordnung geschieht; solche Gehaue und Mäß sind in den Wäldern allenthalben; die von Augsburg und Ulm und andere mehr und besonders die Pfandherren und Klöster möchten solche Wälder alle auf einen Tag niederlegen und zu Geld machen, dem müsse man zuvorkommen. Man solle daher ein ernstliches Mandat machen, daß alle Inhaber solcher großer Wälder, sie hätten dies für Eigen, Lehen, pfandweise oder ander Gestalt, wenn sie einen Gehau machen und Holz verkaufen wollen, zuvor Anzeige beim Forstmeister zu machen hätten, daß er oder ein Waldmeister, den anzustellen nötig sein werde, ihnen gute Ordnung vorschreiben könne.

Der Forstmeister Berchthold von Rot zu Ichenhausen scheint aber den Anforderungen nicht entsprochen zu haben, denn er wurde durch einen Nachfolger ersetzt. Die Hände der Pfandherren, der Großkaufleute von Augsburg, mögen in der Regierungskanzlei zu ihren Gunsten oft mehr ausgerichtet haben als der biedere Forstmeister vom Lande [183]).

b) Zwischen Mindel und Wertach bzw. Lech

Zwischen der Mindel und der Wertach, bzw. dem Lech erhebt sich ein großer, durch die Senke von Dinkelscherben-Gessertshausen in einen Nord- und Südteil geschiedener Block von Günzschottern, deren tertiärer Sockel aber in größeren Flächen hervortritt als sonst im Schotterland. Der Block wird von mächtigen geschlossenen Waldgebieten, einstigen Königsforsten, eingenommen.

Waldungen der kurfürstlichen Grafschaft Schwabegg, um Mattsieß und Türkheim

Die Randzone der Tanne reicht noch in den Südteil des Blockes herein. Westlich von Mindelheim, im Gebiete der Herrschaft Mattsieß und im Südwestteil des Blockes, im Gebiet der Reviere Türkheim, Angelberger Forst und Zaisertshofen, besteht nach der Forstbereitung von 1749 und 1767 [184]) der kurfürstliche Wald aus: a) Buchen und Weißtannen; b) Fichten, Buchen und Weißtannen; c) Fichten und Buchen, oder Fichten, Birken und Aspen; Eichen sind eingemischt, auch Linden.

Im Revier Angelberg – Zaisertshofen wirkt sich vielleicht auch die Luftfeuchtigkeit des moorerfüllten Floßachtales günstig aus; die nach Westen offenen Höhen von 650—620 m mit ihren starken Tanneneinmischungen fangen mehr atlantische Luftströmungen auf. Die im Innern des Blockes liegenden Reviere Immelstetten und Marktwald an der mittleren Zusam sind nach der Beschreibung von 1828 nur mit Fichten, Aspen, Birken und Eichen bestockt; einige Buchenbestände sind vorhanden. Die Weißtanne fehlt [184]).

Wald der Herrschaft Kirchheim

So wie in der Fuggerschen Herrschaft Babenhausen können wir in der Fuggerschen Herrschaft Kirchheim, dank der reichen archivalischen Quellen, die Waldentwicklung, besonders den Fichtenvorstoß, genau verfolgen [185]).

Nördlich von Zaisertshofen beginnt der Wald der Herrschaft auf Höhen von etwa 600 m. Die Kirchheimsche und Eppishausensche Holzbereitung von 1573 gibt eine plastische Beschreibung der „Hochhölzer und Gehaue".

Zum Flecken Mörgen gehören der „Buchrain" und das Holz, der Stein, beide erwachsenes Buchholz (doch sind die besten Buchen herausgezogen worden). 1608 ist das erste ein Bestand von Eichen, Buchen, Aspen und Birken, das zweite ein wohl erwachsenes Buchholz mit einem Gehau.

Zu Eppishausen gehören: Der Eppishauser Buchwald, schön und voll erwachsen; er ist zum Geäcker zu schonen und nichts daraus zu hauen. Zu diesem Hochholz gehört ein Gehau, in dem nur Salen und Weiden, „ganz unnützes Holz" stehen. Dort soll nach Aushieb und Heiung versucht werden, Holz nachzuziehen. 1608 besteht noch der Buchwald, aber ein Gehau heißt jetzt „Birkgehau". Nach Erwähnung einiger kleiner Hölzer mit gutem und schlechtem Buchholz wird das Hölzlein „am Tannenfurt" bei Tiefenried genannt. Wahrscheinlich standen im Ried Fichten-Vorposten.

Zu Kirchheim gehören: „Haselbacher Stelle", unterhalb Haselbach, 1572 und 1608 „ein rauhes Eich- und Staudenholz"; der Geißgeren, „ein Stangenholz von jungen Eichen, Buchen, Birken, Aspen und Salen"; — alles ist als Zaunholz abzugeben und dann zu heien; 1608 Aspen, Birken, Salen, Buchen und junges Büchleholz. Der Gehau „Ober-Natter" ist 1572 ausgehauen, soll wieder zu Holz erzogen werden; der Gehau „Unter-Natter" ist ein schönes erwachsenes Buchholz, ist zum Geäcker zu heien; ein späterer Vermerk: alles abgegeben und kein Buchholz vorhanden. 1608 hat der „Natter" nur mehr Aspe, Sale, Birke, Büchle, rauhes Eichenholz. (Unter Büchle ist Hainbuche zu verstehen.) Der Gehau „Pfaffenstadel" ist früher „schändlich verderbt und ausgehauen worden", wird jetzt abgetrieben, ist zu heien und Holz nachzuziehen. 1608 stehen dort Büchle, Aspe, Sale, Birke und Eiche. Auch der Kirchheimer „Buchgehau" ist ausgehauen, soll geheit und Holz nachgezogen werden. Dagegen ist „der Buchwald" hinter dem Tanzbühl ein ziemlich wohl erwachsenes Buchholz. Er soll wegen des Geäckers geheit werden, die Beholzung ist nur von den Vorhölzern zu nehmen. Der Goppenbühl „zum besten Teil erwachsenes Buchholz, Eichen und Staudholz"; das Mühlhölzlein ist verderbt, nicht geheit, hat noch etwas rauhe Stauden, rauhe Eichen, Buchen und Hainbuchen. Der Kaltenbach ist ein Stangholz, Buchen, Aspen, Eichen im Oberholz. 1608 besteht er zumeist aus Birken. Der Stein ist ein junger Gehau von Eichen, Buchen, Birken, Aspen, Salen; es soll alles geheit werden, nur die Salen sind auszuhauen.

Eine Holzordnung von 1574 befiehlt, Buchenholz nur nach einem Geäcker auszuhauen, damit die Gehaue nicht leer stehen, sondern besamt bleiben (Schirmschlag). Wenn es aber schlechte Holzböden sind und nur Weiden und Salen darauf wachsen, sollen die Gehäue mit Birken durchstreift werden, damit der Boden mit Birkensamen besamt und besseres Holz als bisher gezogen werde. (Hiervon spricht auch die Oberkirchbergsche Holzordnung von 1676, s. S. 122).

Die Holzordnung von 1571 beklagt das üble Abtreiben von Eichenholz. Die Holzordnung von 1681 erwähnt die vielen Eichen und Buchen, das „Eich- und das Buch-Äckerich"; sie bemerkt, daß sich die Gemeinden in ihren Hölzern einer großen Unordnung mit Abgebung von Eich-, „Tann"- und Brennhölzern anmaßen. Die Holzordnung von 1786 verbietet das Pecheln. Vom 17. bis zum 18. Jahrhundert hat der Fichtenvorstoß schon große Fortschritte gemacht.

1794 macht der Mindelheimsche Forstmeister Schilcher den Vorschlag, die vielen überflüssig gewordenen Markbuchen zu verkaufen und den Erlös zu teilen. Noch im 17. Jahrhundert war der Buchencharakter dieser Waldungen unverkennbar, wohl mehr im südlichen, höheren Waldteil; denn die äußeren Vorwälder und die Hölzer gegen Norden bestanden im 16. Jahrhundert schon meist aus Eichen, Aspen und Birken. Was 1654 als „Buchwaldungen" beritten wird, wird zumeist tatsächlich als „Buchenwald" angegeben. Die Markungsbeschriebe von 1596 führen als Markungsbäume ausnahmslos Eichen, Buchen, Hainbuchen an, außer den versteinten Grenzen. Erst im Markungsbeschrieb von 1682 kommt einmal „Eiche und Tann" und dann erst 1718 oberhalb Haselbach, gegen Kirchheim zu, eine Marktanne vor. Der Band „Holzbeschreibungen und Marken" von 1608 und 1729/30 zählt wiederholt die Hölzer, auch die Gemeindehölzer auf. Es ist nichts anderes als vorwiegend Buche und sonstiges Laubholz vermerkt. Nur 1682 wird angegeben „durch das Tannholz gerade hindurch", die Örtlichkeit ließ sich nicht feststellen. Im 18. Jahrhundert erscheint ein Bauernholz bei Eppisried „durchgehend mit Tannen angewachsen", ebenso ein solches in der Gemeinde Ellenried. Damals war aber auch der Fichtenwaldbauvorstoß, die Begünstigung der Fichte im Oberholz und wohl auch der Waldfeldbau und Fichtensaat längst in Übung. Die gleiche Entwicklung ist nach Akten des 18. Jahrhunderts in den benachbarten Waldungen der Herrschaften Burtenbach und Jettingen zu konstatieren; Mischwald in Mittelwaldform, neben Fichten- und Fichten-Forchen-Beständen im kurzen hochwaldartigen Umtrieb [186]).

Der Wald dieser Landschaft hat vier Stadien der Entwicklung durchgemacht: zuerst die Degradierung des „Hohen Buchenwaldes" in den Niederwald mit Oberholz von Eichen und Buchen; dann den Ersatz der edlen Oberhölzer durch Birken und Aspen; den Fichtenvorstoß und die Umwandlung in den Laubholz-Fichtenmischwald im 18. Jahrhundert; schließlich die Überführung in Fichtenhochwald.

Wald des Spitals zum Heiligen Geist in Augsburg bei Mittel-Neufnach und bei Leuthau [187])

An die Kirchheimer Waldungen stoßen östlich die von Mittel-Neufnach an. Nach dem „Holzordnungsprojekt" des Spitalmeisters Braun von 1550 heißt es: Da die Gehölze und die Forste an vielen Orten wüst abgetrieben und „in schwere Unwesentlichkeit" gebracht worden sind, ist die Erlassung einer neuen Ordnung nötig. Das Eichholz ist selten geworden und fast ganz im Abgang. Es gibt wohl viel Gehölz und Wald, aber abgetrieben und verwüstet. Trotzdem ist noch in diesen Wäldern ein „gar guter Buchwald" anstoßend an die Mickhausenschen Waldungen, der „Zinken", „alles gestandenes und gewachsenes Buchholz". Dieser soll in strenger Ordnung geheit werden. Man dürfe nicht die besten und größten Hauptbuchen heraushauen, und muß den Viehtrieb an „solchen Hohen Hölzern" einschränken, damit sie sich mit Gewächs ersetzen können.

Der Fichtenvorstoß

Das Spital besitzt „zu Bergen" Wald. Diese Holzmarken heißen 1592 „Der Forchenberg", „die Viehweide", „der Nonnenberg". Sie liegen zwischen Schwabegg und Waldberg bei Leuthau auf Höhen um 600 m. Erst in einer Beschreibung von 1625 sind die Holzarten erwähnt, aber keine Forche. Da gibt es einen neuen Gehau mit Hasel und Birken; ein anderer neuer Gehau ist vor vier Jahren abgeholzt worden, „ist meistens Feichtenholz gewesen"; „es mag wohl vor 36 bis 40 Jahren kein Scheitholz mehr zu erwarten sein, weil es sich vom Boden auf besamen muß". Ein anderer Gehau liegt aufwärts gegen des Spitals „erwachsen

Feichtenhölzlein" zu, in einem nächsten gibt es „Birkenholz mit ein wenig Feichtholz"; an des Bischofs Holz steht auch „ein Feichthölzlein", das niemals völlig abgetrieben worden ist, sondern man hat es stehen gelassen, um den Bauern daraus Zimmer- und Bauholz zu geben.

Nach dem Wortlaut handelt es sich nicht nur um Fichteneinmischung im Laubholz, sondern auch um kleinere Fichtenbestände, aus denen schon seit langem Bau- und Zimmerholz verabfolgt wird. Jedenfalls zeigt sich hier ein ähnliches Vorschieben der primitiven Betriebsform des „Fichten-Hochholzes", wie im Einzugsgebiet der Iller (s. S. 121).

Diese Waldungen am Ostrand des Blockes, entlang der Wertach, liegen in den ausgedehnten Waldallmenden der Ursiedlungen auf dem Wertach- und Lechfeld, wo sich auch die vor- und frühgeschichtlichen Siedlungen befunden haben; später standen sie auch unter Einwirkung des nahen römischen Hauptortes Augusta Vindelicorum. Im Mittelalter wurde in dieser Gegend auf Bohnerz gegraben und dieses in Schmelzen einfachster Art verarbeitet. Der Süden des Blockes, nördlich von Türkheim, stand noch in Verbindung mit der äußeren Zone der Weißtanne und war auch noch den Fichtenvorstößen von der oberen Stufe der Schotterlandschaft ausgesetzt. Wie sich im Westteil des Blockes die Weißtanne vorgeschoben hatte bis auf Höhen von etwa 620 m, so hat sich die Fichte auf dem Ostteil bis auf die Höhen von 600 m eingemischt, wobei der Vorstoß durch die schon im frühen Mittelalter erfolgte Abschwendung dieser Waldungen begünstigt wurde. Denn dieses Gebiet hieß seit alters her als Niederwald schlechtester Beschaffenheit „Die Stauden".

Deutlich läßt sich erkennen, daß die Spitalswaldungen zu Mittel-Neufnach den Typen des Buchen-Eichen-Waldes und Eichen-Buchen-Waldes angehören, ebenso wie die zu Kirchheim. Noch 1606 wird zu Mittel-Neufnach die Abgabe von frischen fruchtbaren Buchen verboten. Sowohl zu Mittel-Neufnach als auch zu Kirchheim haben sich die Hauptbestände von Buchen länger erhalten, weil sie vom Verkehr abgelegen waren. Dagegen ist in den Holzmarken von Bergen, gegen das Wertachtal, von Buchen überhaupt nicht mehr die Rede, sondern nur von Birken und Fichten und von Stauden.

Wald des Hochstiftes Augsburg [188])

Auch hier lassen sich die gleichen Folgen je nach der Verkehrslage beobachten. Während die an die Spitalshölzer zu Mittel-Neufnach anstoßenden Waldungen „Der Schalkenberg und der Gehren" bei Langen-Neufnach um 1515 ein „wohl erwachsener Buchwald und ein jung gewachsenes Buchholz" sind, der folgende, der „Hartenberg", zum Teil „gut wohl erwachsenes Eichen-Zimmerholz und Buchen-Zimmerholz", machen die näher der Wertach und Augsburg gelegenen Waldungen keinen günstigen Eindruck. Sie sind Niederwaldungen, so das „Bobinger Bistum", das mit 14 Jahren abgegeben wird, keinen guten Boden hat, in dem es viel Besenreis, also Birken gibt; dann das „Weringer Bistum", ein Schlag von 1—16 Jahren mit einem Berg, auf dem ein gut und wohl erwachsenes Eichenholz steht, das aber erst 50 Jahre alt ist und zu Zimmerholz erwachsen soll. Nach vielen Waldnamen war die Linde in diesen Wäldern einst stark eingemischt.

Anläßlich der Bereitung von 1580 werden die Waldungen etwas genauer beschrieben. Der „Weithart" besteht aus Gehauen von Birken und Aspen, 3-, 4-, und 5-jährig; aus halberwachsenen Birkgehauen, die noch 15 bis 18 Jahre wachsen müssen; aus jungem Stangholz, das man in vier oder fünf Jahren hauen kann. Im „Weithart" gibt es ziemlich erwachsenes Eichholz und junge Standreiser. „Das Lindach" ist ein abgetriebener Platz von 146 Jauchert, hat viele erwachsene und junge Eichreiser, die allzu krummen und zu Bauholz untauglichen sind auszuziehen. „Das Jungholz" ist ein ziemlich erwachsen Holz von Birken, Aspen, Linden, Erlen. Dieses ist nunmehr anzugreifen, weil es nicht besser wird und desto eher wieder kommen würde. Man sieht, daß hinter diesen scheinbar naiven Beschreibungen ein zwar nicht klarer, aber immerhin bestehender Plan einer Einteilung nach Flächen, Alter und Jahresschlägen besteht, nur ist die Holzmasse schon außerordentlich gering.

Diese drei in ihrem Umfange recht beträchtlichen Waldungen liegen bei Bannacker. Wenn Fichten darinnen gestockt hätten, hätte man es bei dieser genauen Beschreibung sicher nicht übersehen.

Das „Bobinger Bistum" ist 1580 mit Ausnahme eines kleinen Teiles von 50 Jauchert, wo noch stark erwachsenes Holz steht, ausnahmslos „unerwachsene Gehaue, wovon vor 35 bis 40 Jahren kein Holz zu hoffen ist." Dagegen hat das „Weringer Bistum" auf 50 Jauchert einen gar stark erwachsenen Kobel Standholz (wohl das 1515 genannte, damals 50jährige Eichenholz). Eichenreiser werden stets erwähnt. Ein sehr gebräuchliches Wort der Augsburger Forstwirtschaft ist das „Porzholz", womit sperriges, krummes, schlechtwüchsiges Holz verstanden wird. Es wird zur Abgabe an die Untertanen bestimmt, das Porzholz der Auen wird für den Wasserbau verwendet. „Das Holz der Weringer Gemeinde" ist auch nur „Porzholz".

Der gesamte Schotterblock wird durch die S e n k e v o n D i n k e l s c h e r b e n - G e s s e r t s h a u s e n in zwei Teile getrennt. In der Senke liegen Moore, mit Hochmoor-Anflügen. „In der Au" zwischen Mödishofen und Dinkelscherben finden sich verschiedene Relikte, wie die Bergforche mit ihrem nördlichsten Standort im deutschen Alpenvorland, Vaccinium uliginosum, sowie einige andere Hochmoorpflanzen, so daß man dieses Moor als sehr verarmtes Hochmoor bezeichnen kann. Auch heute macht der Wald in der moorigen Senke den Eindruck eines Moorwaldes. Die Senke war von Buchenwald umgeben, was auch aus den Ortsnamen „Buch" und „Reitenbuch" hervorgeht.

Nördlich der Senke breitet sich das große Waldgebiet aus, das verhältnismäßig sehr spät besiedelt worden ist. Noch im 13. und 14. Jahrhundert werden grundherrliche Rodungen durch Rodemeister angelegt, so Gabelbachgreut, Grünenbaindt, Lauberbrunn, Rechbergreute und andere. Daher hat sich der Urwald, späterhin auch mancher Sekundärtyp mit den natürlichen Baumarten länger erhalten als südlich der Senke.

Schon aus der Beschreibung der H o c h s t i f t i s c h e n W a l d u n g e n von 1515 [188]) geht dies hervor. Der Erlischwanger Forst, der Streitheimer Forst, der Urbacher Forst und der Zusmarshauser Forst werden sämtlich als gut erwachsene Buchwälder angegeben. Wir haben in ihnen zu dieser Zeit „Hohe Buchwälder" zu sehen. Neben diesen vier Forsten werden folgende Hölzer verzeichnet: „Der Pettenfirst" als Niederwald mit Eichenoberholz; der Lebachhart halb ein Schlag, halb ein Buchwald; „Das Buch" bei Wollbach als guter Buchwald, u. a. „Im Lindach" bei Biburg ist „viel Forchenholz" (top. Karte Lindach und Fohrenberg) zu dieser Zeit, vielleicht wird aber hier unter Forche auch „Tannen" mitbegriffen, wie die nächste Beschreibung wahrscheinlich macht.

Die Holzbereitung von 1580 faßt die vorgenannten großen Forste unter dem Namen „Der Wald" zusammen. Er besteht aus Gehauen und aus Hochholz. Der Wörleschwanger Forst ist ein fein erwachsenes Hochholz. Im „Buch" bei Wollbach stehen aber Birken, Aspen, Buchen, auch vieles junges Buchholz; der „Haibach" ist abgetrieben, nichts als ein junger Aspenghau, mit ziemlich viel Eichenreisern; „Das Lindach" hat erwachsenes Standholz, dann halb gewachsene Gehaue, in denen „schöne Eichen- und D ä n n r e i s" stehen (Oberholz). Auch am „Sandberg", dem tertiären Berg im Westen Augsburgs, über den die Straße Ulm-Augsburg zieht, ist ein Holz „von Dännin und wenig Birkholz, daraus man zu jeglichem Gebrauche der Wertach abhaut".

Der Buchen-Eichen-Wald erstreckt sich bis zur Donau, zum Donauried, wo die Eiche vorherrscht. Nach dem Holzbuch von 1515 besitzt das Hochstift im Ried bei Dillingen und Fristingen das „Aichach und das Birkach", mit Standreisern von Eichen, Aspen und Birken. Das Ried heißt auf einer alten Karte auch „Birkach". Dann wird 1515 ein „Dannwäldlein" im Ried erwähnt, nur zwei und einhalb Jauchert groß — „liegt frei im Ried" — und ist zur Zeit eine Wiese. Da es eine „Schwerzin" bei Reistingen gibt (1515), mag im Ried vielleicht einstmals ein Fichtenhorst entstanden sein. Im 18. Jahrhundert wird in den bischöflichen Waldungen von Dillingen, auf den Höhenrücken, die das Ried begrenzen, bei Zusam-Altheim Mischwald von Birken, Buchen und Fichten verzeichnet. Immer folgt der Vermerk „mit jungen Feichten und Birken angeflogen" (1728—1730).

Der Zustand der Waldungen des Hochstiftes hat um 1580 zu dem Gutachten des Sixt von Rösingen [188]) geführt: „Ratschlag an den Fürstbischof der vier Forste halber." Er sagt: man darf nur mehr an einem Platz hauen, keine Weide zulassen, sonst werden die Forste nur eine Weide und nichts wird geheit. Wenn aber in solchen Schlägen nicht eine Ordnung angefangen wird, und man den Leuten das Aspen-, Birken- und Hagbuchenholz erlaubt, sie aber die alten Buchenwaldungen abhauen, so besamt sich derselbe Schlag nur mit Birken und Aspen am allermeisten und das Buchenholz gerät nicht. Denn wenn man Ordnung hält, würden die vier Forste auch Holz zum einträglichen Großverkauf geben (und nicht nur zur Beholzung der Untertanen). Dieses Gutachten mit seinen knappen Worten gibt den besten Einblick in die Augsburger Forstwirtschaft des späten 16. Jahrhunderts.

Die Urkunde von Gabelbach anno 1512. Weißtanne oder Fichte?

Durch die Augsburger Urkunde von 1512 „Spruchbrief wegen Holzabgabe in der Gemeinde Gabelbach" erfuhren wir zu unserer großen Überraschung, daß schon zu dieser Zeit „Tannen" als Bauhölzer und Samenbäume im Wald von Gabelbach gestanden haben. Gabelbach liegt an der mittleren Zusam etwa 20 km westlich Augsburg.

Im Augsburger Wortgebrauch wird das Wort „Tanne" schwankend für Weißtanne, oder für Tanne und Fichte zugleich gebraucht; im 16. Jahrhundert wird auch das Wort „Fichte" angewendet. Die Verfasser der jeweiligen Holzbeschreibungen haben je nach ihrer Herkunft und Mundart bald den einen, bald den andern Ausdruck benützt.

Die Urkunde [189]) lautet:

Der Domprobst von Augsburg, Wolf von Zalnhart, entscheidet als Schiedsrichter zwischen dem Spital Augsburg und den Vierern der Gemeinde Gabelbach von wegen eines Holzes, Viehweide genannt, oder Gemeinde, des Holzschlagens wegen,

1. die bisherige Unordnung des Hauens wird abgeschafft, jeder Bauer bekommt 19, jeder Lehner oder Seldner 10 Klafter; wenn dies nicht reicht, aus den Vorhölzern eine Zubuße. „Doch der Tannen und Eichreiser verschonen";

2. zum Hausbau sollen sie ziemlich um Zimmerholz ansuchen und bitten. Es soll ihnen „Eichin, Tännen und anderes an unschädlichen Orten und zu ziemlicher Notdurft und Gebühr zu geben verordnet und nicht versagt werden".

3. Es soll das Holz, die Viehweid genannt, „der gedachten Eichen- und Tännen-Reiser halben allzeit in Bann liegen und ein jeder der obgemeldeten Reiser bei einem Gulden Strafe verboten sein".

Dieser urkundliche und so frühe Nachweis von „Tannen" als Samenbäume ist wohl der wichtigste Zeuge für bodenständiges Vorkommen. Hiezu die vorerwähnten Berichte über das „Lindach" und den „Sandberg", in welche 1580 „Dännreiser" eingesprengt stehen. In diesem „Lindach" wird schon 1515 „viel Forchenholz" erwähnt, von dem wir vermuten, daß es auch Fichte mitbegriff [188]).

Ferner wird im Jahre 1574 vom Streitheimer Forst berichtet, daß in diesem Wald „viel schöne erwachsene Schachen mit langen Forchen oder Tanniholz" vorhanden sind und daß solches Holz allenthalben hin und wieder wachse. Auf den Holzmähdern dieses Forstes sind „Tannen und Birken laufend dermaßen aufgeschossen", daß es schade wäre, sie wieder auszureißen.

Was 1512 in Gabelbach als altes Vorkommen von „Tannenreisern" festgestellt wird, ist 1574 im Streitheimer Forst als neues Ereignis angeführt, die rasche Verbreitung von

„Tannen". Im letzteren Fall kann es sich wohl nur um die Rottanne, die Fichte, handeln, denn die Ansamung auf dem freien Platz, im Licht, kann nur dieser gelingen. Wenn im 16. Jahrhundert von „Buchenwäldern" im allgemeinen gesprochen wird, so ist es niemals ausgeschlossen, daß nicht eingemischtes Nadelholz vorhanden gewesen wäre. Daher ist die Unterlassung der Erwähnung von Nadelholz im Waldbuch des Hochstiftes von 1515 noch kein Beweis, daß nicht doch Tannen oder Fichten eingemischt gewesen wären, auch außer den wenigen Waldungen, in denen sie ausdrücklich genannt wurden.

Für die Einmischung von Fichte spricht die Ansamung auf den Holzmädern, und die Tatsache, daß 1628 in Listen ausständiger Holzgelder bei der Gemeinde Lützelburg Rückstand für „Feichtenholz, Eiche und Buche", bei der Gemeinde Gabelbach Rückstand für „Eichen, Forchen, Buchen und vier Stück Feichten" erwähnt ist.

Der alte „Tannen"-Standort von Gabelbach um 1512, in einem Zeitpunkte, in dem die allgemeine Verwüstung der Wälder noch nicht eingetreten, und der Vorstoß der Fichte in dieser Gegend noch kaum erfolgt ist, spricht wohl für das Vorkommen der Weißtanne. Denn Gabelbach selbst ist keine Ursiedlung, und das benachbarte Gabelbachgreut ist erst 1327 durch den Rode- oder Reutmeister Hermann als Einöde mit zwölf Lehen gerodet worden, das benachbarte Grünenbaindt erst 1332 durch den Reutmeister aus Welden. So dürften die Wälder dort noch lange wenig beeinflußt gewesen sein. Der wichtigste Beweis für die Weißtanne liegt jedoch in verschiedenen Weißtannenrelikten unserer Zeit in den Revieren Zusmarshausen und Welden, und in Bauernhölzern. Schon die Waldstandsrevision von 1867 des Forstamtes Welden erwähnt dies. Im „Vorderen Hirschkopf" standen noch 1938 einige alte mächtige Weißtannen, etwa 200jährige Überhälter [190]). Einen Ortsnamen mit der Bildung auf „Tann" gibt es auf dem Schotterblock nicht. Doch kommt bei Zusmarshausen ein Flurname alter Wortbildung „Das Tannich" vor. Dieses Gebiet ist auch noch von einem Jahresniederschlag von etwa 800 mm (350 mm Mai bis August) begünstigt, der nach Norden, der Donau zu, rasch absinkt.

Die Frage „Weißtanne oder Fichte" kann somit mit „Weißtanne u n d Fichte" beantwortet werden. Aber damit war das Rätsel noch nicht völlig gelöst. Denn die aufregende weitere Frage erhob sich, mit welchem Areal dieses Nadelholz zusammenhing.

Das Auftreten der Tanne und Fichte im Raum nördlich der Senke von Dinkelscherben-Gessertshausen konnte nicht mit dem Vorkommen von Weißtanne und Fichte auf dem südlichen Schotterblock zusammenhängen, weil nördlich der Höhenlinie von 600 m, also im Gebiet unter 600 m Höhe, eine Einmischung von Nadelholz niemals erwähnt wird, trotzdem die vielen Beschreibungen des späten 16. Jahrhunderts meistens die Baumarten recht genau anführen. Nur die Forche ist am Ostrand sehr früh da und dort aufgetreten (Forchenberg bei Traunried). Es liegt jedoch nahe, vereinzelte ursprüngliche Standorte von Weißtanne im Nordblock anzunehmen als Vorposten der Weißtanne aus dem Raum östlich des Lech, des altbayrischen Tertiärlandes, und zwar aus der Richtung der Ortsnamengruppe VII auf „Tann", dem Raum von Tandern östlich Aichach an der Paar, der sich in einer Insel eines Niederschlages von 800 mm befindet (s. S. 191).

Dafür deutet auch ein vereinzeltes Relikt der Eibe bei Landesberg (1938), die im Voralpenland oft mit Tanne vergesellschaftet auftritt. Das Vorkommen der Fichte im 16. Jahrhundert ist als stärkerer Fichtenvorstoß aus dem altbayrischen Tertiärland, von Osten her, zu erklären; außerdem könnte die Fichte auch vereinzelte Stützpunkte in der Moorsenke von alters her besessen haben.

Auch die F o r c h e n s t a n d o r t e b e i A u g s b u r g können mit dem Forchenvorkommen des Ostens zusammenhängen, obwohl an der Wertach und am Lech die Verwandtschaft mit der Alpenforche ebenso wahrscheinlich ist. Die Heiden des Wertach- und des Lechfeldes sind mit vielen Alpenpflanzen besetzt. Ein Standort der Forche bei Augsburg,

„Das Forchach" (Foret) in der Nähe von Stettenhofen am Lech, wird 1271 erstmals bezeugt [191]).

Archivalische Nachweise bezeugen das Vorkommen der Fichte auch in den Lech- und Wertachauen. In den verwilderten Überschwemmungsgebieten hat sich nicht nur Wacholder, sondern auch die Fichte angesiedelt. Im Vergleich mit dem Herzog von Bayern wird 1595 vereinbart, daß die Augsburger das benötigte „Porz-Tannen- und Rauhholz" aus den nächstgelegenen bayrischen Auen erhalten sollen [192]). Die Fichte ist aus den Auen wohl auch da und dort auf die Hochterrassen hinausgewandert. Auf der Gablinger Heide am Lech hat 1610 der Stadtvogt „Poschen-Tannenholz" abgehauen. Ob die Wanderung der Fichte in den Auen auch den Vorstoß auf den Schotterriedeln beeinflußt hat, ist schwer festzustellen. Möglicherweise ist der Fichtenvorstoß sowohl am Lech wie an der Iller auch von dieser natürlichen Wanderung im Auwald verstärkt worden, nicht nur vom Einfluß der Waldabschwendung an den Wasserstraßen. Die Bayrische Forstordnung von 1568 nennt ausdrücklich die Fichte in den Auwäldern: „das nutzbare Arch- oder Wehrholz in den Löchern (Lochen), Auen oder Wehren, es seien Fichten, Erlen oder Weiden, soll geheit werden" [193]).

Die Waldentwicklung auf der Hoch- und Niederterrasse der Wertach und des Lech, dem Lechfeld, ist nicht eindeutig zu rekonstruieren. Die „Heiden" des Lechfeldes sind uraltes Weideland der Bewohner aller Jahrtausende; einst war dort wohl ursprünglich Laubholz-Mischwald. Die Hochterrasse, einst Eichen-Buchen-Wald, wurde zum fruchtbaren Ackerland der Ursiedlungen; ihre Waldallmende befand sich im höheren Waldgebiet des südlichen Schotterlandes, auf den schweren Böden; ihre Weideallmende auf der Niederterrasse. Dann verschob sich die ursprüngliche Verteilung durch die Ausbausiedlungen. Nur an den steilen Rändern der Hochterrasse erhielt sich der Wald in ununterbrochener Verbindung zum Denklinger Wald nach Süden zu.

Die kleine Stadt „Buchloe" auf der Hochterrasse wird im Jahre 1299 vom Kloster Stams in Tirol gekauft, „villa Buchelun", item die Mühle in „Eschiloch" und drei Wäldchen (silvulae), wovon eines „das Lindach" hieß. Die vielen kleinen Waldreste innerhalb des gerodeten Landes führen meist die Bezeichnung „Loh". Keineswegs ist mit „Loh" der Begriff eines bestimmten vegetationskundlichen Typus zu verknüpfen, sondern bloß der Begriff des kleinen Laubgehölzes oder Wäldchens, der silvulae, die in allen frühbesiedelten Landschaften inmitten des Kulturlandes entweder auf sehr trockenen oder sehr feuchten Böden stehenblieben. Als Sekundärtypen sind es lichte Bestände von Eichen, Linden, Aspen, Birken, oder von Eschen, Ahorn, Erlen und anderen Baumarten, Niederwald meist mit wenig Oberholz.

Die Stadt Augsburg und ihr Holzbedarf [192])

Ob der Kienzapfen im Wappen der Stadt Augsburg eine Andeutung auf die Forchenstandorte um Augsburg ist? — Ebenso wie die alte Reichsstadt Ulm auf der Iller ihr Holz aus dem Alpenvorlande herausholte, nachdem die Umgebung weit hinauf arm an Holz geworden, so zog die große und prächtige Reichsstadt Augsburg in noch stärkerem Maße auf der Wertach und auf dem Lech das Holz aus dem Allgäu heraus. Die Orte an diesen Flüssen waren Umschlagsplätze für Holz aller Art, Wohnsitze von Flößern und Holzhändlern. Eine Unmenge von Gewerben war vom Rohstoff Holz abhängig. Bis gegen den Dreißigjährigen Krieg zu gab es noch in den Städten viele Häuser, die ganz oder teilweise aus Holz gebaut waren, und das Holzfachwerk gibt auch heute noch den alten schwäbischen Häusern das Gepräge.

Für die Stadt Augsburg bedeutete es daher eine Lebensfrage, eigene Wälder zu besitzen und auf den Flüssen Wertach und Lech eigenes und fremdes Holz beziehen und daher auch selbst Floßgassen und Wehranlagen errichten zu können. Sonst wäre die Stadt vom bayrischen Holzmarkt und von der bayrischen Holzmacht zu abhängig gewesen.

Im Jahre 1304 erhielt die Stadt vom Abt von Irrsee und von Hermann von Agawang gegen Erlag einer Summe Geldes das Recht, auf der Wertach ungehindert durch deren Gebiet zu flößen. Kaiser Ludwig gab 1346 den Augsburgern das Privileg, mit Flößen aus der Wertach in den Lech zu fahren. An zwei Mühlen, bei Wörth nahe Kaufbeuren und bei Talhofen, durften die Augsburger im 14. Jahrhundert Durchfahrten und Wuhren an der Wertach machen, nachdem sie mit den Grundherren einen Vertrag geschlossen hatten. Im Jahre 1345 wurde bei der Mühle zu Pforzen an der Wertach eine Wuhr zur Floßfahrt erbaut, ebenso bei der Mühle zu Altdorf.

Im Jahre 1333 brannten in Augsburg mehr als 250 Häuser ab, von dem Afrawald bis auf das Rote Tor. Wie durch Feuer, war die Stadt auch durch Wasser bedroht. Der Lech riß 1346 die Stadt ein, und es wurde eine besondere Wuhr zu bauen begonnen. Die Uferschutzbauten spielen schon frühe eine große Rolle; sie verschlangen große Mengen Holz; noch mehr brauchte man zu den Befestigungsstrecken. Alle Dörfer waren mit Holzzäunen umgeben und die Feldflur, das Esch, wurde eingezäunt und mit Fallgattern versehen.

Kriegsverwüstungen, wiederholt im 14. Jahrhundert, schädigten die Stadt. Immer wieder wurden Häuser verbrannt, Befestigungen zerstört, immer mußte aufgebaut werden. Erst 1385 wurde das Rathaus, „welches bisher meistenteils nur von Brettern zusammengemacht gewesen, von Steinen aufgebaut". Nach einer großen Feuersbrunst im Jahre 1318, die einen ganzen Stadtteil in Asche legte, wurde das „hölzerne Gebäude", in dem die Schuster und Bäcker feilhielten, abgerissen. Und erst 1403 verbot der Rat, Dächer mit Stroh oder Schindeln zu decken; sie mußten von nun an mit Ziegeln gedeckt werden. Aber noch 1406 war der Glockenturm am Rathaus aus Holz, wurde damals erhöht und mit Zinn gedeckt.

Wenn aber Augsburg irgendwie mit anderen in Streit geriet, wurde vom Gegner der Stadt auf der Wertach und auf dem Lech durch Verpfählung der Flußrinne die Floßzufuhr gesperrt. Da die Flöße außer Holz auch Kalk, Steine, Lebensmittel und andere wichtige Waren aus dem Lande, aber auch aus den Umschlagsplätzen des Handels mit Italien brachten, entstand dann gleich ein großer Mangel. Diese Kriegsmaßnahmen hießen: den Lech und die Wertach „verschlagen". Kriegsknechte mußten in solchen Fällen die Anlagen an den Flüssen schützen und verteidigen. Gab es Streit mit Bayern, ließ der Rat dann den Lech bei Augsburg „vergattern", so daß lechabwärts nichts verfrachtet werden konnte.

Mit dem Herzog Wilhelm von Bayern kamen die Augsburger wegen der Uferschutzbauten am Lech immer wieder in große Händel. Der Friedbergsche Pfleger überfiel die Augsburger Werkleute, ließ ihre Werkzeuge und „Maschinen" in das Wasser werfen und die Dämme einreißen. Als der Streit vor das kaiserliche Gericht kam, wurden Wasserbau-Sachverständige aus Ulm beigezogen. Die Händel wurden verglichen.

Ab 1500 begannen die Verbote des Rates, Holz vorzukaufen, bevor es auf den Markt gekommen war. Holzmangel und Teuerungen traten wiederholt ein, so daß der Rat in manchen Jahren Holz aufkaufte und unter die armen Leute verteilte. Im Jahre 1544 traten die Herrschaften, die am Rauhen Forst für ihre Untertanen Holzgerechtigkeiten besaßen, mit dem Bischöflichen Rentmeister zusammen, um die eingerissene Unordnung zu bekämpfen und sich über die Erhaltung der Waldungen zu vergleichen.

Entwicklung der Betriebsformen

Moränenlandschaft (Allgäu)

Für die „Hoch- und Schwarzwälder" des Allgäus wurde von der Bischöflich Augsburgschen Holzordnung von 1550 eine Umtriebszeit von 100 Jahren für „Tannwälder", das schlagweise Hauen, und der Überhalt von Samenbäumen, die für die Nutzung nicht in Betracht gekommen waren, also minderwertiger Nebenbestand, vorgeschrieben. Die Bestimmungen sind äußerst knapp. Vielleicht sind den Großkahlschlägen, die den ungleichaltrigen und gemischten Wald vernichtet haben, mit der Zeit schirmschlagartige Nutzungsweisen gefolgt. Wir wissen eigentlich wenig darüber für die Zeit des 16. und 17. Jahrhunderts. Auch die Forstordnungen des Fürststiftes Kempten sagen für diese

Epoche nicht viel aus, außer daß die Vorräte rasch dahinschwinden und die Mischung, nämlich die Buche, zum Abgang kommt. Wir dürfen jedoch annehmen, daß alle diese Anweisungen mehr oder minder nur für die im vordersten Interesse stehenden Waldungen erlassen und ausgeübt worden sind, die im Bereiche der floßbaren Flüsse lagen und regelmäßig auf großen Flächen „exploitiert" wurden. Abseits des eigentlichen Holzhandelsverkehres wird man nicht anders als im württembergischen Allgäu fern den Wasserstraßen gewirtschaftet haben (s. S. 58 Allgäuer Waldwirtschaft).

Schotterlandschaft (nördlicher Gürtel)

Die Entwicklung der Betriebsformen im nördlichen Gürtel konnte in den Waldungen von Babenhausen und Kirchheim, in denen des Augsburger Spitals und des Hochstiftes Augsburg, manchmal durch 300 Jahre hindurch, verfolgt werden. Die Uneinheitlichkeit fällt auf: zu gleicher Zeit finden sich willkürliche Nutzungsarten und ziemlich geregelte Betriebsformen. Forstwirtschaftlich zeigen sich bald Fortschritte, bald Rückschritte.

Von Mitte des 16. Jahrhunderts wird, soweit es nicht schon früher üblich war, das s c h l a g w e i s e H a u e n mehr oder minder vorgeschrieben. Diese Vorschrift ist der Versuch, allgemein in verschiedene Nutzungsarten eine Ordnung zu bringen, weniger zur Schonung des Waldes, als zur höchstmöglichen Ausnutzung der Holzvorräte und aus Gründen der Verwaltung und Kontrolle.

a) Von nun an sollte im Buchen-Laubholz-Mischwald — im „Hohen Buchwald" auf den Riedeln der nördlichen Schotterlandschaft — schlagweise gehauen werden, d. h. die unter Schirm entstandene Verjüngung sollte schlagweise vom Schirm geräumt werden. In dieser Zeit entstanden allgemein gleichaltrige Buchen-Stangenhölzer.

b) Die Belassung von Samenbäumen auf einem Schlag war schon seit dem frühen Mittelalter Landesbrauch. Im 16. Jahrhundert wurden großräumige Bestände für den Holzhandel kahl niedergehauen. Auf solchen Riesenschlägen mußten Samenbäume belassen werden, Eichen und Buchen, wenn solche fehlten, Aspen und Birken, im Gebiet des Fichtenvorstoßes auch Fichten. Hier schwand nicht nur der Holzvorrat, sondern auch der Nachwuchs war meist unzureichend und minderwertig; Jahrzehnte lang dauerte es, bis die Öden wieder von Birken, Aspen und anderen Weichhölzern bestockt wurden.

c) Seit altersher galt schlagweises Hauen im Niederwald mit Oberholz, im eigentlichen Brennholzgehau. Im Turnus von ein bis zwei, höchstens drei Jahrzehnten wurde das Unterholz genutzt, nach einer planmäßigen Einteilung in gleichen Jahresschlägen. Das Oberholz blieb als Samenträger und als Bauholz gebannt.

d) Im 17. Jahrhundert waren die Laubwälder mehr oder minder vom Fichtenvorstoß erreicht und von der Fichtenausbreitung durchdrungen, sie wurden Laubholz-Nadelholz-Mischwälder. In ihnen erhoben sich streifen- und platzweise ungleichaltrige „Fichtenschachen" („Tannengehaue"), aber auch durch Saat im Waldfeldbau entstandene gleichaltrige „Tannenwälder", bald geplenterte, bald schlagweis genutzte „Fichten-Hochhölzer". Da die natürliche Verjüngung der Fichte in der Schotterlandschaft sehr ungleichmäßig und beschränkt war, trat oft eine Rückbildung ein, das Laubholz nahm wieder auf dem Platze eines einst überwiegenden Fichtenbestandes zu.

Durch das schlagweise Hauen aller Arten entstanden verschiedenste geometrische Figuren, die sogar in die exakte räumliche Einteilung des 19. Jahrhunderts störend hineinragten (s. S. 110, Vom mittelalterlichen Wald bis zur Entwicklung der Betriebsformen).

Es läßt sich nur schätzen, welcher Anteil in der Schotterlandschaft anfangs des 18. Jahrhunderts noch dem Mischwald, welcher bereits den Fichtenbeständen zugekommen ist. Im S ü d t e i l wird Fichtenreinbestand in verhältnismäßig größerer Flächenausdehnung bereits vorhanden gewesen sein; mancher klösterliche oder herrschaftliche Waldbesitz mag damals schon die zweite und dritte Generation des überwiegenden Fichtenbestandes erreicht haben. Im N o r d t e i l hatte wohl nur in den Revieren des Großbesitzes der Übergang vom Mittelwald zum Fichtenhochwald, vom Ende des 18. in den Anfang des 19. Jahrhunderts hinein, Fortschritte gemacht. Viele Gemeinden dagegen, besonders gegen die Donau zu, haben am Mittelwaldbetrieb noch Ende des 19. Jahrhunderts festgehalten.

Übergang zum Wirtschaftswald des 19. Jahrhunderts

Die bayrische Staatsforstverwaltung war in der Mitte des 19. Jahrhunderts durchaus von einem gesunden, natürlichen Gefühle geführt; sie versuchte die forstliche Technik der „Massenfabrikation" vorsichtig den Unterschieden der natürlichen Landschaften anzupassen. Die reiche Erbschaft, die dem bayrischen Staate aus dem Besitze der geistlichen Fürstentümer, Klöster und weltlichen Territorien wie der Markgrafschaft Burgau usw. mühelos zugefallen war, wurde in den ersten Jahrzehnten des 19. Jahrhunderts in den sogenannten „primitiven Einrichtungswerken" inventarisiert. Mancher klösterliche Wald war von einem gut ausgebildeten „Pater Forstmeister" nach den Grundsätzen Hartigs oder anderer fachkundig bewirtschaftet worden. Die Bürokratie dankte es nach der Säkularisation höchstens mit einer kümmerlichen Pension.

In dem vom Ministerial-Forstbüro im Jahre 1861 herausgegebenen Werk „Die Forstverwaltung Bayerns" [194]) wird der Waldzustand im allgemeinen günstig beurteilt:

In und gegen die Vorberge, besonders in Schwaben, herrsche die üppigste Waldvegetation in geschlossenen Beständen von Fichten und Tannen von einem Alter von 120—150 Jahren; die Buchen gedeihen noch sehr gut und lassen sich natürlich aufbringen. Als eine eigene Bestandesform werden im nördlichen Teile gegen die Donau hin, besonders in Schwaben (in der Schotterlandschaft) und in Neuburg (Herzogtum Neuburg) die „s o g e n a n n t e n   M i s c h w a l d u n g e n" angeführt. „Es sind dies Ausschlagswaldungen, in welchen sich die Fichte mehr oder minder eingemischt und unter den Birken und Aspen angesiedelt hat, nachdem diese mit dem Herabkommen des Waldstandes größtenteils an die Stelle einer früheren Bestockung von Buchen, Hainbuchen und Eichen getreten waren." Den Beschreibungen der Staatswaldungen, aber auch manchem „primitiven Einrichtungswerk", liegen sorgfältige Auswertungen von Archivmaterial und des Aktenbestandes zugrunde (s. S. 53, 54, 120).

Die Hochwälder werden nach den verschiedenen Holzarten ausgeschieden:
a) Reine Buchenbestände.
b) Reine Fichtenbestände.
c) Bestände von Buchen mit Fichten oder Tannen oder aus beiden zugleich gemischt, bald Fichte, bald Tanne vorherrschend.
d) Fichten mit Föhren.
e) Fichten, Föhren, Birken, Aspen, auch Buchen und andere Laubhölzer in sehr verschiedenartigen Anteilen, aus dem früheren Mittelwaldumtrieb herstammend, die „Mischwaldungen".
f) Allen diesen Bestandstypen sind auf besseren Böden Eichen beigemischt, auch Eschen, Ahorne, Ulmen; fast regelmäßig auch Birken, Aspen, Salen.

Bei den Ausscheidungen wurde das natürliche Standortsgefühl wohl von einem schematischen, betriebstechnischen Ordnungsbestreben zugedeckt. Es wird zwar die Weisung gegeben, die Buche überall, wo sie rein vorkommt, zu erhalten, wo sie eingemischt ist, zu begünstigen, ihre Nachzucht zu fördern, sogar bis zur Vorherrschaft. Die Eiche ist ebenfalls dort nachzuziehen, wo es Erfolg verspricht, auch alle anderen Laubhölzer sind in Horsten zu erhalten. Aber dort, wo die Nadelhölzer „sich eignen", sind sie, v o r   a l l e m   d i e   F i c h t e, zu bevorzugen. „Überall, wo der Boden für diese a r t h a f t ist, soll auf die Erziehung von Fichtenbeständen, welche hier die höchsten Massen und wertvollsten Sortimente liefern, hingewirkt werden". Die Tanne soll an allen Orten, wo sie in den alten Beständen beigemischt war, bei der Verjüngung erhalten bleiben. Birken, Aspen, Weichhölzer, die sich hier überall zahlreich in Nadelholzverjüngungen ansiedeln, gewähren den jungen Pflanzen des Hauptbestandes wohltätigen Schutz, geben später wertvolle Zwischennutzungen. Sie sollen nur bei Übermaß allmählich entfernt, eine mäßige Anzahl, besonders von Birken, in gehöriger Verteilung bis zu den späteren Durchforstungen übergehalten werden. Dies gilt auch für die Forche in den Fichten-, für die Fichte in den Buchenverjüngungen, für die Erle in den zahlreichen moorigen Fichtenbeständen.

Diese Regeln galten für den bereits bestehenden Hochwald, also vorwiegend für den südlichen und mittleren Gürtel des Alpenvorlandes.

Für die sogenannten „M i s c h w a l d u n g e n" im nördlichen Gürtel von Bayrisch Schwaben wird bestimmt: Überführung in Hochwald, und zwar in L a u b h o l z überall, wo nur irgend die Standorts- und Bestandesbeschaffenheit die hiezu nötigen Mittel noch gewährt, in N a d e l h o l z aber da, wo der herabgekommene Waldstand oder die Bestockungsverhältnisse es vorerst nicht mehr anders gestatten. Nach dieser Regel war die Entscheidung wohl in vielen Fällen doch für den gleichaltrigen Fichtenhochwald getroffen, und gerade meistens auf labilen Standorten.

Diese Wirtschaftsziele sollten erreicht werden:

a) in reinen Buchenbeständen durch die üblichen Schirmschläge;

b) in reinen Fichtenbeständen durch Vorbereitungs- und Dunkelhieb, wenn aber die Beimischung der Tanne beabsichtigt wird, durch möglichst lange, schmale, nicht zu tief eingreifende Streifenhiebe. Wenn der Fichtenanflug ausbleibt, sind binnen 2—3 Jahren nach dem Dunkelhieb Riefensaaten vorzunehmen und Stockplatten anzusäen. Die Jahresschläge sind nicht zu rasch aneinander zu reihen, nicht zu weit auszudehnen, daher wird eine größere Auswahl von Schlägen mit öfterem Wechsel der Gehauorte verlangt. Nach vorheriger Lichtung und gehöriger Erstarkung des Anfluges am äußeren Schlagrande wird dort der Kahlhieb geführt, und in einem parallel laufenden Streifen in den Bestand hinein gleichmäßig der Dunkelhieb fortgesetzt. Soll die Tanne beigemischt werden, so ist der Vorbereitungshieb über die ganze zur Verjüngung bestimmte Abteilung oder Unterabteilung auszudehnen und hiermit eine Tannensaat in schmalen, nur einige Zoll breiten Rillen zu verbinden. Diesen „Tannensaaten" unter Schirm begegnen wir um die Mitte des 19. Jahrhunderts auch in Oberschwaben und in der westlichen Bodenseelandschaft.

Während in oberschwäbischen „Fichtenrevieren" (mit Ausnahme des inneren Allgäus) um diese Zeit die Naturverjüngung fast allgemein aufgegeben und der Waldfeldbau mit Fichtensaat wieder konzediert worden ist, ist im Bayrischen Schwaben die Naturverjüngung vorgeschrieben worden. Bei der Umwandlung der „Mischwaldungen" in Fichtenbestände ist es aber nicht ohne radikalen Eingriff durch Kahlschlag, Waldfeldbau und Saat abgegangen. Im Roggenburger Walde des Forstamtes Breitental hat ein Forstmeister nach den schweren Sturmkatastrophen anfangs des 20. Jahrhunderts ein Denkmal aus Stein gesetzt:

„Willst du den Wald vernichten,
so pflanze nichts als Fichten".

Es liegt gewiß eine Tragik darin, daß von dem vielen Laubholz in der bayrisch-schwäbischen Schotterlandschaft so wenig in die breitflächigen Fichtenbestände herübergenommen wurde. Denn dann wäre Gayers Lehre auf fruchtbareren Boden gefallen, sie hätte auch in der der Schematik verfallenen Schotterlandschaft wenigstens in gewissen Grenzen Anwendung gefunden. Schließlich ist ja der bayrische Femelschlag mit seinen Varianten aus der naturnahen Praxis des alpennahen Vorlandes, des bayrischen und württembergischen Allgäus, herausgewachsen (s. S. 58). Aber Rebel sagt sehr richtig: „Die unermüdliche stille Tätigkeit mehrerer Generationen von Forstbeamten hat Riesenwerte geschaffen. Man dankt es ihnen nicht. Um so mehr müssen wir gerecht sein und insbesondere dort, wo uns nicht alles paßt, stets bedenken, daß das, was nunmehr anders sein sollte, damals unter ganz anderem Gesichtswinkel stand" [195]).

Die Waldentwicklung im Raum des Iller-Lech-Gletschers [196]) [197])

(Zusammenfassung)

Durch den Grünten (1738 m) bei Sonthofen, die Alpspitze (1576 m) bei Nesselwang, besonders durch den weit ins Vorland ragenden Hohen Trauchberg zwischen Lech und Ammer und durch die vielen vorgelagerten höheren Molasserippen schiebt sich der Voralpenwald oder präalpine Bergwald heran. Der Vorland-Bergwald von Buchen und Tannen, im bayrischen Allgäu stark mit Fichten vermischt, ist breitflächig auf die Landschaft der Jungmoränen verteilt, die kleinen Moorzonen mit ihren Hochmoor- und Moorrandwäldern einschließend. Diese innere Zone des Bergwaldes setzt sich als äußere Zone auf den in das Schotterland vorspringenden höheren Riedeln alter Terrassen oder fragmentarischer Altendmoränen fort, gleichsam ein „montanes" Gleis des Bergwaldes im Vorland bildend, während ein „submontanes" Gleis in den Flußtälern und auf den Hoch- und Niederterrassen den Eichen-Buchen-Wald dem Alpenrand näher führt.

Die Quertalung der Linie Memmingen – Mindelheim – Buchloe wird durch die Randzone der Tanne noch etwas überschritten, bis etwa zur Höhenlinie von 620 m, in der der Buchen-Eichen-Wald, noch immer in montaner Ausprägung, vermischt mit Tannen den Bergwald ablöst. Von 620 m abwärts sind nur noch Tannenvorposten vorgeschickt.

Das Tannenareal zwischen Iller und Lech entspricht in seiner Ausdehnung nach Norden vollständig dem Tannenareal in Oberschwaben (s. S. 66).

Trotz der starken Verbreitung der Fichte auf der oberen Stufe der Schotterlandschaft hat ihr Vorstoß auf der unteren Stufe im Gebiet des Buchen-Eichen-Waldes eine ziemlich gleichmäßige stabile Nordgrenze gefunden, die im 16. Jahrhundert etwa folgende Linie eingenommen hat:

Die Fichtenvorstoßlinie läuft im 16. Jhdt. — im Anschlusse an die Fichtenvorstoßlinie im württembergischen Dietenheimer Revier (etwa 580 m) in der Schotterlandschaft des Rheintalgletschers — durch den „Tannenbühl" des Reviers Illertissen (580 m), durchzieht das Kellmünzer Revier (610 m) und biegt zum Allmannshorn (602 m) westlich Babenhausen hinüber. Sie durchzieht den Südteil des Babenhauser Waldes und hält auch hier die Höhenlinie von etwa 600 m ein. Sie zieht sich dann südlich Kirchheim hinüber etwa auf die Linie Markt Wald-Schwabegg-Leuthau.

Die Fichtenvorstoßlinie deckt sich so ziemlich mit der Höhenlinie um 600 m und der Niederschlagslinie von 800 mm (s. S. 108, 125).

Das ganze Gebiet des Iller-Lech-Gletschers wird von den Wasserstraßen der Iller, der Wertach und des Lech beeinflußt, die Donau ist hier aber Haupt- und Sammelwasserstraße. Diese Verkehrslage hat zur frühen Ausbeutung der Wälder und damit zur Aktivierung des Fichtenvorstoßes beigetragen. Nur gewisse Kerngebiete, von den Wasserstraßen entfernt, haben eine langsamere Entwicklung des Waldes zu Sekundärtypen genommen.

Die Waldentwicklung hat sich in den gleichen Bahnen bewegt, wie wir sie für das Rheintalgletschergebiet ausführlich untersucht und beschrieben haben. Im niederen Vorland war der Mittelwald, d. h. der Niederwald als Ausschlagwald mit Oberholz von Buchen und Eichen, neben „Hohen Buchenwäldern", seit Jahrhunderten „Landesbrauch"; dagegen war im Allgäu, im Gebiet der „Hoch- und Schwarzwälder", der Hochwald in primitiver Ausbildung die übliche Betriebsform. Die Hochwaldform hat ihre Ausläufer bis zur Linie Memmingen – Mindelheim – Buchloe vorgeschoben; darüber hinaus wurde seit dem 16. Jahrhundert örtlich versucht, „Fichten-Hochhölzer" aufzubauen (s. S. 121).

Die Belassung von „Standreisern" im Laubwald war als gewohnheitsrechtlicher „Landesbrauch" vorgeschrieben. Die Edelhölzer sind mit der Zeit zurückgetreten, Aspe und Birke haben sich vorgedrängt. Und aus der Gabelbacher Urkunde von 1512 und anderen Quellen wissen wir, daß im Mischwald neben Eichen, Buchen und anderen auch „Tannen" im Oberholz als Samenbäume übergehalten wurden [187) 189)].

Die ursprünglichen Waldtypen

I

Regionalwaldtypen

Vorwiegend großklimatisch bedingte, edaphisch, geomorphologisch, evtl. lokalklimatisch differenzierte Primärtypen

1. Voralpenwald oder präalpiner Bergwald von Buche und   präalpiner und stark aus-
Tanne mit Ahorn und Eibe, vermischt mit Fichte   geprägt montaner Charakter

2. Vorland-Bergwald von Buche und Tanne mit Ahorn und Eibe, vermischt mit Fichte

   a) i n n e r e Z o n e , die auf höheren Lagen örtlich auch über die Jungendmoränen hinausgeht — stark ausgeprägt montaner und montaner Charakter

   b) ä u ß e r e Z o n e , die auf den höchsten Erhebungen um 700 m gegen die Linie Memmingen – Mindelheim – Buchloe inselartig vorspringt, einschließlich des Südrandes des Wertach-Mindel-Blockes nördlich Türkheim — montaner Charakter

3. Der Buchen-Eichen-Wald innerhalb der Randzone der Tanne, die über die Linie Memmingen – Mindelheim hinaus im allgemeinen bis auf Höhen von 620 m, vorpostenweise bis auf Höhen von 600 m, eingemischt ist. — montaner Charakter

   D i e V o r p o s t e n l i n i e d e r T a n n e i s t h i e r m i t d e r N o r d g r e n z e d e r F i c h t e n v o r s t ö ß e i m 1 6 . J a h r h u n d e r t z i e m l i c h g l e i c h .

   In diesem Buchen-Eichen-Wald haben sich die Fichtenvorstöße seit Auflichtung der Wälder im immer rascheren Tempo fortgesetzt.

4. Der Buchen-Eichen-Wald und der Eichen-Buchen-Wald in der Fichten-freien Zone, zwischen der Linie des Fichtenvorstoßes im 16. Jahrhundert und der Donau. Der Buchen-Eichen-Wald ist charakterisiert durch das Vorherrschen der Buche und ihrer Gesellschaft auf den Höhen, der Eichen-Buchen-Wald durch das Vorherrschen der Eiche und ihrer Gesellschaft mehr in den niederen Lagen, ohne daß genaue Grenzen angegeben werden können. — montaner und kolliner Charakter

   Im Schotterblock nördlich der Senke von Dinkelscherben – Gessertshausen sind in den ursprünglich Fichten-freien Buchen-Eichen-Wald vom Osten her, aus der Richtung des Herzynischen Waldgebietes, die äußersten Fichtenvorstöße, wahrscheinlich erst um das 16. Jahrhundert, eingedrungen. In diesen Buchen-Eichen-Wäldern waren auch Weißtannen und Eiben eingemischt; die Tannen sind Vorposten aus der Randzone der Tanne im altbayrischen Tertiärland.

   Die Forchen auf den stark edaphisch bedingten Standorten des Lech- und Wertachfeldes und des Ostteiles des südlichen Blockes sind wohl alpiner Herkunft, worauf auch das Vorkommen von Carex sempervirens und anderer alpiner Pflanzen auf der Niederterrasse hinweist. Im nördlichen Lechfeld, nördlich von Augsburg und vermutlich auch westlich von Augsburg auf den Sandbergen, kann die Forche auch nordöstlicher Herkunft sein.

II

Waldtypen extremer Standortsbedingungen

Vorwiegend edaphisch, geomorphologisch, evtl. lokalklimatisch bedingte Primärtypen

a) Der Bergforchen-Hochmoorwald

b) Der Fichtenmoorrandwald, Fichtenwald an vermoorten Hängen in Berglagen des Jungmoränengebietes

c) Erlen-Moorbirken-Wald mit und ohne Fichten auf Flachmooren sowie auf nassen und moorigen Örtlichkeiten

d) Grundwasser-bedingter Auwald an den Alpenflüssen; Auwald an der Donau.

WALDENTWICKLUNG IN DER ALTBAYRISCHEN UND ÖSTERREICHISCHEN TERTIÄRLANDSCHAFT

Einleitung

Baumarten-anzeigende Orts-, Wald- und Flurnamen

Wir kommen erst in diesem Abschnitt zur Besprechung der grundsätzlichen Bedeutung der Orts-, Wald- und Flurnamen, die in ihrer Wortbildung die Namen von Bäumen enthalten. Der Grund liegt darin, weil solche Gruppen von Ortsnamen vorwiegend in der Tertiärlandschaft des bayrischen und österreichischen Alpenvorlandes als Hilfsmittel der waldgeschichtlichen Forschung einen besonderen Zeigerwert bieten.

Wenn man die Häufigkeit der Ortsnamen vergleicht, die eine Holzart bestimmen, so überwiegen in Süddeutschland die Ortsnamen auf „Buch" bedeutend die auf „Tann" und „Ficht". Im Alpenvorlande sieht man die Ortsnamen auf „Buch" überall in einer überwältigenden Anzahl, dagegen gruppieren sich die auf „Tann" nur in bestimmten Gebieten. Die auf „Ficht" sind selten und immer verstreut. Auffallend ist zunächst die geringe Anzahl der Ortsnamen auf „Tann" im Gebiet des Voralpenwaldes, in dem die Tanne doch heimisch ist, ebenso ihre gebietsweise Seltenheit im Bayrischen Wald, im oberösterreichischen Mühlviertel und im niederösterreichischen Waldviertel. Dagegen ist das Tertiärland von „Tann"-Orten reich besetzt, obwohl dort die Tanne niemals diese Rolle spielte wie in den vorgenannten Heimatgebieten. — Man sieht sofort, daß bei der Auswertung der Ortsnamen eine genaue Prüfung der tatsächlichen Verhältnisse nötig wird.

Hiezu kommt der schon erwähnte verschiedene Sprachgebrauch hinsichtlich des Wortes „Tanne" im Schwäbischen bzw. Alemannischen im Gegensatz zum Bayrischen; die Schwaben des Alpenvorlandes verstehen unter „Tanne" im allgemeinen sowohl die Weißtanne als auch die Rottanne und gebrauchen das Wort „Fichte" nicht, während die Bayern „Tanne" und „Fichte" unter diesen Bezeichnungen auseinanderhalten.

Keineswegs darf man von der häufigen Erwähnung einer Holzart in Ortsnamen auf ein stärkeres Vorkommen gegenüber anderen Gegenden, in denen solche Ortsnamen seltener sind, schließen. Denn eine Häufigkeit der Ortsnamen, die eine bestimmte Baumart anzeigen, wird oft durch besondere Verschiedenheit in der Ausformung des Geländes (z. B. häufiger Wechsel von Berg und Tal wie in der Drumlins- und Endmoränenlandschaft), durch besondere Waldzersplitterung infolge Weiler- und Einzelhofsiedlung, oder durch andere Umstände in der Gliederung der Regionallandschaft hervorgerufen.

Der örtliche Umkreis des Siedlers — sein Heimatbegriff — war, wie man es in abgelegenen Bauerngegenden heute noch da und dort sehen kann, so klein, daß sich die gleichen Benennungen, z. B. „Buch", in den wenige Stunden entfernten Umkreisen wiederholen. Wurde ein großer „Buch" aufgelöst, so gab es eben verschiedene kleine, und damit eine Vielfalt der gleichen oder ähnlichen Bezeichnungen. Andererseits, blieb ein umfangreicher „Buch" infolge Bannung von der Rodung verschont, so gab es vielleicht um sein weites Gebiet herum nur wenige Ortsnamen auf „Buch".

Der bestimmende Ortsname sagt nur sicher aus, daß die Baumart dort vertreten gewesen ist, und zwar in einer auffallenden Art. Daher kann es sowohl die Häufigkeit als auch die Seltenheit gewesen sein, sowohl Gattung als Einzelwesen. Immer muß die Gesamtheit aller Umstände zur Prüfung herangezogen werden.

Daß die Ortsnamen einer Prüfung auf ihre wirkliche Bedeutung bedürfen, die auch durch Änderungen in der Schreibweise zweifelhaft werden kann, ist ohnehin selbstverständlich [200]). Ebenso ist die Feststellung des Alters der Siedlung wichtig, wenn es sich um den Nachweis der Bodenständigkeit einer Baumart handelt. Der „Buch" wird einen Buchen- und Laubholz-Mischwald, also einen Laubwald im allgemeinen, der „Tann" einen Nadelwald schlechthin, also eine charakteristische Gattung bedeuten. Der Siedler nannte den Wald nach dem Augenschein, nach dem überwiegenden Eindruck. Denn sowohl der „Buch" wie der „Tann" können in ihrem Wesen Mischwald sein.

Bezeichnungen wie Buchet, Eichet, Erlach, Birkach, Weidach, Dornach, Lindach, Haslach, Viechtach (Ficht), Tannach, Tannet, Foret (Gferet), oder Forach, sind entweder Flurnamen, oder sie verbinden sich meistens mit kleinen und kleinsten Siedlungen, mit Weilern und Einzelhöfen. Dagegen heißen große Orte meist Buch, Buchheim, Buchkirchen, Tann, Tannheim, Tannhausen usw. Nach dem Gelände gibt es Buchberg, Buchleiten, Eichberg, Tannberg, Fürbuch, Ober-, Mittel-, Unterbuch, Innertann, Tanngraben usw.

Das topographische Lexikon von Bayern (1831) [198]) enthält, ohne Schwaben, südlich der Donau etwa 150 Ortsnamen auf „Buch", 80 auf „Tann", 50 auf „Ficht". In Oberösterreich gibt es südlich der Donau nach Schiffmann [199]) etwa 45 Ortsnamen auf „Tann", 30 auf „Ficht" und bei 70 auf „Buch", die sich erhöhen, wenn man die Karte von Souvent benützt.

Der Mangel eines bezeichnenden Ortsnamens kann aber für sich allein nicht als Beweis dienen, daß die betreffende Baumart nicht vorgekommen wäre.

Flur- und Waldnamen sind mit noch größerer Vorsicht zu gebrauchen, weil in den meisten Fällen die Feststellung des Alters nicht leicht ist. Bei einiger Erfahrung lassen sich — im Vergleich mit absolut sicherem Material — nach der Wortbildung alte und neuere Namen unterscheiden. Über die alten und neuen Waldnamen auf „Tann", die besonders in Schwaben zu beachten sind, weil später begründete Fichtenbestände eben auch „Tannenwald" oder so ähnlich genannt worden sind, wurde bereits wiederholt gesprochen.

Immer und jederzeit bleibt die Heranziehung der Orts-, Wald- und Flurnamen in der pflanzengeographischen und waldgeschichtlichen Forschung eine Hilfsmaßnahme, die nicht unterschätzt, aber auch nicht überschätzt werden soll und stets gewissenhafter Prüfung bedarf [201]).

Gruppen von bezeichnenden Ortsnamen

Ganz zwanglos ergab sich aus dem Gange der Untersuchung eine Gruppierung von Ortsnamen, deren Namen auf „Tann" lauten.

So bilden z. B. die Ortsnamen auf „Tann" im Rheintal- und Iller-Lech-Gletschergebiet einen abgegrenzten Raum, der die nördliche und westliche Grenze des hauptsächlichen Weißtannen-Vorkommens, in der inneren, zum Teil auch äußeren Zone des Bergwaldes, beiläufig absteckt.

Im Alpenvorland östlich des Lech wurden 14 Gruppen von Ortsnamen auf „Tann" ausgeschieden. Sie geben auf den ersten Blick die großen Zusammenhänge zu erkennen.

Gruppen von Orten mit dem Stamm auf „Buch" wurden wegen ihrer allzugroßen Häufigkeit nicht in dieser Weise zusammengefaßt. Wo die Gruppierung von „Buch"-Orten charakteristische Bedeutung hat, wird an entsprechender Stelle hingewiesen.

Unsere Untersuchungen bauen sich nicht auf den Ortsnamen auf; sie bedienen sich ihrer nur als ergänzendes Hilfsmittel.

Die Gruppen der Ortsnamen auf „Tann" [202])

A. westlich des Lech (Übersichtskarte).

Ortsnamengruppe auf „Tann" im Rheintal- und Iller-Lech-Gletscherraum, deutlich auf den südlichen Gürtel beschränkt, mit ihrer Nordgrenze beiläufig der Beginn des nördlichen Gürtels.

B. östlich des Lech (Übersichtskarte).

Gruppe   I. Zwischen Donau-Inn-Vils-Rott (Neuburger Wald usw.).
II. Zwischen unterer und mittlerer Rott und Inn.
III. Um die untere Vils und Kohlbach.
IV. Um die obere Rott und Bina.
V. Um die obere Vils.
VI. Um den Oberlauf der großen und kleinen Laaber.
VII. Um die obere Ilm, Abens und untere Amper.
VIII. Zwischen Inn-Donau-Pram (Passauer Wald).
IX. Um Antiesen, Pram, Trattnach und wilde Inn.
X. Zwischen der Alm und Krems (Westteil der Traun-Enns-Deckenschotter).
XI. Zwischen der Krems und der Enns (Ostteil der Traun-Enns-Deckenschotter).
XII. Im Inn-Isen-Winkel (Altmoränenlandschaft).
XIII. Im Jungmoränengebiet zwischen Isar und Inn.
XIV. Im Salzachgletscher und in der Flyschzone bis zur Enns.

Das nördliche Grenzland

Bevor wir uns der Tertiärlandschaft zuwenden, wollen wir ihr nördliches Grenzland, „Bayrischer Wald", „Böhmer Wald" und „Fränkische Alb", betrachten.

„Böhmer Wald", „Bayrischer Wald"

Das „Herzynische Gebirge" drängt vom Donauknie bei Regensburg bis zur Kamp bei Krems an das Alpenvorland heran und an manchen Stellen hinein; geologisch eine fremdartige Urgesteinsmasse von Granit und Gneis mit der phantastischen weißen Mauer aus Quarz, dem 150 km langen Pfahl; ein in sich geschlossenes, nach außen abweisendes Bergland mit vielen mächtigen, aber ruhig geformten Kuppen, flachen und sanften Hängen, tiefen Einschnitten, zahlreichen Wasserläufen mit anderer Färbung und anderem Jahresrhythmus der Wasserführung als die Alpenwasser, mit der sie sich in der Donau vereinen; der gefürchtete menschenleere „Nordwald" des Mittelalters, „eremus nortwald" (Niederaltaich 1040), spätes Rodeland, umfassend Bayrischen Wald, Böhmer Wald, österreichisches Mühl- und Waldviertel, reich an Geschichte, eigener Kultur, innerem Wesen und schöpferischer Kraft, vielleicht deswegen, weil die Quellen erst spät erschlossen wurden; dichtere und breitere Waldmassen, in manchen ehrwürdigen Gründen noch in unerhörter Wucht von Buchen, Tannen und Fichten aufgebaut.

Von der Donau bis zu den höchsten Kämmen gliedert sich das Waldgebiet in mehreren Stufen; bis zur Höhe von etwa 1000 m herrscht der Bergwald von Buchen, Tannen und Fichten, mit Eichen und Eschen, von 1000—1250 m Fichte, Buche und Bergahorn, dagegen tritt die Tanne zurück; über 1250 m der Fichtenwald mit Bergahorn ohne Tanne und wenig Buche. Die Fichte bildet auf sogenannten Weichböden „Fichtenauwälder" in ebenen Lagen schon von 800 m aufwärts.

Dieses Waldgebiet wird charakterisiert von den einsamen Tälern, durch die sich die Donau durchwindet, von den Felsen, auf denen sich die Föhre und ein wärmeliebender

Buschwald mühsam behauptet; von den Eiben, die einst zahlreich in den Wäldern wuchsen; von den stillen Karseen am Arber und am Plöckenstein; von den Legföhren, die auf der Nordseite der höchsten Spitzen, aber auch mit aufrechteren Stämmen in den Hochmooren (Filzkoppen) wachsen; von den vielen Heidel- und Preiselbeer-Wüsteneien, vertorften Wiesen und Weiden, von den die ganze Landschaft überstreuenden Felsentrümmern des Granits mit blitzendem Gefunkel; von der ständigen Luftfeuchtigkeit; von den reichen und schweren Niederschlägen, vorwiegend im Herbst und Winter, von der lange andauernden alles begrabenden Schneedecke, dem Vorrat an Schmelzwässern im Boden zur Frühjahrszeit; von mäßiger Sommerwärme und mäßiger Winterkälte; und immer wieder reich an Fernblicken über die eigene Landschaft und über das Alpenvorland bis zum Gebirge hin.

Die freie Reichsstadt Regensburg, an der Scheide zwischen Jura, Urgestein und eiszeitlichen Schottern, am fruchtbaren Dungau der Donauebene gelegen, mit dem waldreichen Hinterland, vertritt so recht in ihrer wirtschaftlichen Aufgeschlossenheit den gutbesiedelten „Vorderen Wald", das Donaugebirge. Passau, die Bischofsstadt, Konkurrentin von Salzburg, Herrin des Hauptteiles des Waldgebietes, repräsentierte politisch, trotz der tiefen Lage, aber aufgebaut inmitten des Urgebirgsvorstoßes ins Alpenvorland, den ganzen gewaltigen „Bayern- oder Böhmer Wald" bis zur Grenze hin. Diese merkwürdige „geistliche" Stadt, zwischen Inn und Donau und der Ilz, den alpenländischen Städten verwandt und doch einsam abgekehrt, ist vom Wald nicht zu trennen, der von allen Seiten auf sie eindringt.

Der Holzreichtum des Fürstbistums wurde in seinen Kerngebieten erst durch die Einrichtung der Trift auf der Ilz im Jahre 1730 erschlossen. Auch die Trifteinrichtungen im österreichischen Mühlviertel stammen zum Teil erst aus dem Ende des 18. Jahrhunderts, so der Schwarzenbergkanal zur Mühl und andere. Daher waren noch in der Mitte des 19. Jahrhunderts Reste ehemaliger, wohl sehr gelichteter Urwälder mit 3—400jährigen Fichten und Tannen und hochschäftigen Buchen vorhanden. Seit dem 14. Jahrhundert wurden Glashütten errichtet, in denen auch Hohl- und Spiegelgläser erzeugt wurden. Die Hütten wurden verlegt, sobald um sie herum der Wald abgeschwendet war, daher kehren die Namen „Althütte" und „Neuhütte" immer wieder. Das Holz wurde entweder unmittelbar verbrannt oder verkohlt. Zur Herstellung der Pottasche wurden nur Buchen und Tannen verwendet. Im bayrischen Wald wurde bis ins 18. Jahrhundert geplentert, was der Tanne und der Buche zugute kam. Erst Ende des 18. Jahrhunderts und im Beginn des 19. Jahrhunderts traten Großkahl- und Kulissenschläge an die Stelle des Plenterns und verdrängten Buche und Tanne. Dann aber wandte man regelmäßige Dunkelschläge an. Aus den sogenannten „Hüttenhieben" der immer mehr industrialisierten Glashütten entstanden auf weiten Flächen durch Saat und Pflanzung die frühesten reinen Fichtenbestände, die schon vor hundert Jahren auffallend den Mischwald unterbrachen.

Wie sehr die Nutzungsart vergangener Zeiten die Entwicklung ursprünglich gleicher Waldtypen in verschiedene Richtung steuern kann, zeigen die ebenfalls dem Herzynischen Waldgebiet angehörigen Waldungen der fränkischen Fürstentümer Bamberg und Bayreuth. Im Bambergischen wurde seit unvordenklichen Zeiten die Fichte wegen ihrer kürzeren Lebensdauer plenternd ausgezogen, um Tannen-Starkholz zu erziehen. Daher vermehrte sich die Tanne in den Lücken bis zur unbedingten Vorherrschaft noch in der Mitte des 19. Jahrhunderts. Dagegen wurden im Bayreuthschen schon im Mittelalter zur Versorgung der Berg- und Hüttenbetriebe Kahlhiebe auf großen Flächen geführt, vorerst in den ebenen und erschlossenen Lagen. Die Folge war die Massenvermehrung der Fichte und auch der Forche, die Verschlechterung der Böden und die Abnahme des Ertrages; nur in den unzugänglichen Bergen hatte sich dort die Tanne gehalten.

Solche Zustände waren dem Bayrischen Wald im großen und ganzen erspart geblieben. Die Passausche Forstordnung vom Jahre 1776 hatte in den letzten Zeiten vor der Säkularisierung und Übernahme des Bistums durch den Staat Bayern auf ordnungsmäßige Bewirtschaftung des Waldes gesehen. Aber hundert Jahre später waren die Eingriffe im Aufschwung der Industrialisierung noch bedeutend genug, um den Mischwald auf weiten Strecken zurückzudrängen und Reinbestände von Fichten entstehen zu lassen. Die Tanne ist in vielen Distrikten schon Ende des 19. Jahrhunderts seltener geworden.

Westwärts, der Pfalz und der Fränkischen Alb zu, werden die „Birkenberge" immer häufiger, die sich im Fürstbistum Passau schon infolge der größeren Walddichte und der strengeren forsthoheitlichen Aufsicht nicht so sehr entwickeln konnten.

Die „Birkenberge" sind ein aus dem Mittelalter in die Neuzeit überkommener Brandwaldfeldbau. Sie wurden an den den Ortschaften zunächst gelegenen Hängen betrieben. Der Turnus betrug 20—30 Jahre; dann wurden sie mit Ausnahme der Samenbäume, mitunter aber auch kahl geschlagen. Rasen und Wurzeln wurden mit dem Reisig verbrannt, sodann die Fläche durch zwei bis drei Jahre mit Winter- und Sommerkorn, im letzten Jahr mit Hafer und Kartoffeln bebaut. Hierauf wurden die Felder wieder dem Aufwuchs des Waldes überlassen, aber ständig beweidet. Der Wald regenerierte sich teils durch Samenflug, teils durch Stockausschlag. So wie im Alpenvorland diente auch hier der Brandwaldfeldbau der zusätzlichen Erweiterung der Ackerflur nach Anwachsen der Bevölkerung, besonders seit der Errichtung der zahlreichen Glashütten in der Zeit vom 14. bis zum 16. Jahrhundert. So bot der „Birkenberg" dem Bauern und seinem „Inmanne" Brennholz nach Bedarf, Streu und Weide für das Vieh und die Gelegenheit, ohne Düngeraufwand Korn, Hafer und Kartoffeln zu bauen.

Auf den „Birkenbergen" verschwand Tanne und Buche restlos. Der lichtgestellte Birkenwald aus krüppelhaften, schwachbelaubten Stämmen läßt höchstens Fichten und Föhren sich ansamen. Wacholder, Heidelbeeren, Preiselbeeren und Borstgras drücken seine Eigenart aus. Er unterscheidet sich kaum von einer Ödung. Gegen die Regen und die Naab zu taucht auch die Föhre immer mehr auf, ein Vorbote der ausgedehnten Föhrenkrüppelbestände des Frankenlandes und der Oberpfalz. Wenn solche reinen Föhrenbestände auch noch durch wiederholtes Streurechen den Bodenüberzug verlieren, entsteht eine Wüstenei von Beerkraut und Heide. Im 19. Jahrhundert wurden in den Triftgebieten der Ilz und des Regens viele bäuerliche Waldungen mit guten Mischbeständen an Holzhändler zum Kahlabtrieb verkauft. Schlechtwüchsige, verlichtete Brennholzbestände, mehr Hutweiden ähnlich, mit einzelnen kurzschäftigen Tannen, Fichten und Buchenbuschwerk verunzieren die Landschaft [203] [204].

Bayrischer Wald, Fränkische Alb

Der Bayrische Wald scheint nach Westen zu in einer Randzone der Tanne auszulaufen, innerhalb welcher die Föhre aus der Naabsenke gegen die Tertiärlandschaft vorstößt. Um das Donauknie bei Regensburg wird die Eiche, sowohl die Stiel- als auch die Traubeneiche, immer mehr Bestandteil des Waldes. Die Randzone der Tanne schiebt sich westwärts noch über die Altmühl in den Hienheimer- und Köschinger Forst etwa bis zum Limes. Zwischen Hienheimer- und Köschinger Forst liegen die Orte Tannhausen und Tann neben Buch, Arnbuch, Aschbuch, Kirchbuch, Wolfsbuch. Von Hienheim an der Donau zieht sich über Kipfenberg an der Altmühl eine Südgrenze der Tanne weiterhin über Weißenburg zum württembergischen Tannenareal des Welzheimer Waldes. Ihre Verknüpfung mit dem Limes wurde von Gradmann und anderen eingehend behandelt.

Zu den großen Forsten, die sich um die Donau zwischen der Naab und der Altmühl erhalten haben, gehört der Frauenforst und der Einwald, dem sich der Hienheimer und Köschinger Forst südlich der Altmühl, und der Forst Dürnbuch südlich der Donau zugesellen. In diesen Wäldern wurde einst auf Erz gegraben, vermutlich schon in frühgeschichtlicher und römischer Zeit. Diese Erzgewinnung wurde noch im 15. Jahrhundert im größeren Ausmaße, bis in die neuere Zeit im kleinbäuerlichen Betrieb (Bauernschmelzen) ausgeübt. Erzgrubenlöcher und Schlackenhalden im Frauen- und Hienheimer Forst zeugen noch hievon (Arzberg bei Weltenburg). Die Verschmelzung des Erzes hat jedenfalls zu bedeutendem Verbrauch von Holz und Holzkohle geführt, was auf die Entwicklung der Wälder nicht ohne Einfluß gewesen sein kann. Im Hienheimer Forst herrschen Eiche und Buche auf gutem tiefgründigem Boden, ebenso im Frauenforst.

Durch den Plenterbetrieb haben sich im Hienheimer Forst, im überwiegenden Buchen-Laubholz-Mischwald, horstweise und einzeln 200—400jährige Eichen erhalten, die noch Ende des 19. Jahrhunderts einen kostbaren Vorrat bedeuteten. Hier wurde die Eichennachzucht wohl immer gepflegt. Die Einmischung der Tanne, der Fichte und auch der Föhre konnte den Laubwaldcharakter nicht verändern. Auf dem Jurakalk fand die Buche besonders günstige Bedingungen ihres Gedeihens. Daher unterscheiden sich diese Jura-Wälder merklich von den Wäldern im Tertiärland südlich der Donau, wenn auch physiognomisch die gleichen Baumarten den Wald aufbauen. Im Donaudurchbruch bei Weltenburg, an Felswänden des Tales der Altmühl sind Reliktstandorte der Eibe zu finden. Auf den Höhenzügen rechts der Donau, in den Sandgebieten im Tertiärland, gibt es keine Eiben [205].

Die allgemeinen Grundlagen der Waldentwicklung zwischen dem Lech und der Traun

Die tertiäre Molasse liegt im Süden des Alpenvorlandes unter den eiszeitlichen Ablagerungen, bildet jedoch im Norden die Oberfläche. Die ältere Gruppe der tertiären Ablagerungen streicht als schmaler Streifen hochaufgerichteter Höhenzüge unmittelbar am Nordfuß der Alpen hin, die jüngere Gruppe stellt eine mehr oder weniger hügelige Platte dar. Die ältere Molasse ist Meeres-, die jüngere Süßwasserablagerung. Diese trägt meist den Charakter des in Süßwasserseen abgelagerten „Flinzes", bunter, häufig grünlicher Mergel, Sande, Sandsteine, Quarzkiese usw. Dieser Flinz bildet für das ganze Alpenvorland den Träger des Grundwassers.

Die Tertiärlandschaft vom Lech bis zur Traun besitzt ein von Südwest nach Nordost auffallend gleichgerichtetes Fluß-System. Die meisten Flüsse machen im Unterlauf einen Knick nach Osten. Die Täler sind unsymmetrisch, denn die Hänge östlich des Flusses sind immer steiler als die im Westen gelegenen. Diese Steilhänge sind meist bewaldet.

Die Flußtäler sind breit, die Hügellandschaft zwischen den Flüssen ist wieder von Bächen durchschnitten. Tiefe Täler und Gräben wechseln mit großen und kleinen Erhöhungen, Hochflächen und leicht geneigten Abdachungen.

Eine große Mannigfaltigkeit verschiedenster Gesteine verursacht ein Mosaik verschiedenster Bodenbildung. Die jüngsten Tertiärgebilde sind Schotterablagerungen, vorwiegend aus Quarzgeröllen, mitunter durch kalkiges oder auch kieseliges Bindemittel zu Konglomeraten verfestigt. Zwischen diesen Geröllen lagern auch Quarzsandschichten. Sie bedecken die höchsten Erhebungen des Tertiärs, den Kobernauser Wald und den Hausruck in Oberösterreich. Die geringe Verwitterungsschicht dieser Böden hat den Siedlern wenig Möglichkeiten für den Feldbau geboten, daher erhielt sich der Wald auf diesen Höhen. Vom Hausruck aus zieht sich bis zum Passauer Wald noch eine Reihe von Inseln solcher Schotter, stets mit Wald bedeckt.

Die gleichen Quarzschotter finden sich zwischen der Donau und der Rott, sowie zwischen der Rott und dem Inn auf einer Linie, die etwa vom Neuburger Wald bei Passau über den Steinhart bei Griesbach und dann über den Grafenwald bei Kößlarn gegen Simbach zu verläuft; am Südrand des Tertiärblockes bilden diese Schotter mächtige Quarzbänke, so den Schellenberg und den Eringer Hart an der Inn-Niederung.

Eine maßgebende Rolle in der Entwicklung des Waldes im Tertiärland kommt der geographischen Lage zwischen den Alpen, der Fränkischen Alb wie dem Urgestein des Bayrischen oder Böhmer Waldes zu. Alpen, Alb und herzynisches Gebiet stellen verschiedene geologische und klimatische Bereiche mit verschiedener Färbung der Vegetation dar. So wie das Tertiärland ein Meer und zum Schluß ein Binnensee war, der von den Mauern der Umgebung eingeschlossen worden ist, so ist es im Verhältnis zu seiner Umgebung auch heute noch eine Senke, die nicht ein Eigenleben im wirklichen Sinne für sich führen darf, sondern einen Vorraum darstellt: das Vorland der Alpen, zugleich aber auch das Vorland des herzynischen Gebietes. Das Tertiärland ist durch die Donau mit dem Südosten und dem Südwesten, durch den Inn mit den Zentralalpen, durch die meisten andern Flüsse mit den Kalkalpen oder wenigstens mit den Vorbergen verbunden. Wenn auch diese Verbindungen nicht immer besonders mächtig sind, so sind sie, in der einen oder anderen Richtung sich auswirkend, vorhanden. Luftströmungen, Niederschläge, Temperatur, Pflanzenelemente, Wirtschaftseinflüsse, wie z. B. Auswirkungen von Wasserstraßen, alle diese Faktoren werden von der geographischen Umwelt des Tertiärlandes im schwächeren oder stärkeren Ausmaße mittelbar oder unmittelbar beeinflußt; und zwar entsprechend der Breite der Tertiärlandschaft, die zwischen Lech und Inn beträchtliche Ausmaße hat, aber weiter östlich zwischen Alpen und Urgestein zu einem schließlich nur mehr schmalen Band eingeschnürt ist, das im Osten vom Wiener Wald abgeschnitten wird.

Das Alpenvorland zwischen Lech und Inn weist folgende stufenmäßigen H ö h e n u n t e r s c h i e d e auf:

Unter 400 m Meereshöhe an der Donau; zwischen 400 und 500 m das eigentliche Tertiärland; die Höhen gegen und über 500 m ragen inselartig über dem niederern Hügelland heraus; über 500 bis 600 m allmählicher Übergang zu den Jungmoränen; zwischen 600 und 700 m die Jungmoränenlandschaft; über 700 m die Molasse- und Flyschzone.

Die Niederterrassen des Inn liegen auf 400 m, die Münchener Schotterebene auf über 500 m. Diese Stufen genügen schon an und für sich zur Bildung klimatischer Unterschiede, ganz abgesehen von den Wirkungen der orographischen Gestaltung im einzelnen.

Die hohen Niederschläge am Alpenrand nehmen ziemlich gleichmäßig gegen die Donau zu ab, so daß sich z. B. die mittleren Niederschlagsmengen der forstlichen Vegetationszeit (Mai mit August) für den südlichen Gürtel in Zonen von 700, 600, 500 und 400 mm aufteilen; dagegen verfügt der nördliche Gürtel, das Tertiärland, zwischen 400 und 350 mm; an der Donau liegen Trockengebiete von 300 mm. Die mittlere jährliche Niederschlagsmenge ist im Osten des Tertiärlandes bedeutend höher als im Westen. Im Osten bildet sich eine Brücke zwischen den hohen Niederschlägen des Alpenvorlandes und denen des Bayrischen Waldes mit 800—1000 mm im Jahr.

Die mittlere jährliche Temperatur liegt zwischen 8 und 7º C im Tertiärgebiet und zwischen 7 und 6º C in der Moränenlandschaft.

Dies sind beiläufig die Grundlagen der allgemeinen Klimaverhältnisse. Aber so wie die Böden im Tertiärland mosaikartig verschieden sind, entsteht durch die bewegten Formen der Hügellandschaft innerhalb des Großklimas eine Mannigfaltigkeit von örtlichen klimatischen Unterschieden [206].

Die nun folgende Darstellung der natürlichen Wälder im Tertiärgebiet beginnt aus methodischen Gründen mit dem Raume zwischen Donau, Isar und Inn.

IM OSTTEIL DES TERTIÄRLANDES ZWISCHEN ISAR UND INN [207]

Der Neuburger Wald bei Passau

Der größte landschaftliche Gegensatz besteht zwischen dem lößbedeckten fruchtbaren waldarmen Donaugau (Dungau) zwischen Regensburg und Vilshofen, einem alten Kulturland und dem Waldgebirge des Bayrischen Waldes, dem spätbesiedelten „Nordwald". Bei Passau reicht der Urgesteinsblock über die Donau hinüber. Hier zieht sich der Neuburger Wald vom Vils-Donau-Winkel bis an den Inn in einer Länge von 20 und einer Breite von 4 km hin. Er ragt als Vorposten der nördlichen Waldlandschaft in die fruchtbaren Böden Niederbayerns herein. Sein Nordrand gehört zur engeren Donaulandschaft um Passau, sein Südteil geht in die Landschaft des Rott-Tales über. Im Norden grenzt er an altes Kultur-Siedlungsgebiet an der Donau, im Süden an spät erschlossene Rodelandschaft mit Weilern und Einzelhöfen. Seine Erhaltung in dieser Ausdehnung ist der grundherrlichen Bannung zu danken. Die Umgebung ist sehr fruchtbar, das Klima ist ausgeglichen. Es gedeihen ringsum alle Getreidesorten und Obstbäume. Im Tal der Wolfach scheint einmal sogar Weinbau betrieben worden zu sein.

Der Wald stockt zu einem Drittel auf den Verwitterungsböden von Gneis und Granit, zu zwei Dritteln auf tertiären und eiszeitlichen Geschieben und Ablagerungen. Bald besteht der Boden aus fruchtbarer tiefgründiger Lehmerde, bald aus feinsandigem Mergel von seltener Mächtigkeit. Auf vielen Höhenrücken und Abhängen liegt grober Quarzkies, oft mit schwerem Lehm gemengt.

Die Höhen betragen zwischen 300 und 500 m, die jährlichen Niederschläge liegen um 800 mm, die durchschnittliche Wärme um Passau beträgt 8 Grad Celsius.

Ortsnamen auf „Tann" und „Eiche" umfassen den Neuburger Wald ziemlich enge. Eindrucksvoll ist die Menge der „Eich"-Namen. Die „Buch"-Namen liegen mehr um den Wald herum, bezeichnenderweise im Gebiet der Rodungen. Der Ortsname Gföret beweist ursprüngliches Forchenvorkommen.

Der Neuburger Wald und der Steinhart berühren den Umkreis der „Tann"-Gruppe I mit den Ortsnamen: Thann, Thanet, Thambach, Thannreith, Thanngrub, Thannham, Danner.

Der Neuburger Wald, der Forst der Grafschaft Neuburg, wurde erst 1731 vom Fürstbischof von Passau erworben, und ging um 1800 in den Besitz des bayrischen Staates über. Die Passauische Forstordnung von 1776 schränkte die Streunutzungen ein. Im allgemeinen scheint der Neuburger Wald in einem guten Zustand in den Besitz des bayrischen Staates übernommen worden zu sein.

Mit dem Bayrischen Wald gemeinsam hat der Neuburger Wald die natürliche Bestockung von Buche, Tanne und Fichte. Noch Ende des 19. Jahrhunderts gab es in den damaligen alten Beständen viele einzelne starke Buchen und Tannen. Darüber hinaus hat der Neuburger Wald seinem günstigen Klima entsprechend auch stets einen hohen Anteil von Eiche gehabt. Die einstigen Vorräte mehrhundertjähriger Eichen sind wohl verschwunden. Buche, Tanne und Fichte bringen im Neuburger Wald besondere Wuchsleistungen hervor. Die Pflanzenwelt des Waldes ist arm im Gegensatz zum Jura oder dem Isargebiet. Stark ist Carex brizoides (Seegras) vertreten. Die Heidelbeere findet sich fast ausschließlich auf den kiesigen Böden, welche mit Forchen besetzt sind.

Der Steinhart und der Grafenwald im Einzugsgebiet der Rott

Der Steinhart liegt südlich des Neuburger Waldes, nördlich Griesbach, auf einem Hochrücken. In dieser Gegend tritt der Quarzschotter auf den höheren Lagen des Hügellandes als Nagelfluh auf, während er im Westen der Isar seltener und lose gelagert ist. In den nördlichen Teilen des Steinharts liegt das Konglomerat in Brocken zutage, weniger im halbverwitterten Zustand. Im südlichen Teil ist es überdeckt von lehmigen und sandig-lehmigen Böden von ziemlicher Gründigkeit. Auf den nördlichen kärglichen Böden zeigt sich die Heidelbeere; die Wuchskraft ist dort wesentlich geringer als im Südteil. An einigen Stellen des Nordteils stockt die Forche, die sonst geringe Bedeutung hat. Diese Forchen-Standorte bei St. Salvator werden von Sendtner als besonders typische bezeichnet.

Im Jahre 1597 [208] besteht der Steinhart aus „Stammholz" von Eichen und Buchen, dann aus Fichten und Tannen, an manchen Stellen aus Forchen. Im „Steinigen Hart", im Weidewald, hat schon seit frühesten Zeiten das Weidevieh die Verjüngung des Laubholzes geschädigt. Diese Zurückdrängung des Eichenjungwuchses durch das Vieh wird auch 1597 hervorgehoben. Nur wenn der Steinhart eingefriedet würde, könnten Eichen und Buchen „wieder" aufgezogen werden. Nach allem ist der Steinhart im 16. Jahrhundert als

Mittelwald mit vielem Oberholz (gleich „Stammholz") bewirtschaftet worden. Nach dem Waldlagerbuch von 1755 ist die im 16. Jahrhundert vor sich gehende Umwandlung zum Nadelholzbestand weiter fortgeschritten, jedoch ist der Mischwaldcharakter noch kenntlich. Tanne und Fichte überwiegen, der Anteil der Buche ist gering, doch stocken noch sehr viele Eichen (etliche Tausend), aber nur wenige von guter Qualität, weil das „Schwarzholz" sowohl ihr Auf- als auch ihr Fortkommen hindert. Alte Forchen und viel Forchenjungwuchs sind vorhanden.

Der Steinhart und die „Grünleite" sind um 1900 Fichtenwaldungen mit starker Einmischung der Tanne. Die Buche ist in allen Beständen mehr oder weniger vertreten, ohne Hauptholzart zu sein. An den Waldrändern stehen noch immer vereinzelt ältere starke Eichen.

Somit hat sich das Holzartenverhältnis innerhalb von 200—300 Jahren und damit der Charakter des Waldes wesentlich geändert. Aus einem Mischwald von Buchen-Eichen-Tannen-Fichten hat sich ein Fichten-Tannen-Wald mit Nebenbestand von Buchen entwickelt, dagegen ist die Eiche als Glied des Bestandes ausgefallen. Die Forche ist auf den ihr zusagenden Böden vertreten gewesen, ohne sich weiter auszubreiten. Die meisten Waldungen im Rott-Tal zeigen heute den Charakter des „Nadelholzforstes, in dem Fichte und Tanne herrschen". Der Wandel zum Nadelwald hatte sich aber schon im 16. Jahrhundert in manchen Wäldern um das Rott-Tal angebahnt oder auch vollzogen. So besteht Ende des 16. Jahrhunderts das „Türkholz" im Kastenamt Griesbach aus Fichten, Tannen und Forchen, mit einigen Eichen; der Wald Vizdom und Schöfftal bei Neumarkt aus Fichte und Tanne und auch aus Forche; Eiche und Buche fehlen; einige Waldungen im Gericht Eggenfelden haben bloß Tanne und Fichte usw.

Ende des 19. Jahrhunderts wurde im Staatswald durch horstweisen Femelschlag die Mischung von Fichte mit Weißtanne und eingesprengtem Laubholz erhalten. Die Wachstumsverhältnisse gleichen denen des Bayrischen Waldes, auch ein Beweis der standörtlichen Verwandtschaft. Der Tanne sagen die steilen Hänge, Schluchten und Gräben im Hügelland des Rott-Tales besonders zu.

Der Grafenwald bei Kößlarn liegt auf demselben Zug der Quarznagelfluh und gleicht hinsichtlich der Bestockung dem Steinhart. Im Jahre 1597 [208]) gibt es dort starkes Fichten- und Tannenstammholz (Oberholz) im Waldteil „Brand" und in drei Vierteln des Waldes auch Tannen- und Fichtenstämme im Laubholz eingemischt. Aber bereits 1755 ist der Grafenwald ein reiner Fichten- und Tannenbestand geworden.

Die Erhaltung der natürlichen Holzartenmischung in den vielen bäuerlichen Waldungen ist auch dem traditionellen Femelbetrieb zu verdanken.

Der Grafenwald liegt im Bereich der „Tann"-Gruppe II mit den Ortsnamen: Tann (auch Tann im Moos genannt, ein größerer Ort in einer Senke, bereits 1234 Markt) nördlich Eiberg (Eibe); ferner Hinterthan, Thanersbach, Thanöd, Dannberg, Thannham, Tannöd, beim Wald Tannöd, Hohenthann auf der Höhe. Mit Ausnahme des ersten Ortes sind es Weiler und Einzelsiedlungen, die sich in diesem bewegten Hügelland häufen.

Die Waldungen um Neumarkt, um obere Rott und Bina, werden von der „Tann"-Gruppe IV umschlossen, mit den Namen:

Kurthambach, Herrnthann, Tanet, Thann, Stadlthann, Thann, Thannengraben, Ostnthann, Westnthann, Müllerthann. Diese Orte sind sämtlich Weiler und Einzelhöfe. Sie gruppieren sich um die älteren kirchlichen Mittelpunkte, um die Orte, die auf -kirchen lauten wie Geratskirchen, Taufkirchen, Bergkirchen, Lohkirchen usw.

Um das „Tann"-Gebiet liegen Buch-Orte wie Pfaffenbuch, Buchbach, Johannisbuch, Moosbuch, Buch usw. — Einige Ortsnamen weisen die Forche nach wie Mantelsberg (Mantel gleich Forche), zwei Vorrach südlich der Rott und ein Vorrach im Raum der Bina.

Im 16. Jahrhundert finden wir folgende Sekundärtypen vor:

a) ein Mischwald von Buche und Eiche mit Tanne und Fichte, eine Art Mittelwald mit vielem Oberholz; dieser wandelt sich bis zum 18. Jahrhundert in Fichten-Tannen-Hochwald.

b) Ein reiner Fichten-Tannen-Wald oder Tannen-Fichten-Wald, auch einst aus Mischwald hervorgegangen.

c) Beide Typen mit Einmischung von Forche.
d) Forche auf kargen Böden.
e) Kleinere Buchen-Eichen-Wälder, mit Birken, Aspen und anderen Weichhölzern, mehr an den Randgebieten, Ausschlagwald mit Oberholz.

„Tann" und „Buch"

Wenn wir annehmen, daß der Ausbau der Siedlungen im Innern des Hügellandes erst in das 12. Jahrhundert zu setzen ist, so fällt in diese Zeit auch der Abschluß der Auflösung des großen geschlossenen Waldgebietes, das damals noch da und dort urwaldähnlich gewesen sein wird. Im Innern des ehemaligen Urwaldes reihen sich die „Tann"-Orte zum einst geschlossenen „Tann". Sowohl der „Buch" als auch der „Tann" waren biologisch Mischwälder, Einmischung von Nadelholz im „Buchenwald", wie Einmischung von Laubholz im „Tannenwald"; die Namensgebung zur Zeit der Niederlassung entsprach eben dem jeweiligen tatsächlichen äußerlichen Charakter. Im allgemeinen ist auch im Altbayrischen mit dem Wort „Der Tann" noch nicht gesagt, daß der Wald stets überwiegend von Weißtanne gebildet worden wäre. Aber die Tanne führte im Tertiärland vor der Fichte, solange der Wald vom Menschen nicht zu sehr beeinflußt war.

Waldnamen wie „Buch" und „Tann" oft unmittelbar nebeneinander, oder „Das Tannet" und „Das Buchet", besonders aber die vielen „Eichberg" und „Buchberg" unterstreichen noch mehr die örtlichen Verschiedenheiten. „Tannödt" und „Buchödt" sind Siedlungen im Tann oder Buch, in der Einsamkeit, in der „Öd". — Dagegen bezeichnet „Tannet", Eichet", „Buchet" einen Wald von der Gattung Tanne, Eiche oder Buche.

Für die Zeit vor der Erschließung des Urwaldes, der Auflösung des geschlossenen Waldes durch die zweite und dritte Siedlungsperiode, bis zu einer Zeit, in der sich merkbar der Einfluß des Menschen auf das Verhältnis der Baumarten im Wald auswirkt, sind höchstens 400 bis 500 Jahre zu rechnen, etwa vom 12. Jahrhundert bis Mitte 16. Jahrhunderts. Vom 16. bis zum 18. Jahrhundert fand die Umwandlung des schon stark angegriffenen Waldes durch raubbaumäßige Nutzung statt. Vom Ende des 18. Jahrhunderts bis in das 19. Jahrhundert fällt der Wiederaufbau des Waldes. Wenn er in den meisten Fällen zu einer Fichtenreinwirtschaft geführt hat, so hat sich doch in und um das Rott-Tal wenigstens die Tanne erhalten, wenn auch die Buche bedeutend zurückgedrängt und die Eiche fast ganz ausgeschieden ist. Infolge der verkehrsungünstigen Lage — außer in der Nähe des Inns und der Isar — wurde nur nach den Bedürfnissen der nahen Umgebung, nicht nach der unstillbaren Nachfrage eines Großmarktes geschlagen. Daher wurde die Plenter- und Femelwirtschaft beibehalten. Auch der Mangel großer Orte trug dazu bei, daß die Herstellung von Holzkohle, welche besonders den Buchenaushieb verursachte, nicht übermäßig betrieben worden ist.

Die Waldverhältnisse im Umkreis der Ortsnamengruppe III und V werden sich nicht wesentlich von denen der besprochenen Gruppen unterscheiden.

Die Tann-Gruppe V (um die obere Vils) besteht aus den Orten: Thann, Thannlohe, Tanet, Dambach, Tannenbach. Hiervon ist der erste Ort ein größeres Kirchdorf, das unmittelbar neben dem Kirchdorfe „Buch" liegt, beide am Beginn des Hügellandes oben auf der Hochfläche, nahe der Isar und dem Moos. — Hier liegen „Buch"-Orte teils außen, teils innerhalb des „Tann"-Raumes. Die Mehrzahl der größeren Orte gehört zu den -kirchen, -hofen, -hausen, -bach-Orten. Daneben gibt es viele kleine Rodeorte wie Hochreut, Loh, Moorloh, Schnaiblreith, Schirmreuth, Reitgarten usw. Die Rodungsperioden und Rodungsräume sind somit noch gut durch die Verteilung der Ortsnamen ausgedrückt. Der von den „Tann"-Orten eingenommene Raum war nach alledem noch lange zusammenhängender, spät erschlossener Wald. Es sind dort auch heute noch verhältnismäßig viele größere Waldstücke vorhanden, die sich unschwer als ein einheitliches Waldgebiet rekonstruieren lassen.

Gegen die Münchner Schotterebene zu sind meist nur kleinere Waldstücke auf den tertiären Hügeln verstreut. Sandige Böden werden häufiger. Nach einigen Nachrichten aus dem 16. Jahrhundert ist der Zustand bäuerlicher Waldungen und besonders der Gemeindewaldungen im Amt Erding sehr schlecht gewesen. Birken, Fichten und Wacholder, oder Forchen, Fichten und Wacholder bildeten einen häufig erwähnten Bestandestyp. Daß auch an der oberen Vils Buche und Tanne zur Siedlungszeit den Wald gebildet haben, zeigen eindeutig die Ortsnamen. Dagegen wirkte sich in Isarnähe nicht nur die frühe Siedlung aus, es herrschte auch größerer Verkehr, daher rücksichtslose Nutzung und raschere Abschwendung des Waldes.

An der unteren Vils, am Kollbach und am Sulzbach, zwischen Vils und Rott, zeigt die „Tann"-Gruppe III einen engeren Zusammenhang mit dem Neuburger Wald und mit dem unteren Bayrischen Wald. Ihre Namen Tannhausen, Tanndorf (beim Tannberg), Thann und Thannenmais, drücken den „Tann"-Charakter bestimmender aus.

Auch hier ist dem alten Siedlungsgebiet stets der „Buch" am nächsten, denn er ist der lebensnotwendige Weidewald. An den höheren „Tann" rückt meistens erst die spätere Ausbausiedlung heran.

In Niederbayern [205] befindet sich viel Wald im bäuerlichen Besitz; hierdurch wird die wirtschaftliche Struktur der großen Höfe günstig beeinflußt. Das Ausmaß der Nutzung wurde stets vom Schicksal des Hofes, von Perioden glücklicher oder unglücklicher Ereignisse bestimmt. Auch der bäuerliche Mittelwald ist schließlich Hochwald geworden, jedenfalls seit der Zeit des überwiegenden Nadelholzes. Die edlen Laubbäume wie Buche, Eiche, Ahorn, Esche und Hainbuche sind im Bauernwald noch seltener als in den großen Forsten des Staates. Auch die Forche hat immer mehr die Mischung von Fichte und Tanne verdrängt. Am Ende des 19. Jahrhunderts werden die niederbayrischen Bauernwälder nicht mehr wie früher nur plenternd und femelnd, sondern auch schlagweise umgetrieben, meistens in Saumschlägen mit oder ohne Schirmstellung. Durch die Erweiterung des Holzmarktes für Schwachholzsortimente (Papierholz, Grubenholz) hat die frühere konservative Tendenz im Bauernwald, Starkholz zu erzeugen, abgenommen; das Interesse verlagert sich, oft in verderblichster Weise, auf raschen Umtrieb und konjunkturelle Nutzung. Die Folge war das Verschwinden des bäuerlichen Plenterwaldes mit seinem ungleichaltrigen Aufbau, die Vermehrung künstlicher Reinbestände von Fichten oder von Forchen, auch auf kleinen verstreuten Parzellen, harte geometrische, unnatürliche Gebilde in einer weichgeformten Landschaft.

Regionalwaldtypen und Waldentwicklung in der bayrischen Tertiärlandschaft östlich der Isar (Zusammenfassung)

Die ursprünglichen Waldtypen im Ostteil des Tertiärlandes, im Einzugsgebiet der Rott und der Vils, das klimatisch durch stärkere Niederschläge begünstigt ist, sind schematisch gesehen dem Typus des Vorderen Bayrischen Waldes verwandt. Auf den Höhen ein eher schmaler Streifen eines Bergwaldes von Buche und Tanne mit Ahorn und Eibe, mit Fichten stark vermischt, in Gemenglage mit Buchen-Eichen-Wald; in den Niederungen dagegen Eichen-Buchen-Wald. Diese Waldtypen heben sich nicht immer stark voneinander ab. Sie verschwinden in Sekundärtypen von Mischwäldern, die in verschiedener Zusammensetzung von Buchen und Eichen, von Tannen und Fichten und auch von Föhren gebildet werden. Der „Tann" lag auf den Höhen von 450—500 m, gegen die Flußtäler zu überwog der „Buch". Der „Tann" entspricht dem spät besiedelten Gebiet, „der Buch" war der Weidewald der frühen Siedlungen. Die Föhre ist von Natur aus auf Sand- und Quarzböden vorhanden gewesen.

Der Wald entwickelte sich bereits im 16. Jahrhundert in manchen Gegenden zum mehr oder weniger reinen Nadelwald von Fichten und Tannen, in anderen erhielt er sich bis in die Zeit des Wirtschaftswaldes als Mischwald, nur daß die Buche in ihrem Anteil sehr beschränkt wurde, die Eiche nur noch verstreut vorkommt. Der eigentliche Ausschlagwald scheint mit Ausnahme in der Nähe der Dörfer und Höfe keine sehr große Rolle gespielt zu haben, wahrscheinlich wegen des natürlichen Übergewichtes der Tanne, später auch der Fichte.

IM WESTTEIL DES TERTIÄRLANDES ZWISCHEN LECH UND ISAR

Der Dürnbuch; Wald um das Donauknie

Schon der Name des Dürnbuches sagt, daß er ein „dürrer Buch" ist.

Er wird von demselben lockeren Sand durchzogen, der sich zwischen Ilm und Abens ausbreitet und erst in der Gegend von Thann und Offenstetten südlich Kehlheim verschwindet. Manche der sandigen Wellen werden für Flugsanddünen gehalten. Die Fruchtbarkeit des Sandes ist mäßig, jedoch ist der Sand oft mit Lehm vermischt, auch mit Quarzschottern, so daß gute und magere Böden abwechseln, und auch der Wasserhaushalt sehr verschieden gestaltet ist.

Im „Dürnbuch" wurde geplentert. Denn 1597 meldet der Überreiter, daß es niemals Brauch gewesen sei, Schläge zu machen; dies wäre auch wegen des hocherwachsenen Eichenholzes nicht rätlich gewesen. Weil aber wegen des starken Bedarfs der Forst von „groben Mantelbäumen" (Starkforchen) so sehr abgetrieben sei, müßte in das „fruchtbare Eichholz" (Mastbäume) eingegriffen werden, wenn nicht die Brennholzanforderungen der Untertanen eingeschränkt würden [208].

Im 19. Jahrhundert gibt es im Dürnbuch eine Abteilung „Buchberg". Die Buche ist immer noch vorhanden, wenn auch meist nur als Nebenbestand! In der Abteilung „Alte Saß" stockte eine Mischung von Hainbuchen, Linden und Eichen. Die reinen Forchenbestände gleichen denen auf den Sandböden um Abensberg. Dort zeigt uns die topographische Karte Niederungen um 380—410 m und Höhen um 420—450 m. Der Wald „Die Heide" und das „Heidholz" bei Pullach und Buchhofen sind eingeschlossen von dem Brandholz, dem Eichberg, dem Aicha, dem Ort Mantelkirchen, dem Wald „Haslach" und „Linde" beim „Sinzbuch", dem Ort Thann (Herrnwahlthann), dem Eichet an der Laaber, dem Ort Buch, dem Buchberg und dem Eichelberg. Ringsherum liegen Orte und Wälder mit dem Namen „Hart". Dann beginnt die Donauebene von Regensburg.

Die Landschaft an der Donau ist ein altes Siedlungsgebiet, das zur Römerzeit die Umgebung einer volkreichen und gewerbefleißigen Stadt gebildet hat. Auch im Mittelalter und in der neueren Zeit herrschte hier ein starker Bedarf an Holz aller Art zum Bauen, Brennen, an Handwerksholz, zum Verkohlen, dann für Wehr- und nicht zuletzt auch für Schiffsbauten. Die Harte in der Umgebung waren die Weidewälder der Ursiedlungen. Weiter abseits von der Donau wie abseits von der frühbesiedelten Isargegend am Oberlauf der beiden Laaber, der Ilm und der Abens bestand lange ein geschlossener unzugänglicher Wald.

Der Kern dieses Waldgebietes wird von der „Holledau", dem „Halhart" in Bedeutung „heimlicher verbergender Wald", gebildet; in ihm hat die Tanne ihre Randausbreitung auf den Höhen im Oberlauf der großen und kleinen Laaber vom Bayrischen Wald her fortgesetzt, teils in Verbindung mit dem Tannengebiet östlich der Isar, teils in loserer Verbindung zum Randgebiet über der Donau, dem Hienheimer- und Köschinger Wald. Dann zieht sich diese Randzone auf den Höhen um die obere Abens, Ilm, und untere Amper weiter westwärts hin.

Die Tanngruppe VI bildet sich aus den Orten: Moosthann, Kirchthann, Kreuzthann, Thonhausen, Margarethenthann, nochmals Thonhausen, Hohenthann mit Tonhof und Vorthan; und aus einer Nebengruppe: Herrnwahlthann, Thannacker gegen die Donau zu, Tondorf nahe der Isar (1220 Tandorf).

Mit Ausnahme der beiden Thonhausen sind es lauter größere Orte. Zwischen ihnen liegt heute noch so viel Wald, zum Teil von beträchtlichem Ausmaß, daß ein einstiges einheitliches „Tanngebiet" ohne weiteres sichtbar wird. Auch dieses Tanngebiet ist im Norden und im Süden, besonders aber im Nordosten von einem „Buchgebiet" umrahmt. Buch, Buch, Buchhausen, Seidenbuch in der Mitte, Schönbuch, Buchberg, Buch, Buchental, Veitsbuch, Buchreit, Buchberg, Pramersbuch, Martinsbuch, Puchhausen, Holzbuch, Altenbuch, Michaelsbuch. Die Orte dieses Hügellandes gehören teils der zweiten, teils der dritten Siedlungsperiode an.

Um das Tanngebiet liegen im Norden alte Harte, wie der Eschenhart, der Schneidhart, der Dürrnhart; ein Nachweis früher Siedlung. Im Süden geht über Tondorf der Anschluß zur Tann-Gruppe VII hin.

Die Tann-Gruppe VII setzt sich zusammen aus:

Thann (an der unteren Amper), Thonstetten (zwischen Amper und Isar), Thonhausen, Thann (Ober- und Niederthann östlich Pfaffenhofen), Thongraben bei Wollnzach, Thann (zwischen Glon und Ilm), Thondorf, Tandern (nordöstlich Altomünster).

Diese westlichste Tann-Gruppe liegt zwischen der Hollerdau und dem Westteil der Tertiärlandschaft, dem Einzugsgebiet der Paar südlich des Donaumooses und nördlich des Haspelmoores. Tandern wird Mitte des 9. Jahrhunderts locus Tannara, und als ad Tannarum, also Siedlung von Leuten am Thann genannt und ist ein altes Pfarrdorf. Tongräben wird Mitte des 12. Jahrhunderts als Tangreben in der Pfarre Wolnzach erwähnt. Thonhausen ist Mitte des 10. Jahrhunderts als locus Tanhusa der Pfarre Zolling, Thonstetten Mitte des 9. Jahrhunderts als Tanstetin der Pfarre Moosburg genannt.

An der Amper liegen Schernbuch, Hohenbuch, Hinterbuch und Leonhardsbuch; um die Ilm Oberbuch und Puch; im Norden Puch, Buchenried, Buch, Haselbuch und Buch als Verbindung zur Gruppe VI. Zwischen Amper und Isar nordöstlich Freising liegt der Ort Viecht (Großenviecht), Kleinviecht), früher locus Fichta genannt. Zwischen Glon und Amper der Ort Vierkirchen, der im frühen 9. Jahrhundert villa Feiohkircha heißt. Dann gibt es ein Gfeichet bei Nandlstadt; ein Kienberg am Tertiärrand in der Nähe der Mündung der Glon in die Amper. Die -ing-Orte halten sich vom inneren Hügelland fern. Der Gang der Besiedlung zeichnet sich schon nach der Art der Ortsnamen ab, er ging von den großen Flußläufen allmählich auf die Hänge und weiter in die inneren Flußgebiete hinein. Kein Zweifel, daß sich hier noch lange urwüchsiger Wald erhalten hat.

Die seit Urzeiten schon aufgeschlossenen Waldungen an der Donau waren in der Zusammensetzung ihrer ursprünglichen Baumarten bereits beeinflußt, als der Urwald im Innern der tertiären Landschaft noch bestand. Das älteste Siedlungsland war von Laubwäldern aus Buche und Eiche, Linde und Hasel, umstanden, die mit ihrem Laubabfall auch die ärmeren Böden immer noch kräftig erhielten. Als die Wälder stark ausgeschlagen waren, als die Bodenkraft durch Entzug der Streu rasch herabsank, also erst, als die Böden ihrer Humusschicht beraubt der unmittelbaren Einwirkung des Klimas ausgesetzt waren, breitete sich die „Ödung" aus, eine fast steppenartige Rückbildung in jene ferne Zeit, in der die Vegetation begonnen hatte, sich von der Steppe zum Wald auszubilden. Im sandigen „Dürnbuch" ist dies deutlich zu merken. Lückiger Forchenwald umgibt im 16. Jahrhundert gerade die Umgebung der größeren Ortschaften, ähnlich wie die Ränder der alten Buchenwaldungen von Vorhölzern aus Birken, Aspen und überalteten Masteichen umsäumt waren.

Diese verwüsteten Waldungen wurden bald von der Fichte und Birke oder von der Forche erobert, wobei der Mensch in seinem Wunsch nach raschwüchsigem Holz diese Entwicklung in jeder Weise unterstützte.

Wald um das Donaumoos

Die Lechmündung liegt in einem Trockengebiet. Um das Donaumoos herrschen Wärmeextreme mit besonderer Spätfrostgefahr. Westlich des Mooses bei Rain zieht die Linie des jährlichen mittleren Niederschlages von 550 mm durch, während zwischen dem Donaumoos und Regensburg die durchschnittliche Niederschlagsmenge zwischen 550—600 mm beträgt.

Das „Osterholz" und der „Forst Buch" bei Rain sind Ende des 16. Jahrhunderts noch Laubholz-Mischwälder von Eichen, Buchen, Aspen, Hainbuchen. Nur im „Buch" beginnt damals Fichte einzudringen. Westlich des Ortes Puch und des Ortes Lindach liegt der „Heidforst" an der unteren Paar. Die Schotter der Paarniederung enthalten keinen Kalk, sie bestehen aus Quarzit. Ende des 16. Jahrhunderts und im 17. Jahrhundert verschwindet im „Heidforst" die Buche, es stockten nur mehr Eichen, Birken und Fichten. Heute herrscht um das Moos größtenteils die Forche. Die einstigen waldbildenden Baumarten wie Buchen, Eichen, Hainbuchen und Linden haben sich ganz verloren.

Der Hagenauer Forst [208]) südlich des Donaumooses zeigt sich im Jahre 1596 im Übergang vom Mischwald zum Fichten-Forchen-Bestand. Noch war Eiche, Buche, Esche, Linde, Hainbuche, Erle und Aspe vorhanden. Aber in 18 Schlägen trat neben dem Laubholz auch Fichtenverjüngung auf. Im Jahre 1614 waren bereits 24 Schläge mit Fichten und Forchen angeflogen, so auch ein Schlag im „Buchholz". Immerhin hatte sich noch 1749 ein Mischwald von Buchen, Fichten, Forchen (Manteln), Tannen, Eichen und anderen neben überwiegenden Forchenbeständen erhalten. Die „Schläge" sind wohl teils Niederwaldumtrieb mit Oberholz, teils Brennholzschläge in hochwaldartigen Beständen bei Belassung von Samenbäumen.

Wald zwischen der Paar und der Glon gegen den Lech zu

Von der Gegend von Landshut her zieht sich auf den Höhen um 500 m keilartig durch die Holledau in das Gebiet zwischen Paar und Glon hinein eine Reihe von Wäldern, die nach den Beschreibungen aus Buchen, aber auch aus Tannen und Eichen bestanden. Sie liegen im weiten Bereich der bereits erwähnten Tann-Gruppen VI und VII, in einer jährlichen Niederschlagsmenge von etwa 700—800 mm, der sich zwischen Paar und Glon noch erhöht.

Heute noch stocken in der Holledau neben Fichten-Forchen-Beständen auch Fichten-Tannen-Buchen-Bestände, die nach Raesfeldt „weit eher an die des Bayrischen Waldes oder auch des Neuburger Waldes erinnern", als daß sie eine Ähnlichkeit mit denen des „Dürnbuches" oder der anderen Umgebung hätten. Solche Waldtypen sind unter anderen der Grafendorfer Forst bei Mainburg, der „Giebitz" und das „Tannet". Durch das traditionelle Plentern und später durch den horstweisen Femelschlag hat sich die Buche und die Tanne neben der heute wohl herrschenden Fichte erhalten. Etwas nördlicher aber, gegen das ältere Siedlungsland, beginnt sich bereits die Forche durchzusetzen.

Westwärts schließen sich auf der gleichen Linie Waldungen des Klosters Scheyern an, die im 16. Jahrhundert noch Mischwald von Buchen und Tannen waren, mit Eichen und Fichten. Sie liegen alle innerhalb der Gruppe VII. Einige von den Scheyerner Waldungen hatten sich im 16. Jahrhundert aus Mischwald bereits zum Fichten-Tannen-Bestand entwickelt, in dem die Buche nur mehr unterdrückt und die Eiche bloß vereinzelt vorkam [208]).

Der äußerste westlichste Tann-Ort dem Lech zu ist Tandern, im 9. Jahrhundert „ad tannarum". Wie ein Pfeil zückt die Spitze dieser Tann-Gruppe auf die umfangreichen Waldungen der kurfürstlichen Grafschaft Friedberg, die um Mehring herum zwischen der Paar und der Glon im hügeligen Land liegen. Diese sind der Mehringer Forst, der Landmannsdorfer Forst, der Adelzhauser Wald, der Forst Hart, südlich der Glon der „Buchwald" und das „Lindach". Alle diese Waldungen liegen am Südrand des Tertiärs den Waldungen um Augsburg gegenüber.

Der Mehringer Wald besteht 1596 aus gewaltigen Eichen, aus Buchen, Aspen und Birken, aus Tannen und Fichten. Er ist zu dieser Zeit ein typischer Laub-Nadelholz-Mischwald. Im Jahre 1572, während einer Fuggerschen Pfandherrschaft, wurden statt des üblichen Plenterbetriebes große Schläge angelegt; diese überwuchsen seitdem mit Fichten und Birken. Die Fichte, welche seit langem von Osten her vorgestoßen war, kam erst jetzt durch die Großschläge zur Ausbreitung. In den Waldbeschreibungen wird immer wieder betont, daß das Eichen- und Buchenholz abnehmen werde, weil sich auf allen leeren Plätzen die Fichte ansame. Man werde diesen Wald nicht mehr den „Buch", sondern den „Fichtenwald" nennen.

Im Landmannsdorfer Forst stockten zur gleichen Zeit starke Fichten und einige Eichen, in einem kleinen Teil Jungfichten und Eichreiser (Samenbäume). Im Adelzhauser Wald und im Forst Eurasburg standen Althölzer von Fichten und Eichen, auch Buchen und Fichten. Der Forst Hart bestand noch 1597 mehr aus Laubholz von Eichen, im Unterholz waren Linden, Haseln und Aspen. Aber an freien Plätzen flog die Fichte an. Im Wald Högl neben dem Mehringer Wald war 1596 Buche und Eiche, aber „am liebsten wächst Fichte". Wo Buchen herausgenommen wurden, besamte sich alles mit Fichte. Der Forst Haspel hatte 1583 schön gewachsene Eichen, Buchen, Aspen, Hainbuchen und Hasel, er war also ein reiner Laubholzwald, trotz der Nähe der Moorrandwälder des nahen Haspelmoores, ein Beweis, wie stationär sich die ursprüngliche Grenzlinie der Fichte bei ungestörter Entwicklung der Wälder verhalten hatte [208].

Sowohl die Vorposten der Tanne als auch die Vorstöße der Fichte drangen noch über den Lech in die Wälder westwärts Augsburg hinein (s. S. 169).

Regionalwaldtypen und Waldentwicklung in der bayrischen Tertiärlandschaft westlich der Isar (Zusammenfassung) [196]

Das Tertiärland westlich der Isar ist in seinen natürlichen Waldverhältnissen durch geringfügige Klimaunterschiede, aber durch uneinheitliche Bodenverhältnisse infolge der geologisch-morphologischen Verschiedenheiten gekennzeichnet.

Von weiterem Einfluß waren die Siedlungsverhältnisse; das Tertiärland war an den Rändern und an den Flüssen mit frühesten Siedlungsgebieten umgeben, während das Kernland zwischen den Flußläufen ziemlich spät besiedelt wurde.

Die Entwicklung des natürlichen Waldes wurde durch die Wasserstraßen des Lech im Westen, der Donau im Norden, der Isar im Osten verändert, in deren Nähe eine raschere Abschwendung der Wälder stattfand. Hiermit steht die vom 16. Jahrhundert ab stürmisch vor sich gehende Verbreitung der Fichte in Verbindung. Die Auflockerung des geschlossenen Waldes ist jedoch schon in das 15. Jahrhundert zu setzen, jedenfalls an den Hauptverkehrsstraßen und frühen Hauptsiedlungspunkten.

Umgeben vom Laubwaldgebiet der Fränkischen Alb im Nordwest, vom Laubwald der unteren Schotterlandschaft zwischen Iller und Lech, konnte die westliche Tertiärlandschaft stärkere Einmischungen von Tanne und Fichte nur vom Osten her, vom Herzynischen Waldgebiete, erhalten; sie kamen über die Ausläufer des Vorderen Bayrischen Waldes und der mit ihm verwandten vorgelagerten Waldlandschaft des östlichen Tertiärlandes zwischen Donau, Inn und Isar, ähnlich wie sie der Ostrand der Fränkischen Alb zwischen Regensburg und Kösching vom Randgebiete des Bayrischen Waldes erhielt.

Die R e g i o n a l w a l d t y p e n fassen wir zusammen wie folgt:

Das primäre Laubwaldgebiet der westlichen Tertiärlandschaft unterteilt sich in einen schmalen, langgezogenen Kern eines Buchen-Eichen-Waldes auf den Höhen um 500 m; dieser ist westlich der Amper, an den Quellgebieten und Oberläufen der Paar, Ilm, Abens, Laaber, nach Norden zu bis zur Donau vom Eichen-Buchen-Wald umgeben. Der Buchen-Eichen-Wald, vielleicht auch ein Teil des Eichen-Buchen-Waldes liegen in einer bald dichteren, bald lockeren Randzone der Tanne, die wieder von Vorposten umstellt ist; in dieser Tannenrandzone breitet sich auch die Fichte aus, ohne den Charakter der Laubwälder vorerst zu verändern.

Die Forche ist primär auf den vielen das Gebiet wie mit Bändern durchdringenden Sandböden heimisch; allmählich hat sie sich auch auf den zahlreichen Ödungen verbreitet und ist immer mehr in die aufgelichteten Wälder vorgestoßen; aus solchen Sekundärtypen entstanden später Waldbautypen mit vorwiegendem oder kleinem Anteil an Forchen. Die Forche der Tertiärlandschaft steht im Zusammenhang mit dem fränkisch-pfälzischen Forchenareal. Die sich stets verstärkenden Forchenvorstöße gingen einerseits in Richtung Inn-Salzach, anderseits in Richtung des Lech.

Zum Tannenareal in Altbayern ist zu sagen:

Im gesamten altbayrischen Raum ist die Tanne nicht ausschließlich von den Alpen aus vorgedrungen, die Münchener schiefe Ebene gewissermaßen im Kreise umgehend, sondern das Tannenareal ist aus zwei Quellen gespeist worden: im südlichen Gürtel, in der Moränenlandschaft, aus den Alpen, im nördlichen Gürtel, in der Tertiärlandschaft, aus dem Herzynischen Wald. Dazwischen liegt ein Übergangsgebiet, in dem die Tanne teils aus klimatischen Gründen fehlt, wie in der Münchener schiefen Ebene, teils nur vorpostenweise wegen des durch eine Laubwaldzone gehemmten Wandervermögens vertreten ist, wie am westlichen der Moräne benachbarten Tertiärrand, teils sich von Süden und Norden her vermischt, wie im Ostteil im Raum um die Isen. Mit dieser schematischen Feststellung, der vielleicht nur der Wert einer Hypothese zukommt, haben wir wohl dem Ergebnis der Untersuchung der Waldentwicklung in der Moränenlandschaft etwas vorgegriffen (s. S. 202).

IM OBERÖSTERREICHISCHEN TERTIÄRLAND ZWISCHEN INN UND TRAUN (NORDGÜRTEL DES OBERÖSTERREICHISCHEN ALPENVORLANDES)

Das Mühlviertel

Das oberösterreichische Tertiärland wollen wir zuvor von diesem Teile des Herzynischen Waldgebirges aus überschauen, der das Mühlviertel genannt wird.

Der „Nordwald" ist vorerst nur an den uralten Saumwegen, im allgemeinen sehr spät, meistens durch verstreute Rodungen, erschlossen worden. Die vielen Rodungsorte auf „schlag" enthalten den fachtechnischen Ausdruck für die rechteckige Mindestrodung [209]. Im Nordwesten gegen den Plöckenstein zu und im Nordosten um Sandl blieben noch riesige geschlossene Waldgebiete von der Siedlung fast unberührt. Bis zum Ende des 18. Jahrhunderts wurden die Waldungen geplentert, der schlagweise Umtrieb erfolgte nur dort, wo es Triftanlagen gab. In der Mitte des 19. Jahrhunderts bestanden die weiten hochgelegenen Waldungen des Rodeklosters Schlägl gegen die bayrische und böhmische Grenze hin zu zwei Dritteln aus Fichten und Tannen, zu einem Drittel aus Buchen. Die Fichtenhochwaldungen der Herrschaft Helfenberg und Piberstein hatten um 1850 nurmehr Anteile von je 15 v. H. Tanne und Buche. Seit 1820 wurde dort der Plenterbetrieb aufgegeben und der schlagweise Kahlabtrieb bei einem 130—140jährigen Umtrieb eingeführt [210].

Der Charakter des Mühlviertler Waldes ist stark von den morphologischen Verhältnissen beeinflußt. Verschiedene Waldnamen wie Buchberg und Buchholz zeigen deutlich, daß die Buche auf Höhen und Hängen (Leiten) im Vorrang sein konnte. Auf wenig geneigteren Kuppen in höheren Lagen herrscht die Fichte mit der Tanne. Der Mischwald von Buchen, Tannen und Fichten ist wohl der ursprüngliche, je nach örtlichen Verhältnissen abgeänderte Typus des Waldes, besonders im niederen Lande gegen die Donau zu. Adalbert Stifter, der ja einmal anstrebte, Waldbaulehrer an der Forstlehranstalt in Mariabrunn bei Wien zu werden, spricht in seinen Erzählungen immer wieder von Buchen, Tannen und Fichten in der Landschaft des Donau-nahen Mühlviertels, „wo alle Gipfel der Hügel wie nach einem verabredeten Gesetze, Wald tragen".

Im Tertiärland

Eingebettet zwischen den Höhen von 700—800 m des nördlichen Urgesteinsblockes südlich der Donau und des Kobernauser Waldes und Hausruckes erstreckt sich vom Inn bis zur Traun eine sanftere Hügellandschaft, ähnlich der Landschaft um die Rott zwischen der Vils und dem Inn, geologisch und morphologisch gleichgeartet. Mit dem allmählichen Näherrücken der Höhen des Urgebirges zum Alpenrand, mit der Verengung des Raumes, nehmen die Niederschläge bedeutend zu. Die allgemeine mittlere Temperaturverteilung ist nicht wesentlich verschieden. Erst mit der Annäherung an das Donaubecken von Aschach, an den Unterlauf der Traun und der Enns ändert sich der Charakter des Klimas, aber auch der Landschaft; das bewegtere Hügelland wird von älteren und jüngeren eiszeitlichen Terrassen abgelöst, die teils Ebenen, teils schwach bewegte hügelige Räume bilden.

Die Waldverteilung von heute entspricht beiläufig der Verteilung des Waldes und des landwirtschaftlichen Kulturlandes, wie sie vor etwa 700—800 Jahren erfolgt ist. Seit dieser Zeit ist die Siedlungs- und Rodetätigkeit als abgeschlossen zu betrachten. Ein großer Teil des Landes war aber schon vor der bayrischen Landnahme Kulturland, teils aus vor- und frühgeschichtlicher Zeit, teils aus der Zeit der römischen Provinzialherrschaft. Dies betrifft im allgemeinen die Terrassenlandschaften an den großen Flüssen, wie es auch in der westlichen Tertiärlandschaft der Fall ist. Die eigentliche Tertiärlandschaft mit Höhen von 350 bis 550 m ist reich besiedelt, der Wald ist zerstückelt etwa in dem Maße, wie im Tertiärland um die obere Vils gegen die Münchner Schotterebene. Auf den Mergeln des Schliers wechseln Felder und Wiesen in steter Folge mit kleinen Waldstücken. Umfangreicher Wald stockt entweder auf Höhen, die sich wegen ihres Quarzschotters oder wegen ihrer Unebenheit nicht zum Feldbau nutzen lassen, oder ist auf die stark geneigten Talhänge beschränkt.

Die Hauptwaldgebiete zwischen Donau, Inn und Traun sind:

a) Der einstige „Passauer Wald" auf dem Urgesteinsblock zwischen Passau und Aschach; hier hat sich trotz der spät einsetzenden Besiedlung viel Wald erhalten, besonders im Mittelteil um die „Wald"-Gemeinden. Landschaft und Wald ähneln dem Mühlviertel und seinen Wäldern in jeder Weise.

b) Der „Hönhart" oder „Kobernauser Wald" und

c) der „Hausruck".

Der Kobernauser Wald und der Hausruck

Diese beiden mächtigen tertiären Höhen sind von Quarzschottern bedeckt. Der Hausruck bildet einen langen oft schmalen Rücken mit vielen Ausläufern und Spornen, die bewaldet sind; der Kobernauser Wald dagegen stellt einen geschlossenen Block dar, dessen breite, leicht geneigte Höhen und schmale Täler in ihrer Gesamtheit ein großes Waldgebiet bilden.

Die westliche Flanke des Kobernauser Waldes wird durch das Mattigtal von der Terrassen- und Moränenlandschaft des Salzachgletschers abgetrennt, seine südlichen Abfälle stehen den Flysch-Vorbergen der Kalkalpen gegenüber.

Vom Kobernauser Wald und vom Hausruck laufen zwei vom Wald gebildete Verbindungen zum Passauer Wald bzw. zum Bayrisch-Böhmischen Waldgebiet. Der eine Zusammenhang wird gebildet von Inseln mit Quarzschotterdecken, die bis zu den Quarzschotterüberlagerungen vor dem Urgestein das Innviertel durchsetzen. Die andere Verbindung stellt der nördliche Ausläufer des Hausrucks selbst her, der zwischen der Antiesen und der Trattnach als bewaldete Schranke sich nordwärts zieht, dann im „Pramwald" und dem alten Grenzwald „Rotensalach" sich bis zu den auf Urgestein stockenden Wäldern fortsetzt (12. Jahrhundert silva prope Pataviam, qui dicitus Rotensala — auch „rotes Moos" genannt, salhe = Salweide). Was weiter östlich von diesem Waldschranken an Wald in der Tertiärlandschaft vorhanden ist, sind nur mehr kleinere Gehölze, die, im losen Zusammenhang miteinander stehend, das Kulturland unterbrechen.

Die früheste bayrische Siedlung begann an den unteren Flußläufen der Pram, Antiesen, Ach und Mattig, des Innbaches, der Trattnach und der Aschach und wurde dann längs der Flußläufe zum Oberlauf hinauf vorgetrieben. So wurde das geschlossene Waldgebiet aufgelockert und verkleinert. Der Hausruck reichte noch um 1110 bis gegen Grieskirchen, denn damals wurde der Ort Roit bei Hofkirchen als am Hausruck gelegen bezeichnet.

Der Name „Kobernauser Wald" wird erst im 18. Jahrhundert gebräuchlich. Im 9. Jahrhundert wurde der Wald „forestum ad Honhart", im 12. Jahrhundert bald „silva Hohenhart", der hohe Hart, bald „nemus Hochenhart" genannt. Schon der Gebrauch des Wortes „nemus" deutet den damaligen Urwald an [209]). Dieser „Hart" lag entfernt vom altbesiedelten Gebiet und stellte eine riesige Waldallmende dar.

Da der Ort Hönhart schon am nordwestlichen Abfall liegt, hätte der Ausdruck „der hohe Hart" keinen Sinn, wenn nicht wirklich das ganze, große Waldgebiet weit nach Norden hin darunter begriffen worden wäre. Zur Zeit dieser Namensgebung war der Wald noch nicht von der Rodung berührt, die erst gegen den Oberlauf der Flüsse vorgestoßen war. Am Ende des 11. Jahrhunderts folgen bereits die Ausbausiedlungen, die den um 900 erstmals genannten Urmarken angeschlossen werden. Erst von da ab verlor der Ort Hönhart seinen Mittelpunkt „im hohen Hart", dessen nördlicher Teil durch Rodungen weit und breit aufgelockert wurde.

Der Ort Hönhart wird von folgenden bezeichnenden Ortsnamen umgeben: Aichberg, ein Berg nördlich von Hönhart beim Gaugshammerwald; Puchberg, Buch, Bucheck; der Ort Aichberg südlich von Hönhart; Thannstraß und Dambach sind die einzigen Tann-Orte, Feichta, Feichtner, die einzigen Fichten-Orte im Kobernauser Wald. Der Ring der Wälder, die die ausgeschnittenen Rodungsorte heute noch umgeben, wird vom „Puchholz" beim Ort Buch, Buchedt und Aichet, dem „Rotbuchwald", ebenfalls bei einem Ort Buch, weiter im Westen vom Schacha und Schacherwald (Gaugshammerwald) gebildet. „Schacher" heißt hier Rest des Waldes. Noch südlicher von dieser Linie kommt eine letzte Rodungsreihe, deren Ortsnamen auf „eck" ausgehen, d. h. diese Rodungsorte sind aus unregelmäßigen Rodungsflächen entstanden, gewissermaßen „ausgeeckt". In einem Salbuch von 1363 der Herrschaft Friedburg und des Waldes Hönhart werden als verbotene Hölzer außer den masttragenden Bäumen auch Fichten aufgezählt. Im Jahre 1468 wurde vom Herzog Ludwig dem Reichen von Bayern (Burghausen) eine Waldordnung für den Hönhartforst erlassen. Ausführliche Angaben bringt die Waldbereitung von 1591 (Rentamt Burghausen), die als Holzarten Fichte, Tanne, Buche, Eiche, Ahorn und Forchen nennt und aufzählt, welche Baumarten die einzelnen Huten besitzen. In der Burghauser Waldordnung von 1596 wird den Untertanen das Streurechen als wichtigste Voraussetzung ihrer Landwirtschaft gestattet. Der Anteil der Fichte scheint schon im 16. Jahrhundert groß zu sein, besonders in den höheren Lagen. Im 18. Jahrhundert hatte in einzelnen Waldteilen sowohl die Fichte als auch die Föhre schon stark zugenommen [210) 211) 212) 213)].

Der Südteil gehört dem alpennahen Bergwald von Buche und Tanne mit Ahorn und mit starker Einmischung der Fichte an. Da der Hönhart oder Kobernauser Wald abseits einer Wasserstraße liegt, in vielen Lagen überhaupt für frühere Verhältnisse schwer zu erschließen war, haben sich die natürlichen Baumarten trotz aller Eingriffe wenigstens örtlich bis in die Neuzeit erhalten. Noch

Ende des 19. Jahrhunderts gab es 200—250jährige Buchenbestände mit riesigen, eingesprengten Tannen; im allgemeinen überwog der Buchenwald und der Mischwald aus Buchen und Fichten. Infolge des Plenterns waren noch viele ungleichaltrige Bestände vorhanden. Manche aus Saaten hervorgegangene Fichtenreinbestände, besonders auf den westlichen Ausläufern, wo das Streusammeln durch Jahrhunderte in übermäßiger Weise ausgeübt worden ist, leiden unter mangelhaftem Zuwachs.

Der Passauer Wald auf Urgestein ist von der Tanngruppe VIII besetzt, die in ihrer Art der Tanngruppe I um den Neuburger Wald entspricht. Sie wird mit Ausnahme des Weilers Tannet (1253 Tannach, 1535 Tannödt) in der Ortsgemeinde St. Roman von Einzelsiedlungen gebildet: wie Tannrat, Gemeinde Münzkirchen (1230 Tanruete), Tannet, Gemeinde St. Florian (1379 Öden-Tann, 1453 Tannöd), u. a. Der Passauer Wald reichte einst von Passau bis Aschach, er ist in seinen Hauptteilen nicht vor dem 12. Jahrhundert erschlossen. Der Passauer Wald entspricht dem Typus der unteren Waldstufe des Mühlviertels, dem Buchen-Tannen-Wald mit Fichten.

Die Tanngruppe IX umfaßt die Quellgebiete und Oberläufe der Antiesen, der Pram, der Trattnach und des wilden Inn. Diese Gruppe betrifft nur Weiler und Bauernhöfe, also Ausbau- und Rodesiedlungen der letzten Epochen. Einige seien genannt: Tanninger, Gemeinde Mörschwang, 13. Jahrhundert; Dan (bei St. Martin an der Antiesen), Weiler; Tannberg, Ortschaft, Gemeinde Taufkirchen, auf Karte „Damberg" bei Neumarkt, Damberger Bach, 1449 Mül unter dem Tann; Tanngraben, Ortschaft, Gemeinde Gallsbach und Enzendorf, auch Tongraben. — Waldname „Tannholz" bei Schlüsselberg, Grieskirchen, 1455 „Tannholz in der Eben"; Tannbach (Ober-Unter-), Ortschaft, Gemeinde Pichl bei Wels; Tann (Ober-Unter-), Ortschaft und Dorf, Gemeinde Lichtenegg und Puchberg bei Wels, 1380 Niedern-Tann.

Diese vielen Tannorte beweisen einen verstreuten örtlichen Vorrang der Tanne oder des Nadelholzes allgemein, aber nicht die Bildung eines umfangreichen „Tann"-Gebietes.

Auch die Eibe ist im 12. und 13. Jahrhundert innerhalb der Tanngruppe IX in mehreren Ortsnamen nachgewiesen. Die Fichte ist durch einige Orts- und Hausnamen im 12., 13. und 14. Jahrhundert bezeugt.

Die Buch-Namen überwiegen weitaus — abgesehen vom Hausruckgebiet — auch zwischen der Trattnach und der Traun, bis Linz.

Auch die Forche (Voraberg, Fohretbauer, Fohring, Foret usw. und einige Kien und Kienberg) ist durch verstreute Ortsnamen bezeugt.

„Eichwald"

Sowohl die Ortsnamen auf „Eich" wie die auf „Linde" (Lindach) finden sich fast ausschließlich im altbesiedelten Gebiet, besonders im Innviertel und zwar in klimatisch günstigen Lagen. Es fällt jedoch auf, daß Orte wie „Eichberg" oft an den Ausläufern ehemals großer Wälder und besonders im Gebiet um den Inn in der Nähe der Harte liegen, oder im längst gerodeten Gelände. Zum Beispiel liegt beim Hartwald beim Ort Hart an der Antiesen, sowie bei Henhart am Rande des alten „Hohen Hartes", und bei Hartheim und Hart bei Kirchberg bei Linz je ein Ort namens Eichberg. So ähnlich verhält es sich auch mit einigen Wald- bzw. Flurnamen „Eichberg", die auch an die Ausläufer von Waldgebieten oder an die Nähe eines Hartes gebunden sind. Die meisten dieser Ortsnamen auf „Eich" und „Linde" sind im 12. und 13. Jahrhundert bereits beurkundet.

Im Tertiärland von Oberösterreich ist die Eiche zur heutigen Zeit spärlich vertreten. Die Traubeneiche ist nach Duftschmid auf tertiären Hügeln, meist einzeln mit Laubholz vermischt; die Stieleiche ist häufiger, ohne bestandesbildend zu werden.

Nach der großen Anzahl von Orts- und Waldnamen auf „Eich" in niederen und mittleren Lagen der Tertiärlandschaft (etwa 400—500 m) waren Laubholz-Mischwälder, in denen die Eiche vorherrschte, doch sehr häufig, aber wohl mehr Gehölze, lichter Vorwald, der durch Viehweide, Holznutzung, Egertenwirtschaft, Schweinemast stark beeinflußt war. Auf guten ebenen Böden fielen solche Eichengehölze zum großen Teile der Rodung heim, verschwanden ganz oder erhielten sich in Resten als Buschwald, als Gebüsch mit Baumgruppen an steilen Leiten, Einschnitten und Rainen. In vielen Fällen ist dieser Eichwald durch Niederwaldumtrieb aus einem Buchen-Laubholz-

Mischwald entstanden. Einem solchen „Eichwald" war zugesellt die Buche, die Hainbuche, die Linde, die Ulme, der Feld- und Spitzahorn, dann Birke und Hasel und Sträucher aller Art, besonders Weiß- und Schwarzdorn, Pfaffenkäppchen, Schneeball und andere (s. S. 53, 54, 120).

Es ist somit kein Zufall, daß die Eichenstandorte, wie sie von den Ortsnamen vermerkt werden, im großen und ganzen in Gebieten liegen, in denen

a) früh gesiedelt wurde,
b) die Bewaldung nur 10—20 v. H. der Bodenfläche einnimmt,
c) Orts-, Flur- und Waldnamen auf „Hart" vorkommen,
d) da und dort auch einmal Weinbau betrieben worden ist,
e) im allgemeinen die Blüte der Obstbäume und des Getreides verhältnismäßig früh einsetzt,
f) der Ackerbau den Wiesenbau beträchtlich überragt.

Die pflanzengeographischen Verhältnisse [214] drückt der land- und sozialwirtschaftliche Unterschied zwischen dem „Körndlbauer" des getreidereichen Flachlandes, und dem „Hörndlbauer" (Viehwirtschaft) des bergigen Grünlandes aus.

Das geschlossene Waldgebiet, in dem der Anteil der Buche überwiegt, liegt auf Höhen von 500 m aufwärts. Mit zunehmender Bewaldung geht eine verhältnismäßige Steigerung der Grünlandwirtschaft vor sich. Der Grund liegt hauptsächlich in den stärkeren Niederschlägen, in den Bodenarten, in einem kühleren Klima. In diesen mehr geschlossenen Waldgebieten herrschte früher die Buche mit der Tanne, örtlich auch mit der Fichte. Vielleicht hatte die Fichte im Walde des oberösterreichischen Tertiärlandes durch eine innigere Verbindung mit dem Böhmerwald einen stärkeren ursprünglichen Anteil als in der ostbayrischen Tertiärlandschaft [214] [215] [216] [217] [218].

Waldentwicklung und Regionalwaldtypen in der oberösterreichischen Tertiärlandschaft (Zusammenfassung)

Vom Böhmer Wald dringt der ihm eigentümliche Bergwald von Buchen, Tannen und Fichten im Passauer Wald und bei Linz über die Donau herüber. In diesem Mischwald ist (auch nach pollenanalytischen Befunden) der natürliche Anteil der Fichte viel stärker als im Bergwald von Buchen und Tannen des Alpenvorlandes. Das Ausprägen einer eigenen Fichtenstufe auf den höchsten Wald-Kämmen des Mühlviertels ist klimatisch, die Bildung von Fichtenwäldern auf den Weichböden der sogenannten „Auen" und an den Rändern der Hochmoore edaphisch bedingt. Den Urgesteinsböden des Bayrischen Waldes und des oberösterreichischen Mühlviertels ist überhaupt eine Neigung zur Vernässung und damit zur Versauerung eigen. Alle diese Umstände, aber auch ein verhältnismäßig feuchtes Klima auf den westlichen Höhen zwischen Donau und Alpen, steigern die Vorstoßkraft der Fichte. Dies alles zusammen mag die Vermutung stärken, daß im nördlichen Gürtel des tertiären Oberösterreichs die Fichte von Natur aus eine dichtere Verbreitung im Mischwald hatte. Im südlichen Tertiärland, besonders auf den Höhen des Kobernauser Waldes, war der natürliche Anschluß an den Bergwald der Voralpen gegeben. Auf den verhältnismäßig schweren, zur Vernässung neigenden Böden der hohen Plateaus des Kobernauser Waldes scheint die Fichte schon früh starke Stützpunkte gehabt zu haben.

Zwischen diesen nördlichen und südlichen, von Tanne und Fichte bevorzugten Gürteln, herrschte in einer breiten Laubholzzone unbedingt die Buche vor, besonders an den bewegten Ausformungen des Hausrucks wie auch an den Hängen des mittleren und nördlichen Kobernauser Waldes. Hier finden wir den typischen Buchenwald, in dem örtlich mehr oder weniger die Tanne, aber auch die Fichte ohne nennenswerte Beeinflussung des Charakters des Laubwaldes eingemischt war. In den tieferen Lagen dieser Laubholzzone, besonders an den Rändern und an den Hängen der sanften Flußtäler tritt die Buche zurück. Die Randzone des Buchenwaldes wird vom Eichen-Buchen-Wald gebildet. Dort ging, vom Menschen unterstützt, die Führung auf die Eiche über.

Das oberösterreichische Innviertel war bis vor rund einem und einem halben Jahrhundert ein Teil Altbayerns; das innere Österreich ist Kolonialland der Bayern gewesen, wenn es auch sehr bald zur selbständigen Volks- und Kulturbildung erwachsen ist. Die Stellung der bäuerlichen Bevölkerung zum Wald entsprach jedenfalls dem bayrischen Volksbrauche. Erst im 16. Jahrhundert, im Zeitalter der Forstordnungen, entstand im österreichischen Kernland eine eigengesetzliche Regelung, die sich in ihrem Wesen jedoch von der bayrischen nicht viel unterschied. Im oberösterreichischen Tertiärland wurde der Wald in der Nähe der Ortschaften im niederen Umtrieb des Unterholzes als Ausschlagswald mit Oberholz genutzt, in den großen Waldgebieten wurde geplentert. Die Waldordnung der Kaiserin Maria Theresia von 1776 [219]) für die Länder Ober- und Niederösterreich befiehlt (wie auch frühere Ordnungen) Holzschläge mit Überhalt von Samenbäumen und zwar in ununterbrochener Aneinanderreihung der Jahresschläge. Im oberösterreichischen Tertiärland hatten sich durch das überall anwachsende Überwiegen des Nadelholzes ohnedies längst hochwaldartige Formen herausgebildet, die dann in der zweiten Hälfte des 18. Jahrhunderts den Ausgang für die meist einseitigen, schematischen Waldbautypen des 19. Jahrhunderts gegeben haben (s. S. 53, 54, 120).

Volkskundlich ist bemerkenswert, daß sich im inneren waldreichen Tertiärland ähnlich wie im alpennahen Lande das aus Holz gebaute Bauernhaus sehr lange erhalten hat.

Die Verteilung der ursprünglichen Waldtypen ist somit vom Mühlviertel bis zu den Voralpen hin innerhalb des Großklimas durch die Oberflächengestaltung und besonders durch die Bodenverhältnisse (Urgestein, tertiäre Quarzschotter, Mergel, Lößüberlagerung), stark beeinflußt. Eine Besonderheit bietet das Eigenklima des Donautales mit seinen oft ausdrucksvoll gegensätzlich bewaldeten Nord- und Südhängen. Wo der Wald fehlt, können die sonnendurchglühten Steinmauern mit ihren Forchen und mannigfaltigem Gebüsch manchmal ein südliches Bild von Pinien und der Macchie des Mittelmeeres vorzaubern.

Regionalwaldtypen des oberösterreichischen Tertiärlandes

1. Auf den höheren Lagen ein Bergwald von Buche und Tanne, von Ahorn und Eibe, mit verschieden starker Einmischung der Fichte, im Norden in der Ausbildung verwandt dem Bergwald des Böhmer Waldes, im südwestlichen Kobernauser Wald dem Bergwald der nahen Voralpen.
2. Teils auf höheren, im allgemeinen aber in den mittleren Lagen der Buchen-Eichen-Wald, mit Tannen, aber auch mit Fichten vermischt.
3. In den niederen Lagen der Eichen-Buchen-Wald mit Vorposten der Tanne und Fichtenvorstoß oder Eichen-Laubholz-Mischwald.

In alle diese Typen mischt sich die Forche dort ein, wo sie auf sandigen und kiesigen Standorten natürliche Stützpunkte hatte, die ihre Ausbreitung begünstigten.

WALDENTWICKLUNG IM GEBIET DES EISZEITLICHEN ISAR-, INN-, CHIEMSEE- UND SALZACH-GLETSCHERS [196]) [206]) [222])

Isargletscher [220]) [221]) [223])

Die Moränenlandschaft ist vom Tertiär durch die „Münchener schiefe Ebene", durch die große Niederterrassenlandschaft des Isarvorlandgletschers getrennt. Die drei Halbbögen des Isar-, Inn- und Salzach-Gletschers sind im Umfange ziemlich gleichförmig. Nur östlich am Lech und nördlich des Inn und der Salzach hat sich eine gegenüber dem Rheintalgletscher viel bescheidenere Riß- und Mindelmoräne erhalten, mit den entsprechenden Schottern. Im Isen-Innwinkel und im Inn-Salzachwinkel liegen Niederterrassenfelder.

Die drei Endmoränenhalbbögen aller dieser jüngsten Vereisungsräume haben gemeinsam: verschiedene Reihen von Endmoränen in halbwegs konzentrischer Anordnung, zwischen ihnen Grundmoränen- und Drumlinfelder mit trägen Wasserläufen, großen und kleinen Mooren und einigen Seen.

Das Gebiet des Isargletschers ist im Süden von der Molassezone erfüllt, wie im Lech-Iller-Gletscher. Der Peißenberg, der Tischberg und der Taubenberg sind die Hauptpfeiler, gefolgt von den typischen Molasserippen um die drei Becken von Murnau, Steingaden und Peißenberg.

Die Waldverteilung in der Moränenlandschaft fällt durch eine allen drei Halbkreisen gemeinsame Besonderheit auf: im Innern ist der Wald zum großen Teil zersplittert, weil sich die unruhige Landschaft in der gleichen unruhigen Aufteilung von Wald, Feld und Grünland widerspiegelt.

Die großen Wälder, Kreuzlinger-, Königswieser-, Forstenrieder-, Deisenhofener-, Hofholdinger- und Höhenkirchner Forst sind von Siedlungen angeschnitten, zerschnitten oder in großer Regelmäßigkeit durchlöchert, während der im Osten anschließende Ebersberger Forst einen zusammenhängenden ovalen Block darstellt, der sich an die Jungendmoränen des Inngletschers anlehnt. Anschließend ziehen sich größere Waldblöcke zum Inn hinüber.

Ob der Raum in und um diese großen Wälder im Isargletschergebiet schon in vorgeschichtlicher Zeit besiedelt war, läßt sich nicht klar nachweisen. Nur an den Ufern der Würm und der Isar, in einzelnen Gemeindemarkungen südlich München und da und dort an den östlichen Moränenhügeln finden sich Spuren. Stärker war das Gebiet in der immerhin fünf Jahrhunderte währenden Römerzeit bewohnt. Die Urmarkungen von Gauting, Gräfelfing, Aubing, Sendling, Föhring, Haching, Aying, Egmating, Zorneding und Anzing stellen die frühesten erkennbaren Lichtungen im Waldgebiet dar. Alle diese Orte lagen nahe oder an frühgeschichtlichen und römischen Verkehrswegen. Diese großen -ing-Dörfer erhielten bald kirchlichen Rang als Pfarrdörfer, hiezu traten später -ing-Orte zweiten kirchlichen Ranges. Auch für diese ist nachgewiesen, daß ihre Feldflur noch vor der bayrischen Landnahme entstanden war.

Von diesen Urmarkungen aus wurde der Süden, das Moränengebiet, erschlossen. Die Rodungen des Waldgebietes um München gehören in der Hauptsache bereits den ersten zweieinhalb Jahrhunderten nach der bayrischen Landnahme an. Diese Landschaft zeigte um die Wende vom 8. zum 9. Jahrhundert bereits einen hohen Grad kultureller Erschließung. Dagegen ist das Moränengebiet, in dem sich die Ortsnamen der späten agilolfingischen und der karolingischen Periode, die -dorf-, -hausen- und -hofen-Orte häufen, erst allmählich besiedelt worden.

Im Bereich der großen Forste herrschen daher vor die -ing-Namen und die frühmittelalterlichen Waldortsnamen auf -loh, -hart und -buch. Auch das Heidegebiet östlich Münchens wurde erst später bewohnt.

Die Tatsache, daß die Bayern bei der Landnahme vorerst von einem alten Kulturland Besitz ergriffen haben, beweist, daß auch die Wälder in diesem Raum längst aufgeschlossen waren. Andererseits konnte die Erhaltung dieses Waldgebietes überhaupt nur dadurch erfolgt sein, daß die Rodung planmäßig, nach gesetzlichen Vorschriften, vor sich gegangen ist, und daß eine oberste Gewalt, die Herzogs- und später die fränkische Königsgewalt, durch Bannung für den dauernden Bestand der „Forste" gesorgt hat.

Die Ortsnamen auf -„buch" bevorzugen, wie auch im Rheintalgletscher, die Erhöhungen, besonders die Jungendmoränen in klarer Regelmäßigkeit. Sie fehlen der Grundmoräne. In diesem

Zusammenhang sei bemerkt, daß im Isargletscherraum mit Ausnahme der Ortsnamen auf -tann in der Tanngruppe XIII sich keine Ortsnamen auf -tann oder -ficht finden, und daß erst sehr spät, etwa im 16. Jahrhundert ganz spärlich einige Waldnamen auf -ficht auftauchen. Im Raum des Salzachgletschers findet sich jedoch der Ortsname auf -tann etwas häufiger (Gruppe XIV).

In der Jungmoränenlandschaft, inmitten des Areals der Tanne, gewinnen die Ortsnamen auf „tann" keine besondere Bedeutung. Die Tanngruppe XIII wird in einer Untergruppe von den größeren Orten Hohenthann (locus Tanne, 772) und Innerthann, den kleinen Orten Thann „am Walde" und Thonbichl bei Tattenhausen gebildet. Diese kleine Gruppe liegt im Moorgebiet der Glon und Attel. Sie steht mit der im Isargletscher liegenden zweiten Untergruppe über die Mangfall und deren hohen Bergen in Verbindung. Thann ist ein größerer Ort auf Altmoräne zwischen Hartpenning und Holzkirchen, südwestlich des Taubenberges, daneben liegt das „Thannholz" auf Jungmoräne, nördlich von ihm das „Fichtholz", welches als Wald „Ficht" („Das Viecht") in der Ebersberger Urkunde von 1505 behandelt wird. Weiters Thannried, kleine Siedlung weiter südlich in Gemeinde Warngau, und Thannkirchen, großer Ort über Dietramszell, erstmals genannt 804.

Der Hart, unter dem wir auch hier die Allmende verstehen, wurde in erster Linie als Viehweide für Rindvieh und Pferde sowie für die Schweinemast, in zweiter Linie zur Gewinnung des Holzes für Brand, Zimmern, Zäunen, Kohlen, in dritter Linie zur Vergrößerung des Acker- und Grünlandes genutzt. Wenn eine Zeit der Überbevölkerung gekommen war, wurden im Hart Außenäcker angelegt. Die großen Forste um München herum sind mit solchen „Hochäckern" durchsetzt, weit mehr als in anderen Gegenden. Die vielen Orts- und Waldnamen auf -hart gruppieren sich auf der Niederterrasse südlich und auch östlich von München, nur einzelne reichen in das Moränengebiet hinein. Auch hierin spiegelt sich der Ablauf der Siedlungsbewegung.

Wald am Ammersee

Bereits im 16. Jahrhundert ist die Verwüstung der Wälder im Westen des Ammersees bezeugt. Eberhard Perfaller von Greifenberg klagt im Jahre 1568, daß der Uttinger Forst aufs höchste und schädlichste verwüstet sei [208]. Vor Jahren hätten die Bauern die Bestände abgetrieben und zu Wiesmähdern und Äckern gemacht. Man habe zwar versucht, die fruchtbaren Buchen und Eichen zu erhalten, aber umsonst. So ähnlich war es auch in den Wäldern von Dießen. In dieser Gegend ist Mitte des 16. Jahrhunderts der Bedarf an Acker- und Grünland so groß geworden, daß neue Rodungen, wohl ursprünglich nur in Form eines Waldfeldbaues, vorgenommen wurden. Bei diesem Waldfeldbau hätten die Samenbäume belassen werden müssen. Die Entwicklung ging jedoch weiter, die Samenbäume verschwanden auf einmal oder allmählich und aus dem Waldfeldbau entstand Kulturland.

Im Jahre 1604 werden die Dießener Waldungen wieder besichtigt. Wohl ist ein großer Teil der vor 50 Jahren gerodeten Äcker und Wiesen geblieben. Aber an vielen Stellen drang der Wald wieder vor, besonders wo sich einzelne Buchen und Eichen, sowie Fichten und Tannen erhalten hatten: zuerst folgte „ein Gestäude von Hasel und von Wacholder". Daß der auf überwachsenen Wiesen und Äckern neu entstandene Wald eine andere Zusammensetzung haben mußte als der vergangene, ist ohne weiteres klar. Nach diesen Waldprotokollen hatte westlich des Ammersees auch die Eiche einen starken Anteil am Walde. Denn der kontrollierende Überreiter findet 1604 immer wieder ein „Aicha", in dem fruchtbare Eichen stehen, wo die Bauern den Blumbesuch und Wiesmähder haben. Aus den Dießener Waldungen wurde übrigens schon im Mittelalter viel Buchenholz geholt, denn die dort bestehenden zwölf Hammerschmieden verbrauchten sehr große Mengen an Holzkohle.

Westlich des Ammersees ging der Bergwald von Buchen und Tannen allmählich in einen Buchen-Eichen-Wald über, in dem die Fichte sehr rasch eine starke Verbreitung gewann. Die Tanne beschränkte sich auf die klimatisch günstigen Gräben und Schluchten, auf Tonböden des Tertiärs.

Der 1580 genannte „Tannwald" bei Landsberg, der auf Hochterrasse stockt und sich an die Jungendmoräne anlehnt, ist ursprünglich auch ein Mischwald gewesen, dessen Reste im 16. Jahrhundert noch immer durch „etliche Eichen und Buchen" kennbar sind. An seinem Rande haftet der Ortsname „Feuchtner". Vermutlich war der „Tannwald" ein von Fichte überwältigter ehemaliger Buchen-Tannen-Wald; die Wälder nahe des Lech wurden schon früh in ihrer ursprünglichen Zusammensetzung gestört.

Die Fichte stieß aus den Moorrandwäldern zwischen den Endmoränen vor und wanderte auch in die Laubholz-Mischwälder der Altmoränenlandschaft, die rechts des Lech gegen das Tertiärland hinzieht. In diesen Wäldern trat die Fichte neben Vorposten der Tanne erst im 16. Jahrhundert stärker in Erscheinung.

Vom Dietramszeller Wald zum Hofoldinger Forst

Der Wald des ehemaligen Klosters Dietramszell liegt auf den höchsten Jungendmoränen, Erhebungen um 700—750 m, dagegen der Hofoldinger Forst auf der vorgelagerten Niederterrasse in 600 m Meereshöhe. Jedem dieser Waldgebiete ist eine besondere Entwicklung eigen.

Im Dietramszeller Wald wurde schon früh verwüstend eingegriffen. Im Jahre 1484 mußte ein Streit zwischen dem Kloster und den Untertanen von Sachsenkam und Piesenkam entschieden werden, die den Zeller Wald durch „unordentliches Hauen" schädigten. Es wird verordnet: zwei vom Kloster zu setzende Holzhaien haben das benötigte Holz anzuweisen. Jeder soll dem Holzhai sagen, „was er von Buchen- oder Fichtenholz schlagen, und wozu er dieses Holz brauchen will". Was immer geschlagen werde, es seien Buchen oder Fichten, soll aus dem Walde geführt werden, Gipfel und Überholz darf nicht liegen bleiben. Die Untertanen dürfen aber keinen Schnittbaum (Sägeholz) und keine fruchtbare Buche schlagen.

Um die zwei vorgenannten Orte scheint die Fichte jedenfalls in den tieferen und flacheren Lagen bereits herrschend gewesen zu sein.

Zwischen Dietramszeller Wald und Hofoldinger Forst liegt „Das Ficht" (t. K.), auf älteren Schottern, nahe Mangfallknie und Teufelsgraben sowie nahe dem Bergwald des Taubenberges. Im Jahre 1505 wird ein Streit zwischen dem Kloster Ebersberg und den um „Das Viecht" liegenden fünf Gemeinden über die Art der Holznutzung geschlichtet. Die Untertanen behalten das Recht der Viehweide „im Viecht", den Blumbesuch und den Trieb, ebenfalls nach Anzeigung an den Holzhai die gebührende Nutzung von Zaun-, Brenn- und Zimmerholz. Vor dem Hochholz liegt Waldweide mit Gesträuch und einzelnen Bäumen und Jungwuchs, das „Kramat, Dächsach und Feichtens- oder Tennens-Graßach". Diese Waldweide war licht bestanden mit Wacholder, Eibe (?), jungen Fichten und Tannen. Dort dürfen die Untertanen wohl „ungeschlachtes Grassach" abhauen und „Daas" räumen (schnaiteln), aber sie dürfen dort nicht „brennen". Dieses Brennverbot bezieht sich auf den Brandwaldfeldbau (Reutfeld), vermutlich auch auf das Abbrennen des Jungwuchses zur Vergrößerung der Weide. Gutes junges Holz im Grassach muß für künftige Nutzung stehen bleiben [224]).

Vom „Ficht" an beginnt die Niederterrasse, und es ist anzunehmen, daß sowohl Tanne als Fichte in den Buchenwald des moränennahen Hofoldinger Forstes seit jeher eingemischt waren.

Der Dietramszeller Wald ist auch heute noch ein typischer Buchen-Tannen-Wald mit Fichten, wenn auch die Fichte im Wirtschaftswald unserer Zeit herrschend auftritt. Die Hänge bilden die eigentlichen Standorte der Buche, die ebenen Lagen sind buchenarm. Die Tanne gedeiht hier überall.

Der Hofoldinger Forst und die anderen Forste auf der Niederterrasse

Am Ende des 18. Jahrhunderts besaß der Hofoldinger Forst neben vielen Fichten-Buchen-Beständen und Fichtenstangenhölzern noch immer auf weiten Strecken schirmschlagartig behandelten Buchenwald. Die Taxation von 1810 [221]) berichtet, daß um die Jahrhundertwende viele Buchenalthölzer in wenigen Jahrzehnten hintereinander allzu früh abgetrieben wurden. Man hielt die Buchenverjüngung, welche im Dunkel begründet worden war, für gesichert. Aber die zu rasche Freistellung rächte sich in der ebenen Lage. Der Frost vernichtete damals sogar auch älteren Buchenjungwuchs. Die Fichte verbreitete sich in kürzester Zeit auf Flächen, auf denen vorher fast reiner Buchenwald gestanden hatte. Gewaltsame Eingriffe in das Gefüge des Waldes, plötzlicher Wechsel des örtlichen Klimas in ebener Lage, verursachen einen Wechsel der Baumarten. Sogar auf der von den Moränen entfernteren Niederterrasse war einst die Buche im Mischwald heimisch gewesen, wenn auch nicht in diesem Ausmaße wie auf den Moränen. Mittelalterlicher Brandwaldfeldbau, regelloses Hauen, Viehweide, Streunutzung, Auflichtung, Verrasung haben das einstige Waldklima zerstört, und den Waldboden verändert, so daß die Buche von der Niederterrasse fast vollständig verschwand [222].

Dem Schicksal des Hofoldinger Forstes gleicht die Entwicklung in allen Forsten der Münchener Ebene. Diese großen Forste waren zu einer Zeit von etwa 1000 Jahren nach der bayrischen Landnahme noch ein Konglomerat von Wald, Weide, Holzmähdern, Außenäckern, parkartig lichtstehenden Laubwäldern von Eichen, Buchen, Hainbuchen, Linden, Birken und anderen weichen Laubhölzern, mit dichtem Buschwerk von Ausschlag und Gesträuch unter dem verstreuten Oberholz. Den frühen Fichtenvorstößen aus dem Moorwald folgte um diese Zeit die rasche Ausbreitung der Fichte. So erwähnt bereits Apian ca. 1580 den Wald „Veichtloch" bei Lochhausen, den Südteil der Aubinger Lohe. Diese vorgeschobene Waldinsel war von Natur aus Eichenmischwald. Aus den „primitiven" Einrichtungswerken der ersten Hälfte des 19. Jahrhunderts, in welche viel Material aus Waldbeschreibungen des 16. und 17. Jahrhunderts eingearbeitet ist, geht immer wieder hervor, daß im 16. Jahrhundert bereits Horste von Fichten in den meisten großen Forsten der Münchener Schotterebene bestanden haben. Waldnamen mit dem Stamme „Ficht" tauchen um diese Zeit auf. Im 17. Jahrhundert fallen bereits große Mengen von Sturmholz in Fichtenbeständen an. Die früheste Bildung von Fichtenhorsten mag auch auf den Waldfeldbau zurückgehen, der nach dem Abschlusse der eigentlichen Siedlungsperioden im Mittelalter um die Kerne der Dorfmarkungen begonnen hatte. Durch den Brand wurde die Buche stark gemindert, dagegen die ohnehin geschonte Eiche gefördert, die leichtsamigen Laubhölzer und die Fichte begünstigt. Wenn solche Waldfelder wieder überwuchsen, entstanden Horste sekundärer Waldbildung. Das „Plätzeweise Hauen", wie der Bedarf es eben brachte, das ungeregelte Plentern und Femeln, verursachte eine siebförmige Durchlöcherung des Waldes; daher flog allenthalben die Fichte an. Der Fichtenvorstoß verlief ähnlich wie in Oberschwaben, wenn auch nicht in so gleichmäßiger Front.

Waldentwicklung (Isargletscher)

Die Waldentwicklung zeigt sich vom Dietramszeller Wald über „Das Ficht" bis zu den großen Forsten auf der Münchner Schotterebene in drei territorial verschiedenen Abschnitten.

Primärtypen:

a) Auf kalkreicher Jungmoräne: Buchen-Tannen-Wald mit Fichteneinmischung, auf bewegtem Gelände; lehmreiche wasserhaltige Böden; ozeanische Luftströmungen. — Dazwischen auf Moorböden Hochmoor-Bergforchenwald und Fichtenmoorrandwald.

b) Auf entkalkter Altmoräne und auf Deckenschotter mit Lößüberlagerung: Buchen-Eichen-Wald mit Tannen und Fichten auf abgeflachtem Hügelgelände und auf schweren, tonigen, zur Vernässung neigenden tiefverwitterten Böden. — Fichtenvorstöße aus Fichtenmoorrandwald.

c) Auf kalkreicher Niederterrasse: Buchen-Eichen-Wald und Eichen-Laubholz-Mischwald, mit allmählich sich verstärkendem Fichtenvorstoß, auf ebenem Gelände; Verwitterungsböden geringer Tiefe, wasserdurchlässig, daher trocken, mit örtlich ungünstigem, zu Extremen neigendem Klima. — Flachmoor, wo Grundwasser austritt, Auwald im nahen Grundwasserbereich; Übergangsformen vom Auwald zum Eichen-Laubholz-Mischwald. Auf jüngsten Schotterzungen: Heidewald von Forchen und Eichen, Heidewiesen.

Dementsprechend folgen verschiedene sekundäre Entwicklungen als Übergänge zu Waldbautypen:

a) Erhaltung der natürlichen Holzarten im Wirtschaftswalde der Vorberge, wenn auch in veränderten Verhältnissen.

b) Allmählicher Wechsel der Holzarten, Fichten-Buchen- und Fichten-Wirtschaftswald im Hügelland.

c) Früher Wechsel der Holzarten auf der Schotterebene vom Buchen-Eichen-Wald zum Eichen-Laubholz-Mischwald; später rascher und vollständiger Wechsel der Holzarten zum Fichtenbestand.

Der nördliche Teil der Schotterebene ist fast waldleer. Das Dachauer Moos und das Erdinger Moos waren in vorgeschichtlicher Zeit von einem Forchenwald eingenommen, in dem auch die Fichte verstreut wohl immer vorhanden war. Die Schotterebene wurde im allgemeinen von der Tanne gemieden; jedenfalls waren die Verhältnisse für die Tanne ungünstig geworden, sobald der Wald gelichtet war. Auf der Schotterebene wirken sich verschiedene extreme Standortsbedingungen aus [222].

Beide Moore waren an ihren Rändern, wo das Grundwasser nahe der Oberfläche strömt, von Auwäldern und Eichen-Laubholz-Mischwäldern umgeben. Im Jahre 1583 enthielt der Forst Allach beim Eschenried am Dachauer Moor schöne Eichen, Eschen und Ulmen. Das Daugerholz zwischen Roggenstein und Olching bestand aus Eichen, Hainbuchen, Linden, Aspen und Hasel. Noch 1763 war der Forst Allach ein Laubholz mit wenig Eichen, sonst Hainbuchen, Aspen und Hasel [208]. Sogar im 19. Jahrhundert gab es solche Laubgehölze.

Diese Auwald- und Übergangstypen von Stieleiche, Esche, Traubenkirsche usw. sind mit den Laubholz-Mischwäldern auf den Hochterrassen östlich des Lech und im Grenzgebiet zwischen den alten Endmoränen und der Tertiärlandschaft verbunden gewesen.

Die Niederterrasse ist im nördlichen Halbkreis von jüngeren Schotteranhäufungen, die keilförmig nach Norden auslaufen, überdeckt. Sie stammen von Flüssen, die in der Nacheiszeit aus den noch sichtbaren Abschmelzrinnen heranströmten. Auf diesen Schotterzungen, die als Pasinger-, Münchener-, Perlacher- und Harthauser-Schotterzungen bekannt sind, haben sich noch vor wenigen Jahrzehnten Reste einer charakteristischen Heidewald- und Heideflora erhalten [220]. Die Garchinger Heide auf der Münchener Schotterzunge mit ihren Forchenwäldern und Grasflächen zeigt diesen Typus noch am stärksten. Hier hängt die Forche mit dem Forchenvorkommen im Isartal zusammen. Floristische Untersuchungen W. Trolls haben ergeben, daß die Heideflora als Begleiterin der Forche auftritt und daß diese Pflanzengesellschaft überwiegend aus den Alpen stammt. (Leitende Arten Carex sempervirens und Erica carnea mit alpinen und präalpinen Begleitern.) Diese Heidewiesen finden sich auch noch im unteren Isartal bis zur Mündung der Isar in die Donau. Mit der Annäherung an die Donau macht sich jedoch der Einfluß des pannonischen Florenelements geltend. Übrigens ist die von Norden her vorstoßende Forche wohl bis an die Südgrenze des Tertiärs (Kienberg) gekommen.

Das Bistum Freiburg besitzt nach den Angaben der Forstordnung von 1576 zwischen Freising und München „Eichen-, Föhren oder Mantelholz", im Birkach, im Oberföhringer Briel und Erchinger Loh.

Regionalwaldtypen (Isargletscher)
(Zusammenfassung)

Die Voralpen und die vorgeschobenen höheren Molasseberge tragen den **präalpinen Bergwald** aus Buche und Tanne mit charakteristischem Vorkommen des Ahorn und der Eibe, die heute nur mehr selten und verstreut vorhanden ist. Dieser Waldtypus zeigt eine besondere Fülle von präalpinen, d. h. an den Alpenrand gebundenen Pflanzen. In der Molasselandschaft und in klimatisch begünstigten Streifen und Inseln setzt sich in verwandter Ausbildung der **Vorland-Bergwald** von Buche und Tanne in einer **inneren, dann äußeren Zone** fort, bis er um die Jungendmoränenzüge innerhalb einer

Randzone der Tanne in einen Buchen-Eichen-Wald übergeht. Der Bergwaldtypus des Buchen-Tannen-Waldes hat sich heute noch in manchen Waldungen des oberen Ammertales erhalten. Ein durch seltenen Zauber verhangener Wald ist der geschützte Bergwald mit den vielen Eiben jeden Alters bei Paterzell.

Der ozeanische Charakter des Buchen-Tannen-Waldes wird am Nordrande der Alpen immer wieder durch das verstreute Vorkommen der Stechpalme (Ilex aquifolium) gekennzeichnet. Im Bergwald war stets die Fichte eingemischt. Sie hatte in den Moorrandwäldern der großen und kleinen „Filze" zwischen den Endmoränen weitere Stützpunkte ihrer Verbreitung. Andere Fichtenzentren waren die Lichtenau im Ammertal und die Drumlinfelder um Eberfing. Grundwasser-bedingter Auwald, Heiden und Moorwälder sind edaphische Enklaven.

Auf der moränennahen Niederterrasse war wohl auch Buchenwald und etwas entfernter Buchen-Eichen-Wald bodenständig, immer mehr von Fichtenvorstößen und Fichtenausbreitung durchsetzt. An diesen Buchen-Eichen-Wald schloß sich in weitester Entfernung von den Moränen ein Eichen-Buchen-Wald und Eichen-Laubholz-Mischwald, der jedoch sehr früh, vermutlich schon von einer vorgeschichtlichen Bevölkerung aufgelockert, durch Brandwirtschaft und Weide seinen vermutlich schwachen Buchenanteil verloren hat. Dieser Wald ist im Nordteil durch Rodung gänzlich verschwunden, wodurch die weiten waldleeren Räume der Niederterrasse entstanden sind. Vielleicht war ein Teil der heutigen Forste im Süden von München bereits vorgeschichtliches Kulturland, das nur durch Verödung wieder zu Wald verwachsen ist.

Im Raum des Rheintal- sowie des Iller-Lechgletschers hatte sich von den Alpen bis zur Donau hin eine abgestufte, jedoch in ständigem innerlich verwandten Zusammenhang stehende Waldentwicklung ausgebildet, die mit einem Fichten-freien Raum abschloß. Die breite Niederterrasse der „Münchener schiefen Ebene" hat Zusammenhänge oder Übergänge zwischen den Wäldern des Isargletschergebietes und der Tertiärlandschaft im allgemeinen verwehrt (s. S. 192).

Inn- und Chiemseegletscher

Die Verhältnisse im Inn- und Chiemseegletschergebiet unterscheiden sich nicht wesentlich von denen im Isargletschergebiet. Dort sind die Hochmoore wohl weiter nach Norden hinaufgeschoben, wo sie durch das Haspelmoor fast an den Tertiärrand rücken; auch die Kränze der Jungendmoränen mit ihrer auffallenden Vorherrschaft der Buche liegen enger und dichter beieinander. Der Raum des Inn- und Chiemseegletschers dagegen ist breit, mit einer Fülle ausgedehnter Hochmoore und Drumlins. Diese flachere Landschaft mit feuchteren Böden mag daher schon in der Vorzeit den Vorsprung der Fichte veranlaßt haben, der auch durch Pollenanalysen nachgewiesen ist. Auch Ortsnamen auf Fichte sind in dieser Landschaft häufiger. Jedenfalls fällt auf, daß die Waldungen in der Nähe des Inn, wie z. B. die der Klöster Attel, Hohenau und Rott, bereits im 16. Jahrhundert vollständig von der Fichte beherrscht werden [211]. Der „Streitforst" östlich von Wasserburg ist 1613 ein reiner Fichtenbestand [208].

Aber auch abseits des Inn scheint die Fichte im Vorsprung. Der Wald „Obersteinbuch" westlich von Wasserburg besteht 1566 nurmehr aus Fichten, Tannen sowie aus wenigen alten Eichen. Im Jahre 1754 sind auch die Eichen verschwunden, zu den Fichten und Tannen sind Forchen hinzugekommen. So ist aus einem Buchen-Eichen-Wald mit Tannen und Fichten ein reiner Nadelholzbestand geworden [208].

Vor dem Jungendmoränengürtel des Inngletschers liegt ein schmales Altmoränengebiet mit seinen Schotterterrassen, das allmählich in die Niederterrassenlandschaft des unteren

Inn und der unteren Salzach übergeht. Es hat eine gewisse Ähnlichkeit mit der großen Altmoränenlandschaft im Rheintalgletschergebiet; auch hier sind aus den Moorrandwäldern der südlichen Jungmoränen starke Fichtenvorstöße hineingetrieben worden. Die Höhen betragen 500—600 m, die Niederschläge etwa 900 mm im Jahr, davon 400 mm in der forstlichen Vegetationszeit.

Die Altmoräne ist der Träger der Tanngruppe XII im Inn-Isen-Winkel. Apian erwähnt 1580 diesen Wald als „tan silva". Dieser in seiner Geschlossenheit von etwa 20 km Länge und 10 km Tiefe eindeutige „Tann" wird von mehreren Ortsnamen bezeichnet: Thann, bei Aschau, östlich des Tannbergs; Thann, bei Rattenkirchen; Thannhub, Gemeinde Kronberg; Hinterthann, Gemeinde Fürholzen; Thonbach, südwestlich Isen (locus Tanpach im 10. Jahrhundert), Gemeinde Schnaupping, und einige andere Tannorte; vielleicht ist dazu noch Thann, ein größerer Ort, Pfarre Matzbach, nördlich der Isen zu rechnen. Um die Tann-Orte liegen im Westen, Süden und Norden Buch-Orte, ebenso auf allen Seiten Hart-Orte. Die frühen Siedlungen haben zwar an den Tann herangereicht, ihn selbst aber gemieden. Erst in einem späteren Zeitpunkt wurden in diesem Waldgebiet kleine und kleinste Siedlungen angelegt.

Der „Tann" ist vom ehemaligen Eichen-Buchen-Wald des Ebersberger Forstes, vom Buchenwald der nördlichen Jungendmoränen und schließlich auf der Ostseite von den Wäldern der Niederterrasse des Inn begrenzt. Vielleicht haben sich in diesem „Tann" die Tanne der Tertiärlandschaft mit der Tanne der Jungmoräne vermischt (s. S. 192 Tannenareal).

Der Eigelwald (zwischen Inn und Alz bei Taufkirchen) auf Deckenschotter, sowie die Waldungen an der Alz auf Altmoränen waren einst Buchen-Eichen-Wälder mit Tannen, in denen die Fichte vermutlich schon sehr früh stärker eingemischt war [225]). Auch am Inn und an der Alz finden sich einige Ortsnamen auf „Ficht". Die Reihe der Buch-Orte setzt sich von der Jungmoräne über die Altmoränen und Schotter zu beiden Seiten des Inn wie der Salzach bis an die Niederterrasse fort. Die Hart-Wälder häufen sich von Wasserburg am Inn ab gegen Mühldorf zu auf der Niederterrasse: der Herzogshart, Mühldorferhart, der gerodete Raitenhart und andere bis zum Weilhart östlich der Salzach. Im großen herzoglichen Forst um Alt- und Neuötting war schon im 16. Jahrhundert die Buche im Abgang, Fichte und Forche haben sich längst ausgebreitet. Im Jahre 1724 mußte die früher in Buchenholz gemessene Abgabe an das Kollegiatstift Altötting wegen des Mangels an Hartholz eingestellt werden. Das Stift erhielt nunmehr Tannen-, Fichten- und Forchenbrennholz. Der Öttinger Forst wird erstmals 1025 als „Öttingarhart" genannt. Alle diese großen Forste auf der Niederterrasse des Inn und der Salzach hatten die gleiche Entwicklung wie die Forste auf der Niederterrasse der Isar. Auch hier ist vorgeschichtliches altes Kulturland, dann frühestes Siedlungsland der Bayern.

Salzachgletscher in Bayern und Österreich

Das gleiche Bild wie im Inn- und Chiemseegletscher ist auch im Salzachgletscher zu finden. Die Jungendmoräne umzieht in einem Bogen mit dem Schnittpunkt südlich Burghausen die Salzach, lehnt sich im Westen an die Altmoränen des Inn- bzw. Chiemseegletschers an, im Osten fast an den Kobernauser Wald und verbindet sich mit den hier weit vorstoßenden Salzburger Flyschbergen. Der bayrische Waginger See, das österreichische Ibmer Moos mit vielen kleinen Seen, die verlanden, kennzeichnen eine eindrucksvolle Jungmoränen- und Hochmoorlandschaft.

Die Ortsnamen auf -buch überwiegen um die Endmoränen und schließen sich mit denen um den Kobernauser Wald zu einem großen Buch-Gebiet zusammen. Die wenigen Ortsnamen auf -tann zu beiden Seiten der Salzach betonen das gelegentliche Vorherrschen der

Tanne auf einer Höhe wie die beiden „Tannberge" nahe dem Fluß. Ein Zentrum der Tanne ist der Flysch-Vorposten „Tannberg" beim Obertrumersee mit den Orten Tannberg und Tannham. Dort gibt es heute noch bäuerliche „Ertragsplenterwälder" (Tschermak, 231).

Österreich

Das Ibmer Moos

Das Ibmer Moos ist das östlichste der großen Hochmoore im Alpenvorland. Das bisher veröffentlichte Pollendiagramm (Gams) gibt im allgemeinen den gleichen Gang der Waldentwicklung wieder, wie er von Firbas, Paul und Ruoff für die Moore um Salzburg, im westlichen Salzachvorland und für den Chiemgau festgestellt ist. Die Zeit etwa von 2500—500 v. Chr. fällt im wesentlichen mit der Buchenausbreitung zusammen. In der frühgeschichtlichen Zeit haben weder die Tanne noch die Fichte einen bedeutenden Anteil am Walde gehabt.

Gams (59) macht in seinen Auswertungen langjähriger Klimabeobachtungen hier auf die große Differenziertheit der Vegetation auf verhältnismäßig kleinem Raum aufmerksam. Die das Ibmer Moos im Norden und Osten umgebenden Höhen der Jungendmoränen des Weithart haben „Buchenklima"; die Moränensüdhänge genießen bereits größere Wärme, die die Eiche begünstigt und im Mittelalter sogar Weinbau gestattete. Dieses wärmere Klima ist heute auf die Südhänge um die wärmespeichernden Seen beschränkt; aber die Kaltluftmassen auf den Moorflächen bewirken, daß sich an den Moorrändern außerhalb der Seen und auch auf den niedrigeren Hügeln im Moor nahezu buchenfreier Fichtenwald aufbaut. Es bestätigt sich hier wieder, „daß größere Moorflächen (namentlich Wiesenmoore) eine erhöhte thermische Kontinentalität aufweisen, wogegen offene Wasserflächen diese mildern und damit die Frostgefahr vermindern." Die klimatischen Auswirkungen des Ibmer Mooses haben viele Ähnlichkeiten mit denen oberschwäbischer Moore.

Das Ibmer Moos enthält im Hochmoorteil bei der „Ewigkeit" noch „eines der bestwüchsigen, schönsten und darum unbedingt zu erhaltenden Latschenhochmoore des Alpenvorlandes". Der Kampf um die Erhaltung einiger solcher Reste unberührter Natur für die Menschheit ist in allen Ländern gleich schwer und opfervoll.

Der Weilhart

Auf der Jungendmoräne nördlich des Ibmer Moores liegt der obere, auf der Niederterrasse östlich des Inn der untere Weilhart-Forst. Auch der Weilhart ist eine Waldallmende am Rande eines frühbesiedelten Gebietes.

Durch den Streit des Klosters Raitenhaslach um seine Holzbezugsrechte ist der Entwicklungsgang für den oberen und unteren Forst, wenigstens bruchstückweise, rekonstruierbar [211].

In den ersten Dezennien des 16. Jahrhunderts wollte der kurbayrische Forstmeister von Burghausen dem Kloster nicht mehr das selten gewordene Buchenholz liefern. Daher versuchte er den Holzbezug aus dem Walde auf den Endmoränen (Stegbucher Amt) einzustellen und dem Kloster das Holz entweder im unteren Weilhart oder im Öttinger Forst, also im Wald auf Niederterrasse, anzuweisen. Das Kloster wehrte sich in seiner Gegenschrift mit dem Hinweis, daß es auf seinem Recht, im oberen Weilhart Buchenholz zu beziehen, bestehe, denn im unteren Weilhart und im Öttinger Forst stünden nur Fichten zur Verfügung.

Die Höhen der Endmoräne an der Salzach fallen steil ab; in den Gräben und Tobeln stockten Weißtannen und Fichten, an den Hängen und auf den Höhen Buchen mit Tannen und Fichten. Noch im Jahre 1688 werden solche Mischwaldungen im oberen Weilhart nachgewiesen. Dagegen bestanden die eigenen Waldungen des Klosters auf den Terrassen am Inn und an der Salzach zur Zeit der Säkularisation durchwegs aus Fichten und Forchen, nur manchmal mit etwas Buche und Tanne vermischt.

Die Waldentwicklung im Weilhart ist je nach den geomorphologischen Verhältnissen in verschiedene Richtungen gegangen:

Der ursprüngliche Waldtyp des Buchenwaldes mit Tannen, vermischt mit Fichten, auf der Endmoräne hat sich gegenüber dem ursprünglichen Waldtyp des Eichen-Buchen-Waldes auf der Niederterrasse länger erhalten. Seit langem sind die durch Streunutzung stark degenerierten Böden des unteren Weilharts auf der Niederterrasse von Fichten- und Forchen-Beständen eingenommen.

Regionalwaldtypen (Inn-, Chiemsee-, Salzachgletscher)
(Zusammenfassung)

Die klimatischen und die allgemeinen waldgeographischen Verhältnisse in den Landschaften des eiszeitlichen Inn- und Chiemsee- sowie des Salzachgletschers sind sich sehr ähnlich. Auch die Waldentwicklung weist sowohl in den natürlichen Grundlagen als auch im Eingriff des Menschen im großen und ganzen gleiche Züge auf. Beiden Landschaften ist eigentümlich, daß den hohen Vorbergen des Alpenrandes unvermittelt die nach Norden abfallende hügelige Landschaft der Jungmoräne folgt. Daher bleibt hier der p r ä - a l p i n e B e r g w a l d eng an den Alpenrand gebunden; auch die i n n e r e Z o n e d e s V o r l a n d - B e r g w a l d e s ist nur schmal; sie reicht nicht über die Linie Mangfallknie – Chiemsee – Salzburger Flysch-Vorberge hinaus. Auch die ä u ß e r e Z o n e d e s V o r - l a n d - B e r g w a l d e s wird sich kaum bis zu den äußeren Jungendmoränen des Inn- und Salzachgletschers erstrecken, sondern schon früher dem Typus des alpenfernen, mit Tannen und auch mit Fichten stark vermischten Buchen-Eichen-Waldes weichen. Bedeutend sind die Auswirkungen der F i c h t e n v o r s t ö ß e in der Jung- und Altmoränenlandschaft sowie der F o r c h e n v o r s t ö ß e auf den Niederterrassen. Die große Inn-Salzach-Niederterrasse trennt die Waldtypen der Jungmoränenlandschaft von denen der Tertiärlandschaft, jedoch besteht eine Verbindung durch den „Tann" des Isen-Winkels auf den schweren Böden der Altmoräne sowie durch den Südrand des Kobernauser Waldes.

WALD AUF DEN SCHOTTERTERRASSEN DER TRAUN UND ENNS IM OBERÖSTERREICHISCHEN ALPENVORLAND

Donaudurchbruch bei Linz

Wohin gehört die Landschaft um Linz, zum Herzynischen Waldgebiet oder zum Alpenvorland? Der Stadtkern mit der mittelalterlichen Feste entstand auf Urgestein, die erweiterte Stadt auf der Niederterrasse. Der herzynische Mischwald drängt von Nord und West, vom Pöstlingberg und vom Kürnberger Wald an Linz heran. Der Auwald der Donau und der tertiäre Pfennigberg mit seinen Buchenwäldern umschließen die Stadt von Osten. Als Lukas von Valckenborg im Jahre 1594 sein schönes, wohl etwas phantastisches Panorama der Stadt mit dem Blick vom Pöstlingberg ins Alpenvorland schuf, zeichnete er im Vordergrunde einen lichten Wald von Fichten mit einigen starken Eichen [226] [227]. Linz ist eine echte Donaustadt am Nordrand des Alpenvorlandes, wie Ulm, Regensburg und Passau. Als solche leitet sie die liebenswürdige österreichische Donaulandschaft nach der Enge des Urgestein-Tales ein.

Wald auf Nieder- und Hochterrasse der Traun

Der Salzachgletscher ist der östlichste, der das tertiäre Vorland mit Moränen überschüttete. Der Traungletscher hatte keine genügende Entfaltungsmöglichkeit, da ihm die

Sperrschranken des Kobernauser Waldes und des Hausrucks wenig Raum ließen. Die letzte Vereisung blieb im Flysch stecken; ihre Moränen umsäumen gerade noch die Becken des Zeller-, Atter- und Traunsees. Vom Tal der Traun ab breiten sich Hochterrassenschotter aus, an die sich östlich die große Deckenschotterterrasse (Traun-Enns-Platte) anschließt, durch die Krems in zwei Hälften geteilt. Vom Lambach ab wird die Traun von Niederterrassen begleitet. Die Niederterrasse der Traun und ihre nächste Umgebung heißt „Die Welser Heide".

Die Traunniederung mit der Tertiärlandschaft im Norden, den Deckenschottern im Süden gehört zum frühbesiedelten Gebiet. Zwischen frühgeschichtlicher Siedlung und bayrischer Landnahme liegen Jahrhunderte römischer Herrschaft und Kultur; die wichtigsten Orte waren Wels und Lorch (bei Enns) und das Donaukastell bei Linz. Unter diesen Umständen ist eine, auch die weitere Umgebung der Traun umfassende frühe Aufschließung des Urwaldes als sicher anzunehmen.

Als sich die Bayern in diesem Kulturland niederließen, entstanden in der Nähe der Traun Urmarken mit den Sippennamen wie Hörsching, Leonding, Ofterding und andere. Durch Reihengräber lassen sich die Siedlungsvorgänge zeitlich festlegen. Solche Sippenorte liegen auch an der fruchtbaren Niederung der Donau bei Eferding und Aschach. Alle diese Gegenden sind mit Orten durchsetzt, welche den Stamm „Hart" führen: Hartkirchen bei Aschach (898 genannt) mit Hart ob Haizing, Hart ob Hacking und Höhnhart im „Dorf in Bergern" (1371 „auf dem Höhnhart"), Hartheim in der Donauniederung (1075 genannt), und andere. Auf der Hochterrasse bei Linz folgt ein Niedernhart und ein Obernhart (13. Jahrhundert in superiore bzw. inferiore Harde), umgeben von Rodeorten Reith, Oedt, Waldegg. Auf der Welser Heide, bei Wels auf der Niederterrasse, lag der Hard inferior, heute noch ein Waldrest bei den Häusergruppen Oberhart, Gemeinde Pernau und Unterhart, Gemeinde Marchtrenk. Er war einer der Wälder, die in der Gründungsurkunde des Klosters Lambach genannt werden (1061). Von ihm wird 1440 behauptet, daß vor Zeiten „niderhalben der Stadt Wels ein Holz gestanden, was der Niderhart, hat zu Lambach gehört, ist abgemaisten, vergangen und gedörrt". Der Hard superior, später „Hochholz in der Au" genannt, liegt zwischen Wels und Lambach [228]).

Allein schon diese Hart-Orte beweisen, daß die gesamte Landschaft einst von Weidewäldern besetzt gewesen ist. Auf der Welser Heide sind die Hausnamen Haiderhof, Haidmann, Dorn, Dornleitner, die beiden Haid, Haidl und Stockmayer (Stock gleich Ausschlagwald) bezeichnend; hiezu die Namen der Ortschaften Staudach bei Ofterding und Staudach bei Pasching, und der Name des Weilers Lindenlach bei Hörsching an einer Gruppe kleiner Gehölze. Diese Ortsnamen bergen die Waldgeschichte der Welser Heide in sich. Weideland wurde durch Brand geschaffen in Verbindung mit wilder Feldgraswirtschaft. Auch Brandwaldfeldbau, Wechselwirtschaft zwischen Wald, Weide, Ackerbau mag in verschiedenen zeitlichen Wellen über die Niederterrasse hinweggegangen sein. Der Wald verschwand immer mehr; bis nur mehr ein lichter Buschwald, „das Staudach", zwischen den Siedlungen stand, mit einzelnen Baumgruppen und kleinem Gehölze, dem Loch oder Loh.

Wir kennen viele Beispiele der Waldentwicklung auf Niederterrassen, wie sich mit der Zeit aus Waldverwüstung „die Heide" bildet. Gerade die Niederterrasse mit ihrer geringen Humusdecke und ihrem wasserdurchlässigen Schotter ist gegen Streunutzung, Viehweide und Bloßlegung des Bodens durch Waldverwüstung sehr empfindlich. Auf der Welser Heide ist auch die Föhre erschienen, vielleicht aus der Tertiärlandschaft eingewandert oder von der Traun mit anderen alpinen Schwemmlingen herbeigebracht.

Das Kloster Lambach [228]) am Oberlauf der Traun erhielt im Jahre 1061 den großen Wald „Buchunloh" auf Hochterrasse an beiden Ufern des Flusses, dessen östlicher Teil noch 1463 „auf dem Hart" genannt wird. Daß der ausgedehnte Wald als „Loh" bezeichnet wird, ist auffallend. Vermutlich war er zur Zeit der Schenkung schon ein lückiger lichter Weidewald. Ende des 19. Jahrhunderts war das „Buchunloh" Fichtenbestand mit eingesprengten Buchen und einzelnen Tannen von prächtigem Wuchs. Im Traun-Alm-Winkel stand ein klösterliches Amtshaus „Tann" (1414

207

genannt). Da das „Buchunloh" durch die Banngewalt des Klosters geschützt war, blieb es Wald, sonst wäre es vielleicht auch „Heide" geworden.

Ob sich auf den jüngsten alluvialen Anschotterungen der Welser Heide ursprüngliche „Heide" im botanischen Sinne, gleich den Heiden um München, gebildet hatte, ist nicht geklärt. Die große „Welser Heide" ist längst wieder ein fruchtbares Kulturland geworden [214] [215].

Wald auf den Deckenschottern (Traun-Enns-Platte)

Die Deckenschotterlandschaft, eine echte Landschaft im geographisch-ökologischen Sinne, gleicht einem Viereck, das von der Traun, von der Donau, von der Enns und vom Rand der Flyschzone eingeschlossen wird. Gegen die Flyschzone steigt die Höhe der Platte von 400 auf 500—550 m, die Flyschzone selbst erhebt sich am Rande rasch von 600 m auf 700 m und darüber und bildet dann fast unvermittelt Höhen von 1000—1500 m. An der Traun und um die Krems schieben sich Mindel- und Rißmoränen hinein, die sich mit den Deckenschottern zu einem gleichartigen, nur bewegteren Hügelland verbinden. Die Lößablagerung macht die Landschaft besonders fruchtbar. Daher gehört sie auch zu den waldärmsten Gebieten von Oberösterreich. Gegen die Flyschzone nimmt der Wald wieder zu. Dort hat die Rodung später eingesetzt, auch mußte infolge der Art des Geländes mehr Boden dem Wald überlassen werden.

Nur die Traun, die Alm (und Laudach), die Krems (gewissermaßen auch die Steyr) und die Enns eröffnen Tore aus den Alpen hinaus in die Schotterlandschaft, sowohl den klimatischen Strömungen als auch den Wanderwegen der Pflanzen. Den Rand der Flyschzone vor dem Beginn der Deckenschotter bilden mächtige, ziemlich steil abfallende Berge, typische Standorte des präalpinen Bergwaldes, hier mit besonderer Vorherrschaft der Buche, was sich schon in den Namen ausdrückt: „Buchegg" und „Hochbuchberg" zwischen Traun und Alm und den umgebenden Höhen von 600—1000 m; „Buchenberg" (vom Kaibling bis zum Sonnberg mit dem Wirtsbrand) südlich Pettenbach, der von der Seisenburg bezeichnete Vorwall, 800—900 m; dann zwischen der Steyr und Enns, freilich viel weiter schon vom Vorland entfernt, einige andere „Buchberge".

Um die Alm herum, auf Deckenschotter, häufen sich die Ortsnamen und Waldnamen auf „Ficht": Viechtwang (1157), Viechtberg (1348), Viecht („in der Viecht", 1299) und andere.

Die Fläche der Deckenschotter wird auffallend von Ortsnamen auf „Buch", aber auch auf „Eich", gemieden. Nur einzelne Hausnamen finden sich, wie „Mayer im Pucha" nahe des Ipfbaches bei Maria Laah. Dagegen tauchen am Rande der Deckenschotter einige Ortsnamen auf „Buch" auf: Buch bei Roitham, Pucking (1120 Buchingin) bei Wels und die abgegangene, im Jahre 819 n. Chr. bezeugte Stätte „Buch", an der der heilige Florian begraben wurde, „in loco nuncupante ad Puoche", wo dann später das Kloster St. Florian entstand. Der nahe Wald zwischen Ebelsberg und St. Florian ist im 13. Jahrhundert auch als „silva Puchet" bezeugt. Ihm gegenüber nordwärts, über der Donau liegen die Tertiärberge mit ihren Buchenwäldern [229].

Der Deckenschotter der Traun-Enns-Platte trug einst zwei große „Tann". Der eine lag am Dambach (Tannbach) zwischen Kremsmünster und dem Sippach, sein Kern war der „Schacherwald" des Klosters; der andere erstreckte sich um den Tannbach nördlich Steyr. Beide Gruppen sind durch das Kremstal getrennt.

Die Tann - Gruppe X zwischen der Alm und der Krems umfaßt etwa 15 teils sehr verstreut liegende kleine und kleinste Siedlungen, Häusergruppen und Bauernhöfe mit „Tann" im Namen, die fast alle erst im 13., vorwiegend im 14. Jahrhundert beurkundet sind. Wir führen hier nur Dambach, Tannbach bei Neuhofen (1325 Tampach, Waldname Tannberg bei Neuhofen, 1379 Tamperg) an.

Die meisten dieser Tann-Siedlungen umschließen den Schacherwald bei Kremsmünster und finden nach Süden den Anschluß an die Vorberge des Flysch. In nördlicher Richtung, Neuhofen – Ansfelden, stehen sie im nahen Zusammenhang mit der Tann - Gruppe XI, zwischen der

Krems und der Enns. Auch diese Siedlungen sind unbedeutend, zumeist im 13. und 14. Jahrhundert urkundlich bezeugt, z. B. Mayer im Tonbach (Souvent: Mayer im Tann), Bauernhof, bei Enzing, Gemeinde St. Florian (1378 Tann); Tann (neben Hart), Ortschaft, Gemeinde Hargelsberg und Lorch (13. Jahrhundert in Taenne); Tann, Ortschaft Gleink bei Steyr (1263 in Tanne, 1360 in der Taen).

Die geschichtliche Entwicklung des Landes östlich der Traun gibt vielleicht einige Anhaltspunkte zur Aufhellung der Waldentwicklung.

Nach Zibermayr [230]) ist die bayrische Landnahme von Osten her erfolgt. Ufer-Norikum mit der Hauptstadt Lorch (Laureacum) ist das erste Siedlungsgebiet der Bayern geworden. Nach der Zerstörung Lorchs um 700 n. Chr. verödete die Gegend östlich der Traun wieder. So überwuchs auch der mächtige Ennswald von der Enns bis zur Ybbs manche Siedlung aus der Römerzeit. Erst im hohen Mittelalter wurde dort wieder gerodet.

Tassilo, der letzte Bayernherzog aus dem Hause der Agilolfinger, gründete im Jahre 777 n. Chr. das Stift Kremsmünster, und leitete dadurch den Beginn einer neuen Kolonisierung des Deckenschottergebietes ein. Der Stiftsbrief vom Jahre 777 beweist, daß die Mönche große Strecken erst urbar zu machen hatten, so um die heutigen Orte Sippachzell und Leonbach, ferner das Land zwischen den Ipfbächen, die Gegend um Dietach und an der Sierning, wo in dem großen Forst dreißig Slaven ohne Erlaubnis des bayrischen Herzogs gerodet hatten. Dieser Forst war die Basis der Tann-Gruppe XI. Weil das Kloster sich erst seine Lebensfähigkeit durch Rodung erwerben mußte, bekam es im alten Kulturland westlich der Traun zur vorläufigen Fundierung seiner Existenz Güter angewiesen. Ostwärts der Traun war somit Rodeland, westwärts Kulturland. Es ergibt sich: die Traun-Enns-Platte war in der Römerzeit etwa 500 Jahre lang besiedelt und erschlossen; sie war weitere 500 Jahre durch Hunnen, Avaren und Ungarn wiederholt verheert und verödet worden. Das frühe Siedlungsgebiet wurde somit einigemal wiederum vom Wald überwachsen. Diese Entwaldung und Wiederbewaldung mußte sich für die Buche ungünstig, für die Lichthölzer und leichtsamigen weichen Holzarten günstig auswirken. Da die Rodung zumeist durch Brand vor sich ging, konnte die Buche das Gebiet nicht wieder zurückerobern.

Für den Rückgang der Buche spricht auch eine andere Erwägung. Schon zur Zeit der römischen Herrschaft, die sich in Wels und Lorch auf bedeutende Waffenplätze stützte, muß der Bedarf an Buchenholz für Brand und Verkohlung nicht gering gewesen sein. Dies trifft ebenso für das ganze Mittelalter und für die Neuzeit zu. Über Wels führte die Pyhrnpaßstraße; Wels blieb lange eine der Hauptorte der „Messerer, Nadler und Klingenschmiede". Eine dichte Besiedlung, in deren Raum ohnehin nur kleinere Waldungen übrig geblieben sind, kann in verhältnismäßig kurzer Zeit eine vollständige Umgestaltung des Baumartenverhältnisses verursachen. Die Buche war wohl auf den Deckenschottern, besonders an den Hängen der Ränder und Täler, an den „Leiten" (im bayrisch-österreichischen Sprachgebrauch fast ein Synonym für „Buchleiten"), vertreten, hat jedoch kaum den Hauptbestand der Wälder auf dem Plateau gebildet. Das Deckenschotter-Plateau hat auch kein Buchenklima.

Anfang des 8. Jahrhunderts war das Land um die Enns noch sehr verwildert, wie es in der vita S. Emmerani heißt. Daher ließ man landsuchende kleine Slavenscharen, die, vor den Avaren flüchtend, sich einfanden, den Forst roden. Später kamen immer mehr bayrische Bauern ins Land. Der Zehentertrag der „Neubrüche" diente zur Finanzierung der Kolonisation, der neuen Klöster und Pfarreien. Unmittelbaren Wert hatte der Wald an den Flüssen. Daher bemühte sich das Stift Kremsmünster im Jahre 993 um die Rückgabe des entfremdeten Stiftungsgutes, der Wälder in der Umgebung von Pettenbach an der Alm, die durch diese Wasserstraße ausgebeutet werden konnten. An der Alm und Traun hatte auch Kloster Lambach Wälder erhalten. In diesen rasch erschlossenen und genutzten Waldungen ist die Fichte früh übermächtig geworden, so wie in den Salforsten an der Saalach bei Reichenhall. Das Kloster Kremsmünster erhielt aber auch den dritten Teil der großen Waldung „Hart" zwischen Wels und Kremsmünster (993 Harde superiore, 1270 vorst Harda) zurück, der sich ungefähr von Steinhaus südlich Wels bis über den Sippbach ausdehnte, und dessen verhältnismäßig kleiner Rest der „Schacherwald" westlich des Stiftes ist. War es an der Alm das Holz, um dessen Wert es sich handelte, so hier um die Waldallmende all der vielen neugegründeten Orte und Höfe. Dieser riesige Hart muß einst reich an Eichen und anderen Laubhölzern gewesen sein.

Der große Hart zwischen Wels und Kremsmünster war bald in kleine Stücke aufgelöst, so wie es heute die Landkarte zeigt. In der Mitte des 19. Jahrhunderts bestanden nach der Florenliste des Botanikers P. Gotthard Hofstädter [231]) die Wälder um Kremsmünster in der Hauptsache aus Fichten, dann aus Tannen, unter die sich auch die Föhre mischte. Einige Eiben stehen noch in der „Kremsleiten". Die Buche ist in Wäldern unter anderem Laubholz „sehr vereinzelt und selten", die Hainbuchen, Linden, Birken und Aspen sind in Vorhölzern und Nadelwäldern in Gruppen häufig eingemischt. Die Eichen stehen verstreut, ebenso der Bergahorn; der Spitzahorn wächst an den Ufern der Krems und des Sippbaches, die Esche besonders in Schluchten und im Auwald. Allgemein wird bemerkt, daß sämtliche Laubhölzer nirgends in größerer Menge vorhanden sind.

Regionalwaldtypen
(Zusammenfassung)

Wir können als Regionalwald auf den Deckenschottern der Traun-Enns-Platte einen Eichen-Buchen-Laubholz-Mischwald annehmen, der bald stärkeren, bald geringeren Anteil von Tanne und Fichte hatte. In den Gräben, an schattigen tertiären Hängen, in besonders günstigen luftfeuchten Lagen hatte die Tanne örtlich das Übergewicht. So waren über die ganze Landschaft hin kleinere „Tann" verstreut. Im allgemeinen wird die Tanne als auch die Fichte (Fichtenvorstoß) im Lauf der Zeit das Laubholz zurückgedrängt haben. Diese verschiedenartigen Ausbildungen der Sekundärtypen wurden vom Ende des 18. Jahrhunderts ab in die üblichen schematischen Waldbautypen, besonders in Fichtenbestände, überführt.

Die Buche trat erst gegen die ozeanisch beeinflußten Vorberge zu stärker auf, wo sie den Anschluß an die Zone des präalpinen Bergwaldes auf den Flyschbergen fand. Im Klima der Deckenschotter-Plateaus hatte die Buche kaum bestandbildende Kraft; jedenfalls war ihr dort auch die waldgeschichtliche Entwicklung nicht günstig.

NIEDERÖSTERREICHISCHES ALPENVORLAND [232]) [235]) [237])

Das Vorland

Das Vorland, in Oberösterreich noch in verhältnismäßig breite Zonen gegliedert, schrumpft in Niederösterreich, zwischen Kalkalpen und Urgestein des Waldviertels zusammen; dieses reicht bei Grein – Amstetten, bei Pöchlarn und Aggsbach, dann zwischen Melk und Krems mit dem Dunkelsteiner Wald, über die Donau herüber. In dem schmalen Schlauch des Vorlandes, der an seinen engsten Stellen sich auf 20—10 km verengt, ist immerhin noch ein nördlicher und südlicher Gürtel schwach ausgeprägt. Der nördliche Donau-wärts und dem Urgestein zu gerichtet, der südliche den Voralpen zugewandt. Der nördliche wird auf den Höhen vom Buchen-Tannen-Fichten-Wald des Waldviertels beeinflußt, der südliche vom Buchen-Tannen-Wald der Flyschzone, in dem auch die Lärche heimisch ist. An der Naht beider Gürtel läuft wohl sehr undeutlich eine Fichten-Grenzlinie auf Ulmerfeld – Steinakirchen – Mank – Traisen bis zum Schöpfl im Wiener Wald. Die tiefsten Lagen werden von der Fichte gemieden, aber auch die Buche wird sowohl im nördlichen als im südlichen Gürtel erst auf den Höhen mächtiger (Tschermak, *199*; Rubner, *158*).

Eichenwälder

Die Wiener Niederung liegt im Windschatten des Wiener Waldes und der Kalkalpen. Der Kranz der Weinberge um Wien und um die Thermalorte von Baden und Vöslau reicht bis an die Höhen von 400 m hinauf; milde Winter und noch nicht allzu heiße Sommer begünstigen den Weinbau. Das Klima der Ebene und des Ostrandes bis zum Leithagebirge hin sind kontinentaler beeinflußt, trockener und wärmer. Im Leithagebiete selbst werden zwar die Regenmengen schon etwas gesteigert, trotzdem führt nicht die Buche, sondern die Eiche.

In der untersten Stufe Niederösterreichs wird der Laubwald durch die Trauben-, Zerreiche und Flaumeiche charakterisiert. Die Stieleiche tritt dort zurück. Dem Laubwald sind Hainbuche, Feldulme, Aspe, Sommer- und Winterlinde, Feldahorn, Holzbirne, Holzapfel, Elsbeer- und Kirschbaum beigemengt. Die Art der Strauchschicht wird durch Pimpernuß, Kornelkirsche, Hartriegel, Waldrebe und andere gekennzeichnet, die Krautschicht durch viele trockenheitsliebende Pflanzen pannonischer Herkunft. Die Strauchschicht dieser Gesellschaft tritt auch als kennzeichnendes Fragment des Waldes, als bloßes Laubgebüsch an Feldrainen und Hohlwegen auf.

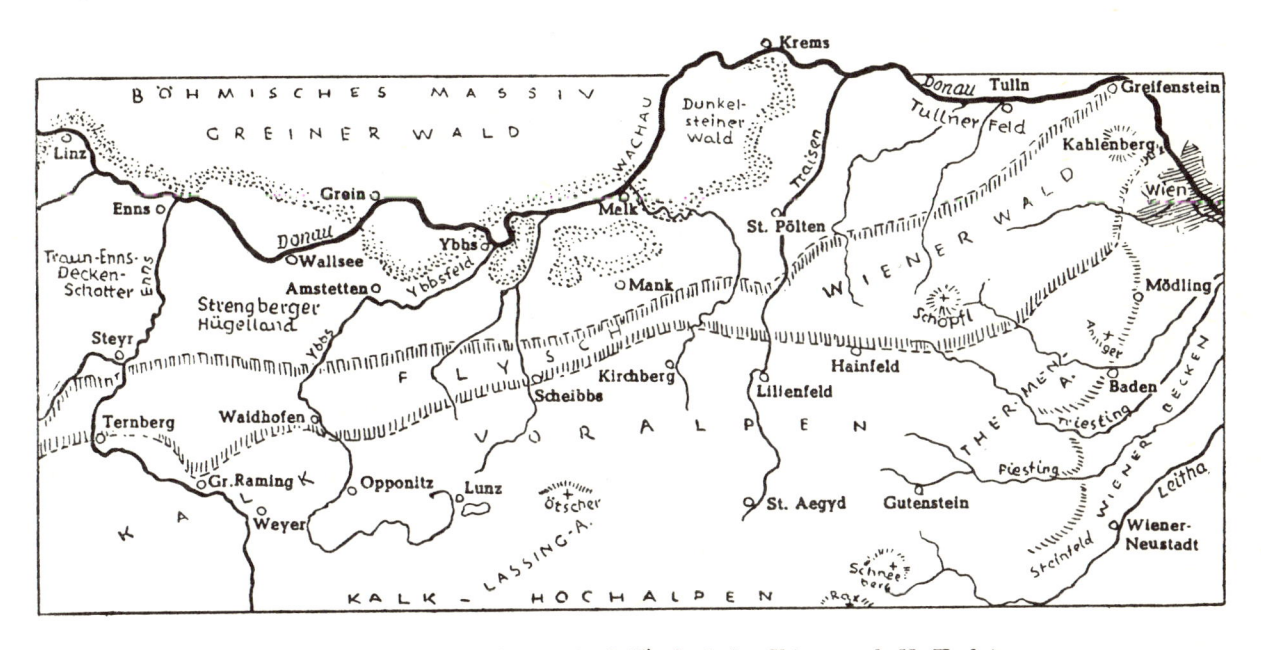

Niederösterreichisches Alpenvorland (Geologische Skizze nach N. Krebs)

„Eichenwälder" solcher östlicher Prägung bedecken noch große Flächen des tertiären Weinviertels, des Wiener Beckens und die unteren Hänge des Wiener Waldes und des Leithagebirges. Der größte Teil des einstigen Areals ist aber gerodet und dient dem Getreidebau. Werneck glaubt auch in Oberösterreich, im Kerngebiet des Weizen-, Gersten- und Zuckerrübenanbaues, noch Reste eines pannonischen Eichenwaldes feststellen zu können, dem zwar die Zerr- und Flaumeiche fehlt, der in der Baumschicht nurmehr durch die Traubeneiche, in der Strauchschicht durch Pimpernuß, Waldrebe und Geißblatt, in der Krautschicht durch einige bezeichnende Arten gekennzeichnet wird. Auch in Oberösterreich wird dieser mehr oder minder verschwundene Waldtypus durch eine fragmentarische Gesellschaft einer solchen Strauch- und Krautschicht an verstreuten Stellen ersetzt.

Eine echte, wirklich klimatisch bedingte Eichenstufe finden wir somit im Osten Niederösterreichs, sonst wohl nur in eng umschriebenen Bezirken des Alpenvorlandes und dann im südwestlichen Mittelland der Schweiz, in der Waadt. Von der klimatischen Eichenstufe ist der teils auf geomorphologischen und edaphischen Ursachen beruhende, hauptsächlich durch menschliche Einflüsse gesteigerte örtliche Vorrang der Eiche und ihrer Gesellschaft zu unterscheiden.

Nur durch eingehende vegetationskundliche, ökologische und waldgeschichtliche Untersuchungen kann die für den nördlichen Gürtel des Alpenvorlandes besonders wichtige Frage, echte oder nur scheinbare Eichenstufe, einwandfrei gelöst werden.

Den Ostalpen gibt der Wiener Wald auf der hier weit vorspringenden Flyschzone teils einen Abschluß, teils stellt er die Verbindung zum pannonischen Tiefland dar. Den Abschluß gibt die höhere Innenzone des Wiener Waldes, den Übergang vermitteln die nördlichen Ausläufer und der östliche Rand.

Der Wiener Wald [233] [234] [235] [236]

Der Wiener Wald zwischen der Schwechat und der dürren Liesing wurde im 11. Jahrhundert von Kaiser Heinrich II. dem Markgrafen Heinrich I. von Babenberg als Reichslehen verliehen. Durch Schenkung Kaiser Konrads wurden die südlichen Waldungen bis an die Piesting und die nördlich gelegenen bis an die Donau angefügt.

Westlich am Ursprung der Tulln ragt das Schöpfl als 890 m hohe Kuppe auf; es ist der Eckpunkt des gesamten Waldgebirges. Um ihn herum entspringen alle wichtigen Wasserläufe wie die Tulln, die Wien, die Schwechat, die Triesting, die sämtlich der Donau zufließen. Nur die Piesting, die eigentliche Südgrenze des Gebietes, kommt mit ihren Zubringern aus dem Schneeberg und seiner Umgebung. Vom Schöpfl aus ziehen sich drei Linien von Bergen: die nordöstliche Linie entspricht beiläufig den Höhen von 500 m; der mittlere Höhenzug den Höhen von 600—700 m; der südöstlichste gehört einer Gruppe von 800 m an. Gleich südlich der Triesting beginnt das Kalkgebirge mit den rasch steigenden Höhen von 1000 m und darüber. Die Niederschläge nehmen bedeutend zu, etwa von 600 mm jährlich auf 1000—1100 mm. Das Maximum fällt in den August, das Minimum in Januar und Februar. Diesem so sehr verschiedenen Klima entspricht die verschiedene Pflanzenwelt, sowohl im Kulturbau als in der Natur, vor allem im Wald. Die Stufen des Eichenwaldes, des Buchen- wie des Buchen-Tannen-Waldes und schließlich des präalpin gefärbten Mischwaldes von Buchen, Tannen, Fichten und Lärchen folgen entsprechend den Höhenunterschieden und klimatischen Strömungen allmählich aufeinander.

Nur in den untersten Stufen ist der menschliche Einfluß stärker sichtbar. Mit wenigen extremen Auswirkungen am Rande behielt der Wiener Wald sein Gleichgewicht im großen Rahmen bei. Die sonst so tief eingreifende Einwirkung von Seiten des Menschen stand unter einem günstigen Stern. Der Wald blieb lange ohne stärkere Innenbesiedlung. Weder Salinen noch Bergwerke noch Wasserstraßen entzogen ihm seinen Holzreichtum. Er blieb unter dem Schutze des Landesherrn von großer und anhaltender Verwüstung, wenigstens in seinem dem Verkehr entlegenen Kerne verschont und wurde im großen und ganzen bis in die Neuzeit im Plenter-, Femel- und Schirmschlagbetrieb genutzt, wodurch sich die ursprünglichen Baumarten, wenn auch im veränderten Verhältnis, erhalten haben.

Die ältesten Bestimmungen über eine geordnete Verwaltung stammen vom Kaiser Friedrich III. aus dem Jahre 1467. Im Jahre 1552 wurde eine Bereitung angeordnet, seit 1553 fiel der Wiener Wald auch unter die von Kaiser Ferdinand erlassene Bergordnung, die alle „Hoch- und Schwarzwälder" als landesfürstliches Kammergut erklärte. Im Jahre 1572 wurde er in einem „Neuen Waldbuch" beschrieben. Solche Untersuchungen des Waldzustandes wiederholten sich in den folgenden Zeiträumen.

Im 18. Jahrhundert konnte man über- und abständige Vorräte nutzen, was sogar noch Anfang des 19. Jahrhunderts der Fall gewesen ist; z. B. wurden im Jahre 1720 337 000 starke Eichenstämme gezählt. Die Tanne und die Buche hatten damals fast gleichen Anteil. Aber von

1794 bis 1927 wurde das Nadelholz in den Forstbezirken Alland, Klausen, Leopoldsdorf, St. Corona und Lammerau bedeutend vermehrt, das Laubholz vermindert. Im Jahre 1885 wurden rund 27 000 Hektar im Femelschlag, 1000 ha im Kahlschlag umgetrieben. Künstliche Verjüngung wurde erst 1825 eingeführt.

Der Laubwald des Wiener Waldes ist aber doch weitgehend beeinflußt. In der unteren Stufe wurde wie überall Vieh geweidet und an den Rändern auch niederwaldartig, bei Belassung von Samenbäumen, genutzt. In der Zeit der Franzosenkriege um die Wende vom 18. zum 19. Jahrhundert mußten zur Geldbeschaffung großflächige Schläge in verkehrsgünstigen Lagen geführt werden, wohl in Distrikten, die bereits Aufschlag und Jungwuchs hatten. Hiedurch folgten gleichaltrige Bestände. Im Inneren des Waldgebietes wurde aber noch in der Mitte des 19. Jahrhunderts geplentert. Unvollständig bestockte Schläge (Maiße) ergänzten sich von selbst durch Buchenstock- und Wurzelausschläge, durch Birkenanflug und Aspenbrut. Es gab noch viele einzelne 200—300-jährige Buchenüberhälter, Samenbäume, deren Nachhieb versäumt worden war [234]).

Keineswegs gab es um die Mitte des 19. Jahrhunderts im Wiener Wald von Natur aus reine Buchenbestände. Auch hier hat die Waldbaukunst mitgeholfen. Denn fast überall, besonders im vorderen Wiener Wald, waren viele Laubhölzer, edle und noch mehr weiche wie Aspen, Birken und Salen eingemischt, die oft schon auf den Schlägen die Buchen überwuchsen. Sie wurden später bei der Durchforstung der 20—40jährigen Bestände ausgehauen. Die Buche drängte sich örtlich sogar in den Schwarzföhrenwald ein, so daß auf manchem warmen Dolomitboden statt eines Schwarzföhrenhochwaldes ein Buchenhochwald erwuchs [234]). In der zweiten Hälfte des 19. Jahrhunderts wurde wohl auch der Anteil der Fichte auf Kosten der Buche erhöht. Aber alles in allem ist die Entwicklung im Wiener Wald verhältnismäßig ungestörter gewesen als weithin im ganzen Alpenvorland.

In der Gedrängtheit des Landschaftsraumes lassen sich immerhin zwei regionale Haupttypen auf Flysch feststellen:

a) Vorderer oder östlicher Wiener Wald:
Fast reiner Laubwald vorwiegend in Richtung der nordöstlichen Linie. Es sind dies die Wälder zwischen dem Kierling-, Gablitz- und Wiental. Die Buche herrscht in höchster Wuchskraft; die Zerr-, Trauben- und Stieleiche, die Hainbuche, Esche, Ulme, Ahorn, Elsbeerbaum, Birke, Aspe, Pappel und Erle mischen sich ein. Die Lärche fehlt. Der Vordere Wiener Wald ist wärmer und trockener als der südwestliche.

b) Hinterer oder südwestlicher Wiener Wald:
Hier herrscht der Buchen-Tannen-Wald, in dem bald die Buche, bald die Tanne überwiegt. In dem höheren und zwar mehr im südwestlichen Teil tritt die Fichte dazu. Das Schöpfl jedoch wurde von der Fichte erst in den letzten Jahrhunderten erobert. In diesem Teil des Wiener Waldes ist von Natur aus die Lärche in wechselnder Menge eingemischt; ihre unterste Grenze liegt bei 240 m.

Die Kalkalpen stoßen in schmaler Randzone südlich Wien gegen das Tiefland vor. Einstmals scheint die Karstflora den ganzen Ostrand der Alpen besiedelt zu haben, denn subillyrische Relikte sind hier noch in Inseln verstreut. Zwischen Baden und Vöslau endet im östlichen Wiener Wald der Nordrand des illyrischen Schwarzföhrenwaldes, in dem sich die Zerr- und Flaumeiche, die Pimpernuß und andere illyrische Elemente mit zahlreichen pannonischen zusammenfinden. Der illyrische Waldtypus ist noch stärker im Günser Bergland und Leithagebirge ausgeprägt. Am Saum der Rosalia und am Rande des Wiener Bekkens erscheint die Edelkastanie und auch die Hopfenbuche. Die schirmförmigen Kronen der Schwarzföhren, mitteländischen Pinien ähnlich, verleihen der bizarren Wiener Thermallandschaft ein merkwürdig fremdartiges Bild im Gegensatze zum gleichförmig stillen Buchental der Wien oder zu den hellen lieblichen Laubwaldhängen des Leopolds- und Kahlenberges. Nun wechseln nicht mehr bloß Regionaltypen miteinander, sondern die Ausläufer verschiedener Vegetationsbereiche begegnen sich.

Die Schwarzföhre dringt mit ihrer Gesellschaft ein Stück auch in die breit geöffneten Seitentäler ein, sie steigt auch einzeln in höhere Stufen hinauf. Die starke Abhängigkeit des Schwarzföhrenwaldes von der Art des Bodens verrät hier der rasche Wechsel der Waldtypen. Manchmal stockt Schwarzföhrenwald auf warmem Kalk unmittelbar in der Nachbarschaft eines Buchen-Tannen-Waldes auf frischfeuchtem tertiärem Lehm. Der Schwarzföhrenwald wurde in kleinen Schlägen oder durch Samenhieb verjüngt, wobei dreißig bis vierzig Stück je Joch als Samenbäume übergehalten wurden. Mitte des 19. Jahrhunderts wurde mancher Bestand auch schon künstlich durch Pflanzung oder Saat nachgezogen.

Die ausgedehnten Weißföhrenbestände (zirka 2000 Joch) auf dem Steinfeld bei Wiener-Neustadt sind seit dem späten 18. Jahrhundert allmählich von den Bauern der umliegenden Dörfer auf ihren unergiebigen Außenäckern im Waldfeldbau, durch Einsaat in die letzte Halmfrucht von Hafer, Gerste, Hirse oder Heidekorn begründet worden. Sie wurden im kurzen Kahlschlag-Umtrieb genutzt, wobei auch das Schnaiteln und die Harzgewinnung (Kolophonium) eine begehrte Vor- und Zwischennutzung abwarf [234]).

In wachsender Entfernung vom Ostrand der Alpen, gegen die Ebenen Ungarns zu, nimmt die Buche ab. Im südlichen und mittleren Burgenland, im Günser Bergland, am Geschriebenstein, im Rosaliengebirge gibt es auf den Höhen zwar noch schöne Buchenwälder, mit Tannen, aber auch mit Eichen vermischt; in den tieferen Lagen wird die Buche bloß einer der Gesellschafter im Eichen-Buchen-Laubholz-Mischwald. Im nördlichen Burgenland auf dem Kamm des niederen Leithagebirges, des letzten Alpenausläufers, kann die Buche und die Tanne sich noch auf beschränktem Raum halten, sonst herrscht überall der Eichenwald pannonischer Färbung. Sowohl im Burgenland als im hügeligen Weinviertel, über der Donau, in diesem Gebiete geringer Niederschläge und gesteigerter Trockenheit infolge durchlässiger Böden, wird der Eichenwald als Niederwald mit Oberholz umgetrieben. Daher ist die Hainbuche so überaus verbreitet. Wo aber der Wald fehlt, nagen die östlichen Winterstürme am trockenen Löß und Sand und tragen unmerklich, aber sicher das versteppte Land ab.

Alpenvorland und Waldviertel [235]) [237])

Das Schema „Präalpiner Bergwald, Vorland-Bergwald, Buchen-Eichen-Wald, Eichen-Buchen-Wald" läßt sich auch in Niederösterreich zwischen Kalkvoralpen und Donau erkennen, gegenüber dem westlichen Alpenvorland räumlich verengt, aber stärker abgestuft, in manchen Gesellschaften differenzierter und in Vielem reicher.

Das niederösterreichische Alpenvorland steht im starken Gegensatz zu seinem Gegenüber, dem Waldviertel. Eine sehr lose Verbindung reicht vom Wiener Wald zu dem mit Lärchen-Vorposten durchsetzten Bergwald auf den Urgesteinsmassen um Göttweig. Manche edaphischen und klimatischen Unterschiede am Ostrande der Alpen werden von der Schwarzföhre, dagegen am südöstlichen Saume des Urgebirges, in der Wachau und im unteren Kamptal, von der Weißföhre, ausgedrückt; die Rolle der Frühlingsheide (erica carnea) im Alpengebiet wird von der Besenheide (calluna vulgaris) im herzynischen Florengebiet gespielt. Beide zusammen sind aber im allgemeinen die Kennzeichen der Walddegradation, der tieferen Grade der Sekundärtypen.

Die „Wachau" ist eine klimatisch, geologisch, und physiognomisch extreme Kleinlandschaft von warmen Felsgehängen sowie von Lößablagerungen, denen sie den Reichtum von Wein und Obst verdankt. Nach Kerner stimmt die Pflanzenwelt der Wachau fast mehr mit den Bergzügen der fernen Alpenwelt überein als mit dem böhmisch-mährischen Hochlande, welchem sie der Lage nach angehört. Sogar die Grünerle ist dort zu finden, aber auch Wanderer aus dem östlichen pannonischen Tiefland. Daher sind die kleinen Wälder der Wachau trotz der intensiven menschlichen Beeinflussung kontrastreiche Beispiele an der Grenze dreier mitteleuropäischer Vegetationsgebiete.

Die weitausgedehnten, dunklen, einförmig scheinenden Wälder des Waldviertels hatten am Ende des 18. Jahrhunderts noch einen ziemlich ursprünglichen Charakter. Dieser urwüchsige Typus ist wohl verschwunden, seitdem das durch den ganzen „Böhmer Wald" hin übliche Plentern der Wälder durch den „Holzschlag" ersetzt worden ist. Der ursprüngliche Waldzustand war eine von den Gelände- und Bodenverhältnissen und dem Ortsklima, besonders von den Auswirkungen lang andauernder Schneebedeckung diktierte großflächige Verteilung der natürlichen Waldtypen vom herzynischen Gepräge, in denen die Buche und Tanne oder die Fichte, ortsweise auch die Föhre und Birke in der Führung abgewechselt haben.

Der Auwald des Alpenvorlandes [238]

Der Auwald siedelt auf den relativ tiefsten Landschaftsstufen um den Strömungsbereich der Flüsse. Sein Standort ist vom Grundwasser und somit vom Boden, ganz besonders vom Wasserhaushalt, bedingt. Der Begriff des Auwaldes umfaßt verschiedene, jedoch eng verwandte Waldgesellschaften.

Der Auwald war in den verwilderten Flußtälern im ständigen Wechsel begriffen, je nachdem sich das weitverzweigte Strombett mit seinen Haupt- und Nebenarmen verlagerte. Entwicklungen nach vorwärts und nach rückwärts, zum Abbruch und zur Zerstörung, oder zum Wiederaufbau waren dauernd im Zuge. Entfernt von der unmittelbaren Einwirkung des Gewässers gibt es auch selten gestörte Aulandschaften, weitgedehnten Parks ähnlich mit Wiesengründen und großartigen Gruppen hochragender Bäume, mit kleinen und großen Gehölzen, mit Viehweiden und fast undurchdringlichem Gebüsch.

Der Eindruck der Urwüchsigkeit großer Auwälder wird durch die unregelmäßigen Formen, durch das Gewirr von Unterholz und Oberholz jeden Alters, durch den schichtweisen Aufbau von Kräutern, Schilf, Sträuchern, Kletterpflanzen und Bäumen hervorgerufen, sowie durch die Wuchskraft und Fülle der Vegetation verstärkt. Diese Urwüchsigkeit ist aber nur vorgetäuscht. Denn kein Wald wurde so sehr durch die Hand des Menschen berührt und umgestaltet als der Auwald. Die besonderen Wuchs- und Lebenskräfte seiner Glieder, die dauernde Düngung der Böden mit mineralreichen Stoffen ermöglichen ihm eine rasche Regeneration, so daß nach wenigen Jahrzehnten der Eindruck der Unberührtheit für den flüchtigen Beschauer wiederhergestellt sein kann.

Die größten Auwälder sind heute noch im Überschwemmungsgebiet der Donau vorhanden, aber alle ihr zuströmenden Alpenflüsse besitzen ebenfalls größere oder kleinere Strecken oder wenigstens Reste eines Auwaldes.

Die Auwälder werden in „harte" und „weiche" Auen eingeteilt, womit eine Scheidung nach Baumarten und damit verbunden schon standörtliche Unterschiede angedeutet sind. Die „weichen" Auen werden von der Schwarz- und Silberpappel geführt, von vielen anderen Weichhölzern und zahlreichen Weidenarten gebildet. Sie stocken auf ärmeren Böden. Die „harten" Auen wachsen auf humusreichen, oft auf höherem Anschwemmungsgelände. In ihr führen harte Hölzer wie die Stieleiche, die Hainbuche, die Feldulme, Esche und Ahorn. Zwischen diesen beiden Typen bestehen mannigfache Übergänge und Mischungen. Die „Weidenau" ist das erste Entwicklungsstadium des Auwaldes, dessen Entstehung aus kleinstem Beginn auf dem wechselnden Gelände des Geschiebes immer wieder beobachtet werden kann. Die morphologische Gliederung der jungen und alten Kiesbänke, der älteren schon gesättigten Alluvionen, die Verteilung von Kies, Sand, Schlick und Ton bestimmen den Aufbau.

Zwischen den Auwäldern von Ulm stromabwärts bis zu den Auwäldern der Lobau unterhalb Wien — der Wiener Prater ist der Rest eines Auwaldes — gibt es nur solche Unterschiede, die der Eingriff des Menschen besonders durch die Verbauung der Flüsse geschaffen hat. Die inneren Unterschiede des Auwaldes an den Alpenflüssen bis hinauf zum kleinen Auwald im Hochgebirge sind in der Zusammensetzung der Gesellschaften sichtbar. So gibt es einen Auwald der Weißerle, in den höheren Alpentälern einen der Grünerle. Im Auwald nehmen solche Pflanzen einen großen Anteil, welche aus dem Gebirge durch Ab- und Verschwemmung bis zur Donau hin und auch weiter stromabwärts getragen werden, flüchtig auftauchen, wieder verschwinden, aber auch beharrlich siedeln und sogar in die Umgebung der Flüsse wandern. Unter diesen vielen alpinen und montanen Pflanzen wie Carex sempervirens, Erica carnea, Dryas octopetala und vielen anderen, deren Beobachtung von größtem Reiz ist, kommt auch der Fichte und der Forche Bedeutung zu. Denn die Alpenflüsse wurden zu Wanderwegen dieser beiden Baumarten, die auch von den Auwäldern aus in die Landschaft vorstießen. Da Auwald, Wiesenmoore, armer Heidewald und Heide, aber auch reicher Laubwald auf Niederterrassen nur zu oft benachbart sind, ergeben sich vielfältige pflanzengeographisch und soziologisch interessante Übergänge.

Die vorgeschichtlichen und frühgeschichtlichen Siedler bevorzugten, ebenso wie die Alemannen und Bayern, die Hänge der Flußtäler, teils des Wassers, der Verkehrsmöglichkeit, der Fischerei wegen, aber auch, weil die Flußtäler mit den Auwäldern gutes Weideland boten. Der Auwald ist daher seit Urzeiten genutzt. Vom Mittelalter an wurde die Bevölkerung vorwiegend auf das Holz in den immer wieder rasch heranwachsenden Auwäldern verwiesen, um die erschöpften Wälder auf den Höhen zu schonen. Der Auwald produzierte das Baumaterial für die vielen Wasserbauten und Wasserwerke; daher wurde den Auwäldern der besondere Schutz durch Forstordnungen zuteil, wie z. B. in der bayrischen Forstordnung von 1568. Die „Wehr- und Archhölzer" bedeuteten für die Erhaltung der Wasserstraßen und Wasserwerke das, was heute Steine und Zement darstellen.

Durch die Zusammensetzung des Auwaldes aus weichen und harten Laubbäumen ergab sich von alters her der Niederwaldumtrieb mit Überhalt von Oberholz, der Mittelwald. Aber herabgekommene Auwälder bestanden oft nur mehr aus Weidengestrüpp. Im 19. Jahrhundert baute man unter dem Schlagwort „Veredlung der Auwälder" gleichaltrige und gleichförmige Bestände auf, z. B. Massenkulturen von kanadischen Pappeln. Nicht nur der eigenartige Charakter des Auwaldes wurde zerstört, auch die wertvolle Mannigfaltigkeit seiner Glieder ging verloren. Das Wesen des Auwaldes ist Mischwald; Gesellschaftscharakter und Gesellschaftsbildung ist im Auwald besonders hervortretend, daher fällt jede forstliche Einseitigkeit gerade im Auwald als naturwidrig auf.

Der Auwald ist die natürliche Pflanzengesellschaft des Überschwemmungsgebietes; er wurde nur dort vom Menschen geduldet, wo infolge des ständigen Hochwasserbereiches die Rodung des Waldes und die Anlage von Wiesen nicht wirtschaftlich gewesen wäre. Wo irgendwo im Flußtal Wiesenbau möglich war, ist der Auwald verschwunden.

Die Auwälder stellen selten, höchstens in manchen höheren Gebirgstälern, noch Primärtypen dar, im allgemeinen treten sie seit langem nur mehr in Sekundärtypen auf; von ihnen sind in gepflegten Auwaldgebieten verschiedene naturnahe Waldbautypen abgeleitet worden.

DER GEBIRGSWALD DER BAYRISCHEN UND ÖSTERREICHISCHEN KALKALPEN [239]

> *„Als ich um fünf Uhr von München wegfuhr, hatte sich der Himmel aufgeklärt. An den Tiroler Bergen standen die Wolken in ungeheuren Massen fest. Die Streifen der unteren Regionen bewegten sich nicht. Der Weg geht auf den Höhen, wo man unten die Isar fließen sieht, über zusammengeschwemmte Kieshügel hin. Hier wird uns die Arbeit der Strömungen des uralten Meeres faßlich.*
>
> *Die Nebel des Flusses und der Wiesen wehrten sich eine Weile, endlich wurden auch diese aufgezehrt. Ich gelangte nach Wolfratshausen, und erreichte den 48. Grad.*
>
> *Nun ging mir eine neue Welt auf. Ich näherte mich den Gebirgen, die sich nach und nach entwickelten."*
>
> Goethe, Italienische Reise I, Mittenwald, den 7. September 1786

Die nördlichen Kalkalpen stehen im deutlichen Gegensatze zu den zentralen Schieferalpen. Dieser Eindruck wird am schärfsten im breiten Inntal, je nachdem man die schroffen Kalkmassen der Nordseite mit den sanftgeformten dunkelfarbigen Schieferbergen der Südseite vergleicht.

Die bayrischen Alpen sind keine natürliche Landschaft für sich: der Charakter ihres Waldes ist der gleiche wie der Charakter des österreichischen Gebirgswaldes. Aus diesen Gründen wollen wir über die staatlichen Grenzen hinweg das Wesen des Gebirgswaldes der nördlichen Kalkalpen einheitlich behandeln. Die Entwicklung des Waldes unter dem menschlichen Einfluß kann jedoch innerhalb verschiedener staatlicher Grenzen verschieden sein; daher werden wir die neuere „Geschichte" sowohl des bayrischen als auch des österreichischen Gebirgswaldes in ihren v e r s c h i e d e n e n Z ü g e n herauszuarbeiten versuchen.

Gliederung

Im Vorland liegen die Vegetationsabschnitte mehr oder minder breit nebeneinander, nur von wenigen und mäßigen Stufen unterteilt; im Gebirge türmen sie sich vertikal in deutlichen, meist mächtigen Stufen übereinander. Die vertikale Gliederung des Vorlandes erscheint gegenüber der des Hochgebirges unbedeutend, die horizontale des Hochgebirges gegenüber der des Vorlandes verengt und vielfach unterbrochen. Die Stufen werden in ihrem Wesen vom Klima gebildet; viel mächtiger als im Vorland ist im Gebirge der Einfluß des Gesteins und somit der durch Verwitterung und Pflanzenwuchs gebildeten Böden. Die physikalischen Eigenschaften geben noch mehr den Ausschlag als die chemischen. Zu besonderer Auswirkung kommt die durch das Relief bedingte Oberflächengestaltung, Lage und Neigung in der jeweiligen Himmelsrichtung. Die Wirkung von Licht und Schatten, von Wärme und Kälte, von Trockenheit und Feuchtigkeit, von Wind und Windschutz, tritt im Gebirge viel schärfer hervor als im Vorland.

Am Nordrand der Alpen herrscht im allgemeinen ein ozeanischer Klimazug, der wohl zwischen Bodensee und Wiener Wald manchmal unterbrochen ist. Ozeanisch bedingt ist das stärkere Vorkommen von Eibe, Stechpalme, Epheu, stengelloser Primel, Narzisse und anderen Arten. Die Höhenstufen werden mehr durch die Wärmeverhältnisse als durch den Niederschlag bestimmt. Nach Gams hängen die unteren Stufen mehr von der Winter-, die oberen mehr von der Sommertemperatur ab.

Scharfetter gliedert die Vegetation der Ostalpen in drei Zonen. Eine Laubwald-Randzone besetzt am Nordrande der Alpen einen sehr schmalen Streifen von Buchenwäldern. Dieser fällt im allgemeinen mit der Flyschzone zusammen. Von Osten nach Westen zu verschwindet diese Laubwald-Randzone immer mehr und löst sich in eine Reihe von Inseln auf, die von der Buche bevorzugt werden. Erst in Vorarlberg gewinnt sie wieder an Ausdehnung. An die Laubwald-Randzone schließt Scharfetter eine breite Mischwald-Außenzone an, die dann an die Nadelwald-Innenzone der Zentralalpen angrenzt. Die Entstehung des Mischwaldes wird von manchen durch die geomorphologische Gestaltung erklärt; durch raschen Wechsel des Gesteins und der Neigung entstünden rasch abwechselnde Bestandestypen. Dagegen führen andere die Entstehung des Mischwaldes auf die klimatischen Verhältnisse zurück. So mischen sich nach Gams Buche und Fichte im Gebiete des ozeanischen Klimacharakters, während sie im kontinentaleren gürtelförmig als Buchen- und Fichtengürtel übereinander auftreten. Im östlichen Übergangsgebiet wechselt der Klimacharakter rascher, die Gipfel stehen mehr unter ozeanischem, die Täler mehr unter kontinentalem Einfluß.

Waldgrenze

In der Innenzone, also im wesentlichen im kontinentalen Klima der Zentralalpen, steigt der Wald in größere Höhen empor als in der Außenzone. In beiden Zonen sinkt die Waldgrenze in der Richtung von Westen nach Osten.

Wieweit im einzelnen die Waldgrenze durch die nacheiszeitlichen Klimaschwankungen beeinflußt worden ist, kann nicht leicht geklärt werden. Jedenfalls hat der Mensch durch Waldverwüstung und Weide die Grenze noch mehr herabgedrückt.

Auf den isolierten, ins Flachland vorgeschobenen höheren Vorbergen und auf den die Baumgrenze kaum überragenden Gipfeln der alpinen Außenzone hört der Wald an der oberen Grenze, meist plötzlich, als geschlossener Bestand auf. Hier liegt die Ursache entweder in der Wirkung des Windes, meist aber in einer Maßnahme des Menschen. Im Hochgebirge erscheint die Waldgrenze in allmählicher Lichtung und Auflockerung des Verbandes. Dieser „primäre Kampfgürtel" (Scharfetter) ist bloß durch natürliche Bedingungen, nicht durch Schlägerung, Weide oder Grasnutzung entstanden.

Wenn aber der „primäre Kampfgürtel" immer mehr in Viehweide verwandelt wird, so scheidet sich im darunter liegenden bisher geschlossenen Walde mit der Zeit ein „sekundärer Kampfgürtel" aus. In ihm tritt allmählich das kahle nackte Gestein hervor. Die oft noch aufrecht stehenden Wetterfichten und Zirben zeigen, daß sie erst im erwachsenen Zustande abgestorben sind. Infolge der verschlechterten Lebensbedingungen in dieser neuen Kampfzone waren sie den nun ungehindert einwirkenden klimatischen Faktoren nicht mehr gewachsen.

Überall dort, wo die Vorberge und das niedere Gebirge von Natur aus vollständig bewaldet waren, hat die Bevölkerung künstliche Alpenmatten angelegt, indem sie den Wald von oben herab rodete. Dort, wo nicht vollständig gerodet worden ist, wurde der Wald gelichtet und teils als Wald, teils als Weide in der gemischten Wirtschaftsform der Waldweide genutzt. In den Ostalpen, besonders im Ostflügel der Zentralalpen, sind 300—500 m breite Waldweidegürtel entstanden. Der ursprüngliche Unterwuchs des Waldes, Alpenrosen, Heidelbeeren, Preiselbeeren und Frühlingsheide (Erica carnea) verbreitete sich immer mehr zu selbständigen ausgedehnten Zwergstrauchheiden, die mit Bürstlingsrasen (Nardus stricta) auf weite Strecken hin abwechseln.

Durch das mehrmalige Vorspringen des Hochgebirges bis zum Alpenrand sind Voralpen und Hochgebirge zuweilen ineinander vermengt und nicht, wie gewöhnlich, in Parallelreihen angeordnet. In Oberösterreich und auch in Niederösterreich sind zwischen den beiden nördlichen Ketten des Hochgebirges wieder niedere Berge, meistens Hauptdolomit, eingeschaltet, die mit ihren ruhigen rundlichen Formen dem Typus der Voralpen gleichkommen.

Die Wälder der Voralpen auf Flysch und Molasse und die Wälder dieser niedereren Dolomitberge inmitten der Hochgebirgsketten, aber auch die Wälder an den unteren Hängen der nördlichsten Hochgebirgsketten haben untereinander große Ähnlichkeit, besonders durch das Vorherrschen der Buchen. Dagegen heben sich die Fichtenwälder des Hochgebirges in der Innenzone vom Typus des Voralpenwaldes bedeutend ab.

Man ist nur zu sehr geneigt, dem Walde in den Voralpen und im Gebirge heute noch einen ursprünglicheren Charakter zuzubilligen als dem Wald im Hügel- und Flachland. Aber dies ist eine Täuschung.

Bild des Gebirgswaldes [237])

Wir finden nur wenige Orte, in denen der Gebirgswald in urwüchsiger Kraft und in fast unberührter Herrlichkeit des Gefüges wie vor Tausenden von Jahren stockt. Je abgelegener, desto mannigfaltiger die Baumarten, die sich zusammenfanden, Fichten, Tannen, Buchen, Lärchen, Föhren, Zirben, Ahorne, Ulmen, Birken und Eiben, alle ungleichen Alters. Auf niedergebrochenen Stämmen samt sich im Moder Fichte und Tanne an, Moospolster wölben sich in satten Farben. Bald ist Dunkel unter dichtgedrängten Tannen und Fichten, bald ist Licht in verschiedenen Graden. Wo Helle herrscht, die Bäume weit auseinanderstehen, wächst der Mehlbeerstrauch fast zum Baum, der Wacholder strebt zypressenartig empor, der Epheu klettert hoch, die immergrüne Stechpalme glänzt metallisch mit ihren stachligen Blättern.

Je höher wir steigen, desto mehr vereinfachen sich die Elemente des Waldes. Das sommergrüne Laubholz an den unteren Flanken der Bergstöcke bleibt in der Tiefe zurück. Dunkel umschlingt der Gürtel des Nadelholzes von Tannen und Fichten die oberen Hänge. Immer mehr schwindet die Tanne, immer mehr nimmt die Fichte zu. Auf der Höhe immergrüne Zirbelkiefern und düstere einförmige Dickichte von Legföhren, ein seltsamer Gegensatz zum weißen Kalk der Zinnen, der Mauern und Grate, zum tiefen Blau des Himmels. Da und dort noch Vorposten des Waldes gegen die baumlose Region mit ihrer ureigenen lebenden Welt, bis der Fels mit den letzten kaum sichtbaren Pflanzen beginnt.

Baumschicht und Strauchschicht stehen im Gebirgswald im ständigen Kontrast. Je üppiger, reicher und dichter das Gehölz, desto kümmerlicher, armseliger und lockerer die Gesträuche aus immergrünen Ericaceen. Frühlingsheide und Alpenrose sind Kinder des Lichts, daher wachsen sie nur im schütteren Altholz und noch stärker auf freien Hängen. Im geschlossenen Wald, unter dem dichten Kronendach, vegetieren sie ohne Blüten. Immer sind es Tannen- und Fichtenwälder, in denen die Massen der immergrünen Zwergsträucher wuchern; wo die Buche überwiegt, fehlen sie.

Die Lärche mischt sich im äußeren Gebirgswald Bayerns und Österreichs nicht in allen Gegenden ein. Sie meidet die Außenseiten des Alpenrandes, die von ozeanischer Luft bestrichen werden. Sie fehlt auf den Randbergen des nördlichen Alpensaumes, etwa westlich von Steyr und von Kirchdorf an der Krems in Oberösterreich bis nach Vorarlberg und in die Schweiz hinein, mit Ausnahme einiger Inseln in Bayern, dagegen ist sie östlich von Steyr im niederösterreichischen Alpenvorland auch auf den niedersten Randbergen, so auch im westlichen Teil des Wiener Waldes, zu Hause (Tschermak, *198*).

Der Buchen- und Buchen-Tannen-Wald der unteren und mittleren Stufen des Hochgebirges ist mit mancher Buchengesellschaft des Vorlandes nahe verwandt; er unterscheidet sich aber durch die Fülle von alpinen Sträuchern und Kräutern, die die Liste der gewöhnlichen Pflanzen des Buchenwaldes vermehren, besonders durch die üppig wuchernde Gesellschaft der hohen Stauden. Der Hochgebirgswald ist stets eigenartig; eigenartig durch das unruhige Relief, durch eine Vielfalt von gesonderten Standorten, durch die Vielfalt der örtlichen Unterschiede des Klimas infolge der Abstürze, Schluchten und Runsen, durch die Gewässer und den stets in Bewegung befindlichen Boden, durch die aus mächtigen Quellen aufbauende und sich selbst regenerierende Kraft eines Mischwaldes; sein Gefüge ist ein anderes als das Gefüge des Waldes im Vorland.

Bergwerks- und Forstgesetzgebung des 16. Jahrhunderts

Bayern

Die entdeckten Länder fern über den Meeren, das Wachsen der Geldwirtschaft, der Übergang von den mittelalterlichen, technisch und wirtschaftlich bescheidenen Unternehmungsformen in die technischen und finanzwirtschaftlichen Umwälzungen im 16. Jahrhundert versetzte die geistig, ökonomisch und konfessionell unruhig gewordene Bevölkerung in problematische Zustände aller Art, in ständige Gärung. Das Kraftbewußtsein des Humanismus wirkte sich sowohl im individuellen Menschenleben als auch in der staatlichen und kirchlichen Regierung aus. Macht und Gewalt, alles schien ins Grenzenlose, ins Maßlose, sogar ins Skrupellose zu treiben. Es war wieder einmal unheimlich in der Welt.

Von den Auswirkungen des Zeitgeistes blieb nichts verschont, auch nicht der Wald. Der große wirtschaftliche Expansionsdrang zog auch ihn in den Kreis der Spekulationen. Das Holz war die einzige Rohstoffquelle für den Betrieb der Bergwerke, der Hüttenwerke, der Salinen, und aller Metall-Verarbeitungsbetriebe. Im Anfang des 16. Jahrhunderts erhoben sich nun in den Ländern des Alpenvorlandes Zweifel, wie lange die Holzvorräte ausreichen würden. Von der Beantwortung dieser Frage hing nicht nur der private Wohlstand ab, sondern die Existenz der Staaten, repräsentiert durch die kraftvollen Landesherren dieser Zeit.

Die bayrischen Herzöge haben bereits im Jahre 1476 eine „Holz- und Kohlordnung vor dem Gebirg" erlassen. Ordnungen für einzelne Forste folgten seit der Zeit um 1500 allenthalben. Im Jahre 1536 wiederholen die Herzöge Wilhelm und Ludwig von Bayern die „Holzordnung für Ober- und Unterbayern und Holz- und Kohlordnung in Oberbayern vor dem Gebirg an der Isar und Loisach". In diesen wird besonders der Betrieb der Flößerei durch bestimmte Vorschriften und Maße für „gemeine Tannen- oder Fichten- und Buchenflöße geregelt." Als Begründung wird angeführt, daß die „Gebirge, Wälder, Forste und Hölzer fast erödet und zerschlagen sind". Allgemein ergeht das Verbot der Abschwendung und des unzeitigen Abtriebes, besonders nahe den Wassern, es seien Tannen, Fichten oder Buchen. Schließlich werden die Grundherren ermahnt, im gleichen Sinne Vorsorge zu treffen. Die Ordnung regelt auch die Versorgung des Holzmarktes an der Lende in München, und anderes.

Im Jahre 1568 erläßt Herzog Albrecht V. von Bayern die erste bayrische Forstordnung [240], die als schöner Band im Druck erschienen ist. Auch sie beginnt mit der Feststellung, daß die Forste „hochnachteilig abgeschwendet" sind; nicht die geringste Ursache sei der Unfleiß und die Nachlässigkeit der Förster, Holzhayen und Forstknechte. In der Hauptsache werden folgende, mit den Forstordnungen dieser Zeit (z. B. Württemberg) ziemlich übereinstimmende Vorschriften gegeben:

a) Das Geäcker, es sei von Eichen oder Buchen, ist ordnungsmäßig zu verleihen; das Schütteln und Herabklopfen der Früchte ist verboten.

b) Das Laubrechen wird verboten.

c) Die Abschwendung der schönen Eichen, Buchen, wilden Obstbäume, des Forchen- oder Mantelholzes ist verboten. Die „Schwarzwälder" sind zu schonen, und überall sind die schönen Eichen, Buchen, Fichten und Tannen als Zimmerhölzer in Reserve zu stellen. Die Windwürfe, die besonders in den hohen Gebirgen häufig sind, sollen zuerst verkauft und genutzt werden.

d) Das „Dächsenhauen" oder „Stümmeln" von Fichten- und Tannenbäumen (Schnaiteln) ist in den Wäldern verboten, nur in den Filzen (Hochmoore) erlaubt.

e) In den Wäldern sind ordentliche Schläge zu machen. Alle 50 Schritte hat ein schön geformtes „Samenreis" oder „Mutterbaum" stehenzubleiben. Hinter jedem Schlag gegen Niedergang der Sonne ist ein Schächlein Holz stehen zu lassen, um die große Gewalt des Windes aufzuhalten, damit es den Hay- und Samenbäumen weniger schaden möge.

f) In den jungen Schlägen, wo das Holz zu dick steht, ist zu durchforsten.

g) Das nutzbare Arch- und Wehrholz in den Lochen, Auen und Wehren soll gehayt werden, es seien Fichten, Erlen oder Weiden.

h) In den Gehölzen der Klöster, Landsassen (adelige Grundherren), Kirchen und Gemeinden ist die gleiche Ordnung, besonders hinsichtlich ordentlicher Schläge und ordentlicher Nutzung, durchzuführen.

Die bäuerliche Bevölkerung im Gebirge und an den Wasserläufen war wie überall neben ihrer Landwirtschaft auf den Verdienst aus Flößen und Kohlen angewiesen. Es war genau bestimmt, wie viele Flöße, je nach der Größe des Hofes, der einzelne Lehensbauer jährlich machen durfte.

Aus den Aufzeichnungen der Landschreibereien und Zollstätten an der Isar ergeben sich bereits im 15. Jahrhundert große Summen an Flößen aus den bayrischen Bergen. So enthält die Zollrechnung von Wolfrathshausen für 1477 die Anzahl von 2884, für 1496 von 3639 Flößen. Unterschieden werden Fichten-, Buchen- und Lärchenflöße. Die Hauptsitze der Flößer waren Mittenwald, Wolfratshausen und Tölz.

Für Bayern war der Salzbergbau neben der Landwirtschaft die wichtigste Quelle des Wohlstandes. Die Salzgewinnung zu Reichenhall ist uralt. Vom 16. Jahrhundert ab kam die Saline in Reichenhall unter die ausschließliche Herrschaft des Herzogs. Durch den Holzvertrag von 1529 mit dem Fürstbistum Salzburg und der Propstei Berchtesgaden wurden Holzschlagrechte „auf ewig" jenseits der bayrischen Grenzen gesichert, besonders in den Wäldern am Oberlauf der Saalach. In einem „Waldbuch über das Reichenhallische Waldwesen" wurden 1529 die Organisation der Verwaltung und die ihr unterstehenden Wälder genau beschrieben. Der Holzbedarf der bayrischen Saline wird für die früheren Jahrhunderte auf ungefähr 70 000 Klafter jährlich geschätzt; zur Befriedigung eines solchen Dauerbedarfes sind etwa 150 000 Tagwerk nötig (Köstler, 111).

Österreich

Die Bergordnung Kaiser Ferdinand I. von 1553

Die bayrischen und auch die erzbischöflich Salzburgischen Forstordnungen sind in ihrer Art bescheidene Maßnahmen vorsorglicher Landesväter gegenüber der großzügigen Gesamtordnung des Bergwesens in den inner-österreichischen Ländern. Bereits im Jahre 1541 war eine Waldordnung für Tirol erschienen. Aber erst die Bergordnung des Kaisers Ferdinand I. von 1553, die bis ins 19. Jahrhundert in Geltung gestandene „Ferdinandea", bringt eine Ordnung des Bergwesens in Verbindung mit einer Ordnung des Forstwesens, die einen Staatskapitalismus schärfster Ausprägung als Parallelerscheinung zum gewaltigen Privatkapitalismus des 16. Jahrhunderts darstellt [241]. Mit einer zielbewußten Entschließung wird die landesfürstliche Hoheit über alle Bergwerke und Funde verkündet, wo immer sie in österreichischen Ländern bestehen oder künftig gebaut werden, samt allen dazu gehörigen Rechten, Wasserflüssen, Hoch- und Schwarzwäldern, Wegen und anderem Zubehör. Die Wälder werden somit nicht durch eine Forstordnung, sondern als Zubehör der Bergwerke durch die Bergordnung als landesfürstliches Eigentum erklärt, und ihre Bewirtschaftung geregelt. Von dieser Verstaatlichung sind zwar Kloster- und Herrschaftswälder, aber auch Bürger- und Bauernwälder insofern ausgenommen, als nachgewiesenes Privateigentum anerkannt wird; aber die Nutzung über den Eigenbedarf hinaus ist im Notfalle für Bergwerkszwecke vorbehalten. Das Beholzungsrecht der Untertanen und anderer, welche keine eigenen Wälder haben, ist vom Bergrichter zu wahren, der auch für den Holzbedarf der Städte, Märkte und sonstigen Ortschaften zu sorgen hat. Die Wälder, die zunächst den Bergwerken gelegen sind, werden gebannt, damit jede willkürliche Schlägerung verhindert werde. Der Bergrichter hat im Einvernehmen mit den Eigentümern dieser Wälder die Durchführung der Nutzung zu regeln. Gegenstand der berggerichtlichen Verleihung sind die Bergwerksrechte samt den Aufbereitungs- und Bringungsanlagen und samt dem Zubehör an Wäldern, Kohlplätzen, Rieswerken, Klausen, Rechen und Lenden. Die Verleihung der Wälder an die zu Belehnenden steht dem Bergrichter zu. Die den Bergwerken dienlichen Wälder sollen „nach altem Herkommen" verliehen werden. Die Verleihung erfolgt nach „Schlägen" an die Hüttenbesitzer. Nur Hüttenbesitzer können mehrere Schläge zum vorschriftsmäßigen Betrieb geliehen erhalten. Dies gilt für die sogenannten Großgewerke. Wer keine Hütte besitzt, dem steht nur ein Schlag zu. Die Kleingewerke, das heißt, die „gemeinen Bergleute", dürfen in den „gemeinen Wäldern" Holz zu ihrer Notdurft entnehmen.

Diese Bestimmungen betreffen im allgemeinen die Organisation, innerhalb der die Wälder für die Bergwerke verliehen und genutzt werden. Jedoch bringt die „Ferdinandea" eine Bestimmung oder sanktioniert eine vielleicht bereits geübte Praxis, welche für den Bestand und die Umwandlung der Gebirgswälder in katastrophaler Weise sich auswirken mußte. Sie bestimmte: die Wälder sollen immer nur **schlagweise** verliehen werden. Die **Holzschläge sollen immer nur einzeln verliehen werden und so viel Wald begreifen, als auf ein und dieselbe Riese gebracht werden kann; jede Schlagfläche ist von oben bis unten gänzlich abzustokken und aufzuarbeiten.** — Somit wurde der absolute Kahlschlag von keinen anderen Rücksichten bestimmt als von der Bringungsmöglichkeit. Die Einzugskapazität der Riesen, der Trift, der Wasserwege bestimmten das **Ausmaß der kahl zu schlagenden Wälder** und somit auch den **Umfang des nächsten Turnus.** Somit war die Planung des Einschlages mit der Planung der Bringung gekoppelt, wobei dieser der bestimmende Vorrang zukam. Daher auch schon im 16. Jahrhundert die Bemühungen, die Bringungsanlagen zu erweitern und zu verbessern. Die entlegeneren Wälder, die wegen der Schwierigkeit des Geländes und der Bringung nicht ohne weiteres angreifbar waren, kamen gewissermaßen in Reserve. Dort wurde weiter geplentert, wie es der Bedarf mit sich brachte.

„Urwälder" [242]

Sowohl in Bayern als auch in Österreich gab es noch im 19. Jahrhundert große, sogenannte „Urwaldungen". Solche Komplexe, z. B. in den Vor- und Hochalpen des Forstamtes Tegernsee, waren zwar keine echten Urwaldungen, weil sie, wenn auch im geringen Maße, doch immer wieder plenternd genutzt worden sind. In diesen Mischwäldern „stritten von jeher Buchen, Tannen und Fichten mit der je ihrer Gattung eigenen ausdauernden Vegetationskraft um die Herrschaft, es trug eine Baumart nach der andern den Sieg davon, ohne solchen jedoch dauernd behaupten zu können". In Bayern wurden erst in der neueren Zeit, besonders seit der Errichtung der Saline Rosenheim im Jahre 1810, solche entlegenen Gebirgswälder der regelmäßigen schlagweisen Abnutzung zugeführt. Hiedurch bildeten sich drei Etappen in der Entwicklung aus. Nach dem ersten schlagweisen Abtrieb folgten nochmals Mischbestände von Buchen und Ahorn, Fichten und Tannen in vielfach verschiedenen Verhältnissen. Nach wiederholtem Abtrieb war aus der zweiten Bestandesgeneration die Laubholzuntermischung mehr oder minder verschwunden, höchstens erhielten sich noch einzelne Buchen. In der dritten Generation entstanden schon Tannen-Fichten-Bestände, oder nach wiederholtem kahlen Abtrieb Fichtenbestände, höchstens mit Lärchen oder Föhren vermischt. Nur an abgelegenen Stellen blieben kleine Reste urwaldartigen Charakters mit Eiben, in der höchsten Waldregion mit Zirbelkiefern. Von Mitte des 19. Jahrhunderts ab wurden die Kahlhiebe in den bayrischen Gebirgswaldungen durch „Springschläge" unterbrochen; später förderte man durch schlagweise Verjüngung mit Vor- oder Dunkelhieben die Erhaltung der Tanne und Buche, auch Ahorn, Eschen und Ulmen wurden begünstigt. Wo sich die natürliche Besamung nicht bald einstellen wollte, ging man zu Saaten über. Tannensaaten wurden schon unter dem Schirm des Bestandes vor den Räumungshieben vorgenommen (S. 174).

Auch im österreichischen Alpenland gab es zu Beginn des 19. Jahrhunderts in manchen Gegenden große unzureichend und unregelmäßig genutzte Waldkomplexe mit einer übermäßigen Anhäufung von Altholz, vom Volksmund auch als „Urwälder" bezeichnet. Auch diese waren keineswegs echte Urwälder, sondern überständige undurchforstete Wälder von ungleichartiger Beschaffenheit, in denen vom Sturm geworfene riesenhafte Stämme vermoderten, gewissermaßen ein gehorteter Vorrat für spätere Kahlabtriebe; oder Bannwälder aus älterer Zeit zum Schutze gegen Lawinen, Steinschläge und Vermurung. Aus stehengelassenen Schutzstreifen und Samenbäumen, aus Windmänteln und Vorwüchsen in Lücken war im Lauf von vielen Dezennien ganz allmählich wieder ein ungleichartiges Gemisch entstanden. Da man im Gebirge nur starke Stämme nutzte, fand vor der Erreichung eines Mindestalters meistens kein Eingriff statt.

Inmitten der Kalkvoralpen Niederösterreichs, nicht weit von Wien entfernt, stand Anfang des 19. Jahrhunderts tatsächlich noch ein echter Urwald. Dies war der „Neuwald" im obersten Quellgebiet der Mürz bei St. Ägydi am Walde, in einer Talmulde nördlich des Jochsattels. Nach der anschaulichen Beschreibung von Wessely wuchsen dort in ständig feuchter Waldesluft, auf fruchtbarem Boden Fichten, Tannen und auch Lärchen in riesigen Stämmen, weit über ihr Nutzungsalter hinaus, Riesen von 300, 400, sogar von 600 Jahren in einem nie unterbrochenen Waldesschlusse, inmitten tausender von geworfenen Stämmen, mit einer Fülle neuer Vegetation auf den Resten der vergangenen Generationen. Als es dem Waldmeister Hubmer in den Jahren 1822—25 gelang, durch ein System ausgezeichneter Bringungsanlagen den Wald zu erschließen und einen Absatz nach Wien zu eröffnen, schmolzen die Vorräte in einigen Jahrzehnten rasch dahin. Im Jahre 1851 standen nurmehr bei 2000 Joch dieses Urwaldes.

Die Eibe

Die Eibe muß in ober- und niederösterreichischen, aber auch in bayrischen Gebirgswäldern in ganz besonderem Maße eingemischt gewesen sein. Am Rande der Alpen und in den niederen Vorbergen zwischen der ersten und zweiten Kalkalpenkette gibt es eine ganze Reihe von Bergen, die in ihrem Namen die Eibe führen, eine Vielzahl von „Eibenberg", „Eibenkogel", und ähnliche wie „Eibengraben". Auch in der Beschreibung der Waldungen des Salzkammergutes im 16. Jahrhundert und besonders im Waldbuch des Gmundener Salzwesens von 1634 wird immer wieder die Eibe aufgezählt. Die Eibe wurde schon im 15. Jahrhundert in Mengen ausgehauen und außer Landes geführt. So war 1466 im Urbaramt Gaflenz-Weyr in Oberösterreich für ein Floß voll Eibenholz ein halb Pfund Pfennig Fertiggeld zu zahlen. Im 16. Jahrhundert vergaben die Landesfürsten Eibenholzmonopole an Nürnberger Großhändler und Großkaufleute. Der Export ging hauptsächlich nach England (Hilf, *92*).

Wiederbestockung der Kahlflächen

Die durch die „Ferdinandeische Bergordnung" befohlene und sanktionierte Methode des Kahlabtriebes auf riesigen Flächen mußte die Wiederbestockung auf jeden Fall gefährden. Von der Belassung von Samenbäumen ist in der „Ferdinandea" nichts erwähnt, immerhin ist es wahrscheinlich, daß man doch irgendwelche schlecht verwertbare Reste übrig ließ. Denn die späteren österreichischen Waldordnungen und vorderösterreichischen Forstordnungen sehen alle den Überhalt von Samenbäumen vor. Spätere Waldordnungen enthielten wohl Empfehlungen und Vorschriften, von welcher Seite geschlagen werden sollte; auch die Größe der Schläge wurde vorgeschrieben, damit eine Seitenbesamung eintrete. Denn die Schläge sollten immerhin mit Rücksicht auf die Ansamung geführt, ein neuer Schlag erst dann an den anderen gereiht werden, wenn eine Ansamung tatsächlich stattgefunden hatte.

Im Gebirge wurde die Wiederbestockung der Kahlflächen vollständig der Natur überlassen. Nun hängt der Samenflug von den regelmäßigen und besonders von den abendlichen Luftströmungen ab, welche die Gebirgstäler in der Richtung ihres Zugs durchstreichen. In der Vorschrift, daß auf den Lehnen „von oben bis unten abzustocken" sei, lag zugleich auch eine Bedachtnahme auf die Wiederbesamung, weil die Hiebsrichtung senkrecht zur Hauptluftströmung angelegt war. Darum sollten auch die Kämme, die Rücken und die vorspringenden Grate möglichst bewaldet bleiben. Die Ansamung erfolgte somit von oben, oder auch von der Seite. Zur Besamung von oben wirkte dann auch der Schnee mit, der die Samen auf bedeutende Strecken in die Tiefe führt, teils durch kleine und große Lawinen, durch Abrutschung und Schmelzwässer. Aus dieser Erfahrung benutzte man dann im Gebirge und im Vorland die „Schneesaat".

Die Luftrichtungen sind im Gebirge von so vielen örtlichen Umständen beeinflußt, daß die Aussichten für die genügende Besamung der Schläge außerordentlich verschieden sind. Der Fichtensamen wird gewöhnlich auf zwei bis drei Stammlängen, der Lärchensamen schon weiter vertragen, dagegen ist der schwere Tannensamen meist nur auf eine Stammlänge um den Samenträger verstreut. Durch diesen Umstand allein schon ist die Tanne in ihrer Verbreitung gehemmt; den Sämlingen mangelt beim Kahlabtrieb auch der Schirm des Bestandes, unter dem sie geschützt in die Höhe aufwachsen können. Es mußte sich daher in vielen kahlgeschlagenen Gebirgswaldungen die Tanne sehr bald verlieren. Auf vielen Schlägen wurde die Ansamung durch die Verwilderungen der Bodendecke, durch ausgedehnte Zwergstrauchheiden, die sich rasch bildeten, unmöglich gemacht. Die Regel war die Verjüngung der Wälder erst nach dem Abtriebe. Je nach günstigen oder ungünstigen Verhältnissen mußten viele Samenjahre vorübergehen, von weither Samen anfliegen, bis auf manchen großen Schlagflächen ein genügender Jungwuchs entstanden war. Nach dem unglückseligen Grundsatze der „Ferdinandea", die günstigste und billigste Bringung so lange wie möglich auszunützen, wurden ganze Täler entwaldet. Nur die Lärche hat durch den Kahlschlagbetrieb gewonnen. Sie samte sich oft, Täler und Mulden überspringend, an gegenüberliegenden Hängen an. Auf großen Kahlflächen war die Wiederbestockung oft nur den Lärchen zu danken, welche von ihren Mutterbäumen auf den Höhen aus da und dort Horste und Vorwüchse entstehen ließen, gewissermaßen einen Vorwald aufbauten, in dessen Schutz die Fichte leichter empor kam. Grünerlen und Weißerlen, Weiden und andere Sträucher, auch Legforchen, die sich in den Runsen herunterzogen, halfen als Schutzhölzer und Schutzgruppen mit. Ein solcher junger Lärchen-Fichten-Bestand wandelte sich aber im Laufe der Jahrzehnte doch wieder zum Fichtenbestand mit eingesprengten Lärchen [242]).

So konnte es vorkommen, daß der Verjüngungszeitraum mit 10—70 Jahren gemessen wurde; unter besonders ungünstigen Umständen brauchte er aber auch einige Menschenalter. Daß diese Probleme noch in der Mitte des 19. Jahrhunderts die österreichischen Forstleute beschäftigten, geht nicht nur aus den Werken Zötls und Wesselys hervor, sondern sogar noch aus der Beschreibung der österreichischen Staatsforste von Schindler Ende des 19. Jahrhunderts. Zum Beispiel wird dort angeführt, daß in den Salzburger Staatsforsten im Jahre 1873 infolge Kahlschlag und unzureichender Verjüngung fast 11 000 ha unbestockt liegen.

Von Mitte des 18. Jahrhunderts ab mehren sich die Nachrichten, daß da und dort in Nachahmung der forstwissenschaftlichen Bestrebungen dieser Zeit Aufforstungen durch Saat von Fichten auch im Gebirge versucht worden sind. Aber große Bedeutung scheinen sie nicht angenommen zu haben, denn Wessely berichtet im Jahre 1853, daß das Aufforstungswesen sich bisher nur auf Versuche beschränke und daß die Erfahrungen noch gering seien. Immerhin bestünden in Ober- und Niederösterreich und in Nordtirol bereits Jungbestände von beträchtlicher Ausdehnung, sogar manche Fichtenstangenhölzer, die auf Schlagflächen durch Saat entstanden seien. In den nachfolgenden Jahren ging man von der Saat zur Pflanzung über. Die Samen wurden in eigenen Klengen gewonnen und die Pflanzen in besonderen Gärten aufgezogen.

Viel älter sind jedoch die Begründungen von kleinen Fichtenbeständen im Brandwaldfeldbau nach ein oder zwei Ernten von Roggen oder Hafer. Entweder wurde im Frühjahr in die bestellte Fläche Fichtensamen gestreut, oder im Herbst auf den Schnee gesät.

Der Bauernwald

Der Bauernwald im österreichischen Gebirgsland war entweder ein Zubehör zum bäuerlichen Lehen, ein Hofholz geringeren oder größeren Ausmaßes; oder es wurden wie im Salzburgischen Teile landesfürstlicher Waldungen den Höfen als „Heimhölzer" zugewiesen (zugelackt). Die Bauernhölzer befinden sich über den Äckern und Wiesen in der unteren Stufe des Gebirgswaldes. Diese Wälder, in denen von Natur aus einst das Laubholz überwog, hatten im 19. Jahrhundert ihren Mischwaldcharakter mehr oder minder schon vollständig verloren. Sogar die altbäuerliche plenterweise Nutzung war längst durch eine Art Schlagbetrieb abgelöst worden. Diese unregelmäßigen Schläge wurden meistens durch Fichtensaat wieder in Bestockung gebracht. In manchen Gegenden hatte sich wie in der Schweiz der Brandwaldfeldbau im Bauernwald erhalten. Diese Betriebsart war verschieden, je nachdem das Nadelholz oder das Laubholz überwog. Bei Fichten- oder Forchenbestand ließ man im Brand oft Bäume stehen, nachdem man sie geschnaitelt und abgegipfelt hatte. Die Laubholz-Brandäcker bestockten sich meist mit Erlen (Weiß- oder Grünerlen je nach Stufe) und mit Birken, Aspen und Weiden. In einen solchen Jungwuchs samten sich auch Fichten an, so daß aus dem Erlenbusch ein Fichtenbestand entstehen konnte. Auf ärmeren Böden mischte sich die Föhre, sogar die Lärche ein. Das Nadelholz ließ man 30—60 Jahre alt werden, Laubholz wurde nach 12—15 Jahren abgetrieben.

Der Schnaitelwald oder Streuwald dient nur zur Gewinnung der belaubten Äste zu Futterzwecken oder des Nadelholzreises (Graß, Daas) zu Streuzwecken. In den Alpen ist dies eine wichtige, mehr landwirtschaftliche Betriebsweise. Die Bäume werden erst im Alter von 30—40 Jahren erstmals geschnaitelt, und dies dann alle paar Jahre wiederholt.

Die Holzordnung des Klosters Garsten von 1578 für das Urbaramt Weyr und Gaflenz[244] bemühte sich, einen guten Waldzustand in den bäuerlichen „Schachen und Fürhölzern" zu erhalten, damit die Beholzung der Untertanen nicht zu Lasten der herrschaftlichen Hayhölzer (Bannhölzer) gehe. Zu dieser Zeit bestand noch, wie aus der Holzordnung hervorgeht, der Mischwald von Buchen, Fichten, Tannen und Lärchen mit Ahorn, Eschen und Eiben. Daneben gab es aber auf Reuten und Brandwaldfeldern auch „Staudach und Haslach", Ausschlagwald in der unteren Stufe. Die Holzordnung befiehlt:

a) Kein Untertan soll ohne Genehmigung und dann nur für den nötigsten Bedarf Fichten-, Tannen- oder Lärchenstämme für Bauholz und zum Flößen schlagen.

b) In einem „Staudach oder Haslach" darf nur dann „ein Brand oder ein Reut" gemacht werden, wenn kein Stammholz sich darinnen befindet.

c) Die Wälder und Schachen sind dermaßen abgeschwendet, daß für die Flößerei auf der Enns die starken Floßstämme fehlen, und daher viel zu junges Bau- und Zimmerholz zum Floßbau verwendet wird.

d) Zum Verkohlen darf nur das Buchen-, Ahorn-, Eschen- und anderes hartes Holz genommen werden, sofern es nicht als Bau- und Werkzeugholz zu gebrauchen ist, und nicht das schönste Bauholz, wie es oft geschieht.

e) Die jungen Wälder, Schachen und Fürhölzer müssen durch „fleißiges Hayen" wieder „zu fruchtbarer Aufwachsung gebracht" werden.

Gerade im Urbaramt Gaflenz-Weyr war der Wald für die Bauern eine wertvolle Einnahmequelle, da sie die vielen Hammerwerke der Umgebung mit Holzkohlen zu versorgen hatten.

Der Bauernwald war auch zugleich Weidewald. In den landesfürstlichen und grundherrlichen Wäldern der Alpen hatte die Bevölkerung das selbstverständliche Weiderecht sowie ausgedehnte Beholzungs- und Streunutzungsrechte. Der Ausgleich zwischen diesen uralten Rechten und den Forderungen der Forstwirtschaft gehörte in Österreich und Bayern zu den schwierigsten und empfindlichsten sozialpolitischen Problemen.

Eine Bannung der landesfürstlichen Wälder gegen das Weidevieh wurde im österreichischen Gebirgswald im allgemeinen nicht ausgeübt. Das Vieh wurde auch in die Kahlschläge getrieben. Die steilen Lehnen sind überall von den jedem Bergwanderer bekannten Viehtritt-Streifen gefurcht. Durch die Viehweide wurde der Jungwuchs von Buchen stark geschädigt; weniger Bedenken hatte man gegen die Weide in den Fichtenpflanzungen. Aber mancher Schlag, dauernd durch Viehweide, Frost und Dürre beschädigt, ging schließlich in einen holzlosen dichten Bestand von Heidelbeeren, im höheren Gebirge von Alpenrosen über, eine Wüstung an Stelle von Wald und Weide.

Salz, Eisen und Holz [243]

Mit der Entstehung der Salinenwerke in Hallstatt im Jahre 1270, in Ischl im Jahre 1335 und in Ebensee im Jahre 1596 entwickelte sich im Lande ob der Enns das „Salzkammergut". Vorgänger waren der vielhundertjährige keltische und der römische Salzwerkbetrieb. Zum Salzkammergut gehörten auch die Salzbergwerke in Aussee, die im Mittelalter von den „Hallingern" im Kleinen betrieben wurden.

Das österreichische Salzkammergut war ein kleiner Staat im Staate, die landesfürstliche Organisation der Salzbergwerke, Salinen und Nebenbetriebe und der dazugehörigen Forste, aber zugleich auch eine Organisation der in dieser Verwaltung tätigen Angestellten und Arbeiter, aller Personen, die mit Salz, Holz und Transport bis zum „Kleinverschleiß" zu tun hatten [245].

Im 16. Jahrhundert erkannte man das Schwinden der bis dahin unbedenklich genutzten Wälder, besonders um Hallstatt herum. Daher wurde erstmals im Jahre 1524 eine Ertragsschätzung der Waldungen des Salzkammergutes vorgenommen. Zu diesem Zweck wurden die Wälder in „Schläge" oder „Werkstätten" und diese in jährliche Holzstellen (Jahresschläge) eingeteilt, die nach dem Holzbedarf für den Sud von 20—30 Pfannen bemessen waren. „Eine Pfanne Holz zu Wald" wurde mit 150 Wiener Klaftern, das sind 522 rm, angeschlagen. Eine solche Waldbeschau wurde auch im Jahre 1548 und 1563 vorgenommen. Im Beschaubuch für die Wälder um Hallstatt, Gosau, Goisern bis Laufen wurde die schlagbare Holzmenge beschrieben und „riedweise" angesetzt mit 12 192 Pfannen, berechnet für einen Bedarf von 180 Pfannen für das Sieden in Hallstatt, gleich 93 960 rm, und von zehn Pfannen auf Klaus- und andere Bauten (Wasserwerke, Brücken, usw.) und Beholzung der Untertanen. Man glaubte, 64 Jahre auszureichen.

In gleicher Weise wurden die anderen Waldungen abgeschätzt. Für die Saline Hallstatt wurden in den Jahren 1540—1615 jährlich 210 Pfannen Holz verbraucht und für diesen und den Nebenverbrauch jährlich 280 Pfannen eingeschlagen. Unter Kaiser Ferdinand II. wurde eine neue Waldbeschau und Ertragsschätzung angeordnet, welche von 1630—1634 stattfand. Erst im Jahre 1730 erfolgte wieder eine Taxation.

Diese Beispiele sollen nur einen Begriff von dem ungeheuren Holzverbrauch, anderseits von der Sorgfalt geben, mit der man mit den Mitteln jener Zeit versuchte, die Vorräte schätzungsweise einzuteilen.

Aber auch die Herstellung der Wasserwerke, die für die Trift- und für die Floßfahrt auf der Traun, der Wasserstraße für den Export des Salzes, notwendig waren, erforderte ungeheure Mengen an Holz.

Nachdem das Haus Habsburg im Jahre 1526 auch die böhmischen Länder mit den österreichischen vereinigt hatte, lag es nahe, die seit uralten Zeiten bestehende Versorgung Böhmens mit dem oberösterreichischen Salze zu einer Art Monopol auszubauen und die Konkurrenz des bayrischen und salzburgischen Salzes zurückzudrängen. Bisher wurde das Salz von Oberösterreich auf schlechten Straßen und Saumpfaden nach Böhmen gebracht. Nun wurde geplant, den Wasserweg der Traun, der durch Stromschnellen und besonders durch den Traunfall unterbrochen war, sowie den der böhmischen Moldau zu verbessern, sowie beide Flußläufe durch eine zweckmäßige Verbindung über Land zu einem einheitlichen Verkehrsnetz zu verbinden. Die modernste Ausgestaltung dieses Salzweges erfolgte wohl im Jahre 1832 durch die Erbauung der ersten „Eisenbahn" Europas, welche auf Schienen zwischen Budweis und Linz, damals noch von Pferden gezogen wurde. Auch die sehr schwierige Wasserstraße der Enns sollte ausgebaut werden, die mit ihren Nebenflüssen die Verbindung zwischen dem steirischen Erzberg und den Eisenhandels- und Verarbeitungszentren in und um Steyr und anderwärts herstellte. Mit den technischen Planungen solcher Großprojekte wurden im 16. Jahrhundert die besten Praktiker aus dem Stande der Holzmeister, Werk-, Klaus- und Wührmeister oder die Waldmeister selbst betraut, die zur Aufsicht über die Forste der Salzämter bestellt waren. Einer der berühmtesten Techniker dieser Zeit war Thomas Seeauer aus Hallstatt, der etwa von 1520—1570 im Dienste der Salzämter stand [246].

Er hat die Traun durch Regulierung des „Lauffen" und durch Verbesserung des Fahrkanales am Traunfall regelmäßig schiffbar gemacht. Er hat auch an der Regulierung der Moldau und Enns mitgearbeitet.

Der alte Praktiker Seeauer konnte noch nicht lesen und schreiben. Aber im 17. und 18. Jahrhundert waren neben den Praktikern auch bereits gelehrte Fachleute tätig. Ende des 18. Jahrhunderts waren überall die entlegensten Forste durch Wasseranlagen erschlossen, so die Schwarzenbergschen im Böhmerwald durch Rosenauer. Der Stand des wissenschaftlich gebildeten Wasserbau- und Wasserkrafttechnikers eroberte sich von dieser Zeit an seinen im Alpenvorland so wichtigen Wirkungskreis.

Durch wiederholte Verordnungen wurde die Verteilung der Groß- und Kleinbetriebe, die vom steirischen Erzberg das Eisen, aus den Gebirgswäldern Holz und Holzkohle bezogen, geregelt. Am steirischen Erzberg selbst und in dessen Nähe lagen die Radwerke und Schmelzhütten, denen die Wälder um den Erzberg herum zugewiesen waren. Die Hammerwerke, welche das Roheisen in Halbfabrikate umwandelten, wurden weiter weg in den Tälern der oberen und unteren Enns, in anderen waldreichen Gebieten angesiedelt. Die Sensengewerke und Messerschmiede, das Groß- und Kleinhandwerk, wurden zum großen Teil in die waldreichen Gegenden von Ober- und Niederösterreich verlegt, an die Steyr, untere Enns, an die Krems, an die Alm, an die Ybbs und Erlaf und an manche oft sehr kleine Bäche.

Dies war das Gebiet der „Eisenwurzen". Bereits im 12. Jahrhundert saßen in Waydhofen Grob- und Nagelschmiede, Messer- und Sensenerzeuger, Stahl- und Waffenarbeiter, ebenso im Mittelalter in Wels an der Traun. Im 16. Jahrhundert war das innere Österreich das erste Land der Eisenindustrie in Mitteleuropa, mit den gewichtigen Zentren der Stadt Steyr, Waydhofen an der Ybbs und dem Gewerken-Hauptorte Micheldorf bei Kirchdorf. Große Eisenwerke erhielten besondere Waldteile, sogenannte „Verlaßberge" von einigen hunderten Joch zugewiesen. In diesen erzeugten die Gewerken gegen einen Stockzins selbst die Holzkohle. Kleinere Unternehmungen wurden durch „Kohlbauern" versorgt, die aus den herrschaftlichen Wäldern bestimmte Mengen von Holzkohlen an bestimmte Werke zu festgesetzten Preisen zu liefern hatten. Dieses Nebengewerbe war eine der Existenzgrundlagen der Bergbauern. Der Jahresverbrauch eines einzigen Sensenwerkes im Kremstal z. B. betrug durchschnittlich 12—15 000 Hektoliter Holzkohle, zu dessen Herstellung ungefähr eine Menge von 2500—3000 Raummeter Buchenholz erforderlich war. Im oberösterreichischen Steyr- und Kremstale gab es 36 solcher Hämmer. Zur nachhaltigen Versorgung eines einzigen Hammers war somit eine Fläche von 1200—1500 Joch Wald (ein Joch etwa 0,6 ha) nötig. Verkohlt wurde hauptsächlich Rotbuche, da die Nadelholzkohle wegen des Harzgehaltes weniger beliebt war. Erst um die Mitte des 19. Jahrhunderts wurde die Holzkohle durch Braun- und Steinkohle ersetzt [247].

Wir können uns heute kaum mehr eine Vorstellung machen, welche großartige Organisation im „Kohlengewerbe" der Montan- und Eisengewerke, wohl zum Schaden der Gebirgswälder, einstmals aufgebaut war. Die drei Hauptformen waren: die Lendkohlung oder Zentralköhlerei am Ufer großer Flüsse; die ständige Waldkohlung durch Kohlstätten im Walde; und die wandernde Waldkohlung. Die größten Lendkohlungen waren in Hieflau und Großreifling an der Enns, wo jährlich 12 000 bis 18 000 Klafter Holz aus den Waldungen im Einzugsgebiete der Enns verkohlt wurden. Es waren fabrikmäßig eingerichtete Betriebe mit Arbeitsteilung, in denen im 19. Jahrhundert durchwegs Fichtenholz für die Eisenindustrie verkohlt wurde. Die Salinenbetriebe dagegen verbrauchten in erster Linie Buchenholz. Als die Stein- und Braunkohle die Holzfeuerung und Holzverkohlung ablöste, entstand um 1880 eine Absatzkrise für das Buchenholz, was wiederum zu einem Rückgang des Buchenanteiles führte.

Der Gebirgswald im Übergang zum 19. Jahrhundert

Einst schienen die Gebirgswälder eine unerschöpfliche Rohstoffquelle; dann kam die Angst vor der Holznot. Diese Furcht drückte sich auch in der wirtschaftlichen Gebarung aus. Daher wurde im 16. Jahrhundert ein Waldteil nur für einen einmaligen Schlag verliehen. Erst mit der Zeit wurde ein solcher „Wälderverlaß" eine Art Lehens-Nutzrecht.

Nicht nur einzelne Schläge, ganze Täler mit ihren Waldungen wurden vergeben, verliehen, verkauft. Als das Holz wertvoller wurde, ersetzte man die „Verlaßverträge" und „Verlaßbriefe" (langjährige Verpachtungen) durch Abstockungsverträge, deren Bestimmungen immer schärfer wurden. In diesen Verträgen wurde die wirtschaftliche Ausnutzung der Holzmasse, die Anwendung der Waldsäge statt der Axt (Schroten), die Wiederbestockung der Schläge, die Schonung der bestehenden Bestände immer genauer gefaßt. Aus der Zeit der rücksichtslosen Ausbeutung stammen die „Ronen" (ahd. Rona), die Strünke der oft fast in Manneshöhe gefällten Bäume, die noch im 19. Jahrhundert auf alten Schlägen gefunden wurden; solche Baumstrünke aus früheren Zeiten waren oft vollständig von Moos und Pflanzen überwachsen, die dem Orte eine seltsame Ansammlung von merkwürdigen Hügeln verliehen. Die letzte Entwicklung führte zur Versteigerung der Jahresschläge, die noch im 19. Jahrhundert vielfach üblich war. Erst unter dem Einfluß der modernen Forstwirtschaft hörte die Selbstwerbung durch den Käufer immer mehr auf.

Längst war eine Umkehrung in der Erzeugungskapazität der Montanwerke eingetreten. Man schlug nicht mehr so viel Holz, als man zum Betrieb der Salinen oder der Hüttenwerke verwenden wollte, sondern man konnte nurmehr so viel Salz, Erze, Metallwaren produzieren, als man Brennstoff aufzutreiben vermochte. Der Beginn der Industrialisierung, besonders die Entwicklung der Holzstoffindustrie, die zeitweise spekulativen Auswüchse des Großholzhandels, brachten ebenso wie in der Schweiz und in Bayern auch in Österreich nochmals stoßweise eine zunehmende Verschlechterung und Abwirtschaftung der Holzvorräte. Das österreichische Forstgesetz von 1852 setzte den gröbsten Verwüstungen des Waldes ein Ende.

Die Gebirgswälder in Oberösterreich wiesen nach Schindler um 1880 in diesen Forstbezirken, die in erster Linie dem Salinenbetrieb durch Jahrhunderte zu dienen hatten, prozentual den geringsten Anteil von Tannen aus, so der Forstbezirk Ebensee 11 v. H., Offensee 0 v. H., Ischl 11 v. H. Im Durchschnitt fielen in den Staatswaldungen des Salzkammergutes etwa 51 v. H. auf Fichte, 15 v. H. auf Tanne, 7 v. H. auf Lärche, 27 v. H. auf Buche. Von 56 000 ha Hochwald wurden 32 000 ha im Kahlschlag, 24 000 im Plenterbetrieb genutzt, hievon 2500 als Schutz- bzw. Bannwälder. Die im inneren Raum der nördlichen Kalkalpen liegenden Waldungen des ehemaligen Klosters Spital am Pyhrn, von etwa 7000 ha Ausmaß, wurden um 1880 zu 42 v. H. kahl geschlagen, zu 58 v. H. plenternd genutzt; in ihren mittleren Lagen hatte sich daher der Mischwald von Fichte, Tanne und Buche so ziemlich erhalten. Die Wälder südlich Steyr, im Einzugsgebiet des in die Enns mündenden Reichraminger Baches, ehemalige Buchen-Tannen-Wälder auf Flysch, waren durch Hunderte von Jahren hindurch von der Innerberger-Hauptgewerkschaft, der großen Eisenverteilungsgesellschaft in Steyr, kahl abgetrieben worden. Auf diesen ehemaligen Mischwaldböden entstanden durch Saat weitausgedehnte Fichtenreinbestände. Verheerende Sturmbrüche hatten eine Borkenkäfer-Katastrophe zur Folge, der von 1916—1923 über eine Million fm Fichtenaltholz zum Opfer fiel. Der Borkenkäfer hatte nur die künstlichen Fichtenreinbestände auf den Sandsteinböden des Flysch vernichtet, dagegen wurden die naturgemäßeren Fichtenbestände auf den benachbarten Kalk- und Dolomitlagen fast völlig verschont. Leider mußten die Kahlflächen zwangsläufig wieder mit Fichte aufgeforstet werden [248]).

Ursprünglicher Gebirgswald und Waldbautypen

Der Wald der nördlichen Kalkalpen ist in der mittleren Stufe von Natur aus immer ein Mischwald aus Buchen, Tannen und Fichten, gebietsweise auch aus Lärchen. Art und Charakter dieses Mischwaldes werden in erster Linie von der Buche und ihrer Gesellschaft bestimmt, je nachdem, ob sie einen größeren oder geringeren oder fast ausschließlichen Anteil hat.

Die Bedingungen der Verbreitung der Buche in den Ostalpen hat Tschermak in seiner schönen Buchen-Monographie herausgearbeitet. Die Verbreitung der Buche hängt im großen vom Klima ab, im einzelnen entscheiden Art des Geländes und Eigenschaften der Böden. Das Zentralgebirgsklima wird von der Buche gemieden. Daher nimmt ihr Vorkommen vom Randgebirge gegen die Innenlandschaften allmählich ab und zwar auch bei geringerer Meereshöhe und auch auf Kalkgestein. Nur im Bereiche des Grenzstreifens zwischen Außenrand- und Innenklima bevorzugt die Buche die warmen Kalkböden. Infolge der vielen örtlichen klimatischen Verschiedenheiten durch die Gestaltung des Hochgebirges, durch Eindringen ozeanischer Luftmassen in offene Täler, können auch inmitten des buchenarmen Gebietes Inseln ihrer Verbreitung entstehen. Im Randgebiete des pannonischen Klimas wird der Buchenanteil wesentlich kleiner als am Nordrand der Alpen. Die höchste Wuchskraft und beste Ausformung erreicht die Buche in den Höhen etwa zwischen 300 bis 800 m in der nördlichen Außenlandschaft der Alpen, dann im oberösterreichischen Mühlviertel und im niederösterreichischen Waldviertel. Die obere Grenze der Buche liegt im östlichen Teil der nördlichen Kalkalpen bei rund 1500 m, in Tirol und Vorarlberg bei 1600 m. In größeren Höhen bevorzugt die Buche die Sonnseiten.

Mit dieser kurzen Zusammenfassung der Lebensgrundlage der Buche ist auch das Wesentlichste der Verbreitung dieser Waldgesellschaften angedeutet, die von der Buche geführt werden, der Hauptarten des Buchenwaldes und des Buchen-Tannen-Waldes. Die Primärtypen des österreichischen und bayrischen Gebirgswaldes sind im allgemeinen schon vor vielen Jahrhunderten in verschiedene Sekundärtypen übergegangen. Dort, wo der Gebirgswald seit vier bis fünf Waldgenerationen in Kahlschlägen genutzt worden ist, haben Veränderungen der Sekundärtypen, meist in absteigender Richtung, stattgefunden. Die Entstehung eigentlicher Waldbautypen des Gebirgswaldes wird zeitlich verschieden anzusetzen sein, teils im 18. Jahrhundert, überwiegend doch erst mit Beginn des 19. Jahrhunderts. In dieser Beziehung stimmt die Entwicklung in den stark gestörten oder beeinflußten Gebirgswäldern Österreichs, Bayerns und der Schweiz ziemlich überein [258].

Nur dort, wo Sekundärtypen aus Buchen, Tannen und Fichten erhalten blieben, konnten naturnahe Waldbautypen eingeleitet werden. Unter naturnahe Waldbautypen wird man noch natürlich verjüngten Fichten-Buchen-Wald rechnen dürfen, aber nicht Fichtenbestände der unteren Lagen, die mehr oder minder aus Saat oder Pflanzung entstanden sind. Fichtenwirtschaftswälder der oberen Stufe gehören naturnahen Waldbautypen zu. Der Legföhrenwald ist kein Waldbautyp, er ist entweder ursprünglicher Wald oberhalb der Waldgrenze, oder ein Ersatzwald unterhalb der ehemaligen Hochwaldgrenze.

Die Art der wirtschaftlichen und technischen Behandlung der Gebirgswälder des Alpenvorlandes wurde im frühen 19. Jahrhundert von der immerhin noch jungen Forstwissenschaft als rückständig angesehen und demgemäß oft überheblich kritisiert. Sowohl in der Schweiz als in Österreich gab es aber den einen oder anderen Forstmann, der sich bemühte, nachhaltige und zweckmäßige Betriebsmethoden für den Gebirgswald auszubilden [249]. Josef Wessely (212), der gerade dem österreichischen Gebirgswald und dessen Menschen warmherziges Verständnis und liebevolle Versenkung in die Eigenheiten entgegenbrachte, wies mit Recht darauf hin, daß die moderne deutsche Forstwissenschaft (die sogenannte klassische Forstwissenschaft der ersten Hälfte des 19. Jahrhunderts) eine Wissenschaft bloß von den Flachlands- und Mittelgebirgswäldern war. „So wird das Forstwesen der österreichischen Alpen häufig vor den nahezu fremden Richterstuhl deutscher Forstwissenschaft gestellt", und meist falsch beurteilt. Ähnliches wird man einst auch in der Schweiz empfunden haben.

Klimaperioden und Waldentwicklung

Unsere waldgeschichtlichen Untersuchungen umspannen den Zeitraum von einigen Jahrhunderten, die pollenanalytischen den von vielen Jahrtausenden [3]).

Wir können an die eben erschienene großzügige Übersicht anknüpfen, die F. Firbas über die gegenwärtigen Erkenntnisse der pollenanalytischen „Waldgeschichte" gibt [250]). Die Erforschung der späteiszeitlichen und nacheiszeitlichen Waldentwicklung ist enge mit der Erforschung der Klimaschwankungen verbunden. Wir wollen die Entwicklung (nach Firbas) in einem vereinfachten Schema zusammenfassen:

Nach den großen Abschnitten der Vorwärmezeit — (Birken-Kiefernzeit, 8000—7000 v. Chr.) — der frühen Wärmezeit — (Haselzeit, 6000 v. Chr.) — folgte die mittlere Wärmezeit (5000—3000 v. Chr.), in der sich der Eichenmischwald (Eiche, Ulme, Linde) ausgebreitet hat.

Um diese Zeit erschien auch die Fichte. Je später sie sich durchsetzen konnte, um so deutlicher hebt sich der Gipfel eines Eichenmischwaldes ab. Immer zeigt sich ein Abfall des Hochstandes der Fichte vom Alpenrand gegen die nördlichen niederschlagsärmeren Teile des Vorlandes, ebenso eine Verspätung des Wanderzuges in der Richtung von Osten nach Westen. Die Abschwächung und Verspätung der Fichtenausbreitung westlich der Iller wird von Firbas als eine schon in der frühen Wärmezeit aufgetretene Hemmung durch ozeanische Klimaausflüsse erklärt. Die Massenausbreitung der Fichte in einer „frühen Fichtenzeit" mußte im Osten rascher und kräftiger sich auswirken als im Westen, weil die Fichte aus ihren östlichen und südöstlichen Refugien über den östlichen Alpenrand, da und dort wohl auch über Alpenpässe, rückgewandert ist.

In der späten Wärmezeit haben die Menschen des dritten, zweiten und letzten Jahrtausends vor Christus, die Menschen der jüngeren Stein-, Bronze- und Eisenzeit, also etwa 2500—500 v. Chr., die Umwandlung des Eichenmischwaldes zum Buchen- und Buchen-Tannen-Wald erlebt. Diese Entwicklung ist im Alpenvorland im großen und ganzen einheitlich verlaufen, wenn auch gegendweise zeitlich verschoben. Einige regionale Unterschiede seien angedeutet.

Im Schweizer Mittelland hat die Tanne in der Bronzezeit die Buche wieder zurückgedrängt; örtlich hat sich Eichenmischwald erhalten. In den Schweizer Voralpen hat bald nach der Haselzeit die Fichte zugenommen, dann wiederum die Tanne, schließlich hat aber die Buche ihre Herrschaft angetreten.

Im Bodenseegebiet fällt der Buchenanstieg bis zum ersten Hochstand in den Zeitraum zwischen 2500—500 v. Chr.; in der Schweiz scheint der kräftige Buchenanstieg schon etwas früher zu liegen. Im Schwäbischen Alpenvorland dürfte die Buche schon während des Vollneolithikums vorhanden gewesen sein; im Spätneolithikum erreicht ihr Anstieg etwa 26 v. H. Die Spätbronzezeit (1100—800 v. Chr.) hat bereits sehr hohe Buchenwerte unmittelbar unter dem ersten Buchenhochstand auszuweisen (Bertsch).

Im bayrischen Alpenvorland scheint die Ausbreitung der Buche zwischen Inn und Iller zeitlich verschoben zu sein. Im Allgäu könnte sowohl der Beginn der ersten Einwanderung der Buche als auch der Beginn ihrer starken Ausbreitung, ebenso der Tanne, noch in die mittlere Wärmezeit zurückreichen. Im allgemeinen hat sich die Buche im bayrischen Alpenvorland ebenfalls um 2500—500 ausgebreitet.

Wir Menschen des Alpenvorlandes leben noch in der „Buchenzeit". Die Charakterbäume des eigentlichen Alpenvorlandes sind Buche, Tanne und Eiche. Diese drei Bäume und ihre Gesellschafter bauen unsere Waldgesellschaften auf.

So zeichnet sich aus der Fülle der Untersuchungen das wechselvolle allmähliche Werden der Wälder heraus. Das pflanzengeographische europäische Waldbild Rubners (158) wird ergänzt durch das pollenanalytische Waldbild von Firbas (49, Abschnitt F., ältere und jüngere Nachwärmezeit). Die Veränderungen des Klimas lassen sich aus der Vorgeschichte und frühen Waldgeschichte ablesen.

Die westlichsten und östlichsten Endpunkte des Alpenvorlandes sind durch klimatische und daher auch durch pflanzengeographische Extreme eingerahmt; im geringeren Maße treten an manchen Stellen des Nordsaumes im Donauraum solche Unterschiede hervor.

Klimaschwankungen und Kampfzonen

Die ältere Nachwärmezeit im Alpenvorland ist mit der eigentlichen Buchenzeit identisch. Der Eichenmischwald ist zwar nicht verschwunden, sondern durch die Herrschaft der Buche gewissermaßen überwältigt und untergetaucht. Die jüngere Nachwärmezeit wird vom frühen Mittelalter an gerechnet. Diese ist hauptsächlich der Schauplatz der von uns dargestellten Waldgeschichte. Pollenanalytisch drückt sich dies aus durch die Zunahme der Pollen anderer Pflanzen gegenüber den Pollen der Waldbäume, besonders der Getreidearten und kulturbedingter Unkräuter. Unter den Pollen der Waldbäume nehmen die Pollen der Eiche und lichtliebenden Laubhölzer, dann die der Fichte zu. Schließlich zeigt das Pollenspektrum den Ausdruck der Wirtschaftswälder, wie sie von der Forstwirtschaft geschaffen worden sind.

Die Wissenschaft von der Erforschung des Klimas hat unsere Generation noch in den Klimaabschnitt der jüngeren Nachwärmezeit eingeordnet. Mißtrauisch gegen alle Erscheinungen des Seins geworden, fragen wir uns, ob die Möglichkeit katastrophaler Klimaänderungen für uns und unsere Kinder besteht. Daß auch im bisher abgelaufenen Abschnitt der Nachwärmezeit gewisse Veränderungen des Klimas vor sich gegangen sind, ist ziemlich wahrscheinlich. So zeigt F. Firbas, daß die heutige Fichtenstufe als 200—300 m mächtiger Waldgürtel in den Sudeten und im Oberharz und sehr wahrscheinlich auch in den übrigen Mittelgebirgen erst im Laufe dieses Jahrtausends unter der Mitwirkung einer Klimaveränderung entstanden ist, die die Waldgrenze im Riesengebirge zwischen dem 14. und 17. Jahrhundert um mindestens 100—200 m herabgedrückt und vielleicht auch durch zunehmende Winterkälte die Veränderung einer früher vorhandenen oberen Buchenstufe durch die Fichte begünstigt hat [250]).

Solche Klimaveränderungen werden auch aus den Veränderungen der Weinbau-Areale behauptet. Im niedersten Teile von Oberösterreich häufen sich nach Werneck (211) an bestimmten Punkten pannonische und mediterrane Pflanzen. Dort werden auch landwirtschaftliche Kulturpflanzen mit leicht pannonischem Gepräge gebaut. Besonders charakteristisch ist für dieses Gebiet, daß im Mittelalter an zahlreichen Stellen ein blühender Weinbau betrieben wurde, der sich in der Umgebung von Aschach erst in der Mitte des 19. Jahrhunderts verlor. Diese unterste Vegetationsstufe stellt Werneck einigen niederösterreichischen Gebieten gleich wie dem Horner Becken, der Gegend von St. Pölten, Pöchlarn, den wärmsten Standorten um Amstetten. Auch diese Lagen hatten im Mittelalter einst reichlichen Weinbau. Im Westen, am Inn zwischen Wildshut und Schärding, liegt ein schmales, ähnlich geartetes Gebiet. Aber auch in Bayern, innerhalb des Donauknies bei Regensburg beginnend und gegen die Isar und Vils ziehend erstreckt sich ein Streifen, der fruchtbare Dungau, der große Ähnlichkeit mit der niedersten oberösterreichischen Stufe aufweist. Dieser hat auffallend wenig Niederschläge, dagegen aber eine etwas höhere Durchschnittstemperatur als das ohnehin schon wärmere bayrische Tertiärland. Der Strich an der Donau zwischen Regensburg und Passau liegt unter einer Meereshöhe von 400 m. Sowohl in diesem als auch in einem Streifen am Inn, zwischen Gars und Mühldorf, ist im Mittelalter an vielen, wenn auch zerstreuten Orten Wein gebaut worden. Tatsächlich läßt sich ein Vorschieben pannonischer Florenelemente und eine ununterbrochene Kette von teils geschlossenen, teils inselartigen Weinbaugebieten von der ungarischen Tiefebene bis zum großen Donaubogen bei Regensburg, ebenso aber strichweise auch am Inn verfolgen. Werneck glaubt nun den Verfall dieses Weinbaues in einer allmählichen Klimaverschlechterung zu sehen. — Aber es gibt auch andere Annahmen, die das Verschwinden dieser Weinbaugebiete erklären, z. B. hat sich der Geschmack der Bevölkerung durch Weinimport verfeinert, so daß die einheimischen Weine minderer Qualität nicht mehr geschätzt wurden; andererseits wurde die Biererzeugung zur Hebung des Gerstenanbaues aus staatswirtschaftlichen Gründen begünstigt, und der Verbrauch an Getränken allgemein auf das einheimische Bier verlagert. Auch in den Weinbaugebieten der Schweiz und der Bodenseelandschaft ist der Rückgang des Weinbaues aus wirtschaftlichen Gründen nachgewiesen.

Unmittelbar bedeutungsvoller als die Hypothesen über Großklima-Veränderungen erscheinen uns die komplexen Auswirkungen wechselnder Klimaperioden in Grenzgebieten regionaler Klimastufen, oder in Grenzgebieten ozeanischer bzw. kontinentaler Klimaströmungen, sowie Veränderungen des Ortsklimas durch Vernichtung des Waldes in manchen Teilen der Landschaften. Merkbarer als in der Waldentwicklung werden solche zeitlichen Kampfgebiete beim Anbau landwirtschaftlicher Kulturpflanzen; solange ihr Vegetationsrhythmus mit dem Klimarhythmus gleichgerichtete Tendenz zeigt, ist der Anbau erfolgreich. Wenn aber durch einige Jahre hindurch ein ungünstiger Klimarhythmus herrscht, wird in den Grenzgebieten der Anbau zum Mißerfolg. Auf solche zeitliche und örtliche Auswirkungen von Klimaschwankungen läßt sich der ohne weiteres oft nicht verständliche Wechsel im Anbau von Kulturpflanzen in früheren Jahrhunderten zurückführen. Die Areale der natürlichen Waldtypen waren mehr oder minder vom Klima abgegrenzt. Die Umwandlung von Primärtypen in Sekundärtypen und in naturnahe Waldbautypen hat in der Nachwärmezeit in klimatischer Hinsicht keine wesentlichen Probleme gebracht. Aber naturferne und naturfremde Waldbautypen werden in waldgeographischen Grenzbezirken auf einen periodischen Wechsel des Klimacharakters zuerst unmerklich, dann heftiger reagieren. Auf einmal werden bestimmte Gegenden zu „Kampfzonen" für gewisse naturferne oder naturfremde Waldtypen und Kunsttypen. In der Kampfzone der Temperatur entscheidet eine Stunde und weniger über das Leben der Pflanze, in einer Kampfzone des Wasserhaushaltes können mehrere Folgen extrem trockener Jahre das Zwangsgefüge einer künstlichen Waldschöpfung gefährlich auflockern. Das gilt besonders für Fichtenreinbestände im nördlichen Gürtel des Vorlands. Im Alpenvorlande befinden wir uns viel mehr als oberflächlich zu erkennen ist, in irgend welchen Übergangszonen, die zu Kampfgebieten werden können; nicht nur das Klima, auch andere natürliche Faktoren und Faktorenkomplexe können dann zur Entscheidung über die Existenz der Glieder eines Baumbestandes beitragen. Als wichtigste Kennzeichen eines Kampfgebietes nennt Werneck die „ökologisch außerordentlich leicht verschiebbare Gleichgewichtslage", wodurch in einem Gebiet, das von Vertretern zweier Florenregionen bewohnt ist, bald die einen, bald die anderen Vegetationselemente infolge periodischer Verschiebungen des Klimarhythmus siegen bzw. unterliegen. Dieses Gesetz zeigt sich meistens nur auf kleinem Kulturraum wirksam. Es kann aber auch auf Großräume und auf große Perioden übertragen werden. So sind in manchen Grenzgebieten durch Verwüstungen des Waldes Versteppungen und Verarmungen der Vegetation entstanden, die in kritischen Klimaperioden zu Krisen, Hungersnöten und zur Abwanderung von Völkerschaften geführt haben.

Uralt sind die Sünden der Menschen wider die Natur. Platon spricht einmal von der attischen Landschaft, die längst entwaldet nur dunkel Erinnerung an einstigen Holzreichtum bewahrt. „Einst, als es noch Wälder auf den Bergen Attikas gab, nahm eine reichliche Erdschicht das Wasser auf und bewahrte es in einer Umschließung von Ton, die dafür sorgte, daß die eingesogene Menge ganz allmählich von den Höhen aus sich verteilte, Quellen speiste, für deren einstiges Bestehen noch übrig gebliebene Weihestätten Zeugnis ablegen. Aber nun ist die fette und weiche Erde herausgeschwemmt und allein das magere Gerippe des Landes noch vorhanden. So ist denn, was übrig geblieben, wie bei den kleinen Inseln, gleichsam nur das Knochengerüst eines durch Krankheit angegriffenen Leibes" [251]).

DUALISMUS NATUR – MENSCH

Genesis, Kapitel 1, V. 11, 12, V. 28—30

Das Organismenprinzip

Der Mensch macht sich die Erde untertan. Daher sind die Erscheinungen und Vorgänge auf der vom Menschen bewohnten und beherrschten Erde im Dualismus „N a t u r — M e n s c h" zu sehen.

Jedes Wesen der Natur entwickelt sich nach Gesetzen, die aber nicht immer genügend erkennbar sind. So entstand der Wald auf seinem Standorte nach den Gesetzen der Natur, nach den Einflüssen der natürlichen Faktoren, nach den vielfältigen Wechselbeziehungen im Rahmen des Waldgefüges.

Der Wald ist — und hierin liegt der Ausgang für viele Probleme — teils Erscheinung, teils Verborgenes, teils unsichtbarer, teils physiognomischer Komplex, Inhalt und Form, wenn man so sagen darf.

Der Begriff des Waldes ist nicht mathematisch klar, summarisch erfaßbar, weder in seinem vielfältigen gesetzmäßigen Zusammenhang von Beziehungen zwischen den Pflanzen untereinander und zwischen Pflanzen und Tieren; noch in seinen vielfältigen Beziehungen zwischen Pflanzen und Boden, hier Gesamtbegriff für nicht lebende Materie und Kleinlebewesen; noch in seinen Beziehungen zur klimatischen Umwelt, Luft, Wasser, Wärme, Licht, Wind.

Der Wald ist kein Organismus wie der Baum, das Moos, der Vogel, das Insekt. Er ist kein organisches Individuum, aber eine A r t v o n E i n h e i t als geschlossener Kreis gesetzmäßiger Wechselbeziehungen. Der Wald wird allgemein eine „Lebensgemeinschaft" genannt. „Lebensgemeinschaft" ist aber kein Subjekt, sondern Z u s t a n d u n d F u n k t i o n: die G l i e d e r des Waldes befinden sich miteinander in Lebensgemeinschaft. Der Funktionskreis, die Tierpflanzen-Lebensgemeinschaft, die Biocoenose, läßt sich nicht subjektivieren und individualisieren.

Dies gilt, wenn das Wort und der Begriff Organismus im d i n g l i c h e n Sinne gebraucht wird. Wir unterscheiden das O r g a n i s m e n p r i n z i p a l s e r k e n n t n i s t h e o r e t i s c h e I d e e und den O r g a n i s m u s a l s r e a l e n B e g r i f f d e r N a t u r wissenschaft [253].

Wenn wir daher auch die Vorstellung vom Wald als einem Organismus im sachlichen individuellen Sinne nicht annehmen, so können wir im Sinne des Organismenprinzips den

Wald doch als eine überindividuelle Einheit anschauen, **als ein geordnetes Gefüge von Einzelgliedern, die durch komplizierte gesetzmäßige Wechselbeziehungen in einem Funktionskreis miteinander verbunden sind.** Dieses eigengesetzliche Gefüge ist stets in einem lebendigen Geschehen, in einem Vorgang und in dauernder Entwicklung begriffen [254]).

Standort und Gesellschaft

Der Standort einer Pflanze ist diese Örtlichkeit, auf der die Pflanze „steht" (lat. statio, franz. station, engl. habitat). Örtlichkeit ist ein geographischer Begriff. Wenn man das Zeitwort „steht" ersetzt durch „wohnt", erweitert sich der reine Örtlichkeitsbegriff zum Wohnplatz. „Wohnen" bedeutet bereits eine Summe von gesellschaftlichen Funktionen, Ausdruck von Bedürfnissen, Möglichkeiten ihrer Befriedigung, einen Umkreis mannigfacher Beziehungen. Ersetzt man das Wort „wohnen" durch das sattere alte und volkstümliche Synonym „hausen", so verbindet sich mit dem bloßen Aufenthaltsort auch der Begriff „Haus-halt", d. h. geordnete Bedürfnisbefriedigung auf einer und von einer Örtlichkeit.

Der primitive Begriff einer Örtlichkeit hat sich in einen Begriff von einer Örtlichkeit mit bestimmten Darbietungen für ein bestimmtes Objekt gewandelt. Diese Darbietungen lassen sich nach einer Art Skala einteilen; ein Minimum, das gerade noch hinreicht, um die Ansprüche zu erfüllen, ein mittleres Stadium durchschnittlicher Güte, ein Höchststadium eines besten Zustandes. Wenn wir von zufälligen Standorten absehen, so wird sich eine Pflanze oder eine Gesellschaft in der Natur nur auf einem solchen Standort einfinden und behaupten, wo ihre normalen Haushaltsansprüche in einem ausreichenden Maße befriedigt werden.

Durch die Pflanzen treten Beeinflussungen sowohl des edaphischen Faktors als auch der normalen Auswirkungen der klimatischen Faktoren auf, des Lichtes, der Wärme, des Windes, des Wassers usw. Die Beeinflussung des Standortes durch Pflanzen, durch wildlebende Tiere und durch die Kleinlebewelt des Bodens (Bodenorganismen) wird als **biotischer Faktor**, Einfluß der lebenden Umwelt bezeichnet [256]). Der Wettbewerb der Pflanzen unter sich gehört nicht zu den Standortsfaktoren, sondern zu den Faktoren der Gesellschaftsbildung.

Ein Standort im Sinne der Vegetationskunde, aber auch der Forstwirtschaft, ist ein Pflanzen- bzw. Waldort, gesehen als **charakteristisches Produkt der geomorphologischen (orographischen), klimatischen, edaphischen und biotischen Faktoren.** — Das Wort „Produkt" im Unterschied zur „Summe" begreift den Ausdruck der Dynamik, der ständig fortwirkenden Entwicklung in sich. In manchen Definitionen des Standortes werden auch die Einwirkungen durch den Menschen im weitesten Sinne, einschließlich durch die Haustiere, als Standortsfaktoren mitbegriffen, der sogenannte anthropozooische Faktor. Diese Vermengung der Wirkungen der natürlichen und des anthropozooischen Faktors führt zu Unklarheiten, zu unsystematischen, sogar zu falschen Auffassungen und Schlußfolgerungen.

Jede natürliche Waldpflanzengesellschaft, die wundervolle Vereinigung von Bäumen, Sträuchern, Kräutern und Moosen in einem geschichteten Bau, hat ihren natürlichen Standort, wobei **Gesellschaft und Standort im biologischen Gleichgewicht eine Einheit bilden.** Hier regelt sich alles durch das harmonische Zusammenspiel der **natürlichen** Faktoren in Gesetzmäßigkeit. Bei Störungen von außen zeigt sich die Tendenz, sie wieder auszugleichen.

Einstmals bestand ein Gegensatz zwischen Naturwald und Kulturlandschaft. Dieser Gegensatz tritt aber seit Hunderten von Jahren nicht mehr in Erscheinung, weil der

Wald durch die intensive Einwirkung des Menschen nunmehr auch Glied der Kulturlandschaft geworden ist. Aus dem ursprünglichen Wald — dem Urwald im eigentlichen Sinne — wurde durch wiederholte Eingriffe des Menschen ein Waldgefüge, das dauernd unter dem Dualismus der Gesetzmäßigkeit der Natur einerseits und der willkürlichen, wenn auch zweckbewußten menschlichen Einwirkung anderseits steht und stehen wird. Durch eine einseitige Forsttechnik haben sich im allgemeinen die Beziehungen zwischen Baumbestand und Standort gelockert. Der natürliche Standort wandelte sich zum technischen. Seit langem haben wir an vielen Orten, um extrem zu sprechen, statt eines „Waldes" technische Kompositionen aus Flächen, die in Hektarzahlen ohne differenzierende Wertung ausgedrückt wurden und aus „Beständen", die man begründete, sobald man sich zu einer bestimmten „Holzartenwahl" entschloß.

Nicht die Technik ist abzulehnen, nur ihre unrichtige Anwendung. Die Technik im allgemeinen Sinne ist letzten Endes gesellschaftskritisch zu beurteilen. Ihr wesentlicher Einfluß liegt in der Verschiebung gesellschaftlicher Verhältnisse und in der Veränderung gesellschaftlicher Struktur. Die Technik ist weder psychologisch noch moralisch zu werten. Klug oder töricht, gut oder böse ist nur der Mensch. Wenn die Technik, der vom Menschen geschaffene Faktor, überdimensional wird, wächst sie gewissermaßen zu eigengesetzlicher verhängnisvoller Selbständigkeit.

Dualismus Natur — Mensch

Albrecht Dürer, Die Melancholie, Kupferstich, 1514

Das Wesentliche, das wie ein roter Faden sich durch das naturwissenschaftliche Forschen, Experimentieren, Planen und Denken ziehen muß, liegt im Bewußtsein und in der ständigen Beachtung des Dualismus „Natur — Mensch" oder „Natur — Technik" [257].

Die naturgesetzlichen Vorgänge an verschiedenen Orten kann man wohl in Vergleich setzen, weil sie sich systematisch ordnen lassen. M e n s c h l i c h e E i n w i r k u n g e n sind örtlich nach Vorgang, Intensität, Zeitpunkt und Dauer irgendwie verschieden; sie sind und bleiben im Rückblick „geschichtlich" meistens unbekannte Größen, manchmal, aber nicht immer erforschbar, selten meßbar. Daher entziehen sie sich im ganzen gesehen einer systematischen Ordnung und somit dem absoluten Vergleich [258].

Die Beziehungen der natürlichen Faktoren laufen im Naturwald nach dem n a t u r g e s e t z l i c h e n R h y t h m u s ab. Im technisch beeinflußten Wald trifft eine technische Auswirkung gleichsam a-rhythmisch auf den einen oder anderen natürlichen Faktor und bringt dadurch den bisherigen, in r e g e l m ä ß i g e r B e w e g u n g b e f i n d l i c h e n Komplex der Beziehungen in u n r e g e l m ä ß i g e F u n k t i o n.

Sinnbild des „Zusammenstoßes" ist das ruhige, gleichmäßig fließende Gewässer, dessen Oberfläche durch hintereinander folgende Steinwürfe das Schauspiel räumlich und zeitlich verschiedener Kreise bietet, die sich gegenseitig berühren, schneiden, jedenfalls — kausal abhängig vom Zeitpunkte des Steinwurfes — sich stören.

Der ewige Gegensatz zwischen dem Rhythmus des Naturgesetzes im Wald und dem A-Rhythmus menschlichen Einwirkens, der Technik (in dieser Relation), kann nur dadurch ausgewogen werden, daß jede menschliche Einwirkung, jede technische Handlung, in möglichst nahe Beziehung zu den natürlichen und naturgesetzlichen Vorgängen im Walde, d. h. in der Baum-, Strauch-, Krautschicht und im Standort im engeren Sinne (Boden, Wurzelraum, Kleinlebewelt, Ortsklima usw.) gebracht wird. Der Begriff und das schwer zu erreichende Wunschbild „Naturgemäßer Wirtschaftswald", besser „naturnaher Wirtschaftswald", ist nichts anderes als der möglichst harmonische Ausgleich zwischen natürlichen und technischen Funktionen, durch sorgfältige Synchronisierung der natürlichen rhythmischen und der technischen a-rhythmischen Bewegung.

Auch im K u n s t w a l d gibt es eine Lebensgemeinschaft der einzelnen Glieder, aber diese Lebensgemeinschaft ist menschliche Schöpfung, Mechanik auf der Grundlage eines waldbautechnischen Systems, nicht echte Lebensgemeinschaft in einem natürlichen Gefüge. Auch in ihr walten Naturgesetze, aber auf mechanisch-technischem Grunde in einem technischen Gefüge. Das natürliche Gefüge lebt ohne den Menschen; das mechanische zerfällt, wenn der kleine menschliche Schöpfer seine Hand zurückzieht und es der Natur überläßt. Der Gegensatz des technischen Prinzips zum organischen wird immer offenbar.

Im natur f r e m d e n Wirtschaftswald löst sich mit jedem menschlichen Eingriff ein neuer, zusätzlicher Korrelationszusammenhang aus. Ein Anstoß zu sekundären Wechselbeziehungen folgt nach dem andern und wirkt in das System der natürlichen Wechselbeziehungen hinein und immer so weiter fort. Primäre und sekundäre Korrelationskreise überlagern und überschneiden sich.

Pflicht der Forstwirtschaft ist: a) qualitätsreiche höchste, wirtschaftlichste, nachhaltige Holzerzeugung im gesunden Wald zur Deckung des volkswirtschaftlichen Bedarfs. b) Erhaltung eines gesunden Waldes zur Wahrung der Fruchtbarkeit und Kräfte des Landes und zur Wahrung der seelischen Wohlfahrt des Volkes.

Diesen ethischen Zielen hat sich jedes eigensüchtige individuelle Interesse unterzuordnen. Ein gesunder Wald kann aber nur auf natürlichen Grundlagen aufgebaut werden. Im Netz der Waldbautechnik einmal verstrickt ist es nicht leicht, den Weg zum Natürlichen zurückzufinden. Aber nur dann, wenn die primären und die sekundären Korrelationskreise fein aufeinander abgestimmt werden, nähert sich die Auswirkung der Technik der naturgesetzlichen Ordnung. Nur dann wird die Funktion der sekundären Lebensgemeinschaft ähnlich der primären. Jede Einwirkung auf den Wald muß beziehungsvoll sein. Denn eine beziehungslose Einwirkung stört die inneren natürlichen Zusammenhänge und führt zur Disharmonie. Der Dualismus N a t u r - M e n s c h kann sowohl Segen oder Unsegen in sich bergen.

„Natürlicher Wald"

„N a t ü r l i c h e r W a l d v o n e i n s t" — der ursprüngliche Wald — ist etwas wesenhaft anderes als „n a t ü r l i c h e r W a l d v o n h e u t e". Natürlicher Wald von heute — das eigentliche Objekt pflanzensoziologischer Betrachtung — ist dieser Wald, der in der Kulturlandschaft unter den vom Menschen in mannigfaltiger Weise erfolgten Beeinflussungen „natürlich" entstanden ist oder entsteht. In ähnlicher Beziehung wird unter „natürlichem Wald" auch jener begriffen, der unter der Fiktion entstehen sollte, daß jeder menschliche Einfluß ausgeschaltet wäre.

Die waldgeschichtliche Ordnung

Wo sind sie, die natürlichen Wälder von einst, reine Schöpfungen der Natur? Wo sind sie, die natürlichen Waldgesellschaften, deren Glieder sich nur nach natürlichen Gesetzen zusammengefunden haben? Ein natürliches Werden gibt es wohl auch auf technischem oder künstlichem Standort, auf Trümmern zerstörter Städte, auf Kiesdächern, auf verlassenem Kulturgelände, aber dort walten auch andere Bedingungen, andere Einflüsse als in der unberührten Natur. In mancher Systematik der natürlichen Pflanzengesellschaften werden sowohl ursprüngliche Gesellschaften auf natürlichen Standorten als auch in mannigfaltiger Weise beeinflußte auf veränderten natürlichen oder auf technischen und künstlichen Standorten zusammengefaßt. Daraus ergeben sich Verwirrungen und Mißverständnisse.

Die natürlichen Wälder von einst sind vielerorts mehr oder minder zerstört oder wenigstens gestört oder irgendwie verändert, meist aber vergangen. Auch wo sie noch ganz oder fragmentarisch vorhanden sind, sind sie im Wesen und Gefüge abgewandelt, oft nivelliert und verdeckt im Äußerlichen eines konventionellen Wirtschaftswaldes. Die Waldgeschichte stellt im Verein mit der Pflanzensoziologie den Mangel, oder aber das Vorhandensein und den Gehalt an natürlichem Wesen fest. Alle methodischen Untersuchungen bedürfen eines Gerüstes des Arbeitsganges und einer begrifflichen Ordnung für Analyse wie für die Synthese, wenn auch noch so bescheidener Art. Daher bedienen wir uns zur Darstellung der Waldentwicklung bestimmter typischer Einheiten, die in einer bestimmten Typenfolge angeordnet werden.

Sinn und Zweck der Ausscheidung **waldgeschichtlicher Typen** und einer **Typenfolge** liegt darin:

a) eine klare Ordnung in den zeitlichen Ablauf der Waldentwicklungen zu bringen, die sowohl für die Vegetationskunde, für die Waldgeographie als auch für die Forstwirtschaft zum Zweck der Waldanalyse brauchbar ist;

b) der vegetationskundlichen, auf der **natürlichen** Entwicklung gegründeten Ordnung **eine auf der dualistischen (Natur-Mensch) Entwicklung beruhende waldgeschichtliche Ordnung** teils zur übersichtlichen Ergänzung, teils zur vergleichsweisen Klarstellung gegenüberzustellen.

Wir wiederholen nunmehr die waldgeschichtliche Typenfolge, die wir aus methodischen Gründen der Darstellung in knapper Aufzählung im Anfange gebracht haben (s. S. 50). Jetzt, nach dem Gange der Darstellung, können wir mit ihr gewissermaßen als systematischer Zusammenfassung des Gedankenganges abschließen.

Die waldgeschichtliche Typenfolge [252]

Die Typenfolge oder Systematik ist äußerst unkompliziert. Wir unterscheiden:

1. „**Primärtypen**" des Waldes.

Dies sind Typen des ungestörten natürlichen Waldes, in denen der menschliche Einfluß überhaupt keine oder nur unwesentliche Veränderungen bewirkt hat. Sie entsprechen begrifflich natürlichen, menschlich unbeeinflußten Waldpflanzengesellschaften.

2. „**Sekundärtypen**" des Waldes.

Dies sind ehemalige Primärtypen, die durch den menschlichen Einfluß in ihren Gliedern und in ihrem Gefüge zwar wesentlich verändert sind, aber doch den natürlichen Charakter des Primärtyps noch erkennen lassen. (Wir verstehen darunter nicht Wälder, die an Stelle des ursprünglichen Waldes technisch begründet wurden.) Auch sie entsprechen noch natürlichen, wohl aber mehr oder minder menschlich stark beeinflußten Waldpflanzengesellschaften. Aus diesen Sekundärtypen wurden mit der Zeit primitive Nutzungstypen und geregelte Waldbautypen abgeleitet.

Waldbautypen.

Die Waldbautypen, von Sekundärtypen, kaum jemals direkt von Primärtypen, abgeleitet, scheiden wir in:
 a) naturnahe Waldbautypen,
 b) naturferne Waldbautypen,
 c) *naturfremde* Waldbautypen.

Vom Funktionskreis der Lebensgemeinschaft aus gesehen unterscheiden sich im Sinne des Organismenprinzips diese Waldbautypen in ihrem Wesen voneinander ganz beträchtlich: in den **naturnahen** Waldbautypen ist trotz des menschlichen Einflusses das Gefüge des natürlichen Waldes, die Einheit des geschlossenen Kreises von natürlichen Wechselbeziehungen, erhalten. Die **naturfernen** Waldbautypen besitzen diese Einheit nur sehr abgeschwächt oder fast nicht mehr; wir bezeichnen sie als **technisch beeinflußte Waldgefüge**. Die *naturfremden* Waldbautypen sind rein technische Gebilde. Die natürliche Einheit, die natürliche „Gesellschaft" ist vergangen: sie wurde durch ein **waldbautechnisches Zwangsgefüge** ersetzt. Daher fehlt solchen Waldbautypen jedweder Charakter einer Waldpflanzengesellschaft; sie lassen sich in die pflanzensoziologische Ordnung nicht einreihen.

Die **naturnahen** Waldbautypen haben den natürlichen Charakter ihres Primärtyps über den Sekundärtyp bewahrt, wenn auch beeinflußt und in manchem geändert. Vegetationskundlich oder pflanzensoziologisch gesehen entsprechen sie einer mehr oder minder beeinflußten Waldpflanzengesellschaft innerhalb der Systematik der Pflanzensoziologie.

Die **naturfernen** Waldbautypen haben immerhin noch irgendeine natürliche Beziehung zum natürlichen Charakter des Sekundärtyps, aus dem sie geformt worden sind. Sie entsprechen meistens noch Fragmenten von Waldpflanzengesellschaften.

Die *naturfremden* Waldbautypen haben mit dem Sekundärtyp, aus dem sie abgeleitet sind, insofern noch eine Beziehung, als die Baumarten ihres Grundbestandes selbst im Vegetationsabschnitt beheimatet sind. Das „naturfremde" liegt mehr in der Art ihrer Begründung und ihrer Struktur.

Der naturnahe Waldbautyp steht auf natürlichem **Standort** und bildet mit ihm eine **biologische Einheit**. Die naturfernen und naturfremden Waldbautypen besitzen in Abstufungen natürlich-technische oder bloß technische Standorte, die nur mehr schwache Beziehungen zum natürlichen Charakter des ursprünglichen Standortes haben; die biologische Einheit ist mehr oder minder verschwunden [255]).

Kunsttypen (künstliche Waldbautypen).

Unter Kunsttypen oder künstliche Waldbautypen reihen wir alle Waldbautypen ein, deren Grundbestand bei Zerstörung der genetischen Entwicklungsreihe künstlich aus Baumarten begründet wurde, die dem Vegetationsabschnitt von Natur aus fremd sind. Die Kunsttypen sind technische Gebilde, als solche waldbautechnische Zwangsgefüge ohne biologische Einheit der Glieder. Sie stehen immer auf rein technischen Standorten.

3. Wir wollen unsere Systematik gegenüber der ersten Skizzierung (s. S. 50) noch erweitern, indem wir den Begriff „**Tertiärtypen**" zufügen.

Wir unterscheiden Tertiärtypen, welche die Natur bildet, und solche, welche der Mensch auf waldbautechnischem Wege, der Natur folgend, aufzubauen versucht. Zum Wesen des Tertiärtyps gehört, daß der **genetische Zusammenhang** mit Primär- bzw. Sekundärtypen unterbrochen war.

a) „Tertiäre Naturtypen".

Während des Bestehens *naturfremder* Waldbautypen oder *Kunsttypen* versucht die Natur in vielen Fällen fragmentarische Waldbildungen (Gesellschaftsbildungen). Diese neuerliche „natürliche" Waldbildung, aber unter den durch menschliche Einwirkungen veränderten Bedingungen eines Standortes, der nach dem primären bzw. sekundären Waldtyp durch eine oder mehrere Generationen naturfremde Waldbautypen oder Kunsttypen getragen hatte, tritt in der mitteleuropäischen Kulturlandschaft nicht immer so stark in Erscheinung; sie ist aber, regional verschieden nach Intensität, sei es in Spuren, sei es im merkbaren Aufbau vorhanden. Diese Neubildung setzt meistens dann ein, wenn das Gefüge des Fremdbestandes sich durch elementare Bedingungen, durch Krankheiten, Pilz- oder Insektenbefall, durch irgendeinen vorzeitigen Abbau gelockert hat. Diese tertiären Naturtypen, welche naturfremde Waldbautypen oder Kunsttypen ablösen, haben eine Parallele in dem pflanzensoziologischen Begriffe des „natürlichen Waldes von heute", wie ihn z. B. Faber in seiner Fiktion definiert („Wälder, wie sie jetzt, nachdem nun schon einmal die Waldwirtschaft und menschliche Behandlung der letzten tausend und mehr Jahre darüber weggegangen sind und den Boden vielfach entscheidend verändert haben, zunächst natürlicherweise darauf stehen würden").

b) „Tertiäre naturnahe Waldbautypen".

Eine andere Gruppe von Tertiärtypen und zwar „tertiäre naturnahe Waldbautypen" entstehen durch den technischen Aufbau von Beständen eines Wirtschaftswaldes auf der Grundlage des „natürlichen Waldes von heute", nachdem der genetische Zusammenhang mit den Primär- bzw. Sekundärtypen generationenlang unterbrochen gewesen ist. Die Schaffung solcher tertiärer Waldbautypen ist eines der wichtigsten forstlichen Probleme unseres Jahrhunderts. In vielen Fällen werden Ansätze von tertiären Naturtypen mit tertiären naturnahen Waldbautypen kombiniert.

Solche natürliche Vorgänge und solche zweckentsprechende technische Maßnahmen werden in der Wirklichkeit wohl viel komplizierter sein als es unsere theoretischen Konstruktionen andeuten können. Hier aber war das P r i n z i p klarzustellen und nicht eine waldbauliche oder betriebstechnische Empfehlung zu geben. In der Praxis wird es mehr oder minder lange Zeiträume der Planung, Entwicklung und des allmählichen Aufbaues brauchen.

Mit allen diesen Gedanken ist das grundsätzliche Problem der Erhaltung oder Schaffung eines gesunden leistungsfähigen Waldes berührt: das Prinzip der möglichsten Naturnähe im funktionellen Ausgleich zwischen Natur und Wirtschaft-Technik. Die Erkenntnis solcher prinzipieller Grundlagen ist aber nur durch die Klärung der Begriffe, der Entwicklungsgänge, der Zusammenhänge und des Trennenden zu gewinnen. „Naturnähe" ist im allgemeinen ein wenig aussagender relativer Begriff, der noch dazu vom subjektiven Empfinden verschieden gefärbt sein wird. Erst im besonderen ist diagnostisch festzustellen, was „nahe der Natur" bedeutet, was es fordert und was dies möglich macht. Eine vorsichtige Skepsis ist einem naiven Enthusiasmus um des Waldes willen vorzuziehen.

Im Gesellschaftsprozeß des Waldes liegt manches Gleichnis für den dynamischen Gesellschaftsprozeß des Menschengeschlechtes. Aber dieses Thema, das Thema unserer ureigenen Existenz, gehört nicht hierher.

Zum Wesen der waldgeschichtlichen Theorie

(Zusammenfassung)

Waldgeschichtliches Denken erfordert Gliederung des Werdens, Seins und Geschehens im und am Walde. Dies geschah in unserem Falle

a) durch Ausscheidung von R a u m t y p e n, den Regionalwaldtypen samt ihren standörtlichen Abwandlungen, sowie den Typen extremer Standorte

b) durch Ausscheidung von Z e i t t y p e n, den Primär-, Sekundär- und Tertiärtypen.

Raumtypen sind Typen der geographischen Verteilung im Raum, Zeittypen sind Typen der Entwicklung in der Zeit. Zeit- und Raumtypen sind wie Zeit und Raum durch komplexe Beziehungen untrennbar miteinander verbunden. Wann die Anschauung in dieser oder jener Richtung geht oder kombiniert orientiert ist, hängt von der Fragestellung ab.

Veränderungen einer bestimmten stabilen Vegetation entstehen außer durch Einwanderungen meistens durch Veränderungen der Standortsverhältnisse, durch Aufbau oder Abbau aus Gründen der Natur. Das Raum-Zeit-Verhältnis wird jedoch durch das Natur-Mensch-Verhältnis am schärfsten projiziert. Die Wandlung der Zeittypen wird — von säkularen Klimaänderungen oder von Katastrophen abgesehen, — meistens durch Handlungen des Menschen ausgelöst. So wird „Geschehen in der Natur" durch den Eingriff des Menschen „Naturgeschichte". Im Natur-Mensch-Verhältnis kreuzt sich rhythmischer Ablauf natürlicher Gesetze mit den a-rhythmischen Auswirkungen menschlichen Wollens und menschlicher Handlung. Die menschliche Handlung bezeichnen wir als „will-kürlich" nur im Sinne des Gegensatzes zum gesetzlichen, d. h. gebundenen Ablauf in der Natur. Dies hat mit einer Kritik menschlichen Willens oder mit philosophischen Spekulationen nichts zu tun.

Überall sehen wir die Existenz von Gemeinschaften, seien es Gruppen, Vereine, Familien, irgendwelche zu gemeinsamem Leben verbundene Glieder, einfache sowie komplizierte Verbindungen kleinsten bis größten Ausmaßes. Alle diese Bildungen sind in Lebensräumen verteilt und unterliegen der Entwicklung in der Zeit vom Ursprung bis zum Ende. Der natürliche Wald und seine Typen sind nur ein Beispiel unter vielen für die Begriffe Gesellschaft und Lebensgemeinschaft. Zum Verständnis der Wirklichkeit versucht man durch Bildung von Abstraktionen zu gelangen. Auch wir bedienen uns solcher Abstraktionen.

Der Dualismus Wald-Mensch ist nur ein Beispiel unter vielen für den Dualismus Natur-Mensch oder Natur-Technik. Die natürliche eigengesetzliche Einheit wird durch die Handlungen des Menschen in ihrem Wesen zu etwas anderem, in vielen Fällen zu etwas Naturfremdem umgewandelt, ihre Ursprünglichkeit wird mehr oder minder aufgelöst. Die harmonischen Funktionen mancher natürlichen Gemeinschaft werden von mechanischen Funktionen eines technischen Zwangsgefüges teilweise oder ganz ersetzt.

Das Verhältnis der waldgeschichtlichen zur vegetationskundlichen (pflanzensoziologischen) Ordnung können wir in Weiterführung der Gedanken des Abschnittes „Verhältnis der Waldgeschichte zur Vegetationskunde" aus dem Sinne unserer gesamten Untersuchung heraus nun mit folgenden Sätzen klarstellen: Der „natürliche Wald", präziser der „natürliche Wald von heute", wird von den Pflanzensoziologen mehr oder minder verschwommen als „anthropogen beeinflußt" bezeichnet. Hierdurch wird auch in die Systematik Unklarheit hineingetragen. Die waldgeschichtliche Ordnung gestattet nun in vielen Fällen, eindeutige Klassifizierungen vorzunehmen, inwieweit das Wesen eines Waldes (einer forstlichen Einheit) vom Menschen beeinflußt ist. Ein Wald (oder eine forstliche Einheit) ist nun als waldgeschichtlicher Typus (Abstraktion) stufenmäßig innerhalb der waldgeschichtlichen Ordnung einzureihen. Dieser waldgeschichtliche Typus ist wiederum vegetationskundlich (pflanzensoziologisch, bzw. typologisch, auch biocoenologisch) bestimmbar. Umgekehrt ist der vegetationskundliche Typus in die waldgeschichtliche Ordnung einreihbar.

Die Standortskunde im weiteren Sinne vereinigt sich mit Vegetationskunde und Waldgeschichte zur regionalen Gemeinschaftsarbeit (G. Krauß, G. Schlenker).

Die Waldgeschichte, nach verschiedenen Zweigen spezialisiert, tritt in engste Beziehungen zur gesamten Grundlagenwissenschaft (V. Dieterich, *224 b)*, zur Diagnose und zur Planung.

Der „Waldbau" in soziologischer Denkrichtung (J. Köstler, *111 b*) wird auch von einer im gleichen Geiste gesehenen Waldgeschichte fundiert.

Aus den analytischen Untersuchungen nach diesen Methoden gelangen wir in der Synthese zur stärksten Zusammenfassung, die zur Zeit möglich ist. Alles dies ist im Sinn und Zweck der waldgeschichtlichen Theorie eingeschlossen.

Waldgeschichte der Welt

In der Art der Behandlung des Waldes drücken sich Charakterzüge eines Volkes aus. Die Art der Behandlung des Waldes kann den ursprünglichen Charakter der Landschaft mit der Zeit verändern. Bei den Zusammenhängen, die zwischen dem Charakter der Landschaft und dem Körper sowie der Seele des Menschen bestehen, sind gewisse Veränderungen des menschlichen Wesens durch bedeutende Veränderungen der Landschaft in großen Zeiträumen denkbar.

Der Wald ist die Mutter der Fruchtbarkeit, daher ist die Waldgeschichte die Geschichte der Fruchtbarkeit der Länder.

Das Verhältnis Natur-Mensch differiert länderweise infolge der Verschiedenheit der Vegetationsbereiche sowie infolge der Verschiedenheit der Geschichte und Kulturentwicklung der großen Völker. Die Waldgeschichte der Mittelmeerländer, der Länder am Atlantik, der Länder des kontinentalen Ostens, wird verschieden sein von der Waldgeschichte Mitteleuropas, die Waldgeschichte Europas verschieden von der anderer Weltteile. Aber eines ist auf der ganzen Erde: wo immer der Mensch auftaucht, bringt er seine menschliche Problematik mit. Die Natur ist Werden und Sein und Vergehen, sie kennt nicht Schuld noch Sühne. Die Probleme jedoch entstehen und wachsen im Dualismus Natur-Mensch zur ungeheuren Schwere.

Alles, was hier im Untersuchungsgebiet „Alpenvorland" natürlich geschehen ist oder vom Menschen getan wurde, geschieht auf der ganzen Erde, nur räumlich und zeitlich und der Intensität nach verschieden, im Wesenhaften ziemlich gleich. So ist die Waldgeschichte des Alpenvorlandes nur ein kleiner, aber typisch gültiger Ausschnitt aus der Waldgeschichte der Welt.

Es gibt viel mehr organische und gesellschaftliche Bindungen aller Art als der Mensch im allgemeinen ahnt. Störungen, Zerstörungen, Fälschungen und beziehungslose Ersatzbeschaffungen sind letzten Endes für die Menschheit verderblicher als diese für die Spanne einer Generation zu erkennen vermag. Auch die Kulturen der Völker sind Produkte der natürlichen Standorte und der unfaßbaren Ausstrahlungen menschlichen Geistes. Wenn das Verhältnis der Faktoren untereinander gestört wird, nimmt die Anfälligkeit des einen oder anderen Faktors zu und die Auflösung des Produktes wird beginnen.

Die Menschheit der ganzen Erde erlebt seit Anfang bis zum Ende ihrer Geschichte teils aktiv, teils passiv die Umwandlung der Wälder als Entwicklungsreihen von Primärtypen zu Sekundärtypen und das Entstehen von Tertiärtypen.

Tertiärtypen im Sinne der Weltgeschichte bilden sich überall neu durch Einwanderung ihrer Glieder auf unbebautem oder bebautem, von Technik und Zivilisation in jeder Weise umgestaltetem Gelände, das der Mensch verlassen hat. Diese apokalyptischen Tertiärtypen werden sich massenhaft ausbreiten, wenn die Welt immer mehr zerstört sein wird, und wenn die übermächtige Natur die leer und öde gewordenen Schauplätze der Katastrophen wieder mit Wald zu überziehen beginnt.

Ende

NACHWORT

Dem Autor sei erlaubt, ein unwissenschaftliches Nachwort anzufügen, nachdem er seine wissenschaftliche Aufgabe sachlich erledigt und abgeschlossen hat.

Rohstoff „Holz"

Weder in der Vergangenheit, wie wir wiederholt nachgewiesen haben, noch in der Gegenwart ist das Holz das einzige Gut des Waldes zum Nutzen des Menschen. Der Rohstoff Holz ist wohl seit langem das wichtigste unmittelbare Wirtschaftsgut; aber die Funktion der Wälder als Bewahrer der Fruchtbarkeit ist eine der mittelbaren Grundlagen der menschlichen Existenz.

Die Beschreibung des Wertes des Holzes, der Größe der Holzerzeugung, des Verwendungszweckes und der Technologie des Holzes würde einen eigenen Band füllen. In einem solchen zweiten Bande könnten wir nach der breitesten Ausführung des Technischen auch von der Schönheit des Holzes sprechen, das man im rohen, aber auch im verarbeiteten Zustande oft nicht genug in seiner Farbe und Struktur bewundern kann. Man riecht es, man fühlt es, es spricht mit uns, wenn man es berührt; aus seiner Maserung projizieren sich kunstvolle Linien von geheimnisvoller Bedeutung in unser Empfinden und bilden sich dort zu sinnvollen Abstraktionen.

Und wenn dann die Beziehungen des Holzes zur Volkswirtschaft, die Probleme der Holztechnik und Holzindustrie erschöpfend behandelt wären, erst dann hätten wir vermutlich unsere Aufgabe restlos erfüllt. So aber müssen wir uns kurz fassen. Wir wollen konzentriert das Kapitel „Holz" erledigen.

Es ist eine ernste Sache um das Holz, es hat den Menschen von Anfang an begleitet und wird es irgendwie immer tun. Es gibt sehr bedeutungsvolle Hölzer:

Das Holz des Baumes des Lebens, das Holz des ersten Pfluges,
Das Holz des ersten Mordgerätes, der Keule, das Holz der ersten Flöte,
Das Holz des ersten Bildwerks, das Holz der Brandopfer,
Das Holz der Wiege, das Holz des Sarges, das Kreuzesholz.

Durch tausende von Jahren bauten die Menschen nur aus Holz ihre Häuser und Wohnstätten. Aus Holz sind Betten, Truhen, Orgeln und Geigen, die vielen Schiffe aller Jahrhunderte, vom eichenen Einbaum bis zum Kriegs- und Kaufmannsschiff. Einst wurde das Schießpulver aus Holz hergestellt, und wir wissen nicht, was Verderblicheres einmal noch aus Holz gemacht werden wird. Aus rohem Holz wird technisches Holz, Pappe und Papier, und die Chemie wird noch manches aus diesem Grundstoff bereiten. Wiegen gibt es kaum mehr im Gebrauch, auch andere Gegenstände, früher aus Holz, werden aus Eisen, Stahl oder Zement hergestellt, ohne daß es den Menschen friert oder anödet oder stört. Holz ist die älteste Wärmequelle, und immer freut man sich eines lustig knisternden Holzfeuers.

Dürers skeptische „Melancholie" mit dem Zirkel der Technik in der Hand führt in die rätselvolle Ferne, Dürers „Heiliger Hieronymus" in die Stille des begrenzten Raumes. Hier wird das „hölzerne Gehäus" mit dem uralten Mann und dem hölzernen Hausrat und dem Getier zum Symbol des Waldes, des größten Gehäuses der Natur, in dem sich seit jeher Menschen in Not und Gefahr bargen, in den junge Menschen ihre Zärtlichkeit und Liebe tragen.

Geschichte

Waldgeschichte ist ebenso wie Weltgeschichte etwas Unwiderrufliches, Un-Umkehrbares. „Natürlicher Wald von einst", der ursprüngliche Wald, ist niemals identisch mit „natürlichem Wald von heute".

Die Geschichte der Völker in den einst abgegrenzten Teilen der Welt hat sich nun wahrhaftig zur Menschheitsgeschichte gewandelt, seitdem uns die Erde als alles umfassender Raum und gemeinsames Schicksal bewußt geworden ist. Auch die örtliche Waldgeschichte wird in Zukunft immer mehr als Glied der Waldgeschichte der Welt gesehen werden. Ohne Wald keine gesicherte Existenz der Menschheit der Erde.

Die Geschichte der Kultur dauert seit etwa 5000 Jahren, bis 3000 Jahre vor Christi Geburt zurück, 2000 Jahre nach Christi Geburt bis zu unseren Tagen. Während im Zwischenstromland, in Ägypten, am Indus und am Hoangho sich die frühen Hochkulturen entfalteten, lebte der mitteleuropäische Mensch geschichtslos. Sein Handeln war elementar. Allmählich wurden die rein elementaren Handlungen zu primitiv bewußten. Je mehr Überlieferung bewußt wurde, wuchsen die empirischen Dispositionen. Spät kam der Geist und spät das Licht zu uns herein.

In der Vorgeschichte war der Wald für den Menschen Element. Mit elementaren Handlungen schuf er sich im Wald Raum zum Leben. Mit wachsendem Bewußtsein wandelte sich die primitiv empirische Disposition zur zweckvollen Wirtschaft. Im zweiten Jahrtausend nach Christi Geburt entfaltete sich der leidenschaftliche Drang des Suchens nach dem rechten Wissen. Die abendländische Wissenschaft wächst aus alten und neuen Wurzeln empor, in ihr mit der Zeit auch das Pflänzlein „Wissenschaft vom Forst". Zehn- bis fünfzehntausend Jahre hat der Wald Mitteleuropas zu den Perioden seiner natürlichen Entwicklung gebraucht. Zweimal hundert Jahre erst dauert die Umgestaltung des Waldes durch die wissenschaftliche Forstwirtschaft. Nun ist ein großer Reichtum an Wäldern aufgebaut. Aber im Gefüge dieses Reichtums sind wir in vielem verarmt, an Pflanzen und Tieren und mancher Schönheit des natürlichen Lebens. Nicht nur Gewässer können versiegen, sondern auch andere Quellen unersetzlicher Fruchtbarkeit und wirkender Kräfte. Alles dies ist im unabwendbaren Gange der Geschichte ins Unbekannte eingeschlossen.

Mensch

Wenn ein zweiter Band dem Rohstoff „Holz" gewidmet würde, dann hätte ein dritter Band das Verhältnis des Menschen zum Wald zu behandeln: z. B. der Wald im Bild, der Wald im Gedicht, der Wald im Gesang, der Wald in der Klassik, der Wald in der Romantik. Der Maler Josef Anton Koch sieht, als er vom Bodensee zum Withoh wandert, nichts „als schrecklich drohende Tannen und knochige Eichen und Buchen". Das Naturbewußtsein und Landschaftsgefühl ist ein anderes bei Eichendorff als bei Rilke, ein anderes bei den Malern des Barock als bei den Malern der Romantik oder des Realismus. Wie viele Bände sind schon über all diese intimen Empfindungen und beziehungsvollen Wandlungen geschrieben worden. Wir wünschten sie noch um eine Sammlung seelischer Analysen zu vermehren, in denen wir noch feiner, vielleicht noch ausprägsamer, noch tiefsinniger dies sagen würden, was andere schon gesagt haben. Aber gerne würden wir etwas mehr über unsere Verantwortlichkeit gegenüber Natur und Mensch erwähnen. Über das „sich verantworten" zu sprechen gehört nicht ganz hieher und doch hieher. Denn wer sagt, daß wir uns nur für Unrecht im Sinne des Strafgesetzes oder einer Verwaltungsvorschrift zu verantworten haben? Nein, auch für Verschwendung der Fülle, für Lieblosigkeit und technische Roheit, für Gedankenlosigkeit, so wie der Bergwanderer verantwortlich ist für jeden Stein, den er nachlässig zum Rollen bringt. Es könnte sein, daß man für etwas verantwortlich gemacht wird, woran man gar nicht gedacht hat. Dann könnte es ein großes Verwundern geben. Pflanzen könnten aussagen, Wälder könnten drohen, Unfruchtbarkeit nackter Erde, Verwüstung irgendeines Stückes der Welt könnte anklagen. Hat niemand gedacht, daß die kleinen Sünden sich zur Riesensünde, die kleinen Schäden zum großen Verderben summieren?

Wie unvernünftige Kinder mit Werten spielen, die sie nicht ermessen, so frevelt man immer wieder, heute und morgen, gegen die Welt. Jeder Kontinent, jede Epoche hat Spiele dieser Art, nur werden sie immer grandioser, immer gefährlicher, immer dämonischer im wahren Sinne dieses fürchterlichen Wortes. „Die Welt ist in einem ganz anderen Maße, als die vergangenen Zeiten ahnen konnten, in die Hand des Menschen gegeben", sagt Guardini. Irgend etwas gibt es, das jeden einmal auf die Erkenntnis einer verbindlichen Ordnung hinweist, aber was nützt es, nur durch die Schatten der Kausalität zu schauen. Drei Steigerungen sind die Strafe für die endgültige unwiderrufene Entfernung vom Ursprung: Selbstzufriedenheit, Skepsis, Verzweiflung. Die Trägheit des Herzens ist ärger als die Trägheit des Geistes.

Die Bosheit weiß, was sie tut. Die Gedankenlosigkeit tut das Böse und will es nicht wahr haben. Erschreckt prüfen wir uns und unsere Position. Nur ein richtiger Ausgleich in Ehrfurcht zwischen Mensch und Natur, zwischen Menschennatur und Menschenmacht, löst den gefährlich gewordenen Dualismus. Ausgleich ist Liebe und Frieden. Vieles wurde schon als Torheit verschrien, das Weisheit war. Es muß nur wirklich weise sein. Vieles beweist sich aus dem Experiment, das Letzte aber nicht. Aber nur das Letzte gilt. Die Gesetze des Harmonischen wirken im Kosmos. Sie hören nicht deswegen auf, weil in unserer kleinen Welt irgendwo hemmende Wirrnis, Gewalt und unfruchtbare Öde ist. Sie tönen durch das fassungslose Schweigen, durch die trostlose Taubheit, durch die fahle Lebensangst der Existenzen, die sich verlassen wähnen. Musik der Sphären verliert nicht ihr Wesen, weil Taube sie nicht hören, und Mißmutige ihr Ohr abwenden.

Was immer du tust, in der Natur oder im Laboratorium, — was immer du tust zum Nutzen oder zur Lust, zur Qual oder zum Tode, — niemals bist du selbstherrlicher Schöpfer, immer verantwortliches Geschöpf,

Denk' es, o Seele.

RÉSUMÉ

L'Histoire des Forêts comme Histoire de l'Evolution

I. «Waldgeschichte» (L'histoire des forêts)

Nous avons présenté sous le titre «Wald und Mensch, Waldgeschichte des Alpenvorlandes Deutschlands, Österreichs und der Schweiz» les résultats de recherches systematiques sur l'évolution de la forêt dans les temps historiques, c'est à dire par l'effet du dualisme forêt-homme (nature-technique). De nombreuses notions nouvelles et variées ont été déduites de ces investigations et ont conduit à une théorie de la «Waldgeschichte» et à son application méthodique. Dans la langue allemande «Forst» est un terme employé dans l'administration, «Wald» un terme qu'on emploie en parlant de la nature. On entend par «Forstgeschichte» l'histoire de l'aménagement des forêts, par «Waldgeschichte» l'évolution de la forêt dans les temps historiques, qui se fait sous l'influence du dualisme nature-homme. En même temps dans le sens de la historiographie «Waldgeschichte» est la description critique d'évolution de la forêt soumise aux lois de la vie et influencée par l'homme. L'histoire des forêts, (dans notre sens), commence avec l'histoire humaine. On distingue temps historique des forêts et évolution historique d'une forêt, car c'est pendant de longues périodes qu' existent des forêts vierges (sans l'histoire) auprès des forêts servantes à l'homme. Quant à l'évolution des forêts avant l'histoire humaine nous la rangeons à la science phytologique.

II. «Méthode»

«Waldgeschichte» dans ses rapports avec l'histoire de l'évolution est fortement liée à la phytologie (phytosociologie). L'histoire de la forêt est aussi basée sur le principe de l'unité de l'association des plantes forestières pour être à même de présenter méthodiquement les problems compliqués de la corrélation évolution biologique — intervention de l'homme.

La méthode se base sur l'utilisation des documents historiques qui nous transmettent non seulement l'action primitive mais aussi l'action réglée de l'homme sur la forêt et cela en regardant toujours le point de vue de la phytologie et de la géographie forestière d'après les conditions écologiques générales et les relations sociologiques intérieures. L'histoire de la forêt est une branche de la science forestière quand il s'agit principalement de problèmes forestiers, ou une partie de la géographie de la forêt quand elle s'approche des sciences géographiques et phytologiques ce qui est le cas dans ce livre.

III. Paysage

On entend par la notion «Alpenvorland» l'avant-térre des Alpes, c'est à dire, la région qui s'étend au nord des Alpes du lac de Genève à la forêt viennoise (Wiener Wald) bordée en Allemagne et en Autriche par le Danube. La description du paysage se fait par subdivision en grandes régions. Elle commence par le lac de Constance au point où les trois pays, l'Allemagne, l'Autriche et la Suisse se touchent. C'est pourquoi le beau paysage du Souabe Baptiste Pflug de Biberach a été choisi comme symbole pour le frontispice du livre. Les différents paysages de l'Alpenvorland sont étudiés d'après leur formation géologique-morphologique en expliquant en grands traits l'évolution de la forêt également comme résultat de la colonisation et de l'économie, quelquefois aussi comme résultat des influences exercées par la souveraineté territoriale.

On distingue d'une part «paysage» dans son sens géographique-physiognomique et d'autre part «région» dans la totalité de ses conditions climatiques, orographiques et écologiques. L'évolution de la forêt est présentée séparément pour chaque paysage et pour chaque région. Néanmoins les relations entre tous les paysages dans leur ensemble sont tourjours mises en avant. Le cours de la description se voit clairement dans la table de matières largement subdivisée.

La forêt de la région souabe entre le lac de Constance, le Danube et le Lech sert ordinairement d'objet pour décrire le processus de l'évolution typique.

IV. «Regionalwald» (Forêt régionale)

La présentation par paysages montre que l'évolution des différentes forêts dans l'Alpenvorland suivit, malgré beaucoup de particularités, un processus d'évolution non conforme mais semblable, et toujours typique d'une manière ou d'autre. Les arbres caractéristiques pour ce paysage forestier sont le hêtre (Fagus), le chêne (Quercus) et le sapin (Abies). Le hêtre ou le chêne forment avec les arbres auxquels ils sont sasociés et desquels ils sont accompagnés des associations forestières régionales. L'épicéa (Picea) n'est pas un arbre caractéristique pour l'avant-terre (abstraction faite de cas exceptionnels) c'est à dire, il ne forme pas en général dans l'avant terre spontanément une association forestière conforme à sa nature (Piceetum) mais se mélange aux associations de feuillus uniquement en qualité d'arbre de compagnie. Une véritable forêt d'épicéa ne se rencontre que dans les forêts du bord des marécages et dans des sites semblables. Le pin ne joue, en général, qu'un rôle d'importance locale.

Les types de forêts régionales les plus importants se trouvant dans l'avant terre des Alpes sont:

«Präalpiner Bergwald», Forêt montagnarde préalpine de hêtres et de sapins, d'érables et d'ifs, mélangée avec l'épicéa, à caractère montagnard fortement accentué et à caractère préalpin;

«Vorland-Bergwald», Forêt de montagnes dans l'avant terre des Alpes, composée de hêtres et de sapins, d'érables et d'ifs, mélangée avec l'épicéa, à caractère montagnard parfois fortement accentué;

«Buchen-Eichenwald» und «Eichen-Buchenwald», forêt de hêtres-chênes (où les hêtres prédominent) et forêt de chênes-hêtres (ou les chênes prédominent), avec ou sans mélange de sapins et d'épicéas ou d'épicéas à type montagnard parfois peu accentué;

«Eichen-Buchen-Laubholz-Mischwald» und «Eichen-Laubholz-Mischwald», forêt feuillue mélangée, où les chênes et hêtres, et forêt feuillue melangée, où les chênes prédominent, à type montagnard peu accentué ou à type de collines.

En ce qui concerne les différents types de forêts régionales on distingue des types de forêt à conditions extrêmes de station (p. ex. forêt de marécage, forêt en terrain aquatique, forêt de bruyère etz.).

Nos types de forêts régionales (Regionalwaldtypen) sont déduits de l'histoire de la forêt et non de la phytologie (sociologie des plantes). Ils peuvent être identifiés avec des types déduits de la phytologie. Les types dans le sens de l'histoire de la forêt sont jugés principalement au point de vue de l'histoire de la forêt, les types dans le sens de la phytologie au point de vue de la phytologie (sociologie des plantes).

V. «Primitive Nutzung und Betriebsformen» (Exploitation primitive, modes d'aménagement)

L'évolution des modes d'aménagement résultant de l'exploitation primitive est confrontée à l'évolution des types des forêts régionales. Entre les périodes de végétation et les régions de certains modes d'aménagement, qui se remarquent plus distinctement il y a parfois des relations faibles, parfois des relations étroites. Le plus souvent les zones se coupent. Les effets d'un seul et même mode d'aménagement varient le plus souvent dans les différentes zones de végétation parce que les actions des seuls facteurs naturels diffèrent. Les zones de végétation se rapportent aux interventions humaines primitives ou réglées de même que l'espace au temps, les événements dus à la nature à l'histoire, et l'évolution rythmique à l'impulsion a-rythmique.

VI. «Fichtenvorstoß» (Migration de l'épicéa)

Dans le paysage à moraines l'épicéa avait gagné les bords des tourbières à sphaignes et les sites humides marécageux. De là il se répandit graduellement dans les forêts de l'avant terre, qui s'éclaircissaient de plus en plus par suite des interventions humaines. Ce processus est un des facteurs les plus importants en ce qui concerne l'évolution des forêts de l'avant terre, auquel correspond, en maintes régions, un même mouvement à l'égard du pin.

On comprend par «Fichtenvorstoß» un mouvement naturel, aigu, se faisant par à-coups et provoqué par un motif quelconque.

Par «Fichtenwaldbauvorstoß» on comprend un mouvement naturel, favorisé sciemment par l'homme, et de cette manière, avancé par lui par à-coups.

En conséquence «Fichtenwaldbauvorstoß» est une mesure sylvicole primitive. Ce mouvement dynamique de l'épicéa aboutit finalement à la structure statico-technique des peuplements purs, qui non seulement nivelaient la physiognomie du paysage, mais qui appauvrissaient sa substance biologique. Proprementdit, il y avait une zone sans épicéa (Fichten-freie Zone) uniquement dans la partie laquelle est limitée par les feuillus du Jura Souabe et Jura franconnien. Il y a des relations causales entre l'aménagement des forêts et de l'agriculture sur le sol forestier (Waldfeldbau) et des peuplements d'épicéa. Les voies d'eau des rivières des Alpes ont aussi autrefois souvent contribué à une transformation plus rapide de la forêt mélangée en peuplement d'épicéa.

VII. «Natürlicher Wald» (Forêt naturelle)

«La forêt naturelle d'autrefois», c'est à dire la forêt originaire est d'après sa nature toute autre chose que «la forêt naturelle d'aujourd'hui». La forêt naturelle d'aujourd'hui, qui est l'objet même des études phytosociologiques, est la forêt qui s'est formée ou se forme spontanément dans le paysage cultural sous les influences diverses exercées par les hommes. De même on entend aussi par «Naturwald» la forêt qui se formerait si toutes les interventions humaines étaient éliminées.

VIII. «Waldgeschichtliche Ordnung»
(Ordre des forêts dans le sens historique-biologique)

Les forêts naturelles d'autrefois sont en beaucoup d'endroits plus ou moins détruites, ou, du moins, dérangées ou, d'une manière quelconque, modifiées, mais le plus souvent disparues. Même là où elles existent encore complètement ou en fragments elles sont modifiées dans leur nature et structure, souvent nivelées ou cachées sous l'aspect d'une forêt économique (Wirtschaftswald).

Le but d'une classification des types historiaux et d'une succession de types sont basés sur les motifs suivants:

a) établir un ordre tout à fait clair dans le processus de l'évolution de la forêt au cours du temps, lequel est utilisable non seulement pour la phytologie et pour la géographie de la forêt mais aussi pour l'aménagement des forêts en vue d'une analyse des forêts;

b) confronter à l'ordre phytologique, basé sur l'évolution naturelle, un ordre du point de vue de l'histoire de la forêt basé sur l'évolution dualistique (nature-homme), soit pour avoir une vue générale, soit pour avoir une comparaison évidente.

La succession des types ou la systématique est extrêmement simple. Nous distinguons:

1. «Primärtypen» des Waldes (Types primaires de la forêt)

Ce sont des types de la forêt naturelle non dérangée lesquels, par les interventions de l'homme, n'ont pas du tout été modifiés ou seulement peu modifiés. Ils correspondent, en ce qui concerne la notion, aux associations des plantes forestières naturelles.

2. «Sekundärtypen» des Waldes (Types secondaires de la forêt)

Ce sont des types primaires d'autrefois, c'est à dire des types qui ont été modifiés considérablement par l'influence humaine à l'égard de leurs membres et leur structure, mais qui se sont conservés leur caractère naturel.

«Waldbautypen» (Types sylvicoles)

Les «Waldbautypen» ont été déduits des types secondaires par un aménagement primitif ou réglé. En parlant des types sylvicoles nous distinguons:
a) «naturnahe Waldbautypen» (types conformes à la nature)
b) «naturferne Waldbautypen» (types moins conformes à la nature)
c) naturfremde Waldbautypen (types non conformes à la nature).

Du point de vue de leur communauté de vie, ces trois types se distinguent considérablement. Les «naturnahe Waldbautypen» ont maintenu le caractère naturel de leur type primaire au dessus du type secondaire bienqu'ils aient été influencés et modifiés à certains égards. Au point de vue phytologique ou phytosociologique ils correspondent dans le cadre de la systématique de la phytologie à une association de plantes plus ou moins influencée.

«Kunsttypen» (Types artificiels)

On entend par «Kunsttypen» ou «künstliche Waldbautypen» (types sylvicoles artificiels) tous les types sylvicoles dont le peuplement principal a été fondé artificiellement avec des essences qui ne sont pas indigènes dans cette region de végetation. Ces types artificiels sont «technische Zwangsgefüge» sans véritable unité biologique. Ils se rencontrent toujours dans des stations purement «techniques».

3. «Tertiärtypen» des Waldes (Types tertiaires de la forêt)

La classification a été étendue en ajoutant la notion «Tertiärtyp», type tertiaire.

Nous distinguons «tertiäre Naturtypen», types tertiaires, qui sont formés par la nature, et «tertiäre naturnahe Waldbautypen», types tertiaires sylvicoles adaptés à la nature.

Les types tertiaires formés par la nature sont des régénérations naturelles de forêt pendant ou après la présence des «naturfremde Waldbautypen» ou «Kunsttypen» sur des stations modifiées et le plus souvent dégradées. Les types tertiaires sylvicoles sont construits par la technique approchés à la «forêt naturelle d'aujourdhui» en remplaçant des «naturfremde Waldbautypen» ou «Kunsttypen».

Ces deux types tertiaires ne sont pas en relation directe avec les séries d'évolution génétique des types primaires-secondaires.

IX. «Wald und Weltgeschichte» (Les forêts et l'histoire universelle)

Du commencement jusqu'à la fin de son histoire, l'humanité a pris part, d'une façon passive ou active, à l'évolution des forêts en transformant les types primaires en types secondaires et à la formation des types tertiaires. L'histoire de la forêt est à la fois l'histoire de la fertilité du monde. Tout ce qui s'est passé et se passe spontanément dans les régions de l'Alpenvorland et tout ce qui a été causé par l'homme sur toute la terre, ne diffère qu'à l'égard de l'espace et du temps, mais est presque identique à l'égard de son essence et de son effet. Ainsi l'histoire de la forêt de l'Alpenvorland n'est qu'une partie petite mais typique de celle du monde. Les types tertiaires dans le sens de l'histoire universelle se forment partout de nouveau par la pénétration de leurs membres sur le terrain abandonné par l'homme, cultivé ou non-cultivé et de chaque manière converti par la culture et la civilisation. De tels **types tertiaires apocalyptiques** se répandiront en masse quand le monde sera détruit de plus en plus et quand la nature excessivement puissante commencera de recouvrir de forêt les aires dépouillées par des catastrophes.

SUMMARY

I. Forest history in its character as history of evolution

The article entitled «Wald und Mensch, Waldgeschichte des Alpenvorlandes Deutschlands, Österreichs und der Schweiz» presents the results of systematical investigation on the evolution of the forest in historical times i. e. influenced by the dualism Forest-Man (Nature-Technic). Various new concepts deduced from these investigations gave rise to a theory of forest history and to its methodic application. In German «Forst» is a concept applied as to administration, «Wald» a term applied as to nature. When speaking of «Forstgeschichte», we mean the history of forestry, when speaking of «Waldgeschichte» we mean the evolution of the forest influenced by the dualism Nature-Man. At the same time in an historian sense «Waldgeschichte» signifies the critical representation of the forest evolution fixed by nature and influenced by man's activity. The forest history is beginning with the history of mankind. We distinguish the historical time of forests and the historical evolution of forest, for during a long time primary forests exist together with forests exploited by man. The evolution of forests before the historical time is object of the science of vegetation.

II. Method

«Waldgeschichte» in its character as history of evolution is closely connected with the science of vegetation (plant sociology). Yet «Waldgeschichte», too, must be derived from the principle, the unity of the forest-plant-association, in order to represent methodically the complex of correlation biological evolution — action of man. The method is to be based on the utilization of historical material which shows from the viewpoint of the science of vegetation and of that of forest-geography the primitive and regulated influence of man's activity on the forest in consideration of the general ecological conditions and the interior sociological relations.

The «Waldgeschichte» is a branch of the theory of forestry when chiefly forestal questions are taken in consideration, or it approaches the sciences of geography and vegetation in its character of forest geography. This is the case in this book.

III. Landscape

The «Alpenvorland» is understood to be the landscape which, limited in Austria and Germany by the Danube, stretches in the north of the Alps, from the lake Leman to the Wiener Wald. The landscape is shown by a division into large spaces. This representation starts at the «Bodensee» (lake Constance) at the point where the frontiers of the three countries, Germany, Austria and Switzerland meet. The beautiful landscape of the Bodensee by the Swabian painter Johann Pflug from Biberach has been chosen as symbol for the title page. The different landscapes of the «Alpenvorland» are studied as result of their geological-morphological formation, the evolution of the forest being explained in brief outlines also as result of influences affected by settlements and economics and sometimes also by territorial rights.

A difference is made between «landscape» in its geographic-physiognomic signification and «region» in its character as a climatic, orographic and ecological unity. The forest evolution taking place in the different landscapes and regions is represented separately. Yet the close connection between all the landscapes of the «Alpenvorland» is put in the foreground. The course of the representation, that is to say, the view on the «Alpenvorland» from the standpoint of forest history, is to be seen from the richly subdivided index. The forest of the Swabian landscape between the Danube, Bodensee and the Lech serves as main object for studying the processes of evolution.

IV. «Regionalwald» (Regional forest)

The representation by landscapes shows that in spite of many local peculiarities the evolution of the forest in the «Alpenvorland» as a whole is relatively similar, but not uniform, yet always in some way typical. The trees typical are: beech (Fagus), oak (Quercus), and white fir (Abies). Beech and oak form with the trees accompanying them and with those associated with them the associations of the regional forest (Regionalwald). The spruce (Picea) is not a tree characteristic of the Alpenvorland that is to say, (with exceptions) it does not generally by nature form an association characteristic to its type (Piceetum) but only mixes with the leafwood-associations. A true spruce forest is only present at the border of the swamp forest and in similar sites. The pine generally plays a part of but local importance. The most important types characteristic of the «Regionalwald»" of the «Alpenvorland» are:

Prealpine mountain-forest of beech and fir with maple and yew mixed with spruce, character: prealpine, decidedly mountainous.

Foreland mountain-forest of beech and fir with maple and yew, mixed with spruce, character: mountainous and decidedly mountainous.

Beech-oak forest and oak-beech forest partly mixed with fir and spruce, partly without fir and spruce or with and without spruce respectively, character: mountainous or slightly moutanious.

Oak-beech mixed leaf wood and oak-mixed leaf wood; character slightly mountainous and hilly respectively.

From the types of regional forests are to be distinguished into forest types of most extrem conditions of locality, for example: swamp-forest, forest on land liable to inundations, heath forest etc. These types of regional forests are classified from the standpoint of forest history and not from that of the science of vegetation (plant sociology). They may be identified with phytological types. The types with regard to the history of forest are mainly considered from the standpoint of history, the types with regard to the science of vegetation (plant sociology) from the standpoint of the science of vegetation (plant sociology).

V. «Primitive Nutzung und Betriebsformen» (Primitive exploiting and methods of forest-culture)

The evolution of the types of the regional forest is confronted to the development of the modes of management resulting from the primitive exploitation. There are sometimes slight, sometimes close connections between the sections of vegetation and the regions of certain more pronounced modes of management. In most cases the border lines overlap. From the biological standpoint a division as to time is more remarkable in the development of the modes of management and thereby in the evolution of the forest than a division as to area. The effects of one and the same mode of management will mostly be different in the various sections of vegetation since the mere effect of the natural factors is different. The relations between sections of vegetation and primitive resp. regulated human activity are the same as those between space and time, natural events and history, rhythmic formation and a-rhythmic impulse.

VI. «Fichtenvorstoß» (advance of spruce)

In the moraine-landscape spruce had pushed forth its occurrence forming little forests at the border of the high moors and on moory sites. From there it gradually extended into the larges forests of the Foreland, these grew thinner and thinner by the activity of man. This process is one of the most important factors in the evolution of the forest of the «Alpenvorland» which corresponds in many regions with such a movement as regards pine (Pinus). By «Fichtenvorstoß» we understand a vehement extension caused somehow by nature. By «Fichtenwaldbauvorstoß» we understand the natural extension favoured and caused by man. «Fichtenwaldbauvorstoß» therefore is a primitive sylvicultural measure. This dynamic migration of the spruce finally resulted in the stato-technical structure of pure stocks which did not only level the physiognomy of the landscape but also impoverished its biological substance.

Properly speaking a natural zone free from spruce has been present only in the part of the German «Alpenvorland» bordered by the Swabian-Frankish Jura.

There are causal connections between forestry and «Waldfeldbau» and stocks of spruce. The waterways of the Alpine rivers, too, often contributed to a more rapid conversion of the mixed forests into stocks of spruce.

VII. «Natürlicher Wald» (Natural forest)

«Natürlicher Wald von einst», that is to say, the original forest is by its nature something other than «natürlicher Wald von heute». The natural forest of to-day, which is the proper object of the plant sociological studies is that forest which evolved or is evolving in the cultural landscape under the manifold influences of man. In a similar way «natürlicher Wald» also means that forest which would be evolving under the assumption that all human influences should be eliminated.

VIII. «Waldgeschichtliche Ordnung» (historical order of forests)

The natural forest of former times has in many places been more or less destroyed or at least disturbed or in any way modified but has mostly disappeared. Yet even where they are still present in their unity or in fragments, they are modified in their nature or in their structure, often levelled and hidden under the outward appearance of a forest subject to management. The forest history together with the plant sociology determines the lack or presence of the natural character.

The aim and scope of the elimination of historical types and of the succession of types being based on:

a) to bring about a clear order into the timely processes of forest-evolution which is not only utilisable for the science of vegetation and for the forest-geography but also for the forestry in order to get an analysis of forests.

b) to oppose to the evolution as to vegetation basing on a natural order a dualistic order founded on the natural evolution (Nature-Man) partly with a view to supplementing, partly with a view to clearing by a comparision. The succession of types or systematics is extremely simple. We distinguish:

1. «Primärtypen» des Waldes (Primary forest types)

These are types of the undisturbed natural forest where the human influence has not caused any modifications at all or only unimportant ones. They correspond in their signification to natural forest-plant associations.

2. «Sekundärtypen» des Waldes (Secondary forest types)

Former primary types which have been modified by human influence as to their members and structure but which maintained their natural character.

«Waldbautypen» (Forest culture types)

The «Waldbautypen» have been derived from the secondary types by a primitive or by a systematic management. Speaking of the forest culture types we distinguish:

a) «naturnahe Waldbautypen» (forest culture types conform to nature)
b) «naturferne Waldbautypen» (forest culture types less conform to nature)
c) «naturfremde Waldbautypen» (forest culture types non conform to nature).

Biologically these three types differ much. The forest culture types conform to nature have maintained the natural character of their primary type beyond the secondary type, though being influenced and modified in certain regards. Within the systematics of the plant sociology, they correspond from the point of view of the science of vegetation or plant sociology, to a more or less influenced association of plants.

«Kunsttypen» (artificial types)

By «Kunsttypen» or «künstliche Waldbautypen» we unterstand all forest culture types the principal stock of which has been created artificially, by wood species which are not indigenous in this region of vegetation. These artificial types are, «technische Zwangsgefüge» without any real biological unity. They always are found on pure technical habitats.

3. «Tertiärtypen» des Waldes (tertiary types of forest)

The classification has been enlarged in joining the term «Tertiärtyp», tertiary type. We distinguish «tertiäre Naturtypen», tertiary types created by nature, and «tertiäre naturnahe Waldbautypen», tertiary forest culture types, created by sylviculture, but adapted to nature. These tertiary types, created by nature, are natural regenerations of the forest, during or after the existence of «naturfremde Waldbautypen» or «Kunsttypen» on modified and even often degraded habitats. The tertiary forest culture types are constructed by the technics, approached to the «natural forest of today», supplying the «naturfremde Waldbautypen» or «Kunsttypen». These two tertiary types ar not any longer in a direct connection with the genetic series of evolution of the primary and secondary types.

IX. «Wald und Weltgeschichte»
(The forests and the universal history)

Throughout all its history the whole of mankind takes part in an active or passive way in the evolution of the forests, converting the primary types in secondary types, and in the formation of tertiary types. The history of the forest is at the same time the history of fertility of the earth. All that has happened and happens in a natural way in the «Alpenvorland», and all that is caused by man, happens throughout the earth, only locally and temporally different, but rather identical in its essence. Thus the history of the forest of the «Alpenvorland» is only a little but a typical part of that of the earth. The tertiary types, in the sense of universal history will form themselves everywhere again by the penetration of their members into the regions abandoned by man, cultivated or non cultivated, and at all events modified by civilisation. These a p o c a l y p t i c a l t y p e s will spread over in a mass when the earth will be more and more destroyed and when almighty nature will cover again the void and vast scenes of catastrophes.

ANMERKUNGEN

ABKÜRZUNGEN

St. A. = Staatsarchiv.
St. F. A. = Staatsfilialarchiv.
O. A. B. = Oberamtsbeschreibung, *218*
W. R. L. = Württembergische Ländliche Rechtsquellen, *217*.
(T. P.) = Topographische Karte des Württ. Statist. Landesamtes, 1 : 25 000.

VERZEICHNISSE

Schrifttumsverzeichnis, s. S. 266.
Verzeichnis der Archive, s. S. 272.
Verzeichnis der Abbildungen und Karten, s. S. 274.

[1]) Köstler, J., *111*; *112*; Hausrath, H., *81*; Hilf, R. B., *91, 92*; Schwappach, A., *180, 181*; Dengler, A., *34*; Rubner, K., *157*; Tscherning, *200*; Hornstein, *97*; Dieterich, *224 b*.

[2]) Kerner, A., *105*; Warming, E., *206*; Schimper, A. F., *165*; Gradmann, R., *65*; Braun-Blanquet, J., *27*; Knapp, R., *108*; Schlenker, G., *168*; Faber, A., *47*; Klapp, E., *106*; Schmid, E., *171, 172*; Gams, H., *58*; Hausrath, H., *80*; Möller, A., *143*; Lemmel, H., *127*; Dengler, A., *34*; Rubner, K., *157, 160*; Köstler, J., *113*; Feucht, O., *48*; Seeholzer, M., *183*; Hornstein, *97*.

[3]) Bertsch, K., *14 u. a.*; Bertsch, F., *13*; Paul H. u. Ruoff, S., *150*; Firbas, F., *49*; Bertsch, K., *229, 236*.

[4]) Hegi, Bd. I 1935, S. 120, 125; Fischer, Schwäbisches Wörterbuch.

[5]) Gradmann, R., *63*; Krebs, N., *118, 119*; Früh, J., *56*; Schuster, M., *178*; Eberle, B., *36*; Weidenbach, *208, 209*.

[6]) Württ. K. Statistisches Landesamt, Das Königreich Württemberg, *216*; Steichele-Schröder, *187*; Weller, K., *210*; Württ. Oberamtsbeschreibungen, *218*; Baumann, F. L., *7*; Hausrath, H., *80*.

[7]) Bertsch, K. u. F., *26*; Vollmann, *204*; Gradmann, *65*; Oberdorfer, *145*. — Wir gebrauchen die Begriffe „Bergwald", „Voralpenwald" im Rahmen einer horizontalen Gliederung; bei Gradmann z. B. ist „Bergwald" eine bestimmte Standortsgesellschaft, „Voralpenwald" eine Stufe der vertikalen Gliederung des Gebirgswaldes.

[8]) Tschermak, *196, 198*.

[9]) Winkler, *214, 215*.

[10]) Scharfetter, *162*; Leibundgut, *125*.

[11]) St. A. München, Stift Kempten Nr. 75, Aus dem Vertragsbuch betr. Kloster St. Georgen zu Isny. 1575, Marken im Häfelins Wald, überwiegend Weißtannen, dann Buchen, Rottanne selten. 1606 Vertrag des Klosters Isny mit der Stadt Ulm wegen Holzverkauf auf 70 Jahre (Ulmertal). 1695, Markenuntergang, von 56 Marken sind 32 Weißtannen, 13 Buchen, 4 Rottannen. 1709, Rezeß Isny-Kempten wegen Glashütte im Ulmertal; je 100 bis 150 Schritt entfernt steht ein Markungsbaum. Vom Ulmertal über den Steig den sogenannten Neggenbach: von 21 Marken sind 6 Weißtannen, 8 Rottannen, 5 Buchen. In Egg beim Weißwasser sind 16 Untermarken, hievon 12 Weißtannen, 2 Rottannen, 1 Buche; von den Marken Nr. 17 bis Nr. 64 sind 30 Weißtannen, 2 Rottannen, 10 Buchen.

[12]) Kempten, Forstamt, *104*.

[13]) O. A. B. Tettnang, Wangen, Ravensburg, Leutkirch, *218*; Rottenkolber, J., *156*.

[14]) Förderreuter, M., *52*; Geiß, O., *62*.

[15]) O. A. B. Tettnang, Wangen, Ravensburg, Leutkirch, *218*.

[16]) Bertsch, K., Bertsch, F., *13-24*; Paul, H. u. Ruoff, S., *150*; siehe auch Tabellen in Hauff, Schlenker, Krauß *149*.

[17]) Lohrmann, *136* (Im Schindelwald wohl Einfluß des Tannenareales der Südwestalb).

[18]) O. A. B. Tettnang, 1838, 1915, *218*; Lenz, *128*; Maler Johannes Andreas Rauch (Rauh) aus Wangen vermaß 1617 das Gebiet der Reichsstadt Wangen, 1626—1628 das Gebiet der Reichsstadt Lindau. Das Original der Rauchschen Landtafel von Wangen befindet sich im Museum, die Kopie im Rathaus. Kupferstich von 1647. Das Original der Lindauer Landtafel ist verschollen; sie ist zweimal im Kupferstich vervielfältigt. Eine Platte im Museum Lindau, Nachdrucke im Verlag Top. Stat. Landesbureau Stuttgart (s. S. 162 Burgau).

[19]) O. A. B. Tettnang, 1915, *218*.

[20]) St. A. Stuttgart, Akten Montfort.

[21]) Württ. Forstamt Tettnang, Waldbeschreibungen Revier Tettnang, 1819, 1843; Tannenstandorte 1948 in Distrikt III, V, VI, IX. Waldbeschreibungen Revier Löwental, 1819 u. a.

[22]) Stadtarchiv Ravensburg, Waldakten des Spitals, Fach 70.

[23]) Württ. Forstamt Wangen, Einrichtungswerke des frühen 19. Jhdt.

[24]) Forstmeister Dr. Reinhold, Donaueschingen, überließ entgegenkommend die Quellensammlung zur Forstgeschichte des Fürstl. Fürstenbergschen Forstamtes Meßkirch und Heiligenberg, 1946/47, wofür ihm ausdrücklich gedankt sei, *155*.

[25]) Leiber, L., *124*. — „Kammerers Tannen", Heiligkreuztaler Urkunde 1351, *86*.

[26]) Kgl. Hofkammer in Stuttgart gibt 1828 Auftrag zur Taxation an das Hof-Cameralamt Altshausen. Taxation der Krondomänenwaldungen von 1830, Hofkammerforstamt Altshausen.

[27]) Graner, F., *67 b*; O. A. B. Ravensburg 1836, O. A. B. Waldsee 1834, *218*.

[28]) St. A. Stuttgart, Copialbuch 1605; Erbtruchseß und Ravensburg contra Landvogtei Schwaben.

[29]) Fürstl. Fuggersches Archiv Augsburg, Fasz. 29, I 6 Landvogt Schwaben.

[30]) Fürstl. Waldburgsches Archiv Wolfegg, Urbare und Forstakten: Waldburg-Wolfeggsche Holzordnung von 1785 (Nr. 8696), Waldgerichtskorrespondenz 18. Jhdt. (Nr. 16 144). Taxation 1789 von Forstdirektor Partenschlager, 1807 von Forstdirektor P. Restitut Grimm. — Forstordnung der Landvogtei Ober- und Niederschwaben, Altdorf 1781 (Nr. 54); Stift Kemptensche Forstordnung von 1706 (Nr. 723).

[31]) Gfl. Königseggsches Archiv Aulendorf, Urbarium 1593, Urbarium Hoßkirch 1589.

[32]) Geologische Spezialkarte, Blatt Waldsee Nr. 164, Biberach Nr. 157, von F. Weidenbach, Erläuterungen hiezu, Stuttgart 1936, 1937, *209*.

[33]) Bertsch, K., *16, 17*.

[34]) Schussenried, Württ. Forstamt Schussenried, Taxation von 1796, 1804 und 1836; O. A. B. Waldsee 1834, Saulgau 1829, *218*.

[35]) Kißlegg, Fürstl. Waldburgsches Archiv Zeil, Güterbeschrieb des Burggutes Kißlegg 1681, Markungsbäume, Beschreibung 1791.

[36]) Bertsch, K. u. F., *25*.

[37]) Das bisher unveröffentlichte Diagramm des Wurzacher Riedes stellte Dr. Karl Bertsch entgegenkommenderweise zur Verfügung.

[38]) Fürstl. Archiv Wolfegg, Forst Schwarzach, Markungs- und Waldbeschreibungen, 1540, 1796 usw.

[39]) Bertsch, K., *22*.

[40a]) Zeil. Der verstorbene Archivrat Schwanzer hatte eine Zusammenstellung wichtiger auf den Wald bezüglicher Akten und Auszüge (aber ohne Anführung der Belegstellen) verfaßt, die zur Verfügung stand. Leider enthielten sie fast kein Material über Holzarten, Holzartenwechsel usw. Herr Forstdirektor V. Moosmayer hatte die Freundlichkeit, wiederholt einschlägige Mitteilung zu machen.

[40b]) Schuster, E., *177*. Das Werk Schusters wurde durch seinen Tod i. J. 1928 allzu früh beendet. Das nachgelassene Manuskript hat V. Moosmayer herausgegeben.

[40c]) Nachträgliche Blütenstaubuntersuchungen durch R. Hauff, *149*, rechtfertigen unsere Annahme, indem sie für die Gegend um Zeil einen ganz beträchtlichen Anteil der Weißtanne vor der Exploitation und der folgenden Fichtenausbreitung nachweisen. Eine Probe aus Abt. „Vogelherd" läßt eine ständig wachsende Zunahme der Tanne erkennen, möglicherweise in den Jahrhunderten zwischen der alemannischen Siedlung und dem Hochmittelalter. In dieser Probe erreicht bei 35 cm Tiefe der Blütenstaub der Buche 29 v. H., der der Tanne ebenfalls 29 v. H., während die Fichte erst mit 2 v. H. vertreten ist. Die Tanne nimmt somit gegendweise vor dem starken menschlichen Eingriff in das Gesamtwaldbild zu. Zwischen 30 und 25 cm der Probe sinkt der Anteil der Tanne rasch auf 10 v. H., während die Fichte auf 30 v. H., die Forche auf 50 v. H. steigt. (Frdl. Mitteilung des Herrn Studienrates Dr. Hauff vom Januar 1951.)

[41]) O. A. B. Leutkirch, 1843, *218*; Seite 30: „Wacholder ist noch verbreitet in ungewöhnlicher Größe". S. 60: „Die vorherrschende Holzart ist die Fichte, die teils in reinen Beständen, teils in Vermischung mit Weißtannen, Forchen und Buchen vorkommt. Einzeln eingesprengt, besonders an südlichen und westlichen Abhängen finden sich Eichen, Eschen, Birken, und namentlich in der nächsten Umgebung von Zeil auch Ulmen und Ahorn".

[42]) Stadtarchiv Ulm, Ratsprotokolle. Siehe Anm. 122.

[43]) Die waldgeschichtliche Ordnung, s. S. 237.

⁴⁴) Reyscher, Dr. A. L., Sammlung der württ. Gesetze, Tübingen bei L. Fr. Fues, 1845; 16. Bd. 1. württ. Finanzgesetze, 1. Abt. Cameralgesetze von 1495—1806, von Dr. C. H. C. Hoffmann, ord. Prof. d. Staatswissenschaften in Tübingen, 2. Abt. von 1805—1846, *219*.

⁴⁵) Graner, F., *67a*; Zeyher, M., *221*.

⁴⁶) Siehe z. B. Richtlinien und Vorschriften für die Wirtschaftsführung in den Staatswaldungen, Württ. Forstdirektion in Stuttgart, 1933, mit denen ein bestimmtes Betriebssystem, der Wagnersche Blendersaumschlag, eingeführt wurde; siehe Endres, Forstpolitik, 6. Kap. Forstpolizeigesetzgebung.

⁴⁷) Bühler, A., *30*; Waldbau II, Der Plenterwald, S. 565 und 576 P. 10 auch 578; Leibundgut, H., *126*; S. 270, Plenterhieb, ursprünglich gleichbedeutend mit Femelhieb.

⁴⁸) Spiegelschläge, siehe Bühler, *30*; II, S. 576 P. 10 „für die heute üblichen Ausdrücke Plentern, Femeln finden wir in der Literatur die Worte: Ausleutern, Auslichten ... Ausspiegeln ...".

⁴⁹ᵃ) Archiv Wolfegg, Forstordnung der Landvogtei in Ober- und Unterschwaben von 1781 (Nr. 54).

⁴⁹ᵇ) Archiv Zeil, Trauchburgsche Forstordnung von 1776.

⁵⁰) Bericht über die Forstvereinsversammlung in Ravensburg 1865, zitiert auch bei Bühler, *30*; II.

⁵¹) Forstmeister Schmidt-Hieber, Weingarten, „Der bestimmende Einfluß der Forsteinrichtung des 19. Jahrhunderts auf Verjüngung und Aufbau der Wälder im südlichen Oberschwaben, insbes. im Altdorfer Wald", 1931, Manuskript, *174*. Forstmeister Barth, Baindt, verschiedene Mitteilungen über die Weißtanne aus dem Aktenbestande.

⁵²) O. A. B. Tettnang, 1838, 1915, *218*; geologische Karte Tettnang 1 : 25 000.

⁵³) s. S. 66.

⁵⁴) Hebersche Karte, Archiv Obermarchtal.

⁵⁵) Ostracher Wald, Kartenfragment, Fürstl. Archiv Sigmaringen.

⁵⁶) Moser, W. G., „Beschreibung sämtlicher herrschaftlicher Waldungen in der reichsgefürsteten Grafschaft Friedberg-Scheer", 1790, Original im Fürstl. Archiv in Regensburg, Abschrift im Fürstl. Forstamt in Obermarchtal. — Schöne Karte, von Hirschfurt und Dietelhofen reichend bis Sigmaringendorf, Ablach und Pfullendorfer Wald, vom Tautschbuch bis Dürmentingen, gefertigt vom Ulmer Stadtmaler Philipp R e u l i n um 1 5 9 0 anläßlich des Jurisdiktionsprozesses der Truchsessen von Waldburg (Scheer) gegen die von Hornstein um Göffingen (Originale in Obermarchtal und Stuttgart, Kopie in Grüningen); alle Waldungen sind als Laubwälder dargestellt.

⁵⁷) Bertsch, F., *13*.

⁵⁸) Reinhold, *155*.

⁵⁹) Der Weithart. Fürstl. Archiv Sigmaringen, Rezeß von 1740 K XXX F. XIII, Fasz. 102. Das Archivmaterial der Stadt und des Spitals Pfullendorf im Generallandesarchiv in Karlsruhe, Abt. 70, war wegen der Kriegsverhältnisse nicht zugänglich; Kaplan Dr. Schupp in Pfullendorf vermittelte freundlicherweise einige Notizen. 1521 Eichelordnung für den Weithart, 1591 Erneuerung der Lochen und Marken, Spitalsrechnung Nr. 6, 1597/98 Fol. 56, Ausgaben für den Harzer Martin; Stadtarchiv Nr. 658, 659, 1544—1798, der Genossenschaftswald Weithart. Ratsprotokolle des 17. und 18. Jahrhunderts, Holzabgaben. Im Archiv der Stadt Mengen konnten keine Akten über den Weithart gefunden werden. Das Forstrecht im Weithart besitzt Kloster Salem, aber von Sigmaringen verliehen. Das Harzen gibt dauernd Anlaß zu forstrechtlichen Streitigkeiten. 1674, Sebastian Fischer, Harzer zu Hausen am Andelsbach, harzt in den Ostracher Wäldern des Klosters Salem. 1688, Salem beschwert sich wegen des Schadens durch Harzen, 1782, Pfullendorf beruft sich auf seine alten Rechte im Weithart nach dem Rezeß und folgert daraus auch das Recht des Harzens, das aber im Rezeß nicht genannt ist. 1790, 1796 u. a., Fürstl. Archiv Sigmaringen R 50 E. K XXX, F. XIII, Fasz. 81.

Im Nordteil des Weithart, im Stadtwald Mengen, reichen in die ersten Jahrzehnte des 19. Jahrhunderts hinein ungleichaltrige Fichtenreinbestände aus femelartiger Nutzung, mit einzelnen Starkeichen durchstellt (Forstref. Fezer, Bestandesgeschichte des Weithart, Forstamt Mengen).

⁶⁰) Fürstl. Archiv Obermarchtal. Holzordnung der Gemeinde Spöck, südlich des Forstes Magenbuch, mit Regelung des Harzens, 1565.

⁶¹) Arbeitsgemeinschaft „Oberschwäbische Fichtenreviere" Orsenhausen, *149*.

⁶²) Fürstl. Archiv Sigmaringen (Karten).

⁶³) Scheer, fürstl. Archiv Sigmaringen K. XXX, F. XII, Fasz. 64 R 50 E Sigmaringen-Scheer, Forstsachen.

⁶⁴) Lohrmann, R., *131*.

⁶⁵) St. A. Sigmaringen, Kloster Wald, Urbarium von 1502, Urbarium und Mappe von Ende des 18. Jahrhunderts.

⁶⁶) Fürstl. Forstamt Wald, Taxation, 1831—1834 (H. Karl).

⁶⁷) Forstordnung der Grafschaft Heiligenberg, veröffentlicht von Tumbült in Schriften des Vereins für Geschichte und Naturgeschichte der Baar, Donaueschingen, XI H. 1904, auch bei Reinhold, *155*, und Leiber, *124*. Diese Forstordnung kann erst bei Vergleich mit der württ. Forstordnung von 1614 richtig beurteilt werden.

⁶⁸) Das unveröffentlichte Diagramm wurde von Dr. Karl Bertsch freundlicherweise zur Verfügung gestellt.

[69]) Josef Freiherr v. Laßberg, 1770—1855, in **Meersburg**, Germanist, Entdecker der Nibelungenhandschrift von Hohenems, Schwager der Annette von Droste-Hülshoff.

[70]) Leiber, L., *124*.

[71]) Günter, *74*.

[72]) Bartsch, J., *6*; Bertsch, K. und F., *26*; Oberdorfer, E., *145*; *146*.

[73]) Braun-Blanquet, Pflanzensoziologisch-pflanzengeographische Studien in Südwestdeutschland, Neudamm, 1931.

[74]) Hamm, J. (Kenzingen i. B.), *78*.

[75]) O. A. B. Biberach von 1837, O. A. B. Riedlingen von 1923, *218*.

[76]) Reinerth, H., *154*; Paret, O., *226*; Firbas, F., *49*.

[77]) Bertsch, K., *17*.

[78]) Glashart, Heiligkreuztal, *86*; Urkundenbuch des Klosters (H. U.).

[79]) Uttenweiler, Württ. Ländliche Rechtsquellen, *217*.

[80]) Ernst, V., *40*.

[81]) Archiv Schloß Mittelbiberach, XXXIII, 5, und W. L. R. (S. 185), *217*.

[82]) Stadt- und Spitalswaldungen Biberach. Ernst, *40*; Urkunden Nr. 67, 99. — Städt. A., Biberach, 1610 (3, Fach 63, Fasz. 5) Verzeichnis der der Stadt zugehörigen Hölzer und Khauen und was von Jahr zu Jahr Brennholz gemacht und gehauen worden ist. Z. B. wird sehr über den Holzverbrauch des städtischen Zieglers geklagt (1 Brand: 11 Klafter; im Jahre 110 Klafter, 1 Biberacher Waldklafter 4,1 rm). Auf den Schlägen bleiben stehen als Samenbäume: Eichen. Im Stadtkarsach bleiben jedoch auf den Schlägen von 2—6 Jauchert stehen: Eichen und „viel junge Tannen", also wird die Fichte und wohl auch die Tanne übergehalten. Die Abteilung „Asang" erinnert an den Waldfeldbau. — Hauptrelation von 1766, betr. Stadtwaldungen. Windfälle 1753. — Der Biberacher Stadtwald umfaßt 516 ha, deckt sich mit dem alten Besitzstand; das Spital besitzt 1434 ha, aus verschiedenen Kapitalanlagen auf zerstreuten Markungen stammend. Biberacher Jauchert entsprach der Ulmer, 0,5 ha (61 440 Qu.-Fuß). Städtische Waldordnung von 1769 läßt als Standreiser Aspen, Eichen, Birken, Buchen zu. Waldbeschreibung von 1802.

[83]) Köhler, Dr., Forstverwalter der Stadt, „Die Biberacher Körperschaftswaldungen", 1914 als Führer zur 26. württ. Forstversammlung, *110*. Wesentlich die Ausführungen über die Weißtanne, „deren standörtliche Bedeutung für die Biberacher Gegend zu wenig bekannt" sei.

[84]) Feucht, Schwäbisches Baumbuch, *53*, Stadtwald „Etten", bei Ahlen, alte Tanne um 1911, etwa 200jährig, 4,20 Umfang, 37 m Höhe, „eine der schönsten Weißtannen des Landes", — Stadtwald Karsach II Abt. 3 eine etwa 200jährige Buche. —

[85]) Birkenhart und Birkendorf. Der Ort Birkenhart (1083 genannt Birchihart, seinerzeit der Herrschaft Warthausen gehörig) und der nahe Flurname „Lohacker" zeigt, daß schon frühe im Hart die Birke nach der schlechten Behandlung des Waldes überhand genommen hat, und daß im „Loh" Waldfeldbau getrieben worden ist. Diese Waldteile und der Ort liegen Biberach (zuerst 1083 Bibra) zunächst auf der Rißmoränenhöhe. Dagegen liegt im Tal der Riß der Ort Birkendorf (ungefähr 1258 Birchidorf), heute Vorort von Biberach. In diesem Tal folgen im Anschluß an die südlicher gelegenen Hochmoore in nördlicher Richtung Flachmoore, jedoch manche auch mit Hochmooranflug. Die Moorbirke ist Mitglied dieser Riedvegetation. So könnte man den Ort Birkenhart als Namensträger von Betula verrucosa, den Ort Birkendorf von Betula pubescens vermuten. — In sumpfigen Tälern wurde erst spät gesiedelt. Überall wo Flachmoore sind (Rißtal, Donauried usw.), finden sich Flurnamen wie „Das Birkach", „In den Birken" usw. In der Nähe des Ortes Birkendorf stehen an einem Feldrain einige geschnaitelte Birken.

[86]) Warthausen, Württ. Forstamt Biberach, „Geometrischer Grundriß aller Warthausenschen Waldungen" von 1764, vermutlich über Auftrag des Graf Stadionschen Sekretärs und Oberamtmanns de la Roche, des Gatten der Sophie de la Roche, angelegt. Die zum Mappenwerk gehörige Beschreibung fehlt leider. Taxation 1814. —

1852, Forstamt Ochsenhausen, Revier Warthausen, Wirtschaftseinrichtung durch Forstamtsassistent Pollak aus Ochsenhausen. Genaue Standortsbeschreibungen, tritt für Erhaltung des Mischwaldes ein. Tannenstandorte nachgewiesen für „Vorderer Missenghau und Lindenghau", heute XV, 1 und 2, „früherer Femelwald mit eingewachsenen alten und teils sehr starken Stämmen von Eichen, Buchen, Weißtannen, Forchen und Fichten". Forchen und Weißtannen werden wegen ihrer Langschäftigkeit gerühmt.

[87]) Ochsenhausen, St. A. Stuttgart. Repertorium des Klosterarchivs. Die Waldakten des 16. Jahrhunderts waren unauffindbar, scheinen einmal an eine forstliche Stelle abgegeben worden zu sein. Forstakten des 19. Jahrhunderts sind im Filialarchiv Ludwigsburg. Im Kopialbuch Nr. 389, S. 161, ist die Bemerkung wegen der Fichtensaat enthalten; ein reiner Zufall ließ sie entdecken. — Große ölgemalte Karte der Klosterherrschaft, angeblich von 1660, vermutlich früher, gibt wohl manche, aber doch sehr unsichere Aufschlüsse.

Aus dem Repertorium; 1528 Vergleich des Klosters, die Untertanen von Bronnen und Ringschnaidt haben nicht „in den Buchwald" zu treiben. 1596 „Der Helchenbuch" oberhalb Horn. 1442 Der Viehtrieb durch den „Buchschorren" bei Ummendorf. 1442 Schweineeintrieb in das Holz Tiefental. 1510 Äckerichsrechte in den

Halden bei Ummendorf. 1519 In der Schlegelwälze bei Rohmoos und Weiler ist Trieb und Tratt erlaubt. Eicheln dürfen nur geschüttelt, aber nicht abgeschlagen werden. Eichen dürfen nicht gefällt werden.

[88]) Württ. Ländl. Rechtsquellen, *217*.

[89]) Fichtensaat, St. A. Stuttgart, Kopialbuch Ochsenhausen Nr. 389, S. 161.

[90]) Eschenlohr, H., *41*; Eschenlohr-Miedel, *42*.

[91]) O. A. B. Biberach, 1837, O. A. B. Laupheim, 1856, *218*.

[92]) Archiv Erolzheim; Spitalarchiv Biberach, Urbarium 1526.

[93]) Gutenzell, Archiv: Urbarium 1502 von Notar und Hofmeister Gottfried Freyberger aus Schelklingen unter Äbtissin Walburga Gräterin. — Band Markungen vom 17. Jahrhundert an. Protokollbuch 1655—1672. Vertragsbuch vom 16. Jahrhundert an. Gerichtsordnung von Kirchberg a. d. Iller, 1553 und 1592. Holzbuch von 1693—1729. Holzrechnung von 1769—1770, Holz- und Waldordnung von 1736. — Holzaufnahme etwa 1780.

[94]) Heggbach, Archivfragmente im Fürstl. Archiv Wolfegg, Gesetzbuch von 1518, Waldbeschreibung von 1658 und Holzordnung von 1695. Wirtschaftsplan von 1867, jetzt Forstamt Ochsenhausen.

[95]) Ochsenhausen, Regest 1427 und O. A. B. Laupheim, Gemeinde Schönebürg, *218*. Siehe Anm. 87.

[96]) Urkunden im Archiv Oberbalzheim; Reichsunmittelbarkeit, 1765, *5*.

[97]) Stadtarchiv Ulm, Karte der Ulmschen Herrschaft Wain von Pfarrer Bachmayr, 1657, Original im Archiv, Kupferstichausgaben. Akten der Herrschaft Wain. 1691 Spezifikation der schlagbaren Hölzer. 1763—1773 Ertragsrechnung. Streit über Waldwege 1454—1491, mit Zeichnung derselben. Die Herrschaft Wain war von 1510 bis 1571 im Besitz des Klosters Ochsenhausen, das schon zuvor den Ort Buch mit drei Wäldern besaß. Von 1571 bis 1773 war sie im Besitz der Stadt Ulm.

[98]) Fürstl. Archiv Öttingen-Spielberg, Beschreibung der Herrschaft Schwendi 1767. Pfarrhof Schwendi, Stammbaum des Lazarus von Schwendi, Blick auf Ort und Wald im Westen.

[99]) St. A. Stuttgart, Ochsenhausen, Reg. tom. V, 1494, Urteilsbrief der Räte der Gesellschaft des St. Jörgenschildes in Schwaben betr. Weiderecht von Schönebürg und Autaggershofen. Anm. 87. — Archiv Orsenhausen, Waldakten 1600—1630 und später, Urbarien 1737 und 1773, Vergleich des Sebastian von Rot mit Gemeinde Orsenhausen von 1624.

[100]) „Oberschwäbische Fichtenreviere", Arbeitsgemeinschaft, *149*; das Privatrevier Orsenhausen und Bußmannshausen wurde 1949/50 von Dipl. Fw. Renate Olberg nach bodenkundlichen und soziologischen Gesichtspunkten kartiert. Die standortskundlichen und waldgeschichtlichen Ergebnisse fügen sich zu einer kausalen Übereinstimmung zusammen.

[101]) Dietenheim, Archiv Orsenhausen, Vogt Caspar Brenner von Brandenburg stellt dem Friedrich von Rot zu Orsenhausen 1590 Revers über Holzabfuhr aus.

[102]) Württ. Forstamt Wiblingen, Taxation des Revieres Dietenheim 1836 und 1852.

[103]) O. A. B. Laupheim von 1856, *218*.

[104]) Rot usw. Burgrieden, — siehe Ernst, *40*; und Spitalsarchiv Biberach.

[105]) Bihlafingen, Kloster Wiblingen, St. F. A. Neuburg a. d. Donau. Württ. Forstamt Wiblingen und Archiv Achstetten, Anm. 102.

[106]) Oberkirchberg. Fürstl. Fuggersches Archiv Augsburg; gfl. Fuggersche Forstdirektion Oberkirchberg; Oberkirchbergsche Forstordnungen im Archiv Orsenhausen.

[107]) Dorndorf, Illerrieden. Württ. Forstamt Wiblingen, Anm. 102.

[108]) Archiv Orsenhausen, Hürbel, Taxation von 1807. Württ. Forstamt Ochsenhausen, Akten des Reviers Hürbel: Wirtschaftsplan von 1836. Bisher Kahlabtrieb, Waldfeldbau, Saat von Fichte, Forche, Birke. Abt. „Tannenwald", Name aus 16. oder 17. Jahrhundert. Wirtschaftsplan von 1851/52, verfaßt von Forstamtsassistent Pollak aus Ochsenhausen. Weißtanne in einzelnen Exemplaren noch vorhanden. Eichenoberholz aus Mittelwaldbetrieb, Birke, Aspe, einzeln auch Buchen, Ahorn, Hainbuche, Linde. Überall Hochäcker. Siehe auch Anm. 87, Karte von Ochsenhausen 1660.

[109]) Drei starke Weißtannen standen anfangs des 19. Jahrhunderts beiläufig auf der Linie der Tannenvorposten: die erste in Äpfingen am Nordrand der Rißendmoräne auf 570 m, etwa bis 1915 noch, mit 4 m Brusthöhenumfang, top. Karte „Große Tanne"; die zweite im Heggbacher Wald im Kreuzghau, 1926 vom Sturm gefällt; die dritte im Weißtannenhau des Revieres Bußmannshausen, Feucht, Schwäb. Baumbuch, *53*, und top. Karte.

[110]) Archiv Orsenhausen. Prozeßakten Rot-Fugger, 1616—1620 und andere Waldakten wie Gutachten Schilcher usw.; Beilagen zum Wirtschaftsplan, Bestandesgeschichte 1600—1940 mit Karten für 1600, 1800, 1850, Errechnung der Fichtenreinbestands-Generationen.

[111]) Laupheim, Lehensbrief von 1581 „Das Stockach", der „Weithart"; Wiblingen, Beschreibung der Hölzer des Klosters Wiblingen 1691, Staatsfilialarchiv Neuburg.

[112]) St. F. A. Neuburg, Beschreibung der Hölzer des Klosters Wiblingen 1691; Württ. Forstamt Wiblingen, Taxation 1819; O. A. B. Laupheim, 1856, *218*.

¹¹³) O. A. B. Riedlingen 1923, Biberach 1837, Saulgau 1829, Ehingen 1893, Ulm 1897, *218*.

¹¹⁴) St. A. Stuttgart, Kloster Heiligkreuztal, „Statuten", „Gebote und Verbote", Handschrift. Die Waldakten sind nicht mehr vorhanden. Württ. Ländliche Rechtsquellen, *217*.

¹¹⁵) Württ. Forstamt Riedlingen, Taxation von 1831; Fezer, Bestandesgeschichte des Revieres Heiligkreuztal, *50*.

¹¹⁶) Archiv Grüningen; Holzbuch 1567—1587, Vergleich Hornstein-Pflummern 1569, Holzordnung 1775.

¹¹⁷) O. A. B. Riedlingen, *218*. Hornstein, die von Hornstein, *95*; dort S. 275, Württembergische Forsthoheit, S. 156, Witraiten 1486, 1490.

¹¹⁸) St. A. Stuttgart, Urbarium Pflummern 1612—1722.

¹¹⁹) O. A. B. Ehingen, 1893, *218*; Erbach, Urbarium der Herrschaft von 1716 (Schloß Erbach). Wald der ehemaligen Herrschaft Oberdischingen, 1890, noch zwei Drittel reines Laubholz, ein Drittel 10—20jähriger Fichtenbestand (Schloßgut Laupheim, Forsteinrichtung 1896).

¹²⁰) Württ. Forstamt Ochsenhausen, Kronwaldungen zu Schaiblishausen 1836, „Wirtschaftsregeln" I. Periode: Durchforstung und Hieb des Niederwaldes, Hieb der Eichen, II. und III. Periode: Aushieb des Haselholzes. IV. Periode: Samenhieb und Nachhieb der Eichen. Man wollte den Niederwald durch 30 Jahre umtreiben, bis der Erfolg der Besamung durch das Fichtenoberholz mit Gewißheit sicher war.

¹²¹) O. A. B. Ulm, 1897, *218*; Haid, Ulm und sein Gebiet, 1786. Da die Blütezeit Ulms in das 14. Jahrhundert fällt, ist schon für diese Zeit ein sehr großer Holzverbrauch anzunehmen. Die Häuser bestanden aus Holz oder Fachwerk. Steinhäuser waren selten und wurden besonders hervorgehoben (Ulmer Urk. 1360).

¹²²) Stadtarchiv Ulm, Ordnung des Brennholzhandels von den Flößen und auf den Länden von 1434 (Ordnungsbuch). Ordnung über den Verkauf von Zimmer- und Brennholz von 1471 (Ordnungsbuch). Prozeßakten von 1454—1491 über Holzabfuhr aus den Waldungen von Gutenzell an die Iller (III, 36/1). — Ratsprotokolle der Stadt Ulm vom 16. Jahrhundert an.

¹²³) Forstordnung von 1563 für die Stadt Ulm. Auffallend ist die strenge Bannung der Ghäue nicht auf eine bestimmte Anzahl von Jahren, sondern „es sei denn zuvor erwachsen, ungeachtet wie alt es sei". Große Rolle spielt die Äckerichnutzung. — Gemeine Forst- und Holzordnung der Stadt Ulm von 1714. — Um das „Ulmer Waldwesen wieder in Ordnung zu bringen", wurde 1771 der Senator Seutter von Lötzen als Forstmeister mit dem Sitze in Altheim angestellt. Sein Sohn Johann Georg von Seutter, 1769 in Altheim geboren, 1833 in Ludwigsburg gestorben, württ. Forst- und Finanzkammerdirektor, hat die letzte Reichsstadt Ulmische Forstordnung von 1802 (Stettinsche Buchhandlung Ulm) verfaßt, die fast ein Lehrbuch ist. (Ein handschriftlicher Vermerk im Exemplar der Ulmer Stadtbibliothek nennt Seutter als Verfasser.) Seine Tätigkeit als Forstmeister der Stadt geht aus den Akten hervor. Um 1800 beginnt er auch Nadelholz zu säen und Nadelholzpflanzen in Pflanzgärten zu ziehen. Im Forstdistrikt Altenstadt wurden Eichen, Buchen, Birken, Rot- und Weißtannen, Forchen und Lärchen gesät (Stadtarchiv, Waldungen C 1).

¹²⁴) Sendtner, *184*; behandelt besonders die Riedflora von Ulm. Ulmer Alb, siehe Gradmann, *64*; Hauff, *79*, Koch-Schairer-Gaisberg, *109*.

¹²⁵) Bazing, *11*.

¹²⁶) O. A. B. Münsingen, *218*. Der Münsinger Hart, das Hartgericht. Steichele und Schröder, *187*, Dekanat Oberdorf, siehe „Das Tigau" und „Der Zwölfpfarrwald". Siehe Anm. 59.

¹²⁷) Gradmann, *64*; Lohrmann, *134*; Faber, *46*.

¹²⁸) Der Brandwaldfeldbau. Frank, Christian, *54*, hat viel Material zur Lösung der Frage der Hochäcker beigebracht, besonders aus seiner Kenntnis des bäuerlichen Lebens im Alpenvorland; O. A. B. Ehingen, *218*, S. 278, weist die Hochäcker der vorgeschichtlichen Zeit zu. Dies entsprach der damaligen Ansicht; Hausrath, *80*, S. 104, schreibt die Hochäcker auf der bayrisch-schwäbischen Hochebene der Römerzeit zu. Die römische Heeresverwaltung unter Tiberius hätte weitläufigen Ackerbau betrieben. Die Hochäcker werden im Schrifttum noch oft als „Keltenäcker" bezeichnet, so z. B. Kruedener, *122*; Sturm, *192*, bringt auch keine befriedigende Lösung (dort S. 135). Auch Darwin erwähnt in „Bildung der Ackererde durch die Tätigkeit der Würmer" konvexe Beete, Firsten oder Leisten genannt, auf englischen Weiden (wohl eine Art Egerten), etwa 8 Fuß breit, durch Furchen voneinander getrennt. Österreichisches Schrifttum zur Frage der Hochäcker, angeführt bei Werneck, *240*.

¹²⁹) Belege für Waldfeldbau. Archiv Orsenhausen, mittelalterliche Pergamenturkunden. Archiv Oberbalzheim, Kaufbrief über Güter in Sinningen, 1376; Pertinenzformel: „... es sei an Höfen ... an Holz, an Holzmarken, an Auen, an Gereut, an Egerden, an Riedern, an Witraitinen ..."; Heiligkreuztal, *86*, Urkundenbuch: 1366 ... die Witraiti in Friedingen, 1468 Grüningen ... mit Egerden, mit Auen, mit Witreitinen. Hornstein, *95*, S. 45, 1382 Brun von Hornstein vergabt an Kloster Zwiefalten ... das Holz Litishart, alle seine Witreitinen. S. 76 g, zu Egelfingen Witreitinen, „Zwing und Bann", 1406. S. 79 i, 1427 ein Drittel Zwing und Bann und die Wytraite daselbst. S. 84, 1387 ... Der Meier auf Salzmanns Hof mit Beholzungsrecht an dem Daugendorfer Bannholz und 10 Jauchert Weitreitinen, letztere als Lehen des Friedrich von Gundelfingen ... S. 89, Weitreitinen zu Fronstetten, die Herzog Friedrich von Österreich an Ulrich von Hertenstein verleiht. S. 154, S. 690. — Im Jahre 1486 wird der Fruchtbau des Dorfes Grüningen von Georg von Hornstein bis weit in die gemeine Mark

ausgedehnt, was zu Beschwerden der entfernteren Markgenossen führt. Die Rodung umfaßte damals 70 Jauchert „Weitreitinen". Diese Felder haben dann lange brach gelegen und wurden im 18. Jahrhundert als unbebaute Felder wieder in Wald übergeführt. Diese Weitreitinen sind kein eigentlicher Waldfeldbau, sondern eine späte Rodung gewesen. Die Reulinsche Karte von 1589 bringt diese Witraiten am Tautschbuch eingezeichnet. — Ernst, 40; Urk. Nr. 111, 1405, zu Attenweiler... 3 Malter Korn aus den Äckern, Witraite genannt... — O. A. B. Riedlingen, 1923, 218; im 14. Jahrhundert war ein starker Rückgang der Siedlungen; im O. A. Riedlingen sind 60 Orte abgegangen. — Im Lagerbuch des Klosters Zwiefalten werden im 15. Jahrhundert die Weitreiten erwähnt; wer darauf baut, hat die Landgarbe zu reichen. In Pflummern haben die Seldner 1625 nur kleinen Besitz, meist nur einige Weitreitinen. — O. A. B. Urach, 1908, 218, S. 235, Lagerbuch von 1454, die „Wytraitinen"; oft ausgedehnt, 100—200 Jauchert. — O. A. B. Riedlingen, 1352 ... Verkauf der Burg Hundersingen ... mit Zwing und Bann und allen „Witraiten". Dort zitiert Lexer, Mhd. Handwörterbuch, unter „witreite". — O. A. B. Münsingen, 1912, 218: Kap. Grundeigentum. — R. Maag, „Das Habsburgische Urbar", vom Anfang des 14. Jahrhunderts Ausgabe 1850 und 1894. Verschiedene Belegstellen für Witraiten. — Weder in der O. A. B. Münsingen noch in der O. A. B. Urach ist eine eigentliche Erklärung der „Witreiten" gegeben. Wesentlich ist, daß sie im Eigentum des Landesherrn, selten der Ortsherrschaft, stehen. Auch dies läßt auf das Forstregal schließen, auf die Entstehung aus Waldfeldbau. Jedenfalls wäre eine archivalische Untersuchung über die Weitreiten auf der Alb sehr zu empfehlen. Denn manche Witreiten sind doch auch wieder überwachsen worden, siehe O. A. B. Ehingen, Hochäcker S. 279, O. A. B. Urach, Hochäcker S. 133. — Daß die Witreiten auf der Alb zu Dauerfeldern und Weiden geworden sind, könnte: a) in anderen sozialwirtschaftlichen Verhältnissen gelegen sein, die zwangen, den „Waldacker" zu „Egarten" umzuwandeln, so daß die spätere Überwaldung entfiel; b) in den Bodenverhältnissen gelegen sein, der seichte Albboden reagierte anders auf den Turnus als der schwere Lehmboden der Schotter und Moränen, die Waldfelder wurden länger benutzt, der Wald daher zurückgedrängt, die Schafweide ließ neuen Wald nicht mehr so leicht aufkommen. — O. A. B. Leutkirch, 1843, 218; S. 55 Feldgraswirtschaft der Egerten; S. 61 Bischlagwirtschaft in der Gegend von Zeil und Wurzach. „Gegenwärtig sind aber diese Bischläge — hier Gereute — genannt — sämtlich in ständiges Ackerland umgewandelt". — O. A. B. Wangen, 1841, 218: S. 58 das Motten; S. 65 Bischlagwirtschaft in der Gegend von Isny und Trauchburg, analog der Hackwaldwirtschaft.

[130]) Einige Beispiele von Flur- und Waldnamen, die an die Brandwirtschaft erinnern: Blätter der top. Karte 1 : 25 000, O b e r t e u r i n g e n , Gehrenberg Süd Brandholz, Gehrenberg Nord Brandholz; H e i l i g e n b e r g , bei Kleinstadelhofen Brand, Brandäcker nahe Hohenreute, Tannenäcker; N e u k i r c h - A c h b e r g , Brenntentann, Brennberg bei Wangen; H e r l a z h o f e n , Brennberg bei Hohenthann, Brand neben Greut; W i l h e l m s d o r f , Brand bei Hasenweiler, Brand bei Ilmensee; O s t r a c h , Brand bei Einhart; R i e d l i n g e n , Brand bei Binzwangen, Brand, Roden; L e u t k i r c h , Grafenbrand bei Niederhofen; A i t r a c h , Brand bei Tannheim; W e i n g a r t e n , Brand bei Zogenweiler, Brand bei Fronhofen; R e u t e , Waldäcker bei Wolfegg und sehr viele Flurnamen auf Reute, Greut; W a l d b u r g , Waldäcker bei Heißen; W i n t e r l i n g e n , Brand neben Breite Egert; Z w i e f a l t e n , Brand bei Upflamör, Brand bei Sonderbuch; E r o l z h e i m , Brand bei Eichenberg, Brenntenghau bei Edenbachen, Brenntenghau bei Erolzheim; B i b e r a c h , Brand bei Reute, Waldschwende, Asang; W a r t h a u s e n , Asangwald, Stockäcker, Lohäcker, Hartäcker; L a u p h e i m , Brandhau bei Rot, Greutäcker, Reuthau, Brand bei Weihungszell. Bayrische Karten 1 : 50 000: M e m m i n g e n , Brandenholz im Hurrenwald; K a u f b e u r e n , Brandholz bei Dirlewang; B u r g a u , Asang bei Dinkelscherben, Birket gleich Birkegert, Brand, Brand im Scheppacherforst, Brennberg bei Knöringen. Diese Aufzählungen ließen sich beliebig vermehren.

[131]) Schwappach, 180; 181.

[132]) Germanisches Nationalmuseum Nürnberg, reproduziert in Blaue Bücher, „Alte Deutsche Städte", Langewiesche, und „Nürnberg im 15. und 16. Jahrhundert", Wicking-Verlag Berlin.

[133]) Bei Tschermak, 198; dort S. 54/55.

[134]) Hausrath, 82.

[135]) Hamm, 78; zitiert Dr. Noe Meurer, „Von forstlicher Oberherrlichkeit und Gerechtigkeit", 1560 — „Jagd- und Forstrecht" 1602. Meurer gibt genaue Anweisungen zur Saat von Eiche, Buche, Tanne und Fichte mit Angabe des geeigneten Bodens.

[136]) Mantel. K., 141.

[137]) Abgedruckt bei Diepold, 234.

[138]) O. A. B. Münsingen, 1912, 218; S. 113, Föhrenanpflanzen bei Grafeneck, verwiesen auf O. A. B. Münsingen 1825 und auf Jer. Höslin, Beschreibung der württ. Alb, 1798 (Württ. Forstlagerbücher 1557). Waldname „Tannenkopf" oberhalb Marbach gegenüber Schloß Grafeneck.

[139]) Philipp Wilhelm Gercken erzählt in seinen „Reisen durch Schwaben, Baiern in den Jahren 1779-1782", verlegt bei D. E. Franzen in Stendal, auf S. 291: „In Oberschwaben und im Schwarzwald haben sie Holz in solchem Überfluß, daß der Landmann mit der Asche vom verbrannten Holz seinen Acker düngt. Sie legen in einer gewissen Distanz Haufen von gespaltenem Tannenholz und dürrem Strauchwerk durcheinander, bedecken

es mit Rasen von Heide, stecken ihn an und lassen es zusammen zur Asche brennen. Diese Aschhaufen verbreiten sie über den ganzen Acker und düngen ihn damit so gut, daß derselbe nach ihrer Angabe dreimal so viel Früchte trägt. Ich habe auch in der Schweiz diese Art düngen gesehen. Auch in Steiermark ist die Art in Gebrauch. Der Bauer rodet einen Platz mit Laubholz, läßt solches liegen, bis es dürr geworden im Herbst wird es zu Asche verbrannt und gleichmäßig über die Felder gestreut. Diesen neuen Acker nennt er Gereut, den er drei Jahre hintereinander besät, hernach wieder liegen läßt." — Der letzte Rest des Brandwaldfeldbaues ist das „Branden" der Felder als Düngermaßnahme, O. A. B. Saulgau, 1829, *218*, S. 57; das „Motten" der Grasnarbe auf den Egerten, O. A. B. Wangen, 1841, *218*, S. 58, schließlich das Verbrennen des Kartoffelkrautes auf den Feldern und Einstreuen der Asche. Bühler, *30*; Dengler, *34*, S. 471 Reutberge; Gwinner, *75*, Hackwaldbetrieb; Bartsch, *6*, Reutbergwirtschaft im Eichen-Birkenwald im Schwarzwald; Hornstein, *96*; Huber, *98*.

[140] O. A. B. Laupheim, 1856, *218*.

[141] Archiv Orsenhausen.

[142 a] Der Begriff der Verjüngung unter dem Schirm war durch die Bezeichnung „Schutz- und Samenbäume", der Begriff der Verjüngung auf einer Schlagfläche nach dem Hieb meist durch das Wort „Samenbäume" allein angedeutet, ohne daß man darin eine Regel sehen darf.

[142 b] Wie sehr die „verbesserten Methoden des künstlichen Waldbaues" und seine sichtbaren Erfolge Eindruck machten, zeigt sich im „Waldbau" des württembergischen Professors an der Akademie Hohenheim, W. H. Gwinner, obwohl Gwinner im Prinzip die natürliche Verjüngung vorzieht.

[143] Früh, J., *56*.

[144] Flury, Ph., (Schweizer Forstverein) *51*.

[145] Huber, A., *98*.

[146] Stadtarchiv Ravensburg, Forstakten.

[147] Großmann, H., *68* (zitiert bei E. Stamm, *186*), *69—72*.

[148] Zitiert bei Stamm, *186*.

[149] Gottfried Keller, Züricher Novellen, Einleitung.

[150] Meyer, K. A., *142*.

[151] Ammon, W., *2*.

[152] Huber, A., *98*.

[153] Leibundgut, H., *126*.

[154] Leibundgut, H., *125*.

[155] Etter, H., *43; 44; 45*.

[156] Lüdi, *138 a; 138 b*.

[157] Schmid, E., *170*.

[158] Stamm, E., *186*.

[159] Hornstein, *97*.

[160] Eberl, B., *36*.

[161] Baumann, F. L. *7*.

[162] Steichele-Schröder, *187*.

[163] Rottenkolber, *156*; Geiß, O., *62*.

[164] St. A. München, Karte des Kemptener Waldes, 1664, Nr. 398.

[165] St. A. München, Hochstift Augsburg, Nr. 360, I Waldungen, Wald- und Holzbuch von 1515—1529, beschrieben von Forstmeister Bartholomäus von Wöllwarth, „Die Tannwälder und andere Holzmarken im Allgäu"; Holzordnung des Kardinals Otto von 1552 u. a.

[166] Kaufbeuren, Stadt- und Spitalsarchiv, Markungsbeschriebe 1710, Holzordnung usw.

[167] Steichele-Schröder, *187*, Wildbannsgrenzen, 1510.

[168] Baumann, *7*, Steichele-Schröder, *187*.

[169] Ottobeuren. Zeichnung der Ottobeurer Markungen, 1604, St. A. München; Karte von 1754 Nr. 9687 im St. F. A. Neuburg. — Holzordnung von 1747 und Bilder im Museum Ottobeuren.

[170] Mindelheim, Stadtarchiv B Abt. II Fasc. III D; Holzordnung von 1599, Kurfürstliche Waldungen, St. A. München G. L. M.

[171] Federzeichnung von etwa 1700, St. A. München, Mindelheim Nr. 142.

[172] Windischgrätz, *213*, 1911 im Staatsforstamt Mindelheim Tannen ziemlich häufig auf frischen tiefgründigen Böden in Höhen von 640—700 m.

[173] Boos. Babenhauser Hölzer, Bereitung 1572, Fürstl. Fuggersches Archiv Augsburg, Babenhausen 116, 3.

[174] Klosterbeuren, St. F. A. Neuburg.

[175] Kellmünzer Wald, Bayr. Forstamt Illertissen, Taxation 1836/37.

[176] Illertissen, Haupt- und Salbuch der Herrschaft von 1587, St. F. A. Neuburg.

[177] Waldbeschreibung vom Anfang des 19. Jahrhunderts des Bayr. Forstamtes Illertissen.

¹⁷⁸) Babenhausen, Fürstl. Fuggersches Archiv Augsburg, 116, 3, „Babenhauser Hölzer", Bereitung von 1572, Waldbeschreibung von 1681, 1742, 1759, Markungsbücher, Gutachten usw.

¹⁷⁹) Mitteilungen der Fürstl. Fuggerschen Forstdirektion 1938.

¹⁸⁰) Roggenburg-Wettenhausen. Waldakten beider Klöster waren nicht aufzufinden, im Filialarchiv Neuburg befanden sich nur Bruchstücke. Der Wald von Wettenhausen scheint anfangs des 19. Jahrhunderts noch weitaus Mittelwald gewesen zu sein, mit wenig Fichteneinmischung. Westlich Krumbach liegt der Wald „Buchholz" (top. Karte), der auf der Karte von Burgau von 1613 noch „Der Buch" hieß. St. F. A. Neuburg, Wett. lit. 22, Vertrag von 1589. —

¹⁸¹) Markgrafschaft Burgau. Karte vom Maler Johannes Andreas Rauch aus Wangen, 1613, Öl auf Leinwand, landschaftsähnlich, mit Städten, Dörfern, Wäldern, Hoheitsgrenzen, von Personendarstellungen belebt. Siehe Ausschnitt aus dem Günz-, Kamlach- und Mindeltal. Im Bayrischen Nationalmuseum in München. Lenz, *128*, s. Anm. 18.

¹⁸²) Instruktion, Entwurf um 1550, Regierungsarchiv in Innsbruck, Nr. 5224; Wald- und Forstmandat in voderöst. Landen, Nr. 5199 geg. Innsbruck, 1667, von Kaiser Leopold I.

¹⁸³) Grabstein des Forstmeisters der Burgau, Ritter Berchtold von Rot zu Ichenhausen, gestorben 1560. Schöner Grabstein mit voller Figur des Ritters an der Kirchenmauer zu Ichenhausen. In der Instruktion wird auch des Vaters des Berchtold, Konrad von Rot gedacht. „Konrad von Rot selig war ein gewaltiger Forstmeister der Burgau".

¹⁸⁴) St. F. A. Neuburg a. d. D., Herrsch. Nr. 1739, Grafschaft Schwabegg, Holzbereitung 1749—1767. — Immelstetten und Markt Wald, Fürstl. Fuggersche Forstdirektion (Babenhausen-Augsburg).

¹⁸⁵) Kirchheim, Fürstl. Fuggersches Archiv Augsburg, Kirchheim, Forstakten 25—28.

¹⁸⁶) Burtenbach und Jettingen. Burtenbach, Herrschaft an der Mindel. Verkaufsakt von 1750, Akt im Archiv Orsenhausen. 1418 Jauchert Wald, hievon 230 haubar, teils Buchen und Birken, 300 Jauchert Mischholz, doch mehrteils Birken, 161 Jauchert junger Anflug, 691 Jauchert teils Birke, teils viel tausend Eichen, nicht weniger viele Forren und „tannern" Brennholz. „Tannern" bedeutet hier Fichten. Anfang des 19. Jahrhunderts bestanden die Waldungen von Jettingen noch aus Mittelwald mit Fichten (Forstakten im Archiv Jettingen-Eberstall).

¹⁸⁷) Spital Augsburg, Stadtarchiv Augsburg, Heilig-Geist-Spital, tit. VII, tom. 9.

¹⁸⁸) Hochstift Augsburg, Holzbuch II von 1515, siehe Anm. 165.

¹⁸⁹) Spruchbrief wegen Holzabgabe in Gemeinde Gabelbach 1512, Archiv Spital Augsburg, Pergament mit Siegeln, Reg. 33, 1, tit. XIX, tom. 2.

¹⁹⁰) Persönliche Erhebungen in den bayr. Forstämtern Zusmarshausen und Welden, 1939.

¹⁹¹) Steichele-Schröder, *187*.

¹⁹²) Paul von Stetten, Geschichte der reichsfreien Stadt Augsburg, Frankfurt und Leipzig, 1773, *190*.

¹⁹³) St. A. München. — Wehr oder Wuhr, Ausdruck für Uferschutzbauten.

¹⁹⁴) „Die Forstverwaltung Bayerns", herausgegeben vom Ministerialforstbüro in München, 1861, *9*.

¹⁹⁵) Rebel, K., *153*.

¹⁹⁶) Gradmann, *63*; Sendtner, O., *184*; Hegi, K., *85* (alpine Pflanzen auf der Schwäb. Bayr. Hochebene); Vollmann, *204*; Lutz, *139*; *140*; Rubner, K., *158*, *159*, *160*; „Die Forstverwaltung Bayerns", *9*; *10*.

¹⁹⁷) v. Kruedener, A., *122*.

¹⁹⁸) Eisenmann, J. und Hohn, F., Topographisch-statistisches Lexicon vom Königreich Bayern, Erlangen, 1831, *8*.

¹⁹⁹) Schiffmann, K., Historisches Ortsnamen-Lexicon des Landes Oberösterreich, München, Berlin, 1935, 1940, *164*.

²⁰⁰) Die Irrtümer, welche aus einer unkritischen Verwendung eines Ortsnamens erfolgen können, seien am Beispiel des Ortsnamens Tannhausen, einem Markte an der Mindel in Bayrisch Schwaben, belegt. Stepp, *189*, hat den Ortsnamen Tannhausen in seine Kartenskizze der „Orts-, Wald- und Flurnamen mit Fichte und Tanne" eingesetzt. Nun liegt dieser Ort viel nördlicher als die Fichten- und Tannengrenze des natürlichen Vorkommens. Der Name dieses Ortes hat aber überhaupt nichts mit dem Stamm „tann" zu tun, sondern mit dem Stamme eines Personennamens, was noch im 17. Jahrhundert in der damaligen Schreibweise „Taigenhausen" und „Thaynhausen" zu erkennen war. Taynhausen lautet der Name in der Rauchschen Karte der Markgrafschaft Burgau von 1613 und im Grenzbeschrieb des Klosters Ursberg von 1655 (St. A. München, bzw. St. F. A. Neuburg).

²⁰¹) Hausrath, H., *80*; S. 111, zur Methodik der Forschung.

²⁰²) Gruppen der Ortsnamen auf „Tann". Diese sind aus den topogr. Karten zusammengestellt. Die chronologischen Feststellungen stammen in der Hauptsache aus württembergischen, bayrischen und österreichischen einschlägigen Handbüchern, so *216*; *218*; *219*; ferner aus Schiffmann, *164*; Sturm *191*; *192*; Wallner *205* u. a.

²⁰³) Raesfeldt, v., *151*.

²⁰⁴) Forstverwaltung Bayerns, *9*.

²⁰⁵) Raesfeldt, v., *152*.

206) Schuster, M., *78*; Forstverwaltung Bayerns, *10*.

207) Während des Krieges konnten eigene Nachforschungen im Staatsarchiv München nicht mehr fortgesetzt werden. Wir waren daher bezüglich der meisten altbayrischen Waldungen auf die von Backmund, *3*, aus dem Kreisarchiv München mitgeteilten Archivalien bzw. Zitate angewiesen; bei den Belegstellen wird auf ihre Herkunft wie folgt hingewiesen: Archivalien des Kreisarchives München, zitiert nach Backmund.

208) Siehe Anm. 207, Archivalien des Kreisarchives München, zitiert nach Backmund, *3*.

209) Vgl. Brosch, *29*.

210) Oberöst. Forstverein, Jahresberichte, Bibliothek des Museums in Linz, 1856, 1861, 1862, 1864, 1868, 1877, 1884, 1885, 1886, 1891; *147*. Oberösterreichischer Musealverein in Linz, Jahrbücher, *148*.

211) Krausen, *114*; *115*; *116*.

212) Tschermak, *199*.

213) Becker, *12*.

214) Werneck, H. *211*.

215) Duftschmied, J., *35*.

216) Tschermak, L., *196*; *197*; *199*.

217) Kriechbaum, *121*.

218) Krebs, N., *118*; *119*.

219) Oberösterreichisches Landesarchiv in Linz.

220) Troll, W., *195*.

221) Rebel, K., *153*.

222) Schuster, E., *177*; S. 89 ff., Niederterrasse: Sauerlach, Hofolding usw.

223) Sturm, J., *192*.

224) Urk. von 1484, 1505, abgedruckt bei Hazzi, *83*.

225) Schuster, E., *177*; S. 97, Lößlehm: Eigelwald.

226) Lukas von Valckenborg (Valckenburch), Gemälde von 1593 im Städelschen Kunstinstitut in Frankfurt a. M., Kupferstich von Georg Hufnagel von 1594; dann Valckenborg, Zeichnung von 1594, Albertina, Wien.

227) Kreczi, H., *120*; Zöhrer, A., *223*.

228) Trinks, *194*.

229) P. Franz Schwab, O. S. B., *179*.

230) Zibermayer, J., *222*; (Gründung des Stiftes Kremsmünster, S. 256 ff.).

231) P. Gotthard Hofstädter, O. S. B., *94*.

232) Vierhapper, F., *230*; Werneck, *211*; Scharfetter, *162*; Gradmann, *63*; Krebs, *118*; *119*.

233) Schindler, K., *166*.

234) Wessely, J., *212*. Siehe auch S. 116 und Anm. 133.

235) Tschermak, L., *196—199*.

236) Vierhapper, J., *230*.

237) Kerner, A., *105*.

238) Rebel, *153*; Werneck, *211*; Vierhapper, *230*; Gradmann, *63*.

239) Krebs, *118*; *119*; Gradmann, *63*; Vierhapper, *203*; Scharfetter, *162*; Sendtner, *184*; Vollmann, *204*; Hegi, *84*; Duftschmied, *35*; Kerner, *105*; Wessely, *212*; Schindler, *166*; Rubner, *158*, *159*; Tschermak, *196—199*; Forstverwaltung Bayerns, *9*, *10*; Köstler, J., *111*, *230*; Steinbach, H., *188*; Herget, F., *87*; Lindner, E., *130*.

240) St. A. München; s. auch Köstler, *111*. — Wehr gleich Wuhr, Ausdruck für Uferschutzbauten.

241) Auszugsweiser Abdruck bei Wessely, *212*; vollständiger Text war nicht zu beschaffen.

242) Die Forstverwaltung Bayerns, *9*; Wessely, *212*.

243) Oberösterreichisches Landesarchiv. Außer den Waldbeschreibungen und Vorratsschätzungen des 16. Jahrhunderts läßt besonders das Waldbuch des Gmundner Salzwesens von 1634 genau ersehen, aus welchen Baumarten (Fichte, Tanne, Buche, Zirbe, Lärche und Eibe) die Wälder bestehen. Im Landesarchiv in Linz sind die Akten des „Gmundner Salzwesens", der „Eisenobmannschaft Steyr", das „niederösterreichische Waldprotokoll", die Stiftsarchive Garsten, Spital a./P. und Mondsee mit reichlichem Material vom 16.—18. Jahrhundert vorhanden. Das Archiv des Stiftes Kremsmünster enthält ebenfalls forstwirtschaftliche Akten, zumal des 17. und 18. Jahrhunderts. Das Fürstl. Starhembergsche und Fürstl. Lambergsche Archiv und andere Herrschaftsarchive bergen vermutlich reichliches Material für die Waldgeschichte. Die Kriegsverhältnisse verhinderten leider die Bearbeitung.

244) Grüll, G., *73*.

245) Schraml, K., *176*.

246) Hoffmann, A., *93*.

247) Zeitlinger, J., *220*.

248) Schönwiese, *175*.

²⁴⁹) Der Tiroler Gottlieb Zötl, Handbuch der Forstwirtschaft im Hochgebirge, Wien, 1831; der Wahlschweizer Heinrich Zschokke, der bernische Oberförster Karl A. Kasthofer (Bavier, *230*).

²⁵⁰) a) Firbas, F., *49*, b) Firbas, F., *228*.

²⁵¹) Constantin Ritter, Platon II, München 1923.

²⁵²) Hornstein, *97*.

²⁵³) Bavink, B., Ergebnisse und Probleme der Naturwissenschaften, Leipzig 1944; Bertalanffy, von, L., Vom Molekül zur Organismenwelt, Potsdam, 1949; Lemmel, H., Die Organismusidee in Möllers Dauerwaldgedanken, Berlin 1939. — Wir vermeiden das oft mißbrauchte häßliche Wort „Ganzheit".

²⁵⁴) Thienemann, A., *193*.

²⁵⁵) Beispiel der Zuordnung:

Zum n a t u r n a h e n Waldbautyp: z. B. Fichtenreinbestand in der Fichtenstufe des Gebirges; Fichten-Tannen-Mischbestand oder Fichten-Buchen-Mischbestand in der tieferen Lage; Buchen-Eichen-Laubholz-Mischwald zusammengewachsen aus ehemaligem Mittelwald usw.

Zum n a t u r f e r n e n Waldbautyp: z. B. aus montanem Buchen-Tannen-Fichten-Mischwald durch wiederholte übermäßige Eingriffe und dadurch begünstigte Fichten-Naturverjüngung, durch Verdrängung bzw. Aushieb des Laubholzes allmählich entstandener Fichtenreinbestand.

Zum n a t u r f r e m d e n Waldbautyp: z. B. innerhalb des Verbreitungsgebietes der Fichte als Mischholz im Buchen-Eichen-Laubholz-Mischwald nach Kahlschlag durch Saat oder Pflanzung im Waldfeldbau begründeter Fichtenreinbestand.

Zum K u n s t t y p : z. B. außerhalb des Verbreitungsgebietes der Fichte im reinen Laubwaldgebiet durch Saat oder Pflanzung begründeter Fichtenreinbestand.

Die Einordnung eines Bestandes in eine dieser relativen und schematischen Typen wird in der Praxis infolge der vielen in der Wirtschaft vorkommenden nicht scharf abgrenzbaren Varianten und Übergänge manchmal subjektiv und oft sehr schwierig sein.

²⁵⁶) D e r E i n f l u ß d e r w i l d l e b e n d e n T i e r e auf die Entwicklung des Waldes kann günstig und ungünstig, jedenfalls gegendweise und örtlich verschieden sein. Beispiele sind zur Genüge bekannt. Im Naturwald, in der wenig gestörten Biozönose, rechnet man den Einfluß der wildlebenden Tiere zum b i o t i s c h e n F a k t o r als einem der Faktoren des Lebensraumes und der Lebensgemeinschaft.

Erst in der eigentlichen Waldbauzeit, also seit etwa 200—150 Jahren, wird der Einfluß der wildlebenden Tiere zu einem bedeutungsvollen Probleme der Forstwirtschaft, ob es sich nun um Insekten, um Kleintiere wie Mäuse, oder um das eigentliche jagdbare Tier, das „Wild" handelt.

Das Wild ist in naturfernen, naturfremden oder künstlichen Beständen in andere Lebensverhältnisse gezwungen als im natürlichen und naturnahen Wald. Es läßt sich nicht mehr in den Rahmen und in die sich selbst regulierenden Verhältnisse der ursprünglichen „lebenden Umwelt" einordnen, d. h., es wirkt nicht mehr als biotischer Faktor, sondern bei Vorherrschen unnatürlicher Waldzustände in mancher Beziehung als a n t h r o p o z o o i s c h e r F a k t o r , weil in weiten Teilen unserer Kulturlandschaft die Biozönose tierparkähnlich bedingt ist.

Im allgemeinen wird die Veränderung der Biozönose des Waldes und ihrer Ökologie viel zu wenig beachtet. Eine engere Verbindung von waldgeographisch-waldgeschichtlichen mit tiergeographischen Untersuchungen gäbe erst tiefere Einsichten. Die Waldgeschichte ist in jedem Falle zugleich Geschichte des Lebensraumes vieler Tiere. Waldstörung und Waldzerstörung ist immer Störung und Zerstörung einer tierischen Heimat und tierischen Umwelt.

Mit dem Begriff „Wald" sind zahlreiche und weite Gebiete sowohl der menschlichen als auch der tierischen Psychologie verknüpft. Wir begnügen uns mit dieser Andeutung.

²⁵⁷) Das Problem Natur-Mensch oder Natur-Technik ließe sich wahrscheinlich auch auf der Begriffsebene von Kausalität und Finalität einerseits, technischer Zweckmäßigkeit anderseits entwickeln. „Das Finalitätsprinzip" von Friedrich Chr. Geller, Zeitschrift Universitas, H. 5 1950.

²⁵⁸) Bei der Analyse des menschlichen zweckbewußten Handelns sind die b e a b s i c h t i g t e n Wirkungen sowie die u n b e a b s i c h t i g t e n auseinanderzuhalten.

²⁵⁹) J. Braun-Blanquet (*27*) sagt:

„Der Wettbewerb zwischen Arten einer Gesellschaft ist um so heftiger, je enger sie in ihren Lebensansprüchen, ihren Lebensformen und ihrem jahreszeitlichen Entwicklungsrhythmus übereinstimmen. Je mannigfaltiger die Strukturverhältnisse einer Gesellschaft, je besser wird der vorhandene Raum ausgenützt, desto größer ist auch, um mit Darwin zu sprechen, die auf gleichem Raum verwirklichte Summe des Lebens."

SCHRIFTTUM

Nur solche Werke wurden angeführt, die unmittelbar mit dem Untersuchungsgebiet oder mit einem besonders behandelten Thema zusammenhängen, und dem Verfasser unter den erschwerten Zeitverhältnisen tatsächlich zugänglich waren. Der Hinweis auf solche Werke schließt auch die in ihnen angegebene Literatur ein. Eine Vollständigkeit des Schrifttums, etwa zu geographischen, forstlichen, vegetationskundlichen oder geschichtlichen Fragen, war der Anlage des Werkes nach nicht beabsichtigt und wurde daher nicht angestrebt. (Siehe Nachträge.)

1. *Aichinger, E.*, a) Waldverhältnisse Südbadens, eine pflanzensoziologische Studie, Karlsruhe, 1937.
— — b) Grundzüge der forstlichen Vegetationskunde, Wien, 1949.
2. *Ammon, W.*, Das Plenterprinzip in der schweizerischen Forstwirtschaft, Bern, 1937.
3. *Backmund F.*, Der Wandel des Waldes im Alpenvorland, eine forstgeschichtliche Untersuchung, Frankfurt, 1941.
4. *Baden*, Großherzogtum, Universal-Lexikon, Karlsruhe, 1844.
5. *Balzheim*, Unmittelbarkeit der Reichsherrschaft Balzheim, Ulm, 1765.
6. *Bartsch, J.*, Die Pflanzenwelt im Hegau und nordwestlichen Bodenseegebiet, Verein f. Geschichte d. Bodensees, Überlingen, 1925.
7. *Baumann, F. L.*, Geschichte des Allgäus, Kempten, 1883—1895.
8. *Bayern*, Königreich, *Eisenmann J. und Hohn F.*, Topographisch-Statistisches Lexikon vom Königreiche Bayern, Erlangen, 1831.
9. *Bayrisches Ministerialforstbureau*, Die Forstverwaltung Bayerns beschrieben nach ihrem damaligen Stande, München, 1861.
10. *Bayrische Ministerialforstabteilung*, Die Forstverwaltung Bayerns. Bd. II: Die natürlichen Grundlagen, München, 1928—1933.
11. *Bazing*, Über den Ortsnamen Hart, V. f. Kunst u. Altertum, Ulm, 1873.
12. *Becker, H.*, Allgemeines über bodenkundliche Untersuchungen und Kartierungen und vorläufiger Bericht über waldbodenkundliche Untersuchungen in Oberösterreich, Verhandlungen der geolog. Bundesanstalt in Wien, 1945.
13. *Bertsch, Franz*, Das Pfrunger Ried und seine Bedeutung für die Florengeschichte Südwestdeutschlands, Diss. Tübingen, 1935.
14. *Bertsch, Karl*, Geschichte des deutschen Waldes, Jena, 1949.
15. — — Das Wasenried im Hanfertal, 1926.
16. — — Das Steinacher Ried bei Waldsee, 1926.
17. — — Das Brunnenholzried, 1927. Ein untergegangener Fichtenwald im Württ. Allgäu, 1927.
18. — — Blütenstaubuntersuchungen im Federsee, 1928.
19. — — Das Enzisholzried bei Schussenried, 1928.
20. — — Wald- und Florengeschichte der Schwäbischen Alb, 1929.
21. — — Das Schopflocher Moor, 1929.
22. — — Beitrag zur Waldgeschichte Württembergs, 1930
23. — — Das Wettenberger Ried, 1931.
24. — — Das Eriskircher Ried, 1940, 15—24, Veröff. d. Württ. Landesstelle für Naturschutz, Stuttgart. „Lebensgemeinschaft" des Waldes, - der Wiese, - von Sumpf und Moor, - des Sees usw. Ravensburg 1947.
25. *Bertsch, Karl und Franz*, Das Wurzacher Ried, Veröff. d. Württ. Landesstelle für Naturschutz, Stuttgart, 1937.
26. — — Flora von Württemberg und Hohenzollern, München, 1933.
27. *Braun-Blanquet, J.*, Pflanzensoziologie, Berlin, 1926.
28. *Brosch, Franz*, Beiträge zur Flurkunde des Gaues Oberdonau, Jb. d. oberöst. Musealvereins, Linz, 1940.
29. — — Siedlungsgeschichte des Amtes Leonfelden, Jb. d. oberöst. Musealvereins, Linz, 1932.

30. *Bühler, A.*, Der Waldbau nach wissenschaftlicher Forschung und praktischer Erfahrung, Stuttgart, 1918, 1922.
31. *Cotta, Heinrich*, Anweisung zum Waldbau, Dresden, 1817.
32. *Darwin, Charles*, Die Bildung der Ackererde durch die Tätigkeit der Würmer mit Beobachtungen über deren Lebensweise. Aus dem Englischen übersetzt von J. Viktor Carus, Stuttgart, 1882.
33. *Deines, G.*, Die forstliche Standortslehre, Hannover, 1938.
34. *Dengler, A.*, Waldbau auf ökologischer Grundlage, Berlin, 1935.
    Dieterich V. siehe Nr. 224.
35. *Duftschmied, J.*, Die Flora von Oberösterreich, Jahresberichte des Museums Linz, 1870—85.
36. *Eberl, Bartel*, Die Eiszeitfolgen im nördlichen Alpenvorlande, Augsburg.
37. *Ebers, Edit*, Die Eiszeit im Landschaftsbilde des Bayrischen Alpenvorlandes, München, 1934.
38. *Eisenmann, J. und Hohn, F.*, Topographisch-statistisches Lexikon vom Königreiche Bayern, Erlangen, 1831.
39. *Endres, M,*, Forstpolitik, Berlin, 1922.
40. *Ernst, V.*, Das Biberacher Spital bis zur Reformation, Stuttgart, 1897.
41. *Eschenlohr, H.*, Die Anfänge einer geordneten Forstwirtschaft im Hoheitsgebiet der fr. Reichsstadt Memmingen, Forstwiss. Centralblatt, 1921.
42. *Eschenlohr-Miedel*, Die Waldungen der Stadt Memmingen, Memminger Geschichtsblätter, 1930.
43. *Etter, H.*, Unsere wichtigsten Waldpflanzengesellschaften, Z. d. Schweiz. Forstvereins Nr. 21, 1943.
44. — — Über die Waldvegetation am Südostrand des schweizerischen Mittellandes, Mitt. d. Schw. A. f. d. Forstl. Versuchswesen, XXV/1, Zürich, 1947.
45. — — Pflanzensoziologische und bodenkundliche Studien an schweizerischen Laubwäldern, (Mitteilungen d. Schw. Anstalt f. d. Forstliche Versuchswesen) XXIII/1, Zürich, 1943.
46. *Faber, A.*, Pflanzensoziologische Untersuchungen in württ. Hardten, Naturschutz Stuttgart, 1933.
47. — — Pflanzensoziologisches Kartenblatt, Mittl. Neckar und Ammertalgebiet, Erläuterungen, Stuttgart, 1937.
48. *Feucht, O.*, Der Wald als Lebensgemeinschaft, Öhringen, 1936 (siehe auch 53).
    — — Zur Frage der natürlichen Waldgesellschaften Südwestdeutschlands, Silva, 1937.
49. *Firbas, F.*, Spät- und nacheiszeitliche Waldgeschichte Mitteleuropas nördlich der Alpen, Jena 1949.
50. *Fezer, G.*, Bestandesgeschichte des Revieres Heiligkreuztal im 19. Jahrhundert, Manuskript, Forstamt Riedlingen, 1948.
51. *Flury, Ph.*, Die forstlichen Verhältnisse der Schweiz, Zürich, 1925.
52. *Förderreuter, M.*, Über Allgäuer Glashütten, Allgäuer Geschichtsfreund, 1931.
53. *Forstdirektion Württemberg* (Feucht O.), Schwäbisches Baumbuch, Stuttgart, 1911.
54. *Frank, Christian*, Die Hochäcker, Kaufbeuren, 1912.
55. *Frei-Sulzer, M.*, Erste Ergebnisse einer biocoenologischen Untersuchung schweizerischer Buchenwälder, Ber. d. Schweiz. Bot. Ges., Bern, 1941.
56. *Früh, J.*, Geographie der Schweiz, St. Gallen, 1930.
57. *Gaisberg, v., E. und A. Maier*, Waldmoose, Württ. Forstl. Versuchsanstalt, Stuttgart.
58. *Gams, H.*, Carl Schröter und seine vegetationskundliche Schule, München, 1939.
59. — — Das Ibmer Moos, Jahrbuch d. oberöst. Musealvereins, Linz, 1947.
60. *Gayer, K.*, Der gemischte Wald, Berlin, 1886.
61. — — Der Waldbau, Berlin, 1898.
62. *Geiß, O.*, Die Forstobrigkeit im Fürststift Kempten, Diss., Allgäuer Geschichtsfreund, München, 1922.
63. *Gradmann, R.*, Süddeutschland, I. Allgemeiner Teil, II. Die einzelnen Landschaften, Stuttgart, 1931.
64. — — Das Pflanzenleben der Schwäbischen Alb, Stuttgart, 1936, 1950.
65. — — Methodische Grundfragen und Richtungen der Pflanzensoziologie, Fedde, Repertorium, Beiheft C XXXI (1941).
66. *Gradmann-Eichler-Meigen*, Ergebnisse der pflanzengeographischen Durchforschung von Württemberg, Baden und Hohenzollern, Verein für Naturkunde, Stuttgart.
67. *Graner, F.*, a) Geschichte der Waldgerechtigkeiten im Schönbuch, Württ. Geschichte, 19. Bd., Stuttgart, 1929.
    — — b) Der Altdorfer Wald in Oberschwaben, A. F. u. J. Z., 1935.
68. *Großmann, H.*, Naturforscher und Forstwirtschaft, Schweiz. Zeitschrift f. Forstwesen Nr. 10, 1946.
69. — — Forstgesetzgebung und Forstwirtschaft in der ersten Hälfte des 19. Jahrhunderts 1803—1848, Schweiz. Zeitschrift f. Forstwesen Nr. 7, 1948.
70. — — Ein Dokument über die Holzversorgung der Stadt Zürich zu Anfang des 19. Jahrhunderts, Schweiz. Zeitschrift f. Forstwesen Nr. 9, 1934.
71. — — Der Erlaß eines Zürcherischen Forstgesetzes vor hundert Jahren, Schweiz. Zeitschrift f. Forstwesen Nr. 7, 8, 1937.
72. — — Die Entwicklung der Eigentums- und Rechtsverhältnisse, Naturschutzbücherei I, 1945.
73. *Grüll, Georg*, Geschichte des Garstner Urbaramtes Gaflenz-Weyr, Jahrbuch des oberösterreichischen Musealvereins, Linz, 1942.

74. *Günter*, Forstgeschichte der Reichsstadt Überlingen, Überlingen.
75. *Gwinner, W. H.*, Der Waldbau, Stuttgart, 1846.
76. *Häffner, A.*, Forst- und Jagdgeschichte der fürstlichen Standesherrschaft Öttingen-Wallerstein, Nördlingen, 1934.
77. *Häuser, J.*, Die Niederschlagsverhältnisse in Bayern und den angrenzenden Staaten, München, Landesstelle für Gewässerkunde, 1930.
78. *Hamm, J.*, Forstgeschichtliches aus dem Nellenburgischen, Zeitschrift Alemannia 2. Bd., Bonn, 1893.
79. *Hauff, R.*, Die Buchenwälder auf den kalkarmen Lehmböden der Ostalb und die nacheiszeitliche Waldentwicklung, Stuttgart, 1937, siehe auch *149*.
80. *Hausrath, H.*, Pflanzengeographische Wandlungen der deutschen Landschaft, Leipzig, 1911.
81. — — Grundsätzliche Bemerkungen zu einer Geschichte des Forstwesens in Deutschland, Silva, Nr. 34, 1935.
82. — — Forstgeschichte des rechtsrheinischen Teiles des Bistums Speyer, Berlin, 1898.
83. *Hazzi, J., von*, Die echten Ansichten der Waldungen und Forste samt einer Geschichte des Forstwesens, München, 1805.
84. *Hegi, G.*, Illustrierte Flora von Mitteleuropa, München.
85. — — Beiträge zur Pflanzengeographie der bayrischen Alpenflora, München, 1905.
86. *Heiligkreuztal*, Urkundenbuch des Klosters H., bearbeitet von Dr. A. Hauber, Stuttgart.
87. *Herget, Franz*, Die Vegetationsverhältnisse des Damberges bei Steyr, 35. J. B. d. Oberrealschule Steyr, 1905.
88. *Hesmer, H.*, Die heutige Bewaldung Deutschlands, Berlin, 1937.
89. *Hesmer-Meyer*, Waldkarten als Unterlagen waldbaulicher Planung, Hannover, 1939.
90. *Heyer, Carl*, herausgegeben von *Heyer, Gustav*, Der Waldbau oder die Forstproduktion, Leipzig, 1864.
91. *Hilf, R. B.*, Die Forstgeschichte als Wissenschaft, Lehrbrief Nr. 1 der forstlichen Universität Freiburg/Brsg.
92. — — Der Wald in Geschichte und Gegenwart, Potsdam, 1938.
93. *Hoffmann, A.*, Thomas Seeauer „der Alte", Linz, Zeitschrift Heimatgaue.
94. *Hofstädter, G.*, Vegetationsverhältnisse von Kremsmünster und Umgebung, Kremsmünster, Gymn. Pr. 1862.
95. *Hornstein, Freiherr von, Edward*, Die von Hornstein und Hertenstein, Konstanz, 1911.
96. *Hornstein, von, F.*, Zur Entwicklungsgeschichte der Fichtenreviere und des Waldfeldbaues in Oberschwaben, Forstwiss. Centralblatt, 2, 1948.
97. — — Theorie und Anwendung der Waldgeschichte, Forstwiss. Centralblatt, 4, 1950.
98. *Huber, A.*, Der Privatwald in der Schweiz, Zürich, 1948.
99. *Hueck, K.*, Pflanzengeographie Deutschlands, Bermühler, Berlin.
100. *Huemer, Franz*, Die Salzburgische Forstverfassung und deren geschichtliche Entwicklung, Handschrift bei der Landesverwaltung Salzburg und der forstlichen Hochschule in Wien.
101. *Jakobi, H. B.*, Die Verdrängung der Laubwälder durch die Nadelhölzer in Deutschland, Tübingen, 1912.
102. *Jaspers, K.*, Vom Ursprung und Ziel der Geschichte, München, 1949.
103. *Keinath, W.*, Württembergisches Flurnamenbüchlein, Tübingen, 1929.
104. *Kempten, Forstamt*, Beschreibung der Reviere Kimratshofen und Kürnach des Forstamtes Kempten, Kempten, 1856.
105. *Kerner, A.*, Das Pflanzenleben der Donauländer, herausgegeben von P. Vierhapper, Innsbruck, 1929.
106. *Klapp, E., Stählin, A.*, Standorte, Pflanzengesellschaften und Leistung des Grünlandes, Stuttgart, 1936.
107. *Kleinschmidt*, Neue Niederschlagsmengen, Württ. Jahrb. f. Statistik und Landeskunde, Stuttgart, 1923/24.
108. *Knapp, R.*, Einführung in die Pflanzensoziologie, Stuttgart-Ludwigsburg, 1948.
109. *Koch-Schairer-Gaisberg*, Die Buche der Ostalb, eine Standortsuntersuchung, Württembergische Forstliche Versuchsanstalt, Stuttgart, 1939.
110. *Köhler*, Die Biberacher Körperschaftswaldungen, Biberach, 1914.
111. *Köstler, J.*, Geschichte des Waldes in Altbayern, Münchner historische Abhandlungen, München, 1934.
— — Waldbau, Berlin, 1950.
112. — — Grundsätzliche Bemerkungen zu einer Geschichte des Forstwesens in Deutschland, Silva, Nr. 24, 1935.
113. — — Waldgesellschaften und Waldbau, Allgemeine Forstzeitschrift, Nr. 3, 1950.
114. *Krausen*, Zur Geschichte des Weilhart und Kobernauser Forstes, Forstw. Centralblatt, 58/1936, 65/1939.
115. — — Studien zur Forstgeschichte geistlicher Grundherrschaften, Forstw. Centralblatt, 11/12, 14/1937.
116. — — Geschichte einer Holzberechtigung, Silva, 11/1937, 42/1937.
117. *Krauß, G. A., v. Hornstein, F., Schlenker, G.*, Standortserkundung und Standortskartierung im Rahmen der Forsteinrichtung, Allgemeine Forstzeitschrift, Nr. 17, 1949, siehe auch *149*.
118. *Krebs, N.*, Länderkunde der österreichischen Alpen, Stuttgart, 1913.
119. — — Die Ostalpen und das heutige Österreich, Stuttgart, 1928.
120. *Kreczi, H.*, Linzer Häuserchronik, Linz, 1941.
121. *Kriechbaum, E.*, Vom Dachstein bis zum Böhmerwald, Wels, 1944.

122. *Kruedener, Freiherr von, Arthur*, Lößlehmböden und Fichtenreinbestandswirtschaft durch Generationen, Frankfurt, 1943.
123. *Kuhn, K.*, Die Pflanzengesellschaften im Neckargebiet der Schwäbischen Alb, Öhringen, 1937.
124. *Leiber, L.*, 150 Jahre Waldbaufbau, Die markgf. Badenschen Waldungen bei Salem, Heidelberg, 1949.
125. *Leibundgut, H.*, Aufbau und waldbauliche Bedeutung der wichtigsten natürlichen Waldgesellschaften in der Schweiz, Bern, 1948.
126. — — Grundzüge der schweizerischen Waldbaulehre, Forstwiss. Centralblatt, Heft 5, 1949.
127. *Lemmel, H.*, Die Organismusidee in Möllers Dauerwaldgedanken, Berlin, 1939.
128. *Lenz, O.*, Über zwei Denkmäler der Kartographie im bayrischen Nationalmuseum, München, Jahrbuch der bildenden Kunst, Band XIII, 1938, 1939.
129. *Linck*, Forstwissenschaft und allgemeine Geisteswandlung, Silva, Nr. 4, 1924.
130. *Lindner, E.*, Dipterologisch-faunistische Studien im Gebiet der Lunzer Seen (N. Ö.), Jahrbuch des oberösterreichischen Musealvereins, Linz, 1944.
131. *Lohrmann, R.*, Tuttlinger Stadtwald, Silva, Nr. 50, 1930.
132. — — Zum Vorkommen der Weißtanne auf der Südwestalb, Silva, Nr. 25, 1930.
133. — — Die Ausdehnung des natürlichen Nadelholzgebietes auf der Südwestalb, Württembergische Landesstelle für Naturschutz, Stuttgart, 1932.
134. — — Schafweiden und Hardte der Südwestalb, Württembergische Landesstelle für Naturschutz, Stuttgart, 1933.
135. — — Von den Flurnamen der Markungen Hohentwiel und Bruderhof, Tuttlinger Heimatblätter, Heft 16, 1933.
136. — — Das Hochmoor im Schindelwald bei Neuhausen, Tuttlinger Heimatblätter, Nr. 25, 1937.
137. — — Die heutige Verbreitung der Eibe in Württemberg und Hohenzollern, Württembergische Landesstelle für Naturschutz, Stuttgart, 1938.
138. *Lüdi, W.*, a) Waldgeschichte und Klimaveränderungen im schweizerischen Mittellande während der jüngeren Postglazialzeit, aus *Rübel*, Geobotanisches Forschungsinstitut, Zürich, 1935.
— — b) Zur Frage des Waldklimaxes in der Nordschweiz aus *Rübel*, Geobotanisches Forschungsinstitut, Zürich, 1935.
139. *Lutz, J. J.*, Ausschnitte pflanzensoziologischer Forschung im Blickfeld der Landwirtschaft, (Mitteilungen der Bayrischen Landesanstalt für Moorwirtschaft), Landwirtschaftliches Jahrbuch für Bayern, 1949.
140. — — Übersicht der außeralpinen Waldgesellschaften Süddeutschlands, Forstwiss. Centralblatt 2/1949.
141. *Mantel, K.*, Die Bedeutung Neo Meurers für die Entwicklung der Nadelholzsaat, untersucht in einem Überblick über die forstliche Literatur vom 14. Jahrhundert an, Forstwiss. Centralblatt 10, 11, 1949.
142. *Meyer, K. A.*, Holzartenwechsel und frühere Verbreitung der Eiche in der Westschweiz, Mitteilungen der Schweizerischen Anstalt für das forstliche Versuchswesen, Zürich, 1937, 1940.
143. *Möller, A.*, Der Dauerwaldgedanke, sein Sinn und seine Bedeutung, Berlin, 1922.
144. *Moser, W. G.*, Grundsätze der Forstökonomie, Frankfurt und Leipzig, 1757.
Oberamtsbeschreibungen, siehe unter Württembergische O. A. B.
145. *Oberdorfer, E.*, Pflanzensoziologische Exkursionsflora für Südwestdeutschland, Stuttgart, 1949.
146. — — Vegetationskarte von Baden (aus Bad. Heimatatlas).
147. *Oberösterreichischer Forstverein*, Jahresberichte, Linz.
148. *Oberösterreichischer Musealverein*, Jahrbücher, Linz.
149. „Oberschwäbische Fichtenreviere", Arbeitsgemeinschaft, Orsenhausen, *Hauff, R., Krauß, G. A., Schlenker, G.*, Zur Standortsgliederung im nördlichen Oberschwaben, Allgemeine Forst- und Jagdzeitung, 1950, 1/2.
150. *Paul, H. und Ruoff, S.*, Pollenstatistische und stratigraphische Mooruntersuchungen im südlichen Bayern, München, 1932.
151. *Raesfeldt, Freiherr, von*, Der Wald in Niederbayern nach seinen natürlichen Standortsverhältnissen, Botanischer Verein in Landshut, Bericht 1898.
152. — — I. Teil: Der bayrische Wald, II. Teil: Der niederbayrische Anteil an der Hochebene zwischen Alpen und Donau usw. Berichte des Botanischen Vereins, Landshut, 1892/93, 1896/97, 1901.
153. *Robel, K.*, Waldbauliches aus Bayern, Dießen, 1926.
154. *Reinerth, H.*, Das Federseemoor als Siedlungsland des Vorzeitmenschen, Leipzig, 1936.
155. *Reinhold, F.*, Quellensammlung zur Forstgeschichte des Fürstlich Fürstenbergschen Forstamtes Meßkirch und Heiligenberg, Manuskript, Fürstliche Forstdirektion Donaueschingen.
156. *Rottenkolber, J.*, Geschichte des hochfürstlichen Stiftes Kempten, München.
157. *Rubner, K.*, Die pflanzengeographisch-ökologischen Grundlagen des Waldbaus, Neudamm, 1934.
158. — — Das natürliche Waldbild Europas, Zeitschrift für Weltforstwirtschaft, II. Jahrgang 1934/35.
159. — — Das ursprüngliche Areal der Fichte, Botanisches Zentralblatt, 1932.
160. — — Die Waldgesellschaften in Bayern, München, 1949.

161. *Schädelin, W.*, Wald unserer Heimat, Zürich.
162. *Scharfetter, R.*, Das Pflanzenleben der Ostalpen, Wien, 1938.
163. *Schiffmann, K.*, Das Land ob der Enns, München, Berlin, 1922.
164. — — Historisches Ortsnamen-Lexikon des Landes Oberösterreich, München, Berlin, 1935, 1940.
165. *Schimper, A. F.*, herausgegeben von *Faber, F. P.*, Pflanzengeographie auf physiologischer Grundlage, Jena, 1935.
166. *Schindler, K.*, Die Forste der in Verwaltung des k. k. Ackerbauministeriums stehenden Staats- und Fondsgüter, Wien, I 1885, II 1889.
167. *Schlenker, G.*, Pflanzensoziologisches Kartenblatt Bietigheim, Erläuterungen, Stuttgart, 1940.
168. — — Die natürlichen Waldgesellschaften im Laubwaldgebiet des württembergischen Unterlandes, Württembergische Landesstelle für Naturschutz Stuttgart, 1939.
169. — — Forstliche Standortskartierung in Württemberg, Allgemeine Forstzeitschrift, Nr. 40/41, 1950, siehe auch *149*
170. *Schmid, E.*, Die natürliche Vegetationsgliederung des Kantons Zürich, Berichte der Schweizerischen Botanischen Gesellschaft Bern, 1939.
171. — — Vegetationsgürtel und Biocoenose, Berichte der Schweizerischen Botanischen Gesellschaft Bern, 1941.
172. — — Über einige Grundbegriffe der Biocoenologie, Berichte des Geobotanischen Forschungsinstitutes *Rübel*, Zürich, 1942.
173. *Schmid-Gaisberg*, Untersuchungen über Standort und Ertragsleistung der Fichte in württembergischen Waldgebieten, Württembergische Forstliche Versuchsanstalt, Stuttgart, 1936.
174. *Schmidt-Hieber* (Weingarten), Der bestimmende Einfluß der Forsteinrichtung des 19. Jahrhunderts auf Verjüngung und Aufbau der Wälder im südlichen Oberschwaben, insbesondere im Altdorfer Wald, Manuskript, 1931.
175. *Schönwiese, F.*, Forstwirtschaftlicher Beitrag (S. 375) zu *Lögters*, Zur Geologie der Weyerer Bögen, Jahrbücher des oberösterreichischen Musealvereins, Linz, 1937.
176. *Schraml, K.*, Das oberösterreichische Salinenwesen vom Beginn des 16. Jahrhunderts bis zur Mitte des 18. Jahrhunderts, Wien, 1932, 1934.
177. *Schuster, E.*, Bodenkundliches aus dem Walde. Biologische Betrachtungen, herausgegeben aus dem Nachlaß, von V. Moosmayer, Zeil, 1929.
178. *Schuster, M.*, Geologie von Bayern rechts des Rheins, München, 1927.
179. *Schwab, F.*, O. S. B. Floristische Verhältnisse von St. Florian in Oberösterreich, Verein für Naturkunde, Linz, 1883.
180. *Schwappach, A.*, Handbuch der Forst- und Jagdgeschichte Deutschlands, Berlin, 1886.
181. — — Forstgeschichte in Bd. 4, Lorey, Tübingen, 1903.
182. *Schwend, Chr.*, Beiträge zu forstlichen Fragen des oberschwäbischen Altdiluvialgebietes, Forstwiss. Centralblatt, 4, 1941.
183. *Seeholzer M.*, Vom Begriff des Waldes, Mitt. d. Akad. d. Deutschen Forstwissenschaft, Frankfurt, 1941.
184. *Sendtner, O.*, Die Vegetationsverhältnisse Südbayerns, München, 1854.
185. *Souvent, A.*, Administrativkarte des Erzherzogtums Oberösterreich, 1857.
186. *Stamm, E.*, Die Eichen-Hainbuchenwälder der Nordschweiz, Bern, 1938.
187. *Steichele-Schröder*, Das Bistum Augsburg historisch und statistisch beschrieben, Augsburg, 1864—1934.
188. *Steinbach, H.*, Die Vegetationsverhältnisse des Irrseebeckens, Jahrbücher des oberösterreichischen Musealvereines, Linz, 1930.
189. *Stepp, R.*, Kulturgeographische Wandlungen auf der Iller-Lech-Platte, Stuttgart, 1937.
190. *Stetten, von, Paul*, Geschichte der reichsfreien Stadt Augsburg, 1743.
191. *Sturm, J.*, Der Wald in den Freisinger Traditionen, Zeitschrift für Bayrische Landesgeschichte, München, 1937.
192. — — Die Rodungen in den Forsten um München, Frankfurt, 1941.
193. *Thienemann, A.*, Lebewesen und Wesen des Lebens, Universitas, Nr. 10, 1948.
194. *Trinks, E.*, Die Gründungsurkunden und Anfänge des Benediktinerklosters Lambach, Jahrbücher des oberösterreichischen Musealvereines, Linz, 1930.
195. *Troll, W.*, Die natürlichen Wälder im Gebiete des Isarvorlandgletschers, München, 1926.
196. *Tschermak, L.*, Die Verbreitung der Rotbuche in Österreich, Wien, 1929.
197. — — Die wichtigsten natürlichen Waldformen der Ostalpen und des heutigen Österreich, Silva, 1935.
198. — — Die natürliche Verbreitung der Lärche in den Ostalpen, Wien, 1935.
199. — — Die natürliche Verbreitung der Fichte in Österreich, Forstwiss. Centralblatt, Heft 10/11, 1949.
200. *Tscherning*, Beiträge zur Forstgeschichte Württembergs, Stuttgart, 1854.
201. *Ulm*, Stadt, Urkundenbuch der Stadt Ulm.
202. *Ulm*, Reichsstadt (Anonym, Verfasser J. G. v. Seutter) Reichsstadt Ulmische Forstordnung, Ulm, 1802.

203. *Vierhapper, F.*, Die Pflanzendecke Niederösterreichs, (Aus Naturkunde von Niederösterreich), Wien, 1921.
204. *Vollmann, F.*, Flora von Bayern, Stuttgart, 1914.
205. *Wallner, E.*, Altbayrische Siedlungsgeschichte, München, 1924.
206. *Warming, E.*, herausgegeben von *Gräbner, P.*, Lehrbuch der ökologischen Pflanzengeographie, Berlin, 1933.
207. *Weidenbach, F.*, Beziehungen zwischen Geologie und Flurnamen in Oberschwaben, Verein für Naturkunde, Stuttgart, 1937.
208. — — Bildungsweise und Stratigraphie der diluvialen Ablagerungen Oberschwabens, Jahrbuch für Mineralogie, 1937.
209. — — Erläuterungen zu den geologischen Spezialkarten von Württemberg, Blatt Waldsee und Blatt Biberach, Stuttgart, 1936, 1937.
210. *Weller, K.*, Besiedlungsgeschichte Württembergs, Stuttgart, 1938.
211. *Werneck, H.*, Die naturgesetzlichen Grundlagen der Land- und Forstwirtschaft in Oberösterreich, Jahrbuch des oberösterreichischen Musealvereins, Linz, 1935.
212. *Wessely, J.*, Die österreichischen Alpenländer und ihre Forste, Wien, 1853.
213. *Windischgrätz, Fürst, Hugo*, Die ursprüngliche Verbreitungsgrenze der Tanne in Süddeutschland, Naturwissenschaftliches Zentralblatt für Forst- und Landwirtschaft, 1912.
214. *Winkler, O.*, Über die Beziehungen zwischen Forstgeschichte und Pflanzengeographie, Jahrbuch der St. Gallenschen Naturwissenschaftlichen Gesellschaft, 1929/30.
215. — — Geschichte und Verbreitung des Walnußbaums in einigen alpinen Föhntälern der Ostschweiz, Jahrbuch der St. Gallenschen Naturwissenschaftlichen Gesellschaft, 1931/32.
216. *Württemberg*, Königreich, herausgegeben vom Statistischen Landesamt, Stuttgart, 1904.
217. *Württembergische* Ländliche Rechtsquellen III. Band, Nördliches Oberschwaben, bearbeitet von P. Gehring, Stuttgart, 1941.
218. *Württembergische* Oberamtsbeschreibungen, O. A. B. Tettnang, 1838, 1915; Ravensburg, 1836; Waldsee, 1834; Saulgau, 1829; Leutkirch, 1843; Wangen, 1841; Riedlingen, 1827, 1923; Biberach, 1837; Laupheim, 1856; Ehingen, 1893; Ulm, 1897; Urach, 1909; Münsingen, 1912.
219. *Württembergische* Gesetze, herausgegeben von Dr. *A. L. Reyscher*, Tübingen, 1845, Bd. 16 Württembergische Finanzgesetze, herausgegeben von *Hoffmann* 1, 1495—1806; 2, 1805—1846.
220. *Zeitlinger, J.*, Sensen, Sensenschmiede und ihre Technik, Jahrbuch des oberösterreichischen Musealvereins, Linz, 1944.
221. *Zeyher, M.*, Der Schönbuch, Waldwirtschaftsgeschichte eines alten Reichsforstes, Stuttgart, 1938.
222. *Zibermayr, J.*, Noricum, Bayern und Österreich, München, 1944.
223. *Zöhrer, A.*, Alt-Linz, in Ansichten von 1594—1860, Linz, 1942.

Nachtrag

224. *Dieterich, V.*, Standortskundliche Methoden und Fragestellungen der Forstwirtschaft, Forstwiss. Centralblatt, Nr. 5/1949.
— — Die wissenschaftliche Zielsetzung und praktische Bedeutung forstwirtschaftsgeschichtlicher Forschung und Lehre, Forstwiss. Centralblatt, Nr. 10/1950.
225. *Aichinger, E.*, Grundzüge der forstlichen Vegetationskunde, Wien, 1949.
226. *Paret, O.*, Das neue Bild der Vorgeschichte, Stuttgart, 1946.
227. *Gradmann, R.*, Pfahlbauten und Klimaschwankungen, Schriften des Vereins für Geschichte des Bodensees, Heft 69, 1950.
228. *Firbas, F.*, Über das Alter der Fichtenstufe in den Mittelgebirgen nördlich der Alpen und über den Ausklang der postglazialen Wärmezeit, Nachrichten der Akademie der Wissenschaft in Göttingen, Mathematisch-Physische Klasse, 1948.
229. *Bertsch, K.*, Der pollenanalytische Nachweis des Getreidebaues, Berichte der Deutschen Botanischen Gesellschaft, 1950, Bd. LXIII/1.
230. *Bavier, J. B.*, Schöner Wald in treuer Hand. (Schweizerischer Forstverein) Aarau, 1949.
231. *Tschermak, L.*, Waldbau auf pflanzengeographisch-ökologischer Grundlage, Wien, 1950.
232. *Köstler, J.*, Die Bewaldung des Berchtesgadener Landes, im Jahrbuch des Vereines zum Schutze der Alpenpflanzen und -tiere, München, 1950.
233. *Zimmerle, H.*, Zum ältesten Lärchenanbau in Württemberg, Deutsche Forstwirt, Nr. 15/16, 1941.
234. *Diepold, H.*, Fort mit dem Krüppelwald, Waldsassen, 1945.

235. *Dannecker, K.*, Der Plenterwald einst und jetzt, Stuttgart 1929.
— — Der Daseinskampf der Weißtanne in ihren Heimatsgebieten, Allgemeine Forst- und Jagdzeitung, Heft 5, 1941.
— — Schutz dem Weißtannenwald, Allgemeine Forstzeitschrift, Nr. 22/23, 1948.

Nachtrag nach Abschluß

236. *Bertsch, K.*, Nachträge zur vorgeschichtlichen Botanik des Federseerieds, Veröffentlichung der württembergischen Landesstelle für Naturschutz, Ludwigsburg, 1950.
237. *Kuhn, K.*, Aus der Geschichte der Wälder im hohenzollernschen Moränenland, Veröffentlichung wie vor.
238. *Oberdorfer, E.*, Beitrag zur Vegetationskunde des Allgäus, in Beiträge zur naturkundlichen Forschung in Südwestdeutschland, Bd. IX, H. 2, 1950.
— — Die Schafweide im Hochgebirge, Forstwiss. Centralblatt H. 2, 1951.
239. *Endriß, E.*, Kleine Landeskunde des Regierungsbezirkes Schwaben, Kempten, 1950.
240. *Werneck, H.*, Ur- und frühgeschichtliche Kultur- und Nutzpflanzen in den Ostalpen und am Rande des Böhmerwaldes, Wels, 1949.
241. *Franz, H.*, Bodenleben und Bodenfruchtbarkeit, Wien 1949.

Folgende Archive wurden benützt:

I. Archive:

1. Württembergisches Staatsarchiv in Stuttgart
2. Bayrisches Hauptstaatsarchiv in München
3. Bayrisches Staatsfilialarchiv Neuburg a. d. Donau
4. Oberösterreichisches Landesarchiv in Linz
5. Hofkammerarchiv in Wien (betr. Reichsakten Markgrafschaft Burgau)
6. Staatsarchiv in Sigmaringen
7. Stadtarchiv in Ulm
8. Archiv der Stadt und des Spitals Biberach a. d. Riß
9. Stadtarchiv und Spitalsarchiv in Augsburg
10. Archiv der Stadt Kaufbeuren
11. Archiv der Stadt Mindelheim
12. Stadt- und Spitalsarchiv Ravensburg
13. Fürstlich und gräflich Fuggersches Familien- und Stiftungsarchiv in Augsburg
14. Fürstliches Archiv in Sigmaringen (Bes. Fürst von Hohenzollern-Sigmaringen)
15. Archiv Schloß Zeil (Bes. Fürst von Waldburg zu Zeil)
16. Archiv Schloß Wolfegg (Bes. Fürst von Waldburg zu Wolfegg)
17. Archiv Schloß Aulendorf (Bes. Graf zu Königsegg-Aulendorf)
18. Archiv Schloß Oberstadion (Bes. Graf von Schönborn)
19. Archiv Schloß Erolzheim (Bes. von Kienlin)
20. Archiv Schloß Gutenzell (Bes. Graf von Toerring)
21. Archiv Schloß Erbach (Bes. Freiherr von Ulm)
22. Archiv Schloß Achstetten (Bes. Graf Reuttner von Weyl)
23. Archiv Schloß Obermarchtal (Bes. Fürst von Thurn und Taxis)
24. Archiv Schloß Mittelbiberach (Bes. Graf von Brandenstein-Zeppelin)
23. Archiv Schloß Oberbalzheim (Bes. Freifrau von Massenbach-Palm und von Ehingerscher Familienverband)
26. Archiv Schloß Eberstall (Bes. Freiherren und Grafen Schenk von Stauffenberg)
27. Archiv Schloß Orsenhausen (Bes. Freiherr von Hornstein, Orsenhausen)
28. Archiv Schloß Grüningen (Bes. Freiherr von Hornstein, Grüningen)

II. Folgende Stellen gaben Auskünfte oder gewährten Akteneinsicht:

württembergische Staatsforstämter: B a i n d t , B i b e r a c h , D i e t e n h e i m , M o c h e n w a n g e n , O c h s e n h a u s e n , R i e d l i n g e n , S c h u s s e n r i e d , T e t t n a n g , W a n g e n , W e i n g a r t e n , W i b l i n g e n , Städtisches Forstamt B i b e r a c h

bayrische Staatsforstämter: I l l e r t i s s e n , W e l d e n , Z u s m a r s h a u s e n

P r i v a t f o r s t w i r t s c h a f t : Fürstlich Waldburgsche Forstdirektion in Zeil, Fürstlich Waldburgsche Forstdirektion in Wolfegg, Fürstlich Fuggersche Forstdirektion Babenhausen, in Augsburg, Gräflich Fuggersche Forstdirektion Oberkirchberg, Gräflich Schaeßbergsches Forstamt in Tannheim, Fürstlich Öttingen-Spielbergsche Domanialkanzlei, Öttingen, Fürstlich Hohenzollernsche Forstdirektion in Sigmaringen, Herzoglich Württembergisches Hofkammerforstamt in Altshausen, Fürstlich Fürstenbergsche Forstdirektion in Donaueschingen, Markgräflich Badensche Forstdirektion in Salem, Fürstlich Thurn und Taxissches Forstamt Obermarchtal, u. a.

III. Wertvolle Unterstützung leisteten die Herren:

Oberforstmeister Dr. H. Großmann, Vorstand des Oberforstamtes des Kantons Zürich; Hofrat a. D. Dr. Adolf Eigl, Linz a. d. Donau; Universitätsprofessor Dr. Gustav Krauß, München; Regierungsrat Dr. Gerhard Schlenker, Stuttgart.

Dpl.-Fw. Renate Olberg und cand. forest. Oswald Schoch machten sich durch Lesen von Korrekturen u. dgl. verdient.

Den genannten und manchen ungenannten Helfern herzlicher Dank.

VERZEICHNIS DER BILDTAFELN UND KARTEN

Umschlagblatt
: *Johann Baptist Pflug*, geb. Biberach 1785, gest. Biberach 1866. Bodenseelandschaft mit der Waldburg, 1837, Öl, Holz, 45 cm hoch, 61 cm breit. Braith-Mali-Museum der Stadt Biberach a. d. Riß, Württemberg.

Vorsatzblatt vorne
: Kupferstich von 1647 nach der *Rauch*schen „Landtafel" der Reichsstadt *Wangen* von 1617, vergrößerter Ausschnitt. Siehe S. 29, 30 und Anm. 18.

Vorsatzblatt hinten
: Kupferstich ohne Jahrangabe nach der *Rauch*schen „Landtafel" der Reichsstadt *Lindau* von 1626, vergrößerter Ausschnitt. Siehe S. 29, 31 und Anm. 18.

Tafel 1
: *Philipp Reulin* (Rühulin), beeideter Stadtmaler in Ulm seit 1586, gest. 1598. — Über Auftrag des Reichskammergerichtes in Speyer von 1589 mußte der Schauplatz des Jurisdiktionsprozesses (Anm. 56) von einem beeideten Maler (und Feldmesser) aufgezeichnet werden. Reulin nahm den ganzen Bezirk „Wahrheitsgetreu" 1589 auf. (Hornstein, 95, S. 240, 245, und O. A. B. Riedlingen, 1923, S. 279.) Ausschnitt, Bussenlandschaft mit der Donau. — Karte im Landesmuseum in Stuttgart. — Foto württ. Landesamt für Denkmalpflege, Stuttgart.

Tafel 2
: *V. Hawliczek*, 1902, Donau und Auen bei Wallsee in Niederösterreich, Aquarell, 30 cm hoch, 40 cm breit, Eigentümer Graf Georg Waldburg-Zeil, Syrgenstein. — Foto Scherer. Ravensburg.

Tafel 3
: *Sebastian Luz*, geb. 1836 in Schelklingen bei Blaubeuren, gest. 1898 in Freiburg.
Nadelwald, Zeichnung, im Besitz der städtischen Sammlungen in Freiburg. — Foto Röpcke, Freiburg.

Tafel 4
: *David und E. Mieser*, Kupferstich, Ausschnitt, 1630, Reichsstadt Ravensburg mit Bodenseelandschaft. Besitzer Otto Maier Verlag, Ravensburg. — S. 33, 55.

Tafel 6
: *Plenterwald*, Fichte, Buche, Tanne, Staatswald Schallenberg-Rauchgrat, Kanton Bern, Foto Professor Dr. Knuchel, 1929. — S. 58, 147.

Tafel 5
: Verleger *Wolff*, Augsburg, undatierter Kupferstich, Schloß Zeil mit Umgebung, Ausschnitte, Besitzer Fürst von Waldburg zu Zeil. — Foto R. Schmitt, Leutkirch.

Tafel 7
: *Johann Jakob Biedermann*, geb. Winterthur 1736, gest. Zürich 1830, Mammern am Untersee, 1817. — Fürstlich Fürstenbergsche Galerie in Donaueschingen, Lwd. 61 cm hoch, 81 cm breit.

Tafel 8
: *Johann Jakob Biedermann*, Schloß Salenstein am Untersee, Fürstlich Fürstenbergsche Galerie, Donaueschingen, Ldw. 48 cm hoch, 71 cm breit. — Beide Bilder einst Besitz des Joseph Freiherrn von Laßberg, Meersburg. — Anm. 69.

: *Salomon Geßner*, geb. Zürich 1730, gest. Zürich, 1788. Idealisierte Landschaft, Ausschnitt Eichengruppe, Öl, Holz, 61 cm hoch, 45 cm breit. — Wieland-Museum in Biberach a. d. Riß. — Foto Heddenhausen & Posse, Biberach a. d. Riß.

Tafel 9
: *Philipp Reulin*, 1589 (siehe Tafel 1), Ausschnitt, Stadt Riedlingen mit der Donau, links Kloster Heiligkreuztal, in der Mitte der Osterberg, rechts der Tautschbuch, auf dem die „Weitreitinen" sichtbar sind. — S. 103,105, Anm. 129, Hornstein, 1486. — Foto Landesamt für Denkmalpflege, Stuttgart.

Philipp Reulin, 1593, leicht getönte Federzeichnung, den Lageplan der „strittigen Au" an der Iller bei Sinningen mit den Holzlagerplätzen (Lendinen) am Flößkanal darstellend. — Ausschnitt. — Links Schloß Kellmünz. Oben Dorf Kirchberg a. d. Iller. Plan im Rentamt Oberbalzheim, Neues Schloß.
S. 95, 97, 215, Anm. 96. — Foto Schiffer, Laupheim.

Tafel 10   *Meister mit der Nelke* (Schweizerischer Meister der Bodenseegegend) um 1500, eine der Tafeln mit Darstellungen aus dem Leben des Heiligen Hubertus, Fürstlich Fürstenbergsche Galerie in Donaueschingen. Verzeichnis der Gemälde, IV. Ausgabe, Dr. Feuerstein, S. 68. Holz, 56 cm hoch, 55 cm breit. — Foto Marth.

Tafel 11   *Josef Anton Koch*, geb. Ebbingenalp, Lechtal in Tirol, 1768, gest. in Rom 1839. Schweizer Gebirgslandschaft mit Hirten, Dessau, Gemäldegalerie. — Foto-Marburg.

Tafel 12   *Femelschlagwald* auf dem Eschenberg der Stadt Winterthur, Foto Eidgenössische Forstliche Versuchsanstalt, Zürich, 1910.
Buchenhochwald, im Sihlwald der Stadt Zürich, Foto wie oben.

Tafel 13   *Peter Birmann*, 1758—1844.
Vue du lac de Lucerne dit des quatre Cantons, prise au dessus de Kusnacht. Kolorierte Umrißzeichnung. — Kupferstichkabinett, Kunstmuseum Basel.
Gabriel Lory d. Ä., 1765—1843.
Sortie de l'Aar du lac de Brienz. Kolorierte Umrißradierung. — Kupferstichkabinett, Kunstmuseum Basel.

Tafel 14   *Peter Birmann*, 1758—1844.
Vue de la ville et d'une partie du lac de Zoug. Kolorierte Radierung, 1791 herausgegeben von Mechel, Basel. — Kupferstichkabinett, Kunstmuseum Basel.
Johann Heinrich Bleuler, 1758—1823. L'Hermitage du Pieux Nicolas (Nikolaus von der Flue) près de Saxlen au canton d'Unterwalden. Kolorierte Radierung, 1796. — Kupferstichkabinett, Kunstmuseum, Basel.

Tafel 15   Landschaft um *Trogen*, Appenzell. — Foto Swiss Air.
Vierwaldstättersee mit dem Bürgenstock. — Foto Swiss Air.

Tafel 16   *Heinrich Rieter*, 1751—1818.
La Cascade du Griesbach. (Der Griesbach mündet in den Brienzersee). Kolorierte Umrißradierung. — Kupferstichkabinett, Kunstmuseum Basel.
Christian von Mechel, 1737—1817.
Vue du beau pont de Wettingen sur la Limmat.
Koloriertes Aquatintablatt. — Kupferstichkabinett, Kunstmuseum Basel.

Tafel 17   Unbekannter Maler, Aquarell, um 1835. „Amalienhütte", Fürstlich Fürstenbergsches *Hüttenwerk* bei Bachzimmern, nahe Immendingen a. d. Donau. — Fürstliches Archiv in Donaueschingen. — Foto Gril, Donaueschingen.
Johann Andreas Rauch, aus Wangen, Karte (Landtafel) der Markgrafschaft Burgau von 1613, Nationalmuseum München, Ausschnitt: Tal der Günz, der Kamlach, der Mindel, rechts unten Burgau, sonstige Orte z. B. Ursperg, Münsterhausen, Burtenbach, Jettingen, Ichenhausen, Neuburg, Krumbach, Rieden, Autenried. S. 162, Anm. 181 und Anm. 200 betr. Ortsnamen Tainhausen, heute Tannhausen, links unten. — Foto aus dem Nationalmuseum.

Tafel 18   Karte von 1721, „Entwurf der Alpe *Rohrmoos*, auch des Breitachtales, als Lehen vom Fürststift Kempten den Erbtruchsessen Grafen zu Wolfegg verliehen". Tafel mit Markungsgrenzen im Schloß Wolfegg, Besitzer Fürst Waldburg zu Wolfegg. Ausschnitt. Die Gottesackerwände am Hohen Ifen. Oben gegen das Walsertal orientiert. In der Signatur sind die Markungsbäume als Rottannen, Weißtannen und Buchen durch Farben unterschieden. — Foto Moritz, Wolfegg.
Karte des *Mindelheimer* Forstes, Federzeichnung, anfangs 18. Jahrhunderts. Staatsarchiv München (Mindelheim Nr. 142). — Ausschnitt. — S. 157. — Foto Aaphos-Schneider, München.

Tafel 19   *Johann Müller*, Stich von 1790; Donaulandschaft oberhalb Neuburg bei Bertolzheim mit Fracht- und Passagierfloß und einer „Ulmer Schachtel". Im Besitz des Verfassers.
Paul von Stetten, Geschichte der reichsfreien *Stadt Augsburg*, 1743, Lageplan der Stadt mit Wertach und Lech, Stich. Im Besitz des Verfassers. — Beide Foto Schiffer, Laupheim.

Tafel 20 *Schlagweiser Fichtenbestand*, Borkenkäferbekämpfung, — Foto O. Kraemer, Bayrische Landesanstalt für Moorwirtschaft, München.

Alteichen im Mittelwald, Staatswald Griesbach, Kanton Schaffhausen, — Foto Professor Knuchel, Zürich, 1920.

Tafel 21 *Hochmoor* am Ranthof, Jachenau, Landkreis Tölz. — Foto O. Kraemer, Bayrische Landesanstalt für Moorwirtschaft, München.

Hochmoor bei Stubenbach im Bayrischen Grenzgebirge. — Foto wie oben.

Tafel 22 *Pupplinger Au* bei Wolfratshausen. — Foto Architekt Karl Erdmannsdorfer, München.

Tafel 23 *August Heinrich*, geb. in Dresden 1794, gest. in Innsbruck 1822. Untersberg mit dem Loigerfeld, aquarellierte Bleistiftskizze um 1821. — Aus der Bibliothek der Akademie der Bildenden Künste in Wien.

Friedrich Loos, geb. in Graz 1797, gest. in Kiel 1890. Der Mönchsberg bei Salzburg 1826. — Österreichische Galerie Wien. Öl auf Karton. 37 cm hoch, 52 cm breit. — Foto Frankenstein, Wien.

Tafel 24 *Hans Hueber*, geb. in Waizenkirchen, Oberösterreich, 1813, daselbst gest. 1889. Der Zeller See oder Irrsee, Oberösterreich. — Aquarell. 21 cm hoch, 26,5 cm breit. — Foto R. Stenzel, Linz.

Karl Haider, geb. in München 1846, gest. in Schliersee 1912. Schliersee, Berlin, Nationalgalerie. — Foto-Marburg.

Tafel 25 *Josef Wenglein*, geb. in München 1848, gest. in Tölz 1919. Bayrische Hochebene, 1891. Frankfurt, Städelsches Kunstinstitut. — Foto-Marburg.

Karl Haider, geb. in München 1846, gest. in Schliersee, 1912. „Blick auf die Berge". 1899. — Frankfurt, Städelsches Kunstinstitut. — Foto-Marburg.

Tafel 26 *Wilhelm von Kobell*, geb. in Mannheim, 1766, gest. in München 1853. Voralpenlandschaft. — Aquarellierte Bleistiftzeichnung, Hamburger Kunsthalle. 84 cm hoch, 17,4 cm breit. — Foto A. Strack, Hamburg.

Wilhelm von Kobell, wie oben, — Tegernsee. Frankfurt, Städelsches Kunstinstitut. — Foto-Marburg.

Tafel 27 *Ferdinand Olivier*, geb. in Dessau 1785, zwischen 1815 und 1830 in Wien, gest. in München, 1841. — Zeichnung, Entwurf zum „Dienstagblatt, Bergveste Salzburg von der Mittagseite", 1818. — Staatliche Graphische Sammlung, München.

Josef Höger, geb. in Wien, 1801, gest. in Wien, 1877. „Auf der Sattelalpe bei Hallstatt". Bleistiftzeichnung, 1830. — 27 cm hoch, 34 cm breit. — Landesmuseum in Linz, Oberösterreich. — Foto R. Stenzel, Linz.

Tafel 28 *Ferdinand Georg Waldmüller*, geb. in Wien 1893, gest. in Wien 1865. „Blick auf Ischl", 1838, 43 cm hoch, 57 cm breit. Berlin, Nationalgalerie. — Foto-Marburg.

Tafel 29 *Ferdinand Georg Waldmüller*, wie vor, Wienerwaldlandschaft mit Schloß Wildegg. — 66 cm hoch, 81 cm breit. — Österreichische Galerie, Wien. — Foto Julius Scherb.

Tafel 30 *Julius F. Schnorr von Carolsfeld*, geb. Leipzig 1794, seit 1811 in Wien, 1818—1827 in Rom, 1827 bis 1846 in München, gest. in Dresden 1872. — „Die Breite Föhre bei Mödling", 1838. — Österreichische Galerie, Wien. — 67 cm hoch, 114 cm breit. — Foto Frankenstein.
Tschermak *(231)*, Abb. 50, „Die Breite Föhre auf dem Anninger bei Mödling".

Friedrich Gauermann, geb. in Miesenbach 1807, gest. in Wien 1862.
Lithographie nach dem Gemälde „Kämpfende Hirsche", Ausschnitt. — Besitz des Verfassers.

Johann Nepomuk Schödlberger, geb. in Wien, 1779, gest. in Wien, 1853. — Waldinneres. 1829. — 40 cm hoch, 23 cm breit. Besitz des Verfassers.

Tafel 31 *Maria S. Laimer*, geb. Kestler. Ansicht des Marktes Hallstatt, 1816. — 24,5 cm hoch, 38,5 cm breit. Landesmuseum Linz, Oberösterreich. — Foto R. Stenzel, Linz.

J. Löw, k. k. Zeichner (Landmesser).
Blick vom Herrensitz auf der Gradnalm über die Flyschvorberge und das Kremstal, die Hauptstätte der oberösterreichischen Sensenschmiede. 1833. —

Besitzer: A. und H. Zeitlinger, Micheldorf. —

Nr. 141 des Kataloges des oberösterreichischen Landesmuseums, 1949, „Das Eisen in Geschichte und Kultur des Landes ob der Enns", herausgegeben von Dr. Franz Pfeffer. — Foto R. Stenzel, Linz.

Tafel 32 Unbekannter Maler, Gesamtansicht von *Steyr* aus der Vogelschau, samt den Klöstern Garsten und Gleink, Aquarell, Ende des 18. Jahrhunderts. — 19,5 cm hoch, 28,5 cm breit. — Heimathaus Steyr. Nr. 35 des vorzitierten Kataloges.

J. Eberl, Losenstein an der Enns mit Schiffszug und Floß, Gouache, 1828. 31 cm hoch, 44 cm breit. — Landesmuseum Linz, Oberösterreich. — Nr. 66 des vorzitierten Kataloges. — Foto R. Stenzel, Linz.

Tafel 33 *Heinrich Reinhold*, geb. in Gera 1788, gest. in Rom 1825. Der Watzmann, 1818. — Öl auf Holz, 42 cm hoch, 33 cm breit. — Österreichische Galerie, Wien. — Foto Julius Scherb, Wien. — Mit Erlaubnis des Verlages Anton Schroll & Co. in Wien reproduziert.

Tafel 34 *Jan und Hubert van Eyck*, Gent, Altar in St. Bavo, 1432. Ausschnitt aus Altarflügel, Musizierende Engel. — Foto-Marburg.

Tafel 35 *Egbert-Codex*, Folio 27, Ende 10. Jahrhundert, Trier, Stadtbibliothek.

Stundenbuch, Fol. 117, 15. Jahrhundert, Laon, Bibliothek. — Beide Foto-Marburg.

KARTENSKIZZEN

	Seite
Das Alpenvorland vom Genfer See bis zum Wiener Becken. Skizze 1:2 750 000	8
Alpenvorland westlich des Lech, Urdörfer und Urwaldräume	16
Östliche Jungmoränenlandschaft des Rheintalgletschers mit der östlichen Bodenseelandschaft	30
Der Altdorfer Wald im 16. Jahrhundert	39
Westliche Bodenseelandschaft i. w. S.	70
Bussen-Donaulandschaft	87
Deckenschotterlandschaft zwischen Ulm und Ochsenhausen	95
Rhein-Aare-Verbindung (Sargans-Zürich-Basel)	132
Landschaft des eiszeitlichen Rhonegletschers	143
Niederösterreichisches Alpenvorland (Geologische Skizze nach N. Krebs)	211

Farbige Übersichtskarte 1 : 1 000 000: Schematische Verteilung der wichtigsten Regionalwaldtypen im deutschen und österreichischen Alpenvorland

Die Umzeichnung der Kartenentwürfe des Verfassers hat Graphiker Helmut Hauptmann, Mindelheim, besorgt.

GESAMTREGISTER DES TEXTES

Durch die Gliederung des Stoffes nach geographischen Gesichtspunkten und durch das ausführliche Inhaltsverzeichnis konnte die Aufnahme von unwichtigeren Ortsnamen eingespart werden. Im übrigen wird auf die Anmerkungen, das Schrifttum, auf das Verzeichnis der Bildtafeln und Karten und auf die Erklärungen auf der farbigen Übersichtskarte verwiesen.

Ablachlinie 72
Achstetten 102
„Äckerich", siehe unter Kes und Mast
Adelegg 24
Alb
— Fränkische 181 f.
— Ulmer 107 f.
siehe auch unter Jura
Allgäuer Schmalsaumschlag 59, 118
Allgäuer Waldwirtschaft 58, 171 ff.
Allmannshorn 159, 160
Allmende 110 ff., 127
siehe auch unter Hart und Waldallmende
„Alpen", die 127
Alpenvorland
— Begriff und Übersicht 7
— natürliche Gliederung 9
— das deutsche 10 ff., 183
— das Schweizer 9, 142, 146
— das österreichische 13, 210 ff.
Altdorfer Wald 38. 57
Altheim 102
Altmoräne
— Begriff 7
— der westlichen Bodenseelandschaft 69
— des nördlichen Gürtels Oberschwabens 86
— des östlichen Oberschwabens 46, 92
Altshausen 37, 57
Ammersee 199
Argenhart 32
Arlesried 158
Augsburg
— Hochstift 152, 166
— Stadt 170

Aulendorfer Tann 41
Ausbauorte 17, 18, 129
Ausbausiedlung 18
Ausbreitung, Wanderung 44 ff.
Auwald des Alpenvorlandes 215 f.

Babenhausen 159
Balzheim 97
„Bannhölzer" 88
siehe auch unter Hochhölzer
Bannraitel 51, 90
Bauernwald 148, 225
Baumartenanzeigende Orts-, Flur- und Waldnamen 177 ff.
siehe auch unter Orts- und Flurnamen
Bavier J. B. 126, 141
Bayern 150 ff.
Bayerische Landnahme 207, 209
Bayrischer Wald 179 f., 181
Bergwald, der präalpine
siehe unter Voralpenwald, Regionalwaldtypen und Übersichtskarte
Bergwald des Vorlandes 38, 49, 123, 125, 146, 174, 202, 206, 214
siehe auch unter Regionalwaldtypen und Übersichtskarte
Bergwerks- und Forstgesetzordnung des 16. Jahrhunderts
— Bayern 220 f.
— Österreich 221 f.
— Salzburg 221
Bertsch, Franz 7
Bertsch, Karl 27, 46, 49, 78, 87, 230
Bertsch, Karl und Franz 15
Betriebsformen
— Hochwald mit verschiedenen Formen

Betriebsformen: Niederwald (Ausschlag ohne Oberholz)
— Mittelwald (Niederwald mit Ausschlag und Oberholz aus Samen) 49 ff., 63 ff., 82, 119 ff., 124, 134, 147, 171, 228
Biberach 90
Bifang 112, 130
Bihlafingen 100
Biocoenologie 5, 233
„Birkenberge" 181
Bischlag 48
Blütenstaubuntersuchungen 5, 230
s. auch unter Pollendiagramme
Bodanrück 82
Bodenseelandschaft
— östliche 29
— westliche 68, 80, 81, 83
Böhmer Wald 179 f.
Boos 158
Brandwaldfeldbau 78, 112 ff., 115, 147, 181, 225
Brunnenholzried 43
Buche 23, 25, 31, 33, 40, 51, 54, 77, 79, 84, 90, 97, 107, 119 ff., 125, 136, 173, 196, 200, 213, 218, 229, — siehe auch Regionalwaldtypen
„Buch", der 40, 47, 119 ff., 186
Bucheln-Saat, siehe unter Saat
Buchhorn (Friedrichshafen) 31
Bühl 102, 113
Burgau 162 f.
Burgrieden 100
Burtenbach 165
Bussen 88
Bußmannshausen 101, 113

Christ, H. 4
Colerus 117

Cotta, Heinrich 49, 53, 110, 120, 135
Crescentiis, Petrus de 116

Dachauer Moos 202
Dauerwaldgedanken 4
Dellmensingen 102
Denklinger Forst 154
Dietenheim 100
Dietramszeller Wald 200
Dieterich, Viktor 241
Donaudurchbruch bei Linz 206
Donauknie bei Regensburg 188
Donaulandschaft 103 ff., 215
Donaumoos 189
Donaustetten 102
Dorndorf 100
Dualismus Natur-Mensch (Natur-Technik) 3, 5, 233 ff.
Dürmentinger Wald 88
Dürnbuch, der 188

Ebershausen 162
Egelsee 78
Egerten 52, 113, 115, 130
Egertenwirtschaft 115, 130
Eibe 182, 203, 210, 223
Eicheln-Saat, siehe unter Saat
Eichenstufe, klimatische 120, 211
Eiche, „Eichwald", 51, 76, 88, 101, 104, 119, 124, 136, 137, 143, 195, 210 ff., 213, — siehe auch Regionalwaldtypen
Einheit der Waldpflanzengesellschaft 5, 233, 238
Einheitsgedanke 5, 233
Eisenwerke 133, 227
Eiszeiten 7
Entwicklung des Waldes, siehe unter Waldentwicklung
Erdinger Moos 202
Eriskirch 32
Erolzheim 94
Ertragsschätzung, primitive 226

Federsee 86
Femeln, Plentern 58
Femelschlag 83, 174
Ferdinandea, die (Bergordnung Kaiser Ferdinand I.) 221 ff.
Fichte
— Sprachgebrauch 6
— Fichtensaat, siehe unter Saat
— Fichtenmoorrandwald 43, 44, siehe auch unter Moorrandwald
— Fichtenvorstoß 44 ff., 84, 91, 104, 123, 125, 140, 142, 147, 164, 165, 170, 176, 191, 201

Fichte
— Fichtenvorstoßlinie im 16. Jahrhundert 91, 100, 108, 123, 159, 175, 176
— Fichtenwaldbauvorstoß 45, 84, 162, 165
— „Fichtenhochholz", das 96, 97, 99, 101, 121, 175
Firbas, F. 15, 230
Flächenfachwerk 51, 123
Flößen 74, 96, 132, 140, 170, 221
Floßholz 96
Floßholzordnungen 106
Flurnamen, siehe Orts- und Flurnamen
Flury, Ph. 126, 141
Flysch 13, 22, 204, 208, 213
Forche (Föhre, Weißföhre, Kiefer)
— Verbreitung 34, 35, 60 ff., 81, 169 f., 176, 184, 195, 202, 213, 214
— Forchen-Saat, siehe unter Saat
— Forchenvorstoß 45, 84, 85, 192, 206
— Forchenwaldbauvorstoß 45, 85
Forst (Begriff) 1, 2
Forstgeschichte 3
Forstgesetzliche Ordnung 50 ff.
Forstordnungen
— von Bayern 216, 220 f.
— der westlichen Bodenseelandschaft 82
— von Heiligenberg 78
— der vorderösterreichischen Landgrafschaft Nellenburg 82
— des südlichen Oberschwabens 50 ff.
— des nördlichen Oberschwabens 112
— der Schweiz 141
— der Stadt Ulm 107
— von Waldburg-Trauchburg 59
— von Württemberg 50 ff., 89
siehe auch unter Holzordnungen
Forstwesen und Waldwesen 2
Forstwirtschaft 3
Forstwirtschaftslehre 4
Forstwissenschaft 3, 229
Fränkische Alb 181
Frickenhausen 158
Friedrichshafen (Buchhorn) 31
Früh, J. 126, 141

Gams, H. 15, 205, 217
Gayer, K. 4, 141, 150, 174
Gebirgswald 22, 129, 141, 217 ff., 228
Gehren, der 35
Gehrenberg 35

Geobotanik 5
„Geschichte" 3, 244
Gesellschaft, Gesellschaftsprozeß 4, 234, 239, siehe auch unter Einheit der Waldpflanzengesellschaft
Glashart oder Dürmentinger Wald 88
Glashüttenindustrie 26, 52, 133, 180
Glon, die 190 ff.
Gradmann, R. 15, 49, 86
Grafenwald, der 184 f.
Grimm, R. 60
Großmann, H. 138, 140, 141
Großschafhausen 98
Gutenberger Tann 155
Gutenzell, Kloster 95 f.

Hallstatt 226
Hart, der 38, 52, 104, 110 ff., 134, 135, 154
Hartig, Georg Ludwig 54, 83
Hauff, R. 49, 72
Hausrath, Hans 4
„Hausruck" 193 f.
„Hausväter" 117
Harzen, das 72, 83, 90, 156 f.
Heggbach 96
Heiligenberg, Grafschaft 35, 57
Heiligen-Geist-Spital
— Augsburg 165 f.
— Ravensburg 33, 55
Heiligkreuztal, Kloster, 103, 120
„Heimhölzer" 225
Heresbach 117
Herrera 117
Hilf, R. B. 223
Hilfswissenschaften der Waldgeschichte 4
„Hirtenwiesen" 154
Hirzel 140
Hochacker 112 ff., 115
„Hochgeländ", das 47, 49
„Hochhölzer", „Hohe Hölzer" (kann Bannholz oder Betriebsform Hochwald bedeuten) „Fichtenhochhölzer", „Hohe Buchenhölzer", „Hohe Buchenwälder" 31, 48, 88, 96, 97, 99, 101, 121, 134, 158, 160, 162, 164, 165, 166, 167, 172, 175 siehe auch unter „Schwarzwälder" bzw. „Hoch- und Schwarzwälder" und unter Hochwald
Hochmoor 42, 43, 46, 47, 66, 153, 203, 205
Hochmoorrandwald 46, siehe auch unter Waldtypen extremer Standortsbedingungen

Höchsten, der 35
Hochterrasse 101, 206
Hochwald 53, 54, siehe Betriebsformen
Hofoldinger Forst 200
Hofstädter, G. 210
Holzartenwahl 124
Holzartenwandel 125, 138
„Hölzer" 2
Holzhandel 94, 98, 106, 140 f., 156, 158, 170 f.
Holzordnungen 89, 152, 154, 164, 220 ff., 225, siehe auch unter Forstordnungen
„Holzstöcke", die 100
„Hönhart" 193 f.
Huber, A. 126, 148
Hürbel 101

Ibmer Moos 205
Iller-Lech-Gletscher 11, 150, 156, 174
Illerrieden 100
Illertissen 159
Inn 183 ff., 203 ff.
Inn-Chiemsee-Gletscher 12, 203
Inn-Isen-Winkel 204
Instruktion, württembergische, für kgl. Kreisforstmeister (1818) 53, 122
Isar 183 ff.
Isargletscher 11 f., 197 ff.
Isen, die 204

Jettingen 165
Jorat, der 142 f.
Jungmoräne, Jungendmoräne 7, 22, 29, 41 ff., 77, 150, 197 ff.
Jura 75, 145, siehe auch unter Alb

„Kampfgürtel", primärer und sekundärer 218
Kampfzonen und Klimaschwankungen 231
Kaufbeuren, Spital und Stadt 154
Keller, Gottfried 140
Kellmünz 159
Kemptener Wald 151
Kerner, A. 4, 214
Kes (Äckerich) 32, 163, siehe auch unter Mast
Kettenschwanger Tann 155
Kiefer, siehe unter Forche
Kirchheim 164
Kißlegg 44
Klimaperioden und Waldentwicklung 230
Klimaschwankungen und Kampfzonen 231

Klosterbeuren 158
Kloster Wald 76
Kobernauser Wald 193 f.
Köhlerei 227
Konstanzer Waldordnung 138
Königseggwald 37
Köstler, Josef 221, 241
Krauß, Gustav 241
Kremsmünster 207
Kremstal, das 227
Kunsttypen 50, 238

Laimnau 32
Lambach, Kloster 207
Landgrafschaft Nellenburg, vorderösterreichische 82
„Landschaft" 66, 86
Landschaftsgliederung des Alpenvorlandes 9
Landschaftswald (Begriff) 66, 86
Landvogtei Schwaben (österreichische) 39, 55, 57, 60
Lärche 83, 213 f., 219, 224
Laubwald-Randzone 218
Laupheim 101, 102
Lech 163 ff., 170 ff., 182 ff.
Lechfeld 170, 176
„Lebensgemeinschaft" 4, 233
„Lendinnen" 96, 106
Leuthau 165
Limes 181
Limpach 35
Lindau 31
Linth 140 f.
Linthgletscher 133 f.
Linz 206
„Löcher" 2
„Loh" 170, 207
Lüdi, W. 136

Massenfachwerk 76, 123
Mast 121, 124, siehe auch unter Kes (Äckerich)
Mattsieß 163
Memmingen 117, 157, 158
Meßkirch, Grafschaft 73, 74
Mettenbuch 71
Meurer, Dr. Neo 117
Meyer, K. A. 144
Micheldorf 227
Mindel 163 ff.
Mindelheim 157
Mischwald-Außenzone 218
„Mischwaldungen" 173
Mittelbiberach, Vogtei 89
Mittelland, das (Schweiz) 9, 142, 146
Mittel-Neufnach 165 f.
Mittelwald 53, 54, 120, 135, 137, 216, siehe auch unter Betriebsformen

Molasse 7, 22, 129, 182
Möller, A. 4
Moorrandwald 44, 46, 47, 153, siehe auch unter Waldtypen extremer Standortsbedingungen
Moorwälder 41, 44, 66
Moser, Wilhelm Gottfried 54, 70, 122
„Motten", das 115
Mühlviertel 192

Nadelwald-Innenzone 218
Napf-Gebiet 147
„Naturgemäßer (naturnaher) Wirtschaftswald" 235
„Natürlicher Wald" 236, 240
Natur-Technik (Dualismus) 235 ff.
Nellenburg, vorderösterreichische Landgrafschaft 82
Neuburger Wald 183
„Neuwald", der 223
Niederwald 51, 54, 120, 137, siehe auch unter Betriebsformen
„Nordwald" 179, 183, 192
Nürnberg 117
Nutzungsarten 119 f., 124, 135

Oberbuch 98
Oberkirchberg 100
Oberland
— der südliche Gürtel 22
— der nördliche Gürtel 86
Oberschwaben, typische Phasen der Waldentwicklung, 123
Ochsenhausen 92 ff.
Öde, die 121
Organismenprinzip 233
Orsenhausen 99
Orts- und Flurnamen 78, 130, 177, 185
— auf „Tann", siehe unter „Tann"-Ortsnamen-Gruppen
— auf -ingen und -heim 16, 130, 185
Österreichisches Alpenvorland 13
Österreichische Tertiärlandschaft 177
Ottobeuren 156

Paar, die 190
Partenschlager 60
„Pascoli boscati" 135
„Passauer Wald" 193, 195
„Patûrages boisés 135, 154
Paul, H. und Ruoff, S. 27, 153
Penck, Albrecht und Brückner, E. 7
Pflanzengeographie 4
Pflanzengesellschaft 4, 234, siehe auch unter Einheit der Waldpflanzengesellschaft

Pflanzensoziologie 4, 5, 240, siehe auch unter Vegetationskunde
Pflanzenverbreitung 5
„Pflanzung" 161, 224
Pfrunger Ried 70
„Physikalische Gesellschaft", Zürich 138
Plentern, Femeln 58, 147 f.
Plenterprinzip 147 f.
Pollenanalyse 5, 230
Pollendiagramme 27, 46, 47, 72, 78, 86, 153
„Porzholz" 167, 170
Primärtypen 50, 237
Probst 60

Quellen der Waldgeschichte 3

Raesfeldt 190
„Raspa" 135, 146
Rauch, Andreas 29, 30, 31, 162
Raumtypen 240
Ravensburg 33, 39, 55
Rebel, Karl 174
„Recht der Gehäue" 104, 120
Region (Begriff) 66, 86
Regionalwald (Begriff) 66, 86
Regionalwaldtypen 66, 67, 83, 85, 108, 149, 175, 187, 191, 196, 202, 206, 210
Reußgletscher 133 f.
Reutfeld 147
Reutholz 147
Reutwald 147
Rheintalgletscher 10, 68, 133 ff.
Rhonegletscher 142 ff.
Rodeorte 16, 17, 38, 130, 194 f., 198 f.
Rodungsperiode 18, 130
Roggenburg 162
„Ronen" 228
Rot 100
Rotach 36
Rubner, Konrad 210, 230
Ruoff, S. und *Paul, H.* 27, 153

Saat 51, 52, 54, 58, 70, 93, 103, 108, 116 ff., 122, 174, 224
Sachsenrieder Forst 154
Salem 81
Salzachgletscher 12, 204
Salzbergbau 221, 226
Salzkammergut, das österreichische 226
„Schachen" 55, 90, 93, 96, 103, 137, 172, 221, 225
Scharfetter, R. 218
Scheer 74
Schienenberg 82

Schienenwald 89
Schilcher, Mathias 102
Schirmschlag 60, 63, 83
Schmalsaumschlag, Allgäuer 59, 63, 118
„Schnaiteln" 117
Schnaitelwald, Streuwald 225
Schneesaat 224
Schönegg 158
Schotterlandschaft 94, 156, 172, 202, 204, 206 ff.
Schussenried 43
Schwabegg, Grafschaft 163 f.
Schwaben, Landvogtei (österreichische) 39, 55, 57, 60
„Schwaderloch" 32
Schwarzkiefer 213 f.
„Schwarzwälder" bzw. „Hoch- und Schwarzwälder" 145, 146, 152, 171, 175, 212, 220
Schwegelin, Michael 60, 93, 117 f.
Schweiz 126 ff.
Schwendi 98
Sekundärtypen 50, 237
Sendtner, O. 4, 184
Seutter, Johann Georg von 53, 107, 122
Siedlungsgang 15, 38, 129
Sigmaringer Tiergarten 74
Sihl, die 140 f.
Sitter, die 139 f.
Spiegelschläge 57
Sprachgebrauch (Fichte-Tanne) 6
Standort 234
Standortsforschung 4
„Stauden" 21, 62, 135, 161, 166
Steinhart, der 184
Steyr, Stadt, Fluß, 227, 228
Stock 100, 105
„Stockäcker" 115
„Stockhölzer" 36, 82, 105
Streunutzung 53, 121, 162, 181, 194, 220, 225, siehe auch unter „Motten" und Reutwald
Streuwald, Schnaitelwald 225
Synökologie 5
Systematik der Waldgeschichte 237 ff.

Tanne (Weißtanne)
— Sprachgebrauch 6, 177
— Tannenareal 67, 175, 192
— Tannengrenze 159 f.
— Tannen-Randzone 93, 123, 161, 163, 175, 176, 181, 188, 191, 203
— Tannensaat, siehe unter Saat
— Tannenvorposten, siehe unter Vorposten der Tanne

Tanne (Weißtanne)
— Tannen-Ortsnamen-Gruppen 178, 179
I 184   VIII 195
II 185   IX 195
III 186, 187   X 208
IV 185   XI 208, 209
V 186   XII 204
VI 188, 189   XIII 199
VII 169, 189   XIV 199
„Tann", der 40, 119, 186
Tannhausen a. d. Mindel Anm. 200
Tannheim 92
Tautschbuch 105
Technik 235
Tertiärlandschaft
— Bayerns 13, 177
— Österreichs 177, 192
— des Riß-Donau-Winkels 105
Tertiärtypen 238, 239
— tertiäre Naturtypen 239
— tertiäre naturnahe Waldbautypen 239
Tettnang 31, 56
Thur, die 139 f.
Töß, die 139 f.
Traun, die 182, 192 ff., 206 ff.
„Triebhölzer" 73, 145
„Triebwälder" 75
Troll, W. 202
Tschermak, Leo 210, 219, 229
Türkheim 163 f.
Tuttlingen 75
Typen, siehe unter: Regionalwaldtypen, waldgeschichtliche Typen, Raum-Zeittypen, Waldbautypen, Waldtypen extremer Standortsbedingungen
Typenfolge, waldgeschichtliche 237 ff.

Überlingen 81
Ulm 106
Ulmer Forstwesen 107
Urgemeinden 17
Urkunden 3
— Gabelbacher Urkunde 168, 175
— Weißenauer Urkunde 32
— Heiligkreuztaler Urkunden 88, 104
Urmarken 17
Ursiedlungen 17
Urwald 3, 19, 222, 223
Urwaldräume 15, 19

Vegetationskunde 4, 5, 234, 237, 240
Verbreitung, Ausbreitung, Wanderung 45
„Verlaßberge" 227

Voralpenberge und Vorland (Allgäu) 26
Voralpenlandschaft des Rheintalgletschers 22
Voralpenwald, präalpiner Bergwald 22, 24, 142, 146, 174, 202, 206, 214
Vorarlberg 22
„Vorhölzer" 2, 31, 120
Vorland-Bergwald, siehe unter Bergwald des Vorlandes
Vorposten der Tanne 97, 101, 102, 109, 123, 160, 169, 175, 176, 191

Waadt 142 f.
Wachau 214
Wagenhart 69
Wain 98
Wald (Begriff) 1 ff., 233
Wald, Kloster 76
Waldacker 52, 105, 112 f.
Waldallmende 1, 21, 88, 105, 152, 166, siehe auch unter Allmende
Waldarten 119
Waldbauregeln 82, 173, 174
Waldbautypen
— naturnahe 50, 238 und Anmerkung 255
— naturferne 50, 238 und Anmerkung 255
— naturfremde 50, 238 und Anmerkung 255
— künstliche (Kunsttypen) 50, 238 und Anmerkung 255
— im oberschwäbischen Tannenareal 55
— im südlichen Oberschwaben 49
— im Schweizer Mittelland 150
— in Bayrisch Schwaben 173
— im Gebirgswald 228 f.
Waldburg 43
Waldfeldbau 112 ff., 118, 201, siehe auch unter Brandwaldfeldbau
Waldentwicklung
— Begriff 3
— typische Phasen in Oberschwaben 123

Waldentwicklung und Klimaperioden 230
— Zusammenfassung siehe unter Zusammenfassungen
„Wälderverlaß" 227
Waldgeschichte
— Begriff 1, 3
— Methode 4
— Quellen 3
— Theorie 240
— Hilfswissenschaften 4
— Typen und Typenfolge 49 f. 237 ff.
— Systematik 237 ff.
— Verhältnis zur Vegetationskunde 4, 249
— waldgeschichtliche Ordnung 236
— der Welt 241
Waldgrenze 218
Waldnamen, siehe unter Orts- und Flurnamen
Waldpflanzengesellschaft, siehe unter Einheit der Waldpflanzengesellschaft
„Waldrechter" 108
Waldtypenlehre 4
Waldtypen extremer Standortsbedingungen 68, 85, 109, 149, 177
Wald und Feld 21
Wald und Forst 1
Waldviertel, das 214 f.
Waldwesen und Forstwesen 2
Wandel der Holzarten 125, 138
Wandersprünge 45
Wanderung, Ausbreitung 44
Wangen 30, 34, 56
Warthausen 91
Wasserwege 131, 175, 191
Wechselschläge 58, 59
Weidewald, siehe unter Hart
Weide und Wald 127, 225
Weilhart, der 205
Weißföhre 214
Weißtanne, siehe unter Tanne
„Weithart" (bei Mengen) 71

Wels 209
Welser Heide 207, 208
Werneck, Heinrich L. 231, 232
Wertach 163 ff.
Wessely, J. 223, 224, 229
Wettenhausen 162
Wiblingen 103
Wiener Wald 212 ff.
Winkler, O. 141
Wirtschaftswald 63, 173, 235, 236
Witraite 102, 103, 105, 112
Wolfegg 43
Wullenstetten 162
Württembergische Forstordnung, siehe unter Forstordnungen
Wurzacher Ried 46
„Wytweiden" 112, 135

Zeil 47
Zeittypen 240
Zentralköhlerei oder Lendköhlerei, 227
Zibermayr, I. 209
Zusammenfassungen der Waldentwicklung
— im oberschwäbischen Tannenareal 63 ff.
— in der westlichen Bodenseelandschaft 83 ff.
— im nördlichen Gürtel Oberschwabens 108, 123
— in Bayrisch Schwaben 174 ff.
— in der bayrischen Tertiärlandschaft 187, 191
— in der Schweiz 142, 146, 149
— in der österreichischen Tertiärlandschaft 196
— in der altbayrischen und österreichischen Moränenlandschaft 201, 206
— auf den oberösterreichischen Schotterterrassen 210
— im niederösterreichischen Alpenvorland 210
Zußdorfer Wald 36

Witwaiß
Bad
in der Aw.
Finsterburg
zum Dürsten 8.
Neuraz 13
auf der Haid
im Schläuchen
Humprechts. 11
Kickenmoß
Hellenbühl
Burgerholz
Leschenberg
Berg. 6. h
Siechhauß
Pfaffenberg
Landstr. von Lindaw
Aichenberg
Hochen. 3. h
auf der Aw.
Papiermülen
auf der Staig
Niderwangen
31
Müle
Fluss Argen
Melitz 8. h
Hagenweiler. 4
Welbrechts
Lewenhorn
Brenberg
Füssenweiler. 6
Hagenbuch
Schauppenberg
Dorenreuth
Schl. Wolffholtz
auf der Egg
See
der Statt
A
B
C
D
E
F
G
H
I
K
L
M
N
O
P
Q
R
S
T
V
W
X
Y
Z